La Rénovation du Shî'isme Ismaélien en Inde et au Pakistan

La Rénovation du Shî'isme Ismaélien en Inde et au Pakistan

D'après les Ecrits et les Discours de
Sulṯān Muḥammad Shah Aga Khan
(1902–1954)

Michel Boivin

LONDON AND NEW YORK

First published in 2003
by RoutledgeCurzon

Published 2014 by Routledge
2 Park Square, Milton Park, Abingdon, Oxfordshire OX14 4RN

Simultaneously published in the USA and Canada
by Routledge
711 Third Avenue, New York, NY 10017

First issued in paperback 2014

Routledge is an imprint of the Taylor & Francis Group, an informa business

© 2003 Islamic Publications Ltd

Typeset in Sabon by LaserScript Ltd, Mitcham, Surrey

All rights reserved. No part of this book may be reprinted or reproduced or utilised in any form or by any electronic, mechanical, or other means, now known or hereafter invented, including photocopying and recording, or in any information storage or retrieval system, without permission in writing from the publishers.

British Library Cataloguing in Publication Data
A catalogue record of this book is available from the British Library

Library of Congress Cataloging in Publication Data
A catalog record for this book has been requested

ISBN 978-0-700-71422-3 (hbk)
ISBN 978-1-138-86258-6 (pbk)

A MES PARENTS

Table des Matières

Remerciements — xv
Note au lecteur — xvii
Transcription — xix
Avant-propos — xxi

I – Introduction: Texte et Lectures du Texte — 1
    I – 1 les sources publiées — 1
        a présentation — 1
        b tradition ismaélienne et anglicisation — 3
        c les écrits sur l'Inde — 4
        d les écrits sur l'Islam — 6
        e les mémoires — 9
        f philosophie du bonheur — 10
    I – 2 les sources reproduites — 11
        a les extraits — 11
        b les compilations — 12
        c les biographies — 13
    I – 3 les sources inédites — 14
        a la correspondance — 14
        b les rapports — 14
        c les discours de la SDN — 15
        d le fonds K.K. Aziz — 15
    I – 4 les sources confidentielles — 16
        a les firmans *et les* talikas — 16
        b les constitutions — 19

Table des Matières

  I–5 la lecture orientaliste   20
    a l'Aga Khan, homme public   20
    b l'Aga Khan, imâm   22

  I–6 la lecture biographique   25
    a présentation et sources   25
    b la biographie apologétique   27
    c la biographie romancée   29
    d la biographie dénigrante   31

  I–7 l'ismaélologie: état de la question   33
    a la dialectique de la durée   33
    b la tension méthodologique   35
    c l'ouverture épistémologique   38
    d le développement récent   43

II–Iṣlâḥ et Crise de l'Islam   50
  II–1 le contexte de l'Islâh   50
    a la définition de l'Islâh   50

  II–2 les causes de la "crise" de l'Islam d'après l'Aga Khan   52
    a le repli des Musulmans pieux sur les rites   52
    b le système du purdah   53
    c le fatalisme   55
    d l'Aga Khan et les bida'   56
    e la responsabilité des 'ulamâ'   58

  II–3 les qualités dynamiques de l'Islam   61
    a la périodisation de l'Islam "authentique"   61
    b la simplicité de la foi   62
    c l'esprit d'ouverture   64

  II–4 l'Islam face au défi de l'Europe   65
    a défi et fascination   65
    b le modèle européen   67
    c un précédent: le savoir gréco-arabe   68

III–Les Sources du Savoir Islamique   72
  III–1 les sources traditionnelles   72
    a a le Coran   72
    b la sunna   75

Table des Matières

III–2 la *sharî'a*	76
III–3 le Prophète	79
a son enseignement	79
b son autorité	84
c l'institution des 'Ulu'-l-Amr	86
III–4 les imitateurs du Prophète	87
a le silence de 'Alî	87
b les saints de l'Islam	89
c les héros de l'Islam	90
d Thomas Carlyle et le problème des influences	93
III–5 le renouvellement du savoir islamique	95
a les réformateurs, les Ismaéliens et l'Aga Khan	95
b le mouvement d'Aligarh	99
c "l'esprit de l'Islam" d'après Ameer Ali	103
d les fondateurs d'Etats musulmans contemporains	105
IV – De Dieu au Croyant	115
IV–1 l'idée de dieu	115
IV–2 les entités médiatrices	116
a les représentations	116
b les émanations	118
c les manifestations: l'homme et l'univers	119
d Justice Divine et Libre-arbitre	120
IV–3 le concept de la nature	122
a l'Aga Khan et les neitcharis	122
b la nature comme source de la connaissance scientifique	124
IV–4 raison et histoire	126
a le 'aql dans la pensée ismaélienne	126
b Islam et histoire	127
c le bons sens comme raison aga-khanienne	128
d biographie et histoire romancée	129
IV–5 les devoirs du croyant	132
a le Coran et les devoirs d'obligation	132
b les interdictions légales	134

Table des Matières

V – Les Principes Fondamentaux de l'Islam	138
V – 1 la notion de "fundamentals"	138
a le sens du mot "Islam"	138
b la notion de uṣûl *dans la pensée classique*	139
c la notion dans l'Islâh	140
d la notion du "usulat" chez l'Aga Khan	141
V – 2 la prophétie	144
a la notion de civilisation	144
b religion et civilisation	145
c prophétie et religion	146
d la prophétie muḥammadienne	148
V – 3 le monoréalisme	149
a comment comprendre le monoréalisme	149
b du tawhîd *au* wahdat al-wujûd	150
c le monoréalisme aga-khanien	152
VI – Les Conditions de Possibilité de la Rénovation	157
VI – 1 la situation herméneutique du Coran	157
VI – 2 les postulats ismaéliens de la rénovation du savoir	161
a le concept de l'imâmat	161
b le principe du ta'wîl	165
c le concept d'ibâha	170
d le problème de la dissimulation	173
VI – 3 les Aghâ Khâns et le contexte indo-iranien	174
VII – L'*Aggiornamento* de l'Ismaélisme	186
VII – 1 les prémices du renouvellement	186
a le transfert de l'imâmat en Inde	186
b l'imâmat et la justice britannique	187
VII – 2 l'imâmat d'après Shihâb al–Dîn Shâh	189
VII – 3 la réforme de l'imâmat ésotérique	192
a les bases historiques de l'imâmat	192
b le culte du hazar imam	194
c le nûr, *principe imâmien*	196
d l'extension de la fonction sotériologique	197

Table des Matières

VII – 4 la réforme de l'imâmat exotérique	198
a le guide	198
b le leader constitutionnel?	200
c le gestionnaire	201
VII – 5 l'imâmat aga-khanien et les institutions spirituelles contemporaines	202
VII – 6 la nouvelle configuration de l'ismaélisme	204
a la tradition fatimide comme culture ismaélienne	204
b la normalisation de la tradition khoja	206
c la dialectique du zâhir *et du* bâtin *revisitée*	207
d l'émergence d'un nouveau lexique technique	211
e la nouvelle formalité des pratiques	212
VIII – Le Projet Humaniste de l'Interprétation Aga-Khanienne	220
VIII – 1 l'interprétation aga-khanienne	220
a le principe d'interprétation	220
b interprétation et ijtihâd	222
c l'espace interprétatif	224
d la technique interprétative	226
e le concept de welfare	229
VIII – 2 la notion d'humanisme Musulman	231
a l'homme dans le Coran	231
*b l'humanisme de l'*adab	232
c la contribution mystique	233
d l'Islâh, quête d'un humanisme?	234
VIII – 3 les tendances humanistes de l'interprétation	236
a les valeurs humanistes classiques	236
b les valeurs humanistes spécifiques	238
c humanisme et humanitarisme	240
d humanisme et droits de l'homme	242
IX – Le Discours Moderniste	249
IX – 1 les fondements politico–économiques	249
a l'Etat aga-khanien	249
b la nation	252

Table des Matières

c *la quête d'un territoire*	255
d *l'étatisation de la communauté ismaélienne*	256
e *le capitalisme coopératiste*	257
IX – 2 l'impensé dans le discours moderniste	259
a *le problème de la modernité*	259
b *le discours politique*	262
c *liberté et libéralisme*	264
X – La Modernisation de la Communauté Ismaélienne	**269**
X – 1 les cadres de la modernisation	269
a *la place des Khojas est-africains dans le processus de modernisation*	269
b *les constitutions aga-khaniennes*	272
c *les firmans et les talikas*	277
X – 2 les grands axes de la modernisation	278
a *le développement de l'éducation*	278
b *l'émancipation de la femme*	280
c *la politique du corps*	281
X – 3 modernisation et prosélytisme	282
X – 4 les ruptures	284
a *les Khojas sunnites*	284
b *les Khojas duodécimains*	286
c *les Khojas réformateurs*	288
d *le "Haji Bibi Case"*	289
X – 5 la continuité post-aga-khanienne	291
a *Shâh Karîm*	291
b *Sadruddin Aga Khan*	294
c *Nasîr al-Dîn 'Nasîr' Hunzâ'î*	296
X – 6 modernisation dans la communauté ismaélienne des Bohras	297
a *les origines historiques de la communauté*	297
b *les schismes dans la période contemporaine*	298
c *le dâ'î al-mutlaq, une autorité absolue*	299
d *synthèse comparative*	300

Table des Matières

XI – La Finalité Mystique de la Connaissance 308
XI – 1 morphologie de la connaissance spirituelle 308
a connaissance et compréhension 308
b l'intelligence poétique 309
c la sourate al-Nûr 315
d les archétypes de la connaissance 318

XI – 2 le spirituel, une topographie de l'âme 319

XI – 3 l'expérience médiatrice 321
a la prière et la méditation 321
b le bonheur 322
c la vision divine 323

XII – La Fonction Rationalisatrice de l'Ethique 328
XII – 1 le lien spirituel du califat 328
a le califat et son évolution 328
b les Musulmans indiens et le califat ottoman 329
c Atatürk et le califat 330
d l'Aga Khan et la Turquie 332
e la lettre de l'Aga Khan et d'Ameer Ali 335
f l'avenir du califat 338

XII – 2 la nature de la foi 342
a îmân et 'îqân 342
b la foi et le panislamisme 343
c l'amour, pilier de la foi 345

XII – 3 la foi, une éthique 347
a la foi et les vertus islamiques 347
b les "vérités éternelles de la foi" chez l'Aga Khan 348
c la qualité divine de hilm 351
d charité, tolérance, justice: les choix lexicaux 353
e la foi et les œuvres 355

XII – 4 la réinterprétation éthique de l'ésotérisme 355
a l'initiation dans l'ismaélisme 355
b l'initiation dans l'ismaélisme contemporain 357
c le service dans le contexte islamique 359
d le service dans la pensée aga-khanienne 361

Table des Matières

Conclusion ... 369
Annexes ... 375
    1–Discours de Delhi, 1902 ... 377
    2–Discours de Bombay, 1904 ... 381
    3–Discours de Delhi, 1910 ... 384
    4–Memorandum on relations with Turkey ... 394
    5–An appeal to Turkey to retain the Khilafat, 1923 ... 401
    6–Trois lettres à Muhammad 'Alî Jinnah, 1931 ... 403
    7–Hafiz and the place of Iranian culture in the world ... 406
    8–University of Islam ... 411
    9–Le libéralisme Musulman, 1943 ... 394
    10–Le Panislamisme, 1945 ... 416
    11–The triumph of spiritualism ... 419
    12–The final reconciliation between shia and sunni doctrines ... 421
    13–This I have learnt from life, 1950 ... 422
    14–What have we forgotten in Islam? 1950 ... 425
    15–Extrait du testament de l'Aga Khan, 1955 ... 427
    16–Épitaphe du Mausolée à Aswân ... 428

Bibliographie ... 435
Glossaire ... 469

Remerciements

Ce travail est une version remaniée et complétée d'une thèse de doctorat d'histoire soutenue à la Sorbonne (Paris III) en mars 1993. Je tiens à exprimer ma profonde gratitude à MM. les professeurs Nikita Elisséeff (malheureusement décédé en 1998), Thierry Bianquis et Ali Merad.

Je suis vivement reconnaissant envers Zarien Badouraly pour le dévouement dont elle a fait preuve lors de la publication de ce travail. Les discussions que j'ai eues, depuis plus de quinze ans, avec Nizar Nizaraly et sa famille, ont largement contribué au choix de mon sujet: qu'ils en soient remerciés.

Ma plus profonde gratitude va enfin à mes enfants pour la patience dont ils ont fait preuve, et à ma femme dont le sacrifice est allé jusqu'à relire entièrement le manuscrit! Je suis pleinement conscient et seul responsable des imperfections qui jalonnent ce travail, préparé dans des conditions difficiles dues à de lourdes charges professionnelles.

Note au lecteur

Une rapide mise au point doit être faite au sujet de mon livre *Les Ismaéliens. Une communauté d'Asie du sud entre islamisation et indianisation*, Türnhout, Brepols, 1998, écrit après le présent ouvrage mais paru avant. A la page 5, un avertissement prévient le lecteur que la direction éditoriale a dû procéder à "des coupes importantes" parce que le manuscrit était trop volumineux par rapport aux normes de la collection "Fils d'Abraham". Bien qu'ayant été informé de ces coupes (informé seulement), j'ai été surpris de constater qu'elles atteignaient 80 pages, soit plus du quart qui avait pourtant été accepté par la direction éditoriale, puisque j'en avais corrigé les épreuves. En outre, la note laisse entendre que ces coupes ont surtout concerné la bibliographie mais d'autres parties du livre, comme l'anthologie, l'ont été tout autant. Il n'est pas acquis que ces changements aient oeuvré pour la cohésion et la clarté d'un ouvrage généraliste qui visait avant tout à présenter le fait ismaélien dans toute sa complexité et sa diversité. Ceci d'autant que cette mesure intempestive ne m'a pas permis d'incorporer des éléments qui auraient apporté des précisions importantes pour éclairer certains aspects touchant notamment à l'ismaélisme contemporain.

Transcription

La transcription s'est heurtée à d'importantes difficultés. En effet, les mots utilisés sont originaires de langues différentes comme le persan, l'arabe, l'ûrdû ou le gujarâti; pour certaines, aucun système scientifique de restitution n'a été effectué en français: nous avons tenté d'en déduire une transcription d'après l'Encyclopédie de l'Islam. La tâche était encore compliquée par le fait que de nombreux termes auxquels nous avions affaire, d'origine arabo-persane, avaient reçu une transcription approximative mais utilisée comme telle par les Ismaéliens majoritairement anglophones aujourd'hui: fallait-il restituer la transcription savante (qui n'est elle même pas unifiée en France même)? Ou conserver la transcription en usage dans la tradition? Compte tenu du fait que nous tenions les dits termes de cette tradition, nous les avons utilisés d'après la transcription ismaélienne.

D'autre part, certains termes usités dans la tradition persane l'étaient aussi dans la tradition khoja dans des transcriptions différentes: laquelle fallait-il choisir? Là encore, nous avons utilisé la transcription d'après la source utilisée. Pour le reste, la transcription de l'Encyclopédie de l'Islam a été utilisée sauf *dj*, que nous avons écrit j, et k, que nous avons écrit *q*; enfin hamza et 'ayn seront transcrits'. Les termes courants en français n'ont pas été modifiés.

Pour simplifier la clarté de l'exposé nous avons décidé de nommer "Aga Khan" exclusivement Sultân Muhammad Shâh; les autres imâms à porter ce titre sont désignés par la graphie "Aghâ Khâns". Enfin lorsque nous écrivons ismaélien, il faut lire ismaélien nizârite qâsim-shâhite.

ABREVIATIONS

EI: Encyclopédie de l'Islam, 1ère édition
EI2: Encyclopédie de l'Islam, 2ème édition
EIR: Encyclopaedia Iranica
EU: Encyclopaedia Universalis

Transcription

HPI: Histoire de la philosophie islamique
IFAO: Institut Français d'Archéologie Orientale
JA: Journal Asiatique
JBBRAS: Journal of the Bombay Branch of the Royal Asiatic Society
JRAS: Journal of the Royal Asiatic Society

Avant – Propos

Si les études shî'ites ont connu depuis quelques années un développement important, accompagné parfois d'un véritable renouvellement, c'est surtout sous la forme d'ouvrages généraux qui fournissent il est vrai d'excellents accès à la question[1]. Pourtant, les auteurs ont eu tendance à privilégier la courte durée, et par conséquent, à focaliser leur analyse sur les développements les plus récents de l'Islam shî'ite. La Révolution iranienne (1979) s'est taillée la part du lion, mais dans l'ensemble les travaux ont porté presque exclusivement sur le shî'isme duodécimain.

Habituellement, les islamologues répartissent l'Islam shî'ite entre les branches suivantes: la duodécimaine, l'ismaélienne, la zaydite et l'extrémiste. Les deux dernières n'ont pas encore constitué des champs d'investigation systématique. Pour la branche ismaélienne, la situation est différente. La période classique de l'Ismaélisme (IX/XIè s.) est aujourd'hui connue: les traités théologiques et juridiques les plus importants ont été traduits et commentés, l'histoire du califat fatimide a été analysée. Par contre, la période moderne et contemporaine commence à peine à être défrichée.

Pourtant, le 48ème imâm des Shî'ites ismaéliens, Sultan Muhammad Shâh Aga Khan, plus connu sous le nom de "Aga Khan" ou "Aga Khan III", fut l'objet de nombreux articles et livres. Mais c'est son personnage public, par ailleurs souvent controversé, qui retint l'attention des auteurs qui étaient le plus souvent des journalistes. L'intérêt pour la recherche que représentent les écrits de Sultân Muhammad Shâh est pourtant multiple. A sa situation personnelle particulière sur laquelle nous reviendrons, il faut ajouter que l'époque pendant laquelle il vécut est particulièrement importante dans l'histoire contemporaine: il s'agit de la charnière entre le XIXème et le XXème siècle. Sa vie s'étend de 1877 à 1957: il est né par conséquent à l'époque de l'apogée de la colonisation, et il a assisté à l'indépendance des anciennes colonies.

Dans le contexte musulman, cette période constitue à la fois le paroxysme de la domination occidentale et le développement maximal de la principale réponse que lui apportèrent les Musulmans, l'Islâh. Ce à quoi

Avant-Propos

il faut ajouter le milieu familial dont il est issu. A sa naissance, sa famille est installée depuis une trentaine d'années à Bombay et son grand-père a renoncé depuis peu à retourner dans son pays natal, la Perse.

La famille de l'Aga Khan prétend descendre en ligne directe du Prophète Muhammad, par 'Alî et les imâms shî'ites jusqu'au sixième Ja'far al-Sâdiq. En effet, la mort du sixième imâm survenue en 148/765 provoqua l'éclosion de nombreuses sectes. Pour les Nâwûsîya par exemple, il était devenu le *mahdî* attendu[2]. Mais la scission dont les conséquences devaient être les plus importantes et les plus durables fut celle qui opposa les Ismâ'îlîya[3] aux Mûsâwîya, au sujet de la succession à l'imâmat de Ja'far al-Sadîq. La famille de l'Aga Khan se rattache à la descendance d'Ismâ'îl, qui, d'après la tradition, mourut peu avant son père Ja'far. Quoi qu'il en soit, une minorité de Shî'ites se rangea derrière ses descendants.

En 296/909, un descendant d'Ismâ'îl se proclame imâm et il fonde le califat fatimide en plein désert marocain, à Sijilmassa. Cette dynastie, d'abord installée en Ifrîqiya, puis en Egypte, devait être détruite par Saladin après deux siècles et demi de pouvoir impérial. Alors que le déclin de l'empire fatimide s'amorçait, en 487/1094, un nouveau problème de succession apparut. A la mort de l'imâm-calife al-Mustansir, son fils aîné Nizâr était évincé par le vizir al-Malik al-Afdal qui faisait proclamer à sa place son jeune frère al-Musta'lî. D'après une tradition, le fils de Nizâr réussit à s'enfuir et il trouva refuge en Perse, à Alamût, où certains des partisans de son père s'étaient regroupés. Lorsque l'Aga Khan naît, son grand-père Hasan 'Alî Shâh est le quarante-sixième imâm des Ismaéliens nizârites; d'après sa généalogie, il descend en droite ligne de Nizâr. L'Aga Khan, qui héritera de cette charge en 1885, est donc un "chef religieux".

En fait, il occupe une position unique dans le monde musulman. Les Shî'ites ismaéliens nizârites ont conservé intégralement le concept shî'ite de l'imâm ou guide divin – tel que le concevaient aussi les Duodécimains jusqu'en 260/874 – et ils forment aujourd'hui la seule communauté musulmane historique à proclamer le dogme de l'imâm manifesté. En effet, toutes les autres communautés shî'ites *largo sensu* proclament l'occultation de l'imâm, sous une forme ou sous une autre, ou l'attente du *mahdî*. Les Ismaéliens nizârites intègrent ces deux concepts *imâm/mahdî* dans un troisième, celui de *"hazar imam"*[4]. De ce fait, l'Aga Khan a occupé une place unique au sein de ses fidèles. Un autre fait frappant, lorsqu'on aborde l'étude des écrits de l'Aga Khan, est la multiplicité des héritages et des contextes culturels avec lesquels il a été en contact.

En ce qui concerne l'héritage persan, à l'héritage ismaélien s'ajoute un héritage soufi véhiculé par la famille de sa mère. Mais l'héritage prédominant fut bien entendu celui du sous-continent indien[5]. C'est la version indienne de l'Islâh que connût l'Aga Khan et ses écrits témoignent de la spécificité de cette problématique. Vers 1896, alors qu'il entreprend son premier grand voyage à travers le sous-continent, l'Aga Khan se rend à

Avant-Propos

Aligarh où il rencontre Sayyid Ahmad Khân: celui-ci, au crépuscule de sa vie, réserve bon accueil au jeune prince qui représente la nouvelle génération. Pendant une vingtaine d'années, l'Aga Khan est un des principaux acteurs du nationalisme musulman naissant. Au début du XXè s., beaucoup voient en lui le successeur de Sayyid Ahmad Khân et ce n'est pas pour rien qu'il conduit la délégation de Simla auprès du vice-roi en 1906. L'année suivante, en 1907, il sera élu le premier président permanent de la Ligue Musulmane.

Il est vrai que l'Aga Khan représentait parfaitement les leaders musulmans de cette période: loyaliste, modéré dans ses positions politiques, la radicalisation de la Ligue le conduira à démissionner de son poste. Mais il ne faut pas juger l'attitude de cette élite musulmane – *zamîndârs* et autres princes – qui forment la Ligue à ses débuts en fonction de positions plus radicales, formulées à une époque plus tardive alors que le contexte était radicalement différent. Le Congrès, à ses débuts, ne fut de même qu'une sorte de club où quelques *gentlemen* se réunissaient pour envisager un élargissement de la participation des Indiens à l'administration du pays[6].

Par ailleurs, l'Aga Khan avait grandi à Bombay parmi la communauté ismaélienne des Khojas: ceux-ci formaient, et forment encore, la plus grande communauté parmi les Ismaéliens. Cette communauté, convertie à l'islam ismaélien vers le XVe s., était encore, lorsque l'Aga Khan devint imâm en 1885, imprégnée de pratiques et de croyances hindoues. Là encore, il est nécessaire de situer cette question dans le contexte spécifique du sous-continent indien: Marc Gaborieau a démontré dans un article important quelles y étaient les limites de l'islamisation[7]. Quoi qu'il en soit, l'Aga Khan, dans son action réformatrice, a cherché à expurger l'ismaélisme khoja de certains éléments hindous inconciliables avec l'Islâh, sans pour autant rompre la continuité multiséculaire de la tradition.

L'Aga Khan avait aussi un esprit curieux, et il profita de sa majorité qui lui octroyait toute latitude de mouvement pour découvrir le monde. Au début du siècle, le monde, c'était l'Europe. Alors aux strates précédemment citées s'en ajoutèrent de nouvelles qui concernent surtout l'économie et la politique. Il est évident que cette diversité explique bien des choix, bien des attitudes, mais peut-être aussi bien des erreurs et bien des échecs.

Il reste malgré tout que du propre aveu de l'Aga Khan, il a d'abord été l'imâm des Shî'ites ismaéliens nizârites: "Since my childhood my chief concern, my chief responsibility, écrit-il dans l'avant-propos de ses mémoires, has been the great charge which I have inherited as Imam of the Ismaili branch of the Schia sect of Muslims (...) Here, however, I can only affirm that my duties in this task have always been my prime concern; in all aspects – in a vast and varied correspondance, in the maintenance of countless links of personal and religious loyalty and affection – they have occupied a large part of everyday of my life. Everything else I have done or striven to do, enjoyed or suffered, has been of necessity secondary" (p.4).

Avant-Propos

Cette position nous a amené à situer la recherche dans une problématique plus large, qui est celle des rapports entre religion et modernité. Cette question se manifeste avec acuité dans un certain nombre de phénomènes qui se sont produits récemment. En effet, il est évident que "l'affaire des voiles islamiques" et "l'affaire Rushdie" ont ravivé des débats passionnés que l'on croyait oubliés depuis longtemps: peut-on expliquer ces réactions passionnelles parce que la confrontation se produisait entre des religions étrangères – qui dans le contexte actuel apparaissent souvent comme conquérantes si ce n'est envahissantes? Quoi qu'il en soit, ces "affaires" posent le problème de la différence en des termes nouveaux; la question n'est-elle pas de savoir alors si le modernisme occidental n'est pas lui aussi à sa manière intolérant?

On sait qu'au XIXème siècle ce modernisme s'est construit contre la religion. On a longtemps considéré que celle-ci s'était marginalisée d'elle-même, compte tenu du nombre infime de croyants pratiquants. La floraison des sectes était considérée elle-aussi comme une preuve irréfutable de cette déliquescence religieuse. On oubliait la fonction référentielle qu'avaient occupée les textes religieux dans tous les mouvements d'idées, que ce soit avec ou contre, mais surtout on négligeait de chercher ailleurs, dans un lieu autre que celui généralement assigné au fait religieux, le discours religieux.

Or, de ce point de vue, l'étude de la pensée de l'Aga Khan nous amène à poser la question suivante: la modernité n'est-elle envisageable que dans sa définition occidentale, c'est à dire essentiellement fondée sur le primat de la raison? Le rejet du religieux était-il une condition indispensable à la définition de cette modernité occidentale? Ce concept, d'autre part, est-il statique? Les acquis de cette modernité sont-ils définitivement conquis une fois pour toute? Ne doit-on pas examiner l'évolution du savoir ailleurs qu'en Occident pour statuer sur la modernité? Au nom de qui ou de quoi cette modernité serait-elle une exclusivité européenne?

NOTES

1 pour un aperçu, voir Michel Boivin, "Remarques sur le développement des études shî'ites en France depuis 1979", *AFEMAM Les Chantiers de la Recherche*, IXe réunion des chercheurs sur le monde arabe et musulman, Strasbourg, 30 juin 3 juillet 1994, Université des Sciences Humaines de Strabourg, pp. 8 9. Voir aussi mes C.R. parus dans le *Bulletin Critique des Annales Islamologiques*, no 9, 10, 11 et 12.

2 Henri Laoust, *Les schismes dans l'Islam*, Payot, 1977 (lère éd. 1965), pp. 67 et ss.

3 la transcription du terme "Ismâ'îliyya" pose problème. En anglais, le susbstantif "Ismaili" ou en transcription savante, "Ismâ'îlî" est utilisé. En français, plusieurs formules coexistent. Mais curieusement, celle qui s'est imposée, sans doute par l'intermédiaire de Silvestre de Sacy dès le début du XIXème siècle, est "ismaélien"; ismaélisme ne donne donc pas ismaélite, comme sunnisme donne sunnite, shî'isme, shî'ite etc. Mais cette transcription ne satisfait pas tout le monde puisqu'on trouve encore aujourd'hui "ismaïlien", "ismaïlite" etc. Pour

Avant-Propos

Corbin, il est préférable de garder l'appellation "Ismaéliens" pour cette branche du shî'isme, et de réserver "Isma'ilites" comme désignation ethnique, in "Herméneutique spirituelle comparée", reproduite dans *"Face de Dieu, face de l'homme Herméneutique et soufisme"*, Flammarion 1983, p. 112 note 136.

4 expression utilisée par les Khojas; du persan *hazar e imâm*, l'*imâm* manifesté, ce qui signifie que, contrairement aux autres Shî'ites, les Ismaéliens croient en la présence physique de l'imâm *hic et nunc*.

5 à ce sujet, la collection des sources sera grandement facilitée par la publication de: *Aga Khan III. Selected Speeches and Writings of Sir Sultan Mohammad Shah, 1877 1957*, Edited and Introduced by Professor K.K. Aziz, 2 vol., Kegan Paul International, London, 1997. Cette publication permettra d'analyser un autre aspect important de l'oeuvre de l'Aga Khan: son rôle dans le développement du nationalisme musulman en Inde, et dans le mouvement pour le Pakistan. A ce sujet, plusieurs recherches universitaires sont en cours en France, au Pakistan, etc. Pour un aperçu, voir M. Boivin "Islam, Nation et avenir de l'Inde chez Sultân Muhammad Shâh Aga Khan (1877 1957)", *Cahiers D'Histoire* (Lyon), été 1993, pp. 55 73.

6 M. Boivin, *Histoire de l'Inde*, PUF (Que sais je? no 489), 1996, pp. 82 83.

7 M. Gaborieau, "Typologie des spécialistes religieux chez les Musulmans du sous continent indien: les limites de l'islamisation", *Archives des Sciences Sociales des Religions*, 1983, 55/1 (janvier mars), pp. 29 51.

I

Introduction: Texte et Lectures du Texte

I–1 LES SOURCES PUBLIÉES

a–présentation

La question du corpus aga-khanien soulève un certain nombre de difficultés. En effet, l'Aga Khan a lui-même peu écrit, et l'on a beaucoup publié sous son nom. A cette première difficulté s'en ajoute une autre: ces publications présentent un aspect dispersé dans le temps et dans l'espace. Elles s'échelonnent en effet sur plus d'un demi-siècle et elles ont paru sur trois continents du vivant de l'Aga Khan, l'Asie, l'Afrique et l'Europe. On ne peut alors que constater la démesure d'une gageure qui voudrait prendre en compte toutes les publications de l'Aga Khan: à notre connaissance, aucune tentative dans ce sens n'a été effectuée jusqu'à ce jour[1]. La situation de la production scripturaire est d'autant plus malaisée à définir qu'aucune approche scientifique n'a encore été effectuée. Il en ressort que certains de ses ouvrages sont demeurés souvent méconnus.

De toute évidence, l'Aga Khan ne se considérait pas comme un écrivain: c'était avant tout un homme d'action. Mais toutes ses publications furent produites par le désir de rétablir une vérité. L'importance des enjeux dont il fut un témoin souvent privilégié au cours de sa vie l'incita à s'exprimer sur des sujets parmi lesquels le devenir de l'Inde et de l'Islam constitue les thèmes principaux. L'hétérogénéité de ses écrits, qui apparaît dès la lecture de sa bibliographie, reflète sans doute le pragmatisme de sa pensée ainsi que la pluralité de ses préoccupations mais il reste que le sujet qui fut selon lui toujours prioritaire – la communauté ismaélienne – n'est paradoxalement l'objet d'aucune publication.

Même parmi les écrits que l'Aga Khan a publiés sous son nom, il apparaît que bien peu le furent de sa propre initiative. Sans tenir compte des ouvrages publiés sous la pression d'éditeurs ou d'autres, c'est souvent comme une réponse à une attaque que l'Aga Khan a écrit. C'est par exemple le cas pour la plupart de ses nombreux articles parus dans le *Times*. Les deux ouvrages sur l'Islam – qui n'en forment qu'un en réalité- ont été écrits sur l'initiative de Zaki Ali, et, d'après lui, la participation écrite de l'Aga Khan n'était pas initialement prévue. Ces particularités sont confirmées par la pluralité des formes que prend l'écrit dans son oeuvre. Les préfaces et les articles sont cependant prédominants. Cette dispersion et cette disparité ne constituent pas, néanmoins, un obstacle à l'élaboration d'une typologie des écrits aga-khaniens.

Une typologie thématique – dans le cadre de la pensée aga-khanienne – ne doit répondre qu'au seul objectif de présenter une vision globale de l'oeuvre de l'Aga Khan. En effet, au cours de la recherche, nous nous apercevrons rapidement de l'interpénétration des thèmes: il nous a semblé malgré cela qu'une telle typologie – toute imparfaite et temporaire qu'elle soit – était nécessaire et même indispensable à l'intelligibilité de la pensée aga-khanienne. Ainsi, des dix-huit titres qui composent les sources publiées par l'Aga Khan, cinq thèmes généraux en résultent: l'Inde, la politique islamique, la religion islamique, la poésie persane et un thème général que nous intitulerons "philosophie de la vie".

La répartition chronologique et thématique des écrits indique qu'il n'est pas possible d'assortir un thème à une période. L'ensemble des thèmes est constitué des préoccupations majeures pour l'Aga Khan tout au long de sa vie. On notera néanmoins que plus de la moitié des écrits a été publiée à partir de 1930. C'est aussi à partir de 1930 que cesse la publication des ouvrages sur l'Inde. La chronologie des publications correspond toujours aux fluctuations des activités de l'Aga Khan: ne nous y trompons pas, celles-là suivent toujours celles-ci. En effet, bien qu'il participe encore dans les années 30–31 aux "Round Table Conferences", il ne joue plus aucun rôle déterminant dans les négociation entre Hindous, Musulmans – Jinnah est leur leader- et Britanniques[2].

Nonobstant cela, un premier coup d'oeil sur les quatre ouvrages semble indiquer que leur publication répond à une logique thématique et à une continuité chronologique: un livre sur l'Inde en 1918; un livre sur l'Islam en 1944 et un autre sur l'Islam et l'Europe en 1945; un livre sur sa vie en 1954. Avant d'aller plus loin, une première constatation s'impose: l'Aga Khan a écrit ces livres lorsqu'il était pour une raison ou pour une autre voué à l'inaction. Cela explique la coupure de 1918 à 1944 qui correspond à une période de grande activité internationale. C'est pendant cette période que l'Aga Khan publie la plus grande partie de ses articles dans la presse populaire britannique.

La thématique et la chronologie s'ordonnent autour de ces trois axes que sont l'Inde, l'Islam et la philosophie de la vie. Seule la poésie persane n'a pas fait l'objet d'un livre: il convient de s'interroger là-dessus. Il faut avant tout se poser une autre question, qui, comme on le verra, n'est pas sans rapport avec celle-ci; en effet, un autre thème fondamental est absent: l'ismaélisme. Contrairement à la poésie persane, il est absent aussi des

Introduction: Texte et Lectures du Texte

sources et des références de ses écrits. L'Aga Khan ne cite aucun imâm ismaélien en dehors de ceux qui sont communs aux shî'ismes duodécimain et ismaélien.

Ces interrogations nous amènent à considérer que les écrits aga-khaniens ont une double caractéristique: une accentuation pragmatique et une conception ésotérique. L'accentuation pragmatique apparaît du fait que l'Aga Khan n'écrit que lorsqu'il est contraint à l'inaction: l'action est donc prioritaire à l'écriture; dans cette situation, les écrits qui prennent la forme de livres sont consacrés principalement à la réalisation et la mise en action de projets mûrement réfléchis: l'action, si elle est capitale, ne doit jamais intervenir sans avoir été l'objet d'une sérieuse réflexion. Les livres ont toujours comme objectif final d'améliorer une situation concrète et vécue jusque dans le quotidien: "India in transition" doit ainsi améliorer la condition de vie des Indiens; les livres sur l'Islam doivent définir la place des pays musulmans dans la reconstruction du monde successive à la Seconde Guerre Mondiale, et de ce fait directement influer sur le mode de vie de millions de Musulmans.

La conception ésotérique des écrits apparaît sous la forme d'un implicite qui comporte plusieurs degrés. La poésie persane, par exemple, est un thème traité par l'Aga Khan bien qu'elle relève de cet implicite: il dit certaines choses sur cette poésie qui sont comprises de manière différente suivant que certaines données préalables sont connues ou non. La conception de l'ismaélisme n'est pas évoquée, si ce n'est dans une perspective historique dans les "Memoirs". Nous nous trouvons là en présence d'un implicite total qui établit un paradoxe de taille: celui du quarante-huitième imâm des Ismaéliens qui ne fait jamais référence à quoi que ce soit d'ismaélien.

b–tradition ismaélienne et anglicisation

L'étude des écrits aga-khaniens nous amène à poser un problème en partie nouveau en ce qui concerne les études islamiques: l'utilisation de la langue anglaise. Cette innovation préludait à une anglicisation progressive de la doctrine ismaélienne nizârite. Sultân Muhammad Shâh avait le persan comme langue maternelle; il étudia l'arabe, le français, l'anglais et l'allemand. Il connaissait aussi l'ûrdû puisque c'est dans cette langue qu'il s'adressait aux Ismaéliens du sous-continent indien.

Compte-tenu de cette situation, comment peut-on expliquer qu'il ne se soit exprimé qu'en anglais, ou exceptionnellement en français? Mais surtout, dans quelle mesure ce tranfert linguistique n'a-t-il pas influé sur l'évolution de l'ismaélisme? Il est vrai que l'Aga Khan utilise-lorsqu'il s'adresse aux Ismaéliens – un vocabulaire technique arabo-persan. De nos jours, l'imâm Shâh Karîm s'exprime exclusivement en anglais. Il est né en Europe et il est le premier imâm à être plus européen qu'oriental. C'est pourquoi une telle investigation devrait plutôt porter sur la deuxième moitié du XXè siècle.

Même lorsqu'il s'adresse à un public musulman indien, l'Aga Khan s'exprime en anglais plutôt qu'en ûrdû. Ce n'est pas là un cas unique: la plupart des Musulmans progressistes de la fin du XIXè et du début du XXè s. faisait de même. S'il est évident que cet usage traduit des positions loyalistes, il ne faut pas pour autant minimiser le fait que pour eux, l'anglais est tout simplement la langue du progrès, sans compter que l'ûrdû est loin de s'être imposé comme la *lingua franca* des Musulmans indiens. Il est vrai d'autre part que ces Musulmans s'adressent autant aux Européens qui les dominent qu'à leurs coreligionnaires.

Pour ces différentes raisons, il nous paraît inconséquent de rejeter un corpus produit en Inde sous prétexte qu'il n'est pas produit dans une langue orientale mais dans une langue européenne. C'est un fait que dans le sous-continent indien, la langue anglaise, loin de reculer, progresse jusque dans des milieux fondamentalistes qui espèrent ainsi toucher à la fois les milieux musulmans éduqués, et les Musulmans à l'extérieur du sous-continent. L'abandon des langues orientales pour les langues européennes témoigne de l'évolution des traditions religieuses musulmanes. En ce qui concerne notre recherche, l'usage de l'anglais ou du français a rendu parfois difficile l'identification de l'origine de certaines notions islamiques. De nos jours, l'anglicisation de la tradition ismaélienne, en dehors des facteurs relatifs à l'imâm Shâh Karîm, s'explique par la dispersion de la communauté, d'origine indienne en Afrique, en Europe et en Amérique du nord. Les dernières générations de ces communautés sont en train de perdre l'usage du gujarâti.

c–les écrits sur l'Inde

"India in transition"[3] révèle la structure épistémique de la conception agakhanienne du monde: entendons par là le découpage de la connaissance du monde en un certain nombre de catégories du savoir. Il est ainsi amené à s'exprimer sur la religion, la politique etc. Chacune de ces catégories s'inscrit dans un système global qui tend à constituer une *Weltanschauung*. Après la dédicace à sa mère et la citation du "Ulysses" de Tennyson[4], l'Aga Khan explique dans un avant-propos qu'en écrivant ce livre, il chérit l'espoir de rendre quelque service à son pays ("country") en exposant ses vues sur la "reconstruction de l'Inde". Depuis une douzaine d'années, l'Aga Khan est pressé par les éditeurs d'écrire un livre sur ces questions mais il pense alors qu'il est trop tôt. Il se contente de prononcer des discours et d'écrire des articles en Inde et en Angleterre. C'est une déclaration de M. Montagu[5] "a British stateman whose zeal and devotion in promoting the welfare of India had greatly impressed the Indian people during the time of his Under-Secretary-ship at the India Office"[6] qui lui en fournit

Introduction: Texte et Lectures du Texte

l'occasion. Montagu affirmait que des mesures concrètes allaient être prises dans le but d'octroyer à l'Inde "self-governing institutions".

Face à cette bonne volonté manifeste de la part d'un officiel britannique, l'Aga Khan considère qu'il est de son devoir – mais c'est aussi un privilège – d'apporter une contribution au problème que doit résoudre Montagu. Il ne prétend pas apporter un point de vue nouveau: ce point de vue a en effet été forgé au cours de discussions avec de nombreux leaders politiques. Ce qui frappe lors de la lecture de la table des matières, c'est la volonté de l'Aga Khan de penser le problème de l'Inde dans tous ces aspects: aucun domaine qui concerne le pays n'échappe à sa vigilance. Les trente et un chapitres traitent de l'organisation intérieure et extérieure du futur Etat indien, sans négliger ses nombreuses spécificités telles que les Indiens d'outre-mer et les intouchables. Car "India in transition" n'a pas seulement pour objectif de rendre crédible le "self-government" de l'Inde aux yeux des Britanniques, c'est aussi un "plan d'urgence" qui montre du doigt les nombreux et capitaux problèmes auxquels se trouveront immédiatement confrontés les nouveaux responsables. La date de sa publication n'est pas fortuite: l'Aga Khan pense que la reconstruction du monde consécutive à la fin de la Grande Guerre peut être propice à "l'évolution politique" – expression se trouvant dans le sous-titre de l'ouvrage – de l'Inde.

Il est possible qu'en écrivant ce livre, l'Aga Khan ait aussi poursuivi des objectifs plus personnels. En effet, en 1918, sa cote politique n'est pas très bonne en Inde. Il n'est plus président de la "All-India Muslim League" depuis cinq ans, et il n'occupe aucune fonction officielle en Inde, depuis son départ du Conseil Législatif du vice-roi en 1904. Les quelques missions que lui avait confiées le gouvernement britannique pendant la guerre ne semblent pas l'avoir pleinement satisfait. Quoi qu'il en soit, "India in transition" est quasi-unanimement salué parmi les biographes et l'Encyclopaedia Britannica considère que l'ouvrage a influencé l'India Act de 1919. H.J. Greenwall écrit pour sa part: "(..) it is a work of remarkable logic and power, and proved to be a valuable source of reference for the drafters of the Government India Bill"[7]. L'Aga Khan cite lui-même des extraits de "India in transition" à plusieurs reprises, dans "L'Europe et l'Islam" et dans les "Memoirs".

Le terme de *logic* revient à plusieurs reprises sous la plume des biographes pour caractériser l'ouvrage. Cette qualité est d'autant plus remarquable que l'exposé systématique d'un sujet est un cas unique dans la production écrite de l'Aga Khan. La démonstration est claire et simple: elle progresse lentement et avec assurance.

L'Aga Khan a su trouver un ton juste: ne pas ensevelir son discours sous une argumentation trop technique, tout en sachant quand et comment telle question doit être approfondie. Tous ces éléments contribuent à construire une charpente solide appuyée par une argumentation convaincante.

d–les écrits sur l'Islam

On peut se demander pourquoi l'Aga Khan et Zaki Ali ont publié deux petits ouvrages traitant de l'Islam en 1944 et 1945, qui totalisent à peine plus de cent cinquante pages à eux deux. "Glimpses of Islam", petit volume de dimensions réduites (12 × 18) a été publié à l'imprimerie de la Tribune de Genève en 1944, par le "prince Aga Khan" et le "dr Zaki Ali". Pendant la Seconde Guerre Mondiale, le gouvernement britannique avait demandé à l'Aga Khan Khan de rester à l'écart des affaires publiques. Il décide alors de se retirer en Suisse: c'est là que le docteur Zaki Ali le contacte.

Né près de Zagazig, en Egypte, en 1905, médecin de formation, Zaki Ali se définit comme "un homme qui veut rester dans l'ombre", venu en Europe dans le but "d'oeuvrer pour l'islam"[8]. Fixé d'abord à Vienne en Autriche, c'est en 1934 qu'il s'installe à Genève qui est alors un foyer musulman international très actif. En 1931, il avait publié au Caire un ouvrage intitulé "History of Arab medicine". Louis Massignon, à qui il avait envoyé un exemplaire au Collège de France, lui aurait écrit pour le féliciter. En 1938, Zaki Ali publie "Islam in the world" qui connut un certain succès puisqu'il fut réédité à Lahore en 1947[9].

Qu'attend-il de l'Aga Khan? Que celui-ci finance un certain nombre de livres qu'il a le projet d'écrire et que son nom – de renommée internationale, serve de support aux causes qu'il défend. L'Aga Khan, vivement intéressé et en accord avec les objectifs poursuivis par Zaki Ali, se laisse "prendre au jeu". Il contribue en 1944 à un premier ouvrage, "Glimpses of Islam", alors qu'à l'origine il n'était pas entendu qu'il y collabore, puis à un second l'année suivante, "L'Europe et l'Islam". Ce dernier est le seul ouvrage écrit en français par l'Aga Khan. L'accord entre les deux hommes semble avoir été profond puisque l'Aga Khan aurait demandé à Zaki Ali d'être le précepteur de ses petits-fils Karim et Amyn pour ce qui touchait l'Islam sunnite, avec interdiction absolue de leur parler de l'ismaélisme.

Le destin de ces livrets a été différent: le premier a été réédité, plusieurs fois, enrichi d'un nouveau chapitre écrit par Zaki Ali sur "Islam and mental health", et nous l'avons aperçu en 1996 chez un libraire indo-pakistanais de Karachi, à côté d'ouvrages traduits en anglais de Mawdûdî. Louis Gardet le mentionne en note dans sa "Cité musulmane" pour la solution que préconisent les auteurs dans le but de combler le vide laissé par la suppression du califat en 1924[10]. Le second, bien que mentionné par H.A.R. Gibb dans un compte-rendu de deux lignes, est quasiment inconnu[11]. Publié aux éditions du Mont-Blanc à Genève, aujourd'hui disparues, nous n'avons pu en consulter qu'un seul exemplaire à la Bibliothèque Publique Universitaire de Genève. Nous avons été frappé par le fait que personne parmi les spécialistes de l'ismaélisme et des Aga Khans ne connaissait son existence.

Introduction: Texte et Lectures du Texte

Quels sont les objectifs poursuivis par les auteurs de "Glimpses of Islam" et quelle part exacte a pris l'Aga Khan dans sa rédaction? Dans la courte préface, avant d'exposer brièvement le contenu de chaque article, ils expliquent que le livre pourra peut-être aider à promouvoir une meilleure compréhension entre les nations. Leur souci principal est la place qu'occupera le monde musulman dans l'après-guerre. Il leur semble qu'un monde musulman libre et tourné vers le progrès sera un indispensable facteur de stabilité. Deux chapitres forment les trois-quarts de l'ouvrage: ils ont été écrits par Zaki Ali et ils traitent des rapports entre l'Islam et les sciences médicales. Zaki Ali développe ici un thème récurrent de l'Islâh: celui de la compatibilité de l'Islam avec la science. Zaki Ali confirme cette idée en trois temps: 1-en citant les versets coraniques dans lesquels il est recommandé de rechercher la connaissance, 2-en citant des historiens européens, surtout français (Le Bon, Gobineau), qui ont soutenu cette idée et 3-en décrivant l'importance du développement scientifique dans la "renaissance arabe" survenue à Bagdad. Il passe en revue les principaux ouvrages scientifiques rédigés entre le VIIème et le XIVème siècle pour conclure que non seulement la science arabe a servi de base à la renaissance européenne, mais aussi à la révolution technologique du XIXème siècle.

La contribution de l'Aga Khan à "Glimpses of Islam" se résume à un chapitre d'une dizaine de pages sur "The fundamentals of Islam" et une coparticipation au dernier chapitre intitulé "Religious revival of Islam", à peine plus important. Il est vrai que ces deux contributions sont essentielles: l'Aga Khan ne traite que de l'Islam et on sent tout de suite combien il est encore redevable, en 1944, de la problématique islâhiste du XIXème siècle. Mais sans doute faut-il y voir la grande confiance que l'Aga Khan place encore dans ce qu'il appelle "le libéralisme musulman" dans un article publié en français à Lausanne en 1943, et dont "The fundamentals of Islam" sont la presque parfaite traduction anglaise. Ce chapitre constituera la première partie du huitième chapitre des mémoires intitulé "The islamic concept and my role as imam". Ainsi, pour un même contenu qui ne fait que décrire les sources de la connaissance en Islam, l'Aga Khan utilisera trois intitulés différents: 1–libéralisme musulman, 2- les fondements de l'Islam et 3- le concept d'Islam. Ces titres interchangeables témoignent de la continuité des conceptions aga-khaniennes en ce qui concerne les sources mêmes de l'Islam.

Le dernier chapitre traduit lui aussi l'ancrage de la pensée aga-khanienne dans l'Islâh. Avec Zaki Ali, il reprend ses grands problèmes parmi lesquels le plus central reste celui de l'autorité. Le titre emploie le terme *revival* qui n'est pas sans évoquer le mouvement du *revival* survenu à partir du XVIIIème siècle en Angleterre et aux Etats-Unis, et dont la dernière péripétie est bien la naissance d'un christianisme social dans la deuxième moitié du XIXème siècle, marqué en particulier par la création de l'Armée du Salut en 1878 par William Booth (1829–1912).

Dans "L'Europe et l'Islam", la proportion de la collaboration aga-khanienne est sensiblement la même que dans l'ouvrage précédent: Zaki Ali a écrit les deux tiers de l'ouvrage. Le titre est relativement trompeur puisqu'il ne fait que reprendre celui du dernier chapitre écrit conjointement par l'Aga Khan et Zaki Ali. Dans la préface, les auteurs insistent à nouveau sur leur désir de favoriser une plus grande compréhension mutuelle entre les peuples, rappelant que le monde musulman constitue une force importante pour le maintien de la paix. Cette fois, ils dénoncent les préjugés injustes dont l'Islam est victime en Europe.

Dans un assez long chapitre intitulé "Ce que l'Europe doit à la civilisation musulmane", Zaki Ali revient sur le rôle fondamental joué par la civilisation musulmane dans l'histoire universelle; aussi bien sur le plan intellectuel, scientifique qu'éthique puisque les valeurs dominantes étaient la tolérance et le libéralisme. Tous les domaines du savoir sont ensuite examinés pour démontrer que chacun d'eux a été développé, amélioré ou créé par des Musulmans. Le résultat est de faire de la civilisation musulmane la véritable origine du progrès des temps modernes, rôle habituellement dévolu à la Renaissance européenne. Dans son compte-rendu, H.A.R. Gibb qualifie ce chapitre de "extravagant essay"[12]. Malgré cela, pour l'auteur, le trait caractéristique de la civilisation musulmane n'est ni le progrès matériel – c'est à dire le développement du bien-être, ni le progrès intellectuel: "Mais c'est le trait moral qui confère à la civilisation de l'Islam son sens et sa valeur."[13].

L'Aga Khan est l'auteur du premier chapitre constitué d'une dizaine de pages et intitulé: "Le panislamisme". Ce court chapitre est important à plusieurs égards. L'Aga Khan entend expliquer au public européen ce que signifie réellement le panislamisme. C'est un ensemble de valeurs islamiques universelles qui ont été pour la plupart occultées par la politisation de l'Islam effectuée par certains souverains musulmans au XIXème siècle. L'Aga Khan s'exprime sur sa conception de l'autorité, sur ce problème après la suppression du califat, et aussi sur un Islam modernisé qui seul aura la capacité de relever les défis du XXème siècle. Alors que les fondements de l'Islam insistaient plus sur les sources de la connaissance islamique, ce chapitre entend démontrer que certaines valeurs islamiques participent à une modernité. Dernière particularité non négligeable, l'Aga Khan cite plusieurs réformateurs en soulignant pour chacun d'eux quelle a été leur contribution au renouveau islamique.

Enfin, le dernier chapitre cosigné par les auteurs insiste sur le fossé qui sépare encore l'Europe et l'Islam malgré leur commune participation à l'édification d'une civilisation universelle. Ils soulignent le rôle positif joué par les orientalistes pour déjouer les préjugés européens mais déplorent que le résultat obtenu soit encore nettement insuffisant. Le chapitre se termine par une longue succession de concepts/valeurs (égalité, fraternité, souveraineté, démocratie, respect, solidarité, union, paix, bien commun etc.) qui

Introduction: Texte et Lectures du Texte

sont censés appartenir au patrimoine islamo-européen et qui constituent les fondements – intitulés par les auteurs "droits fondamentaux" – de la civilisation universelle telle qu'elle se dévoile dans l'ONU.

Mais l'Aga Khan s'intéresse aussi à l'histoire événementielle du monde musulman. C'est pourquoi il écrit plusieurs articles dans le Times sur la "British policy" au Moyen-Orient ou bien sur l'avenir des Musulmans en Inde.

e–les mémoires

Les "Memoirs" sont publiées en anglais simultanément à Londres et à New-York en 1954. La même année, elles sont traduites en allemand. L'année suivante, Jane Fillion en effectue une traduction en français qui sera publiée chez Albin Michel. Cette traduction n'est malheureusement pas très satisfaisante. Il apparaît évident que la traductrice n'était pas très informée sur l'Islam, et encore moins sur la pensée de l'Aga Khan: elle ignore les multiples contextes dont il est issu et ceux dans lesquels il a évolué. De ce fait, la traduction présente de nombreuses lacunes: contresens, altération de termes arabo-persans, simplification arbitraire de certains passages, déqualification du vocabulaire technique, suppression de certains passages. Le traitement de l'index est à cet égard très significatif: il est réduit de moitié.

Le plan des "Memoirs" est simple: il divise l'ouvrage en quatre parties chronologiques. Les trois premières correspondent aux périodes de la vie: l'enfance et l'adolescence, le jeune homme, l'âge adulte. La dernière partie est une tentative de définir l'avenir de l'homme et du monde. Dans le prologue, l'Aga Khan mentionne le double objectif poursuivi par ses mémoires: mettre fin aux nombreuses légendes qui circulent à son sujet – comme par exemple sur sa fortune, et apporter son témoignage – qui est celui d'un observateur mais aussi d'un acteur – sur une période marquée par de multiples mutations économiques, politiques et sociales. Ce témoignage est privilégié car l'Aga Khan précise qu'il a souvent été l'ami intime de ceux qui ont eu leur part dans ces transformations.

Les mémoires de l'Aga Khan – rédigées au crépuscule de sa vie- sont intéressantes à plusieurs titres. En premier lieu, elles constituent un bilan optimiste de sa vie; elle nous livre d'autre part le stade ultime de sa pensée: en effet, l'Aga Khan aborde dans ses mémoires la plupart des thèmes qui lui sont chers. Elles apparaissent – malgré l'importance quantitative occupée par l'anecdotique – comme une sorte de tableau général et récapitulatif de la Weltanschauung aga-khanienne. On découvre dès les premières pages des mémoires la place que tient l'homme dans la pensée aga-khanienne: "The people whom I have met and known throughtout my life, écrit-il, stand out in my recollation more vividly and sharply than the dogmas that I have heard preached, the theories that I have heard argued, the policies that I have known to be propounded and abandoned" (p. 12).

Il faut comprendre dans cette distinction établie entre l'homme et l'idée que l'Aga Khan est plus porté vers la vie – car l'homme est la réalité de la vie, c'est à dire vers l'action qui signifie mouvement et perduration que vers le dogme, qui signifie fermeture, vers l'abstraction stérile. Cette attitude envers l'homme s'affirme encore dans l'intérêt que l'Aga Khan manifeste pour les biographies. La description biographique est le discours narratif le plus fréquent dans les mémoires. Le contenu du discours dépend d'un certain nombre de variables comme le degré de connaissance personnelle, l'importance historique, l'importance mythologique etc. Cela va de l'esquisse biographique à l'analyse approfondie. Dans certains cas, l'objectivité n'est pas de toute évidence l'objectif principal: c'est particulièrement sensible pour les deux analyses biographiques les plus importantes, celles de Muhammad 'Alî Jinnah et de Gandhi.

Les deux "héros-fondateurs" du Pakistan et de l'Inde se distinguent par le traitement discursif. Si la séquence biographique sur Jinnah traite le sujet sur un mode mythique, celle qui concerne Gandhi relève surtout du discours critique. Au sujet de Mustafa Kemal Pasha, il apparaît avec la dernière évidence que l'Aga Khan peut utiliser le mode mythologique dans certaines situations – lorsqu'il s'adresse à un large public – et un ton plus critique en privé.

En dehors de la description biographique – plusieurs centaines de personnages sont cités – l'Aga Khan utilise trois autres discours narratifs principaux[14].

Un premier discours narratif décrit les événements auxquels l'Aga Khan a participé. Il en présente la genèse et les commente: plusieurs versions du même événement peuvent être présentées mais l'Aga Khan justifie sa propre version. Il fait d'autre part état des grandes questions de son époque en donnant, pour conclure, son avis personnel justifié. Enfin, et cela constitue le quatrième discours narratif, l'Aga Khan relate les divers voyages qu'il a effectués, mais là encore, la description des hommes est privilégiée par rapport au reste.

f–philosophie du bonheur

Cet intitulé nous a été inspiré par le titre d'un article de l'Aga Khan: "My philosophy of happiness" qui sera suivi de "More thoughts of happiness"[15]. L'Aga Khan a beaucoup publié dans la presse populaire britannique et aussi dans le *Times*. On peut dire que lorsque l'Aga Khan expose sa "philosophie du bonheur", il expose les valeurs qu'il considère comme formant la base de sa vision du monde. Ces valeurs peuvent être d'origine religieuse ou autre, mais il reste que lorsque l'Aga Khan en parle dans ce cadre, elles ne se réfèrent à aucun système normatif précis: leur exposé tient surtout au fait que pour l'Aga Khan, elles sont aptes à produire le bonheur d'un individu. L'ensemble de ces articles est généralement écrit sur un ton confidentiel et il laisse apparaître un Aga Khan spirituel et mystique.

Introduction: Texte et Lectures du Texte

Sa "philosophie du bonheur" repose principalement sur la méditation et la prière, sur l'accentuation de l'outre-monde, sur la recherche de la communication avec Dieu. Nous ignorons pour quelles raisons l'Aga Khan publia cette série d'articles à Londres dans les années trente. Est-ce pendant les sessions de la "Round Table Conference" de 1930 et 1931? Faut-il imputer à un échec quelconque – politique ou autre – cette sorte de nostalgie mystique qui en ressort? Non pas que l'Aga Khan n'ait jamais abordé dans d'autres écrits la question du lien de Dieu à sa créature; mais dans ces articles, l'appel et le désir de retour à Dieu, la recherche de l'outre-monde dans le monde d'ici-bas constituent le sujet central de ses réflexions: cela n'apparaît à notre connaissance dans aucun autre de ses écrits.

L'importance de cette série d'articles repose sur le fait que l'Aga Khan se révèle dans ce qu'il a de plus intime. On y découvre que sa conception du bonheur est toute spirituelle, sans pour autant qu'il rejette le bonheur terrestre et charnel. Cette conception du bonheur – "spiritual" d'après sa propre expression – nécessitera une redéfinition de ce terme car l'Aga Khan inclut dans les choses de l'esprit les choses de l'éthique. La "philosophie du bonheur" transparaît d'autre part dans les deux articles et la préface que l'Aga Khan écrivît sur la poésie persane. Dès 1915, il écrit la préface de la traduction du persan en anglais des "Rubayât" de 'Umar Khayyâm[16]. Un article sur les poètes persans est publié dans le Times en 1934[17] et enfin, en 1936, il rédige un article sur Hâfiz à l'occasion de la création de l'Iran Society[18].

I–2 LES SOURCES REPRODUITES

Si la plus grande partie des écrits aga-khaniens a bien été publiée par son auteur, il en reste une partie importante qui provient de sources qui n'étaient pas destinées à la publication – des discours pour la plupart. Dans cette catégorie se rangent les écrits ismaéliens de l'Aga Khan. Les sources reproduites se répartissent en deux genres de textes: les extraits et les compilations. Pour chaque genre, nous distinguerons les écrits publics et les écrits ismaéliens.

a–les extraits

Nous classons dans les extraits aussi bien les extraits intégraux de certains discours que les courtes citations. Il est évident, avant d'aborder la question de l'authenticité de ces documents, que ces reproductions sont pour nous la seule possibilité de les connaître. C'est le cas par exemple de plusieurs discours que l'Aga Khan prononça dans différentes réunions organisées par diverses associations musulmanes de l'Inde au début du siècle. C'est le cas d'autre part pour les écrits ismaéliens de l'Aga Khan, écrits qui sont les seuls à faire référence à la doctrine ismaélienne, et de ce fait, à utiliser un vocabulaire technique ismaélien. Il est important de revenir sur ces questions.

La problématique réformiste émise par l'Aga Khan apparaît jusque dans ses dernières lettres rédigées dans les années cinquante. Mais il développe cette problématique dans trois discours qu'il prononce à Delhi en 1902, à la Mohamedan Educational Conference, puis à Bombay devant la même organisation en 1904 et enfin à Delhi, en 1910, devant la Muslim League. Le premier discours est rapporté par deux auteurs différents: Ikbal Ali Shah et Navroji Dumasia, qui publient leurs ouvrages l'un en 1933 à Londres, l'autre à Bombay en 1938. Les deux versions sont strictement les mêmes, ce qui constitue une preuve évidente de l'authenticité du texte. Le discours prononcé à Bombay ne se trouve que dans l'ouvrage de Dumasia: rien n'autorise à mettre en doute cette reproduction d'autant plus que les ouvrages de Dumasia sont autant de témoignages de sa fidélité aux nombreux textes qu'il cite. Enfin, le dernier est cité par Dumasia et dans la compilation de Syed Sharifuddin Pirzada qui corrobore le texte cité par le précédent.

Le recours à ces reproductions de discours nous a permis d'utiliser des textes fondamentaux et souvent méconnus. Ils prouvent sans ambiguïté la continuité de la pensée aga-khanienne avec le réformisme de Sayyid Ahmad Khân et fournissent déjà les grands axes de sa propre vision réformiste. De la même manière, l'utilisation d'extraits et de citations issus de sources ismaéliennes nous permet de mettre en place un référent totalement absent des autres écrits et pourtant de première importance.

b–les compilations

Cette série regroupe une demi-douzaine de publications dont la majeure partie a paru dans les années cinquante. Un terme générique se trouve dans l'ensemble: le terme de "message". Ce terme revêt une importance particulière dans la pensée aga-khanienne puisque l'Aga Khan l'utilise pour désigner ce que Muhammad a apporté en paroles et en actes; plus que leur contenu formel, il s'agit dans cette expression de mettre en relief l'esprit dans lequel le Prophète les a accomplis et proférés. En dernière analyse, le terme "message" appliqué aux paroles de l'Aga Khan indique que celui à qui il est adressé doit plus s'attacher à l'esprit qu'à la lettre. Il en ressort que chaque parole doit être soumise à l'interprétation.

Bien que certaines de ces compilations aient un thème, les femmes musulmanes, le monde musulman, religion et politique, il n'est pas toujours facile de trouver une unité ou même une cohésion dans ces compilations. Suivant quels critères les compilateurs ont-ils opéré? Quels objectifs poursuivaient-ils? Quelles sources ont-ils eues à leur disposition pour les réaliser? Il serait aventureux de chercher des réponses définitives à ces

Introduction: Texte et Lectures du Texte

questions. Toutes les compilations portent certes le nom des compilateurs qui sont originaires soit du sous-continent indien (Bombay, Karachi) ou de l'est africain (Mombasa, Nairobi, Dar es Salam). Certains sont titrés (sultan) ou affublés d'un surnom qui semble indiquer une spécialité (soofi): il ressort de ces caractéristiques que les compilateurs ne sont autres que des dignitaires des organisations ismaéliennes aga-khaniennes.

Cela implique-t-il obligatoirement que l'Aga Khan ait personnellement avalisé ces publications? Dans certains cas, sans aucun doute; lorsqu'il s'agit de recueils dont la fonction est normative, mais il est difficile de penser que ce fut une pratique systématique. Il semble toutefois que pour le reste, chaque "Ismailia Association" prenait l'initiative de ces publications à l'échelon local. Cela explique la répétition de certains articles importants d'une compilation à l'autre.

Une des compilations les plus importantes a été publiée par un dignitaire kenyan en 1955; il s'agit de "Collectanea of some recent speeches and writings of His Highness the Aga Khan". Ce titre donne à peine une idée de l'aspect composite de ces compilations. Les différents articles présentés ici sont des préfaces, des lettres, des discours, des articles publiés dans la presse et d'autres dont la source n'est pas indiquée.

c–les biographies

Le principal intérêt des biographies comme sources pour l'élaboration du corpus a déjà été souligné ci-dessus: il réside dans la reproduction de discours importants prononcés en Inde par l'Aga Khan au début du siècle. En dehors de cela, les biographies revêtent-elles toujours un intérêt particulier dans cette optique? On est tenté de répondre négativement à cette question. En effet, la plupart des biographes a eu recours à des sources orales collectées dans la presse. La vérification de l'authenticité de ces sources – elles-mêmes de quelle origine? – se situe déjà en dehors de notre champ d'investigations, ce à quoi il faut ajouter que ces considérations sont pour le moins éloignées des objectifs poursuivis dans le cadre de notre recherche. D'autre part, bien que les biographes aient beaucoup puisé dans les oeuvres de leurs prédécesseurs, deux parmi eux méritent à cet égard une mention particulière: N. Dumasia et M. Bose.

Dans ses mémoires, l'Aga Khan rend hommage à N.M. Dumasia, un Parsi talentueux qui fut rédacteur en chef au *Times of India*; il confie lui être redevable de tout ce qu'il a tenté en politique. Dumasia est l'auteur de deux biographies de l'Aga Khan dont la première paraît à Bombay en 1903, et la seconde – qui est une version amplifiée de la précédente, en 1938[19]. Dans le compte rendu de cette dernière qu'il écrivit dans *Moslem World*, J.N. Hollister souligne que pour réaliser son objectif, à savoir présenter l'Aga Khan comme le meilleur leader des Musulmans indiens, Dumasia utilise de nombreux et souvent larges extraits tirés des ouvrages de l'Aga

Khan lui-même[20]. On peut affirmer que Dumasia a réuni dans sa biographie les principaux discours, articles et interventions de toutes sortes de l'Aga Khan jusqu'en 1938. Il suffit – pour le confirmer – de se reporter à l'index du *Times*. Ce n'est donc pas sans raison que les biographes ont abondamment puisé dans Dumasia.

Meher Bose consacre les trois-quarts de son "The Aga Khans" à Sultân Muhammad Shâh[21]. Bien que son ouvrage ne se situe pas – comme les autres biographies du reste – dans une perspective scientifique, cet ouvrage présente un intérêt du fait que son auteur a beaucoup utilisé les archives britanniques. Ce type de sources est certes bien spécifique, et le livre de Bose est de toute évidence plutôt mal intentionné envers son sujet, mais il reste qu'il n'est pas possible de les négliger pour la simple raison qu'une grande partie de ces archives est constituée par la correspondance de l'Aga Khan. Pour cela, la biographie de Meher Bose sort du lot de ses semblables. Cet effort pour mettre à jour de nouvelles sources répondait sans doute au désir de l'auteur d'accentuer l'image préconçue qu'il avait de l'Aga Khan.

I–3 LES SOURCES INÉDITES

a–la correspondance

Malheureusement, malgré de longues investigations, nous n'avons pu obtenir qu'une infime partie de la correspondance de l'Aga Khan: celle qu'il adressa au fondateur du Pakistan, Muhammad 'Alî Jinnah[22]. Ces quelques lettres indiquent – d'un point de vue général – combien ce type de sources peut être finalement assez pauvre dans le cadre de cette recherche. En effet, l'Aga Khan – qui les écrit toutes de son "Ritz" parisien ou londonien – aborde des questions ponctuelles qui, de toute évidence, font suite à des rencontres entre les deux hommes sans doute dans le contexte des "Round Table Conferences" ou de négociations annexes.

b–les rapports

Les rapports secrets envoyés par l'Aga Khan à l'India Office sont plus enrichissants. En effet, l'Aga Khan qui fut dans sa carrière quelque chose comme expert en affaires islamiques auprès de Londres effectua quelques missions pour le compte du gouvernement britannique. Nous disposons de trois de ces rapports: l'un sur l'Egypte, un autre sur la Turquie et un dernier sur la Perse. Rédigés dans les trois premiers mois de l'année 1916, on peut imaginer sans peine que ces rapports s'intégraient au projet britannique qui cherchait à la fois à contrecarrer le *jihâd* lancé sur les ordres du sultan ottoman, et la préparation de la grande révolte arabe sous l'étendard du *sharîf* Husayn de La Mekke. Ces rapports, bien que n'apportant rien de décisif, corroborent et précisent certains aspects de la conception

Introduction: Texte et Lectures du Texte

aga-khanienne de l'Islam, ainsi que de la vision aga-khanienne de l'avenir du monde musulman.

c–les discours de la SDN

Les archives de la SDN renferment une dizaine de discours de l'Aga Khan[23]. Le premier a été prononcé le 27 septembre 1932, alors que l'Aga Khan représentait l'Inde à la Société des Nations. Le dernier fut prononcé presque cinq ans plus tard jour pour jour, le 29 septembre 1937, alors qu'il état président de la session annuelle de la Société. Plusieurs de ces discours saluent l'admission d'Etats musulmans (Irak, Afghanistan, Egypte). Cette admission se produit souvent parallèlement à leur indépendance. L'Aga Khan en profite alors pour réaffirmer "le droit des peuples à disposer d'eux-mêmes" ainsi que la fraternité islamique. D'autres sujets sont abordés dans ces discours comme par exemple le problème de la place des Etats colonisés ou nouvellement indépendants dans la Société. On constate avant tout, à la lecture de ces discours, combien l'Aga Khan est soucieux de la place que chaque pays – les musulmans et les autres, les indépendants et les dépendants – doit nécessairement occuper dans le monde de demain.

d–le fonds K.K. Aziz

C'est tardivement que nous avons pris connaissance du travail considérable de M.K.K. Aziz[24]. A ce sujet je tiens à le remercier de m'avoir autorisé à utiliser, dans ma bibliographie, les titres qu'il a donnés à certains articles de l'Aga Khan. Le fonds qu'il a constitué reflète la disparité et la fragmentation de l'oeuvre de l'Aga Khan. Principalement basé sur les articles, interviews et discours de l'Aga Khan publiés dans des journaux indiens et britanniques, il constitue à ce jour un ensemble unique, qui est la première tentative de ce type. Il est le fruit de plusieurs années de travail et le résultat est surprenant à la fois par la quantité de matériel rassemblé, et par le fait qu'il dévoile d'emblée la richesse de la pensée aga-khanienne. Les 1579 pages sont divisées en 229 documents. Chacun d'eux est précédé d'un sommaire descriptif de son contenu, puis vient le document lui-même qui est suivi à son tour de précieuses notes explicatives et d'une bibliographie approfondie concernant les principaux thèmes abordés.

Il est vrai toutefois que cette collection fait fi de la méthodologie. Son auteur ne s'arrête pas sur cette question: il a collecté tout ce qui a été produit par l'Aga Khan, quelle que soit l'origine de cette production. C'est ainsi qu'il cite des extraits de discours tirés des biographies ou bien d'autres compilations. D'autres documents sont tirés d'archives officielles en provenance de Grande-Bretagne et de l'Inde mais on est toutefois déçu par le fait que certains documents fondamentaux – comme les discours de Bombay et de Delhi – soient reproduits à partir de sources secondaires. En réalité, l'intérêt principal de cette collection provient du fait que son auteur, résidant à Lahore au Pakistan, a eu accès aux principaux journaux indo-pakistanais dans lequel l'Aga Khan a pu écrire, comme par exemple le *Times of India* (Bombay), le *Comrade*, la *Civil and Military Gazette* (Lahore), le *Star of India* (Calcutta), la *Rangoon Gazette* (Rangoon), la *Bombay Chronicle* (Bombay), le *Pakistan Horizon* (Karachi), le *Dawn* (Karachi) et le *Pakistan Observer* (Dacca).

Il a aussi pu consulter des journaux est-africains comme *l'East African Standard* (Nairobi), le *Mombasa Times* (Monbasa), le *Tanganyika Standard* (Dar-es-Salam), le *Sunday Post* (Nairobi) et le *Zanzibar Times* (Zanzibar). Il a enfin consulté de nombreux journaux anglais, dont beaucoup appartiennent à la presse populaire comme le *Daily Sketch*, l'*Evening Standard*, le *Daily Herald*, le *Daily Express*, la *National Review*, le *Morning Post*, le *Muslim Times* et le *Sunday Express*, tous publiés à Londres ainsi que l'*Asiatic Review* et l'*Edinburgh Review*, sans oublier l'incontournable *Times*. Soit vingt-cinq journaux publiés sur trois continents. Ces articles, interviews et autres, constituent la majorité des documents collectés par K.K. Aziz.

Malgré la tendance exhaustive de son travail, quelques articles ont échappé à l'auteur. Il s'agit en particulier d'articles mentionnés ou cités par Le Chatelier, publiés dans des revues comme la *Sphere* ou *East and West*[25]. Une lacune plus importante est l'ouvrage publié par l'Aga Khan et Zaki Ali, "L'Europe et l'Islam" et la correspondance de l'Aga Khan et de Muhammad 'Alî Jinnah[26]. *Last but not least*, l'auteur passe totalement sous silence les écrits reproduisant des discours, *firmans* et *talikas* adressés par l'Aga Khan aux Ismaéliens, ainsi que les Constitutions promulguées sous son imâmat.

I-4 LES SOURCES CONFIDENTIELLES

a–les *firmans* et les *talikas*

Par "sources confidentielles", nous entendons les écrits aga-khaniens, non publiés par lui, qui ont été colligés par des dignitaires ou des associations ismaéliennes, puis publiés par leurs soins. Ces écrits s'adressaient uniquement aux Ismaéliens et leurs éditeurs leur ont apposé des mentions comme "pour Ismaéliens seulement", "à circulation limitée", etc. Cette restriction perdure jusqu'à aujourd'hui et cette partie du texte aga-khanien a été très difficile à réunir. Finalement, l'Institute of Ismaili Studies a accepté de mettre à notre disposition certaines sources confidentielles.

Ce type de sources est d'une importance capitale et ce à plusieurs titres. Elles constituent le lieu unique dans lequel l'Aga Khan fait directement référence à la tradition ismaélienne nizârite, à travers la citation de personnages et d'anecdotes, et l'utilisation d'un lexique technique. D'autre part, elles reflètent les différentes étapes des transformations opérées dans la communauté et la doctrine à travers les grandes orientations définies par

Introduction: Texte et Lectures du Texte

l'imâm. Mais ces sources présentent par ailleurs de redoutables difficultés d'ordre méthodologique. Premièrement, la collection des paroles de l'Aga Khan a été effectuée sur le vif, par des gens qui, quoique Ismaéliens, n'étaient pas des spécialistes de la tradition ismaélienne, mais plutôt des commerçants ou des hommes d'affaires.

Deuxièmement, l'Aga Khan s'exprimait la plupart du temps dans un ûrdû fortement "persanisé", qui était une langue étrangère pour les scribes, qui traduisaient simultanément en gujarâti ses paroles, le gujarâti étant leur langue maternelle. Enfin, ne connaissant pas nous–mêmes le gujarâti, nous avons dû utiliser des traductions anglaises qui se limitent aux deux principales, à savoir "Precious Pearls: Farman Mubarak of Hazrat Imam Mowlana Sultan Mohammad Shah" (1954, Karachi, 108 pp.) et "Mubarak Talika and Messages – Mowlana Hazir Imam's Guidance and Advice in Spiritual and Wordly Matters to Ismailis of Africa" (Monbasa, 1955, 56 pp.); de ce fait, notre connaissance des *firmans* et *talikas* – sans même parler des problèmes concernant leur authenticité, reste très parcellaire, bien que nous puissions la compléter par des citations de *firmans* extraites de diverses publications ismaéliennes.

Pour nous, le problème relatif à ces sources se posait dans les termes suivants: leur authenticité ne pouvant être scientifiquement établie, et qui plus est, chaque scribe s'étant immanquablement projeté sur ces écrits, ces sources pouvaient-elles être retenues comme constitutives du corpus aga-khanien? Mais à cette question s'en ajoutait une autre: comment était-il envisageable de ne pas utiliser les seules sources dans lesquelles l'Aga Khan faisait directement allusion à la tradition ismaélienne, lui qui affirmait que sa fonction d'imâm des Ismaéliens nizârites avait toujours constitué la priorité des priorités? En d'autres termes, le problème de fond était de savoir comment utiliser ces sources. Il n'est pas inutile de préciser que l'Aga Khan a approuvé – nous n'avons pas réussi à savoir si cette approbation avait été implicite ou explicite – ces publications, et qu'elles ont été utilisées du vivant même de l'Aga Khan comme sources sacrées du savoir.

Il est logique de penser que la plupart des sujets abordés par l'Aga Khan dans les *firmans* et les *talikas* l'a été ailleurs, dans ses écrits publics. Nous avons vu que l'intérêt de ces sources réside en effet plus dans la forme utilisée par celui-ci pour les aborder, que dans les sujets eux-mêmes. Nous ne pensons pas, par conséquent, déroger aux principes méthodologiques qui caractérisent la recherche scientifique en prenant en compte les *firmans* et les *talikas* en tant que confirmations et justifications de l'analyse de sujets dûment exposés par l'Aga Khan dans ses écrits publics.

Qu'est-ce qu'un *firman* ou *farman*? Le terme provient du persan *farmân* qui signifie un ordre, un commandement ou une lettre patente[27]. Depuis quand et avec quel sens le terme est-il utilisé par les Ismaéliens? Nâsir-e Khusraw emploie le terme dans son *Kitâb-e Jâmi' al-Hikmatayn* pour traduire le terme arabe *amr*[28]. Il réapparaît dans les *Pandiyât-e javânmardî* mais son utilisation systématique semble être plus récente. Dans ce dernier ouvrage datant du XVIème siècle, le terme est utilisé à quatre reprises, chaque fois avec un sens particulier. Sous les formes différentes de *farmân-e Haqq*, *farmân wa hukm-i ilâhi* et *farmân-i mubârak*, il est l'équivalent de l'arabe *amr* et fait écho aux diverses mentions coraniques dans lesquelles il est question de la toute-puissance de la volonté divine. A une seule reprise, sous la forme *farmân-bar-dâri Khudavan va pîr*, le terme est appliqué à l'imâm dans le sens d'obéissance à ses ordres[29].

Le scribe qui a copié le manuscrit en 1935, ainsi que W. Ivanow dans son introduction, considèrent malgré tout que le traité est partiellement composé de *firmans* au sens moderne du terme, que ce dernier définit comme "being using in a special sense, of meaning any utterance of the Imam, oral as well as written, regardless of the subject dealt with"[30]. On sait que ce texte aurait été envoyé par l'imâm Mustansir bi'llâh II à ses disciples indiens. Il est évident que la redondance de l'utilisation récente de ce terme a comme origine l'apparition d'un besoin et de ce fait, malgré le précédent notoire signalé, ce mode de communication implique la présence de l'imâm au sein de la communauté, pour ce qui concerne au moins la période précédant le développement des moyens de communication au début du siècle. Il faut d'autre part préciser que le *farmân* est, à l'époque kâjâr, utilisé dans un contexte très politique avec le sens de rescrit impérial. Il est l'instrument même du pouvoir absolu du shâh, qui est *Zill Allâh*, ombre de Dieu.

Dans leur article publié en 1969 sur quelques *firmans* est-africains, Adatia et King écrivent: "Originally, the firmans we are studying were utterances of the Imam made in or directed to East Africa, issued perhaps in English, Persian or Urdu and translated in the spot into Gujerati and writing down"[31]. Le recueil que nous avons utilisé témoigne de la diversité des sujets abordés; si la forme originale du *firman* est la plupart du temps un dit de l'imâm, cela peut être plus rarement un télégramme ou l'extrait d'un écrit. C'est ainsi qu'un *firman* est tiré d'une préface écrite par l'Aga Khan (no 17), un autre de ses propres écrits (le no 44 est tiré des mémoires). Les éditeurs ont collecté 140 *firmans* qu'ils ont ensuite regroupés en 34 thèmes, parmi eux seuls cinq ne sont pas datés, qui ont chacun reçu un titre. Ce regroupement thématique recoupe souvent un regroupement chronologique comme dans le premier thème abordé, par exemple, qui, composé de 16 *firmans*, est dominé par des *firmans* anciens (de 1885 à 1903). Alors que les thèmes sur des sujets plus profanes (santé, immigration, assurance etc.) sont dominés par des *firmans* récents (années cinquante).

Curieusement, les années les plus fécondes sont situées au début de l'imâmat et à la fin; par contre, par décennie, la prédominance des années cinquante est écrasante. A quoi correspondent les périodes productrices de *firmans* et les périodes non productives? Si l'on observe que les *firmans* du début de l'imâmat sont consacrés à l'imâmat et à la religion ismaélienne (foi, obéissance, prières etc.), on peut en déduire que l'Aga Khan désirait à

Introduction: Texte et Lectures du Texte

la fois convaincre ses fidèles qu'il était bien l'imâm – non qu'il y ait eu des contestations, mais plutôt parce qu'il était un enfant, et commencer la "réismaélisation" des croyances khojas. La période la plus productive, située dans les années 50, correspond à une période de grande activité dans les domaines de la réorganisation économique et administrative de la communauté ismaélienne. Quant aux années creuses, les années 10 et 20, l'Aga Khan était alors très impliqué dans le développement et la défense des intérêts musulmans en Inde et dans le monde (question du califat).

Le second recueil que nous avons utilisé est constitué de *talikas*. D'après Shirin Walji, "Talikas are weekly or beweekly communications from the Aga Khan to the Jamat acknowledging report sent by various committees, mandli (religious assemblies), and local councils. Talikas also includes blessings to the recently deceased, and to individuals for their volontuary contributions"[32]. Bien que parfois les deux termes ne soient pas réellement différenciés, on peut constater – à partir de l'étude des recueils que nous avons utilisés – que les *firmans* sont en général plus portés sur la doctrine ismaélienne, alors que les *talikas* concernent davantage des questions pratiques et techniques. Le terme *talika* provient, via le persan, de l'arabe *ta'liqa*, qui désigne un commentaire, une prise de position, un avis sur un fait d'actualité.

Nous terminerons en faisant une constatation: les publications de *firmans* et de *talikas* datent toutes des années cinquante. Elles précèdent de peu la mort de l'Aga Khan. A-t-il joué un rôle dans ces publications? Est-il à l'origine de la publication de la somme que semble être *Kalam-e imam-e mubin*? Il est possible que cette dernière publication ne soit que la synthèse de publications plus dispersées[33].

b–les constitutions

Dans ce domaine comme dans le précédent, la source que sont les constitutions pose un certain nombre de problèmes. Tout d'abord pour la simple raison que nous n'avons pu en consulter qu'une seule qui datait de l'imâmat de l'Aga Khan. Les deux autres ont été promulguées sous l'imâmat de son successeur, Shâh Karîm, respectivement en 1962 et 1986, cette dernière étant encore actuellement en vigueur. Là encore se pose la question de l'attribution. La constitution de 1925 a été publiée par Varas Mahomedani Remtula Hemani, président du Conseil Suprême shî'ite imâmite ismaélien de Zanzibar. Mais il ne fait aucun doute – plusieurs articles en font foi – que cette constitution a été élaborée avec l'imâm, acceptée par l'imâm, en conséquence de quoi l'Aga Khan peut être considéré comme un de ses auteurs. Il est très regrettable que nous n'ayons pas été en mesure de consulter d'autres constitutions de l'imâmat de l'Aga Khan[34], car elles sont autant de témoignages précis de la transformation de l'organisation de la communauté et de sa doctrine. Chaque étape importante de la modernisation est en effet marquée par la promulgation d'une nouvelle constitution: 1905, 1925, 1937, 1946 et enfin 1952. Plusieurs auteurs les ont utilisées: nous serons donc contraints de recourir à ces sources secondaires. Nous suivrons, pour les utiliser, le même processus précédemment exposé pour les *firmans*.

I–5 LA LECTURE ORIENTALISTE

a–L'Aga Khan, homme public

Quelles lectures ont été proposées du fait aga-khanien, c'est à dire des écrits, des paroles, des actions et des activités de l'Aga Khan? Il n'est pas pensable de prendre en compte toute la production journalistique sur ce sujet; elle nécessiterait une recherche à elle seule. Vu les objectifs poursuivis ici, il nous a paru nécessaire de limiter nos investigations à un domaine plus circonscrit qui se définissait par un traitement moins superficiel du sujet. Ce domaine est constitué par les rares articles et compte-rendus rédigés par des orientalistes, et par les biographies. La compulsion de ces différentes sources a fait apparaître de façon évidente que deux axes de travail avaient été privilégiés par les auteurs; l'Aga Khan comme homme public et l'Aga Khan comme imâm. Deux remarques s'imposent. Il est évident d'une part que chaque auteur a abordé les deux "facettes" du personnage mais chaque ouvrage ou article est toujours dominé par l'une ou par l'autre. D'autre part, la première série est de loin prédominante; du reste, cette problématique de "l'homme public" est elle-même temporaire car une approche plus approfondie de la question met en lumière une réalité plus complexe et révèle en dernière analyse, un certain nombre de composants très diversifiés.

On a déjà souligné l'intérêt précoce soulevé par les Ismaéliens auprès des Européens. La survivance du "Vieux de la Montagne" est signalée dès le début du XIXème siècle par des sources françaises et anglaises. La coopération entre les Britanniques et les Aghâ Khâns aura comme conséquence de développer la curiosité des officiers britanniques envers ce "dieu vivant", curiosité qui atteindra son paroxysme lors de l'installation de Hasan 'Alî Shâh à Bombay autour de 1845. C'est ainsi que lorsque l'Aga Khan naît en 1877 à Karachi, sa famille a acquis une certaine réputation dans la société musulmane de l'Inde britannique puisque son père siégea dans le Bombay City Council et fut élu dirigeant de la Muhammadan National Association.

Le premier article important consacré à l'Aga Khan est publié par Alfred le Chatelier dans le premier numéro de la toute nouvelle *Revue du Monde Musulman* en 1907[35]. Sur une quarantaine de pages, Le Chatelier consacre la moitié à présenter l'histoire des Ismaéliens et la communauté, en accordant la plus grande place aux Khojas. Le reste, environ vingt-cinq pages, envisage l'Aga Khan sous l'angle de l'homme d'Etat, du président de la délégation musulmane et du successeur de Sayyid Ahmad Khân. Les sources utilisées par l'auteur sont principalement des revues britanniques; il en cite plusieurs qui voient dans l'Aga Khan un "prince éclairé" tout en précisant que "aucun chef ne serait en meilleure situation pour réclamer le khalifat"[36]. L'accent est mis d'autre part sur les multiples activités du personnage: homme d'Etat "hindou", écrivain anglais, sportsman, grand voyageur, grand propriétaire etc. Le portrait tracé par Le Chatelier tend finalement à démontrer que la doctrine ismaélienne semble avoir vécu, preuve en est l'Aga Khan, qui est le parfait représentant de la synthèse réussie de l'héritage des califes fatimides et de la civilisation moderne. L'auteur affirme que l'Aga Khan n'est pas le détenteur d'une doctrine ésotérique réservée aux initiés supérieurs: son seul trésor est sa profonde humanité qu'il atteste en citant l'extrait d'un article écrit par l'Aga Khan. Un autre point important que Le Chatelier signale à plusieurs reprises est résumé par la citation suivante, empruntée au *Daily Graphic*: "On ne saurait le distinguer d'un Anglais quand il porte le constume européen"[37].

Sur le plan politique, Le Chatelier voit dans l'Aga Khan le représentant du parti progressiste des Musulmans indiens; celui qui a repris l'héritage de Sayyid Ahmad Khân et dont il n'est pas difficile de prévoir un brillant avenir politique en Inde. L'article de Le Chatelier, s'il a le mérite d'être le premier article consacré à l'Aga Khan dans une publication spécialisée, est plus une revue des récents articles parus dans une certaine presse britannique qu'autre chose. Il souffre pour cette raison de paraître avant tout comme un article traitant d'un sujet à la mode; preuve en sont les quelques pages qu'il consacre à la ligne de Sayyid Ahmad Khân dans un article paru quelques années plus tard, en 1910, dans la même revue[38].

L'université d'Aligarh est alors présentée comme un lieu "où le golf, le tennis et les clubs tiennent plus de place que la prononciation coranique et les Dhikrs. Disons un mot, pour mémoire, poursuit l'auteur, de ce curieux représentant et agent de la politique musulmane anglaise, qu'est Sa Hautesse l'Aga Khan, renté de 2 millions par l'autorité de la justice, grâce à la cour de Bombay, qui sanctionna, il y a un demi-siècle, l'assassinat de riches marchands khodja, en concédant à sa famille la perception d'un impôt religieux. Successeur de Vieux de la Montagne par la branche persane, héritier des Khalifes Fathimides par leur cousinage avec les "Assassins", et par lui-même, automobiliste, grand voyageur, propriétaire d'une écurie de course, fondateur de coupes sportives et écrivain ou signataire d'articles pour revues, l'Aga Khan personnifie une des méthodes de la politique impériale dans l'Inde musulmane".

Ces deux articles ont été écrits à trois ans d'intervalle et les points de vue émis sont en totale contradiction. Faute d'informations, il est périlleux d'en rechercher la cause: Le Chatelier fut-il d'abord un anglophile averti avant de devenir un anglophobe non moins averti? Quelle fut l'origine de ce changement? Quoi qu'il en soit, force est de constater l'opportunisme de ses articles. Mais malgré cela, la problématique posée par Le Chatelier dans son premier article fera long feu. Elle présente l'Aga Khan comme la symbiose d'une éducation à l'occidentale et d'une éducation musulmane traditionnelle.

Plus de trente ans se sont écoulés lorsque Guy Marsac publie un bref article sur l'Aga Khan dans une revue lyonnaise, *En Terre d'Islam*[39]. Il met en valeur certains aspects de sa personnalité: "Assurance et vigueur. Distinction. Distance et mystère (...)" qui insistent davantage sur la double composante du personnage qui semble constituer alors une sorte de synthèse réussie de l'Orient et de l'Occident. C'est la parution des mémoires qui est à l'origine d'un compte-rendu publié par Robert Fazy dans une revue suisse, *Asiatische Studien*[40]. Ce compte-rendu est intéressant à plusieurs égards.

D'une part, il constitue comme la quintessence des rares articles écrits sur l'Aga Khan puisque ce dernier apparaît comme un gentleman policé, éclectique ainsi qu'un analyste averti en politique et en histoire. Mais l'intérêt principal de ces quelques pages se situe dans le fait que Fazy extrait des mémoires une vision aga-khanienne de l'Islam: c'est même là, pour lui, toute la richesse de l'ouvrage. L'auteur relève la largeur d'idées de l'Aga Khan qui repose sur le Coran. Le texte sacré est composé de paraboles et d'allégories qui demandent à être interprétées: c'est de ce principe que Fazy déduit la tolérance de l'Aga Khan. Bien qu'il ne l'écrive pas explicitement, Fazy est fasciné par l'alliance de la spiritualité et du pragmatisme chez l'Aga Khan, alliance qui, précise-t-il, "doit être gardé(e) en mémoire pour comprendre l'Aga Khan, sa vie aux multiples aspects, et l'importance du rôle qu'il a joué. Cette compréhension permettra de résoudre les contradictions apparentes, comme le font aisément les nombreux amis qui le connaissent réellement"[41].

Pour l'auteur, les mémoires sont le véritable "testament spirituel" de l'Aga Khan. Il y voit "un ouvrage qui mérite d'être lu et médité de la première ligne à la dernière" et aussi comme "un ouvrage de haute valeur, digne d'être lu et médité par tous ceux qui réfléchissent"[42], sans parler des mines de renseignements qu'il recèle pour les historiens "libres". Malgré l'intérêt signalé ci-dessus, ce compte-rendu reste très laudatif – les qualités de l'Aga Khan sont énumérées. Dans les dernières lignes, l'auteur révèle finalement, après avoir répété à plusieurs reprises que l'Aga Khan était un Musulman authentique et convaincu, ce pourquoi l'Aga Khan est un grand personnage: "Il est inutile, conclut l'auteur, de souligner combien la conception de l'Aga Khan se rapproche de celle qui prévaut aujourd'hui dans la chrétienté"[43].

b–l'Aga Khan, imâm

La seconde problématique – qui analyse l'Aga Khan comme imâm, n'apparaît pas avant 1958. L'Aga Khan est décédé depuis l'année précédente et c'est un sociologue spécialiste des minorités indiennes

Introduction: Texte et Lectures du Texte

d'Afrique orientale qui publie un article au titre révélateur: "The divine kingship of the Aga Khan: a study in theocracy in East Africa"[44]. Les deux sources les plus citées par H.S. Morris sont le "Aga Khan Case" et les mémoires de l'Aga Khan. Après avoir précisé la situation de la communauté ismaélienne en Afrique de l'Est, l'auteur retrace l'origine du shî'isme ainsi que celle de la communauté ismaélienne de l'Inde. Les trois dernières parties sont les plus intéressantes puisqu'elles développent l'idée que la modernisation de la communauté ismaélienne a été accomplie grâce au concept ismaélien de l'imâm manifesté.

Morris est le premier à démontrer que la réussite exceptionnelle des Khojas a pour origine une théorie de l'autorité anachronique, celle de l'imâmat. Il insiste sur le fait que parmi les communautés musulmanes de l'Est africain "none of them has adapted a traditional organization to western political and economic conditions as successfully as the Khojas Ismailis"[45]. Cette idée sera reprise par d'autres, dans le cadre de l'Islam indien aussi bien que dans celui de l'Islam mondial. Comment l'auteur effectue-t-il sa démonstration? Il faut d'abord signaler qu'il cite un assez grand nombre d'informations concernant les constitutions promulguées pendant l'imâmat aga-khanien sans jamais mentionner de sources. On peut sans doute en conclure qu'il les tient d'informateurs qui ont préféré garder l'anonymat, ce à quoi il faut ajouter que Morris est sociologue de formation – c'est pourquoi une partie de sa méthode d'investigation est basée sur des enquêtes orales.

Bien qu'il ait retracé l'origine historique de l'imâmat, Morris ne cherche pas à établir la nature de l'autorité imâmienne et de ce fait, il attribue des origines strictement économiques et constitutionnelles au pouvoir de l'Aga Khan. Sa démonstration s'appuie exclusivement sur le "Aga Khan Case" qui, il est vrai, octroya à Hasan 'Alî Shâh et à ses successeurs une situation qu'aucun autre "guide sacré", en Inde, ne connut, qu'il soit hindou ou musulman. Ce point de vue est erroné puisque le "Aga Khan Case" n'établit pas une telle situation, il ne fit que la sanctionner. Nous verrons d'autre part que les conséquences de ce jugement ne furent pas uniquement positives pour les Aghâ Khâns, puisqu'il eut parfois comme effet d'accentuer les clivages entre certains groupes de la communauté jusqu'à provoquer une rupture définitive entre eux et l'imâm; enfin, ce jugement ne mit pas fin aux dissidences ni aux contestations. Le cinquième paragraphe décrit avec précision l'étatisation de la communauté, nous entendons par là l'établissement d'une structure administrative et financière.

Dans la conclusion qui couvre plus du quart de tout l'article, Morris établit tardivement et de manière trop informelle le lien entre la théorie shî'ite de l'autorité imâmienne et la modernisation de la communauté khoja mais surtout, il ne met pas assez en relief le fait central que cette modernisation a été effectuée grâce à la réforme réalisée par l'Aga Khan sur l'imâmat lui-même, puis sur la communauté ismaélienne. En effet, il faut mesurer la distance parcourue entre la théorie traditionnelle de l'imâmat ismaélien et celle de l'imâmat aga-khanien. Morris est toutefois conscient qu'une des clefs de cette situation se trouve dans la maîtrise exercée par l'imâm dans le domaine de l'interprétation de la "holy and secular law". Il qualifie l'Aga Khan de "institutionalized prophet" tout en liant inextricablement ce système à la personnalité et à la stature internationale de l'imâm. Ce n'est qu'à la fin de la conclusion que Morris cite E.E. Evans-Pritchard qui écrivait au sujet des Shilluk du Soudan nilotique que la royauté divine était immuable et reconnue comme valeur suprême car c'était en elle que se manifestait l'unité de la nation.

Le cadre anthropologique dans lequel Morris situe son étude est certes très discutable sans compter que l'expression de "Divine kingship" n'est aucunement définie. Faut-il prendre la définition élaborée par Evans-Pritchard à partir des Shilluk du Soudan nilotique? Faut-il l'entendre dans le sens de monarchie de droit divin? Ou bien dans celui d'une autorité d'origine divine mais alors que faire du terme "royauté" qui de toute évidence fait référence à un système politique fondé sur la possession d'un territoire? Néanmoins, l'article de Morris reste à ce jour le seul article consacré globalement à l'imâmat de l'Aga Khan. Malgré les insuffisances signalées, l'auteur fait preuve d'une connaissance solide de l'histoire de la communauté khoja est-africaine depuis le début du siècle.

Un autre article publié en 1969 par A.K. Adatia et N.Q. King étudie quelques *firmans* est-africains de l'Aga Khan[46]. En dehors de l'intérêt évident que revêt cet article par le fait qu'il mentionne un grand nombre de *firmans*, les auteurs ont le mérite de définir le *firman* et de situer son importance fondamentale dans l'évolution de la communauté depuis la fin du siècle dernier. Malgré tout, il est surprenant que dans la première partie que l'on pourrait intituler "Présentation des *firmans*", rien ne soit mentionné sur la question de leur authenticité. Les auteurs se contentent de préciser que les *firmans* étaient proférés en anglais, persan ou ûrdû, traduits simultanément en gujarâti, puis transcrits.

La première partie traite de l'imâmat tel qu'il est énoncé par l'Aga Khan à travers les *firmans*. Elle témoigne de l'enracinement de la pensée aga-khanienne dans l'ismaélisme persan du XIXème siècle à travers l'utilisation d'un lexique technique. Les catégories manipulées par l'Aga Khan sont certes toutes originaires de ce mouvement, mais on pressent déjà que certaines d'entre elles ont subi une transformation sémantique. Les grands principes de l'imâmat nizârite sont réaffirmés mais l'Aga Khan accentue certains autres principes ismaéliens en vue d'accorder sa pensée ismaélienne avec les fondements de l'Islam qu'il définit ailleurs.

Dans une seconde partie, les auteurs dégagent les grands thèmes abordés dans les *firmans*: ils correspondent aux thèmes récurrents que l'Aga Khan a développés dès la fin du XIXème siècle, dans la ligne de Sayyid Ahmad Khân comme le statut de la femme, le "general welfare" de la communauté, la santé et l'hygiène, le développement économique etc. Les auteurs s'en tiennent quoi

Introduction: Texte et Lectures du Texte

qu'il en soit à la méthode descriptive et par conséquent, leur article souffre d'un manque d'esprit critique, en particulier en ce qui concerne la politique intégrationniste parfois irréaliste poursuivie par l'Aga Khan.

En dehors des quelques thèses consacrées à la modernisation des Khojas est-africains ou indo-pakistanais, qui toutes soulignent le rôle joué par l'Aga Khan dans ce processus sans toutefois l'approfondir, il faut signaler un article publié par A. Nanji en 1974 sur "Modernization and change in the Nizari Ismaili community in East Africa – a perspective"[47].

L'auteur délimite l'objet de son investigation en définissant la modernisation comme une transformation d'ordre socio-économique. Il décrit cette modernisation comme une réponse au défi auquel fut confrontée la communauté ismaélienne sous la forme d'une tentative effectuée pour développer une société qui – tandis qu'elle créait un nouveau système et qu'elle générait un changement continu, serait capable d'absorber tous ces changements sans se désintégrer et tout en assurant la pérennité de son identité et de ses valeurs. Nanji situe le commencement de la modernisation à la promulgation de la première constitution en 1905, elle-même résultant d'une visite de l'Aga Khan en Afrique.

En tant qu'Ismaélien, Nanji a eu accès à des sources de première main: il peut ainsi retracer en détail l'évolution constitutionnelle de la communauté pendant l'imâmat de l'Aga Khan. Chaque constitution consacre une étape importante de la modernisation sous la forme d'une plus grande institutionnalisation et d'une plus grande centralisation de la communauté. L'une des explications de la réussite de cette modernisation réside dans le fait que l'imâm a pu faire coïncider les intérêts individuels des Ismaéliens avec ceux de la communauté. Mais cette réussite s'explique d'autre part par la personnalité des deux derniers imâms qui ont réussi à empêcher que l'imâmat ne devienne superflu et obsolète en l'investissant d'un rôle fonctionnel qui l'a rendu indispensable: "it can be maintained quite simply that had it not been for the Imam's guidance the fortunes of the community would have been vastly different today from what they are"[48].

Dans sa conclusion, Nanji souligne le fait que ce processus de modernisation s'est limité à la communauté khoja, principalement est-africaine. Autrement dit, si le rôle joué par l'Aga Khan dans ce processus est fondamentalement indéniable, il reste évident que certains facteurs historiques ont eux aussi joué un rôle déterminant. Preuve en est la situation des communautés syriennes, iraniennes ou afghanes.

I–6 LA LECTURE BIOGRAPHIQUE

a–présentation et sources

La lecture biographique est certainement la lecture du fait aga-khanien la plus répandue. C'est une dizaine de biographies parue de 1903 à 1990 que nous avons retenue parmi les nombreux ouvrages qui lui ont été consacrés. Malgré le titre utilisé par certaines d'entre elles – "Les Aga Khans", "Histoire de l'Ismaélisme" – le sujet principal est toujours l'Aga Khan, Sultân Muhammad Shâh. Il est évident que nous n'avons certainement pas eu connaissance de toutes les publications biographiques relatives à l'Aga Khan[49]. Celles que nous avons retenues ont comme caractéristique de faire plus ou moins autorité en la matière, mais aussi de représenter une certaine idée de la recherche biographique: nous aurons l'occasion de revenir là-dessus.

Il est difficile de tracer un portrait typique du biographe de l'Aga Khan étant donné la diversité des individus, des professions qu'ils exercent, enfin des pays et des époques où ils ont vécu. Quoi qu'il en soit, sur le plan professionnel, c'est le journaliste qui prédomine; on trouve ensuite des écrivains, spécialisés ou non dans la biographie, des officiels ismaéliens, des fonctionnaires britanniques etc. Quatre biographies ont paru depuis sa mort – trois d'entre elles portent comme titre "Les Aga Khans" – mais l'apogée de ces publications se situe dans les années 50 puisque quatre biographies paraissent en 1952, 1954 – deux la même année, l'une à Londres, l'autre à Karachi – et 1956. Ces biographies totalisent à elles seules environ 3000 pages, sans compter les différentes publications commémoratives que nous pouvons qualifier de séquences biographiques, ni les ouvrages consacrés à un champ d'activités particulier de l'Aga Khan (courses, Afrique ou SDN...). Rappelons pour terminer cette présentation que N.M. Dumasia est l'auteur de la première biographie consacrée à l'Aga Khan, parue en 1903 à Bombay. Totalisant plus de 220 pages, l'auteur cite un grand nombre de "writings and speeches" de l'Aga Khan; Dumasia écrira une deuxième biographie sur le même sujet en 1938, version augmentée de la précédente mais qui ne reproduit pas les précieux textes mentionnés plus haut.

En quoi consiste la lecture biographique de l'Aga Khan? Il est évident que la diversité des auteurs provoque la diversité des lectures. Il est possible malgré tout de les regrouper comme suit: 1- la lecture apologétique – qui forme le groupe le plus important, 2- la lecture romancée – effectuée surtout par des journalistes qui poursuivent des objectifs divers et enfin 3- la lecture critique, plus tardive. Les sources utilisées par les biographes témoignent, on s'en doute, de la diversité des auteurs mais une de leurs caractéristiques est que chacune a tendance à utiliser celle qui l'a précédée. Dans ce domaine, la biographie publiée par Dumasia en 1938 fait un peu fonction de référence ultime pour les biographes. Mais dans la plupart des cas, on constate que la plus grande partie des sources provient de diverses archives de l'administration britannique des Indes ou de Grande-Bretagne.

Rares sont les biographes qui se penchent sur le contexte historique et religieux de l'Aga Khan – bien que des auteurs comme Bernard Lewis ou Wladimir Ivanow soient parfois cités. Mais exceptionnels sont ceux qui utilisent des sources ismaéliennes ou des sources concernant le réformisme musulman indien. La source principale est l'anecdote et ce type de travail biographique est marqué par une forte tendance journalistique.

b–la biographie apologétique

La biographie apologétique a pour objectif de construire, à partir d'un certain nombre de données historiques, un Aga Khan auquel est assignée la fonction d'exemple. Cela signifie qu'un choix délibéré est effectué au sein de ses actions, de son système de pensée et de sa personnalité, dans le but de produire une figure héroïque en ce qu'elle sera l'incarnation d'un idéal partagé par une fraction importante du public. Mais plutôt que d'être caractérisée comme la biographie plus classique par une dimension restreinte ainsi que par une stylisation et une typification de la personnalité, la biographie apologétique se caractérise par une dimension relativement importante – 300 pages en moyenne, la profusion redondante des anecdotes et la citation abondante d'écrits ou de paroles de l'Aga Khan[50].

On constate ainsi que paradoxalement, ce type de biographie – dont l'objectif incline à penser que son mode de discours relèverait du mythique ou du légendaire, s'enracine au contraire profondément dans le réel, ou plus exactement dans un réel qui est produit par l'Aga Khan lui-même. Une simple fonction corroborante est réservée à divers types de documents – parmi lesquels dominent les documents administratifs britanniques et les témoignages des contemporains. Les plus anciennes biographies, celles de Dumasia et d'Ikbal Ali Shah, poursuivent l'objectif "to present the Aga Khan as the statesman-leader of the whole Moslem community of India, and to this end numerous and often lengthy quotations in the writings of the Aga Khan himself are used"[51]. Ce que J.N.D. Hollister ne dit pas, c'est que la figure de cet Aga Khan doit produire un personnage qui puisse faire contrepoids à la figure adulée des masses hindoues, le mahatma Gandhi.

C'est particulièrement flagrant dans la biographie d'Ikbal Ali Shah où l'auteur reprend point par point les "actions héroïques" de Gandhi pour démontrer que le véritable initiateur en a été l'Aga Khan. On comprend la colère que ce portrait soulève dans la communauté musulmane elle-même, comme en témoigne un compte-rendu anonyme qui écrit: "This biography, which professes to give 'the authentic life story' of 'His Highness', is wholly uncritical, fulsome in its adulation, and careless in its facts"[52]. Puis suit l'énumération d'actions attribuées à l'Aga Khan dont l'auteur n'a aucune difficulté à démontrer l'inanité. On s'étonnera peut-être de cette condamnation produite par un Musulman envers un autre Musulman qui doit après tout représenter les intérêts de sa communauté face aux aspirations hindoues majoritaires incarnées par le charismatique Gandhi. Pour une rapide mise au point, signalons simplement qu'Ikbal Ali Shah propose un modèle qui doit aussi faire face au modèle des Musulmans nationalistes qui n'est autre que Jinnah.

En dernière analyse, la véritable fonction du modèle aga-khanien est de proposer un homme "where East and West meet"[53]. Dumasia y fait écho par l'intermédiaire d'une citation attribuée à Sir Tej Bahadur Sapru qui affirme que "His Highness had brought East and West together"[54]. Ces biographies sont composées d'un grand nombre de chapitres (18 pour les 250 pp. d'Ikbal Ali Shah et 26 pour les 373 pp. de Dumasia) qui combine l'approche chronologique dans la première partie et l'approche thématique dans la seconde, chaque partie formant à peu près la moitié du volume. Cette distinction entre l'homme et l'œuvre témoigne de la conception classique de la biographie qui est celle d'Ikbal Ali Shah et de Dumasia.

Cette segmentation de la biographie est censée rendre compte de la diversité de la personnalité et des activités de l'Aga Khan – auquel rien n'échappe des problèmes contemporains fondamentaux. Pour combler une éventuelle sensation de discontinuité et d'abstraction, les auteurs s'évertuent à faire connaître nombre d'anecdotes et de témoignages qui contribuent ainsi à faire de l'amour de la vie et de l'humanité les bases du fait aga-khanien. La description du caractère de l'Aga Khan occupe une place de choix. Dans le cas de la biographie de Dumasia, on est toutefois frappé par son acharnement à rendre le personnage de l'Aga Khan véridique et ce, par la production de sources "objectives" qui tendent parfois à supplanter le discours biographique lui-même; comme si Dumasia était convaincu que la citation de certaines sources donnait à son travail un label scientifique indéniable qui le dispensait alors de toute approche critique et même analytique.

On peut rattacher à ce type biographique la biographie hagiographique, dont la diffusion est restée confinée à la communauté ismaélienne. Elle tend à décrire l'Aga Khan comme un modèle héroïque caractérisé par la possession de vertus. Mais les exploits qui lui sont attribués ont une raisonnance surhumaine et il apparaît finalement que ce héros peut dépasser la qualité humaine. Certaines peuvent aller dans un discours hagiographique classique jusqu'à énumérer les miracles accomplis par l'Aga Khan. A ce type de biographies se rattachent les biographies écrites par des Ismaéliens, ainsi que des commémorations compilées par d'autres Ismaéliens. Mais il est fort probable que ce type de discours soit resté oral; ses principales caractéristiques sont la redondance des dires, ceci étant dû à la grande stéréotypisation de ce discours. En général, dans les commémorations surtout, il succède ou il précède d'innombrables hommages rendus par de non moins innombrables personnalités indiennes qui se répandent en platitudes.

Les deux premières biographies sont issues du milieu indien: leur construction répond principalement à des préoccupations concernant l'Inde des années trente. Les autres biographies s'échelonnent sur une quarantaine d'années: de 1952 à 1990. L'Aga Khan est au terme de sa vie, ou il est décédé – ce qui signifie que les auteurs ne l'ont pas connu personnellement,

Introduction: Texte et Lectures du Texte

ce qui était le cas pour Ikbal Ali Shah et Dumasia, et tous les auteurs sont européens, en majorité anglais. Il faut attendre 1952 pour que deux nouvelles biographies de l'Aga Khan soient publiées[55]. Le sous-titre de la biographie de Greenwall – "the imam of the Ismailis" – peut sans doute traduire la volonté de l'auteur de se démarquer d'une certaine image de l'Aga Khan particulièrement développée dans la presse, et de présenter un Aga Khan à travers ce qui est à la fois l'essentiel et le moins bien connu de sa vie. Pourtant, le sommaire ne diffère pas de celui des biographies précédentes bien qu'elle couvre la quasi-totalité de la vie de l'Aga Khan. Par rapport au travail de Dumasia, la biographie de Greenwall donne l'impression d'être plus romancée: ceci provient surtout du manque d'utilisation de documents.

c–la biographie romancée

Sa construction suit le schéma classique de l'homme et de son oeuvre, bien que la deuxième partie mêle les grands axes de l'action aga-khanienne à certains aspects de sa vie privée, comme la vie domestique et la vie familiale. Greenwall est l'auteur d'une formule célèbre qui séduit beaucoup l'Aga Khan lui-même: "To the West you are the East, and to the East you are the West."[56]. On peut se demander si l'Aga Khan n'est pas à l'origine de certains passages de l'ouvrage de Greenwall. En effet, l'auteur aborde de front un certain nombre de questions jugées délicates par les autres biographes, comme par exemple le "penchant" (sic) de l'Aga Khan pour les femmes. Greenwall explique le plus simplement du monde que ce dernier ne l'a jamais caché et que rien, après tout, n'est plus naturel que d'aimer les femmes. Ailleurs, l'auteur signale indirectement l'immense fortune de l'Aga Khan en citant telle somme dépensée à telle occasion.

Greenwall trace dans la plus grande partie de son ouvrage le portrait d'un Aga Khan qui apparaît sous les traits d'un "imâm-bourgeois", bon vivant, bon mari et bon père de famille: un "débonnaire personnage" suivant ses propres termes. Mais ne nous y trompons pas, s'empresse-t-il de préciser. C'est là la face apparente de l'Aga Khan: il garde l'autre face hors de la vue du monde. Greenwall va-t-il enfin traiter, comme le laisserait supposer le sous-titre de l'ouvrage, de l'imâmat? Il n'en est rien: la face cachée de l'Aga Khan concerne son activité d'agent secret. Des erreurs d'ordre historique rendent difficile d'accorder un réel crédit à ce type d'informations bien que l'auteur reconnaisse que certaines actions entreprises par l'Aga Khan aient été des "fiascos"[57]. La conséquence en est que le lecteur ne peut s'en tenir qu'aux anecdotes et au fil de la lecture, c'est l'éventuelle découverte d'un scoop qui devient progressivement sa motivation principale. Quant à la biographie de Jackson, elle n'apporte rien de nouveau sur le sujet bien qu'elle privilégie la trame chronologique. Le discours romancé prédomine quoique parfois, l'auteur fasse preuve d'un esprit plus critique; il considére par exemple que les efforts de l'Aga Khan pour "marier" l'Est et l'Ouest n'ont pas été couronnés de succès.

Les deux dernières biographies publiées à vingt ans de distance – 1970 et 1990, ont en commun de s'intituler: les Aga Khans. Il apparaît rapidement que leurs auteurs ont voulu se démarquer par rapport à leurs prédécesseurs en faisant croire à un renouvellement du sujet par le fait qu'ils englobaient dans leurs études l'imâm actuel, Shâh Karîm. En réalité, les deux ouvrages sont consacrés majoritairement à l'Aga Khan (160 pp. sur 280 chez Frischauer et 330 pp. sur 420 chez Kerlau). Frischauer est le biographe qui pousse le plus loin la recherche sur l'imâmat ismaélien et sur l'Islam, comme en témoignent les citations et sa bibliographie en fin d'ouvrage. D'importants documents ont d'autre part été consultés comme le "Haji Bibi Case" – auquel l'auteur attribue à juste titre une grande importance, et le testament de l'Aga Khan. Mais c'est malgré cela la trame anecdotique qui oriente le fil du récit.

Ces deux biographies reproduisent le discours journalistique sur l'Aga Khan qui atteint son paroxysme à la fin des années cinquante en la personne de Aly Khan. A cette époque, la famille aga-khanienne fait la une des journaux à sensation et des journaux à grand tirage. Autour des anciens thèmes développés dans les années trente comme la fortune de l'Aga Khan, sa "mésalliance" avec une "chocolatière" que Buckingham hésita à recevoir officiellement et ses divorces, surgissent de nouvelles intrigues, à la Tennesse Williams, autour de la personnalité d'Aly Khan – heurts avec son père; mariage avec Rita Hayworth suivi d'un divorce, enlèvement de leur fille Yasmina par la mère – le testament de l'Aga Khan qui écarte Aly Khan et Sadruddin Khan pour placer sous les feux des projecteurs Karîm, et enfin la mort tragique d'Aly Khan. Le mariage d'Aly Khan avec Rita Hayworth permet à la famille aga-khanienne d'entrer de plein pied dans le monde des stars hollywoodiennes. Les biographies en question se rattachent à cette écriture journalistique qui, selon sa propre expression, veut "faire rêver le public"; mais si l'objectif est le même, la démarche biographique impose une recherche plus approfondie qui permet finalement de mieux enraciner le rêve dans une certaine réalité.

Yann Kerlau excelle dans cet exercice. Auteur de la dernière biographie parue à ce jour, sa bibliographie propose plus d'une centaine de titres. Les auteurs cités recouvrent plusieurs champs contextuels comme l'Islam (Laroui, Rodinson, Corbin, Hollister, Makarem, Vatikiotis, Hourani, Iqbal etc.), la mystique et philosophie (Corbin, Rûmî, Khayyâm, Paracelse, Schopenhauer, Saint Jean de la Croix: on notera l'absence de Hâfiz ...), l'Inde britannique et musulmane ... Quelques traités ismaéliens – Sejestânî, Kermânî, Qadi Nu'mân – sont cités, traduits en français d'après les éditions originales sans aucune précision. Aux références imprécises, incomplètes ou déformées s'ajoutent des erreurs d'importance diverse[58]. Kerlau semble être guidé par la volonté de faire de l'ismaélisme contemporain une sorte de

Introduction: Texte et Lectures du Texte

vaste syncrétisme. Il évoque ainsi Serv-e Jahân, fille de Fath 'Alî Shâh et épouse de Hasan 'Alî Shâh, se remémorant son enfance. Le précepteur chargé de son éducation ainsi que de celle de ses frères aurait utilisé un manuel de doctrine mazdéenne datant du IVème siècle de notre ère[59].

Mais c'est l'Aga Khan lui-même qui constitue l'archétype de ce syncrétisme: "(...) ce n'est ni tout à fait un Occidental, ni un Persan, ni même un Indien, écrit Kerlau. Invité à la table de la reine d'Angleterre, il n'en oublie pas pour autant qu'il est avant tout musulman et c'est cette prééminence de la foi qui fait de lui un être hybride et quasiment inclassable. Si sa culture est autant persane qu'occidentale, ses traditions sont musulmanes mais ne l'empêchent pas de préférer, dès l'âge de vingt ans, la vie en Europe à celle qui lui est offerte à Calcutta et à Delhi"[60].

L'auteur s'ingénie à recréer l'ambiance fin XIXème début XXème siècle que l'Aga Khan découvrit lors de ses premiers voyages en Europe. Puisant abondamment dans les mémoires, polarisé par la fascination éprouvée par le jeune voyageur pour l'Europe, desservi par sa méconnaissance des sources indiennes (qui lui auraient permis de connaître les discours prononcés au début du siècle à Bombay et à Delhi), l'auteur se porte en faux lorsqu'il écrit à partir de ses descriptions largement romancées: "Vouloir être européen, c'est, à ses yeux, faire partie du monde de demain, celui qui tourne le dos à l'Islam et ne s'occupe de l'Asie que pour y défendre ses comptoirs et ses possessions"[61].

S'il est évident que pour l'Aga Khan l'Europe représente le monde de demain, il n'entend pas pour autant laisser l'Islam et l'Asie en dehors de ce monde de demain. Bien au contraire, et ce sera là l'objectif essentiel de sa vie, il entend bien tourner l'Islam et l'Asie vers ce monde de demain.

S'il est vrai que la biographie de Kerlau relève du type romancé, il convient de signaler qu'il cède parfois à la critique. Mais cet aspect de son travail, qui est surtout développé dans la dernière période de la vie de l'Aga Khan, est totalement tributaire de la biograpphie de Mihir Bose: il ne fait que traduire Bose. Plus que la volonté de développer un regard critique sur son sujet, Kerlau convainc que ce qu'il traite sous la forme du scandale n'a pour objectif que de renforcer le pouvoir de fascination de son personnage plutôt que de s'attacher à cerner le plus possible sa réalité.

d–la biographie dénigrante

Parmi toutes les biographies dont nous avons pris connaissance, une seule peut être considérée comme dénigrante: celle de Mihir Bose[62]. Mais avant d'en venir au contenu de cet ouvrage, il faut revenir sur certaines de ses caractéristiques qui la différencient de tout le reste de la production biographique. Avec presque 400 pages, elle est la plus volumineuse: la bibliographie compte plus de 120 titres publiés auxquels s'ajoutent de nombreuses sources non publiées; la grande majorité provient des archives

La Rénovation du Shî'isme Ismaélien en Inde et au Pakistan

administratives et privées britanniques. On regrettera toutefois que l'auteur, d'origine indienne, n'ait exploité que les archives de l'Etat du Maharashtra, laissant de côté les archives nationales pakistanaises, celles de la All-India Muslim League, du collège anglo-musulman d'Aligarh etc.

La couverture intérieure de l'ouvrage reproduit une carte représentant les pérégrinations de Hasan 'Alî Shâh. Le sommaire le répartit en trente sept chapitres formant cinq livres qui suivent la trame chronologique: Le livre 1, le réfugié persan (1841–1885); livre 2, le voluptueux et les houris (1881–1924); livre 3, "Inky" et le prince noir (1924–1939)[63]; livre 4, la guerre (1939–1945); livre 5, le monde nouveau (1945–1960). Le caractère scientifique de la recherche – dont témoignent les nombreuses archives utilisées – est malheureusement altéré par le préjugé qui sert quasiment de fil directeur à l'auteur. Il considère en effet que l'Aga Khan a été un bon vivant insouciant – attaché uniquement aux frivolités de la vie, qui était obsédé par l'idée de paraître important: il a par conséquent triché toute sa vie en exagérant l'importance de tout ce qui le concernait, à commencer par le nombre d'Ismaéliens qui forment sa communauté. De ce fait, Bose s'intéresse principalement aux sources privées qui vont parfois jusqu'à s'apparenter à des "commérages de haut vol", et il s'évertue à développer les épisodes de la vie de l'Aga Khan qui ne peuvent que renforcer cette entreprise de dénigrement.

Ce traitement préjudiciable du fait aga-khanien apparaît ainsi dans les dissidences survenues dans la communauté, l'intérêt éprouvé pour l'argent, la recherche des honneurs, ses fiascos politiques, la recherche d'un territoire etc. Bose va même plus loin lorsqu'il crée un néologisme – "agafact" – pour rendre compte du fait que l'Aga Khan est passé maître dans l'art de récupérer n'importe quel événement important. Un "agafact" est plus précisément une rumeur fabriquée de toute pièce mais invérifiable qui vise à faire jouer à l'Aga Khan un rôle de stature internationale qu'il n'a pas joué. L'Aga Khan, suivant Bose, réécrit l'Histoire en permanence. Pour Bose, cette propension de l'Aga Khan à travestir la réalité dans une démarche égocentrique est exposée de manière significative dans les mémoires.

En dernière analyse, la biographie de Bose est décevante. Son acharnement à découvrir de nouvelles sources laissait présager un véritable travail scientifique. Mais celui-ci est rendu impossible par les nombreux préjugés de l'auteur qui de ce fait, sélectionne d'emblée ses sources. Ainsi on cherche en vain une analyse de l'Islam aga-khanien, qu'il a défini dans certains articles, mais surtout dans ses deux livres publiés en Suisse – totalement passés sous silence, ainsi que dans ses mémoires. Il est important de signaler que Meher Bose a reconnu publiquement avoir menti à des fins de dénigrement. En conséquence de quoi, par décision de justice, son livre a été interdit dans tout le Commonwealth et en France.

Introduction: Texte et Lectures du Texte

I–7 L'ISMAÉLOLOGIE: ÉTAT DE LA QUESTION

a–la dialectique de la durée

Parmi les différents types de lecture sur l'Aga Khan, celle qui prédomine est une lecture qui prend pour cadre le temps court; elle s'inscrit de ce fait dans l'histoire linéaire du temps évènementiel. Il est remarquable qu'aucun observateur n'ait réellement inscrit la pensée de l'Aga Khan dans une continuité qui dépasse le cadre de sa vie quotidienne: pourquoi? L'Aga Khan a surtout suscité la curiosité: cela ressort des nombreuses biographies écrites par des auteurs qui, pour la plupart, ont une formation de journalistes. L'anecdote leur semblait la seule forme descriptive adaptée à un tel sujet.

San doute cette situation est- elle une conséquence de la forme prise par la pensée aga-khanienne, à savoir qu'elle est constituée d'un ensemble de fragments interviews, discours, lettres ouvertes etc. – qui rend difficile la saisie d'une cohérence et d'une continuité, en dehors de quelques leitmotivs qui peuvent convaincre le lecteur inattentif d'une pauvreté évidente au vu de ces récurrences mêmes. Cette situation doit donc convaincre d'une première chose: la pensée aga-khanienne ne souffre pas d'une lecture superficielle. Celle-ci ne peut en effet conduire qu'à une grande lassitude.

D'autre part, la lecture évènementielle a été privilégiée par la nature même du personnage de l'Aga Khan, qui, sans aucun doute, a exercé une grande fascination sur les Européens – en tous cas pendant un certain temps. Mais chez l'Aga Khan, ce n'était pas tant une sorte d'exotisme qui fascinait, c'était au contraire l'équilibre parfait qu'avait atteint en lui l'Orient et l'Occident. Cette fascination était encore augmentée par le fait que l'Aga Khan, descendant du Vieux de la Montagne, s'était métamorphosé en un *gentleman* raffiné et policé. Mais si c'était bien là l'origine de la fascination éprouvée par les orientalistes, il n'est pas possible de l'accréditer auprès des journalistes. Nombreux étaient ceux qui ignoraient même cette filiation. La raison pour laquelle l'Aga Khan suscita un intérêt soutenu au sein des journalistes est plus prosaïque: il s'agit de son mode de vie.

Quel était le mode de vie de l'Aga Khan? On peut certes le connaître à l'aune des clichés véhiculés par une presse populaire qui était parfois relayée par des orientalistes: une vie fastueuse, une fortune immense, une secte innombrable, un goût immodéré pour les femmes en sont les leitmotivs. La curiosité des journalistes était encore aiguisée par deux éléments spectaculaires de sa vie: la dîme que lui versaient ses fidèles et surtout la cérémonie de la pesée. Quels étaient les rapports que l'Aga Khan entretenait avec la presse? Recherchait-il la publicité? Ces biographes soulignent en général la gentillesse dont il faisait preuve envers les journalistes[64]. Mais on le montre aussi agacé devant leur insistance à débusquer le "sensationnel" par exemple en ce qui concerne le divorce de son fils Aly Khan et de Rita Hayworth. Il ne nous appartient pas de rechercher les causes de cette situation; nous nous contentons d'en prendre acte, convaincu que nous sommes que l'analyse micro-historique ne peut pas produire une analyse historique satisfaisante pour la simple raison qu'elle néglige – selon l'expression de Fernand Braudel – "l'efficace dialectique du temps long et du temps bref"[65].

De son propre avis, on peut schématiser cette dialectique en la réduisant à trois paliers: micro-histoire, histoire conjoncturelle et histoire structurale. Le travail de l'historien consiste à mettre en lumière l'interaction de ces durées. Chaque individu est le centre d'une telle interaction et il devient évident qu'une compréhension adéquate de la pensée aga-khanienne ne peut être accomplie sans qu'ellle ait été située sur les plans de l'histoire conjoncturelle et de l'histoire structurale. Ikbal Ali Shah évoque rapidement cette dernière dimension sans pour autant la retenir[66]. L'étape suivante est alors d'identifier ce qui, dans le cas de l'Aga Khan, relève de l'histoire conjoncturelle et de l'histoire structurale.

Le champ chronologique couvert par l'histoire conjoncturelle est certes variable, mais au XIXème siècle, un des faits majeurs de l'histoire mondiale est le développement de la colonisation, qui provoque une confrontation sans précédent entre l'Europe et le monde islamique. Face à cette situation, les intellectuels musulmans se sont interrogés sur les causes de l'hégémonie européenne et en contrepartie, sur celles du retard islamique. Généralement, la réponse apportée fut que l'Islam du XIXème siècle n'était plus l'islam authentique; ce thème va constituer l'axe central de la renaissance islamique et partant, la quête de l'authenticité (*asâla*) devient omniprésente. La diversité des choix portant sur la définition de cet Islam authentique fut telle, qu'au XXème siècle la question était de savoir si l'islam n'était pas fermé au modernisme européen – celui-ci se définissant comme la "culture rationnelle de l'esprit"[67].

C'est dans un contexte intellectuel dominé par cette question que l'Aga Khan fait son entrée dans le monde, en 1896, à l'âge de dix-neuf ans. Sa pensée participe à cet effort qui vise à parvenir à une adéquation entre l'Islam et le modernisme. La problématique dominante, aujourd'hui encore, prétend que la capacité de l'Islam à participer à ce modernisme dépend de son aptitude au rationalisme. Mais nous verrons que l'Aga Khan témoigne de sa volonté d'aller plus loin dans le sens où il cherche à élaborer une "modernité" qui, d'après Mohammed Arkoun, est constituée par toute attitude critique qui doit faire surgir des éléments nouveaux propices à améliorer la connaissance. Un autre aspect de cette question est soulevé par Ali Merad dès 1960. L'objectif d'une réforme religieuse est-il le développement rigoureux et abstrait d'une dialectique irréprochable qui satisfasse le plus pur rationalisme de l'esprit? Ou est-il le désir "d'ébranler la communauté toute entière en formulant des principes de conduite simple, accessibles à toutes les intelligences, et en faisant appel au sentiment grégaire des populations musulmanes?"[68].

Introduction: Texte et Lectures du Texte

On a souvent mis en parallèle cette confrontation entre l'Occident et l'Islam avec celle survenue au IIIème/IV ème siècle de l'Hégire entre la pensée grecque et l'Islam classique. M. Arkoun a consacré sa thèse à prouver l'existence d'un humanisme arabe fondé sur l'intégration partielle de l'héritage grec. Mais force est de constater la disparité profonde de ces situations. Au XIXème siècle, et sans doute aujourd'hui encore, la priorité du problème ne s'exprime pas sur le plan épistémologique: le monde musulman est dominé par la civilisation matérielle de l'Occident. C'est donc le contexte historique qui détermine la quête de l'authenticité islamique. Le réformisme ne reprend pas à son compte les polémiques byzantines des écoles traditionnelles. D'où la tendance à l'effacement des rivalités classiques entre écoles et sectes, apparent à la fois chez les auteurs sunnites et shî'ites[69].

Enfin, l'analyse de la pensée aga-khanienne en fonction de la longue durée permet de poser deux questions: celle de la modernité et de l'ismaélisme. Car si les chercheurs sont restés prisonniers de la micro-histoire – c'est parce que, dans l'image de l'ismaélisme, l'Aga Khan n'avait aucune place. Il était en effet impossible de retrouver en lui "l'égalitarisme qarmate", cher à l'observateur marxiste ou chrétien, le terrorisme des "Assassins", ni les spéculations abstruses d'un Sejestânî. Le fait de lier les questions de la modernité et de l'ismaélisme nous permettra, en partant de la définition de la modernité donnée par M. Arkoun, de nous questionner s'il n'existe pas une autre modernité, possédant les mêmes tendances humanistes fondées non pas sur le primat de la Raison, mais sur un principe de l'herméneutique qui doit produire une spiritualité. Cette modernité ne vise-t-elle pas à apporter des solutions à cette confrontation en intégrant des données nouvelles, dans la mesure où Fernand Braudel écrit que "c'est du conflit ou de l'accord entre attitudes anciennes et nécessités nouvelles que chaque peuple fait journellement son destin, son actualité"[70]?

b–la tension méthodologique

Dans l'orientalisme, l'ismaélisme et les Ismaéliens ont suscité de nombreuses interrogations. Dès la fin du XIXème s., la connaissance a beaucoup progressé lorsque Stanislas Guyard traduisit pour la première fois un traité ismaélien dans une langue européenne, le français[71]. Puis au XXème siècle, la multiplication des méthodes relatives à l'histoire de la pensée a opposé, dans le domaine de l'ismaélologie, deux tendances: l'interprétation historique et l'interprétation phénoménologique ou structurale. Ces deux tendances se sont maintes fois combattues et elles ne sont certes pas spécifiques aux études ismaéliennes[72].

L'interprétation historique est principalement représentée par Bernard Lewis qui publie, en 1940, sa thèse sur "The origins of Ismâ'ilism"[73]. En 1967, dans un ouvrage consacré aux "Assassins", il récapitule les diverses interprétations historiques qui ont varié au gré des époques. Chacune de ces interprétations se caractérise par le choix d'un facteur déterminant dans l'analyse: que ce soit le facteur religieux, social, économique, ethnique ou autre[74]. Elles ne font en réalité que réduire le sens global du mouvement ismaélien.

La seconde interprétation, phénoménologique ou structurale, est représentée par Henry Corbin[75]. Elle est caractérisée par un asservissement de toute méthode historique – qu'il associe à l'historicisme – à sa propre méthode. C'est ainsi qu'il écrit à propos du shî'isme: "Il est dérisoire de ramener la question à des termes de rivalité. Il n'y a de rivalité possible qu'entre deux mondes situés sur un même plan. Or nous avons ici deux mondes différents: le monde du malakût domine de trop haut le monde de nos compétitions pour avoir à rivaliser avec lui"[76]. Pour Corbin, la pensée ismaélienne ne procède pas d'une revendication socio-politique, mais du monde du *malakût* totalement coupé de la réalité historique. Les structures du *malakût* s'imposent à l'histoire et non l'inverse. L'idéal du chercheur est de les déceler par une compréhension du dedans, et en réalisant la situation intérieure de l'auteur à créer des significations.

La tension entre les deux tendances méthodologiques atteint un sommet dans l'introduction de Maxime Rodinson au livre de Lewis sur les Assassins. Dans cet extrait, Rodinson répond directement à la précédente citation de Corbin: "Mais on se tromperait gravement en voyant, dans les options politiques, les stratégies et les tactiques adoptées, une "application" de ces conceptions préalablement élaborées dans l'abstrait, écrit-il. Cette vue idéaliste de l'islam, développée très savamment mais avec un aveuglement obstiné et des incohérences (car il est impossible de nier absolument l'influence des conditions historiques) par Henry Corbin entre autres ne peut résister à l'examen rationnel armé de l'expérience de l'histoire humaine"[77].

Le point de vue de Rodinson est totalement justifié, mais il tombe lui-même dans l'excès lorsqu'il écrit: "Les idées philosophiques des Ismâ'îliens sont fort intéressantes. (...) Mais il faut bien constater (...) que la dynamique politique du mouvement peut fort bien se comprendre presque sans faire entrer en jeu cette doctrine, si ce n'est sur le point (crucial il est vrai au plan politique) de la théorie de l'imâmat, bref en ne faisant intervenir cette philosophie subtile, pénétrante et complexe que sous son aspect d'idéologie au sens restreint"[78]. Rodinson semble réaliser en fin de phrase que la conception ismaélienne de l'imâmat est toute la doctrine ismaélienne, en tous cas dans l'école nizârite. Il est de ce fait impossible d'écrire que le mouvement ismaélien peut se comprendre sans connaître la doctrine; tout le travail de l'historien des idées consiste à déterminer dans quelle mesure, à quel moment, en quel lieu, quel facteur a prédominé dans l'interaction de tous les facteurs qui ont permis l'éclosion puis l'évolution du mouvement ismaélien. La position de Rodinson et celle de Corbin nient

Introduction: Texte et Lectures du Texte

ce qui constitue à nos yeux la spécificité même de l'ismaélisme, à savoir sa propension à faire prévaloir une continuité conceptuelle tout en prenant en compte l'évolution des conditions objectives.

Sur le plan strictement méthodologique, une tentative a été effectuée qui visait à trouver un compromis entre la tendance historique et la tendance phénoménologique. George Vajda écrit: "(...) si nous ne contestons nullement la signification dans son propre domaine, celui de la phénoménologie religieuse, de la "métahistoire" édifiée par le *tâ'wîl* et l'imagination créatrice, nous entendons ne pas laisser absorber et abolir par quelque théosophie ou historiosophie que ce soit l'enquête historique qui ne reçoit point ses consignes du suprarationnel et de l'univers des archétypes"[79]. Autrement dit, la complexité du fait ismaélien ne peut être dénouée sans évaluer avec précision quelle méthode est la plus apte à analyser tel aspect du dit fait.

Aucune méthode ne peut analyser le phénomène ismaélien dans sa totalité, en conséquence de quoi il serait vain de prolonger le débat méthodologique évoqué précédemment. Comme tout phénomène historique, le mouvement ismaélien est né par la conjonction de plusieurs déterminants appartenant à des catégories différentes, et il n'a pas non plus évolué sous l'impulsion d'un facteur unique. Si ces vérités peuvent paraître évidentes à tout historien, dans le cas du mouvement ismaélien, il n'est pas inutile de les rappeler à cause de l'intense compétition idéologique qu'a provoquée son étude parmi les orientalistes. Bernard Lewis lui-même ne conclut pas autrement son fameux ouvrage sur les Assassins: "Il n'existe pas d'explication simple et unique du phénomène complexe de l'ismaélisme dans la société complexe qu'était l'Islam médiéval, écrit-il. La religion ismaélienne a évolué sur une longue période et dans des régions étendues, et elle a eu des significations différentes selon l'époque et le lieu"[80].

La tâche la plus urgente est alors d'identifier un certain nombre de limites qui déterminent des espaces de la connaissance – des unités de savoir, puis, une fois cette première étape de la recherche effectuée, définir quelle méthodologie est la plus apte à produire une analyse adéquate à la spécificité de l'objet étudié. On a déjà signalé que la pensée ismaélienne contemporaine n'a guère retenu l'attention des chercheurs jusqu'à aujourd'hui: cette situation contraste avec celle de la pensée ismaélienne classique – surtout fatimide. Nous aurons l'occasion de revenir sur les causes de cette situation de la pensée contemporaine au cours de notre recherche mais d'emblée, il apparaît évident qu'un travail important de défrichage méthodologique s'avère indispensable. La pensée ismaélienne historique a été étudiée principalement par la méthode phénoménologique (Corbin) ou islamologique (Feki, Marquet etc.), méthodes qui ne peuvent prendre en compte certaines spécificités de la pensée contemporaine.

Pourquoi? Pour la simple raison que chaque méthode fonctionne à partir d'un certain nombre de référents, et il semble improbable qu'elle puisse fonctionner avec des référents qui lui sont inconnus; par exemple, comment la seule islamologie peut-elle analyser correctement un concept aga-khanien important comme celui de *welfare*, alors que cette notion est absente de ses référents? La diversité des héritages culturels et la spécificité fonctionnelle de la pensée aga-khanienne imposent avant toute autre chose une grande adaptabilité méthodologique.

c–l'ouverture épistémologique

En 1949, Henry Corbin (1903–1978) écrivait en introduction de la première publication de sa Bibliothèque iranienne: "Les études ismaéliennes sont encore en période de défrichement (...). La principale tâche qui s'impose au philosophe orientaliste sollicité par la forme ismaélienne de la pensée religieuse, est donc actuellement, et sera sans doute encore pour quelque temps, d'éditer les textes chaque fois que la possibilité se présente, c'est à dire de préparer les bases sur lesquelles la réflexion philosophique pourra édifier son travail propre, en faire éclore la signification à l'intérieur de l'univers religieux dans son ensemble"[81]. Aujourd'hui, cette tâche principale que désignait Corbin n'en est plus au stade du défrichement. Les orientalistes ont mis à jour un grand nombre de textes, et malgré la prédominance de la période historique, on peut affirmer que la connaissance de la pensée ismaélienne a considérablement progressé.

Une mention spéciale doit pourtant être faite de Wladimir Ivanow (1886–1970). En effet, celui-ci s'est particulièrement attaché à faire connaître l'ismaélisme nizârite persan[82], alors que l'orientalisme français s'intéressait plus – jusqu'à Henry Corbin – à l'ismaélisme arabe pour des raisons historiques[83]. Henry Corbin, s'il étudia l'ismaélisme persan, se spécialisa sur les auteurs de la période fatimide et post-fatimide. Dans l'introduction de son ouvrage récent sur l'histoire et les doctrines ismaéliennes, sur lequel nous reviendrons, Farhad Daftary a récapitulé le développement des études occidentales sur l'ismaélisme: il n'apparaît donc pas nécessaire de répéter cette même entreprise ici.

En effet, l'ismaélologie a, comme les autres disciplines islamologiques, suivi l'évolution des sciences humaines par une extension de son champ d'investigation. Concentrée sur la doctrine ismaélienne, il est surprenant de constater rétroactivement combien l'ismaélologie avait négligé l'histoire générale de la communauté, sans parler des approches socio-économiques. Mais comme nous l'avons déjà signalé, le plus frappant était la sorte d'ostracisme qui frappait la période contemporaine. Quelle était l'origine de cette situation? Divers facteurs peuvent l'expliquer: ce n'est pas ici le lieu de les explorer, contentons-nous de les remémorer.

Le rejet de la période contemporaine s'explique en premier lieu par ce qu'était la conception du savoir dans l'orientalisme. Celui-ci, apparu au début du XIXème en la personne d'Antoine Isaac Silvestre de Sacy

Introduction: Texte et Lectures du Texte

(1758–1838), avait intégré les études arabes sur le modèle du classicisme. Cette notion complexe définit un certain nombre de critères – ordre, clarté, équilibre, recherche de la perfection – qui sont censés faire émerger un modèle[84]; ce qui est intéressant, c'est qu'au XVIIIème siècle, la notion s'est imposée partout en Europe et ce n'est pas gratuitement que les orientalistes recherchent, à travers leurs études arabes, à définir un classicisme certes différent mais qui corrobore finalement la validité et le caractère opératoire de la notion.

En effet, le clacissisme dans le monde arabe, tout comme le clacissisme dans le monde gréco-romain, correspond chaque fois à un apogée. En ce qui concerne le monde musulman, "la civilisation de l'Islam classique" commence au VIIème siècle, avec la mission de Muhammad et prend fin au XIIIème siècle, lors de l'invasion mongole[85]. Il est donc évident que la notion de clacissisme est liée avec le moment impérial d'une civilisation. Mais elle ne prend vraiment toute son efficacité que lorsque la période au cours de laquelle les critères ont été exprimés est révolue.

Partant de cette notion de classicisme, les orientalistes ont eu tôt fait de considérer que le monde musulman qui leur était contemporain était marqué du sceau de la décadence. C'est le thème de "l'Orient assoupi", qui deviendra le leitmotiv des relations de voyage de la période romantique et sera simultanément le prélude à la colonisation. Il faudra attendre la redécouverte des Ismaéliens – le "Aga Khan Case" de 1866 en est le point d'orgue – pour que l'ismaélisme apparaisse dans la contemporanéité. Quelques voyageurs isolés – Jean-Baptiste Rousseau, qui découvre le premier le nom de l'imâm Shâh Khalîl Allâh, puis Fraser – avaient déjà signalé la survivance de la communauté "qui traîne une existence misérable dans quelques coins obscurs de l'Asie"[86].

Les voyageurs insistent sur l'inoffensivité des indigènes – ils sont cultivateurs et très accueillants, soumis aux vexations des Turcs – laissant apparaître une pointe de rousseauisme qui prélude à l'apparition d'une nouvelle sensibilité: le romantisme. Le voyage en Orient de Gérard de Nerval reste à cet égard exemplaire[87]. Bien que son objectif ne soit pas d'étudier la communauté druze, sa relation témoigne d'un effort nouveau pour comprendre les Druzes de l'intérieur. Mais ces tentatives restent marginales et lorsqu'au début du XIXème siècle des traités relatifs à l'ismaélisme populaire syrien sont envoyés à la Société Asiatique, ils restent dans les cartons: personne ne les publie ni ne les traduit[88]. Cette même notion de classicisme est à l'origine du rejet de l'ismaélisme indien qui, à cause de ce que les spécialistes appellent son syncrétisme, ne correspond pas aux critères du classicisme. Les orientalistes vont même jusqu'à reprendre les schémas de l'orthodoxie qui rejettent l'ismaélisme hors de la communauté musulmane.

En dehors des compte-rendus juridiques publiés à Bombay et à Londres[89], le "Aga Khan Case" est suivi de la parution d'un article rédigé en 1876 par un haut fonctionnaire britannique chargé d'une mission en Afrique orientale, H.B. Frere. L'objectif qu'il poursuit est de démontrer que les Khojas sous domination britannique sont prospères et civilisés, alors que sous la domination cruelle et bigote des Portugais, ils sont en train de disparaître[90]. En 1910, Dominique Menant publie un article dans la *Revue du Monde Musulman* sur "Les Khodjas du Guzarate"[91]. Dans une première partie, l'auteur retrace l'histoire de l'ismaélisme et des Ismaéliens.

Dans la seconde partie, il traite des Khojas au XIXème siècle. Les sources qu'il utilise sont principalement celles du "Aga Khan Case". Dans les dernières pages, Menant écrit: "On reconnaît le Khodja à la forme arrondie de son crâne, à son front carré, à ses sourcils arqués, épais et bien tracés, à ses yeux noirs ombragés de longs cils, à ses oreilles larges et parfois détachées de la tête, à ses longues moustaches tombant sur ses lèvres minces, à sa barbe, tantôt rasée, tantôt taillée court sur le menton"[92]. La description anthropographique se poursuit, les femmes succédant aux hommes. Puis Menant en vient à la description vestimentaire, avant d'aborder la question des activités commerciales.

Mais la partie la plus intéressante de l'article est certainement composée des pages qui sont consacrées aux pratiques religieuses des Khojas: c'est à notre connaissance la première fois qu'un tel sujet est abordé. Coutumes funéraires, organisation socio-religieuse, rituel, cérémonies diverses qui ont toutes pour objet l'Aga Khan, ces quelques pages allient diversité et précision des informations que l'auteur a sans doute recueillies personnellement. Dans le même numéro de la *Revue du Monde Musulman*, Menant publie un autre article sur les Bohras, communauté ismaélienne non agakhaniste[93]. Après ces quelques articles, les études ismaéliennes délaissent à nouveau la période contemporaine, l'ismaélisme indien et les approches sociologiques et économiques. Il faut cette fois attendre une période tout à fait récente pour voir publier quelques articles et pour que quelques thèses portent sur ces questions.

Nous sommes au regret de n'avoir pu consulter que peu de thèses consacrées aux changements survenus chez les Khojas de l'Afrique orientale et chez ceux du Pakistan[94]. En 1964, J.N.D. Anderson – spécialiste du droit musulman en Afrique, publie un article sur la nouvelle Constitution que Shâh Karîm vient d'octroyer à la communauté[95]. Là aussi, cet article est une innovation puisque c'est la première fois que le sujet choisi concerne le droit ismaélien contemporain. Le droit ismaélien fatimide, à travers les oeuvres de al Qâdi al-Nu'mân, avait fait l'objet de nombreuses éditions et analyses[96]. J.N.D. Anderson a connaissance des Constitutions antérieures et son article, après avoir insisté sur l'importance de l'imâmat, concentre l'analyse sur l'évolution du droit dans la communauté khoja. Le résultat est positif: les Khojas ont su à la fois évoluer avec le temps et s'adapter aux législations des Etats où ils résident.

Introduction: Texte et Lectures du Texte

Au début des années soixante-dix, quelques articles reprennent des problématiques sociologiques. En 1971, Robert J. Bocock tente une analyse weberienne de la communauté ismaélienne de Tanzanie[97]. L'objectif de Bocock est de vérifier que les conclusions de Weber en matière de sociologie des religions, à savoir les interrelations entre l'activité économique et l'éthique religieuse, sont observables dans une communauté musulmane. L'auteur reprend un à un les arguments exposés par Weber qui expliquent que le capitalisme soit né dans telle communauté religieuse, en l'occurrence chez les Calvinistes.

Le bilan de cette approche comparative est plutôt négatif, puisque les deux groupes s'opposent sur l'individualisme, la prospérité, le mysticisme et l'immanence de Dieu; ils s'accordent par contre sur leur organisation de type congrégationnelle – ce qui signifie qu'ils ne recourent pas à des ministres qui officient à plein temps et sur leur condamnation de la magie. Le schéma weberien ne semble donc pas opérationnel avec les Ismaéliens. Pourtant, pour expliquer le développement économique des Ismaéliens, Bocock a recours à un autre concept weberien: le concept d'affinité. En effet, le sociologue allemand avait relevé qu'il existait une affinité entre les communautés congrégationistes, les Quakers en particulier, et les marchands et les commerçants. En fait, Weber ne fait que dresser un constat qui n'est aucunement accompagné d'une démonstration: il a remarqué que ces deux types d'organisation – l'une religieuse et l'autre économique – cohabitaient souvent, ce qui pouvait peut-être s'expliquer par le fait que dans les deux cas, le rationalisme constituait le principe organisateur.

Le concept d'affinité est quoi qu'il en soit insuffisant pour expliquer le développement capitalistique des Ismaéliens. L'auteur recherche finalement une explication dans l'éthique ismaélienne, qui s'oppose à celle des Calvinistes sur deux points essentiels: le mysticisme potentiel et la recherche de la prospérité. Ces principes établissent que les Ismaéliens peuvent réaliser leur salut ici-bas plus par les prières, les offrandes et les bonnes oeuvres que par l'ascétisme. La pratique de l'ascétisme n'est pas une condition *sine qua non* du salut dans l'outre-monde non plus. L'auteur précise par la suite que le capitalisme ismaélien – s'il est développé dans le contexte islamique et africain – n'a pas toutefois connu l'essor du capitalisme des communautés calvinistes.

Pourtant, dans sa conclusion, Bocock revient sur le concept d'affinité affirmant qu'un tel capitalisme pouvait ne pas se développer chez les Ismaéliens, parce que la tension entre leur système de croyance et le monde d'ici bas est faible. Mais s'il s'est finalement développé, c'est à cause de la forte affinité existant entre la religion ismaélienne et les activités commerciales et professionnelles. Il faut reconnaître malgré quelques faiblesses, que l'article de Bocok ouvre des perspectives nouvelles dans les études ismaéliennes. D'autant plus que l'auteur fait preuve d'une compréhension adéquate de l'ismaélisme qu'il connaît surtout à travers les mémoires de l'Aga Khan et de témoignages recueillis en Tanzanie.

Deux ans après l'article de Bocock, en 1973, J.C. Masselos participe à un ouvrage collectif sur les castes et les stratifications sociales chez les Musulmans de l'Inde[98]. Le sujet abordé par l'auteur est certes connu: il s'agit des différentes dissidences survenues dans la communauté ismaélienne au cours du XIXème siècle, qui culminent dans le "Aga Khan Case" de 1866. Mais il est d'autre part novateur à deux titres. En premier lieu, Masselos a compulsé la plus grande partie des archives de la Haute Cour de Bombay; il utilise donc un matériau qui n'a jamais été exploité; on s'aperçoit à l'occasion que les dissidences ont pris une ampleur insoupçonnée. Mais surtout, il envisage ces événements sous une problématique tout à fait nouvelle.

Masselos ne se place pas du point de vue de l'autorité de l'imâm qui est défiée par un groupe de marchands; il se place du point de vue de la communauté des Khojas en posant la question: quels sont les critères, au XIXème siècle, qui définissent l'appartenance à la communauté khoja? Cette problématique n'est malheureusement pas suffisamment exploitée à notre gré. En effet, l'auteur aurait pu s'interroger sur la question de l'identité des Khojas, et par conséquent analyser en quoi ces contestations signifient une recherche identitaire. D'autre part, nous pensons que Masselos a négligé un facteur qui nous semble prépondérant dans l'organisation de la communauté à cette époque: le système des castes[99].

Trois ans plus tard, Azim Nanji publie dans le *Journal of Religion in Africa* un article important sur la modernisation de la communauté ismaélienne d'Afrique orientale[100]. L'auteur est un ismaélien orginaire d'Afrique orientale: il a eu de ce fait accès à des documents de première main qui jusque là avaient échappé à l'attention des chercheurs pour la simple raison qu'ils étaient rédigés en gujarâti – langue qui ne fait pas partie de la formation classique des orientalistes – ou même en écriture khojki[101].

Nanji, après avoir signalé que la conjoncture politique et économique au milieu du XIXème siècle était favorable au commerce dans l'océan indien, explique le développement économique des Khojas par deux facteurs principaux, à savoir la révision de l'imâmat opérée par la justice britannique en 1866 lors du "Aga Khan Case", et la personne de l'Aga Khan. C'est en effet la volonté de ce dernier de rationaliser l'organisation de la communauté qui reste pour lui le facteur déterminant. D'autre part, la stature internationale de l'Aga Khan augmentait la confiance que les Khojas avaient placée en lui, et c'est pour cela qu'ils acceptèrent l'entreprise de centralisation opérée dès 1905. L'Aga Khan réussit enfin à persuader les Khojas qu'ils avaient un rôle important à jouer au sein des Etats qui les accueillaient, voire au niveau international.

On constate que les études ismaéliennes enrichissent lentement, mais inexorablement, leur problématique, suivant en cela l'évolution des sciences

Introduction: Texte et Lectures du Texte

humaines, et des études islamiques. Ces innovations qui apparaissent à partir des années 70 témoignent de l'intérêt croissant que les spécialistes portent à la communauté ismaélienne à l'époque contemporaine. Pourtant, il faut attendre l'année 1990 pour que paraisse la première somme sur la connaissance des ismaéliens et de l'ismaélisme.

d–le développement récent

Les années 90 marquent un tournant dans les études sur l'ismaélisme. Non seulement la production augmente mais on observe une diversification des études. Trois domaines sont particulièrement bien représentés: la philosophie, l'histoire et la tradition ginânienne. Des études sur les grands philosophes ismaéliens de la période fatimide sont publiées. Paul Walker se taille la part du lion avec des travaux sur Abû Ya'qûb Sejestânî et Hamid al-Dîn Kermânî. En France, Christian Jambet publie un ouvrage sur la pensée ismaélienne d'Alamût, puis la traduction d'un traité de Nâṣir al-Dîn Tusî. L'Institut d'Etudes Ismaéliennes de Londres prend une part déterminante dans l'édition et la publication de ces ouvrages, grâce au travail remarquable réalisé par Farhad Daftary, qui est lui-même l'auteur d'ouvrages de référence. En 1990, Daftary publie la somme qui faisait encore défaut sur l'histoire et les doctrines des Ismaéliens. Bien que l'ouvrage soit axé sur des sources arabes et persanes, et que la période moderne soit minorée, on ne peut que saluer ce travail rigoureux d'un auteur qui maîtrise parfaitement les sources de première main. En 1998, Daftary publie un nouvel ouvrage sur le même sujet mais dans une version abrégée, ce qui le rend plus utilisable pour les néophytes, et où il donne une place plus importante aux "derniers développements".

Si Daftary demeure le grand spécialiste de l'histoire des Ismaéliens, il faut signaler l'essor d'une école historienne non académique dans la communauté, plus spécialement au Pakistan. Il faut certes remonter au début du 20ème siècle pour trouver les premiers ouvrages d'histoire rédigés par des Ismaéliens, sur la demande de Sultân Muhammad Shâh. L'un de ces historiens, Mumtaz Tajddin Sadikali, est l'auteur d'un volumineux ouvrage publié à Karachi en 1997. L'intérêt de ce type d'ouvrages se trouve dans la relation de traditions orales relatives à l'histoire de la communauté dans le sous-continent indien qui seraient sans doute perdues sans le travail de cet historien. Un autre champ des études ismaéliennes qui a connu un essor important est celui de la tradition des *ginân*s. Christopher Shackle et Zawahir Moir (ex-Nooraly) publient en 1992 une remarquable introduction sur les *ginân*s. C'est le premier ouvrage scientifique consacré à la question. Doté d'un appareil critique des plus élaborés, il reste à ce jour le meilleur ouvrage sur le domaine, preuve en est qu'il vient d'être réédité, en 2000, par Curzon Press. En 1991, Ali Sultan Asani, qui a succédé à Annemarie Schimmel à Harvard University, publie sa thèse consacrée à l'étude d'un *ginân*, le *Bûjh Niranjan*. Le dernier ouvrage important sur la tradition des *ginân*s est celui de Tazim Kassam, publié en 1995. L'auteur étudie des *ginân*s de Pîr Shams, un saint musulman de l'ismaélisme satpanth.

Un dernier point à signaler sur l'évolution de l'ismaélologie est la place que tiennent aujourd'hui les indianistes. Plusieurs savants qui travaillent sur les *ginân*s et la tradition satpanth ont une formation en indologie. Cette perspective, qui apparaît par exemple dans les articles de Françoise Mallison, ouvre de nouveaux horizons. On s'aperçoit que les phénomènes de conversion des Hindous à l'islam ismaélien ont été très progressives. Dans un ouvrage important publié en 1997, Dominique-Sila Khan revient sur l'influence insoupçonnée dont bénéficièrent les Ismaéliens dans le sous-continent[102]. L'auteur démontre entre autres l'attrait que les *pîr*s ismaéliens exercèrent sur différentes castes d'intouchables qui, bien qu'ils aient été "reconvertis" à l'hindouisme par l'Arya Samaj au siècle dernier, ont conservé des références ismaéliennes dans leurs hymnes et leurs rituels. Notons pour terminer que peu d'études ont été consacrées à l'histoire récente, à l'anthropologie et à la sociologie des Khojas, qui constituent actuellement le groupe majoritaire au sein des Ismaéliens. Les rares thèses dévolues à ces sujets n'ont pas été publiées. C'est regrettable compte tenu de l'importance de tels travaux pour la connaissance des relations entre Musulmans et Hindous en Asie du sud.

NOTES

1 en dehors de celle de K.K. Aziz, voir note 24.
2 sur le rôle international joué par l'Aga Khan jusqu'à la veille de la Seconde Guerre Mondiale, voir N. Dumasia, *The Aga Khan and His Ancestors*, Times of India Press, Bombay, 1938.
3 en 1904, un livre portant le même titre avait été publié à Londres par H.J.S. Cotton.
4 Alfred, lord Tennyson (1809 1892), fut considéré comme le plus grand poète de son temps. Son oeuvre est marquée par une double volonté d'affirmer la continuité de l'époque victorienne avec le passé lointain du pays comme dans ses "Idylles du roi" (1859 1885) dans lesquelles il transpose la légende arthurienne dans le cadre victorien et de témoigner des anxiétés et des incertitudes de l'ère victorienne, comme dans son poème "In Memoriam" (1850), le plus célèbre et le plus représentatif de cette période. Tennyson fut aussi le héraut du libéralisme et du patriotisme britanniques.
5 Edwin Samuel Montagu (1879 1924) fut député libéral dès 1906, puis secrétaire d'Etat à l'Inde de 1917 à 1922. En accord avec le vice-roi lord Chelmsford, il rédige en 1918 l'année de la publication de *India in transition* un rapport demandant des réformes urgentes. Il obtient le vote le 23 décembre 1919 de l'India Act, loi qui accorde une représentation aux communautés indiennes dans les assemblées provinciales et l'Assemblée centrale. Ce partage des pouvoirs a parfois été désigné sous le nom de "dyarchie".
6 "Aga Khan", *Encyclopaedia britannica*, v.1, Chicago, London, Toronto, 1961, p. 345.

Introduction: Texte et Lectures du Texte

7   H.J. Greenwall, *His Highness the Aga Khan, imâm of the Ismailis*, with a foreward on racing by His Highness the Aga Khan, Cresset Press, London, 1952.
8   pour reprendre sa propre expression. Entretien du 20 octobre 1987 à Genève. Toutes les informations qui suivent sont extraites de ces entretiens.
9   cet ouvrage se trouvait en rayon dans une librairie orientaliste de Londres en 1988, ainsi que dans le catalogue de 1982 d'AMS Press, New York; il n'est plus disponible aujourd'hui.
10 Vrin, 1954, note 1 p. 23.
11 "L'Europe et l'Islam", *International Affairs*, XXIII, 1947, p. 271. Tout laisse à penser qu'un exemplaire se trouve au Royal Institute of International Affairs situé à Chatham House, Londres. Ni la British Library ni l'Institute of Ismaili Studies n'en possèdent alors qu'ils possèdent *Glimpses of Islam*.
12 *Idem*.
13 "L'Europe et l'Islam", *op.cit.*, p. 64.
14 la narration biographique reste largement prédominante; d'après Sadruddin Aga Khan, l'Aga Khan aurait rédigé ses mémoires à une époque où il était déjà très malade, ce qui expliquerait que ce type de narration prédomine au détriment d'une approche plus analytique. Entretien du 10.02.93, Genève.
15 voir *Message   Six articles on religion and politics*, Bombay, 1935.
16 *Omar Khayyâm Faithfully and literally translated (from original persian) by John Pollen*, with a foreword by His Highness the Aga Khan, London, East and West ltd, 1915.
17 "Persian poets: the supremacy of Hafiz", *The Times*, september 27, 1934.
18 "Hafiz and the place of the iranian culture in the world", Inaugural lecture, *Iran Society*, November 1936, pp. 1 7 puis dans *Asiatic Review*, January 1937, pp. 113 117.
19 *A brief history of the Aga Khan etc ... (Appendices   Writings and speeches of His Highness the Aga Khan)*, Bombay, Times of India Press, 1903. Puis *The Aga Khan and his ancestors*, *op.cit.*
20 *Moslem World*, XXXI (1941), p. 300.
21 World's Work, Kingswood, 1984. Nous n'envisageons ici cette biographie que sous l'angle de son apport potentiel au corpus aga khanien.
22 elle nous a été gracieusement adressée par les archives nationales du Pakistan.
23 certains discours sont enregistrés sur disques en vinyl et disponibles auprès de l'archiviste de la Société des Nations, Palais des Nations, Genève.
24 Ce n'est qu'en mai 1991   alors que notre recherche était dans sa phase terminale   que nous avons pris connaissance de la collection des discours et des écrits de l'Aga Khan effectuée par K.K. Aziz, grâce à MM. Aziz Esmail et Shams Vellani, de l'Institute of Ismaili Studies. Cette collection avait été sponsorisée par l'Institut; elle a été publiée en 1997, voir bibliographie addenda p. 477. K.K. Aziz, universitaire résidant actuellement au Pakistan, à Lahore, a publié plusieurs ouvrages qui concernent tous l'histoire des Musulmans indiens du début du siècle à la partition. Voir par exemple *Britain and Muslim India, 1857 1957*, London, Heinemann, 1963; *The making of the Pakistan*, London, Chatto & Windus, 1967; *Ameer Ali: His life and work*, Lahore, 1968; *The Indian Khilafate Movement, 1915 1933   A Document Record*, Pak Publishers, Karachi, 1972.
25 voir bibliographie.
26 nous devons toutefois mentionner à la décharge de l'auteur que celui-ci, dans des notes placées au tout début de la collection et destinées à l'éditeur, prévoit d'envoyer une introduction et des appendices.
27 Steingass *Persian English Dictionary*, Gosby, Lockwood & Son, n.d. p. 21.

La Rénovation du Shî'isme Ismaélien en Inde et au Pakistan

28 *Le livre réunissant les deux sagesses*, Fayard, 1990, p. 174
29 *Pandiyat i Javanmardi or Advice of Manliness*, Leiden, Brill, 1953, voir index pp. 90 91.
30 *idem*, p. 01.
31 N.Q. King et A.K. Adatia, "Some East-African firmans of His Highness Agha Khan III", *Journal of Religion in Africa, vol.*, VII, fasc.3, 1969, pp. 181. Cela nous a été confirmé par Aziz Esmail, "Dean" de l'Institute of Ismaili Studies et Shams Vellani, "Executive Officer" du même Institut. Chacun d'eux tient ses informations de témoins visuels indépendants les uns des autres. Le recueil de *firmans* le plus important est celui compilé sous le titre *Kalam e imam e mubin, holy firmans of Mowlana Hazar Sultan Mahomed Shah, the Aga Khan*, Ismailia Association for India, Bombay, vol. 1 de 1880 à 1910 (1950 et vol. 2 de 1911 à 1951 (1951). Edité en gujarâti, certaines traductions en anglais ont été publiées.
32 Shirin Walji, *A history of the Ismaili Community in Tanzania*, Madison, Ann Habor, University Microfilms, 1983, p. 100.
33 d'après Abdullah Rahmatoullah, cette publication a été faite totalement indépendamment de l'Aga Khan. Pour notre part, cette thèse est difficile à accepter du fait de la centralisation administrative effectuée par l'Aga Khan et du contrôle total que lui octroyaient les constitutions sur les publications concernant l'Ismaélisme, a fortiori un domaine aussi fondamental que celui de ses propres paroles. Akbarally Meherally cite d'autres recueils de *firmans*, en sus de "Kalam-e imam-e mubin"; voir, *Understanding Ismailism A unique tariqah of Islam*, A.M. Trust, 1988, pp. 61 et 135.
34 La plus ancienne, datant sans doute de 1905, n'est pas en possession de l'Institute of Ismaili Studies. Nous n'avons pas réussi à la localiser.
35 A. Le Chatelier, "Aga Khan", *Revue du Monde Musulman*, I, 1907, pp. 48 85.
36 *idem*, p. 69.
37 *ibidem*, p. 84.
38 "Politique musulmane", *Revue du Monde Musulman*, T.XII, 1910, pp. 38 à 40.
39 4ème tr. 3ème série, no 20, 1942, pp. 230 234.
40 9, 1955, pp. 9 14.
41 *idem*, p. 12.
42 *ibid.*, pp. 10 et 14.
43 *ibid*, p. 14.
44 *Southwestern Journal of Anthropology*, 14, pp. 454 472. Cette revue est publiée à Albuquerque, Nouveau Mexique (USA). L'auteur était auparavant à la School of Oriental and African Studies de l'université de Londres. Il a publié plusieurs articles dans le *British Journal of Sociology* sur les minorités indiennes de l'Afrique orientale. Sa thèse, soutenue à l'université de Londres en 1963, a été publiée sous le titre: *The Indians in Uganda*, London, 1968.
45 *idem*, p. 468.
46 "Some east-african firmans of H.H. Aga Khan III", *Journal of religion in Africa*, vi. II, fasc. 3, 1969, pp. 179 191.
47 *Journal of religion in Africa*, vol. VI, fasc. 2, pp. 123 139.
48 *op.cit.*, p. 133.
49 nous signalons deux biographies qu'il ne nous a pas été possible de consulter: 1- M.J. Kassim Ali, *Ever living guide*, Karachi, Ismailia Association of Pakistan, 1954; 2- Aziz Abualy, *Mowlana Imam Sultan Mohamed Shah: The 48th Ismaili Imam*, Dar es-Salam, 1977.
50 sur la typologie de la biographie, voir D. Madelénat, "Biographie", *Encyclopaedia Universalis*, vol. 4, pp. 158 9.

Introduction: Texte et Lectures du Texte

51 c.r. de la biographie de Dumasia par J. Hollister, *The Moslem World*, XXXI(1941), p. 300.
52 *idem*, XXIV (1934), p. 199.
53 titre d'un article publié par Ikbal Ali Shah, *Islamic Culture*, 3 (1929), pp. 44 55. Signalons d'autre part que cet auteur rédigea quelques écrits sur le soufisme "The general principle of Sufism", *Hibbert Journal*, 20 (1921 2), pp. 524 535 et *Islamic sufism*, London, 1933, 299 pp. (réédité par The Book House, Lahore, sans date) ainsi qu'une biographie du Prophète. Enfin, il faut savoir que l'Aga Khan a rédigé une brève préface pour un ouvrage d'Ikbal Ali Shah, *Eastward to Persia*, 1933, London.
54 *The Aga Khan and his ancestors ...*, op.cit., p. 366.
55 H.J. Greenwall, *The Aga Khan, imam of the Ismailis*, The Cresset Press, London, 1952, 241 pp.; S. Jackson, *The Aga Khan, Prince, Prophet and sportsman*, Odham Press Limited, 1952, 240 pp.
56 *idem*, p. 23.
57 l'auteur écrit par exemple que les Khojas étaient hindous avant d'être convertis à l'ismaélisme par un shâh de Perse, *ibid.*, p. 26. Pour le second, il taxe de "fiasco" la lettre envoyée par l'Aga Khan et Ameer Ali à Ghazi Ismet Pasha et reconnaît explicitement qu'elle provoqua l'abolition du califat, *ibid.*, p. 68.
58 L'Aga Khan serait né en 1881 ..., op.cit., p. 63.
59 *idem*, p. 59.
60 *ibid*, p. 116.
61 *ibid*, p. 107.
62 *The Aga Khan*, World's Work, Kingswood, 1984, 399 pp.
63 titre original "Inky and the black prince": jeu de mot intraduisible entre "Inky" surnom donné, d'après l'auteur, à l'Aga Khan dans les casinos qui signifie à peu près "barbouillé d'encre" et le prince noir.
64 Jackson, op.cit., p. 147.
65 *Ecrits sur l'histoire*, 1969, Flammarion, p. 138.
66 op.cit., p. 17.
67 E. Renan, *Oeuvres complètes*, Paris, 1947, p. 956.
68 "Origines du réformisme musulman", *Annales de l'Institut des Etudes Orientales*, t. XVIII XIX, 1960 61, p. 390.
69 voir par exemple les oeuvres de Muḥammad 'Abduh et Ameer Ali, cf. bibliographie.
70 "Ecrits sur l'histoire", op.cit., p. 312.
71 "Fragments relatifs à la doctrine des Ismaéliens", *Notices et Extraits des Manuscrits de la Bibliothèque Nationale*, XXII, 1, 1874, pp. 275 428 pour la traduction française.
72 voir Mircea Eliade, *La nostalgie des origines Méthodologie et histoire des religions*, tr. fr. Gallimard, 1971.
73 W. Heffer, Cambridge.
74 pour la traduction française, *Les Assassins Terrorisme et politique dans l'Islam médiéval*, préface de Maxime Rodinson, Berger Levrault, 1982.
75 nous utilisons les deux termes "phénoménologique" et "structurale" de façon identique, suivant en cela Corbin dans son introduction à la traduction du *Livre des pénétrations métaphysiques* de Mollâ Ṣadra Shîrâzî, A. Maisonneuve, 1964. p. 10.
76 *En Islam iranien*, T. I, Galimard, 1071, p. 79.
77 op.cit., p. 28.
78 *idem*.
79 *in* "Le shî'isme imâmite", Colloque de Strasbourg, PUF, 1968, p. 32. Voir aussi son compte-rendu de "HPI", in *Journal Asiatique*, 1964, pp. 273 278.

80 *op.cit.*, p. 184. Dans un important article, Azim Nanji conclut en citant la propre conclusion de Lewis; "Modernization and change in the Nizari Ismaili community in East-Africa-A perspective", *Journal of Religion in Africa*, vol. VI, fasc. 2, 1974, p. 139.
81 introduction par Henri Corbin à Abû Ya'qûb Sejestânî, *Kashf al Mahjub (Le Dévoilement des choses cachées) Traité ismaélien du IVème siècle de l'Hégire*, A. Maisonneuve, 1949, pp. 5 6.
82 voir F. Daftary, "The Bibliography of the late W. Ivanow", *Islamic Culture*, 45 (1971), pp. 567.
83 nous nous permettons de renvoyer à notre mémoire sur *L'image du shî'isme ismaélien dans l'orientalisme français (XII XXème siècle)*, mémoire de maîtrise d'histoire, université Lyon 2, 1984, doc. dact., 246 pp.
84 Henri Peyre, "Classicisme", *EU*, v.5, pp. 964 970.
85 voir D. et J. Sourdel, *La civilisation de l'Islam classique*, Paris, Arthaud, 1968.
86 J. Rousseau, *Mémoires sur les trois plus fameuses sectes du musulmanisme: les Whabis, les Nosaïris et les Ismaélis*, Marseille, 1818, pp. 54 et ss. et J.B. Fraser, *Narrative of a Journey in Khorasân in the years 1821 and 1822*, London, 1827, pp. 376 377.
87 *Voyage en Orient*, Gallimard, 1961 (1ère éd. 1851).
88 c'est ainsi que Rousseau envoie un traité à Silvestre de Sacy; le dit traité ne sera publié en arabe et traduit en français qu'en 1874 par Stanislas Guyard dans "Fragments relatifs à la doctrine des Ismaéliens", *Notices et Extraits des Manuscrits de la Bibliothèque Nationale*, XXII, 1, 1874, pp. 275 428.
89 voir par exemple celui de E.I. Howard, l'un des avocats de Ḥasan 'Alî Shâh, *The Shia School of Islam and its branches especially that of the Imame Ismailes*, Bombay, Oriental Press, 1866, 101 pp.
90 "The Khojas: the disciples of the old man of the mountains", *Macmillan's magazine*, vol. XXXIV, 1876, p. 342.
91 *Revue du Monde Musulman*, XII, pp. 214 323 et 406 424.
92 *idem*, p. 412.
93 *ibid.*, pp. 465 493.
94 Aziz Esmail, *Satpanth Ismailism and Modern Changes within it; with special reference to East Africa*, Ph.D. diss, University of Edinburgh, 1972. L'auteur est actuellement directeur de l'Institute of Ismaili Studies de Londres. Lorsque nous lui avons demandé de consulter sa thèse, il nous a répondu qu'il n'en était plus très satisfait, et qu'elle était en cours de réécriture. Les autres thèses sont de Hanna Papanek, *Leadership and Social Change in the Khoja ismaili Community*, Ph.D. diss., Harvard University, 1962 et Diamond Rattansi, *Islamization and the Khojah Ismâ'îlî*, in Pakistan, Ph.D., McGill University, 1987.
95 "The Isma'ili Khojas of East Africa-New Constitution and Personal Law for the Community", *Middle Eastern Studies*, I (1964), pp. 21 39. L'auteur avait publié en 1954 un ouvrage de référence, *Islamic law in Africa*, London, H.M.S.O.
96 voir par exemple les articles d'Asaf A.A. Fyzee, Ismail K. Poonawala etc.
97 "The Ismailis in Tanzania: a Weberian analysis", *The British Journal of Sociology*, vol. 22 (1971), pp. 365 380. Sur Weber et l'Islam, voir Bryan S. Turner, *Weber and Islam: A Critical Study*, Londres, Routledge and Kegan Paul, 1978 (1st ed. 1974) et Olivier Carré, "A propos de Weber et l'Islam", *Archives de Sciences Sociales des Religions*, 61/1 Ganvier-mars), pp. 139 152. P.B. Clarke utilise lui aussi la typologie de Weber, ainsi que celle de Troeltsch dans "The Ismaili Sect in London: Religious Institutions and Social Change", *Religion*, 8, 1978, p. 74 et ss. pour Weber et p. 82 pour Troeltsch.

98 "The Khojas of Bombay: The defining of formal membership criteria during the nineteenth century" in *Caste and Social stratification among the Muslims*, ed. by Imtiaz Ahmad, Manohar Book Service, Delhi, 1973, pp. 1 20.

99 Il est frappant de constater qu'aucun indianiste, à notre connaissance, ne s'est intéressé aux Khojas d'un point de vue hindouiste, hormis Françoise Mallison; voir par exemple sa contribution "Hinduism as seen by Nizârî Ismâ'îlî missionaries of Western India: the evidence of the ginân" in *Hinduism reconsidered*, ed. by G.O. Sontheimer & H. Hulke, Delhi: Manohar, 1989, pp. 93 103. Voir aussi Dominique-Sila Khan, "L'origine du culte ismaélien de Ramdeo Pir", *Revue d'Histoire des Religions*, t. CCX, fasc. 1. janv-mars, 1993, pp. 27 47.

100 "Modernisation and Change in the Nizari Ismaili Community in East Africa A Perspective", *Journal of Religion in Africa*, VI (1976), pp. 123 139. Plutôt qu'une analyse, nous nous contenterons de présenter cet important article, étant donné que nous aurons l'occasion d'y revenir à plusieurs reprises au cours de la recherche.

101 Cet alphabet tiré de l'alphabet gujarâti a été composé à une date inconnue par des Khojas ismaéliens dans le but de soustraire à la connaissance du *vulgus pecum* leurs traités doctrinaux. Voir W. Ivanow, *Collectanea*, Ismaili society Series A, 2., Leiden Brill, 1948, pp. 1 54 et surtout Christopher Shackle et Zawahir Moir, *Ismaili Hyms from South Asia. An Introduction to the Ginans*, School of Oriental and African Studies, London 1993 (cr in *Bulletin Critique des Annales islamologiques*, no 11, Le Caire, 1994). 2nd ed. 2000, Curzon Press, London.

102 Voir biliblliographie. J'ai publié des comptes-rendus pour la plupart de ces ouvrages dans *le Bulletin Critique des Annales Islamologiques*, et les *Studia Islamica*.

II

Iṣlâḥ et Crise de l'Islam

II–1 LE CONTEXTE DE L'IṢLAḤ

a–la définition de l'Iṣlâḥ

Lorsque l'Aga Khan prend en main sa destinée vers 1896[1], le fait dominant sur le plan international est l'hégémonie mondiale de l'Europe. Cette hégémonie connaît même son apogée: la France contrôle l'Algérie (1871: fin de l'insurrection kabyle), et la Tunisie (1881: traité du Bardo); l'Italie étend sa domination sur l'Erythrée (1882) et la même année, les Britanniques occupent l'Egypte alors que Victoria règne depuis six ans sur l'empire des Indes (1876); les Allemands instaurent un protectorat à Dar-es-Salam (1891). Quant aux Russes, ils poursuivent leur progression en Asie Centrale (1873, prise de Khiva et 1884, prise de Merv) pendant qu'ils infligent, avec leurs alliés, une défaite aux Ottomans qui parachève le démembrement de leur empire (1877). C'est dans ce contexte international que l'Aga Khan parvient à l'âge adulte: l'extraordinaire poussée de l'impérialisme européen apparaît alors irréversible et, par conséquent, la puissance de l'Europe semble invulnérable.

L'aperçu qui suit a pour objectif de décrire les enjeux intellectuels qui prévalaient dans le monde musulman que connut le jeune Aga Khan, à la fin du XIXème siècle: c'est pour cette raison que le mouvement des idées a été privilégié au détriment de la description des événements. Il permettra de situer davantage l'Islâh par rapport au commerce des idées qui atteignit un point culminant dans la deuxième moitié du XIXème siècle. L'un de ses aspects caractéristiques-et non des moindres – est d'avoir renoué avec la tradition des échanges épistémiques avec l'Europe. Cette tradition avait été délaissée depuis la Renaissance. Un objectif à moyen terme sera de mieux positionner la pensée de l'Aga Khan en répondant à des questions simples: a-t-il posé les mêmes questions que les réformateurs? Les a-t-il posées de la même façon? Quelles réponses leur a-t-il apporté et pourquoi ces réponses et pas d'autres? Pourquoi s'est-il intéressé plus particulièrement à telle

Iṣlâḥ et Crise de l'Islam

question? Dans tous les cas, il apparaîtra que la pensée de l'Aga Khan s'inscrit dans la continuité de l'Islâh.

Le mouvement d'idées connu sous le nom d'Islâh est traditionnellement traduit en français par "réformisme". Il est intéressant de noter qu'Al-Afghânî désigne par "Islah" la réforme de Luther[2]. D'après l'analyse d'Ali Merad, il ressort que la racine *S.L.H.* occupe un large champ sémantique dans le Coran bien que l'ensemble des significations tourne autour de l'idée de faire oeuvre de paix dans un esprit de sainteté. En définitive, le substantif *muṣliḥ* (pl. *muṣliḥ*) désigne ceux "qui ont le souci du perfectionnement moral de leur prochain et se préoccupent de rendre les hommes meilleurs"[3]. Mais d'autres vocables sont utilisés pour désigner ce phénomène, ou des phénomènes qu'il est difficile de distinguer. Les deux principaux sont tirés de l'arabe: *Nahda et Thawra*[4]. Certains auteurs assimilent ou opposent "réformisme" à "modernisme".

Depuis quelques années, le problème s'est encore complexifié du fait de l'apparition de tous les termes liés au mouvement islamiste, mouvement qui, dans la plupart des cas, réclame une filiation directe avec l'Islâh, souvent à travers l'organisation des Frères Musulmans[5]. En bref, l'utilisation imprécise de ces termes-qui témoigne à l'origine de la difficulté de les traduire dans les langues européennes mais surtout de la difficulté de restituer leur spécificité-rend nécessaire la définition de l'Islâh et, par là, sa périodisation.

Globalement, nous entendons par Islâh le vaste mouvement d'idées apparu après l'offensive multiforme de l'Europe qui s'articule à la fin du XVIIIème siècle autour de trois "percées" militaires:

- 1765: l'East India Company administre le Bengale après la bataille de Plassey (1757).
- 1770: les Russes écrasent la flotte ottomane à Tchechné.
- 1798: le début de la campagne d'Egypte de Bonaparte.

Cette accentuation de l'impérialisme européen provoque, dès la fin du XVIIIème siècle, une confrontation sans précédent entre deux savoirs: le savoir musulman et le savoir européen. On s'aperçoit aujourd'hui du décalage non seulement chronologique, mais surtout épistémique entre ces deux savoirs. Reprenant les travaux de Michel Foucault sur l'évolution du savoir européen entre le XVIème et le XIXème siècle, des penseurs musulmans en sont arrivés à la conclusion que le savoir musulman du XIXème siècle était de la nature de l'épistémé pré-classique du savoir européen, qui correspond d'après Foucault à la période du XVIème siècle[6].

Quoi qu'il en soit, ce décalage épistémique explique les interrogations suscitées chez les Musulmans par la confrontation entre le savoir musulman et le savoir européen: pourquoi l'Europe est-elle si puissante? Pourquoi les Musulmans sont-ils si faibles? Comment l'Islam, ultime religion révélée, a-t-elle pu se laisser asservir par les Chrétiens? Ces interrogations et leurs réponses constituent l'Islâh. L'Islâh est donc une tentative pour redéfinir la civilisation musulmane en fonction de la modernité de l'époque qui s'incarne dans la civilisation européenne. Al-Afghânî fut le premier à insister sur le rapport conflictuel "Islam-Occident".

L'Islâh prend fin lorsque les penseurs musulmans abandonnent toute idée de redéfinition, c'est à dire toute idée de renouvellement du savoir islamique sur la base de l'intégration de certaines données du savoir européen. Deux attitudes s'y substitueront alors: soit un retour aux sources traditionnelles de l'Islam dans le but de restaurer l'Islam "intégral" de l'époque muhammadienne – mais cette attitude passe toujours par une idéologisation de la tradition –, soit l'abandon de toute référence islamique en dehors du cadre strictement religieux, ce qui revient à opter pour la laïcité. Il est difficile de fixer une date précise pour situer un tel tournant: admettons qu'il survienne aux environs de 1930, année de la parution d'un ouvrage célèbre de Muhammad Iqbâl[7]; jusqu'à aujourd'hui, il reste l'un des seuls traités qui cherche à rénover la pensée religieuse de l'Islam par une approche philosophique critique. Deux ans plus tôt, en 1928, Hasan al-Bannâ avait fondé les Frères Musulmans.

On peut diviser l'Islâh, qui couvre un peu moins de 150 ans, en deux phases principales. Cette répartition est plus basée sur l'évolution de la forme et du contenu du savoir que sur la chronologie. Dans les faits, il existe un certain chevauchement chronologique entre les deux phases que nous avons cherché à matérialiser par une phase de transition. La première phase, qui va de la fin du XVIIIème siècle jusque vers 1870, peut être appelée phase descriptive. En effet, plusieurs Musulmans, originaires de pays différents, séjournent en Europe pour tenter de percer le mystère de sa réussite et de sa domination mondiale. Cette phase d'observation les conduit à réfléchir sur leurs propres valeurs. Après 1870, certains Musulmans deviennent conscients que l'adoption des techniques occidentales ne résout pas complètement les problèmes posés au monde musulman par l'irruption du modernisme occidental. D'après eux, une redéfinition du savoir islamique est une nécessité urgente: c'est la phase de reconstruction de la pensée islamique. Ce clivage apparaît clairement dans la nature des sources citées par les auteurs: dans la première phase, les sources européennes dominent alors que dans la seconde, ce sont les sources islamiques.

II–2 LES CAUSES DE LA "CRISE" DE L'ISLAM D'APRÈS L'AGA KHAN

a–le repli des Musulmans pieux sur les rites

Les réformateurs de l'Islâh ont tous cherché à savoir pourquoi la civilisation de l'Islam avait connu un tel développement, puis un tel déclin jusqu'au point de se laisser subjuguer par les puissances européennes. Cette question, qui est au centre des écrits des grands réformateurs, prend souvent l'aspect d'une réfutation de la célèbre conférence de Renan sur l'Islam et la science. En 1900, Rashîd Ridâ résume l'opinion sur cette question partagée par l'ensemble des réformateurs en écrivant: "Nous avons usé nos plumes et nos voix à force d'écrire et de répéter que les malheurs des Musulmans ne peuvent être imputés à leur religion, mais plutôt aux innovations qu'ils y ont introduites, et au fait qu'ils 'portent' l'Islam comme une fourrure portée à l'envers"[8]. C'est sur l'identification des innovations que les auteurs vont diverger. Pour Ameer Ali par exemple, la décadence de l'Islam est liée au conformisme des Ash'arîtes et au quiétisme des Soufis[9].

Dans le discours de Delhi de 1902, l'Aga Khan lance un appel aux Musulmans pieux. Il s'adresse à eux avec beaucoup de modération dans le ton, pour leur reprocher de consacrer trop de temps et d'argent à la prière, aux pèlerinages et à la célébration des martyrs. Ce dernier point, particulièrement important en Inde, concerne directement les Shî'ites ithnâ' ashariyya dont la principale célébration est la cérémonie d'*al 'âshûrâ* (10 muharram) qui commémore le massacre de Husayn et de sa famille à Karbalâ (10 muharram/10 octobre 680). Plus de cinquante ans se seront écoulés lorsque l'Aga Khan dénoncera vigoureusement "this form of Shiaism which attains its climax during the month of Moharram with its lamentations and its dreadful cursings"[10].

Il reproche aussi à ces coutumes de maintenir les différences sectaires qui furent une des malchances de l'Islam. S'il est possible de reprocher aux célébrations des martyrs et aux pèlerinages – il s'agit de la visite des tombeaux des saints – de ne pas être d'origine scripturaire, il en va tout autrement des prières. En réalité, l'Aga Khan considère que l'accomplissement des rites ne représente qu'une moitié de la religion. L'autre moitié a été oubliée et, de ce fait, la religion islamique s'est refermée sur elle-même. Le ton respectueux employé par l'Aga Khan laisse comprendre qu'il est convaincu que la plupart des Musulmans pieux sont sincères; ils ne sont pas responsables de cet état de fait.

b–le système du *purdah*

Le mot *parda* est un mot persan qui désigne un voile, un rideau. Il est utilisé dans diverses expressions pour signifier que la vue d'une femme ou de ses appartements doit être dissimulée aux hommes[11]. Les Musulmans indiens ont repris ces expressions et chez les réformateurs, ce terme désigne le système de réclusion des femmes en vigueur dans leur communauté[12]. Lorsqu'Ameer Ali aborde la question du statut des femmes dans l'Islam, il consacre environ deux pages sur une vingtaine que compte le chapitre au problème de la réclusion. La plus grande partie est consacrée à la polygamie.

Pour l'Aga Khan, le système du *purdah* ne trouve de justification ni dans le Coran ni dans la Sunna. Le Prophète avait établi des lois relativement rigoureuses et quelques restrictions pour lutter contre la vie dissolue que menaient les Arabes de La Mekke, et pour réduire en particulier la prostitution. Il faut comprendre par là que ces injonctions du Prophète visaient à régler une situation à une époque donnée, et que, par conséquent, elle ne doivent plus être appliquées à la lettre: "From these necessary and wholesome rules has developed the present system of Purdah, which means the permanent imprisonment and enslavement of half of the nation. (...) This terrible cancer must either be cut off, or the body of Muslim society will be poisoned to death by the permanent waste of all the women of the nation"[13]. On relèvera au passage que comme pour la "crise" de l'Islam, l'Aga Khan utilise ici un vocabulaire médical qui témoigne de l'importance qu'il accorde à ces questions.

En ce qui concerne le *purdah*, Ameer Ali, pour sa part, commence à démontrer que cette pratique a été courante chez de nombreux peuples, parmi lesquels se trouvent les anciens Grecs. Sur le rôle joué par le Prophète dans l'introduction du *purdah*, il suggère qu'il est possible qu'il ait recommandé ce système qui n'est pas sans avantages avant de conclure que, par ailleurs, la place qu'il avait accordée aux femmes dans la société semble s'y opposer[14]. L'Aga Khan est lui aussi persuadé que l'esprit du message du Prophète encourageait le développement de la liberté féminine et de leur égalité avec les hommes. Reprenant l'idée d'Ameer Ali sur l'expansion du système à l'époque du Prophète, l'Aga Khan affirme: "Seclusion and purdah are purely oriental customs which came into islam but have no relation with the spirit of that teaching though undoubtedly they became part of the social system which islam carried from its neighbouring countries such as Persia, Byzantine and Egypt"[15].

Ameer Ali explique que le Prophète n'était pas un défenseur de la polygamie puisqu'il resta monogame jusqu'au décès de Khadîja. Ses mariages postérieurs résultaient du fait que dans les traditions du pays, le mariage était le seul moyen efficace de protéger les faibles ainsi que de sceller des alliances. Bien que l'Aga Khan se soit exprimé à maintes reprises sur le mariage et sur le divorce, il est presque impossible de trouver parmi ses écrits quoi que ce soit sur la polygamie. Quand on sait que l'émancipation de la femme fut avec le développement de l'éducation le principal axe de son action réformatrice, on reste surpris; d'autant plus que tous les autres champions des droits de la femme musulmane se sont exprimés sur cette question. La seule allusion au mariage se trouve dans ses mémoires: "It is important that it should be realized among non-Muslim, précise-t-il, that the islamic view of the institution of marriage – and of all that relates to it, divorce, plurality of wives and so on – is that it is a question solely of contract, of consent, and of definite and mutually accepted responsibility" (p. 186). L'Aga Khan ne semble pas condamner formellement la polygamie; dans la première "constitution" qu'il octroie aux Ismaéliens en 1905, il la tolère dans certaines circonstances bien particulières et fixe l'âge du mariage à quatorze ans pour les garçons et à la puberté pour les filles[16]. Cette Constitution restera en vigueur jusqu'en 1924.

L'Aga Khan s'est lui-même marié quatre fois. La deuxième fois, c'est après avoir divorcé de sa cousine Shahzadé Begum, avec laquelle il s'était marié suivant le rite shî'ite ismaélien; la dernière fois, il s'est marié après avoir divorcé de sa troisième femme Andrée Carron, qu'il avait épousée civilement à Aix-les-Bains. Cette dernière ne s'est jamais convertie à l'Islam. A ce sujet, Willi Frischauer, l'un des derniers biographes de l'Aga Khan, écrit en 1970 que celui-ci, dans son testament,[17] mentionne qu'il a épousé sa troisième femme, c'est à dire Andrée Carron, par *"mut'â"*. La *mut'â* est tolérée par la loi shî'ite duodécimaine, et Ameer Ali lui-même l'accepte[18]. Par contre, elle est rejetée par toutes les autres écoles islamiques, y compris l'école ismaélienne fatimide[19].

c–le fatalisme

Le fatalisme est pour l'Aga Khan l'une des principales causes de l'esprit non-progressiste de l'islam du XIXème siècle. Il considère que le fatalisme est une mauvaise interprétation de la théorie coranique de la prédestination. En 1902, à Delhi, il affirme que cette question est pourtant énoncée tout à fait clairement dans le Coran dans le sens d'une affirmation du libre-arbitre. La question du libre-arbitre est l'un des points du *'ilm al-kalâm* sur lequel s'affrontèrent les différentes écoles de la période classique. A cette époque, le Coran a d'ailleurs été sollicité pour justifier à fois la condamnation et l'acceptation du libre-arbitre[20].

On observe que les trois causes invoquées par l'Aga Khan pour expliquer la "crise" de l'islam sont d'origine interne: certains préceptes de l'Islam muhammadien ont été occultés ou déviés. Dans le discours qu'il prononce à Bombay en 1904, devant la même Muhammadan Educational Conference, il va jusqu'à les qualifier de "coutumes dégénérées" ("degenerating customs")[21]. L'Aga Khan rejoint ici une thèse centrale de l'Islâh qui fait des *bida'* – les innovations blâmables – les causes du déclin de l'islam. Mais l'Aga Khan aborde cette question en dehors de tout cadre conceptuel théologique, comme à son habitude.

L'Aga Khan fait preuve, dans le discours de Bombay, de la même modération que celle que l'on observe dans le discours de Delhi. Mais cette fois, elle vise à ne pas choquer les Musulmans instruits qui ne savent plus distinguer ces coutumes des véritables commandements du Prophète. A la fin de son discours, il raconte une anecdote pour que son auditoire comprenne clairement sur quoi doit porter le renouvellement de l'Islam. Si le Prophète revenait parmi les siens, explique-t-il, reconnaîtrait-il la religion qu'il a enseignée? Il constaterait que son cérémonial est resté inchangé: mais qu'en serait-il des personnes, des individus? Le Prophète ne serait-il pas peiné de voir comment l'unique foi initiale s'est multipliée en une multitude de sectes?

d–l'Aga Khan et les *bida'*

L'Aga Khan voit dans les *bida'* les causes de la décadence du monde musulman, mais il n'utilise pas le terme technique, même lorsqu'aux Indes, il s'adresse à un public de Musulmans: pourquoi?

Dans le *'ilm al-kalâm*, on considère comme *bida'* la plus grande partie des dogmes du shî'isme extrémiste (*ghulât*) dans lequel on classe l'ismaélisme. Rashîd Ridâ, parmi les réformateurs, définit clairement la position de l'Islâh par rapport au *ta'wîl* – qui est le système herméneutique sur lequel repose toute la pensée ismaélienne, qu'il considère comme un exemple typique de *bid'a*. Pour la simple raison qu'il ne peut être justifié ni par la Sunna, ni par la tradition des Salaf. Qui, d'après Ridâ, pratique le *ta'wîl*? Il énumère à la fois des écoles musulmanes du passé comme les "Bâtiniyya", c'est à dire les Ismaéliens, et des écoles contemporaines (les Bâbiyya et les Bahâ'iyya principalement)[22].

Il est intéressant de noter que la théologie ismaélienne fatimide dénonce elle aussi des *bida'* instituées par les Sunnites. Ce sont certains fondements de la religion qui s'ajoutent aux deux sources que sont le Coran et la Sunna comme le *qiyâs*, l'*istihsân* etc.[23]. L'Aga Khan, qui ne suit pas du reste la tradition fatimide, ne reprend pas ici cette classification. Il s'accorde avec les Salafiyya pour condamner le fanatisme des sectes et le foisonnement des écoles, et pour dénoncer les actes de foi qui se limitaient à des formules verbales sans résonance intérieure. Mais cette critique ne constitue pas un point fondamental de la pensée islâhiste, alors que pour l'Aga Khan, c'est la cause principale de la décadence du monde musulman.

A la lecture du discours de Bombay (1902), force est de constater que l'insistance avec laquelle il adresse des reproches aux Musulmans dévôts se rapproche beaucoup de la conception shî'ite de la religion. D'après cette conception, partagée par les Ithnâ' ashâriyya et par les Ismaéliens, la religion islamique est composée de deux parties complémentaires: une partie exotérique qui est constituée par les pratiques rituelles, et une partie ésotérique qui est le coeur de la foi, et qui s'oriente le plus souvent vers la recherche de la perfection sous la conduite de l'Imâm. L'Aga Khan fait d'ailleurs référence à la moitié de la religion oubliée par les Musulmans.

Pour Sayyid Ahmad Khân, la *bid'a* principale est l'immixtion de croyances hindoues dans l'Islam indien. L'un de ses disciples, Hasan Qanawji, classe comme *bida'* les célébrations shî'ites de la *'âshûrâ*[24]. On constate que l'Aga Khan dénonce certaines *bida'* sans utiliser le terme technique, ce qui le dispense de faire référence à toute la casuistique pour la simple raison que le groupe principal de ses disciples indiens, les Khojas, sont les descendants d'une caste hindoue convertie à l'ismaélisme au XVème siècle. Certaines de leurs croyances peuvent apparaître comme une synthèse islamo-hindoue: par exemple, 'Alî est présenté comme le dixième avatar de Vishnû, qui, pour la plupart des sectes hindoues, n'est pas encore apparu. Les fonctionnaires britanniques chargés d'effectuer, au début du siècle, le recensement de la population indienne, classèrent les Khojas parmi les sectes hindoues jusqu'en 1902[25].

L'Aga Khan a donc une conception très personnelle des *bida'*, puisque pour lui, est *bid'a* tout ce qui entraîne une incompatibilité avec le credo libéral qui se développait dans l'Europe de la seconde moitié du XIXème siècle; c'est particulièrement le cas du *purdah*. L'amélioration de la condition féminine en milieu musulman sera l'un de ses principaux combats, à l'instar d'autres Musulmans "éclairés". A Bombay, par exemple, les femmes de la famille ismaélienne (non agha-khaniste) Tyabjee abandonnent le *purdah* en 1894[26]. En 1898, un disciple indien de Sayyid Ahmad Khân, Mumtâz 'Alî, publie un ouvrage à Lahore dans lequel il réclame l'égalité complète entre les hommes et les femmes[27]. L'année suivante, en 1899, un disciple de Muhammad 'Abduh, Qasim Amin, publie une petit livre sur l'émancipation de la femme. Cet auteur affirme que c'est parce que la femme est maintenue dans l'ignorance, que l'Islam connaît la décadence. Qui instruit traditionnellement les enfants interroge l'auteur? Si la femme est ignare, que va-t-elle pouvoir enseigner à ses enfants?

Enfin, dans le contexte iranien, un mouvement d'origine shî'ite accorda une place importante à l'émancipation féminine: le mouvement bâbî. Il apparut certes en 1844, peu de temps après le départ de Hasan 'Alî Shâh pour l'Inde: mais le fait que le Bâb ait exprimé une telle revendication montre bien que cette idée devait être celle de nombreux Persans si l'on tient compte de l'important succès du mouvement. Les Bâbîs réclamaient l'abolition de la polygamie et l'égalité de la femme et de l'homme[28].

Pour l'Aga Khan, comme pour Qasim Amin, la femme a une fonction fondamentale dans la société qui est l'éducation des enfants. Il va jusqu'à affirmer que la femme est supérieure à l'homme sur le plan biologique. S'adressant à une association de femmes ismaéliennes à Karachi en 1953, il affirme: "Biologically the female is more important to the race than the male. While average women are capable of earning their own livehood like men, they are the guardians of the life of the race, and only through their natural constitution are they able to bear the double burden"[29]. Mais si l'idée de l'émancipation de la femme n'était certes pas inconnue dans le monde musulman – à une époque où les femmes occidentales, telles les fameuses "suffragettes", menaient un combat sans merci pour le même idéal – elle restait encore très peu répandue. Un homme comme Sayyid Ahmad Khân avouait qu'il considérait le système du *purdah* comme excellent pour les femmes musulmanes[30].

Le statut de la femme et la soumission des Musulmans au destin – qualifié de fatalisme ou de quiétisme – sont des thèmes récurrents dans les ouvrages des polémistes européens contre l'Islam et les Musulmans. Rares étaient les auteurs qui ne voyaient pas dans ces attitudes des entraves inamovibles rendant vaine toute tentative d'évolution ou de développement dans quelque domaine que ce soit. Pourtant, en 1865, Arthur de Gobineau écrivait: "Il est difficile de partager l'opinion de ceux qui veulent montrer dans le dogme mahométan un empêchement direct au développement intellectuel. Le contraire semblerait plus soutenable"[31]. Comme de nombreux réformateurs, l'Aga Khan a défini les grands axes de sa réforme en fonction des critiques que les Européens avaient formulées à l'encontre de l'Islam; il en reprend un certain nombre à son compte, alors qu'il démontre l'inanité de certaines autres. Cela ne contrecarre en rien ses propres convictions personnelles qui apparaissent nettement dans la deuxième phase de son projet réformateur qui consiste à élaborer un Islam fondamental, plate-forme qui devra préluder à une véritable renaissance de l'Islam.

Sur le plan strictement islamique, l'Aga Khan condamne les innovations mentionnées pour la simple raison qu'on n'en trouve mention dans aucune des sources authentiques de l'islam: c'est la définition de toute *bid'a*. Mais il va jusqu'à prétendre que le Coran et le Prophète s'expriment de façon opposée sur ces innovations. Cela pose alors la question de savoir qui a dévié l'Islam, et par conséquent, qui est responsable de la décadence.

e–la responsabilité des 'ulamâ'

L'Aga Khan ne dénonce pas, dans ses premiers discours, de catégories de Musulmans qui auraient eu la responsabilité de la décadence du monde musulman. Il se contente de souligner que cette décadence n'est pas imputable à la religion islamique, mais plutôt aux interprétations déformées qui en ont été faites. Bien qu'il fasse allusion dans *Glimpses of Islam* à la fermeture de *l'ijtihâd* (pp. 73-74), il ne condamne explicitement aucun *'âlim*, d'autant plus que chaque Musulman, précise-t-il, a la possibilité de choisir l'une des quatre interprétations officielles représentées par les quatre écoles de l'orthodoxie musulmane. Pourquoi l'Aga Khan, pendant la plus grande partie de sa vie, n'accuse-t-il pas explicitement les *'ulamâ'* d'avoir provoqué la décadence de l'Islam, bien qu'il en soit intimement convaincu?

Les raisons en sont multiples. Il est avant tout évident que dans ses discours de Delhi et de Bombay, son auditoire est composé en partie de *'ulamâ'*: il ne tient pas à les heurter d'autant plus qu'il est persuadé que ces *'ulamâ'* ont un rôle de première importance à jouer dans la renaissance de l'Islam. Ils sont les dépositaires du savoir islamique – si corrompu soit-il, et aucune réforme ne pourra être effectuée sans leur concours. L'Aga Khan les nomme explicitement dans *Glimpses of islam* (p. 71). Ce n'est que dans les années cinquante, à la fin de sa vie, que l'Aga Khan s'en prend à eux avec virulence.

Dans la préface d'un livre consacré au Prophète, il écrit: "The ennemies of Islam have attacked its outward manifestations and constantly attempted to show that its practise (even such essentially elevating manifestations as prayer, fastings, alms etc ...) is impossible in modern and civilised conditions. Unfortunatly, the "Ulema" of Islam, like schoolmen in Europe, built up a fabric which has no relationship with reality"[32]. On peut noter que l'Aga Khan ne critique pas les *'ulamâ'* en tant que tels: il englobe dans sa critique les clercs en général. De quoi les accuse-t-il exactement? Une lettre écrite en 1952 est riche d'informations à cet égard.

Il y explique que les *'ulamâ'* persans n'avaient jamais été si puissants que sous le règne de Fath 'Alî Shâh (1797–1834). Cette puissance se traduisait par la stricte application de la *sharî'a*, ainsi que par le strict respect des rites et des cérémonies islamiques. On affirme en Iran, poursuit l'Aga Khan dans sa lettre, que les *'ulamâ'* persuadèrent les soldats que les Russes, malgré leur armement supérieur, seraient vaincus si la prière "Joshaun" était lue avant le combat[33]. La conséquence de cette guerre fut l'humiliant traité de Turkomantchaï (1828) par lequel la Perse cédait le Caucase, la Géorgie et l'Azerbaïdjan à la Russie[34]. Cette anecdote permet de mieux cerner le reproche formulé par l'Aga Khan aux *'ulamâ'*: leur conception du savoir. Ce fait est d'autant plus grave qu'ils le dominent complètement à cette époque: "The 'Allamah' theory of knowledge, explique l'Aga Khan, in which the past was given complete wisdom and the future was to follow rather than to go forward, put a stop to what was most important for political, economic and indeed cultural life"[35]. On reconnaît ici le *taqlîd* dont la suppression fut un élément central de la pensée réformiste.

L'imitation constitue l'un des piliers de la religion islamique lorsqu'elle est entendue comme l'imitation du Prophète; il s'agit alors, suivant les cas envisagés de *uswa* ou de *ittibâ'*. Pour les réformistes, le *taqlîd* est l'imitation d'un *mujtahid* indépendant, c'est à dire d'un docteur musulman qui a donné au sunnisme l'une des élaborations doctrinales sur laquelle il continue de vivre. Sur les circonstances de son apparition, Henri Laoust écrit: "Mais assez vite cependant, sans doute dans la génération qui suivit al-Shâfi'î, et sous l'influence peut être de ce dernier, commença de se répandre, dans des circonstances mal connues, l'idée que l'ère de *l'ijtihâd*, de l'effort personnel d'élaboration doctrinale, était révolue et qu'il importait d'appartenir à l'une des grandes écoles constituées"[36].

Au XIXème siècle, la condamnation apparaît plus ou moins explicitement chez Tahtâwî et Khayr al-Dîn, mais c'est al-Afghânî qui parla à Muhammad 'Abduh de "briser les chaînes de l'imitation servile"[37]. Il n'est certes pas le premier Musulman à dénoncer l'inanité du *taqlîd*: Ibn Tûmart (m. 1130), Ibn Taymiyya (1268–1328), Shâh Walî Allâh (1703–1763) l'avaient condamnée avant lui. On peut même affirmer que chaque réformateur a inclus sa suppression dans son programme de réforme. Malgré cela, le consensus des réformateurs sur la condamnation du *taqlîd* n'est pas absolu:

Muhammad Iqbâl conseille parfois son usage, comme une sorte de sauvegarde dans cette période de grande mutation de la société musulmane, en attendant que cette dernière ait trouvé une voie qui lui soit propre[38].

On a souvent soutenu l'idée que dans le shî'isme ithnâ' ashariyya, contrairement au monde sunnite, l'*ijtihâd* n'avait pas été abolie: en témoignerait l'importance attribuée aux *mujtahids* dans la vie religieuse shî'ite. Ce point de vue doit être nuancé; un auteur classique comme al-Mufîd (m. 1022), par exemple, en interdit strictement l'usage pour résoudre des cas nouveaux, considérant que pour chacun d'eux, il existe un texte des Imâms. Son disciple al-Murtadâ (m. 1044) le confine dans un rôle subalterne, lorsqu'il s'agit de prendre certaines décisions pratiques en l'absence de textes formels ou d'indices probants[39]. Par contre, il faut aussi signaler que la condamnation de l'*ijtihâd* n'a pas été acceptée unanimement par la communauté shî'ite. La notion d'*ijtihâd* devait être réhabilitée par 'allâme Helli (m. 1325) et depuis, il est permis de l'exercer à ceux qui s'en sont rendus dignes par l'études des sciences religieuses et par la probité de leur conduite. Pour les autres, ils doivent imiter le *mujtahid* qu'ils considèrent comme le plus savant. Cette imitation (*taqlîd*) ne s'applique pas aux principes fondamentaux de la religion qui relèvent de la conviction (*yaqîn*)[40].

Chez les Ismaéliens de toute tendance, le *taqlîd* est condamné: il est en fait rendu caduc par le *ta'lîm*, la soumission au savoir inné de l'imâm. Cela n'explique pas pourquoi l'Aga Khan n'utilise pas le terme de *taqlîd*, terme classique d'origine coranique; il lui préfère celui de *allamah*. Ce dernier est formé sur la même racine que *'ulamâ'*, qui est '-L-M et dont le sens est "connaître, apprendre". Le terme *allamah* est un titre honorifique donné surtout en Iran aux plus doctes parmi les savants: on peut deviner, d'après l'anecdote racontée sur la guerre russo-persane, que l'Aga Khan voit en eux la connaissance stupide, irréfléchie et irrationnelle, conception de la connaissance opposée en tout point à la conception des sources scripturaires de l'Islam. D'autant plus que l'Aga Khan fut lui-même directement confronté à cette conception de la connaissance en la personne d'un précepteur iranien, Shams al 'Ulamâ' Hamadhânî, qui fut chargé de son éducation religieuse dans son jeune âge.

Le portrait qu'il trace de ce personnage, dans ses mémoires, est très révélateur: "He was extremely learned, a profound scholar, with a deep and extensive knowledge of Arabic literature and of Islamic history, but all his learning had not widened his mind or warmed his heart. He was a bigoted sectarian, in spite of his vast reading his mind was one of the darkest and narrowest that I have ever encountered. (...) It was saddening and in a sense frightening to listen to him talk. He gave one the feeling that God had created men solely to send them to hell and eternal damnation. However deep and precise his knowledge – and I admit that in both these respects it was almost unique – it had withered into bitterness and hate" (p. 17).

Iṣlâḥ et Crise de l'Islam

L'antithèse répétée entre le vaste savoir du *'alîm* et son étroitesse d'esprit pose la question de la valeur du savoir lorsqu'il est inapte à apporter des réponses aux défis de l'époque contemporaine. L'Aga Khan oppose à cette conception la conception européenne qu'il connut à travers ses précepteurs, recrutés par ses parents par l'intermédiaire des Jésuites de Bombay. Cette dernière est au contraire totalement ouverte à la connaissance, dynamisée par la soif de connaître et de savoir, de toujours pousser plus loin les bornes de la connaissance. Enfin, en ce qui concerne l'attitude hostile de l'Aga Khan envers les *'ulamâ'*, on constate qu'il se tourne surtout contre les *'ulamâ'* shî'ites qu'il associe au fanatisme: il ne peut oublier que son arrière grand-père, Shâh Khalîl Allâh, fut lynché à Yezd, en 1817, par la populace déchaînée par les prêches des *'ulamâ'* de la ville.

Il est donc important de relever la distinction établie par l'Aga Khan entre une catégorie de *'ulamâ'* - en Iran par exemple où l'on a vu qu'il considérait que leur pouvoir était immense, sans doute s'agit-il des *mujtahids* - fanatiques et une autre catégorie dans laquelle se trouvent des *'ulamâ'* qui ont un rôle fondamental à jouer dans la renaissance de l'Islam. Ce sont eux qui seuls pourront produire une nouvelle interprétation de l'Islam qui soit capable d'apporter le bien-être aux Musulmans[41]. Cette distinction, il l'exprime explicitement dans un entretien accordé à un journal iranien lors de son voyage en Iran en 1951. S'adressant aux *'ulamâ'* qu'il n'a pas pu rencontrer, il leur demande de ne pas confondre conservatisme irrationnel et bigot avec l'esprit d'ouverture caractéristique de l'Islam[42].

II–3 LES QUALITÉS DYNAMIQUES DE L'ISLAM

a–la périodisation de l'Islam "authentique"

A l'instar des autres réformateurs, l'Aga Khan suit un raisonnement simple: la décadence de l'Islam correspond à la période pendant laquelle il était dénaturé. Il est donc nécessaire de se ressourcer dans la période qui l'a précédée, période qui correspond à l'apogée du monde musulman. Cette démarche, connue sous le nom de "retour aux sources" (*rudju'*), est fondamentale chez les Salafiyya et c'est la raison pour laquelle ils ont parfois été taxés de passéistes. Tous les réformateurs sont d'accord sur le fait que l'Islam qui présente toutes les garanties d'authenticité est celui qui fut pratiqué et enseigné par son fondateur. On inclut dans cette période de l'Age Inaugurateur les Salafs, qui sont les premiers Musulmans qui l'ont suivi.

La définition de la période des Salafs est fluctuante. Pour Rashîd Ridâ et Ibn Badis, ce sont les plus éminents représentants de la communauté islamique primitive qui recouvrent les trois premières générations. On considère que les fondateurs des quatre écoles orthodoxes appartiennent à la dernière génération des Salafs: "Ahmad Ibn Hanbal (m. 241/855), écrit Ali Merad, apparaît comme l'un des ultimes représentants de l'âge des Salaf"[43]. Sayyid Ahmad Khân étend lui aussi la durée de l'Islam authentique aux trois premières générations après celle du Prophète[44].

A son habitude, l'Aga Khan ne puise pas sa propre périodisation, qui est fluctuante, dans le *'ilm al-kalâm*. Sur quoi se base-t-il pour définir l'Islam authentique? Considérant que l'Islam authentique apparaît avec son fondateur, l'Aga Khan le détermine non pas par rapport à la proximité historique de cette période avec le fondateur – ce qui est la garantie de cette authenticité, mais plutôt par le dynamisme des Musulmans à une période donnée. Cela n'empêche que la périodisation aga-khanienne ne sort jamais du cadre de l'âge des Salafs.

A Delhi en 1902, il délimite la durée de l'Islam authentique au gouvernement des califes *rashidûn*. Huit ans plus tard, dans la même ville, il étend cette période à la vie du Prophète et des compagnons. Enfin, au début des années cinquante, il inclut le califat omayyade de Damas (40/661–132/750). Dans les termes du *'ilm al-kalâm*, cela correspond à la deuxième génération des Salafs: les Suivants (*tâbi'ûn*) des Compagnons. Le dénominateur commun de ces périodes est, nous l'avons déjà dit, le dynamisme de l'Islam. Ce dynamisme couvre des domaines divers et fluctuants mais l'Aga Khan affirme à chaque fois que les deux principales qualités dynamiques de cet Islam furent la simplicité de la foi et l'esprit d'ouverture[45].

b–la simplicité de la foi

C'est dans *India in transition* (1918) que l'Aga Khan fait allusion pour la première fois à cette qualité de l'Islam originel. La renaissance de l'islam est pour lui liée à "a return to the early and pure simplicity of the faith, to its preaching by persuasion and argument, to the manifestation of a spiritual power in individual lives, to beneficent activity for mankind"[46]. Cette idée de la simplicité dans l'Islam est assez répandue parmi les réformateurs; Ameer Ali souligne pour sa part la simplicité et la sobriété du rituel décrit dans le Coran[47].

Il apparaît clairement que l'Aga Khan, en mettant l'accent sur la simplicité de la foi, poursuit plusieurs objectifs. Ceux-ci se rapportent tous à ce qui constitue dans l'Islâh et chez l'Aga Khan l'une des deux ou trois préoccupations essentielles: l'unité de l'Islam. La foi simple de l'Islam a été l'objet de spéculations qui ont eu pour effet de l'éloigner de ses sources originelles et de "l'esprit" de son fondateur. On mesure ici la distance qui sépare la pensée ismaélienne des grands auteurs fatimides de celle de l'Aga Khan. Ceux-ci s'évertuaient à démontrer que l'ismaélisme était l'Islam authentique par un raisonnement dialectique qui s'insérait dans une vaste herméneutique dont le lexique technique était d'origine néoplatonicienne.

Iṣlâḥ et Crise de l'Islam

Rien de tel chez l'Aga Khan: sa pensée présente l'aspect du plus grand pragmatisme; les outils conceptuels et sa technique interprétative sont redevables à un ismaélisme imprégné de soufisme persan.

Il faut dire que les enjeux ne sont plus les mêmes. Au XIXème siècle, la priorité pour l'Aga Khan n'est pas d'affirmer la plus grande authenticité de l'ismaélisme au sein de l'Islam – ce qu'il ne manque pas de faire néanmoins face à des Ismaéliens – mais bien de le régénérer pour lui permettre de relever les défis de l'époque contemporaine. En effet, pour lui, la simplicité signifie avant tout mettre fin aux antagonismes qui, il en est convaincu, ont contribué à l'affaiblissement de l'Islam, et, par conséquent, elle doit restaurer l'unité primordiale de l'Islam. Les notions d'unité et d'authenticité – qu'il exprime par le terme de *purity*, sont indissociables de l'idée de prospérité et de puissance. La référence à cette période inaugurale de l'Islam – qui ressort d'un véritable discours mythique – constitue donc la seule démarche qui puisse permettre aux Musulmans de provoquer une Renaissance.

Cette conception mythique de l'Age fondateur apparaît certes dans la pensée aga-khanienne: mais celui-ci n'est pas pour autant le partisan d'une imitation aveugle des us et coutumes de cette période, fussent-ils d'origine coranique. Loin de vouloir appliquer les règlements en vigueur à l'époque du Prophète, l'Aga Khan est plutôt sensible à "l'esprit de l'Islam" qui prévalait alors, particulièrement à travers la personne de son fondateur. La question est alors de savoir s'il est possible de restaurer cette période sans la présence du Prophète, ou de toute autre personne possédant un tel charisme. Car il est vrai que tous les réformateurs s'entendent pour délimiter la période de l'islam authentique à la troisième génération: ce qui revient aux personnes ayant connu des personnes qui ont pu elles-mêmes connaître le Prophète.

Mais comment est-il possible de restaurer l'unité politique et théologique de l'Islam, après des siècles et des siècles de *fitna*? Pour cela, l'Aga Khan évoque la notion de *usulat* ou *fundamentals of Islam*. S'il utilise parfois le terme d'origine persane de *usulat*, l'Aga Khan lui donne un contenu autre que celui du *'ilm al-kalâm*. Dans ses mémoires, il est question de "those tenets of Islam which are professed and held in common by all Muslims of any and every sect or sub-sect" (p. 177). Il est remarquable que l'Aga Khan prétende les avoir décrits alors qu'en réalité, il n'a décrit que sa propre conception de l'islam qui, dans certains cas, n'est pas partagée, loin s'en faut, par les Musulmans de toutes tendances.

Cette dernière expression reste elle-même assez obscure: quelles sectes sont-elles considérées comme musulmanes par l'Aga Khan? S'en tient-il pour cette fois à la définition du *'ilm al-kalâm*? Ou se base-t-il sur la revendication séparée de chacune d'elles d'appartenir à la famille de l'Islam? Y inclut-il les *ghulât*? Les sectes apparues au XIXème siècle? Dans l'exposé qui suit, il se contente de décrire brièvement les deux principaux courants de la pensée musulmane: les Sunnites et les Shî'ites, c'est à eux que s'applique le terme "sect", et parmi ces derniers – dans l'ordre cité par l'Aga Khan, les Ismaéliens, les Zaydites et les Ithnâ' ashârî qui constituent des *sub-sects*. L'Aga Khan considère qu'il est impossible de déterminer quelle est la secte ou la sous-secte la plus authentiquement musulmane: là encore cette problématique théologique ne résoudrait en rien les problèmes urgents qui se posent à l'Islam contemporain.

Mais cette simplicité de l'Islam signifie d'autre part que cette religion s'adresse à tout un chacun. Ses dogmes sont simples pour la bonne raison qu'ils ne heurtent pas l'entendement humain, c'est à dire la raison. Cette question s'inscrit dans la vaste problématique des rapports entre l'Islam et le christianisme. Al-Afghânî est l'un des premiers réformateurs à avoir souligné que le christianisme était fondé sur le miraculeux et l'irrationnel – il parle des "inextricables mystères de la Trinité, de l'Incarnation et de la Transsubstantiation"[48], alors que l'Islam est tout l'inverse.

Enfin, la simplicité de l'Islam s'affirme à travers la *shahâda* – que l'Aga Khan nomme dans ses mémoires *kalama* (kalima?) ou profession de foi (p. 177) – qui démontre plus que toute autre chose que l'Islam n'est pas une spéculation intellectuelle mais plutôt une foi. Son principe n'est pas la pensée discursive mais la conviction personnelle qui entraîne l'adhésion: il n'est donc pas nécessaire de multiplier les difficultés pour adhérer à l'islam; la *shahâda* y suffit.

c–l'esprit d'ouverture

L'esprit d'ouverture (*open mind*) est pour l'Aga Khan la seconde qualité dynamique de l'Islam qui constitue une base de l'esprit de l'Islam. L'insistance avec laquelle il la cite, sous diverses formes, fait penser qu'il lui attribue la plus grande importance. Il est vrai que cette qualité est très opératoire en particulier comme explication du passé et comme base de la reconstruction de la pensée islamique. L'Aga Khan désigne sous cette expression un certain nombre de réalisations, de pratiques de l'époque du Prophète qui traduisent une grande largeur de vue, et finalement une avance dans des domaines aussi différents que le domaine social, intellectuel ou artistique. Elle témoigne d'un état d'esprit issu du message prophétique et de la vie du Prophète.

Dans le domaine social, le meilleur exemple est pour l'Aga Khan le statut de la femme. Il consacre le vingt-sixième chapitre de *India in transition* au statut de la femme dans lequel il cite le *ḥadîth* du Prophète où il est dit que les hommes ne feront que suivre les pas de leur mère pour aller au Paradis, tout en précisant que le premier converti à l'Islam fut une femme[49]. L'influence des femmes a été grande dans le monde musulman, écrit-il ailleurs, comme l'atteste le rôle intellectuel joué par Sakîna, la fille de Husayn, et le rôle politique joué par Aïcha[50]. L'Islam assure d'autre part l'indépendance économique des femmes grâce à leur droit de succession, ce

Iṣlâḥ et Crise de l'Islam

en quoi il est en avance sur les législations contemporaines de pays comme le Royaume-Uni, la France et l'Italie[51].

L'ouverture d'esprit de l'Islam ne concerne pas seulement le domaine social. Sur le plan intellectuel, il a rendu possible l'éclosion du savoir gréco-arabe par lequel les Musulmans ont fait progresser l'ensemble des connaissances: musique, littérature, philosophie, politique et sciences. Les historiens européens eux-mêmes reconnaissent la supériorité du monde musulman pendant son âge d'or: Gibbon insiste sur la suprématie de l'artillerie ottomane. Il est donc évident que dans le passé, les Musulmans ont maîtrisé le développement technique: rien ne semble alors s'opposer à ce qu'ils le maîtrisent à l'époque contemporaine.

Au gré de ses dernières interventions, l'Aga Khan a tendance à ne pas différencier la période de l'Islam authentique, dont on a vu les différentes périodisations, avec l'Age d'Or du monde musulman qui s'achève, d'après lui au XVIème siècle[52]. Cela signifie qu'il y inclut la période ottomane jusqu'à son apogée, qui correspond au règne de Soliman le Magnifique (1494–1566) avec comme point fort le siège de Vienne en 1529. On peut l'expliquer par le fait que l'Aga Khan dissocie parfois la période de la simplicité de la foi, dont la conséquence est l'unité de la communauté, de celle de l'esprit d'ouverture, qui est contemporaine d'une certaine puissance du monde musulman.

Au cours d'un discours prononcé devant de hauts responsables politiques pakistanais, il affirme: "You have many problems in this country, economic and scientific. I am sure you will overcome your material difficulties but be careful of the Soul and the Spirit of the people. Do not look to the Third century of the Islamic History but to the First"[53]. C'est finalement cette période que l'Aga Khan considère comme celle de l'Islam authentique. Le premier siècle de l'Islam correspond à la fin de la période omayyade (750). Le troisième siècle est celui de la "crise du califat". Deux califats défient le califat abbasside de Bagdad: le califat ismaélien du Caire (depuis 909) et le califat omayyade de Cordoue (929). C'est la période par excellence de la désunion de la communauté islamique.

II-4 L'ISLAM FACE AU DÉFI DE L'EUROPE

a–défi et fascination

La question des rapports de l'Europe et de l'Islam préoccupe au plus haut point l'Aga Khan puisqu'en 1945, profitant de sa retraite en Suisse consécutive à la Seconde Guerre Mondiale, il publie avec Zaki Ali un deuxième ouvrage presque inconnu: *l'Europe et l'Islam*[54].

Dans cet ouvrage, les auteurs insistent particulièrement sur les véritables campagnes de dénigrement organisées sur les écrans, à la radio, dans la presse et dans la littérature: "Des mensonges, des jugements erronés, engendrés sans doute par l'ignorance, sont répandus depuis des siècles en Europe, dénoncent les auteurs. La propagande anti-islamique est provoquée par des intérêts divers et par certains types de missionnaires"[55]. Dans la période actuelle, l'Aga Khan et Zaki Ali dénoncent la responsabilité de certaines Eglises qui ont délibérément cherché à faire surgir des préjugés contre l'Islam: c'est là que se situe le défi par excellence à relever[56].

L'Aga Khan se situe dans la continuité de l'Islâh qui, depuis al-Afghânî, a polémiqué avec les Européens. On sait qu'une des questions les plus débattues était de savoir si l'Islam était rationnel, et donc apte à produire une pensée scientifique. Aux Indes, la polémique fut souvent le fait de missionnaires chrétiens plutôt que de penseurs positivistes ou utilitaristes. W. Muir, dans un ouvrage sur Muhammad, insistait sur certains traits caractéristiques du Prophète comme sa cruauté. En ce qui concerne la place des femmes dans la société musulmane, il affirmait que malgré l'apparence libérale de certaines mesures prises par le Prophète, leur statut était demeuré sur bien des points inférieur à celui de l'époque antéislamique[57].

Sans faire référence directement à Muir ou à un autre, l'Aga Khan dénonce à plusieurs reprises la volonté manifeste des Européens de noircir la personne du Prophète. Mais si la réponse à la polémique christiano-européenne est bien un tremplin pour l'élaboration d'une nouvelle pensée islamique, elle n'est pas pour autant une fin en soi. L'objectif final est de remédier à la "crise" de l'Islam que d'aucuns qualifient de "retard" islamique. Le fait de rechercher des solutions à cette crise conduit immanquablement les réformateurs à porter un jugement sur les valeurs de la civilisation européenne, puisque, corrélativement, elle provoque une autre interrogation qui concerne l'origine de la supériorité de l'Europe. Ils le font dans la mesure où chacun d'eux doit définir les valeurs islamiques dans le cadre de la confrontation de l'Islam avec l'Europe.

L'Aga Khan est à la fois fasciné par la suprématie de l'Europe dans presque tous les domaines, et frustré de voir les nations musulmanes sous sa domination. Cette fascination est particulièrement sensible à l'égard de l'empire britannique et de la famille royale qui le dirige. Mais elle n'empêchera pas l'Aga Khan d'exercer son esprit critique à son égard dès que l'intérêt de l'Islam est en jeu, esprit critique qui s'exprimera dans la plupart des cas dans les colonnes du *Times*, mais aussi dans *India in transition* et dans les divers rapports commandités par le Foreign Office. Dans les années trente, cet esprit critique deviendra de plus en plus aigu: l'Aga Khan ne ménagera pas ses reproches à l'égard de la politique britannique au Moyen-Orient[58].

Malgré tout, le loyalisme de l'Aga Khan apparaît dans de nombreuses professions de foi dispersées dans plusieurs publications. C'est d'ailleurs l'un des reproches les plus courants que ses détracteurs lui adressent, reproche qui, dans une certaine mesure, ne lui permit pas de jouer un rôle politique important de longue durée. Quelle est l'origine de cette fascination? Les liens

Iṣlâḥ et Crise de l'Islam

qui unissent le gouvernement britannique aux Aghâ-Khâns sont anciens: ils datent de l'imâmat de Hasan 'Alî Shâh, à l'époque où il séjournait encore en Perse. Des liens encore plus étroits furent tissés à Bombay, de famille à famille. Dans ses mémoires, l'Aga Khan se souvient des visites du duc de Connaught – fils cadet de la reine Victoria, au domaine familial[59].

L'admiration de l'Aga Khan a aussi pour objet une caractéristique que possèdent les Britanniques, à savoir "an acutely sensitive conscience, which prevents them from accepting as a national responsability any unjust or violent act or policy, however advantageous it may seem to the country's material welfare", précise-t-il dans ses mémoires (p. 259). Mais surtout l'Aga Khan, comme Sayyid Ahmad Khân et Ameer Ali, est convaincu que seul le maintien du *British rule* peut favoriser le développement du bien-être en Inde. Dans un article paru en 1905, il condamne l'idée du nationalisme indien, persuadé qu'il n'existe pas de nation indienne. Le *British rule* en Inde fait régner l'ordre et la sécurité à un degré jamais atteint auparavant; et ainsi, l'Inde peut prospérer. Cette sécurité a été expérimentée par les Agâ Khâns et les Ismaéliens qui, pour la première fois dans l'histoire, peuvent pratiquer librement leur religion.

b–le modèle européen

L'Aga Khan est confronté à un problème de choix: que faut-il retenir de l'Europe? La difficulté de cette question apparaît à travers l'utilisation du terme "imitation". Comme les autres réformateurs, l'Aga Khan est orienté dans sa réflexion par le succès du Japon qui a su "imiter" l'Europe dans certains domaines, tout en préservant son identité propre. Khayr al-Dîn écrivait déjà: "(…) nous en concluons que la nécessité de l'imitation et de l'assimilation de ce qui se fait de mieux chez les voisins ne doit pas se borner aux choses militaires, mais qu'elle s'étend à tout ce qui peut favoriser le progrès et le bien-être de la nation"[60]. Dès 1904 à Bombay, l'Aga Khan, met en garde contre une imitation trop mécanique de l'Europe. Il précise les limites de cette "imitation" dans son livre sur l'Inde en écrivant que les besoins vitaux de l'Inde doivent déterminer les choix. Il ne s'agit en aucun cas d'imiter quoi que ce soit de contraire aux intérêts et à l'esprit de l'Inde[61]. Cette conception de l'imitation s'appliquera plus tard au monde musulman.

L'Aga Khan se situe dans la droite ligne de Sayyid Ahmad Khân et de Khayr al-Dîn qui sont tous deux persuadés qu'une imitation partielle et bien ciblée reste la meilleure solution pour remédier au "retard musulman". Mais lorsque l'Aga Khan s'exprime sur ce problème dans les années trente, une expérience d'imitation s'est produite dans un Etat musulman: la Turquie. L'instauration de la république kémaliste s'était faite par la déconstruction progressive de l'identité islamique turque. Les mesures gouvernementales qui supprimaient les références à l'Islam se succédaient: abolition du sultanat (1er novembre 1922), abolition du califat (3 mars 1924), réforme du droit sur la base du code civil suisse (17 février 1926), suppression totale des références à l'Islam dans la Constitution (10 avril 1928), abandon de l'alphabet arabe et adoption de l'alphabet latin (9 août 1928). En 1952, l'Aga Khan condamne cette imitation excessive puisque d'après lui, l'identité "orientale" (islamique) est composée d'éléments valables et précieux. Il enjoint aux responsables pakistanais devant lesquels il s'exprime d'éviter de rejeter globalement l'identité islamique et de ce fait, de ne pas reproduire l'exemple turc[62].

A chaque fois que l'Aga Khan s'exprime sur l'adoption de valeurs européennes, on est frappé par son souci constant de délimiter dans le savoir un espace européen et un espace musulman dans l'Islam de demain: "Where we are in an independent position, we can promote intensive culture, intensive education of the youth, intensive imitation if you like, explique-t-il, but always, as in the case of Japan, keeping our highest moral, emotional and spiritual self in our historical development. With that we can go forward and carry out reforms, carry out political and economic development, carry out, above all, scientific culture which will place us on the same levels as the European races"[63]. La préservation de cet héritage est une condition du développement économique, politique et scientifique du monde musulman. Cette idée de maintenir un certain équilibre entre deux éléments dans une situation de confrontation est récurrente dans la pensée de l'Aga Khan. Il peut s'effectuer selon diverses modalités: le compromis, qui en constitue la solution politique idéale, et l'ambivalence, en sont les deux figures les plus courantes. La notion de juste milieu (*wasaṭ*) est présente dans le Coran et la Sunna. La pensée ismaélienne l'a développée sous la forme de la dialectique du *ẓâhir* et du *bâṭin*.

Il reste que l'unique exemple d'un pays qui a réussi à relever le défi européen par une imitation raisonnée est le Japon. Cette référence est courante parmi les réformateurs[64]. L'Aga Khan ne cherche pas à leur instar dans quelles conditions le Japon a effectué cette mutation. Tout au plus mentionne-t-il des "circonstances exceptionnelles": quelles sont ces circonstances? En quoi sont-elles exceptionnelles? Aucune explication n'est proposée[65]. Il ne faut pas nécessairement conclure à un manque de rigueur intellectuelle mais plutôt prendre en compte un certain nombre d'éléments divers comme l'amateurisme, l'usage d'une rationalité pragmatique et la finalité du discours.

c–un précédent: le savoir gréco-arabe

L'esprit d'ouverture islamique s'est concrétisé dans l'éclosion du savoir gréco-arabe. Ce précédent historique apparaît chez l'Aga Khan comme une preuve éclatante de la faculté d'adaptation de l'Islam. Reprenant le discours de l'Islâh, il rapproche la situation du monde musulman à l'époque contemporaine à la confrontation qui se produisit entre la pensée

Iṣlâḥ et Crise de l'Islam

hellénisitique et la pensée islamique à partir du IXème siècle. L'Aga Khan part de la constation que ce savoir gréco-arabe constituait un fond épistémique commun à l'Europe et au monde musulman.

L'Aga Khan insiste sur le fait que les Musulmans ont repris pour l'améliorer l'héritage intellectuel hellénistique. Sans doute partage-t-il les vues de Zaki Ali qui consacre le plus gros chapitre de *Glimpses of Islam* à exposer ce point de vue dans un esprit simplificateur. Que tend à démontrer ce chapitre? Que la renaissance européenne est totalement et uniquement redevable aux Musulmans dans les domaines intellectuel et épistémologique.

Le savoir gréco-arabe a produit d'après l'Aga Khan les plus grands "géants intellectuels de la race humaine"[66]. L'élément fondamental que se partageaient l'Europe et l'Islam à travers le savoir gréco-arabe est la philosophie de la Nature. Mais au XVIème siècle, les Européens commencèrent à soumettre à l'esprit critique le savoir gréco-arabe pour en fonder un nouveau basé sur l'expérience. En Islam, le *taqlîd*, qui imposait le conformisme avec les théories du passé, mit un frein à l'essor du monde musulman. L'Aga Khan analyse l'évolution postérieure du savoir européen en terme d'accroissement de son pouvoir sur la nature.

Cet exposé de l'Aga Khan permet de faire quelques mises au point sur la dette intellectuelle de l'Europe envers le monde musulman, sur le fait que l'Europe et l'Islam ont disposé d'un savoir commun: cela signifie que le second peut suivre la même évolution que le premier. Finalement, l'Aga Khan répond ainsi à la fameuse question de Renan sur les rapports entre l'Islam et la science. Parallèlement, il désigne avec insistance l'objet de la rupture épistémique: l'étude de la nature. C'est pour cela que, reprenant la thèse de Sayyid Ahmad Khân, la question de la nature comme source de la connaissance occupera une place de choix dans sa pensée.

NOTES

1. d'après le "Haji Bibi Case", *op.cit.*, c'est en 1895 que l'Aga Khan prit ses propres affaires en main alors que sa mère, avec l'aide de ses oncles paternels, les avait gérées jusque là (p. 9).
2. Al Afghânî, *op.cit.*, p. 164.
3. "Iṣlâḥ", *EI2*, T. IV, p. 147.
4. *La pensée arabe*, *op.cit.*, pp. 96 à 105.
5. voir la mise au point de François Burgat dans *L'islamisme au Maghreb La voie du Sud*, Karthala, 1988, pp. 11 à 54.
6. Michel Foucault, *Les mots et les choses*, Gallimard, 1966.
7. il s'agit bien sûr de *The reconsruction of religious thought in Islam*, Ashraf Press, 1951 (Ist ed. 1930), Lahore, 205p.
8. cité par A. Merad "Iṣlâḥ" *op.cit.*, p. 149.
9. Ameer Ali *The spirit of Islâm A history of the evolution of Islâm with a life of the Prophet* Christophers London 1946 (Ist ed. 1922) surtout pp. 183 184 et 472 473.
10. *The memoirs of Aga Khan, op.cit.*, p. 18.

11 F. Steingass *op.cit.*, pp. 241 242.
12 sur le *purdah*, voir deux contributions consacrées à cette question dans I. Ahmad, *Family, Kinship and Marriage among Muslims in India, op.cit.*; il s'agit "The veil of Virtue: *Purdah* and the Muslim Family in the Bhopal Region of Central India", pp. 169 216, par Doranne Jacobson, et de "*Purdah*, Family Structure and the Status of Woman: A Note on a Deviant Case", pp. 239 264, par A.R. Saiyed assisté par Pathan Mirkhan. Voir aussi Y. Richard, *L'Islam chiite, op.cit.*, pp. 189 212.
13 cité par Ikbal Ali Shah, *op.cit.*, pp. 70 71.
14 Ameer Ali, *op.cit.*, pp. 248 249.
15 *Message of His Highness the Rt. Hon'able Sir Sultan Muhammad Shah the Aga Khan to the Muslim women* compilé par Jafferali M. Soofi Majestic Printings Works Nairobi n. d. p. 15.
16 S.R. Walji "A history of the Ismaili community in Tanzania" *op.cit.*, p. 107 et J. Anderson "The Isma'ilis Khojas of East Africa A new Constitution and Personnal Law for the community" *Middle Eastern Studies* I (1964) pp. 26 et ss.
17 nous n'avons pas réussi à retrouver les publications du testament dans la presse suisse.
18 Syed Ameer Ali *Muhammadan Law* 1928 T.III Calcutta pp. 398 et ss. Sur ce terme d'origine coranique (IV/24) et sa pratique à l'époque du Prophète voir M. Gaudefroy Demombynes, *Mahomet*, Albin Michel, 1957, pp. 562. Sur le *mut'â'* chez les Shî'ites duodécimains voir Y. Linant de Bellefonds "Le droit imâmite" in *Le shî'isme imâmite* Presses Universitaires de france 1970 pp. 192 à 195; Sheikh Abrar Husain, *Marriage customs among Muslims in India A sociological study of the Shia Marriage customs*, Sterling Publishers PVT. LTD., New Delhi, 1976, pp. 170 184; Y. Richard, *L'Islam chi'ite, op.cit.*, le chapitre VI, p. 189 à 212; F. Adelkhah, "La révolution sous le voile", *op.cit.*, pp. 185 189. Dans l'Ismaélisme, voir A.A.A. Fyzee, "Studies in Ismaî'îlî Law: Muta' or Temporary Mariage", *Bombay Law Reporter*, Journal, XXXIII, 30 32.
19 A.A.A. Fyzee *Conférences sur l'Islam* Tr. de Eva Meyerovitch C.N.R.S. 1956 p. 64.
20 L. Gardet et C.G. Anawati, *Introduction à la théologie musulmane. Essai de théologie comparée*, Vrin, 1948, p. 37.
21 N.M. Dumasia, *The Aga Khan and his ancestor, op.cit.*, p. 188.
22 A. Merad, "Iṣlâḥ", *op.*, p. 175.
23 H. Feki, "Les idées religieuses et philosophiques ..." *op.cit.*, p. 43.
24 M. Hafeez, "Sir Sayyid Ahmad Khan ...", *op.cit.*, p. 259.
25 cité par D. Menant, "Les Khojas du Guzarate", *op.cit.*, p. 226.
26 P.J. Wright, "Muslim Kinship and Modernization: the Tyabjee Clan of Bombay" in I. Ahmad (ed.), *Family, Kinship and Marriage among Muslims in India*, Manohar, Delhi, 1976, p. 219.
27 A. Ahmad, "Islamic modernism ...", *op.cit.*, p. 72.
28 N.Keddie, *Iran: religion, politics and society*, London, F. Cass, 1981, p. 19 et H.Pakdaman, *op.cit.*, p. 116. Voir aussi dans A. Amanat, "Resurrection and Renewal", *op.cit.*, l'important chapitre consacré à Qurrat al 'Ayn pp. 296 331. L'auteur démontre le rôle capital joué par cette femme dans les débuts du mouvement bâbî; c'est elle qui, alors que le Bâb était en prison, annonça la rupture avec la *sharî'a* en apparaissant en public sans voile dès 1845.
29 "Message ... to Muslim women", *op.cit.*, p. 7.
30 cité par A. Guimbretière, *Le réformisme musulman en Inde, op.cit.*, p. 33 note 48.

31 A. de Gobineau, *Les religions et les philosophies de l'Asie Centrale*, Paris, Les Editions G. Grès et cie, 1923 (1ère éd. 1865), p. 31.
32 "Collectanea", *op.cit.*, p. 83.
33 nous n'avons pas réussi à identifier cette prière.
34 *idem*, p. 74.
35 *ibid*, p. 12.
36 "Les schismes dans l'Islam", *op.cit.*, p. 388.
37 cité dans L. Gadet et C.G. Anawati, *Introduction à la théologie musulmane Essai de théologie comparée*, préface de Louis Massignon, Paris, Vrin, 1948, p. 82.
38 A.M. Schimmel, "Ikbâl Muhammad", *EI2*, T. III, p. 1085.
39 R. Brunschvig, "Les 'usul al fiqh' imâmites" in *Le shî'isme imâmite, op.cit.*, p. 210.
40 Y. Richard, *Le shi'isme en Iran, op.cit.*, p. 27.
41 "Glimpses of Islam", *op.cit.*, p. 70.
42 M. Saee, "His Royal Highness ...", *op.cit.*, pp. 50 51.
43 "Iṣlâḥ, *op.cit.*, p. 155.
44 C.W. Troll, "Sayyid Ahmad Khan ...", *op.cit.*, p. 211.
45 *Collectanea, op.cit.*, p. 52.
46 *India in transition, op.cit.*, p. 52.
47 *Spirit of Islâm, op.cit.*, p. 165.
48 Voir par exemple dans sa réponse à Renan publiée in "Réfutation des matérialistes", *op.cit.*, p. 185.
49 *India in transition, op.cit.*, p. 253.
50 *Collectanea, op.cit.*, p. 20. Aïcha est traditionnellement honnie par les Shî'ites à cause de la lutte acharnée qu'elle mena contre 'Alî. Une fois de plus, l'Aga Khan se démarque des positions shî'ites classiques pour bien affirmer son intention de rompre avec les querelles du passé qui ont affaibli l'Islam en le divisant.
51 *India in transition, op.cit.*, p. 258.
52 *Collectanea, op.cit.*, p. 21.
53 *idem*, p. 54.
54 la seule mention que nous ayons découverte grâce à laquelle nous avons eu connaissance de cet ouvrage est celle de H.A.R. Gibb, *op.cit.*
55 *idem*, p. 70.
56 *Glimpses of Islam, op.cit.*, p. 81.
57 W. Muir, *The life of Mahomet from the original sources*, London Smith, Elder and Co, 1894 (3ème éd. abrégée 1ère éd. en quatre volumes publiée entre 1858 et 1861). Sur la cruauté du Prophète, p. 497; sur les femmes, pp. 324 326.
58 voir par exemple ses articles du *Times* du 19 octobre 1938 sur la "British policy in the East".
59 sur les liens entre le premier Aghâ Khân et les Britanniques, voir Z. Noorally, *The first Aga Khan and the British (1838 1868)*, M.A. Thesis, University of London, 1964.
60 "Essais sur les réformes nécessaires ...", *op.cit.*, p. 91.
61 *op.cit.*, p. 230.
62 *Collectanea, op.cit.*, p. 77.
63 "Message ...", *op.cit.*, p. 8.
64 voir H. Laoust, "Le réformisme orthodoxe des "Salafiya" et les caractères généraux de son orientation actuelle", *op.cit.*, p. 195.
65 cité par Ikbal Ali Shah, *op.cit.*, p. 73.
66 *Collectanea, op.cit.*, p. 12.

III

Les Sources du Savoir Islamique

III–1 LES SOURCES TRADITIONNELLES

a–le Coran

Les biographes de l'Aga Khan s'entendent pour accorder au Coran une place fondamentale dans sa vie et dans son oeuvre. En tant qu'imâm des Ismaéliens nizârites, l'un de ses devoirs religieux est d'interpréter le Coran: "From his throne, with a magnificent fez placed on his head, écrit S. Jackson, he read passages from the Koran and expounded points of Ismaili dogma which were solemnly recorded for posterity"[1].

Ce genre de scène est rapporté par plusieurs biographes. A.S. Picklay souligne la dévotion de l'Aga Khan en relevant sa ponctualité dans les prières et sa régularité dans la lecture du Coran[2]. Son fils aîné Aly Salomon a confié à G. Allana qu'il s'était éteint en écoutant un disque de psalmodies du Coran et qu'il avait pu voir ses lèvres répéter silencieusement les versets[3].

On peut considérer ces témoignages comme significatifs, mais il est vrai que le Coran reste la référence islamique fondamentale dans toutes les écoles de pensée islamiques. Chez l'Aga Khan, le Coran est une importante source de connaissance: de ce fait, il participe à l'organisation de sa vision du monde. Il faut donc évaluer dans quelle mesure le Coran est une source de la connaissance. Avant d'examiner cette question, il convient de s'arrêter sur le problème de l'authenticité du texte coranique. D'après une tradition acceptée, c'est au troisième calife 'Uthman (23/644–35/656) que les Musulmans doivent leur Vulgate. Celle-ci fut toutefois critiquée par certains groupes, parmi lesquels les Shî'ites, qui affirmèrent que le texte avait été altéré[4].

La position ismaélienne sur cette question a varié à travers les âges. A l'époque fatimide, les auteurs ismaéliens lui accordent peu d'importance: ils ne mettent pas en doute l'authenticité du Coran de 'Uthman. Al-Mu'ayyad fi'l-Dîn al-Shîrâzî (m. 470–1077) attire l'attention des Ismaéliens sur le fait que le danger de l'altération réside plus dans l'explication du Coran que dans le texte[5].

A l'époque contemporaine, dans la tradition nizârite, on trouve exposé un point de vue différent. C'est ainsi que le demi-frère de l'Aga Khan, Shihâb al-Dîn Shâh, aborde la question dans un traité adressé uniquement aux Ismaéliens. D'après lui, le Coran a été amputé de certains passages relatifs à 'Alî. Il ne construit toutefois aucune théorie à partir de cette information. Finalement, il semble qu'une fois qu'on est au courant du fait que les Alides ont été spoliés de la succession à l'autorité prophétique, on sait tout sur cette question: comme l'écrit R. Blachère, cette question ne concerne en rien les principes et les dogmes contenus dans le Coran. Retenons malgré tout que l'idée de la non authenticité du Coran avait cours dans la famille de l'Aga Khan.

La position personnelle de l'Aga Khan est plus difficile à définir pour la simple raison que dans ses écrits publics, il n'en est jamais question: entendons par là qu'il ne soulève jamais cette question. On devrait donc en conclure qu'il accepte l'authenticité du texte coranique. Cependant, il peut aussi exprimer le point de vue de la tradition shî'ite, d'après laquelle l'altération du texte coranique a été effectuée sous la forme de la suppression de certains passages.

Quoi qu'il en soit, à notre connaissance, jamais l'Aga Khan ne s'y référa à une autre reprise, que ce soit en privé ou en public. Le fait qu'à l'instar de son demi-frère, il ne fasse que mentionner l'information conduit à le classer parmi les Shî'ites modérés. En effet, cette contestation de l'authenticité du Coran n'est que formelle: elle ne vise en aucun cas des fins dogmatiques. Elle n'implique aucunement le rejet de la vulgate 'uthmanienne.

L'Aga Khan ne reprend pas à son compte la problématique des théologiens au sujet du Coran: le problème de ses lectures, celui de son caractère incréé ou de son inimitabilité. Ce sont autant de questions que l'Aga Khan ne juge pas utile de poser. Elles ne sont pas pour lui d'actualité puisqu'elles ne permettent pas de résoudre les défis lancés au monde musulman contemporain. Pour lui, le Coran est un vaste espace épistémique. Il est la parole de Dieu et de ce fait, il forme une totalité: le Coran englobe tout. Cette conception est renforcée par la variété des sujets abordés dans le Coran. Rien de ce qui existe ne peut échapper au Coran mais encore faut-il que le Croyant sache le lire: y trouver ce qu'il cherche.

En effet, le discours coranique repose sur un certain nombre d'indices et par conséquent, c'est à l'homme de savoir les trouver et les comprendre. Le Coran est une gigantesque matrice sémantique qui ne demande qu'à recevoir un sens parmi les virtualités sémiologiques qu'elle contient. Comme tel, il renferme en germe les réponses aux défis de la modernité occidentale. L'Aga Khan ne doute pas un instant que toutes les découvertes technologiques auraient pu être les applications logiques de certains passages coraniques. Il cède, comme nombre de ses contemporains, à la tentation du concordisme posant comme principe que le Coran est une somme épistémique qui ne saurait être dépassée, puisqu'elle contient sous une forme latente ou non la totalité du savoir. Un seul problème mérite par conséquent d'être posé au sujet du Coran: celui de sa compréhension et celui de son interprétation.

A côté d'une importante fonction heuristique et cognitive sur laquelle nous reviendrons, le Coran tient une place importante dans la pensée agakhanienne comme fonction légitimante. Il n'y a là rien de très original puisque cette fonction est une constante dans la pensée de l'Islâh. Le principe en est simple: la citation ou la référence indirecte à un verset coranique valide tel concept ou telle pratique. Le rapport entre le validant et le validé est des plus sommaires: il s'établit simplement par le principe de la ressemblance. On ne peut pas dire que les écrits de l'Aga Khan soient émaillés d'une quantité importante de citations coraniques. Les citations directes ne sont effectuées que lorsqu'il s'agit de convaincre un public musulman sur des questions importantes aux yeux de l'Aga Khan: le statut des femmes ou celui de la connaissance dans l'Islam par exemple. Il peut arriver qu'une allusion évidente au texte sacré ne soit pas explicitement mentionnée.

Du fait de la nature totalisante du Coran, l'Aga Khan considère qu'il constitue la première source de la religion islamique: "Of course, we hold fast with the Koran, écrit-il en 1935, for it is from the Koran that we get texts which buttress our faith in the ever-watchfull eye and sustaining hand of God"[6]. Quoi que ne cédant pas à la casuistique des docteurs de la Loi, l'Aga Khan considère dans ses mémoires que le Coran exprime les concepts fondamentaux de la religion dans une langue concise et belle (p. 170).

La fonction prédominante du Coran dans la pensée de l'Aga Khan est la fonction cognitive. En effet, dans la plupart des cas dans lesquels il cite le Coran comme référence, c'est en tant que source de la connaissance. Compte tenu de l'orientation pragmatique de sa pensée, il ne le présente pas systématiquement comme tel: c'est au cours de ses interventions ponctuelles que cette fonction apparaît prépondérante. Dans *Glimpses of Islam*, par exemple, il insiste avec Zaki Ali sur la récurrence des injonctions coraniques adressées au Croyant de chercher à connaître par la compréhension et la réflexion. Trois sourates sont citées dans la traduction anglaise de Yusuf Ali: III/190, XXII/65 et XLV/12–13. Ces citations directes sont très brèves: les auteurs n'ont retenu que les injonctions à connaître et l'objet de la connaissance, la Création/Nature.

Cette conception du Coran s'inscrit parfaitement dans la logique de l'Aga Khan pour lequel la rupture épistémique entre le savoir musulman et le savoir européen a eu pour objet l'étude de la Nature. Il se situe dans la continuité de la pensée de Sayyid Ahmad Khân qui fit de cette étude une des bases du renouvellement du 'ilm al-kalâm. Cette tentative, confie l'Aga Khan, a souvent été mal comprise par les Musulmans. Ils n'ont pas vu que

Sayyid Ahmad Khân renouvelait le concept de la Nature qui, dans le sens traditionnel, est synonyme de "matière": sans doute faut-il voir ici une allusion à l'ouvrage de Jamâl al-Dîn al Afghânî qui prend Sayyid Ahmad Khân et son école pour cible dans sa *Réfutation des matérialistes*. Du fait que l'étude de la Nature constitue la base du développement européen, et corrélativement l'échec de l'essor musulman, la connaissance par excellence que le Coran incite à développer est la connaissance de la Nature. L'Aga Khan est formel lorsqu'il écrit: "Muslims have much to blame in this respect, because they have neglected the injunctions of the Quran to discover all the secrets of nature and fully utilise their ressources"[7].

Le fait que l'Aga Khan considère le Coran comme la première source de la religion islamique ne révèle pas totalement la place qu'il occupe dans sa conception de l'Islam. Dans son article "Le libéralisme musulman" publié en 1943 dans une revue de Lausanne, il écrit que le premier fondement de l'Islam est l'interprétation du Coran. Ainsi, plus encore que le texte coranique, plus encore que ce que l'Aga Khan appelle la "lettre" du Coran, c'est "l'esprit" du livre sacré qui doit imprégner la vie quotidienne du croyant, cet esprit doit lui-même résulter d'une interprétation qui doit permettre l'actualisation de la compréhension du Coran, en un lieu et à une époque donnés. Ce point de vue n'est pas sans rappeler celui d'al-Shîrâzî évoqué plus haut. L'Aga Khan ne dénie pas pour autant la "lettre" du Coran lorsqu'il écrit par exemple que ses règlements rigides ordonnent chaque moment de la vie[8]. Mais cet aspect reste toutefois secondaire vis à vis de "l'esprit" du Coran par le fait que ce dernier est dominé par un ensemble de valeurs éternelles et universelles.

b–la *sunna*

Le terme *sunna*, qui signifie en arabe "coutume, manière de se conduire, précepte", est d'origine coranique. On trouve dans le Coran les expressions *sunnat al awwalîn* et *sunnat Allâh*. A.J. Wensinck écrit dans l'Encyclopédie de l'Islam que "d'après l'explication usuelle, la *sunna* de Muhammad signifie à la fois les faits et gestes de Muhammad, ses paroles et son approbation muette."[9] La *sunna* s'est fixée dans les *hadîths* selon des traditions écrites et orales. L'Aga Khan pouvait, d'après un témoin, citer des passages d'al-Bukhârî par coeur[10], mais il n'utilise pas pour autant le terme *sunna* en tant que norme, sens qu'il finit par avoir: "The Sunnis, écrit-il dans ses mémoires, are the people of the sonna or tradition" (p. 177). Il parle ailleurs des *Ahl-i Sunnat*[11] et il est alors évident que le terme *sunna* est pour lui exclusivement référent aux Sunnis.

Le terme *sunna* est utilisé d'autre part dans le shî'isme duodécimain. Il désigne alors les Traditions du Prophète auxquelles sont ajoutées celles des Imâms. Les *hadîths* sont souvent appelés *akhbâr* par les Shî'ites[12]. Chez les Ismaéliens fatimides, le terme *sunna* est utilisé dans son sens coranique.

Kermânî mentionne la *sunna ilâhiyya* qu'il conçoit comme une loi générale ordonnatrice de l'oeuvre de Dieu[13].

Chaque fois que l'Aga Khan utilise le terme *sunna*, c'est en fait pour désigner une école de pensée (*school of thought*). Cela ne signifie pas qu'il néglige la "sunna" comme source de la connaissance, mais seulement qu'il n'utilise pas le terme: il lui préfère *traditions(s), sayings* ou *teachings of the Prophet*. Il ne faut pas voir dans ses choix le seul désir de traduire en anglais et en français, mais aussi la volonté délibérée de se démarquer d'un terme qui est trop typé dans le contexte islamique: ce choix signifie que la tradition du Prophète n'est pas le seul bien des Sunnites, elle est le bien de tous les Croyants.

Le terme *sunna* est d'autre part chargé d'une connotation juridique au détriment de l'expérience vécue du message prophétique relaté par les *hadîths*. L'Aga Khan transpose cette fonction normative de la *sunna* dans le terme de "Traditions". Il signifie sans ambages avec Zaki Ali que se pose à son sujet la question fondamentale de l'authenticité: "The Traditions and the Sayings of the Prophet are to be seriously and critically studied with a view to freeing them from posterior deviations and infiltrations (...). It is, therefore, necessary to seek, again, a direct contact with the Quran and with the authentic Traditions, and thus to secure a doctrinal and moral purification. It is also necessary to eliminate from the beliefs all popular superstitions"[14].

Comme la plupart des réformateurs, l'Aga Khan considère que la *sunna* constitue avec le Coran l'espace normatif dans lequel doit s'effectuer le renouvellement de l'Islam: elle doit compléter le Coran, après avoir subi un examen critique visant à établir son authenticité. On a vu que les termes utilisés par l'Aga Khan pour désigner la *sunna* font tous référence au Prophète. Ceci est capital pour situer la conception islamique de l'Aga Khan puisqu'il considère que la fonction essentielle de la *sunna* est de proposer un mode de vie islamique exemplaire. Le modèle vivant en est le Prophète. L'Aga Khan fait d'autre part référence à la *sunna* lorsqu'il cite des *hadîths*. Son objectif est alors de démontrer l'islamicité d'un sujet, comme par exemple un statut de la femme qui la libérerait du *purda* ou le statut de la connaissance.

En dernière analyse, il apparaît que l'Aga Khan conçoit rarement la *sunna* comme la complémentarité du Coran dans une optique juridique. Sa volonté d'affirmer l'importance de l'Islam à travers les valeurs éternelles qu'il véhicule, vécues par Muhammad et ses imitateurs, le pousse souvent à substituer à la *sunna* la biographie du Prophète, la *sîra*. Mais les termes qu'il utilise – français ou anglais – ne permettent pas de distinguer ces références avec certitude.

III–2 LA *SHARÎ'A*

A.J. Wensinck signale que les concepts de *sunna* et de *hadîth*, qui sont en théorie séparés, sont souvent identiques en pratique. Les *hadîths* forment eux-mêmes un corpus qui constitue la base de la loi canonique: la *sharî'a*. Celle-ci est une sorte d'aboutissement dogmatique de la *sunna* qui peut être ramené à l'élaboration de deux types normatifs: des règles qui concernent le culte et les obligations rituelles, et des prescriptions d'ordre juridique, politique et moral. Cette conception de la *sharî'a* se retrouve dans le milieu sunnite aussi bien que shî'ite, chacune d'elle variant en fonction des divergences théologiques. A l'époque contemporaine, un *mujtahid* reconnu comme A.S.M.H. Tabâtabâ'î voit dans la *sharî'a* "la voie de l'aspect formel et extérieur de la religion", à laquelle s'ajoutent la voie de la compréhension rationnelle (*'aqlî*) et celle de la compréhension spirituelle atteinte par la sincérité de l'obéissance à Dieu[15].

Dans l'ismaélisme fatimide, la *sharî'a* est l'ensemble des révélations reçues par le *nâtiq* – le Prophète énonciateur – durant toute sa vie. D'après Abû Hâtim al- Râzî al-Warsinâ'î (m.332/933), l'un des premiers théoriciens de la pensée fatimide, elle comprend les règles de la religion, les statuts (*akhâm*), les obligations, les pratiques recommandables (*sunan*), tout ce qui concerne le bien et le mal mais aussi les images et les paraboles à travers lesquelles le Prophète a parlé des réalités invisibles[16].

La fonction de chaque *nâtiq* est d'apporter une nouvelle *sharî'a* qui abroge la *sharî'a* précédente. L'instauration de la *sharî'a* est due à la nature de l'âme humaine qui est la corporéité. C'est pour que ces âmes puissent se débarrasser des souillures de la matière et parvenir ainsi à l'éternité et au bonheur parfait que la *sharî'a* fut instaurée. L'idée de *sharî'a* est liée à celle de *ta'wîl*. Le *dâ'î* yéménite al-Husayn ibn 'Alî ibn Muhammad ibn al-Walîd (m.667/1268) estime qu'il est naturel qu'il y ait des divergences entre les *sharâ'i* dans leur aspect exotérique. Mais par contre, elles doivent converger vers une seule signification universelle qui est le *ta'wîl*[17]. Dans l'ismaélisme fatimide, la *sharî'a* représente donc la face apparente de la religion, son *zâhir*. Elle ne doit pas constituer toute la religion, ni ne doit être délaissée. Les auteurs ismaéliens soutiennent l'idée que la religion véritable réside dans l'équilibre qui doit être observé entre la *sharî'a*, son aspect littéral et formel, et le *bâtin*, qui en est son aspect ésotérique.

Dans l'ismaélisme nizârite, l'attitude vis à vis de la *sharî'a* a évolué. Jusqu'en 1164, date de la proclamation de la Grande Résurrection, la *sharî'a* était strictement respectée dans les territoires qui dépendaient d'Alamût. L'événement majeur qui se produisit le 15 ramadân 559/8août 1164 est l'abrogation par l'imâm Hasan 'alâ dhikrihi'l-salâm de la *sharî'a*. Le début de son règne en 1162 avait été marqué par un certain relâchement dans l'observance de la *sharî'a*[18]. Le temps était venu pour l'imâm de proclamer la venue de la résurrection spirituelle qui rendait caduque la *sharî'a*. Conformément aux dogmes fatimides, l'imâm aurait dû instaurer une nouvelle *sharî'a*. Mais celui-ci affirme être le *qâ'im* qui actualise le Paradis sur terre. La figure du *qâ'im* est une figure dominante de l'eschatologie ismaélienne, mais curieusement, sa signification profonde reste encore assez obscure, en partie à cause de la divergence des auteurs ismaéliens sur cette question.

Le rejet de la *sharî'a* durera jusqu'au 1er septembre 1210, date à laquelle Jalâl al-Dîn Hasan devient imâm. Celui-ci rétablit l'obligation de suivre la *sharî'a*: les raisons de ce retour ont été diversement interprétées. On a parfois considéré que l'imâm s'était converti au sunnisme. Les Ismaéliens estimèrent que l'imâm pratiquait la *taqiyya*, c'est à dire la dissimulation de ses propres croyances face au danger. On pouvait aussi expliquer ce changement à l'aide d'un autre concept ismaélien: celui de l'alternance des cycles d'occultation et de manifestation. Il était possible qu'un nouveau cycle d'occultation commençait en 1210 avec Jalâl al-Dîn Hasan. A partir de novembre 1221, date à laquelle 'Ala al-Dîn Muhammad devint imâm, le respect de la *sharî'a* ne fut plus imposé aux Ismaéliens, et peut-être même fut-il découragé.

A l'époque contemporaine, il n'est pas fait mention dans les écrits de Shihâb al-Dîn Shâh de la *sharî'a*. Il faut toutefois signaler qu'il cite abondamment, en plus du Coran, des *hadîths* relatifs aux premiers imâms shî'ites, ce qui semble indiquer que la *sunna* shî'ite – à travers quels recueils de *hadîths*? – était partiellement utilisée par les Ismaéliens. Mais en aucun cas les *hadîths* mentionnés à supprimer par Shihâb al-Dîn Shâh ne doivent servir de base à la loi canonique qu'est la *sharî'a*.

A notre connaissance, l'Aga Khan n'a utilisé qu'à trois reprises le terme technique de *sharî'a*. Chaque occurrence s'est produite dans des circonstances bien spécifiques et très différentes les unes des autres. Le premier emploi (1924) est effectué dans la lettre que l'Aga Khan écrit avec Ameer Ali à Ismet Pashâ au sujet du califat; le second (1945) intervient dans le chapitre sur le panislamisme dans *L'Europe et l'Islam* et le troisième (1952) dans un message adressé par l'Aga Khan au président de la Arabiyyah Jamiyyat de Karachi[19]. Il est important nous semble-t-il de rappeler brièvement dans quels contextes événementiels et dans quels contextes discursifs ces emplois ont été effectués. On a déjà mentionné les étapes de la laïcisation de la Turquie kémaliste. La première étape est la suppression du sultanat, le 1er novembre 1922.

On remarque que les deux premières occurrences font référence à la question de l'autorité suprême en Islam. Dans la lettre à Ismet Pashâ, l'Aga Khan voit dans la *sharî'a* le texte qui définit le califat, puisqu'il demande que cette institution soit maintenue intacte en accord avec la *sharî'a*. Elle est donc considérée ici comme loi canonique en ce qu'elle constitue une prescription d'ordre politique. Plus de vingt ans se sont écoulés lorsque l'Aga Khan décrit le calife comme le mandataire de la communauté musulmane chargé de maintenir intacte la loi islamique, la "charî'a". Il convient de rappeler que dans le premier cas, il s'adresse à des Musulmans sunnites, et dans le second à un vaste public en principe occidental. Un rapport de réciprocité unit la *sharî'a* au calife puisque finalement chacun est le garant de la légitimité de l'autre.

Les Sources du Savoir Islamique

L'Aga Khan s'en tient donc, à travers ces brèves mentions, au sens le plus général de la *sharî'a*, mais aussi à un problème capital du *'ilm al-kalâm*. Le pragmatisme de l'Aga Khan se manifeste une fois encore puisque c'est en fonction des conditions objectives de son époque – époque dominée dans le monde musulman par la fragilité puis par l'absence d'autorité suprême en Islam – que l'Aga Khan emploie la *sharî'a* comme terme technique. Dans le troisième cas, l'emploi est encore davantage circonstanciel: l'Aga Khan décrit la situation de la Perse sous les Kâjârs. Cette époque était caractérisée par la domination absolue des *'ulamâ'* qui avait pour conséquence que la *sharî'a* était strictement appliquée.

Cette conception formaliste de la religion est pour lui directement à l'origine de la décadence de l'Islam. En d'autres termes, le statut de la connaissance dans un Etat agit directement sur sa puissance: "If again we look upon Islamic principles as only rites and ceremonies and forget real ayats of God's natural phenomenon, then not only Europe but China and India will go so far ahead of us that we become like North Africa, humble protectorate ..."[20]. Mais si la seule application stricte de la *sharî'a* ne constitue pas toute la religion islamique, l'Aga Khan attire aussi l'attention sur le fait que la *sharî'a* – la "Muslim Law", comme la *sunna*, doit être l'objet d'une réinterprétation rendue possible par la réouverture de la porte de *l'ijtihâd*: "The suppleness of Muslim Law enhances its value, affirme-t-il, and its broad lines leave room for vigorous growth and adaptation to the changing and unforseeable circumstances of international life. Muslim Law must, therefore, be freed of the rigid character, given to it by ancient codification"[21].

Pour l'Aga Khan, le Coran constitue la référence fondamentale de la religion: en effet, lui seul contient la parole de Dieu; les deux autres sont déjà en partie des supputations humaines, d'où la nécessité de procéder à leur examen critique. Au sujet de la *sharî'a* que l'Aga Khan ne néglige pas puisqu'elle reste la loi islamique sur laquelle les *'ulamâ'* doivent effectuer la réforme, on peut se demander dans quelle mesure cette loi constituait un système normatif pour lui-même et ses disciples. Sans doute l'aspect spirituel d'une religion prévaut-il sur son aspect littéral: de ce fait, l'Aga Khan a toujours posé comme principe que chaque Ismaélien doit se conformer à la loi en vigueur dans le pays où il réside.

III-3 LE PROPHÈTE

a–son enseignement

Entre 1858 et 1861, William Muir publie une *Vie de Mahomet* en quatre volumes[22]. L'auteur, très documenté, soumet les matériaux traditionnels pour écrire la biographie du Prophète à une analyse critique. Sa conclusion est que les preuves historiques de l'Islam ne sont pas valables. Cette remise en cause des sources de l'Islam incitera Sayyid Ahmad Khân à prolonger l'analyse critique de ces mêmes sources; il affirmera par la suite la non-authenticité d'une partie de la *sunna* et de la *sîra*, ainsi que la nécessité radicale de l'imitation du Prophète. Bien avant que la littérature biographique du Prophète ne connaisse une vague spectaculaire dans les années trente, Sayyid Ahmad Khân publie en ûrdû (1869) puis en anglais (1870) une vie du Prophète qui se veut une analyse critique des sources[23]. En réalité, cet ouvrage ne consacre qu'une très faible partie au Prophète. Sayyid Ahmad Khân s'y évertue à réfuter W. Muir, lorsque celui-ci présente l'Islam sous un angle négatif, ou à le citer comme référence lorsqu'il le présente sous un angle positif[24]. Le reste de l'ouvrage est consacré à la présentation de l'Arabie pré-islamique, à critiquer les sources de la littérature théologique et de la *sunna*, à discuter des questions concernant le Coran, et surtout à situer la place et l'importance de l'Islam dans la tradition universelle et judéo-chrétienne.

C'est aussi en réponse à un exposé occidental sur l'Islam que Ameer Ali rédige en anglais une étude sur la prophétie et le message de Muhammad, qui est pubiée trois ans plus tard, en 1873, à Londres. Elle allait former la première partie de son *Spirit of Islam* Pour l'écrire, Ameer Ali a utilisé les sources traditionnelles, surtout la *Sîrat ur-Rasûl* d'Ibn Hishâm. Sa lecture de ces sources – qui suit la trame chronologique, ne fait que développer la question des contacts entre Chrétiens et Musulmans. Les quelques pages consacrées à la personnalité du Prophète ne font que démontrer l'importance qu'il attribua à la notion de charité[25]. Il est vrai que l'origine même de la *sîra* semble avoir été d'opposer victorieusement aux images des fondateurs du judaïsme et du christianisme celle du Prophète de l'Islam[26].

Le fait que les deux réformateurs que connut l'Aga Khan, Sayyid Ahmad Khân et Ameer Ali – aient porté un regard neuf et intense sur le Prophète n'est pas sans rapport avec la place du prophète dans la pensée aga-khanienne. Tous ses biographes soulignent que la vie du Prophète et sa personne ont été les références islamiques de l'Aga Khan, plus encore que les sources scripturaires. N. Dumasia affirme que la charité et la tolérance ont été les deux éléments de l'enseignement du Prophète sur lesquels l'Aga Khan a basé sa vie. L'Aga Khan ne cite la *sunna* que par référence au Prophète; les termes qu'il utilise pour la désigner traduisent son approche multiple du Prophète. La vie du Prophète est pour lui la première lecture du Coran, sa première interprétation qui se transforme en une expérience vécue. Elle est une première compréhension du livre saint qui témoigne à la fois de ses potentialités et de ses limites.

L'Aga Khan a pu être tenté de présenter un Islam qui soit une réponse point par point au christianisme. De ce fait, il était nécessaire d'accentuer la personnalité du Prophète pour qu'il puisse être comparable à Jésus. Cette personnalité n'est pas seulement morale: elle vaut surtout par ses actes (*life*) et par ses paroles (*sayings*). En définitive, elle symbolise l'harmonie réalisée entre les paroles et les actes.

A travers son intérêt pour le prophète, l'Aga Khan dévoile le sujet qui restera toujours le centre de ses préoccupations: l'homme. C'est ici que le Prophète de l'Islam affirme le mieux sa propre personnalité face au Prophète du christianisme. Contrairement à ce dernier, Muhammad ne s'est pas seulement inquiété de préparer la vie dans l'au-delà. Les textes scripturaires témoignent de son souci constant de guider la vie des hommes ici-bas. Dans l'Islam, le paradigme de l'homme est le Prophète. Bien que l'Aga Khan ne s'y réfère explicitement que lorsqu'il s'agit de Musulmans, les non-Musulmans qu'ils citent comme références sont toujours dotés de qualités muhammadiennes.

L'Aga Khan considère que la Prophète a transmis un enseignement: cela donne une indication sur les liens qui unissent le Croyant au Prophète. Ce dernier détient un savoir: il est le seul canal par lequel ce savoir peut transiter vers le croyant désireux de l'acquérir. Ce schéma du savoir détenu par le maître préfigure la relation – *ta'lim* – qui définit les rapports entre l'imâm et le croyant; par là, il préfigure l'idée ismaélienne à laquelle souscrit totalement l'Aga Khan de l'immanence, ou mieux de la médiation d'une figure de la divinité. Cette fonction propédeutique du Prophète définit la forme et par conséquent le contenu du message prophétique qui apparaît comme un enseignement – c'est à dire un discours qui se définit par rapport à ceux à qui il s'adresse – avant une révélation – c'est à dire un discours qui se définit par rapport à sa source divine. Le message prophétique se décompose en trois éléments: la vie – entendons ses actes, ses dires et sa personnalité – qui désigne certaines qualités morales sous-jacentes à une éthique déterminée par les deux ensembles précédents.

Cet ensemble constitue à son tour les traditions, qui rassemblent les sources pour connaître le Prophète. L'Aga Khan ne fait aucune allusion explicite à la *sîra*. Il pense que les traditions concernant le Prophète, comme le Coran, doivent être soumises à l'interprétation critique. Le Prophète a été certes le Messager – l'Envoyé – de Dieu, mais il a surtout été l'incarnation vivante des vérités éternelles de la religion islamique, c'est à dire l'essence même de cette religion. L'Aga Khan fait référence au Prophète pour justifier une idée ou une pratique, et pour prouver ainsi sa conformité avec l'Islam. C'est le cas pour l'émancipation de la femme, le développement de l'éducation et de la culture, l'essor de l'étude de la nature et des sciences etc.

Il est évident d'après ces quelques exemples, qui représentent les idées-forces de l'action de l'Aga Khan, que la référence au Prophète est conditionnée par un découpage épistémologique emprunté à l'Occident. Cette fonction validatrice et légitimatrice de la référence prophétique est apparente chez tous les réformateurs; le Coran a une fonctoin similaire. Les valeurs dominantes de l'Occident imposent des choix, et c'est en fonction de ceux-ci que l'Aga Khan recherche des précédents dans la vie du Prophète. Le résultat est le plus souvent ambigu soit parce que les sources n'émettent pas une opinion claire sur une question – elles peuvent donc être interprétées avec une grande latitude – soit parce qu'un fait isolé de son contexte général initial peut souvent signifier ce qu'on veut qu'il signifie.

Les réformateurs ont joué sur cette ambivalence des références qui leur permettait avant tout de démontrer aux Européens que l'islam était évolué – en tous cas aussi évolué que le christianisme – et ensuite de s'atteler à la reconstruction d'une pensée islamique qui soit adaptée à leur temps. Ainsi, lorsque l'Aga Khan invite les Musulmans à prendre exemple sur le Prophète, cela peut signifier travailler au développement de la science, aussi bien qu'à celui de la connaissance ou du progrès social et politique[27].

La constante de cette démarche chez les réformateurs, depuis les précurseurs, démontre, par son caractère non critique, la survie d'un discours mythologique qu'ils entretiennent avec le fondateur de l'Islam, discours auquel participe l'Aga Khan[28]. La conception totalisante que l'Aga Khan, à leur instar, se fait du message coranique et muhammadien, le conduit à transposer des conceptions européennes du XIXème siècle dans la matrice que constitue la *sunna* et la *sîra*, et non pas à en dégager des concepts par une analyse critique. La conséquence de cette démarche est une affirmation continuelle de la prépondérance du "sacro-sprituel" sur le politique, le social ou l'économique. Mais le point essentiel qui sépare ce type de discours de celui des islamistes de tous poils est qu'il ne refuse pas le dialogue des civilisations. Car ce que rejettent les islamistes dans la modernité, c'est son origine européenne, c'est à dire exogène.

La référence au Prophète est souvent ponctuelle et pragmatique: elle ne permet pas de connaître l'image précise que l'Aga Khan en a. Dans ses mémoires, il reste quasiment muet sur la personne du Prophète alors qu'il donne des informations sur Ibn Rushd, Rûmî et d'autres. Il ne s'arrête ni sur son enfance d'orphelin, ni sur l'importance de la nature dans son éducation, tous ces éléments relevés par Sayyid Ahmad Khân et Ameer Ali et qui forment la "sîra de l'enfance"[29].

L'Aga Khan ne mentionne aucune source précise au sujet du Prophète. S'il est certain qu'il a connu les biographies classiques, le "profil" de son Prophète semble plus redevable à la conception des réformateurs indiens. Comme Ameer Ali, l'Aga Khan décrit dans ses mémoires un Muhammad empreint de gentillesse et d'amour (p. 175). Il attribue une grande importance à sa "personnalité" qui domine encore "ses enfants spirituels"[30]. Cette personnalité est composée des qualités du Prophète qui ont été marquées par la polémique entre W. Muir et Sayyid Ahmad Khân. On a déjà mentionné que les conditions d'émergence de la *sîra* avaient été dominées par le désir de définir un Prophète de l'Islam qui supporte la comparaison avec Moïse et Jésus. La "sîra de l'enfance" a été marquée par les Juifs et les Chrétiens convertis qui y ont introduit des éléments originaires de leur ancienne religion[31]. Il est certain que le modèle Jésus prédomine pour la simple raison que de nombreux récits évangéliques concernent l'enfance de Jésus, alors que la Bible retient peu de choses de celle de Moïse. De ce fait, il est évident que la *sîra* contient des éléments "christiques" que les réformateurs de la mouvance de Sayyid Ahmad Khân et d'Ameer Ali n'ont eu qu'à accentuer.

Il faut noter que les qualités essentielles de l'Islam sont issues de la personnalité du Prophète plutôt que du Coran ou de la *sunna*. Ce sont ces qualités qui donnent une forme générale à la religion islamique – un "esprit" – et qui, par conséquent, font de l'Islam une religion qui accorde la première place à la pratique et à l'action – à l'expérience vécue – et à l'homme. Ainsi chez l'Aga Khan, la partie exotérique de l'Islam apparaît davantage comme une religion de l'homme et de l'expérience que comme une religion du livre. Il est significatif à cet égard qu'une des seules informations données par l'Aga Khan dans ses mémoires sur le Prophète est qu'il était un homme comme les autres (p. 175). Il reprend une déclaration faite par Muhammad lui-même qui affirmait ainsi sa différence avec Jésus.

En dehors de la fonction légitimatrice déjà évoquée, qui concerne surtout des questions pratiques liées à la vie quotidienne, le Prophète apparaît comme la matrice du "fait islamique"[32]: "When the Arabs, écrit l'Aga Khan, after their long period of disintegration, were illuminated by the light shed by our Prophet, they promptly, and to a degree which is still one of the wonders of mankind, developed not only conquering power codes and science, but simultaneously enriched themselves in spiritual life, poetry, and literature, and evolved higher codes of law and remarkable commercial enterprise"[33]. L'Aga Khan utilise dans cet extrait l'image de la lumière – image d'origine coranique – qui est une expression fondamentale du lexique technique ismaélien. Elle vise à nommer non pas la réalité historique du Prophète, mais sa réalité spirituelle et ésotérique.

La répartition et la nature des éléments que l'Aga Khan fait surgir de l'enseignement du Prophète tendent à démontrer que les concepts de culture et de civilisation, si importants dans *India in transition*, étaient contenus dans le message prophétique. Mais en réalité, cette démarche est une conséquence de la conception du Prophète comme modèle suprême et, de ce fait, comme source essentielle d'inspiration et de production. Dans ce cas, la référence au Prophète opère un retour transhistorique à l'âge inaugurateur. La référence à ses actes et à ses paroles transcende les faits vécus en les rapportant systématiquement, à travers lui, à l'absolu. Par conséquent, c'est le fait muhammadien plus que le fait coranique qui constitue le centre et la référence primordiale dans la pensée de l'Aga Khan.

Le Prophète en tant que modèle archétypique revêt une importance considérable pour la connaissance de la pensée aga-khanienne. Il est le vecteur de son accentuation humaniste et spirituelle. En plaçant la vie du Prophète comme référence suprême, avant le Coran, l'Aga Khan accorde une grande place à l'homme en tant qu'individu. La fonction ésotérique du Prophète, si elle n'est pas souvent évoquée par l'Aga Khan, n'en reste pas moins fondamentale puisque le plus haut degré de l'expérience mystique a été atteint par le Prophète. Cette fonction ésotérique, faut-il le rappeler, a été perpétuée dans l'ismaélisme par les imâms. C'est elle que les Ismaéliens désignent sous le nom de *nûr muhammadî*; l'Aga Khan en est le 48ème dépositaire.

b–son autorité

La question de l'autorité en Islam a toujours revêtu un caractère fondamental: dans la période qui a suivi la mort du Prophète, dans la période classique, dans l'Islâh, aujourd'hui encore comme le montre la théorie shî'ite du *velayat – e faqih* élaborée par Khomeiny[34]. La suppression du califat en 1924 par Atatürk allait donner une nouvelle impulsion au débat sur l'autorité. Celui-ci se développa surtout sous la forme suivante: est-il indispensable pour la communauté d'avoir un calife?

Tous les penseurs musulmans font remonter la question de l'autorité dans l'Islam à la mort du Prophète (11/632). Alors qu'il était malade, Muhammad désigna Abû Bakr pour diriger la prière. Cette question allait provoquer la première grande scission au sein de la communauté. Dès qu'il aborde le problème de l'autorité, l'Aga Khan situe la question dans ce contexte: "Le Prophète Mahomet, écrit-il en 1943, avait deux autorités: l'une religieuse, qui était l'essentiel de sa vie, l'autre séculière, qui, par les circonstances de sa vie, fut accidentellement adjointe à son autorité essentielle"[35]. Cette affirmation, reprise dans *Glimpses of islam* (1945) et dans les *Memoirs* (1954) est très significative[36]. En effet, non seulement l'Aga Khan voit une séparation de fait dans l'autorité prophétique – mais surtout, il affirme que le second élément qui la constitue a été adjoint "accidentellement" au premier[37].

De nombreux réformateurs conçoivent la Prophétie comme étant composée de deux éléments distincts: c'est le cas de l'école d'Aligarh et d'Ameer Ali, pour ne citer que les plus proches de l'Aga Khan[38]. Celui-ci rapporte que pour les Sunnites, l'autorité du Prophète a pris fin à sa mort et qu'il ne désigna personne pour lui succéder à l'autorité séculière. Abû Bakr fut élu par les Compagnons du Prophète mais son pouvoir ne fut que civil et séculier. Quant à la conception shî'ite de l'autorité, elle est différente puisqu'elle affirme que l'autorité religieuse s'est transmise après la mort de Mahomet, bien qu'elle ne soit plus exactement de même nature; d'après cette conception, les dépositaires de la double autorité ne peuvent être que les "Prophet's successors of his blood" ("Memoirs", p. 179).

D'après les Shî'ites, la *direct Divine inspiration* cessa certes à la mort du Prophète, mais une *Divine guidance* était nécessaire. De ce fait, le calife – dans le sens de successeur du Prophète – devait lui succéder dans les deux domaines spirituel et temporel. Dans ses mémoires, l'Aga Khan cite deux termes pour traduire la distinction: " 'Emir al-Momenin' or 'Commander of the true Believers' and 'Imam al-Muslimin' or 'spiritual chief of the devouts' " (p. 178). Il n'hésite pas à comparer cette distinction à celle existant entre le *Supreme Pontiff* et l'*Imperator* dans le monde chrétien.

Cette référence a été très courante. Mais pour l'Aga Khan, elle ne signifie pas que l'autorité du calife ou de l'imâm soit comparable à celle du pape. Quoi qu'il en soit, il distingue très clairement le concept sunnite du concept shî'ite de l'autorité. L'un, le calife, l'autre, l'imâm, ont un espace bien délimité sur lequel leur autorité s'exerce. Finalement, force est de constater que l'Aga Khan n'approfondit pas la question de l'autorité du prophète. Il ne la mentionne que pour exposer les théories shî'ites et sunnites de l'autorité. Pour cela, il part d'une constatation: l'autorité de Muhammad était double – religieuse et séculière.

L'Aga Khan ne cite aucune source pour décrire l'autorité du Prophète, si ce n'est la tradition sunnite et shî'ite. Le découpage qu'il utilise entre spirituel et temporel ne rend pas tout à fait compte de la délimitation de l'autorité des successeurs du Prophète. D'autre part, si nombreux que soient les Musulmans qui ont distingué deux éléments dans cette autorité – surtout dans la période contemporaine, il est évident que du vivant du Prophète, aucune distinction de ce type n'existait.

La question des pouvoirs exercés par les successeurs du Prophète est plus délicate à traiter "car ces pouvoirs ne furent à l'époque jamais définis de façon précise, souligne Dominique Sourdel. On ne peut plus se fonder sur le sens du titre de khalifa (...) qui, connotant à la fois les idées de succession, de délégation et d'autorité, restait assez vague. Il semble toutefois avoir essentiellement permis aux trois premiers successeurs de Muhammad de poursuivre l'action auparavant engagée par le Prophète lui-même pour l'expansion de l'Islam et de faire appliquer les prescriptions énoncées dans le message kur'ânique, qui venait compléter la pratique instituée du vivant du Prophète, au sein de la communauté des Croyants"[39].

Un autre aspect de la question est schématisé par l'Aga Khan: la nomenclature des successeurs du Prophète. Il attribue le titre d'imâm spécifiquement aux Shî'ites. Mais ce titre fut porté par les Ommayyades – adjoint à celui de calife et de *amîr al-Mu'minin*[40]. Les Abbassides, de leur côté, ne dédaignèrent plus le titre d'imâm à partir du règne d'al-Ma'mûn[41]. La difficulté de déterminer avec précision la nature de l'autorité du calife sunnite provient aussi – en plus d'une imprécision initiale – de leur volonté constante de renforcer son caractère théocratique.

Enfin, la dichotomie d'origine européenne établie par l'Aga Khan pour délimiter les domaines de l'autorité – spirituelle/religieuse et temporelle/séculière/civile – du Prophète et de ses successeurs date de la fin du XVIIIème siècle. Elle apparut dans un traité (1774) signé par Abdül Hamid Ier et Catherine de Russie. Les Ottomans entendaient ainsi maintenir une autorité sur les populations musulmanes des régions conquises par les Russes. Mais néanmoins, l'imâmat et le califat ont la plupart du temps été compris dans leur signification générale. Dans ce cas, le terme imâmat fait référence à la conception shî'ite de l'autorité, alors que le terme califat représente la conception sunnite.

Que dit le Coran au sujet de l'autorité? Un verset a été particulièrement utilisé pour répondre à cette question: "O vous qui croyez! obéissez à Allah! obéissez à l'Apôtre et à ceux d'entre vous détenant l'autorité" (IV, 59). La désignation de "ceux d'entre vous qui détiennent l'autorité" a divisé les réformateurs de l'Islâh, surtout après l'abolition du califat en 1924.

c–l'institution des *'Ulu'-l-Amr*

La pensée classique de l'Islam avait mis à contribution le verset précité sans toujours réussir à déterminer l'identité des *'ulu'-l-Amr*: *'ulamâ'* ou *umarâ*? Dans l'Islâh, il a été abondamment commenté. D'après Rashîd Ridâ, Muḥammad 'Abduh assimilait les *'ulu'l-amr* aux "gens qui lient et qui délient", c'est à dire les émirs, les gouverneurs, les *'ulamâ'*, les chefs des armées et tous les chefs et leaders auxquels les gens se réfèrent dans leurs besoins et les intérêts publics[42]. Les *ahl al-hall wa'l-'aqd* doivent se mettre d'accord, ne contredire ni le Coran, ni la Sunna, rechercher et s'accorder en toute liberté. Mais 'Abduh limite l'autorité des *'ulu'-l-Amr* au domaine des intérêts publics (*al-masâlih al-'âmma*). Ils sont par contre incompétents dans le domaine des *'ibâdât* et de la croyance religieuse.

Rashîd Ridâ attribue le même domaine à l'autorité des *'ulu'-l-Amr*. Pour lui, Dieu a donné une liberté et une indépendance totales dans les affaires "profanes" (*dunyawiyyât*) et les intérêts sociaux[43]. Les *ahl al-hall wa'l-'aqd*, bien que n'étant pas liés par des textes précis, doivent prendre en considération l'intérêt de la communauté et son progrès. Cette position accorde la première importance au concept de la *maslaha* et elle reconnaît l'évolution nécessaire, suivant le temps et le lieu, des décisions des *ahl al-hall wa'l-'aqd*. Rashîd Ridâ répète que, le sacerdoce n'existant pas en Islam, l'autorité des *'ulu'-l-Amr* ne s'applique qu'aux *dunyawiyyât*. Mais qui sont-ils pour le chef de l'école du Manâr? L'autorité appartient à ceux qui la détiennent déjà dans les faits. Ce n'est pas la communauté toute entière, ni le cercle restreint des *mujtahidûn* bien qu'ils fassent partie, avec les *'ulamâ'*, de ceux qui la détiennent. Il leur adjoint les chefs militaires, les grands commerçants, les industriels et les agriculteurs, les leaders des partis, les directeurs des ouvriers et des journaux respectables avec leurs rédacteurs en chefs[44].

C'est à la fin des années cinquante que l'Aga Khan écrit dans une préface: "By the institution of the 'Ulu'l-Amr – who can be interpreted by Imam and Caliph – and by placing obedience to 'Ulu'l-Amr immediatly after that of

Les Sources du Savoir Islamique

God and Prophet, He (it) ensued that the Faith would ever remain living, extending, developing with science, knowledge, art and industry"[45].

Dans cet ouvrage adressé à tous les Musulmans, l'Aga Khan affirme que les *'Ulu'l-Amr* – c'est à dire les détenteurs de l'autorité divine – sont le calife, pour les Sunnites, et l'Imam, pour les Shî'ites. Mais dans les deux cas, les *'Ulu'l-Amr* sont la troisième référence après Dieu et le Prophète. On constatera que l'Aga Khan cite le verset coranique déjà évoqué. On peut en conclure que les Sunnites et les Shî'ites n'ont pas la même conception de l'autorité. Mais cela n'empêche que dans les deux écoles, l'objectif des détenteurs de l'autorité reste le même: enrichir et renforcer la foi islamique pour assurer le développement de l'Islam qui s'organise en quatre domaines de la connaissance (science, savoir (littéraire?), art et industrie).

L'Aga Khan utilise une autre fois l'expression qui est orthographiée *Ollolamr Menkom* dans un court article publié dans le numéro spécial d'une revue ismaélienne de Tanzanie à l'occasion du Jubilé de Platine (vers 1955). Dans ce texte, l'Aga Khan utilise à plusieurs reprises l'expression en précisant qu'elle est d'origine coranique. Le premier détenteur de cette autorité fut le Prophète auquel succéda 'Alî. L'institution des *'Ulu'l-Amr* ne s'éteindra jamais jusqu'au Jour du Jugement Dernier.

Quel est le lien entre le califat et l'imâmat? L'Aga Khan désigne ici l'autorité politique et temporelle par le califat, alors que l'imâmat est l'autorité spirituelle. Mais pour l'Aga Khan et tous les Shî'ites, c'est à 'Ali et à ses descendants que reviennent l'autorité spirituelle (imâmat) et temporelle (califat). Quelle doit être l'attitude du shî'ite vis à vis du calife sunnite? La réponse est fournie par l'exemple de 'Alî:" "The political and wordly califphate was accepted by hazrat Ali in favour of the three first Caliphs voluntarily and with goodwill for the protection of the interests of the Muslims throughout the world"[46].

L'Aga Khan, s'adressant à ses disciples, justifie sa propre attitude vis à vis du calife ottoman en se référant à 'Alî. L'imâm n'abandonne pas sa prétention à l'autorité séculière, mais en fonction des conditions objectives ("conditions of the world"), il se doit de soutenir le calife. Cette position est aussi celle d'un autre shî'ite: Ameer Ali. Il qualifie le califat de "pontifical" et l'imâmat de "apostolique". D'après lui, 'Alî reconnut le califat d'Abû Bakr pour "raison d'Etat", c'est à dire pour la sauvegarde de l'unité et de la solidarité de la communauté musulmane[47].

III–4 LES IMITATEURS DU PROPHÈTE

a–le silence de 'Alî

Le devoir de chaque Musulman étant de suivre l'exemple du Prophète, l'Aga Khan distingue des "imitateurs" qu'il désigne par les termes de "saints" et de "heros". Avant d'établir la typologie des imitateurs, il est intéressant de noter qu'il ne donne aucune information sur celui qui est considéré par les soufis, les Sunnis et les Shî'ites comme le "héros" et le "saint" le plus proche du prophète: 'Alî ibn Abû Tâlib[48]. On connaît pourtant la dévotion des Shî'ites pour 'Alî. Chez les Ismaéliens, elle s'est perpétuée jusqu'à l'époque contemporaine[49]: alors pourquoi ce quasi silence? Dans ses mémoires, l'Aga Khan est conduit à parler de 'Alî lorsqu'il évoque le problème de la succession du Prophète: "Ali (...), his first convert, his bold champion in many a war, whom the Prophet in his life time said he would be to him like as Aaron was to Moses, his brother and right-hand (...)" (p. 178). Cette allusion succincte au premier imâm des Shî'ites le dépeint tel qu'il est connu dans la tradition sunnite: un fier guerrier, connu pour son courage dans le combat. Il souligne aussi, comme le fait la tradition sunnite, la proximité de 'Alî et du Prophète: bras droit et "frère". On sait que le père de 'Alî, Abû Tâlib, a recueilli le Prophète alors qu'il était orphelin. 'Alî est enfin le premier homme à s'être converti à l'Islam, après la femme du Prophète, Khadîja.

Comment expliquer ce demi-silence? La lecture comparée des écrits ismaéliens de l'Aga Khan donne un certain éclairage. Face à un public musulman, comme à Delhi en 1902 et à Bombay en 1904, l'Aga Khan tait purement et simplement le nom de 'Alî, alors qu'il cite 'Umar avec emphase. Par contre, dans ses *firmans*, l'Aga Khan fait de multiples références à 'Alî alors qu'il cite plus rarement Muhammad et, est-il besoin de le préciser, qu'il ne mentionne à aucun moment le nom des autres califes *rashîdûn*. Le 'Alî qui sert de référence est alors imâm, et sa fonction est par conséquent ésotérique: il apparaît comme le premier dépositaire du *nûr*, qui est le complément ésotérique de la mission prophétique.

La conception aga-khanienne d'un 'Alî ésotérique semble avoir évolué. A propos des miracles attribués à 'Alî, l'Aga Khan affirme à ses missionnaires réunis à Dar es Salam, que les actions surnaturelles de 'Alî devaient être considérées comme purement allégoriques. Il est alors évident que l'Aga Khan ne mentionne pas certaines données sur 'Alî devant un public musulman plutôt qu'il ne les dissimule. Autrement dit, il ne faut pas voir ici la *taqiyya* shî'ite, mais plutôt l'importance que revêt l'ésotérisme dans la pensée aga-khanienne. Cette conception stipule que la connaissance est graduée, et qu'un homme ne peut recevoir un enseignement d'un niveau qu'il n'a pas atteint. Elle est souvent justifiée par le verset coranique dans lequel il est écrit: "Chaque personne (nafs) n'est imposée qu'à sa capacité" (II, 233).

On a déja eu l'occasion de voir que le contexte de l'Islam indien avait conditionné le discours aga-khanien sur l'Islam. Son successeur comme imâm, Shâh Karîm, déclare quant à lui que le Prophète et 'Alî sont ses deux principales sources d'inspiration: "It is the personnal approach, affirme-t-il, the degree of personal involvement which is of fundamental significance for Shia Islam"[50].

Les Sources du Savoir Islamique

b–les saints de l'Islam

Le terme français et anglais de "saint" est traditionnellement usité pour traduire le terme arabe de *walî*. La racine arabe de ce mot a comme sens "être proche". Si la théorie de la *walâya* a évolué diversement dans les écoles soufies et shî'ites, le Prophète reste dans tous les cas le saint par excellence. Il est l'Ami préféré de Dieu et comme il est le plus grand des Prophètes, il est le plus grand des saints. C'est un Iranien, Hâkim Tirmidhî, qui est dans l'histoire du soufisme le premier théoricien de la *walâya*. Dans sa conception, la *walâya* est la source même de l'inspiration prophétique et elle prend le pas, chez Muhammad, sur l'aspect exotérique de sa mission législative[51].

Chez Ibn 'Arabî, la *walâya* constitue avec le *wahdat al-wujûd* la base de sa théosophie mystique. Reprenant l'idée de Tirmidhî, il va jusqu'à prétendre que "c'est l'amitié que Dieu témoigne à certains élus en leur révélant une connaissance (ma'rifa) intuitive des choses qui fait d'eux les guides par excellence de l'humanité: prophètes, apôtres, saints ou imâms. (...) Supérieure en soi donc à la nubûwa et la risâla, la walâya est permanente et non point liée à un moment du temps comme la Prophétie qui a pris fin avec la mission de Muammad; si Muhammad est le dernier des prophètes, il y aura toujours, jusqu'à la résurrection, des walî (pl.awliyâ'), des saints, des "hommes ou des amis" de Dieu"[52].

Sans entrer dans l'obscure question des origines de la théorie de la *walâya*, force est de constater l'importance qu'elle revêt dans la doctrine shî'ite ithnâ 'ashariyya. Henry Corbin, qui a analysé en profondeur cette notion dans l'Islam iranien, écrit à ce sujet: "Pour le shî'isme, le terme final de la prophétie (nobowwat) a été la terme initial d'un nouveau cycle, le cycle de la walâya et de l'imâmat. En d'autres termes, la prophétologie trouve son complément nécessaire dans l'imâmologie, dont la *walâya* est l'expression la plus directe. (...) L'idée de la *walâya* suggère donc essentiellement la direction initiatique de l'Imâm, initiant aux mystères de la doctrine; elle englobe de part et d'autre l'idée de connaissance (ma'rifa) et l'idée d'amour (mahabbat), une connaissance qui est par elle-même une connaissance salvifique"[53]. La théorie de la *walâya* n'a pas une si grande importance dans la pensée ismaélienne, bien qu'elle constitue un des sept piliers de la pensée fatimide[54]. La *walâya* est alors entendue comme la reconnaissance de l'imâmat de 'Alî.

Pour Ameer Ali, le *walî* est l'homme autour duquel se réunissent des disciples. Il mentionne le fait qu'en Inde, leurs tombes sont des lieux de pèlerinage aussi bien pour les Musulmans que pour les Hindous[55]. Quant à l'Aga Khan, sa définition du saint – il n'utilise jamais le terme *walî* – est simple: c'est un médiateur entre Dieu et l'homme[56]. C'est une conception très répandue dans le monde musulman qui fait du *walî* un intercesseur entre Allâh et les hommes: ce en quoi il ne font qu'imiter le Prophète. Cette thèse présuppose par conséquent que Dieu, sous une forme ou sous une autre, se manifeste à d'autres qu'aux Prophètes. Le thème de la médiation est omniprésent dans la pensée de l'Aga Khan: il est lui-même comme imâm le successeur direct du Prophète et de ce fait, le médiateur suprême aux yeux de ses fidèles.

Chez l'Aga Khan, bien que le terme de saint ait une origine religieuse, les personnes qualifiées ainsi ne satisfont pas uniquement à des critères religieux. Un premier groupe de saints répond au sens général du mot *walî*. Il réunit en particulier des gens comme "Mansour" et "Bayazid"[57]. Ce qui les définit alors comme tels est une expérience de la vision directe de la réalité divine. Le critère retenu ici pour définir la sainteté, ainsi que les personnes citées en exemple, témoignent d'une influence soufie évidente. La médiation entre Dieu et l'homme se double d'une initiation à une progression spirituelle consacrée par la vision divine.

L'Aga Khan qualifie d'autre part de saints des hommes qui, pour des raisons diverses, ont contribué à la grandeur de l'Islam. Dans ce cas, un Musulman illustre peut être qualifié de saint dans certaines circonstances, et de héros dans d'autres: c'est le cas du deuxième calife 'Umar. Il est un héros en 1902 à Delhi, héros et saint à Bombay deux ans plus tard, et enfin saint à Karachi. Même si une évolution de l'Aga Khan vers une certaine forme de religiosité n'est pas à exclure, l'explication de ces glissements sémantiques tient surtout à la grande malléabilité de ces concepts. Pourquoi ce personnage est-il un saint? Il jouit d'une grande réputation de piété: c'est donc un imitateur fidèle du Prophète. Il appartient de plus à la période de l'Age inaugurateur et il a contribué à la grandeur de la civilisation musulmane. Si le héros peut être parfois doté de sainteté, dans le sens d'un vécu conforme aux préceptes coraniques et à l'exemple du Prophète, son statut dépend le plus souvent d'actions importantes qu'il a accomplies pour la grandeur de l'Islam.

c–les héros de l'Islam

Dans plusieurs écrits de l'Aga Khan, il est question des héros de l'Islam. Dans son langage, ce terme est très général et il est certain qu'il l'utilise pour traduire plusieurs termes arabo-iraniens qui peuvent avoir des connotations différentes très marquées. La référence à la notion de héros révèle une certaine conception de l'Histoire qui est basée essentiellement sur les biographies des personnages extraordinaires et sur l'historiographie. En Islam, le modèle de base reste la *sirâ* (biographie) du Prophète à laquelle les Shî'ites ajoutent une *sirâ* de 'Alî et une *sirâ* des Imâms.

Mais la littérature arabe anté-islamique, en particulier les Mou'allaqât, célèbre les exploits guerriers accomplis par des héros qui se reconnaissent surtout par leur adhésion à un strict code éthique. Une des formes d'expression spécifique de la littérature persane est d'autre part l'épopée.

Dans ce domaine, cette littérature a produit des oeuvres qui n'ont aucun équivalent dans la littérature arabe. Cette tradition littéraire, qui remontait à la Perse antique, a survécu dans l'oeuvre célèbre de Ferdawsî (m.411/1020), l'auteur du *Shâh Nâmé*, qui affirme sa puissance par "son habileté à décrire les spectacles de la Nature, les épisodes guerriers et héroïques, par les idées et les exhortations morales qu'il mêle à ses narrations"[58]. D'après M. Hamidullah, il aurait existé à La Mekke, à l'époque de la naissance du Prophète, un véritable "ordre de chevalerie" qui avait pour mission d'aider tout opprimé, qu'il soit citoyen ou étranger à la ville. Muhammad y aurait adhéré avec enthousiasme et il aurait considéré cette adhésion toute sa vie comme un grand honneur[59].

Le terme arabe *batal* (pl. *abtâl*) désigne celui qui accomplit des actions héroïques: c'est à dire le brave, le champion. On retrouve ici le sens le plus classique du mot héros. L'Aga Khan l'utilise à Delhi, en 1902, pour désigner Abû Bakr et 'Umar. Il précise toutefois que le héros n'est pas seulement celui qui a fait preuve de courage sur le champ de bataille, mais aussi celui pour lequel le sacrifice pour la patrie est au-dessus de tout[60]. Le héros est donc bien à la fois celui qui se montre courageux dans le combat, mais aussi celui qui combat pour un idéal; sans cette finalité éthique, rien ne le distinguerait du brigand.

L'Aga Khan utilise ce même sens du mot héros dans *India in transition* (1918), lorsqu'il écrit que l'héroïsme des soldats indiens pendant la Première Guerre Mondiale les a placés sur un pied d'égalité avec les Britanniques. Ils ont de ce fait mérité une plus large participation aux affaires du pays.[61] Plus tard, en 1936, il réutilise cette notion lorsqu'il affirme que Hâfiz est le héros national de l'Iran[62]. Dans ce dernier cas, le concept du héros dépasse même le seul cadre éthique pour devenir un concept plus spirituel puisque Hâfiz est pour l'Aga Khan le dépositaire de "l'âme" de l'Iran. Cette acceptation plus tardive du héros fait écho à un autre terme arabe dont l'évolution sémantique a été plus complexe que celle du précédent: il s'agit de *fatâ*, rendu exactement en persan par *javânmard*[63].

Dans la littérature soufie et shî'ite iranienne, le thème du *javânmard* est récurrent. On trouve même une branche dissidente du soufisme iranien qui porte ce nom[64]. Henry Corbin, qui donne une place fondamentale à ce concept dans son oeuvre sur l'Islam shî'ite iranien, écrit que "le fatâ, le javânmard, c'est le jeune homme; mais dans son usage technique, le mot s'entend de la juvénilité spirituelle, non pas de l'âge physique. La fotowwat, c'est la forme que prit en propre en Islam, la relation de l'ésotérisme avec la réalité sociale"[65]. Pour l'auteur, l'idée de la *fotowwat* est inséparable de l'idée shî'ite de la *walâyat* "qui ordonne sur le type d'un service chevaleresque le rapport entre Dieu et l'homme. Malheureusement, si l'on persiste dans l'habitude de lire *walâyat* et de traduire par "sainteté", tout se trouve altéré. La *walâyat* se transmet, par l'initiative divine, entre 'Amis de Dieu'"[66].

La Rénovation du Shî'isme Ismaélien en Inde et au Pakistan

Ce n'est certainement pas la pensée aga-khanienne qui permettra de dénouer les liens complexes qui existent entre les notions de *walâyat* et de *futuwwat/ javânmardî*. On retiendra toutefois qu'au *javânmard* est attribuée une éthique que nombre d'orientalistes et de réformateurs ont eu tôt fait de rapprocher de celle de la chevalerie chrétienne médiévale. Notons d'autre part que le terme *javânmard* apparaît dans un traité ismaélien intitulé *Pandiyât-e javânmardî*, traditionnellement attribué à l'imâm nizârite al-Mustansir II (m.834/1431). D'après W. Ivanow, ce terme – qu'il traduit par "chivalry" – n'est pas utilisé dans les traités ismaéliens antérieurs: à notre connaissance, il ne l'est pas non plus dans les traités postérieurs[67].

Ameer Ali est l'un de ceux qui ont tenté de démontrer que la chevalerie européenne médiévale s'était élaborée sur le modèle de la chevalerie arabe[68]. Cette thèse constitue un thème récurrent de son *History of the Saracens*. Le modèle de cette chevalerie est 'Alî. L'auteur énumère ses exploits avant de conclure: "Such stories bring back to the life of chivalry of the Arabs – personified in their greatest heroes. With his dying breath, he inculcated lessons of charity, love, humility and self-abnegation to his sons"[69]. Cette place unique qu'Ameer Ali octroie à 'Alî est une des rares occasions où il laisse percevoir son origine shî'ite. On a vu qu'en public, rien de tel n'apparaît chez l'Aga Khan. Pourtant, un *du'a* ismaélien en vigueur pendant son imâmat affirme: "*lâ fatâ illâ 'Alî lâ sayfa illâ Zulfiqâr*: il n'y a de héros que 'Alî, il n'y a d'épée que Zulficar."

Henry Corbin précise que ce *hadîth* est compris dans un sens ésotérique par les Shî'ites, à savoir que 'Alî – l'archétype, le chevalier par excellence – est l'imâm[70]. D'autre part, on le retrouve dans un poème funèbre (*marthiya*) de Mohtacham (XVIème siècle) consacré à 'Alî. Il devient alors: "Les contemporains disent: "Il n'est de héros que Ali" et les anges au ciel: "Il n'est qu'un salut, le sien, Dhoû'l-Faqâr"[71]. Ce poème est significatif en ce qui concerne la conception shî'ite – aussi bien duodécimaine qu'ismaélienne. 'Alî est décrit comme un preux, c'est sa fonction exotérique. Mais il est encore celui "qui connaît les secrets du Seigneur des mondes", et c'est sa fonction ésotérique. Si l'on peut affirmer que toutes les écoles islamiques partagent la conception de l'héroïsme de 'Alî, le clivage entre Shî'ites et Sunnites s'effectue au sujet du "substitut du dernier Prophète des temps, modèle des Anciens et guide des Modernes".

C'est dans le discours de Bombay (1904) que l'Aga Khan utilise le terme de "hero" dans un sens différent de celui développé ci-dessus. Affirmant l'urgente nécessité de retourner aux valeurs dynamiques de l'Islam originel, il écrit: "(...) we have a history in which noble and chivalrous characters abound; we have a religious past so full of heroïc figures that direct contact and communion with them could not but improve and give our youth early in life that sense of the necessity for self-sacrifice, for truthfulness, and for independance of character, without which instruction and knowledge are from the national point of view, worthless"⁷². On remarquera la grande proximité des valeurs héroïques d'Ameer Ali et de celles de l'Aga Khan. Chez ces deux auteurs, la même accentuation morale apparaît dans leur conception de l'Islam originel, Islam qui doit servir de modèle; elle marque donc en définitive leur conception générale de l'Islam.

Il est presque certain que l'Aga Khan, lorsqu'il énonce les vertus du héros, fait référence à 'Alî. Ameer Ali lui-même les utilise telles qu'elles existent dans la tradition shî'ite. La figure de 'Alî a alimenté l'abondante littérature des poèmes funèbres (*marâthî*). Henri Massé a relevé que celui-ci, dans cette tradition littéraire, et contrairement à Husayn, est célébré plus comme un héros que comme un martyr.

La famille de l'Aga Khan, peut-être jusqu'à son installation à Bombay vers 1845, dut dissimuler sa foi ismaélienne sous les traits d'une *tarîqa* shî'ite. Lors de son arrrivée à Bombay, l'imâm Hasan 'Alî Shâh célèbre les fêtes shî'ites avec les *'ulamâ'* shî'ites de la cité. Déjà lorsqu'il combattait contre Muhammad Shâh, l'imâm avait envoyé sa famille se réfugier à Karbalâ. Le propre père de l'Aga Khan, 'Alî Shâh, y vécut plusieurs années mais c'est à Najaf qu'il se fit enterrer. Son demi-frère, Shihâb al-Dîn Shâh naquit lui-même au cours de cet exil à Karbalâ. Enfin, pour mettre un point final à cette question de l'infiltration duodécimaine dans l'ismaélisme contemporain, il faut rappeler que la propre mère de l'Aga Khan était duodécimaine: elle resta fidèle à cette foi jusqu'à sa mort.

Il est probable que l'Aga Khan se référait à l'idée d'une chevalerie qui était sans doute plus marquée par le concept iranien du *javânmard*. L'extrait cité montre en effet combien il attache d'importance au *contact direct*, à la *communion*, c'est à dire à la médiation qui doit être établie entre les héros et la jeunesse musulmane mais en même temps, et nous verrons que c'est cet objectif là qui est primordial, à une conception mystique qui veut que le héros, en se conformant à son modèle 'Alî se rapproche de lui jusqu'à devenir lui-même ce modèle. Ce qui est nouveau, c'est que la recherche de l'identification mystique avec le héros est mise en corrélation avec l'idée nationale. Nous touchons ici un débat central de la pensée aga-khanienne qui consiste à déterminer la place de l'idée de nation dans la définition d'une modernité islamique.

d–Thomas Carlyle et le problème des influences

Il serait très aléatoire, au vu des documents dont nous disposons, de déterminer avec précision les sources qui ont orienté l'Aga Khan dans la représentation de ses différents types de modèles. Par contre, l'importance qu'il attribue à l'homme – ici en tant que véhicule de valeurs morales – confirme la tendance humanistique de sa conception de l'Islam. Si les modèles choisis – Abû Bakr, 'Umar, 'Alî, Mansûr etc ... – sont bien issus de l'historiographie et de l'hagiographie musulmanes, force est de constater que l'interprétation qu'il en donne atteste d'autres influences que celles-ci.

Au XIXème siècle, en Europe, alors que certains auteurs comme Auguste Comte ou Karl Marx renouvelaient la problématique de l'Histoire au détriment du rôle joué par l'individu, Thomas Carlyle, à la suite de l'école historique anglaise (W.Scott, T. Macaulay etc.) donnait une nouvelle impulsion à l'étude de l'individu et de sa place dans l'évolution historique universelle. Thomas Carlyle (1795–1881) doit sa renommée à un ouvrage, publié à Londres en 1841, intitulé: "On heroes and heroworship"[73]. Il y développe une conception de l'Histoire qui s'articule autour du concept de "hero". D'après lui, à chaque étape de l'évolution de l'humanité correspond un type de héros: divinité, prophète, poète, prêtre, homme de lettres et roi. L'intérêt principal de l'ouvrage provient du fait que l'exemple choisi par Carlyle pour illustrer le prophète n'est autre que Muhammad.

Pourquoi avoir fait ce choix? Non pas, explique Carlyle, parce qu'il était le plus éminent, mais parce qu'il était libre d'en parler. Ce choix, n'est donc aucunement objectif; n'empêche, comme l'écrit Maxime Rodinson, que Carlyle fut "un des rares Européens à voir dans l'Islam une religion rationnelle"[74]. Ce qui importe pour notre propos est l'accueil que l'ouvrage reçut en Inde. Gandhi lui-même écrit dans son autobiographie que c'est grâce à Carlyle, plutôt qu'aux historiens musulmans trop partiaux, qu'il a pu connaître Muhammad en profondeur[75]. Jinnah de son côté a été fasciné de longues années par Carlyle[76]. A la fin du XIXème siècle, en Inde, Shiblî Nu'mânî avait créé à Aligarh une historiographie islamique en ûrdû. La plus grande partie de son oeuvre était biographique parce que pour lui, les individus, dans l'Histoire de l'islam, étaient les points focaux du développement (*focal points of emphasis*). Nu'mânî reprend la terminologie de Carlyle en les désignant comme héros de l'Islam; ce sont Ghazâlî, Abû Hanîfa, al Ma'mûn et Rûmî[77].

Quant à Sayyid Ahmad Khân, il rencontra le philosophe anglais à plusieurs reprises à Londres au cours de l'année 1869. Bien que le chef de file des réformateurs indiens ait déjà écrit ses *Essays on the life of Muhammad*, alors sous presse, les deux hommes semblent avoir partagé le même point de vue au sujet du Prophète[78]. Il est probable que Carlyle voyait en Muhammad la naissance d'une nouvelle ère religieuse basée sur l'usage de la Raison. Dumasia rapporte une conversation avec l'Aga Khan – se déroulant sans doute dans les années trente – au cours de laquelle celui-ci aurait mentionné la typologie des héros de Carlyle. L'Aga Khan aurait souligné la nécessité de rajouter pour le XXème siècle un nouveau type de héros, le dictateur, en pensant à Reza Shâh. Dans son idée – qu'il développera dans son célèbre entretien radiophonique par la suite publié "If I were dictator" – le dictateur est une sorte de héros civilisateur, véritable incarnation de la nation dont la mission est d'ouvrir son peuple à la modernisation.

La filiation entre la typologie carlylienne et les "héros" aga-khaniens est surtout apparente dans l'utilisation commune d'un nombre important de concepts et de notions. En voici un échantillon: la Nature/Création comme signe de Dieu (p. 89), comme source de la connaissance (p. 68), la supériorité des joies spirituelles (p. 97), le concept et les termes choisis pour nommer Dieu etc. Carlyle conclut son chapitre sur Muhammad en écrivant que sa religion est une sorte (*kind*) de christianisme (p. 100). Cette thèse, qui allait à l'encontre de l'opinion la plus répandue en Europe, ne pouvait que réjouir les Musulmans tels que Sayyid Ahmad Khân, artisans d'un rapprochement entre la culture européenne et la culture musulmane. On a vu que dans leurs oeuvres, ces auteurs s'étaient évertués, à l'aide de la *sîra* du Propète, à présenter un Prophète et un Islam en harmonie avec Jésus et le christianisme.

III-5 LE RENOUVELLEMENT DU SAVOIR ISLAMIQUE

a–Les réformateurs, les Ismaéliens et l'Aga Khan

L'ancrage de la pensée de l'Aga Khan dans le mouvement de l'Islâh est évident de par les références qu'il fait fonctionner. Mais le fait de déterminer avec précision des personnes ou des écoles de l'Islâh qui l'ont orienté ou influencé dans ces choix est une tâche plus ardue. L'énumération et la citation des noms des grands réformateurs – autrement dit la référence directe – s'avère être d'une pauvreté décevante. Une approche terminologique et conceptuelle lui sera un complément nécessaire pour distinguer les emprunts faits au nouvel espace du savoir créé par l'Islâh. On a déjà pu constater que c'est une branche du réformisme indien qui a le plus influencé l'Aga Khan. Cela ne signifie pas pour autant qu'il ait méconnu le réformisme proche-oriental: les allusions qu'il y fait démontrent le contraire[79].

Quand on sait que l'Aga Khan a toujours déclaré que sa première préoccupation était sa fonction d'imâm, il est intéressant de chercher comment les réformateurs percevaient les Ismaéliens. L'historien d'origine indienne S.A.A. Rizvi qui est particulièrement critique, pour ne pas dire hostile, à l'encontre de l'Aga Khan, prétend que sa fonction d'imâm l'a peut-être empêché d'être durablement le successeur de Sayyid Ahmad Khân: la question de l'ismaélisme s'est donc, pour les réformateurs, réellement posée. Et ce d'autant plus que dans le *'ilm al-kalâm*, auquel les réformateurs font référence, la doctrine ismaélienne a provoqué une tempête de réfutations, dont l'une des plus marquantes fut le célèbre *Kitâb al-Mostazhirî* de Ghazâlî (450–505/1059–1111)[80].

Bien qu'il cite parfois isolément le nom de réformateurs[81], c'est dans le premier chapitre de *L'Europe et l'Islam* (1945) que l'Aga Khan aborde globalement le réformisme qu'il présente comme une conséquence de la pénétration des Européens dans le monde musulman. Il décrit le phénomène de l'Islâh comme le "réveil du nationalisme" dans les pays musulmans. Le terme "nationalisme" s'entend ici à la fois comme le nationalisme communautaire, au sens du terme *umma*, et comme le nationalisme musulman en Inde, face au nationalisme hindou. L'Aga Khan précise que des réformateurs sont apparus dans le monde musulman, à diverses reprises à des époques différentes: "Parmi eux, écrit-il, il faut citer le célèbre Djamâl ad-Dîn al Afghânî (1839–1897). Il préconisa une réforme de l'institution du califat et une réforme de l'éducation des masses d'après les vrais principes de l'Islam qui permettraient l'évolution et le progrès de la communauté toute entière"[82].

Le ton neutre de cet extrait, plus le laconisme des informations, laissent à penser que l'Aga Khan ne considérait pas al Afghânî comme un réformateur très important; il est significatif qu'il le mentionne dans un passage consacré au sultan ottoman Abdül Hamid. Bien qu'il ne l'écrive pas explicitement, il est évident que l'Aga Khan voit avant tout dans l'oeuvre d'al Afghânî une tentative pour établir un califat politique. Pour lui, ce califat qui formait le pivot de la doctrine du panislamisme n'avait comme seul objectif que de servir les propres ambitions d'Abdül Hamid. L'Aga Khan avait-il lu la *Réfutation des matérialistes*? Il est difficile de répondre, faute d'informations: mais lorsqu'on sait qu'al Afghânî écrivit ce livre pour réfuter les *neitcharis* – c'est à dire Sayyid Ahmad Khân et ses partisans – on peut aisément imaginer ses sentiments à ce sujet.

Dans son ouvrage, al Afghânî fait l'historique de la secte des *neitcharis*: "Au IVème siècle de l'Hégire, écrit-il, les naturalistes apparurent en Egypte, sous le nom de Bâtinîya (...). La secte des Bâtinîya s'était efforcée pendant longtemps de corrompre les croyances des musulmans en employant la ruse, en se livrant à la fraude, jusqu'à ce que la chose fût découverte par les docteurs de la loi et les chefs des musulmans"[83]. Ces "matérialistes", comme il les appelle ailleurs, sont les maîtres d'une technique d'interprétation qui inverse totalement le sens des valeurs de l'Islam. L'énumération des maux causés par les Bâtinis est longue. Al Afghânî les accuse finalement d'avoir été à l'origine de la décadence et de l'affaiblissement de l'Islam; la conséquence ayant été la pénétration des Européens, puis des Tatars et enfin des Mongols.

Il est intéressant de noter que l'auteur fait de Sayyid Ahmad Khân l'héritier des Bâtiniyya: "Tout le monde sait qu'une secte se montre ces temps derniers dans certains pays orientaux, qu'elle verse le sang en abondance, et attaque les grands esprits sous un nom voisin des noms de celles qui l'ont précédée au même abreuvoir. Elle a seulement recueilli des restes abandonnés par les matérialistes d'Alamût et les naturalistes de Girdkûh. Son enseignement est du (même) modèle que l'enseignement de ces Bâtinîya"[84]. N.R. Keddie a démontré que les attaques d'al Afghânî contre Sayyid Ahmad Khân étaient plus une dénonciation de son loyalisme envers les Britanniques qu'il jugeait outrancier, plutôt qu'une réelle opposition sur la conception de l'Islam[85]. L'extrait ci-dessus montre qu'al Afghânî ne connaissait pas en détail, ou refusait d'y faire référence, la pensée de Sayyid Ahmad Khân – sans quoi il n'aurait pu en faire l'héritier de la Bâtiniyya.

La description que fait al Afghânî de la Bâtiniyya est inspirée des écrits des hérésiographes sunnites. Les deux principaux, qui servirent de référence aussi bien à leurs successeurs musulmans qu'aux premiers orientalistes, sont al Makrizî (m. 766/1364) et al Nuwayrî (677–732/1279–1332). L'objectif final de la Bâtiniyya était, d'après eux, de renverser l'Islam et de remplacer le règne de la moralité par celui de l'immoralité[86]. La lecture de ces auteurs fait apparaître un acharnement évident à présenter les Ismaéliens comme les négateurs point par point, dogme par dogme, de l'Islam sunnite.

En épousant les vues de l'Islam sunnite classique, al Afghânî espère sans doute rallier la plus grande majorité possible des Musulmans dans sa lutte contre l'impérialisme européen. Depuis une vingtaine d'années, plusieurs islamologues attribuent une grande place au "mysticisme" comme base de la pensée d'al Afghânî. A ce sujet, il est intéressant de noter que Rashî Ridâ lui-même signalait la proximité des vues et des méthodes d'al Afghânî avec celles des Bâtinî[87].

L'Aga Khan, dans son ouvrage sur *L'Europe et l'Islam*, cite après al Afghânî quatre autres réformateurs: Sayyid Ahmad Khân, 'Abduh et Ismaïl Bey Gasprinski[88] "dont le but était le relèvement des peuples musulmans en adoptant les méthodes scientifiques et la technique des nations occidentales" (p. 18). L'Aga Khan ne souligne que l'aspect pragmatique de la pensée des réformateurs. Leur nom est simplement mentionné pour signifier que les relations entre le monde musulman et l'Occident sont entrées dans une ère nouvelle. Sans doute veut-il aussi démontrer que les échanges intellectuels et autres sont enracinés dans l'histoire.

Muhammad 'Abduh, dans son *Exposé de la religion musulmane*, mentionne lui aussi les Ismaéliens sous la dénomination de "Dahrites", "Batiniens" et "Ismaéliens". Contrairement à al Afghânî, il utilise donc leur nom moderne. Il dénonce en particulier leur interprétation du Coran: "(ils) voulaient interpréter le Coran selon les croyances qu'ils professaient au moment où ils se couvrirent de l'étiquette musulmane"[89]. 'Abduh voit surtout en eux, à l'instar d'al Afghânî, la négation de la religion. Comme lui, il reprend l'image des Ismaéliens léguée par les hérésiographes.

L'exposé d'Ameer Ali sur les Ismaéliens dans *The spirit of Islam* est plus objectif. L'auteur signale que les récits sur les Ismaéliens proviennent de sources hostiles et par conséquent partiales (p. 324). Bien qu'Ameer Ali voit dans les disciples de Hasan Sabbâh les "nihilistes de l'Islam" (p. 342 et 462), il fait du concept de la foi (*imâm*) le centre de la doctrine ismaélienne et il va jusqu'à les comparer à Luther qui croyait à la justification par la foi (p. 344). Est-ce parce qu'il est lui-même shî'ite qu'Ameer Ali est plus ouvert à l'ésotérisme ismaélien ainsi qu'à certaines pratiques justifiées par la persécution, comme la *taqiyya*? Nous ne nous aventurerons pas sur ce terrain, d'autant plus que l'auteur réformateur qui a analysé le plus objectivement la pensée ismaélienne est un sunnite: il s'agit de Muhammad Iqbâl.

Dans sa thèse de doctorat de philosophie soutenue à Munich (1908) et publiée à Londres sous le titre: *The development of metaphysics in Persia: a contribution to the history of muslim philosophy*, Iqbâl décrit le mouvement ismaélien comme un phénomène typiquement persan qui visait à développer la libre-pensée. Mais surtout, il insiste sur l'absence d'approche critique envers les sources: "Les rapports malheureux de ce mouvement avec la politique du temps ont cependant égaré plus d'un érudit (...). Nous devons toujours nous souvenir, lorsque nous jugeons le caractère de ces gens, des persécutions affreusement barbares qui les contraignirent à rendre la pareille au fanatisme sanguinaire (...). Un grand mouvement religieux qui secoua jusqu'à ses fondements même l'édifice d'un vaste empire et qui, après avoir subi avec succès les épreuves diverses de la persécution et la calomnie, du reproche moral se présenta pendant des siècles comme le champion de la science et de la philosophie, n'aurait pu entièrement reposer sur la base d'une fragile conspiration politique d'un caractère local et temporaire"[90].

M. Iqbâl poursuit en affirmant que l'ismaélisme est resté "l'idéal éthique" d'un nombre important de Musulmans en Inde, en Perse, en Asie et en Afrique. Il décèle dans le bâbisme un caractère essentiellement ismaélien, à l'instar d'al Afghânî qui faisait lui aussi des Bâbis les héritiers des Ismaéliens d'Alâmut[91].

Iqbâl est un des seuls penseurs réformateurs qui envisage objectivement les Ismaéliens et l'ismaélisme. Non seulement il cherche à comprendre ce qui s'est réellement passé à l'époque classique – celle des fameux "Assassins" auxquels fait allusion al Afghânî ("les matérialistes d'Alamût") – mais il voit dans les Ismaéliens les champions de la philosophie et de la science. Sans doute cette information concerne-t-elle plus particulièrement les Ikhwân al-Safa' et leur célèbre encyclopédie[92]. Il est probable que cette conception de la pensée ismaélienne soit empruntée par Iqbâl à Renan. L'influence de cet auteur sur Iqbâl a déjà été mentionnée: dans ce cas précis, elle est d'autant plus évidente que personne, Musulmans ou Orientalistes, d'autre que Renan ne présente les Ismaéliens comme les champions de la raison, de la philosophie et de la science[93].

Le fait qu'Iqbâl mentionne l'existence de l'Ismaélisme à l'époque contemporaine peut s'expliquer par ses contacts avec les Européens. Il a rencontré, au cours de ses séjours en Europe, E.G. Browne et L. Massignon qui ont pu lui fournir certaines données; sans oublier le fait qu'Iqbâl, lui-même indien, a pu établir des contacts. L'Aga Khan et Muhammad Iqbâl se sont rencontrés à plusieurs reprises. Ils firent tous deux partie du "Joint

Select Committee" de 1932 qui, à la suite des "Round Table Conferences" (1930-1931) devait préparer l'évolution politique future de l'empire des Indes. En décembre 1932, au cours d'une réunion de la National League, à Londres, Iqbâl parle de l'Aga Khan avec beaucoup de respect – ceci étant dû à sa qualité de descendant du Prophète – et le désigne comme un homme d'Etat honorable (*worthy statesman*)[94].

Puis en novembre 1933, Iqbâl s'adresse à la All India Muslim League pour expliquer le rôle joué par les délégués musulmans aux "Round Table Conferences". Il prend vigoureusement la défense de l'Aga Khan que Jewahar Lal Nehru, membre du Indian National Congress, accusait d'être le principal inspirateur du courant réactionnaire chez les Musulmans. Iqbal affirme – lui-même ayant été le témoin direct des négociations – que l'Aga Khan a tout fait pour se concilier Gandhi et le Congress et qu'en réalité, son seul souci était d'obtenir des garanties pour la minorité musulmane[95].

L'influence de l'Islâh s'est exercée sur la pensée de l'Aga Khan à travers trois Musulmans indiens: Sayyid Ahmad Khân, Muhsin al Mulk et Ameer Ali. La problématique générale, les accentuations, les objectifs se retrouvent chez l'un ou chez l'autre. D'autant plus que hormis Sayyid Ahmad Khân, qu'il n'a rencontré qu'à une seule reprise, l'Aga Khan collabora avec eux pour la réalisation d'un certain nombre de projets parmi lesquels l'université d'Aligarh reste le plus fameux.

b–le mouvement d'Aligarh

Le mouvement d'Aligarh est resté attaché au nom du fondateur du Muhammadan Anglo-Oriental College: Sayyid Ahmad Khân[96]. C'est en 1896, alors qu'il était âgé à peine de dix-huit ans, que l'Aga Khan se rendit à Aligarh: "I met Sir Sayed Ahmad Khan and Nawab Mohsen-ul-Mulk, se souvient-il dans ses mémoires. This was the origin of what was for many years one of the crucial concerns of my life – my interest in the extension and improvement of Muslim higher education, and especially the College and University of Aligarh." (p. 35) Sayyid Ahmad Khân lui adressa un discours de bienvenue en persan: ce fut là leur unique rencontre. Au début du XXème siècle, l'Aga Khan apparaît aux yeux de certains observateurs comme le successeur de Sayyid Ahmad Khân[97].

Né en 1817 à Delhi, dans une famille sunnite d'origine iranienne au service des Grands Moghols, Sayyid Ahmad Khân entre au service de la Compagnie des Indes en 1838. Il obtient au bout de quelques mois le poste de juge supplétif. Sa profession lui laisse le loisir de produire une oeuvre littéraire qui se divise en deux périodes s'articulant autour de la date fatidique de 1857. Ses premières publications révèlent la double influence qu'il subit dans sa période de formation intellectuelle. Son père, Sayyid Muhammad Muttaqîy, représentait la tradition mystique de l'école de *wahdat al-wujûd*. Alors que son grand-père maternel, Farîd al-Dîn Ahmad, était issu d'une classe d'administrateurs professionnels qui faisait preuve d'un grand pragmatisme: il fut lui-même premier ministre de l'empereur moghol Akbar Shâh en 1815.

C'est pourquoi ses publications de la première période peuvent paraître assez éclectiques: traductions d'écrits polémiques sunnites anti-shî'ites en ûrdû (1844), traductions de traités sur la mécanique et sur la géométrie (1846), écrits sur le soufisme (1850), et pour la défense de Sayyid Ahmad Shahîd (1850)[98]. Certains écrits traduisent la prudence de Sayyid Ahmad Khân envers certaines thèses de la science européenne: il écrit par exemple, en 1849, un ouvrage pour réfuter la théorie qui affirme que la Terre tourne autour du Soleil[99]. Mais l'ouvrage qui demeure le plus important est une description topographique et archéologique des anciens monuments de Delhi: traduit en anglais, puis en français par Garcin de Tassy, il lui vaut d'être fait membre honoraire de la Royal Asiatic Society en 1864[100].

Sur le plan théologique, les écrits de cette période reflètent l'influence du rationalisme traditionaliste de l'école de Shâh Walî Allâh et de ses disciples connus sous le nom de "Wahâbi Indians" ou de "Mujâhidîn"[101]. Un des thèmes les plus récurrents de cette période est le Prophète: sa personne et ses actions. Pour Sayyid Ahmad Khân, être musulman signifie aimer personnellement Muhammad, suivre sa *sunna* d'aussi près que possible. Il voit la loi divine toute entière personnifiée dans la vie et les actes du Prophète. La voie mystique (*tarîqa*) est perçue comme identique à la voie de la Loi (*sharî'a*) et comme une imitation radicale de la vie de Muhammad[102]. Dès 1842, Sayyid Ahmad Khân a publié une biographie de Muhammad. Il est d'autre part convaincu de la nécessité de revenir à l'islam authentique qui s'est maintenu sous les trois premiers califes.

Le tournant décisif dans sa vie fut provoqué par la crise de 1857 connue en anglais sous le nom de *Mutiny* et en français sous celui de "Révolte des Cipayes"[103]. Sayyid Ahmad Khân paya de sa personne en sauvant la colonie européenne de Bijanaw, la ville dont il était le juge. Il écrivit ensuite, en 1860, un ouvrage en anglais – *Loyal Muhammedans of India* – dans lequel il analysait les causes de la crise: les torts étaient d'après lui partagés entre les Britanniques et les Indiens, et provoqués par une incompréhension. Après l'échec de cette révolte qui démontrait que les Indiens n'avaient pas les moyens d'affronter militairement les Britanniques, Sayyid Ahmad Khân devint le défenseur passionné de la coopération avec les maîtres des Indes.

Il ne faisait aucun doute pour lui que le meilleur de la civilisation occidentale pouvait être assimilé par l'Islam bien compris, celui du Prophète et des premières générations de Musulmans. Son effort fut alors à la fois de réfuter les ouvrages des polémistes chrétiens, et de relever le niveau intellecuel des Musulmans indiens. Sa réfutation fut la base de l'élaboration d'un nouveau *'ilm al-kalâm*. Son programme pour relever l'éducation des Musulmans fut établi après plusieurs séjours à Londres. Sa conclusion en la matière était qu'il fallait redéfinir et développer l'organisation éducative des

Les Sources du Savoir Islamique

Musulmans. En Inde, il multiplia les sociétés de traduction et les conférences dont l'objectif était de développer l'éducation. Le collège d'Aligarh commença ses activités en tant qu'école dès 1875; au cours de son voyage en Angleterre (1869-70), Sayyid Ahmad Khân avait étudié le système d'éducation de Cambridge: cela l'avait convaincu que l'éducation était la principale cause des progrès culturels et matériels de l'Occident.

Les théologies shî'ite et sunnite étaient enseignées sur des bases traditionnelles et ceux qui étaient opposés aux idées de Sayyid Ahmad Khân le contraignirent à cesser son enseignement théologique au collège. Pendant les dernières années de sa vie, le collège fut virtuellement dirigé par Theodore Beck (1885-1899): mais il est vrai que les Occidentaux avaient eu le contrôle de l'enseignement scientifique et technique depuis l'origine. Beck n'épargnait pas ses efforts pour développer le loyalisme parmi les étudiants alors que le nationalisme hindou entrait dans une phase constructive avec la création du Indian National Congress en 1885. Dès la fin du XIXème siècle, la plupart des princes musulmans et des riches *zamîndârs* envoyaient leurs enfants à Aligarh pour qu'ils poursuivent un enseignement supérieur. Pour certains, ces études n'étaient qu'un prétexte à vivre dans une oisiveté dorée.

L'oeuvre de Sayyid Ahmad Khân a quoi qu'il en soit orienté toute une tendance du réformisme musulman indien. Ces orientations ont influencé la pensée de l'Aga Khan. On a déjà mentionné le thème de l'éducation qui fut le centre du pragmatisme de Sayyid Ahmad Khân comme de l'Aga Khan. Mais à ce sujet, il faut souligner que l'importance de l'éducation et, corrélativement le développement des écoles d'enseignement occidental ou mixte, était déjà l'un des sujets favoris des shâhs kâjârs à partir du règne de Muhammad Shâh en 1836. A cette époque le grand-père et le père de l'Aga Khan étaient des hauts dignitaires de la cour kâjâr, apparentés à la dynastie. S'il est probable que l'idée de l'importance de l'éducation existait donc dans la famille de l'Aga Khan, les auteurs nous donnent des versions contradictoires au sujet de la politique des imâms, le grand-père et le père de l'Aga Khan, dans ce domaine. Peu de temps après son installation à Bombay, 'Alî Shâh fonde une école pour éduquer les enfants de la communauté khoja[104]. Pourtant, des lettres écrites par des fonctionnaires britanniques en poste en Afrique de l'Est indiquent sans aucun doute possible que les Aghâ Khâns s'opposèrent à plusieurs reprises au développement de l'éducation[105]. Quoi qu'il en soit, son père, puis après la mort de celui-ci sa mère, lui firent donner une double éducation irano-islamique et occidentale. Ils suivaient en cela une "mode" instaurée au début du XIXème siècle à la cour kâjâr[106].

Sayyid Ahmad Khân et l'Aga Khan ont en commun d'être convaincus que le seul moyen de mettre fin au déclin de l'Islam est d'adopter certaines valeurs occidentales – ceci étant réalisable dans le cadre de bonnes relations avec les Européens, c'est à dire d'un loyalisme à toute épreuve à l'égard des Britanniques. Ce sentiment va de pair, chez Sayyid Ahmad Khân, avec le désir de faire connaître le véritable Islam aux Musulmans, mais surtout aux Européens, par la réfutation des polémistes chrétiens. Pour cela, il inaugure en empruntant la méthodologie des détracteurs de l'Islam, parmi lesquels William Muir et Ernest Renan. Bien que l'Aga Khan ne réponde pas à des détracteurs de l'Islam – sauf dans quelques articles publiés dans le Times – il situe son discours sur l'Islam dans la même problématique apologétique. Mais l'Aga Khan va plus loin puisqu'il veut faire comprendre aux Occidentaux que le rôle spirituel et moral de l'islam sera indispensable pour le maintien de la paix mondiale.

Concernant la religion islamique à proprement parler, l'Aga Khan ne partage pas le souci de Sayyid Ahmad Khân d'élaborer un nouveau *'ilm al-kalâm*: il n'aborde pas de ce fait les grands problèmes théologiques et il se contente de rester dans les généralités. Si Sayyid Ahmad Khân attache une grande importance à la vie de Muhammad, le Coran reste malgré tout sans conteste la source fondamentale de l'Islam. Au contraire, chez l'Aga Khan, c'est l'interprétation du texte coranique qui tient cette place, et à plus forte raison la vie de Muhammad qui est la première ainsi que la meilleure interprétation vécue des préceptes coraniques. Un concept fondamental dans la pensée de l'Aga Khan provient de Sayyid Ahmad Khân: la Nature. Chez ce dernier, il tient une place considérable qui a valu, ainsi qu'à ses disciples, le surnom de *neitchari*.

A un moindre égard, Sayyid Mahdî 'Alî Khân, plus connu sous le nom de "Muhsin ul-Mulk" (1837–1907), a joué un rôle dans la formation de la pensée réformiste de l'Aga Khan. Ce shî'ite converti au sunnisme passa de longues années au service du *nizâm* de Hyderabad, comme ministre des finances à une certaine époque, qui lui conféra le titre honorique de "Muhsin ul-Mulk"[107]. C'est en 1862 qu'il s'associe avec Sayyid Ahmad Khân pour devenir plus tard son bras droit dans le mouvement d'Aligarh. Malgré quelques désaccords mineurs, Muhsin ul-Mulk supporta tous les projets de Sayyid Ahmad Khân: traductions, publications, développement de l'éducation etc. Mais en 1893, pour des raisons assez obscures, il quitte Aligarh pour Bombay où il rencontre Badruddin Tyabjee et l'Aga Khan[108]. A la mort de Sayyid Ahmad Khân, Muhsin ul-Mulk devient naturellement son successeur au poste de secrétaire du Muslim Anglo-Oriental College d'Aligarh.

En 1905, au cours d'une réunion qu'il a convoquée pour discuter de l'éducation religieuse, il conseille aux étudiants d'utiliser les manuels de Muhammad 'Abduh et de Rashîd Ridâ, et les ouvrages de l'école du Manâr. Ce souci de maintenir l'éducation religieuse, bien que rénovée, neutralise l'opposition des *'ulamâ* face au mouvement d'Aligarh. L'apogée de sa carrière se situe en 1906, lorsqu'il réunit une délégation de Musulmans qui se rend par la suite à Simla pour réclamer au vice-roi Lord Minto l'octroi aux Musulmans du droit à des élections séparées. Tous les historiens considèrent cet événement comme un tournant dans l'histoire des Musulmans indiens:

c'est la première pierre d'un édifice qui s'achèvera avec la naissance du Pakistan en 1947.

La pensée de Muhsin ul-Mulk diverge sur certains points de celle de Sayyid Ahmad Khân. En ce qui concerne le concept de la nature, mais aussi de l'interprétation du Coran. Pour Muhsin ul-Mulk, la seule étude scientifique valide du texte coranique est celle qui est en accord avec la grammaire arabe. Il envoie une lettre à Sayyid Ahmad Khân le 9 Septembre 1892, très significative à cet égard: "Vous vous fiez tellement aux dires des athées aujourd'hui que vous acceptez totalement leurs doctrines et que vous détournez tous les versets du Coran de leur signification manifeste ... bien que les mots, ni le contexte, ni la langue arabe ne viennent témoigner en faveur de votre interprétation ..."[109].

Dans ses mémoires, l'Aga Khan présente Muhsin ul-Mulk comme le leader des Musulmans qui a succédé à Sayyid Ahmad Khân. Il voit en lui un homme modéré et réaliste – deux qualités auxquelles il fut toujours très attaché. Il est évidemment difficile d'évaluer l'influence qu'il exerça sur lui. Dans le différent qui porte sur la question de l'interprétation du Coran, on a vu que justement, pour l'Aga Khan, le premier fondement de l'Islam est l'interprétation du Coran. Ce qu'il entend par ce terme n'a aucun rapport avec la conception rationnelle de Sayyid Ahmad Khân qui se rapproche plus de l'analyse. Il est encore plus éloigné de la conception de Muhsin ul-Mulk qui pour sa part est très traditionnelle et marquée par les *Ahl al-hadîth*. Comme l'a noté Aziz Ahmad, la pensée de Muhsin ul-Mulk est un "modernisme fondamentaliste" qui reste dans une certaine mesure très attaché à une conception littéraliste de l'Islam[110].

Mais ces divergences n'ont pas empêché les deux hommes de mener de front la réalisation de plusieurs projets importants pour l'avenir de la communauté musulmane indienne. En dehors du projet de transformer Aligarh en université, leur association aboutit à la All India Muslim League en 1906[111]. L'Aga Khan cite la plupart du temps conjointement les noms de Sayyid Ahmad Khân et Muhsin ul-Mulk. Au-delà des divergences intellectuelles, ils ont été porteurs au même titre d'un vaste projet visant à améliorer la situation des Musulmans indiens. Ce projet orientera l'Aga Khan tout au long de sa vie: ses réalisations matérielles dans la communauté ismaélienne en seront directement issues.

c–"l'esprit de l'Islam" d'après Ameer Ali

L'homme qui a sans doute le plus influencé l'Aga Khan est Sayyid Amîr 'Alî (1849–1928), qui utilisait lui-même la graphie anglicisée de "Ameer Ali". Ce shî'ite issu d'une famille d'origine iranienne fut certainement le réformateur indien le plus occidentalisé. Marié à une Anglaise, il s'installa définitivement à Londres en 1904. Avocat, professeur de droit musulman, il fut membre du Conseil du vice-roi en 1883 – le seul Musulman – et le premier Indien nommé membre de la Commission judiciaire du Conseil Privé de Londres (1909). Son oeuvre littéraire fut considérable et, fait important, elle fut écrite uniquement en anglais. Son *Spirit of Islam*, édité onze fois et son *History of the Saracens*, édité treize fois, influencèrent profondément, au-delà de l'Inde, l'intelligentsia turque et égyptienne[112].

La vision globale de l'Islam chez Ameer Ali est identique à celle de l'Aga Khan: la plus grande contribution historique de l'Islam est son "humanisme éthique". Partant de cela, les convergences entre les deux pensées sont multiples: conception d'un panislamisme spirituel, importance de la charité et de la tolérance comme valeurs islamiques essentielles, prédominance d'une interprétation coranique qui fasse émerger "l'esprit de l'Islam"[113], etc. Un autre point commun est le désir de définir l'Islam point par point par rapport aux éléments qui composent la civilisation christiano-européenne.

L'Aga Khan a été de son propre aveu très proche d'Ameer Ali; celui-ci ne se rattache par ailleurs à aucune école constituée du réformisme indien bien qu'il ait adhéré à la Ligue Musulmane. L'Aga Khan en parle dans ses écrits avec un grand respect. Peut-être voit-il en lui un modèle, un exemple de réussite de la synthèse islamo-occidentale. Leur première rencontre dut avoir lieu vers 1902, lorsque l'Aga Khan, nommé membre du *Imperial Legislative Council* par Lord Curzon, s'établit à Calcutta: il est fort probable néanmoins que l'Aga Khan le connaissait auparavant comme auteur. A ce sujet, il écrit dans ses mémoires: "I had of course read his famous books on islam. My admiration for his learning, and for his capacity to expound and to interpret our Muslim religion was unstinted" (p. 77). C'est là une des rares références faite par l'Aga Khan à l'oeuvre écrite d'un réformateur. Sayyid Ahmad Khân et Muhsin al-Mulk ne sont cités que par rapport à leurs réalisations concrètes.

On remarque qu'il relève qu'Ameer Ali est surtout admirable pour sa capacité à interpréter l'Islam. En 1950, dans un discours prononcé à Karachi, il qualifie *The Spirit of Islam* de grand monument, tout en marquant sa préférence pour un livret intitulé *Islam*: "As I often told him, his greatest service was a a small and concise explanation of Islam which is published and which has now been forgotten, I wish the people of Pakistan could find it again and make it a compulsory subject in religious training in all Muslim schools whatever the sect or subdivisions"[114]. Dans ce livret, l'Aga Khan retrouve les bases fondamentales de l'Islam qui sont caractérisées par une grande simplicité – mise en corrélation avec le principe d'unité – et qui sont censées renouer avec les quelques principes qui composaient l'Islam muhammadien. Une partie non négligeable de l'opuscule d'Ameer Ali est consacrée à l'éducation du Prophète, inspirée par la "*Sîra* de l'enfance", alors que le reste retrace l'évolution de la civilisation islamique qui développa l'esprit scientifique. L'Aga Khan et Ameer Ali menèrent conjointement un certain nombre d'actions qui avaient toutes pour but de défendre ou de sauvegarder les intérêts des Musulmans, que ce soit en Inde, dans les Balkans, en Turquie ou ailleurs.

Dans son article de l'Encyclopédie de l'Islam, W.C. Smith écrit qu'Ameer Ali se démarqua de Sayyid Ahmad Khân par le fait que le premier pressentit la naissance de la conscience politique de l'Islam indien, alors que le second affirmait que seule une éducation moderne affermirait la position de la communauté musulmane en Inde[115]. Ce jugement, s'il ne peut être contesté en ce qui concerne Sayyid Ahmad Khân, prête à Ameer Ali des intentions qu'il est difficile d'étayer par la lecture de ses écrits. La série d'articles qu'il publia dans *The Nineteenth Century* aborde certes la question de l'évolution politique des Indes, mais uniquement sous un angle juridique et constitutionnel: c'est en tant que spécialiste du droit qu'Ameer Ali analyse l'évolution institutionnelle des Indes. Son objectif principal est de demander une plus grande participation des Indiens à la vie politique; mais il entend toujours par là la participation des Hindous, des Musulmans et des autres communautés[116].

d–les fondateurs d'Etats musulmans contemporains

Une quatrième catégorie de Musulmans exemplaires est constituée par les hommes qui ont fondé des Etats musulmans modernes. Ce sont Mustafa Kemal Pasha (1881–1938), Reza Shâh (1878–1944) et Muhammad 'Alî Jinnah (1876–1948). Ces hommes appartiennent à la génération de l'Aga Khan, qui est né rappelons-le en 1877, et ils partagent le fait d'avoir fondé ou rénové un Etat sur la base de l'introduction de la laïcité. Dans ses écrits, particulièrement dans ses mémoires, l'Aga Khan les décrit comme de véritables "héros" de l'Islam: pour la simple raison que chacun à leur manière, ils ont été des imitateurs fidèles du Prophète.

En réalité, les sentiments de l'Aga Khan à l'égard de Mustafa Kemal Pasha sont partagés. Dans ses mémoires, il célèbre le soldat et l'homme d'Etat de génie qui par son leadership inspiré fit renaître une Turquie purifiée (p. 135 et 157). Comme nous l'avons vu, l'Aga Khan a lui-même combattu, avec Ameer Ali, pour le réexamen du traité de Sèvres: il a même participé au deuxième traité de Lausanne. Mais l'échec cuisant que les deux hommes rencontrèrent dans l'affaire de la lettre sur le maintien du califat – lettre envoyée au premier ministre d'Atatürk, Ghazi Ismet Pashâ, fut certainement ressenti douloureusement par l'Aga Khan. L'Aga Khan ne fait absolument aucune allusion à cet épisode. L'un de ses biographes, qui eut de nombreux entretiens avec lui, affirme que l'Aga Khan considérait Atatürk comme un "ivrogne irréligieux". L'auteur en conclut que, de toute évidence, l'Aga Khan ne supportait pas Atatürk[117].

Reza Shâh fut d'après l'Aga Khan le Kemal Pasha de l'Iran. Mais l'Aga Khan, qui reste finalement muet sur l'oeuvre accomplie par Atatürk, est plus disert avec le souverain iranien. Ce fut un modernisateur qui

La Rénovation du Shî'isme Ismaélien en Inde et au Pakistan

encouragea l'éducation et l'émancipation de la femme, développa l'étude de la science moderne, et créa une industrie nationale. L'Aga Khan souligne d'autre part que son action concerna aussi le domaine religieux: "First he set out to free Islam, explique-t-il dans ses mémoires, as it was practised, which – contrary to the true tenets of our faith – had been fostered in Iran by the ecclesiastical lawyers, who thus kept the people ignorant, their own interests secure and their power supreme" (p. 277). Cet extrait indique que l'Aga Khan est reconnaissant envers le shâh d'avoir mis fin au monopole des clercs sur le savoir islamique: il a ainsi contribué à épurer la religion de ses déviations et il est à ce titre un véritable réformateur; plus pragmatique que théoricien certes, mais il ne faut pas oublier que le Prophète lui-même a fait montre de cette double qualité.

Reza Shâh, comme Atatürk, force l'admiration de l'Aga Khan car ils ont réussi – c'est l'analyse que fait l'Aga Khan au milieu des années cinquante – à faire entrer une vieille nation musulmane dans les temps modernes. Ces deux pays, la Turquie et l'Iran, témoignent du fait qu'un pays musulman peut accéder au modernisme d'origine européenne et partant, que l'Islam est tout à fait compatible avec ce modernisme. Mais bien qu'il ne le dise pas explicitement, le mépris de l'Aga Khan envers Atatürk provient de l'attitude de celui-ci envers la religion islamique. Son acharnement brutal à supprimer toutes les références de la Turquie à l'Islam ne peut pour lui qu'être le fait d'un athée. Reza Shâh, au contraire, a séparé le bon grain de l'ivraie en neutralisant le clergé qui avait déformé le message muhammadien à son profit: mais il n'a pas altéré en quoi que ce soit le message lui-même. Il en a donné une interprétation conforme à l'époque et les mesures énumérées par l'Aga Khan dans l'extrait ci-dessus, attestent la similarité de vue des deux hommes.

On sait que l'Aga Khan avait confié à Dumasia que la typologie carlylienne des héros était incomplète: il lui manquait pour être d'actualité le dictateur. L'Aga Khan ajoute que le modèle du dictateur est Reza Shâh. D'après l'Aga Khan, le dictateur est un bienfaiteur à l'égard de son peuple. Ses objectifs sont la promotion de la paix et la réalisation du bonheur de ses concitoyens, comme l'indique son entretien publié dans *The Listener* du 11 novembre 1931.

L'emphase avec laquelle l'Aga Khan traite Muhammad 'Alî Jinnah témoigne de l'admiration qu'il lui voue. Atatürk et Reza Shâh avaient modernisé des Etats musulmans préexistants. Jinnah, pour sa part, est le fondateur d'un nouvel Etat musulman, ce que le monde n'avait pas vu, précise l'Aga Khan, depuis des siècles (p. 296). Il analyse cet événement comme une preuve tangible de la renaissance de l'Islam et, de ce fait, compare Jinnah à l'ultime référence islamique en la matière, à savoir le Prophète. De plus, à l'instar de celui-ci, Jinnah avait un fidèle Abû Bakr en la personne de Liaquat 'Alî Khân: "Part of the genius of the Quaid-i-Azam was that, like the Prophet himself, he attracted into his orbit able and devoted people, and Pakistan has been served, throughout her brief existence, by men and women of the highest moral and intellectual calibre. The Quaid's death, soon after the foundation of Pakistan, strikingly resembled that of the Prophet himself who was received into the "Companionship-on-High" very soon after the triumph and the consolidation of his temporal conquests" (p. 321–322).

Cette image idéale du Quaid-i-Azam relève du discours mythique qui englobe tout discours se rapportant à un événement de l'Age Inaugurateur. De ce fait, l'Aga Khan gomme tous les traits du personnage qui ne peuvent pas entrer dans ce discours. Jinnah était un Khoja d'origine gujarâti né à Karachi un an plus tôt que l'Aga Khan, en 1876. Né dans une famille aisée de la bourgeoisie marchande khoja, il fréquenta divers établissements de Karachi et de Bombay, parmi lesquels la Christian Missionary High School. L'année suivante, en 1892, il quitte l'Inde pour la Grande-Bretagne où il deviendra avocat. Pendant son séjour à Londres, il rencontre plusieurs leaders libéraux importants et il devient un ardent défenseur de la laïcité.

De retour en Inde en 1896, Jinnah se rapproche des dirigeants libéraux du Indian National Congress. Alors que la All India Muslim League se forme en décembre 1906, présidée par l'Aga Khan, il devient secrétaire privé du président du Congress, Dadabhai Naoroji. Il est alors opposé à l'idée d'une représentation séparée des Indiens sur une base religieuse. Bien qu'il adhère assez rapidement à la Muslim League, tout en restant membre du Congress, il ne sera gagné à l'idée d'une représentation séparée que dans les années trente. Il est entendu que Muhammad Iqbâl a été pour beaucoup dans ce ralliement. Jinnah prend la direction de la Muslim League en 1935, mais il faut attendre 1940 pour qu'il expose sa théorie des deux nations.

Quelle a été la nature exacte des liens entre l'Aga Khan et Jinnah? D'après G. Frémont, la famille de Jinnah comptait parmi les Khojas ismaéliens fidèles de l'Aga Khan, mais celui-ci aurait quitté cette communauté pour une secte ismaélienne qui n'avait pas d'imâm manifesté[118]. De ce fait, aucun lien particulier sur le plan religieux ne les unissait, d'autant plus que Jinnah – laïc pour qui la religion est une affaire privée – n'était pas pratiquant. Les parcours politiques des deux hommes semblent caractérisés pas des convergences, des ruptures mais surtout par un décalage. C'est à dire que les étapes de leur évolution prises séparément sont quasiment similaires, mais elles ne se suivent pas dans le même ordre. Par exemple, l'Aga Khan évoque l'idée de "nation dans la nation" au sujet des Musulmans au début de sa carrière en 1906; alors que Jinnah adopte la théorie des deux nations seulement en 1940; sa conception plus radicale que celle de l'Aga Khan impliquera la création d'un Etat musulman indépendant.

A ce propos, l'Aga Khan signale qu'en 1906, le seul Musulman important qui était opposé au principe des élections séparées était Jinnah.

La Rénovation du Shî'isme Ismaélien en Inde et au Pakistan

Mais le désaccord entre les deux hommes ne s'arrêtait pas là puisque l'Aga Khan démissionna de la présidence de la Muslim League en 1913, peu de temps après un discours de Jinnah qui cherchait à convaincre ses membres d'adopter l'objectif du Congress qui était le *Home Rule*[119]. Les deux hommes se rencontrèrent à plusieurs reprises, par exemple lors de la Round Table Conference (1930). Mais leur collaboration ne fut que très superficielle comme en témoigne la correspondance qu'ils échangèrent. Conservée par les archives nationales du Pakistan, elle se limite à quelques lettres datées de 1930 ou 1931 qui concernent principalement le problème des minorités et de leur représentation[120].

NOTES

1 *op.cit.*, p. 25.
2 *op.cit.*, p. 96.
3 *op.cit.*, pp. 39 40.
4 R. Blachère écrit à ce sujet: "Ces modifications sont données comme conscientes et inspirées par le désir, chez Abou Bakr et 'Othman, puis chez les califes omayyades, d'effacer de la Révélation tout ce qui y annonçait la volonté divine de donner le pouvoir à 'Alî, après la mort de Mahomet. Elles auraient donc consisté dans la suppression du nom de 'Alî, en certains passages concernant la primauté de ce personnage et ses fils dans la communauté (...) Fort différente a été l'attitude des sectes chi'ites vis à vis de ces altérations du texte révélé. Tandis que les imâmites de tendance modérée s'abstenaient de préciser le nombre et l'ampleur de ces falsifications, chez les extrémistes, au contraire, on énumérait complaisamment les passages supprimés ou modifiés. Les critiques chi'ites, touchant la Vulgate 'othmanienne, ne sont pas d'origine dogmatique, comme on peut le voir, mais partent d'un postulat à l'appui duquel on apporte beaucoup d'affirmations et pas une preuve" dans *Introduction au Coran*, G.P. Maisonneuve, 1977, pp. 186 7.
5 Feki, *op.cit.*, p. 271.
6 "Message", *op.cit.*, p. 24.
7 "Glimpses of Islam", *op.cit.*, p. 76.
8 "Message" *op.cit.*, p. 13.
9 "Sunna", *EI*, IV, pp. 581 583.
10 G. Allana, "His Highness Aga Khan III", *op.cit.*, p. 43.
11 le *Times*, 14 12 1923.
12 M. Moomen, *An introduction to Shi'i Islam*, *op.cit.*, pp. 273 274.
13 H. Feki, *op.cit.*, p. 74.
14 "Glimpses of Islam", *op.cit.*, p. 74.
15 "Chiïsme dans l'Islam", *op.cit.*, p. 56.
16 Feki, *op.cit.*, p. 258 ss. Abû Ḥâtim Râzî est célèbre pour la polémique qu'il eut avec son compatriote Muḥammad ibn Zakarîyâ Râzî (250/864 313/925 ou 320/932), le célèbre philosophe et médecin connu sous le nom de "Rhazès" dans les traductions latines médiévales. Voir le compte rendu de cette polémique dans H. Corbin, *Histoire de la philosophie islamique*, *op.cit.*, p. 198 ss.
17 Feki, *op.cit.*, p. 261.
18 B. Lewis, *Les Assassins*, *op.cit.*, p. 110.
19 le *Times*, 14 12 1923; "L'Europe et l'Islam", *op.cit.*, p. 15; *Collectanea*, *op.cit.*, p. 74.

20 *idem*, p. 17.
21 "Glimpses of Islam", *op.cit.*, p. 73.
22 *The life of Mahomet and the History of Islam to the Hegira*, 4 vol., London, Smith, Elder & Co, réédité en un volume abrégé en 1894: *The life of Mahomet from original sources*, 536 pp.
23 *Essays on the life of Muhammad*, Premier Book House, Lahore, 1969, 394 pp.
24 *idem*, voir par exemple pour chaque cas de figure pp. 375 376.
25 *Spirit of Islâm*, *op.cit.*, pp. 54 55.
26 G. Levi Della Vida va jusqu'à écrire que le Prophète devint dans la *sîra* une "sorte de calque de (...) Moïse et du Christ." dans "Sîra", *EI*, T. IV, p. 459.
27 voir par exemple "Message", *op.cit.*, p. 7.
28 cet aspect du discours aga khanien qui s'articule principalement autour de la personne du Prophète, mais pas uniquement, sera analysé dans la dernière partie.
29 Sayyid Aḥmad Khân consacre une vingtaine de pages à l'enfance de Muḥammad in *Essays on the life of Muhammad*, *op.cit.*, pp. 374 394. Pour Ameer Ali, voir son" Spirit of Islam", *op.cit.*, pp. 9 10. L'expression "sîra de l'enfance" est utilisée par Toufic Fahd dans "Problème de typologie dans la "sîra d'Ibn Ishaq" in *La vie du Prophète Mahomet*, Colloque de Strasbourg, Travaux du Centre d'Etudes Supérieures Spécialisé d'Histoire des Religions de Strabourg, 1983, P.U.F, p. 67.
30 *Collectanea*, *op.cit.*, pp. 36 et 82 par exemple.
31 T. Fahd "Problème de typologie...", *op.cit.*, l'auteur précise que "les rédacteurs de ces récits concernant l'enfance de Mahomet se sont inspirés des évangiles de l'enfance, canoniques ou apocryhes, dans le but d'élever Mahomet au niveau de Jésus et de lui donner une stature de prophète, conforme au modèle établi par le Judéo christianisme de l'époque." (p. 73).
32 expressions de Mohammed Arkoun dans "L'Islam dans l'Histoire", *Maghreb et Machrek*, no 102, oct. nov. déc. 1983, pp. 11 et ss.
33 *India in transition*, *op.cit.*, pp. 296 7.
34 R. Khomeiny *Pour un gouvernement islamique* Paris Fayolle 1979 144 p.
35 *Le libéralisme musulman*, *op.cit.*, p. 69.
36 p. 1 et p. 173 Dans ce dernier cas, l'Aga Khan précise que l'autorité essentielle est "Divinely inspired in religion".
37 cette idée est présente chez de nombreux auteurs; voir par exemple Sanhoury, qui écrivait en 1926: "La séparation du pouvoir spirituel et du pouvoir temporel dans l'Islam est donc toute faite dès le début" in *Le califat* Université de Lyon Faculté de Droit imprimerie Bosco Fr. et Riou Lyon 1926, p. 142.
38 A. Ahmad *Islamic modernism in India...*, *op.cit.*, p. 89 et Ameer Ali *Spirit of Islam*, *op.cit.*, p. 172.
39 "Khalîfa" *EI2*, T. III D. Sourdel p. 970.
40 *id.*, p. 971.
41 *ibid.*, p. 972.
42 Camille Mansour, *op.cit.*, pp. 107 8.
43 *idem*, p. 118.
44 *ibid*, p. 125.
45 *Collectanea*, *op.cit.*, p. 84.
46 "Golden Platinum", *op.cit.*, p. 27.
47 *Spirit of Islâm*, *op.cit.*, p. 37, 103 105, 293 et *A short history of the Sarracens*, *op.cit.*, pp. 20 54.
48 voir L. Veccia Vaglieri, *EI2*, T. I, pp. 392 397.
49 voir par exemple Shîhâb al Dîn Shâh et ses "Khiṭâbât i Aliyya", *op.cit.*

50 W. Frishauer, *op.cit.*, p. 29.
51 H. Laoust, *Les schismes dans l'Islam*, *op.cit.*, p. 159.
52 *idem*, p. 249.
53 H. Corbin, *Histoire de la philosophie islamique*, *op.cit.*, pp. 274 5. Voir du même auteur "Sur la notion de walâya en Islam shî'ite" in *Normes et valeurs de l'Islam contemporain*, J. Berque et J.P. Charnay (sous la direction de), Payot, 1966, pp. 38 47.
54 voir Nanji Azim, "An Ismâ'îlî theory of walayah in the Da'âim al Islâm of Qâdî al Nu'man" in *Essays on Islamic civilization presented to Niyazi Berkes*, 1976, pp. 260 273.
55 *Spirit of Islam*, *op.cit.*, p. 470.
56 *Glimpses of Islam*, *op.cit.*, p. 7.
57 Abû Yazid Bisṭamî (m. 261/874), qui fut le premier à exprimer son expérience mystique à travers le thème de l'Ascension (*mi'râj*) du Prophète, octroya une place centrale à la notion de *fanâ*'; voir H. Ritter, *EI2*, 1, 166 167 et H. Corbin, *HPI*, 269 271. Al Ḥusayn ibn Mansûr al Hallâj (m. 309/922) affirme que le but final est l'union avec Dieu, union qui se réalise par l'Amour. Voir H. Corbin, *HPI*, 276 278 et Louis Massignon, *La passion d'al-Hallâj*, Paris, 1922 (rééd. Gallimard, 1975, 4 vol.).
58 Z. Safâ, *Anthologie de la poésie persane*, tr. par G. Lazard, R. Lescot et H. Massé, Gallimard, UNESCO, 1964, p. 66. Pour Henry Corbin, c'est Sohrawardi qui a accompli "la métamorphose de l'épopée héroïque de l'ancienne chevalerie iranienne en épopée mystique des pèlerins de Dieu, dans le soufisme iranien", *En Islam iranien*, *op.cit.*, T. II, p. 182 200 et T.IV, p. 390. Voir aussi du même auteur "De l'épopée héroïque à l'épopée mystique", *Eranos Jahrbuch*, XXXV, 1967, pp. 177 239. Sur ces questions, voir C.H. de Fouchécour, *Moralia Les notions morales dans la littérature persane du 3e/9e au 7e/13e siècle*, Editions Recherche sur les Civilisations, Paris, 1986, 505 pp.
59 *Initiation à l'Islam*, Anserian Publication, Qum, 1982, pp. 5 6.
60 cité par Ikbal Ali Shah *op.cit.*, p. 69. N.M. Dumasia repporte le discours au style indirect. D'après sa version, l'Aga Khan aurait cité 'Alî comme héros, en plus d'Abû Bakr et de 'Umar. Quant à l'idée de "sacrifice pour la patrie" elle est une modalité de la notion aga khanienne essentielle de service.
61 *op.cit.*, p. 294.
62 "Hafez and the place of iranian culture in the world", *op.cit.*, p. 1.
63 voir C. Cahen, "Futuwa", *EI2*, pp. M. Chodkiewicz, "Les secrets de la futuwwa", *Proche Orient et Tiers Monde*, no 7, juin 1983, pp. 49 56 et surtout J.C. Vadet, "La *futuwwa*, morale professionnelle ou morale mystique", *Revue des Etudes Islamiques*, XLVI, 1 (1978), pp. 57 90.
64 cité par D. Mortazavi, *Le panthéisme en Iran ou 'vahat-e vujud'*, doctorat d'Etat, Paris IV, 1971, p. 96.
65 "H.P.I", *op.cit.*, p. 400. Voir aussi Christian Jambet, "L'éthique du chevalier spirituel dans la pensée d'Henry Corbin", *Cahier de l'Université* Saint Jean de Jérusalem, no 10, 1984.
66 "H.P.I", *op.cit.*, pp. 401 402. Voir aussi *En Islam iranien*, *op.cit.*, T. IV, les pp. 390 460 qui sont consacrées à la chevalerie spirituelle, mais d'un point de vue comparatiste.
67 *Ismaili literature*, Tehran, 1963, p. 69.
68 cette thèse, jugée "aberrante" par C. Cahen ("futuwwa", *EI2*, p. 987), a été énoncée initialement par Hammer Purgstall dans un article intitulé "Sur la chevalerie des Arabes", *Journal Asiatique*, 1849, pp. 5 14.
69 *A short history of the Saracens*, Islamic Book Service, Lahore, s.d., p. 53.

Les Sources du Savoir Islamique

70 *En Islam iranien*, *op.cit.*, T.IV, p. 416.
71 traduit et cité par H. Massé, "Poèmes consacrés aux imâms" in "Le shîisme imâmite", *op.cit.*, p. 276.
72 cité par N.M. Dumasia, *op.cit.*, p. 187.
73 *On heroes and heroworship and the heroic in history*, Oxford University Press, 1965, 320 pp. C'est la deuxième conférence qui est consacrée à Mahomet, pp. 55 102.
74 *Mahomet*, Le Seuil, 1961, p. 351.
75 *Autobiographie ou mes expériences de vérité*, tr. de l'édition originale par G. Belmont, PUF, 1983, p. 199.
76 *Quaid-i-Azam Jinnah A chronology*, prepared by Riaz Ahmad, revised, enlarged and edited by Sharif al Mujahid Yousuf Saeed, Karachi, Quaid i Azam Academy, 1981, p. 106.
77 A. Ahmad, *Islamic modernism in India and in Pakistan*, *op.cit.*, pp. 77 78.
78 G.F.I. Graham, *The life and work of Syed Ahmad Khan*, Idarah i Adabiyat i Delhi, 1974 (1ère éd. 1885), pp. 98.
79 Le Dr Zaki Ali, co auteur de deux ouvrages avec l'Aga Khan, affirme que l'Aga Khan avait lu et qu'il était très au fait des grands réformateurs arabes comme 'Abduh, Riḍâ etc... Conversation du 20/10/1987 à Genève.
80 "H.P.I.", *op.cit.*, p. 257.
81 c'est ainsi que dans la lettre qu'il destine le 4 avril 1952 à l'Arabiyyah Jamiyyat de Karachi, il écrit: "A great Muslim divine, alas dead for too soon, the late Sheikh al Maraghi, insisted in Azhar that natural laws should be taught according to the latest discoveries", in *Collectanea*, *op.cit.*, p. 79. Muḥammad Muṣafâ al Marâghî (1881 1945) fut à deux reprises (1928, 1935) grand maître d'al Azhar où il s'efforça d'introduire les réformes de Muḥammad 'Abduh; cf. A. Merad, "Iṣlâḥ", *EI2*, T. IV, p. 166.
82 "L'Europe et l'Islam", *op.cit.*, p. 17.
83 "Réfutation des matérialistes", *op.cit.*, p. 126.
84 *idem*, p. 130
85 N.R. Keddie, *An islamic response to imperialism Political and religious writings of Sayyid Jamâl al-Dîn al-Afghânî With a new introduction: from Afghânî to Khomeini*, University of California Press, Berkeley/Los Angeles, 1983, p. 67 et ss. Voir I. Goldziher et J. Jomier, "Djamâl al Dîn al Dîn al Afghânî", *EI2*, T. III, pp. 427 430.
86 Abû'l Abbas Aḥmad al Makrizî, mort au Caire en 766/1364, est l'auteur d'une description topographique et historique de l'Egype: *al Mamâiz wa'l i'tibâr fi dhikr al khitata wa'l âthâr*. Shiḥad al Dîn al Nuwairî, mort en 732/1332, est l'auteur d'un traité encyclopédique intitulé: *Niḥayat al arab fi funûn al adab*. Ces deux auteurs s'occupent l'un de l'histoire des Fatimides, l'autre de celle des Ismaéliens d'Alamût: mais leurs oeuvres respectives ne sont que des compila tions d'autres auteurs; ils n'utilisent par conséquent aucune source directe, *a fortiori* aucune source ismaélienne. Antoine Isaac Silvestre de Sacy (1757 1838) a utilisé ces deux auteurs pour écrire son *Exposé de la religion des Druzes*, Paris, Imprimerie Royale, 1838. Cet ouvrage est doté d'une longue introduction, d'environ deux cents pages, qui résume l'histoire et les croyances des Ismaéliens. L'auteur traduit souvent littéralement les auteurs précédemment cités, mais cette introduction reste néanmoins la première présentation générale écrite par un orientaliste sur les Ismaéliens et sur l'Ismaélisme.
87 N.R. Keddie, *op.cit.*, p. 18 note 25.
88 Ismaïl Gasprali (1851 1914), dit Gasprinski, était un Tatar de Crimée; il contribua grandement à la diffusion du réformisme musulman dans l'empire

russe à travers la publication d'un journal, le *Tedjûmân* (1883 1918). Son influence fut énorme auprès de toutes les populations musulmanes et turcophones de l'empire. Son action réformiste concerna principalement le domaine de l'éducation, et il fut, à partir de 1876, le principal propagateur du panturquisme. Voir H. Carrère d'Encaussse, *Réforme et Révolution chez les Musulmans de l'empire russe*, Préface de M. Rodinson, Paris, Presse de la Fondation nationale des Sciences politiques, 1981 (1ère éd. 1966), surtout pp. 137 140.

89 *Exposé de la religion musulmane*, *op.cit.*, p. 14.
90 *La métaphysique de la Perse*, tr. de l'anglais par E. de Vitray meyerovitch, Sindbad, Paris, 1980, pp. 51 52.
91 N.R. Keddie, *op.cit.*, p. 158. Dans la traduction française, ni les Bâbis ni l'Iran ne sont mentionnés; cf. "Réfutation des matérialistes", *op.cit.*, p. 130. Le livre fut publié en 1880 à Hyderabad, en Inde; des années plus tard, al Afghânî sera étroitement associté à des Bâbis iraniens parmi lesquels se trouve Mîrzâ Aqâ Khân Kirmânî réfugiés à Istanbul, pour diffuser le panislamisme. Dans sa thèse sur *Le bâbisme*, Paris, Pichon et Durand Auzias, 1942, A. Tag arrive à la même conclusion.
92 dans son ouvrage, Iqbâl écrit que parmi les Ismaéliens se trouvaient "quelques uns des meilleurs esprits et des coeurs les plus sincères", *op.cit.*, p. 51. Sur les Ikhwân al Safa', voir Yves Marquet, *La philosophie des Ihwân al Safâ*, 'SNED, Alger, 1973, 603 pp.
93 C'est dans *Averroès et l'averroïsme* que Renan écrit: "C'étaient des philosophes que ces redoutables Haschishins, dont les sicaires faisaient trembler les rois et portaient les coups jusque sur la personne des califes. Retirés dans leur château d'Alamût, ils y passaient leur temps à composer des traités de philosophie; quand les Tartares pénétrèrent dans leur nid de vautour, ils y trouvèrent un établissement complet, une immense bibliothèque, un cabinet mystique, un observatoire muni des instruments les plus perfec tionnés.", Paris, Michel Lévy Fr., 1867 (3ème éd.), p. 171.
94 cité par G. Allana, *op.cit.*, p. 28.
95 G. Allana, *Pakistan movement: historic documents*, Islamic Book Service, Lahore, 1977, pp. 126 à 129.
96 sur cet auteur, voir C.W. Troll, *Sayyid Ahmad Khan A Reinterpretation of Muslim Theology*, Delhi, Vikar, 1978.
97 voir par exemple A. Le Chatelier, "Aga Khan", *op.cit.*, p. 83.
98 Sayyid Aḥmad de Bareilly (1786 1831) préconisa le recours au *jihâd*, du fait de la conquête anglaise. En 1821, au retour du pélerinage à La Mekke, il lance l'appel au *jihâd* contre les Sikhs et se fait reconnaître imâm. Après avoir remporté une première victoire sur les troupes sikhs commandées par le général français Ventura, il est vaincu et fait prisonnier à Bâlâkot en 1831. Son corps est brûlé par les Sikhs et ses cendres dispersées. Un de ses successeurs, Naṣîr al Dîn Ilyâs 'Alî, répandit l'idée que Sayyid Aḥmad était le *mahdî* attendu dont le retour devait présager le retour de la domination musulmane en Inde. Voir H. Laoust, "Les schismes...", *op.cit.*, pp. 357 8 et S. Inayatullah, *EI2*, T. I, p. 29.
99 M. Hafiz, "Sir Sayyed Ahmad Khan and Muslim modernization...", *op.cit.*, pp. 73 à 77. Sayyid Aḥmad Khân se rallia à la théorie moderne en 1857; voir M. Gaborieau, "Les oulémas/soufis dans l'Inde moghole: anthropologie historique de religieux musulmans", *Annales ESC*, sept. oct. 1989, no 5, p. 1191.
100 voir C.W. Troll, "A note on early topographical work of Sayyid Ahmad Khân: Athâr as sanâdid", *J.R.A.S*, 1972, pp. 135 146.

101 A. Ahmad, "Muslim modernism ...", *op.cit.*, p. 41. Shâh Walî Allâh (1114/1703 1176/1762) fut l'un des plus éminents soufi et théologien du XIIème/XVIIIème siècle. Persuadé qu'il a une vocation de *mujaddîd*, il rejette rapidement le *taqlîd* sans pour autant remettre en cause la perfection de la *sharî'a*. Sur le plan politique, il veut réinstaurer un "Etat sharî'a "sur le modèle de celui des quatre premiers califes; mais cela ne saurait être réalisé sans l'unité des Musulmans shî'ites et sunnites. Le *'adl* doit maintenir les structures socio politiques de l'Etat alors que le *tawâzun* dans la vie économique garantit le développement d'une société harmonieuse. Enfin, Shâh Walî Allâh a réhabilité la notion juridique de *maslaha* dans le sens du bien être public basé sur la relation du développement humain avec les forces productrices de l'univers. Voir *Encyclopédie générale de l'Islam Première partie: le subcontinent indien*, dirigé par P.M. Holt, A.K.S. Lambton et B. Lewis, tr. par Marc Guichard, S.I.E.D, 1985 (1ère éd. 1970). Nous avons surtout utilisé le troisième chapitre rédigé par S.A.A. Rizvi "L'effondrement de la société traditionnelle", p. 82 et A.M. Schimmel, *op.cit.*, p. 155.

102 C.W. Troll, "Sayyid Ahmad Khan et le renouveau ...", *op.cit.*, p. 210.

103 La crise éclate le 10 mai 1857 dans la caserne de Mîrat dans les Provinces du Nord lorsque les fusils Enfield sont introduits avec leurs cartouches graissées. Les Sepoys de la garnison étaient à 60% des Brahmins originaires d'Oudh. Le commandement et l'initiative passèrent rapidement aux *zamîndârs*, individus qui détenaient diverses formes de droits fonciers héréditaires qu'ils soient hindous ou musulmans. Le mouvement toucha plus tard les princes souverains; une des figures les plus célèbres de ce groupe fut la *rânî* de Jhansi, mais finalement, après avoir hésité, l'empereur moghol Bahadûr Shâh accepta de cautionner le mouvement. S'il est vrai que la *Mutiny* favorisa un rapproche ment entre les Hindous et les Musulmans, s'il est vrai que des constitutions hâtivement rédigées à Delhi et Lucknow visaient à garantir une sorte de gouvernement démocratique, il reste que le mouvement fut un échec dont les effets allaient être lourds de conséquences pour les Musulmans. L'incapacité des chef à s'organiser, l'infériorité de l'armement des Indiens ainsi que le contrôle britannique quasi total sur les communications expliquent en grande partie cet échec. Bahadûr Shâh II était déposé et exilé en 1858 à Rangoon, la East India Company dissoute et l'empire des Indes passait sous le contrôle direct du gouvernement. Mais surtout l'échec de la révolte entraîna la liquidation complète des *zamîndârs* et le fait que l'empereur moghol ait pris sa tête fit que les Britanniques virent dans cette révolte une révolte musulmane. Voir A.A.A. Rizvi, *op.cit.*, pp. 90 et ss.

104 J.N. Hollister, *op.cit.*, p. 371. L'auteur ne cite aucune source. Dumasia, pour sa part, mentionne que l'imâm a développé l'éducation dans la communauté musulmane de Bombay, *op.cit.*, p. 61.

105 lettres datées de 1873 et 1886, citées par H.M. Hamiji, *op.cit.*, p. 613.

106 A.K.S. Lambton, "Kâdjâr", *EI2*, T. IV, pp. 404 416.

107 A.M. Schimmel, *op.cit.*, p. 198. C'est Dumasia qui nous informe qu'il a été ministre des finances du *nizâm*, *A Brief history...*, *op.cit.*, p. 135.

108 A. Ahmad, *Muslim modernism ...*, *op.cit.*, pp. 64 65.

109 lettre citée et traduite par A. Guimbretière, *Le réformisme musulman indien*, *op.cit.*, note 53 p. 34.

110 A. Ahmad, *idem*, p. 68.

111 à partir d'une analyse du courrier privé de Lord Minto, A.A.A. Rizvi a mis en lumière le rôle fondamental joué dans cette entreprise par une lettre envoyée

par Muḥsin ul Mulk au vice roi, "L'effondrement de la société traditionnelle", *op.cit.*, p. 102.
112 A. Ahmad, *op.cit.*, p. 68.
113 Cette expression apparaît à plusieurs reprises dans les écrits réformateurs; c'est le cas d'un ouvrage persan, intitulé *Rûḥ-i Islâm*, écrit par Mîrzâ Yûsuf Khân Mustashâr al Dawla, qui cherchait à démontrer la compatibilité du Coran et des ḥadîths avec les codes européens.
114 *Collectanea*, *op.cit.*, pp. 54 55. L'ouvrage en question publié à Londres en 1906 par Archibald Constable & Co, a été traduit en français à l'initiative de la communauté ismaélienne de Madagascar en 1962 (voir bibliographie), qui a reproduit le conseil de l'Aga Khan en exergue. Il fut, on s'en doute, appliqué à la lettre par les Ismaéliens de tout pays.
115 "Amîr Alî", *EI2*, T. I, p. 455.
116 voir en particulier "Indians and the new Parliament", *The Nineteenth Century*. LX, 1906, pp. 254 267 et "The constitutional experiment in India", *idem*, LXVIII, 1910, pp. 394 407.
117 H.J. Greenwall, *His Highness the Aga Khan, imam of the Ismailis, op.cit.*, p. 68.
118 G. Frémont, "Jinnah, Muhammad 'Alî Jinah", *Dictionnaire biographique des savants et grandes figures du monde musulman périphérique du XIXè siècle à nos jours*, fascicule 1, avril 1992, 13 14.
119 Nous ne possédons que les seules photocopies des lettres que l'Aga Khan envoya à Jinnah. Il en ressort que l'Aga Khan écrivait de sa propre initiative puisque la plupart de ces lettres est formulée sous la forme de réponses. L'Aga Khan, qui est déjà sur la touche dans les affaires indiennes intérieures depuis plusieurs années, est en position de demandeur. Il se prévaut implicitement d'une expérience de ces affaires pour conseiller Jinnah, allant jusqu'à s'exprimer au nom des Musulmans.
120 *op.cit.*, p. 89.

IV

De Dieu au Croyant

IV–1 DE L'IDÉE DE DIEU

Dans ses *Memoirs*, après avoir exposé les trois principes islamiques de base, l'Aga Khan en vient à énoncer les "articles de foi". Parmi ceux-ci se détache une conception de Dieu qui retient quelques éléments d'origine coranique. Mais elle témoigne bien entendu d'un choix effectué parmi eux par l'Aga Khan. Un des thèmes majeurs de sa conception divine est le pardon. Le pardon est certes au sens propre du mot un attribut coranique de Dieu. Ainsi il est écrit qu'Allah pardonnera les pieux (VIII/28) et ceux qui lui demandent (III/129), mais par contre, il ne pardonnera pas que lui soient donnés des associés (IV/51 et 116).

Pour l'Aga Khan, "God in His infinite mercy will forgive the sins of all Muslims, the slayer and the slain, and (he believes) that all may be reconcilied in Heaven in a final total absolution" (p. 18). Il poursuit en affirmant qu'il est convaincu que tous ceux qui croient sincèrement en Dieu qu'ils soient Chrétiens, Juifs, Bouddhistes ou Brahmanistes – qui s'efforcent de faire le bien et d'éviter le mal, qui sont *gentle and kind* se retrouveront dans les Cieux où ils recevront le pardon final (pp. 178–9).

Le thème du pardon divin, dans le Coran, peut être rattaché à plusieurs racines de la langue arabe. Il constitue le socle d'un ensemble de qualités qui appartiennent au même champ sémantique; celui-ci peut être circonscrit par l'idée de "miséricorde, miséricordieux", c'est à dire celui qui pardonne. C'est ainsi que sont traduits divers substantifs et qualificatifs tirés de la racine R. H. M: Daniel Gimaret a démontré, en s'appuyant sur les commentateurs du Coran, que le sens le plus approprié était "bienfait, bienfaisance"[1]. Concernant la question du pardon, l'autre racine la plus importante est *GH.F.R* (97 occurrences)[2].

L'Aga Khan ne fait pas du monothéisme – le *tawḥîd* – le principe de la divinité. Peut-être parce que pour lui, le monothéisme est caractéristique du stade d'évolution d'une civilisation: il n'est pas en propre la caractéristique de l'Islam. L'autre idée qui définit la divinité islamique est celle d'un Dieu qui soutient (*sustain*) et supporte (*support*) chaque existence à chaque instant. Cette conception est celle du penseur fatimide Hamîd al-Dîn Kermânî (m. vers 408/1017)[3], mais aussi celle des Ash'arîtes[4]. Cette notion doit être rattachée à la racine coranique Q.Y.M. qui, selon certains théologiens, est le Nom Suprême de Dieu dans l'expression *al-hayyu l'-qayyûm*[5]. Pour Ghazâlî, elle traduit l'idée d'exister, de subsister; Dieu est par excellence celui qui n'a d'aucune façon besoin, pour subsister, d'autre chose que lui-même. En revanche, tout existant a besoin de lui, subsiste par lui[6].

L'Aga Khan l'exprime ainsi: "(...) God supports and sustains all existence at every moment by His Will and His Thought. Outside His Will, outside His Thought, all is nothing, even the things which seem to us absolutly self-evident such as space and time" (p. 175). Faut-il voir ici une affirmation de la toute-puissance divine à la manière hanbalite? Certainement pas. Cette conception découle du monoréalisme qui affirme l'omniprésence divine: le monde ne survit que par Dieu et en Dieu. Nûr 'Alî Shâh exprime de la même façon que toute existence provient de Dieu et que l'existence de chaque chose est en lui[7].

Il est difficile d'analyser la conception aga-khanienne de Dieu d'après les catégories du *'ilm al-kalâm*. Plutôt que de la répartir entre les noms et les attributs, la division entre ses représentations, ses émanations et ses manifestations sera mieux adaptée. Ces catégories ne seront aucunement fermées puisque certains éléments peuvent appartenir à l'une ou l'autre selon les circonstances. Le double thème inclus dans la révélation de la connaissance et le fait que chaque créature procède de Dieu posent un même problème: comment Dieu peut-il être connu et comment – autre formulation du même problème – la créature peut-elle provenir de Dieu?

IV–2 LES ENTITÉS MÉDIATRICES

a–les représentations

L'Aga Khan envisage Dieu soit comme une matrice, soit comme une entité active: peut-être faut-il voir ici une réminiscence de la pensée classique qui distingue ce qui est son essence et ce qui est son oeuvre. Il ne définit jamais Dieu négativement, contrairement aux penseurs fatimides comme Sejestânî[8]. On a vu que le dieu aga-khanien est Celui-qui-contient, Celui-qui-soutient, et Celui-qui-donne-existence (p. 175). L'Aga Khan mentionne plusieurs dénominations qui, de toute évidence, sont utilisées en fonction de certaines situations.

Lorsqu'il s'agit du Dieu créateur, l'Aga Khan le nomme *Universal Soul* (par exemple p. 175: c'est le terme le plus fréquemment usité). Les termes de Dieu (*God*) et Allah sont seulement employés pour désigner une "action passive", c'est à dire une action qui a Dieu pour origine – mais qui se poursuit sans son intervention. L'entité désignée ainsi semble n'avoir ni lieu, ni durée, ni origine: elle n'appartient pas au monde de la création et, de ce fait, elle est totalement transcendante. L'action de créer est attribuée par l'Aga Khan à la Volonté Divine (*Divine Will*, p. 175), à la Parole divine (*Divine Word*, p. 175) ou, dans d'autres écrits que les mémoires, à la *Eternal Reality* – mais cette dernière expression est des plus rares. L'exploration des principaux contextes intellectuels dont est issu l'Aga Khan est indispensable pour déterminer et situer dans sa propre pensée la question qui nous préoccupe ici.

Les Ismaéliens fatimides mettent l'accent sur le mystère insaisissable de Dieu et ils sont contraints de développer toute une théologie éliminative, qui cherche à définir Dieu par ce qu'il n'est pas. Ils différencient l'essence de Dieu – insaisissable – des hypostases que sont le Commandement (*amr*), la Parole divine (*kalima*), l'Acte créateur (*ibda'*) et la science absolue (*'ilm maḫd*). La création est ensuite expliquée par un système émanatiste. Chez Nasafî, un intermédiaire entre Allah et la création produit le monde; c'est l'Intellect Universel. Dans la terminologie ismaélienne, l' "ordre" de Dieu désigne l'effet de son influx créateur[9].

L'ensemble des penseurs fatimides désigne par Ame du monde ou Ame universelle la première émanation qui dans la hiérachie cosmique est la seconde Intelligence. Sept émanations sont ensuite créées en procédant l'une de l'autre jusqu'à la septième[10]. La conception de Dieu chez les Ikhwân as-Safâ' peut elle aussi éclairer quelque peu la conception de l'Aga Khan. D'après ceux-ci, Dieu créa un couple parent de tous les êtres: l'Intellect et l'Ame universels. L'Intellect est l'acte le plus proche de Dieu et il produit sur son ordre ce qui est au-dessous de lui par le procédé de l'émanation. Il possède toutes les qualités parmi lesquelles la perfection et l'éternité; son cercle englobe et soutient celui de l'Ame qui possède les qualités mais à un moindre degré de perfection[11].

Le système philosophique ismaélien est aujourd'hui bien connu[12]. W. Ivanow résume ainsi sa démarche fondamentale: "L'Ismâ'ilisme (comme quelques penseurs chrétiens et juifs) essaya de trouver dans la philosophie plotinienne la solution entre l'idée monothéiste et la pluralité du monde visible"[13]. Cette remarque est sans doute justifiée pour l'ismaélisme fatimide; pour l'ismaélisme post-alamûti, y compris la pensée aga-khanienne, il serait plus exact de dire que la solution fut trouvée dans le *waḫdat al-wujûd*.

Ainsi, si l'Aga Khan utilise certains termes issus du lexique technique fatimide, c'est à l'exception des nombreuses hiérarchies qui sont les traductions de l'harmonie universelle. D'après les Fatimides, une hiérarchie du "monde angélique" – selon l'expression de H. Corbin – a son correspondant sur le plan terrestre; Ière Intelligence = Muhammad, IIème Intelligence = 'Alî, IIIème Intelligence = Hasan etc.

Mais une expression comme "Ame universelle" n'a pas seulement été utilisée par les Fatimides. En dehors des penseurs de la Falsafa, les soufis ont eux aussi incorporé à leur lexique technique cette expression. Dans le soufisme de l'école d'Ibn 'Arabî' le terme *al-Nafs al Kulliyya* désigne le premier créé. L'Etre divin produit l'Esprit Universel (*al Rûḥ al-kûllî*) appelé aussi Intellect Premier (*al-'aql al-awwal*). Dans le soufisme ni'matullâhi, une définition très complexe de l'âme a été élaborée. Pour Nûr 'Alî Shâh, le rénovateur de la *tarîqa* à la fin du XVIIIème siècle, l'union nuptiale de l'Intelligence universelle (*'aql-e kull*) et de l'Ame universelle (*nafs-e kull*) produisit la création du monde de la pluralité.

En dehors de l'Esprit Saint, sur lequel on reviendra, l'Aga Khan cite à quelques occasions "the Absolute or Universal spirit": "Even a superficial examination of the events of the world would show that they are governed by a certain order and harmony which presupposes an intelligent author called the Universal spirit who controls the world by definite set of laws, whether natural or moral"[14]. On ne peut pour autant en déduire que la conception aga-khanienne repose sur une dyade du type ismaélien classique ou ni'matullâhi. Il est particulièrement difficile de connaître le statut de l'Esprit. Mais du fait que l'Esprit universel soit associé à l'Absolu, on peut penser qu'il est aussi Dieu.

b–les émanations

Deux émanations revêtent une importance particulière dans la pensée de l'Aga Khan; la Grâce divine et l'Esprit saint. La première expression est utilisée dans un sens très large. Elle peut être considérée comme un don de Dieu (*Memoirs*, p. 171) ou bien être l'équivalent de la Volonté divine (id., p. 174). Cette notion est d'origine coranique et elle semble particulièrement bien correspondre au terme *raḥma* (XVIII/64, XI/69 etc ...) dans le verset XI/61: "Quand Notre ordre vint, nous sauvâmes Houd et ceux qui avaient cru avec lui, par une Grâce (rahma) de Nous. Nous les sauvâmes d'un immense tourment".

La Grâce signifie donc que l'homme est entièrement soumis à la Volonté divine pour certains aspects fondamentaux de la religion comme la foi. Régis Blachère, dans sa traduction du Coran parue en 1956, considère que le terme *raḥma* a le sens de "révélation"[15] ou de "bienfait divin" comme dans le verset: "Toute grâce (rahma) qu'Allah octroie aux Hommes, il n'est personne qui la retienne" (XXXV/2).

L'autre expression qui représente une hypostase divine importante est l'Esprit saint. Il est significatif que dans le Coran, trois fois sur quatre, il soit question de l'Esprit saint au sujet de Jésus (II/81, II/254, V/109). Seul le verset XVI/104 ne limite pas l'assistance de l'Esprit saint à Jésus: "Réponds(-leur): "L'Esprit saint a fait descendre de ton seigneur, (cette Révélation) avec la Vérité, comme Direction et Annonce pour les Musulmans, afin de confirmer ceux qui voient".

Dans ses mémoires, l'Aga Khan mentionne à deux reprises l'Esprit saint (*Holy spirit*). Une note précise la première fois que "The Muslim concept of the Holy spirit differs profoundly from the Christian idea of the Holy spirit of the third Person of the Trinity"[16]. Cette précision est capitale puisqu'elle permet de sauvegarder le dogme de l'unicité de Dieu. Mais c'est en citant indirectement Hâfiz que l'Aga Khan dévoile sa conception de l'Esprit saint: "Hafiz, indeed, has said that men like Jesus Christ, and Muslim mystics like Mansour and Bayezid and other, have possessed that spiritual power of greater love; that any of us, if the Holy spirit ever-present grants us that enlightment, can, being thus blessed, have the power which Christ had, but that to the overwhelming majority of men this greater love is not a practical possibility" (pp. 170-1).

Signalons aussi que l'Aga Khan mentionne encore l'Esprit Saint – toujours en faisant référence à Hâfiz – un peu plus loin au sujet de l'amour (p. 249). Cet extrait est capital à plusieurs titres; bien qu'une catégorisation soutenue puisse paraître nuisible à la pensée de l'Aga Khan puisque d'une certaine manière, elle en détruit l'unité, elle seule permet à l'analyse de rendre compte et, partant, de comprendre correctement cette pensée. Par conséquent, une fois encore, il convient d'examiner ici l'Esprit saint uniquement dans sa relation avec l'idée de Dieu, conformément au thème traité actuellement.

Mais avant d'aller plus loin, reportons-nous au quatrain de Hâfiz:

"Si l'effusion de l'Espit saint
Dispense de nouveau son aide
D'autres à leur tour feront
Ce que le Christ lui-même a fait"[17]

L'Esprit saint remplit une fonction fondamentale puisque c'est lui qui dispense la Grâce, et qui, de ce fait, choisit à qui il va la dispenser. C'est de l'Esprit Saint que dépend la réussite spirituelle de l'homme. L'Aga Khan n'est pas précis sur le rapport entre Dieu et l'Esprit saint, pas plus que ne l'est le Coran. Car en dehors de l'Esprit saint, il y est question de l'Esprit d'Allah (XII/87) ou plus simplement de l'Esprit comme dans le verset XVII/87: "(Les Infidèles) t'interrogent sur l'Esprit (rûh). Réponds: "L'Esprit procède de l'Ordre de ton Seigneur et il ne vous a été donné que peu de science" ou encore "Il fait descendre les Anges avec l'Esprit (émanant) de son Ordre sur qui Il veut parmi ses serviteurs (...)" (XVI/2).

Dans le quatrain ci-dessus, Hâfiz – et l'Aga Khan qui le cite – ne font que reprendre l'idée d'Ibn 'Arabî selon laquelle le saint peut être supérieur au prophète. Hâfiz va même plus loin, puisque d'après lui, n'importe quel croyant – dans la mesure où il est choisi par l'Esprit saint – peut atteindre le même niveau spirituel que Jésus: là aussi, l'Aga Khan souscrit totalement.

c–les manifestations: l'homme et l'univers

Dans la conception aga-khanienne, l'homme et l'univers sont considérés comme des manifestations divines. L'Univers est une manifestation de Dieu:

il est le reflet de Dieu. L'Aga Khan illustre cette conception par une allégorie qu'il attribue à al-Hasan al-Basrî: "Allah is the sun; and the Universe as we know it in all its magnitude, and time, with its power, are nothing more that the reflection of the Absolute in the mirror of the fountain" (p. 175). Cette allégorie a été très utilisée dans la pensée islamique; on la trouve en particulier mentionnée par Kermânî[18].

L'Aga Khan va même jusqu'à considérer que l'Univers est la manifestation suprême de Dieu (p. 174), tout en écrivant que "the Soul that sustains, embraces (and) is the universe" (id.), alors que plus loin il le décrit comme une des manifestations infinies de l'Ame universelle (p. 175). Il devient encore plus difficile de déterminer si l'Aga Khan conçoit Allah (Absolu?) l'Esprit (universel) et l'Ame (universelle) comme trois entités séparées. Le laconisme de l'Aga Khan ne permet pas d'établir de hiérarchie, si tant est qu'il en conçoive une, mais néanmoins, la description qu'il fait de l'Ame-qui-contient tendrait à faire de la conception englobante la clé de son émanatisme. Le cercle d'Allah engloberait celui de l'Esprit qui engloberait celui de l'Ame qui engloberait celui de l'Univers.

Cette conception de Dieu est finalement proche de celle des Fatimides. D'après Sejestânî, par exemple, le Dieu transcendant produit la Première création (Intellect ou Esprit universel) – de qui émane la Deuxième (Ame universelle), de qui émane la Troisième qui est la nature. Sur elle il écrit: "Sache que la nature reçoit l'assistance de l'Ame par l'intermédiaire de la Forme harmonieuse qui est l'aboutissement de son mouvement à savoir l'être humain"[19]. En conséquence de quoi l'être humain est en contact avec l'Ame universelle, ce qui en fait la créature suprême. Cette place de l'homme dans la création est d'origine coranique. Il est dit dans le Coran à maintes reprises que Dieu a soumis la création à l'homme (XXV/49, XVI/12, XXXI/19, X/68, VI/97 etc...). On trouve bien entendu cette même idée chez l'Aga Khan (p. 177).

L'Aga Khan reconnaît l'existence d'êtres supérieurs aux hommes: les anges, qui semblent être des êtres humains qui ont développé au maximum les capacités de leur âme (*Memoirs*, p. 177). L'homme est sans nul doute d'origine divine non pas seulement parce qu'il est l'oeuvre de Dieu, mais parce qu'il a en lui une parcelle divine: "all (men) are the sons of Adam in the flesh and all carry in them a spark of the Divine light. Everyone should strive his best to see that spark be not extinguished but rather developed to that full "Companionship-on-high" which was the vision expressed in the last words of the Prophet on his death bed"[20]. Une allusion de l'Aga Khan à "l'homme parfait" témoigne définitivement de l'accentuation mystique de ses "propres croyances personnelles"[21].

e–Justice divine et libre-arbitre

Concernant Dieu, deux concepts revêtent une grande importance dans la pensée aga-khanienne: la vision divine et la justice divine. Le problème de

De Dieu au Croyant

la vision divine, très débattu par les écoles de pensée islamique relève des "croyances personnelles". Quant à la Justice divine, l'Aga Khan la présente comme une des croyances islamiques de base. Les théologiens classiques étudiaient cette question avec celle de la rétribution.

La Justice divine (*'adl*) est le cinquième élément fondamental (*uṣûl al-Dîn*) du shî'isme duodécimain[22]. Pourquoi ce que les Sunnites considèrent comme un attribut de Dieu est-il chez les Shî'ites un élément fondamental de la religion? M. Moomen y voit le souvenir du débat entre les Mu'tazilittes et les Ash'arîtes à une époque où la pensée shî'ite était en formation (4ème-5ème/Xème-XIème siècle). Les Shî'ites adoptent la position mu'tazilite qui affirmait que la responsabilité de l'homme était engagée par ses propres actions, et qu'ensuite interviendrait le jugement divin de ces actions d'après la Justice divine.

Alors que la position ash'arîte, soutenue par la plupart des Sunnites, soutient que Dieu crée les actes de l'homme, et que la place octroyée à la propre volition de l'homme est très réduite. L'Aga Khan exprime dans ses mémoires son point de vue sur la question: "In Islam, écrit-il, the Faithful believe in Divine justice and are convinced that the solution of the great problem of predestination and free will is to be found in the compromise that God knows what man is going to do, but man is free to do it or not" (p. 176).

Bien qu'il soit difficile de classer cette position parmi les écoles du *'ilm al kalâm*, on serait tenté de considérer l'Aga Khan comme plutôt proche des mu'tazilites. Puisque finalement, il en ressort que l'homme est totalement libre: le fait que Dieu sache ce qu'il va faire ne semble lui ôter aucune latitude d'action. Pourtant, cette solution présentée comme un compromis d'après l'école d'al-Ghazâlî, devrait plutôt être apparentée à la position ash'arîte.

Après la mort, poursuit l'Aga Khan, la Justice divine prendra trois éléments en considération: la foi, la prière et les actions. Pour les élus, ce sera la vie éternelle et le bonheur spirituel de la vision divine. Pour les damnés, il y aura l'enfer où ils seront consumés pour ne pas avoir su mériter la grâce et la bénédiction de la compassion divine (p. 177). L'eschatologie aga-khanienne ne fait aucune allusion à la Résurrection. Quant à la vision divine, elle est acceptée par les Hanbalites et les Ash'arîtes. Par contre, elle est rejetée par les Shî'ites duodécimains. Enfin, elle est acceptée par l'école d'Ibn 'Arabî[23].

En dernière analyse, l'idée de Dieu chez l'Aga Khan est dominée par celle d'un Dieu-qui-soutient et Dieu-qui-embrasse. Mais ce Dieu-là reste lointain et l'homme ne peut le connaître que par certaines de ses émanations. C'est en effet à l'Esprit universel ou à l'Ame universelle que s'adressent les attributs coraniques que l'Aga Khan envisage plutôt comme des qualités morales, des vertus qui formeront le socle de son éthique. Le caractère dominant par lequel on peut connaître la divinité est celui-qui-pardonne:

l'indulgent, duquel sera issue une notion cardinale mentionnée dans les "croyances personnelles", l'amour.

IV-3 LE CONCEPT DE LA NATURE

a–l'Aga Khan et les neitcharis

On sait déjà que le concept de nature tient une place importante dans la pensée de l'Aga Khan puisqu'il explique l'avance des Européens et, corrélativement le "retard" des Musulmans, par le statut accordé par chacun d'eux à l'étude de la Nature. Chez les premiers, cette étude a constitué la base de la science moderne; les seconds l'ont délaissée malgré les injonctions du Coran à chercher à comprendre les "signes", c'est à dire les phénomènes naturels; Carlyle lui-même signale cette prédisposition du discours coranique en citant l'un de ces versets.

Il est probable que l'Aga Khan ait découvert l'importance de la Nature dans l'oeuvre de Sayyid Ahmad Khân. La place que ce dernier lui accorde est d'une importance telle que sa doctrine fut qualifiée de *neitchari*, d'un néologisme persan-ûrdû tiré de l'anglais *nature*. L'axiome de cette doctrine se résume ainsi: "L'oeuvre de Dieu, la nature, est identique à la parole de Dieu, le Coran"[24]. Cette formule un peu abrupte provoque une réaction violente des *'ulamâ* indiens qui eurent tôt fait de comprendre que la nature – au sens classique du terme *dahr*, synonyme de matière, était identique à la parole de Dieu. Cela revenait alors à nier le caractère incréé du Coran et surtout à associer Dieu à la matière, lieu par excellence de la corruption.

Jamâl al-Dîn al Afghânî, qui séjournait en Inde vers cette époque publia en 1881 un ouvrage consacré à la réfutation de l'idée de naturalisme envisagé sous l'angle d'un matérialisme excessif. Ecrit en persan, il l'intitula *Radd neitcherriyyé*. Ce court traité écrit sur la demande d'un ami indien d'al-Afghânî, fut traduit en ûrdû (1883), puis en arabe par Muhammad 'Abduh sous le titre de *Ar-Radd 'alâ dahriyyîn* (1885)[25]. Ce livre polémique a déjà été évoqué dans le cadre de la pensée de Sayyid Ahmad Khân: il faut y revenir en développant la question de la nature chez ce même auteur. D'autant qu'al-Afghânî revient sur sa critique dans un article paru dans le célèbre journal qu'il fonda avec 'Abduh à Paris *Al 'Urwat al Wuthqâ*.

Il cite alors nommément "Ahmed Khan Bâhdûr" et il précise que sa doctrine est celle du "naturalisme matérialiste". D'après lui, Sayyid Ahmad Khân "invita ouvertement à abandonner toutes les religions (mais il ne s'adressait qu'aux Musulmans) et il clama "la nature, la nature" afin de suggérer que l'Europe n'avait progressé dans la civilisation, ne s'était élevée dans la science et dans l'art, ne s'était maintenue dans la force et la puissance, qu'en rejetant les religions. Il proclama qu'il n'existait rien hormis la nature aveugle"[26]. On ne peut que se référer au point de vue de

De Dieu au Croyant

N.R. Keddie déjà mentionné, à savoir constater le ton polémique de l'auteur, celui-ci désirant fustiger le loyalisme musulman pro-européen, et par là organiser la résistance du monde musulman face à la montée de l'impérialisme. Est-il besoin d'ajouter à cela que les attaques lancées par l'auteur sont dénuées de tout fondement?

En réalité, l'idée de nature chez Sayyid Ahmad Khân n'est pas clairement définie. Par "nature", il entend toute réalité créée. Les nombreuses lois qui gouvernent la nature constituent la "loi de la nature" que Sayyid Ahmad Khân désigne d'autre part comme "loi de relation de cause à effet". Cette loi doit surtout expliquer la merveilleuse harmonie de tout l'univers matériel et spirituel: elle constitue même le principe de leur disposition ordonnée. Le Coran fait plusieurs allusions à cette loi qui sous-tend l'harmonie de la création: de ce fait, l'Islam authentique est en totale harmonie avec les découvertes scientifiques. La loi de la Nature régit tous les événements du monde. Elle est inviolable puisqu'elle a été révélée par Dieu lui même. Cette conception de la loi de la nature implique la négation de la possibilité du miracle et du surnaturel. Dans la pensée de Sayyid Ahmad Khân, sa fonction essentielle est de constituer le substrat d'un rationalisme musulman rénové qui doit permettre l'intégration au savoir islamique de valeurs européennes. L'idée de l'existence de mondes intermédiaires – qui suivraient une loi différente et qui a été abondamment développée dans le soufisme et le shî'isme sous le nom de *'alâm al mithâl* ne peut exister dans la conception de Sayyid Ahmad Khân.

Concernant cette question, l'identité des structures entre la conception de l'Islâh et celle de la philosophie des Lumières a été relevée à plusieurs reprises. En Europe, Carlyle peut apparaître à ce titre comme un philosophe du XVIIIème siècle attardé en pleine Révolution Industrielle. Cette conception stipule la référence à une religion naturelle ou rationnelle que toute l'humanité peut reconnaître. Al Afghânî a lui-même affirmé une relation d'identité entre l'Islam normatif et la philosophie des Lumières. Tout comme Voltaire un siècle et demi auparavant, al Afghânî dénonce au nom de cet Islam naturel/rationnel les pratiques superstitieuses qui ont dénaturé l'Islam authentique. Très influencé par les deux idéologies qui dominaient alors en Europe, à savoir l'utilitarisme et le positivisme, Sayyid Ahmad Khân a élargi le concept de la Nature jusqu'à en faire la base d'une religion utile qui de ce fait devient la matrice même du changement.

L'Aga Khan approuve et reprend dans une très grande mesure la conception de la nature chez Sayyid Ahmad Khân; mais elle n'est dans la pensée aga-khanienne qu'une facette de sa conception. En effet, chez l'Aga Khan, l'idée de nature fonctionne sur un autre registre dans lequel la recherche de sa connaissance constitue une étape dans la connaissance de Dieu. De ce fait, l'Aga Khan évite de tirer des conclusions aussi hardies que Sayyid Ahmad Khân et de ce point de vue, il ne peut être considéré comme un *neitchari*.

La Rénovation du Shî'isme Ismaélien en Inde et au Pakistan

Concernant le concept de la Nature, Georges Balandier écrit que "durant les périodes de rupture, de remise en cause globale qui effectuent un tournant de l'histoire, cette philosophie de la nature se modifie; elle annonce, prépare, accompagne les changements en voie de se faire et en cours de réalisation"[27]. Il nous semble que la conception aga-khanienne de la Nature reflète parfaitement cette situation dans sa structure ambivalente.

b–la nature comme source de la connaissance scientifique

C'est à plusieurs reprises que l'Aga Khan, surtout dans les dix dernières années de sa vie, présente l'Islam comme une religion naturelle (*natural religion*). Sur le modèle de Sayyid Ahmad Khân, il utilise cette expression pour exprimer l'idée que la loi de la cause et de l'effet est la loi qui régit la Création. La Nature est justement l'équivalent de la Création du monde physique. Les éléments qui composent la Nature sont les "signes de Dieu" – c'est à dire qu'ils sont les preuves de la puissance divine, ainsi que de la loi et de l'ordre divins[28]. L'Aga Khan va jusqu'à écrire que le Coran fait référence à la loi de la Nature comme la preuve de l'existence de Dieu.

Le Coran et la Tradition insistent sur le fait que les hommes doivent réfléchir à ces "signes". Bien que l'Aga Khan ne nie pas l'existence des miracles, la loi de la nature est pour lui le paradigme de la religion islamique: "islam is fundamentally a natural religion, affirme-t-il. All its dogmes and doctrines of whatever sect or school, are ultimately based on its regularity and order of natural phenomena, on the natural inclination of human beings for survival and reproduction, while the religion of the West, Christianity, is based on a miraculous event and faith in miracles, that is to say, a break in that very regularity to which the Holy Koran refers on a thousand occasions"[29].

Mais en établissant ce parallèle entre les deux religions – parallèle exprimé en des termes identiques par al Afghânî, l'Aga Khan oublie que le modernisme occidental s'est élaboré non pas en accord avec le christianisme, mais contre le christianisme. En Europe, le XIXème siècle triomphant a acculé la religion dans ses derniers retranchements; les auteurs n'en tiennent pas compte et ils raisonnent comme si la religion chrétienne avait favorisé le développement scientifique. Pourtant, de 1616 lorsque le pape Paul V condamne les théories de Copernic comme contraires aux Ecritures du Syllabus de Pie IX qui condamne en 1864 toutes les théories du siècle parmi lesquelles se trouve le darwinisme, le développement de la pensée scientifique n'est qu'un long combat contre les autorités religieuses parce qu'il implique *ipso facto* la sécularisation de la pensée, compte tenu du fait que la Bible n'est plus la matrice originelle de la totalité du savoir[30].

Aucun réformateur, à l'exception de Muhammad Iqbâl, n'a soulevé cette question: pourquoi? La réponse la plus courante est celle qui consiste à dire que la question de la sécularisation ne peut être pensée dans la religion islamique parce que cette religion se veut totalisante. Mais le christianisme, malgré la tendance dominante de la résoudre par la formule "Rendez à César ce qui est à César", n'a-t-il pas eu lui-même la tentation récurrente de s'affirmer comme pensée englobante de la réalité, en d'autres termes comme domination du spirituel/religieux sur le temporel/politique? Nous ne rappellerons pour illustration que la lutte multiséculaire entre le pape et l'empereur[31]. Il est vrai d'autre part que dans le Coran et dans la *Sunna*, l'Islam englobe tous les champs de la connaissance et de ce fait, aucune rupture épistémique ne peut être envisagée à partir de ces sources. Mais là aussi, les Musulmans du passé ne se sont pas toujours préoccupés des fondements idéologiques, et on observe dans l'histoire de l'Islam l'existence d'une laïcité de fait à plusieurs reprises.

Par conséquent, ne doit-on pas chercher ailleurs l'origine de cette attitude caractéristique des réformateurs musulmans de penser le développement scientifique à travers la régénération de la pensée religieuse islamique? Cette question dépasse certes largement notre recherche; pourtant, l'analyse des écrits de l'Aga Khan nous permet de proposer deux hypothèses. Premièrement, l'accentuation du principe de l'unité comme première représentation de Dieu rend difficile la séparation à "l'européenne" du religieux et du non-religieux; d'autre part, le facteur communautaire – lui même issu du principe de l'unité – ne permet guère d'envisager le rejet de la pratique religieuse hors de la cité; ces éléments font apparaître l'idée de l'élaboration d'une laïcité spécifique que nous étudierons plus loin.

Pour l'Aga Khan, la régularité et l'ordre des phénomènes naturels constituent quoi qu'il en soit le modèle à la fois par sa perfection divine, vers laquelle doit tendre le croyant, et par le fait que cette perfection de la Création est un mystère, un secret que le croyant doit chercher à percer. Il attribue d'autant plus d'importance à l'étude de la Nature que c'est sur cette question que le savoir européen et le savoir musulman se sont séparés. C'est grâce au génie de Sayyid Ahmad Khân et à celui de Muhsin al-Mulk que les Musulmans ont pris conscience de ce qui constitue finalement la cause fondamentale du retard islamique.

En effet, le contrôle des forces de la Nature donne la puissance aux êtres humains, et qui dit augmentation de ce pouvoir dit développement[32]. Pour l'Aga Khan, l'étude de la Nature peut seul conduire à l'étude scientifique: "It is the one most permeated by the influence of those processes of watching and interpreting natural phenomena, to which we give the name of science, écrit-il en 1918 au sujet de la civilisation européenne. Indeed the modern inductive method is almost a monopoly of this division of this culture. It has so constantly wested from Nature her secrets for material purposes, that one can almost say it stands alone in knowing how to bring into the service of mankind the more recondite forces of the inanimate world"[33]. L'étude scientifique a un objectif matériel et moral: le bien-être de l'humanité. La pensée de l'Aga Khan est ici fortement marquée par le positivisme et l'utilitarisme qui dominaient l'idéologie moderniste de l'Europe à la fin du XIXème siècle. Il en retient que la connaissance positive peut être déduite de l'étude de la Nature. Comme le dit le Coran, Dieu a créé la Nature pour aider l'homme à survivre: elle est entièrement à la disposition de l'homme.

IV-4 RAISON ET HISTOIRE

a-le *'aql* dans la pensée ismaélienne

La conception ismaélienne de la Création est d'origine néo-platonicienne. Dès le Xème siècle, les Ikhwân al-Safa' considèrent que *al 'aql al awwal*, l'Intellect Premier ou *al'aql al kull*, l'Intellect Universel, est la première émanation *ex-nihilo* de Dieu. C'est le lieu dans lequel les choses passent de l'état de non-existence à celui d'existence (*wujûd*). Cette place éminente vaut à l'Intellect sa plénitude et sa perfection. L'Intellect contient en lui la forme de toute chose et c'est de lui que procède l'Ame Universelle[34].

Chez Nâsir-e-Khusraw, l'Intelligence est elle aussi la première émanation issue de Dieu. Mais le penseur fatimide la met en rapport avec la joie (*sorûr*): "La preuve que la subsistance de l'Intelligence est la joie, c'est que l'instauration de la joie va de pair avec la disparition de l'ignorance; or l'ignorance est abolie par la connaissance. Conséquemment, il appert de ces prémisses que la joie est par la connaissance et que la connaissance est l'acte de l'intelligence"[35]. Reprenant l'idée d'Aristote, Nâsir-e-Khusraw poursuit en disant que le rire, qui constitue la manifestation par excellence de la joie, est une spécificité de l'homme. C'est d'autre part de l'intelligence que provient la connaissance, entendue comme la manière dont les hommes appréhendent les choses telles qu'elles sont. Cette connaissance concerne à la fois les choses sensibles et les choses intelligibles. Bien qu'elle procède de l'intelligence Universelle, Nâsir-e-Khusraw accorde une plus grande importance à l'Ame Universelle.

Chez Sejestânî, le *'aql* est encore envisagé sous la forme du principe originateur instauré par Dieu mais complètement différencié de lui, et duquel émane toute la Création. L'idée de la Première Intelligence (*'aql-e awwal*) comme *Deus revelatus* est clairement exprimée par le philosophe iranien; de ce fait, il ressort que c'est à lui que les attributs s'appliquent. Le *'aql* chez Sejestânî est assimilé au centre; il est d'autre part identique à l'Impératif Divin (*amr*) lorsque celui-ci est compris comme Unité, Parole, Connaissance et comme Volonté[36].

Intellect, Intelligence, Raison Universels, les philosophes ismaéliens n'ont-ils jamais envisagé la raison comme simple faculté de raisonnement? Les Ikhwân al-Safâ' écrivent que la raison est l'une des facultés de l'Ame Universelle. L'action de la raison humaine est pensée, réflexion, paroles et oeuvres[37]. La raison est l'un des trois modes de connaissance avec le sensible et la démonstration. La raison est elle-même hiérarchisée suivant les différentes étapes de l'évolution de l'individu. Son point de départ ou "raison première" ou "raison instinctive" est constitué par ce que l'homme acquiert par la voie des sens. Ce n'est pas avant l'âge de trente ans que l'homme peut atteindre le stade supérieur ou "raison démonstrative".

Le concept de raison démonstrative est inspiré par Aristote et Porphyre. L'instrument de la démonstration est le syllogisme; avec celui-ci, l'homme atteint le stade de la raison acquise et peut ainsi se livrer à la spéculation philosophique. L'objet de la raison acquise est les vérités métaphysiques qui ne peuvent être appréhendées ni par les sens, ni par l'imagination. Pourtant toute la connaissance ne lui est pas accessible: les questions concernant par exemple la résurrection et la rétribution.

Bien qu'il ne soit guère question du *'aql* dans les traités alamûtî et anjudânî, le concept apparaît avec de nouvelles implications dans les écrits de Shihâb al-Dîn Shâh. Nous ne tenterons aucunement d'aborder la question des origines de ce renouvellement sémantique quoi qu'il soit possible malgré tout de l'observer dans le soufisme iranien à l'aube du XIXème siècle[38]. Shihâb al-Dîn Shâh oppose raison (*'aql*) à inconscient (*nafs*): "Reason, 'Aql, is the faculty which always shows you the right way, not permitting you to stray from it. It is said that Reason is what you have to worship God with, gaining the blessing of eternal life, of entrance into Paradise, and a permanent abode in it"[39]. La raison n'est ici rien d'autre que le principe qui permet de distinguer le Bien du Mal.

L'auteur écrit que l'homme a toujours le choix entre suivre ce que lui dicte la raison, et la satisfaction de ses bas instincts, c'est à dire ce que lui dicte son inconscient; il s'étend longuement sur les conséquences néfastes qu'entraîne le mauvais choix. La raison chez Shihâb al-Dîn Shâh n'est donc plus envisagée suivant la vision du monde néo-platonicienne. Il n'est plus du tout question de la Raison Universelle comme première instaurée par Dieu. La raison est envisagée sous un aspect plus technique bien qu'elle reste encore totalement la servante de la révélation.

b–Islam et histoire

Dans sa problématique réformiste, on a vu que l'Aga Khan envisage l'histoire comme expérience du passé, témoignage de l'évolution. Elle tend surtout à démontrer que la civilisation islamique a guidé les autres civilisations vers le progrès et qu'elle contient par conséquent dans ses propres sources les réponses au défi du modernisme européen.

Pour l'Aga Khan, le mérite essentiel de l'Islam est d'avoir renouvelé les révélations antérieures et, surtout, d'avoir proposé un message dont l'objectif vise avant toute chose l'adhésion à la contemporanéité. Cette conception implique que les sources scripturaires se présentent sous un double aspect: une partie d'entre elles est composée de "vérités éternelles", pour citer une expression aga-khanienne, et le reste forme un ensemble de préceptes qui doit régler les problèmes de la vie quotidienne tels qu'ils se posaient a l'époque du Prophète. C'est cette vision de l'Islam que l'Aga Khan a voulu léguer à la fin de sa vie lorsqu'il écrivit: "It is the same Prophet who advises his followers ever to remain IBN'L-WAQT (i.e. children of the time and period in which they are on earth) and it must be the natural ambition of every Muslim to practise and represent his Faith according to the standard of the waqt or space-time"[40].

Cette conception a de multiples implications sur le plan de l'autorité et de sa transmission en Islam, et sur celui de la rationalité pragmatique de l'Islam. En ce qui concerne la question de l'autorité, l'existence d'un guide à toutes les époques devient indispensable du fait de la nécessité d'adapter certains principes islamiques. L'imâm shî'ite, à la suite du Prophète, doit poursuivre l'interprétation des vérités éternelles pour qu'elles puissent continuer à définir un cadre de vie pour les croyants.

Mais pour l'Aga Khan, qu'est-ce que l'Histoire? Il utilise le plus souvent le terme dans le sens de "passé". Lorsqu'il s'agit de l'évolution, il préfère l'expression *the flux of circumstances*[41]. Quels liens existent entre le Créateur et le déroulement des événements historiques? L'Aga Khan ne juge pas utile de les expliquer. Le fait qu'il utilise de telles expressions tendrait à faire penser que l'évolution humaine n'est pas totalement sous le contrôle du Créateur. En 1918 déjà, il décrit l'évolution de l'homme comme le résultat de "the will of providence and the play of historic forces"[42].

L'Aga Khan utilise l'histoire pour démontrer la valeur de l'Islam ou la dépendance intellectuelle de la Renaissance européenne: c'est ce qu'il appelle lui-même les "History's lessons". Il reste malgré tout conscient du fait que tout peut être justifié par l'Histoire. Par conséquent, la justification historique ne constitue pas en elle-même une justification déterminante.

c–le bon sens comme raison aga-khanienne

Les sources de l'Histoire, qu'elles soient sacrées ou profanes, doivent être utilisées avec prudence. L'Histoire doit être approchée avec un esprit critique. On a vu que plus particulièrement les sources de l'Islam doivent y être soumises à l'exception du Coran. Chez l'Aga Khan, cet esprit critique est beaucoup plus aigu quand il s'agit de personnages ou de faits extérieurs au contexte musulman. C'est ainsi que dans ses mémoires, il fait preuve de beaucoup d'esprit critique – mais dépourvu d'excès – à l'égard de Gandhi; alors que la description de Jinnah en est totalement dépourvu. Mais il est vrai que la représentation de celui-ci appartient à un discours mythique plutôt qu'à un discours rationnel.

Face à ses disciples, l'Aga Khan affirme que le *'aql* est la base de leur religion; il le définit comme la faculté de raisonner, c'est à dire la faculté de comprendre. La religion sans le *'aql*, continue-t-il, ne permet pas de comprendre, et par conséquent on ne peut rien obtenir. La source de cette rationalité est de toute évidence dans le Coran. On a déjà mentionné l'importance que l'Aga Khan accordait aux injonctions coraniques exhortant l'homme à comprendre. Le contexte intellectuel de l'époque conduit l'Aga Khan à considérer que cette injonction s'applique avant tout aux phénomènes de la Nature. Mais cela n'empêche que ces injonctions témoignent pour lui de l'ouverture d'esprit et surtout de cette orientation vers la recherche de la compréhension et de la connaissance caractéristique de l'esprit de l'Islam.

La raison islamique a été maintes fois décrite par les auteurs comme échappant à l'historicité. Ils l'expliquent par le fait que les sciences instrumentales de l'exégèse classique ne pouvaient pas connaître de coupure épistémique qui aurait comme conséquence de la reléguer dans un savoir dépassé[43]. Chez l'Aga Khan, la raison est toujours au service de la Révélation. Sa conception de la rationalité islamique est plus proche du bon sens et de la logique qui suffit à distinguer le bien du mal et le vrai du faux. Elle n'est pas opérative dans le champ des spéculations métaphysiques. On retrouve ici une conception proche de celle de Shihâb al-Dîn Shâh. L'Aga Khan n'évoque à aucun moment une "Raison Universelle" comme hypostase de la divinité. Dans la théogonie pré-fatimide et fatimide, la "Raison Universelle" ou "Premier Intellect" constituait la première hypostase souvent personnifiée par l'imâm[44]. Des tentatives de réhabiliter la notion fatimide de *al 'aql al kull* apparaissent dans des revues ismaéliennes, où elle est décrite comme force créatrice à l'origine de toutes les créatures[45].

La rationalité de l'Aga Khan se confond en dernière analyse avec sa conception de la Nature. Il affirme en fait indifféremment que l'Islam est une religion naturelle ou une religion rationnelle[46]. En effet, pour lui, le principe de fonctionnement de cette rationalité est le même que celui de la Nature, à savoir le principe de cause à effet. Cette conception mécaniste de la rationalité, qui englobe sa conception de l'Histoire, limite beaucoup leur fonction comme source de la connaissance. Leur utilisation dépend de la conformité de l'Histoire et de la raison avec le Coran. L'Aga Khan recourt souvent à l'une ou à l'autre pour mettre hors de cause l'Islam et sa source fondamentale, le Coran. Le cas le plus évident de cette utilisation est son explication du retard islamique.

d–biographie et histoire romancée

Le goût de l'Aga Khan pour l'Histoire apparaît dans sa passion pour les biographies. Il existe certes une tradition biographique dans l'Islam, depuis la *sîra* du Prophète prolongée par celles des imâms shî'ites. Très tôt, les récits hagiographiques se sont développés comme un genre littéraire. On a d'autre part déjà mentionné l'importance que l'Aga Khan accorde à l'être humain en tant que modèle. Les traditions littéraires arabes et persanes ont en commun la représentation d'un héros qui stimule le dépassement de l'homme par lui-même. Ce type de héros, proche des héros de la mythologie grecque, est en réalité un surhomme puisqu'il est doté de qualités surnaturelles.

L'attachement de l'Aga Khan pour le récit biographique traduit son intérêt pour les vastes fresques qui retracent les conditions de vie d'une époque glorieuse. Sa préférence va de toute évidence à la biographie romancée – entendons par là non objective: pour lui, le principal est que le récit, qui retrace la vie d'un grand homme, soit exemplaire. Celui-ci, de par les préoccupations de l'Aga Khan, doit avoir été à l'origine d'un changement fondamental et positif survenu dans son pays: début d'une période de grande puissance militaire ou économie, prospérité etc. En d'autre terme, le grand homme doit ressembler à un héros civilisateur, la civilisation devant alors être comprise comme le modernisme européen.

Bien que les principaux biographes de l'Aga Khan mentionnent son attachement pour la biographie comme récit historique, aucun, ni lui-même, ne mentionnent d'auteurs musulmans. Il est vrai qu'une partie de cette littérature est anonyme. Par contre, les biographes mentionnent un certain nombre d'historiens dont les récits faisaient les délices de l'Aga Khan. Lui-même en cite quelques uns. Ces historiens ont la particularité de tous être britanniques. Edward Gibbon (1737-1794) est surnommé par l'Aga Khan "le prince des historiens"[47]. L'oeuvre principale de cet auteur qui connut Voltaire est consacrée à l'histoire du déclin et de la chute de l'empire romain, publiée en trois volumes de 1776 à 1781. On y voit la naissance d'une histoire scientifique basée sur l'idée que les civilisations constituent des corps à l'image du corps humain qui naît, dépérit et meurt, et qui sera parachevée par les positivistes. Les caractéristiques de cette scientificité sont la lucidité, l'exhaustivité et la précision. L'oeuvre est d'autre part considérée jusqu'à aujourd'hui comme le plus grand ouvrage historique de la littérature anglaise[48].

Gibbon développe dans son ouvrage une conception très particulière de l'empire romain puisqu'il le découpe dans les trois parties suivantes: de Trajan à la chute de l'empire d'Occident, de Justinien à Charlemagne et enfin de la renaissance de l'empire d'Occident à la prise de Constantinople. Ce découpage chronologique lui permet de traiter des sujets aussi divers qu'importants – pour l'Aga Khan – comme la naissance du christianisme, les conquêtes musulmanes et les Croisades. Gibbon envisage par conséquent l'empire romain comme la matrice du monde occidental, comme le prototype de l'évolution européenne. En dernière analyse, Gibbon étudie la naissance de l'époque moderne puisque son étude s'arrête à la fin du XVème siècle. Cette description de la naissance de la période moderne en Europe, qui s'effectue à travers la renaissance cyclique de l'empire romain, dut certainement être très suggestive pour l'Aga Khan, qui n'avait qu'à substituer "empire romain" à "Age Inaugurateur".

De Dieu au Croyant

D'après Dumasia, c'est Macaulay qui avait la préférence de l'Aga Khan parmi les historiens britanniques. Thomas Babbington Macaulay (1800-1859) fut membre du Conseil Suprême de l'Inde de 1834 à 1838. Il usa de sa grande influence pour étendre le système d'éducation britannique en Inde. Il fut par la suite secrétaire d'Etat à la guerre de 1839 à 1841. Macaulay publie dès 1843 des *Essais critiques et historiques* où sa conception de l'histoire apparaît centrée sur la vie des grands personnages. Mais son oeuvre la plus importante reste une histoire de l'Angleterre de James II jusqu'à son époque, publiée en cinq volumes de 1849 à 1861. Dans cette oeuvre dotée de grandes qualités littéraires qui en fait une des plus grandes oeuvres du XIXème siècle, Macaulay développe tout au long du récit une immense érudition qui lui permet de brosser un tableau détaillé et vivant de l'époque étudiée. L'objectivité n'est pas la première qualité de l'auteur qui analyse l'histoire anglaise du point de vue whig et protestant. Le héros est le roi Guillaume III (1650-1702), ancien *stathouder* de Hollande qui devint roi d'Angleterre le 23 février 1689 dans des circonstances très particulières.

Le personnage de Guillaume d'Orange, héros principal de l'histoire de Macaulay, concilie plusieurs fonctions importantes pour l'histoire du pays. Il est d'une part celui qui a unifié dévinitivement l'Angleterre, mettant fin à une longue période d'instabilité. Il a résolu les problèmes religieux en assurant, peu importe comment, la coexistence pacifique des différentes communautés religieuses; il a permis la création de la monarchie parlementaire, système politique particulièrement bien équilibré et enfin, sous son règne, s'ouvre une période de prospérité et de grandeur pour l'Angleterre. Finalement, Guillaume III n'est rien d'autre que l'initiateur de l'entrée de l'Angleterre dans l'ère moderne.

Un autre historien britannique cité par les biographes de l'Aga Khan est Walter Scott (1771-1832). Auteur très prolifique, Walter Scott eut une influence immense sur la littérature européenne puisqu'il fut le créateur du roman historique européen qui allait connaître une immense vogue au XIXème siècle[49]. Deux oeuvres furent à l'origine de cette vogue: *Ivanhoé* (1818), qui met en scène Richard Coeur de Lion et Robin Hood, et *Quentin Durward* (1821). Il fut d'autre part le maître à penser de Carlyle et de Macaulay, leur apprenant comment reconstruire le passé à partir du présent et surtout que l'historie de la vie des humbles peut être aussi dramatiquement vivante que celle des souverains. Scott s'intéressa à des questions plus techniques comme le lien existant entre la science historique et la littérature dans ses *Essays on the chivalry and drama* parus en 1814. Toute son oeuvre romancée s'organise autour du roman biographique et la dernière oeuvre importante qu'il publia en 1827 fut une monumentale *Life of Napoleon Buonaparte*.

Il faut enfin citer un dernier historien important de cette période, Carlyle. Dans son autobiographie, ce dernier écrit qu'il publia un article pour la défense de la *Life of Napoleon Buonaparte* de Scott. Le matériel rassemblé dépassait de beaucoup ce premier objectif. Mill avait plus ou moins l'intention, poursuit-il, d'écire un livre sur la Révolution Française; cet ouvrage ne vit finalement pas le jour mais ses notes furent très utiles à Carlyle pour son histoire de la Révolution Française[50].

Bien que l'ouvrage ait été critiqué à cause de son manque d'impartialité, on peut le considérer comme le récit poétique d'un grand drame historique, illustrant surtout le châtiment mérité qui s'abat sur ceux qui oppressent le pauvre. Carlyle énonce aussi l'idée que le salut doit s'accomplir par un retour aux conditions médiévales et par le gouvernement d'un homme juste et fort, qui ne peut être désigné par une élection populaire[51].

IV–5 LES DEVOIRS DU CROYANT

a–le Coran et les devoirs d'obligation

La dernière catégorie qui clôt les "fondements de l'Islam" sont les devoirs du Croyant. L'Aga Khan les signale aussi comme le "mode de vie" islamique. La diversité de ces appellations témoigne de l'éclectisme de cette catégorie.

Le Coran fait de nombreuses allusions aux devoirs des croyants. Les deux qui sont les plus souvent cités sont la prière et l'aumône (XL/14, XXXV/26, VII/155 etc ...). Mais à ces obligations rituelles s'ajoutent des valeurs qui constituent un idéal éthique. Ce sont par exemple les fameuses injonctions à faire le bien: "Les Croyants et les Croyantes sont, (au contraire), des affiliés (awliyâ') les uns pour les autres. Ils ordonnent le Convenable et interdisent le Blâmable. Ils accomplissent la prière et donnent l'Aumône (zakât). Ils obéissent à Allah et à son Apôtre. A ceux-là, Allah fera miséricorde. Allah est puissant et sage" (IX/72, et aussi IX/113).

Bien que l'Aga Khan cite dans ses mémoires la prière parmi les devoirs de l'homme, il lui accorde plus d'importance comme lien mystique avec la divinité. En ce qui concerne la *zakât*, l'Aga Khan la transforme en un principe général d'entraide islamique: "All men, rich and poor, must aid one another materially and personnally. The rules vary in detail, but they all maintain the principle of universal mutual aid in the Muslim fraternity" (p. 176).

Mais dans *L'Europe et l'Islam*, l'Aga Khan ne semble pas faire de différence-à l'instar d'Ameer Ali-entre ce principe d'entraide et la charité qui doivent culminer dans la *zakât* (p. 18). Signalons que l'Aga Khan n'utilise pas ici le terme *zakât*: pour lui, il fait référence à l'idée d'une charité pratiquée parce qu'elle est obligatoire[52].

Dans le *'ilm al-kalâm* et dans le *fiqh*, la foi implique la mise en pratique des obligations fondamentales de la religion. En plus des deux examinées ci-dessus, ce sont le jeûne, le pèlerinage, et éventuellement le *jihâd*. L'Aga

Khan s'exprime brièvement sur chacune d'elles. Sur le jeûne, il suit la tendance générale qui consiste à condamner les excès: "Reasonable fasting for a month every year, explique-t-il, provided a man's health is not impaired thereby is an essential part of the body discipline, through which the body learns to renounce all impure desires" (p. 176).

Il ne fait pas du tout allusion, dans ses mémoires au pèlerinage de l'Islam, le ḥajj. Il en est toutefois question dans L'Europe et l'Islam, lorsqu'il écrit qu'il est l'une des deux institutions, avec le califat, qui a donné à l'Islam, au cours de son histoire, un essor puissant à son unité: "Il est incontestable, écrit-il, que le pèlerinage auquel tout musulman est astreint au moins une fois dans sa vie, resserre le lien de la communauté religieuse et de la solidarité morale entre les fidèles. Dans les rites du pèlerinage à La Mecque, l'islam prend conscience de son unité inébranlable, de sa force et de son universalité"[53].

L'Aga Khan n'accomplit lui-même que tardivement le pèlerinage à La Mekke, d'après Edouard Sablier, auteur de l'article nécrologique du journal Le Monde, publié le lendemain de la mort de l'Aga Khan[54]. C'est là la seule information sur le ḥajj de l'Aga Khan que nous ayons trouvée. L'édition française des mémoires reproduit une photographie portant la légende: "Pèlerinage à La Mecque, en août 1954 – La Begum Aga Khan, entre le roi Séoud, à gauche, et le gouverneur du Pakistan, Ghulam Mohammed"[55]. C'est sans doute à cette même occasion que l'Aga Khan fit le pèlerinage, à une époque où son mauvais état de santé lui rendait les déplacements pénibles.

Mais pourquoi avoir attendu 1954 pour accomplir le ḥajj? Ni la maladie, ni le manque d'argent ne peuvent être invoqués. Sans doute l'explication doit-elle être recherchée dans un épisode qui s'est produit pendant la jeunesse de l'Aga Khan: le double meurtre de son oncle paternel Aga Jungi Shâh et de son cousin Shâh Abbas à Jeddah, en 1896. L'Aga Khan devait se marier avec sa cousine Shâhzade Begum dans l'année 1896. Elle était la fille d'Aga Jungi Shâh, qui semble avoir été l'un des principaux mentors de l'Aga Khan pendant son enfance. Aga Jungi Shâh, sa femme, son fils Shâh Abbas et sa fille Shâhzade Begum s'embarquèrent pour Jeddah. Une fois le pèlerinage accompli, alors qu'ils transitaient à Jeddah, Aga Jungi Shâh et Shâh Abbas furent sauvagement assassinés, dans la maison même où se trouvaient Shâhzade Begum et sa mère.

L'Aga Khan explique dans ses mémoires qu'il ne parvint jamais à connaître les circonstances exactes de ces crimes, mais un point est pour lui tout à fait certain: ils ont été les victimes d'un ignoble fanatisme religieux. Ce tragique événement eut un grand retentissement sur l'Aga Khan qui n'avait alors pas vingt ans: "This ghastly tragedy had a profound effect on me, both physically and emotionaly, poursuit-il. All through that summer I was seriously ill, a prey to a succession of bouts of fever, with painful rheumatic symptoms. In October, when the great heat of summer was over and the monsoon rains had passed, I made my first journey to Northern India" (p. 34).

Il est certain que l'Aga Khan, à travers l'expression "ignoble fanatisme religieux" (*dastardly religious fanaticism*), fustige l'intolérance des Wahhâbites. Peut-être faut-il voir ici un écho du jugement de Sir J. Arnould qui décrit La Mekke comme un "centre of Sunni bigotry and intolerance": ce ne serait pas la première fois qu'il se référerait au juge pour exposer ou décrire des faits relevant de l'histoire de l'Islam[56].

Le *jihâd* est parfois considéré comme une obligation légale. Chez les mahdistes soudanais et certains docteurs wahhâbites, elle a le pas sur le *hajj*[57]. Le terme *jihâd* provient de la même racine que *ijtihâd* qui est J.H.D. Elle signifie "faire un effort sur la voie de Dieu". Cet effort peut aussi bien se comprendre comme la guerre sainte que comme l'apostolat missionnaire. Dans l'Inde britannique, de nombreux docteurs de la Loi, tout en reconnaissant que l'Inde avait perdu du fait de la conquête britannique sa qualité de terre d'Islam (*dâr al-Islâm*), "rejetaient l'obligation du jihâd, en faisant valoir que les conditions requises par Abû Hanîfa pour la justifier ne se trouvaient pas réunies" (idem).

Pour les Fatimides, le *jihâd* est le sixième des sept principes du culte islamique[58], mais les Ni'matullâhis, comme la plupart des soufis, distinguent le *jihâd-e akbar*, qui est la guerre intérieure contre les passions, et le *jihâd-e asghar*, qui est la guerre contre les infidèles[59]. C'est avec la même définition, le seul *jihâd-e akbar* que mentionne Shihâb al-Dîn Shâh, le demi-frère de l'Aga Khan, dans sa *Risâla dar Haqîqat-i Dîn*[60]. Enfin, Ameer Ali considère quant à lui que le *jihâd al akbar* est l'effort pour acquérir la connaissance[61].

L'idée de *jihâd* – dans le sens courant de "guerre sainte" tel qu'il est connu en Occident – est trop liée, pour l'Aga Khan, à l'image européenne d'un islam fanatique et conquérant. Dans le discours qu'il prononce devant les troupes anglo-indiennes en Egypte, il s'évertue à démontrer que l'appel au *jihâd* lancé par le *shaykh al-Islam* d'Istanbul est sans fondement[62]. L'interprétation que l'Aga Khan effectue du concept de *jihâd* est opposée à celle des islamistes; en effet, s'il cherche à le minorer, les islamistes au contaire en font un concept central de la religion islamique. Chez Mawdûdî par exemple, les *'ibâdât* que sont la prière, le pèlerinage etc., ne sont que des préparations à ce qui constitue l'objectif final de l'islam: le *jihâd*. Pour cet auteur qui s'exprimait dans les années trente, le *jihâd* signifie la fin de la domination de l'homme par l'homme et l'établissement du royaume de Dieu sur la Terre[63].

c–les interdictions légales

Pour le Musulman, avoir la foi n'est pas seulement accomplir les obligations légales de la religion: il doit aussi respecter un certain nombre d'interdictions (*maḫârim*), qui reposent sur un texte du Coran ou de la *Sunna*. L'Aga Khan parle de ces éléments non pas comme des interdictions, mais comme des pratiques "sévèrement condamnées". Il ne s'étend aucunement là-dessus puisque, dans les mémoires, la question est expédiée en une seule phrase: "Adultery, alcoholism, slander and thinking evil of one's neighbour are specifically and severely condemned" (p. 176).

On remarque que c'est l'alcoolisme, et non les boissons fermentées, qui est condamné d'après l'Aga Khan. Il est vrai que cette question est loin d'avoir été réglée par les théologiens des écoles de l'Islam classique. La définition des boissons fermentées a été sujette à d'importantes divergences. Certains docteurs de la Loi ont compté le hachisch parmi elles; alors que d'autres le rejetaient.

La convoitise du bien d'autrui fait l'objet de nombreuses prescriptions coraniques. Mais de nombreuses divergences là aussi sont nées autour des deux interdictions fondamentales exprimées dans le Coran; l'interdiction du *gharar* (ou du *maisîr*) et celle du *ribâ*[64]. Elles sont provenues de la difficulté de préciser le sens général de ces termes. H. Laoust écrit à ce sujet: "Le *gharar*, pris dans son sens le plus large, désigne l'aléat à tendance plus ou moins spéculative ou frauduleuse susceptible de s'introduire dans un système de transactions et le *ribâ* peut être compris, non seulement dans le sens du prêt à intérêt ou de l'usure, mais, plus largement de tout profit réalisé au préjudice d'un tiers sans une équitable contrepartie (...)"[65]. Là-dessus, l'Aga Khan écrit tout simplement que l'usure est condamnée, mais pas un commerce et une agriculture "honnête et libre" – dans la mesure où ils constituent un service divin qui se traduit par l'amélioration du bien-être de l'humanité (*Memoirs*, p. 177).

L'Aga Khan passe sous silence les interdits alimentaires. Par contre, il signale que l'adultère est sévèrement condamné. Le Coran fait une vingtaine de fois allusion à la fornication, qui est considérée comme un péché. Dans certaines écoles, comme par exemple dans la doctrine d'Ibn Tûmart, la fornication est une des trois transgressions de la Loi qui entraînent la peine capitale[66].

Quant à la calomnie, le Coran y fait quatre fois référence, d'après R. Blachère. Dans la plupart des cas, les calomniateurs incriminés ont calomnié le message divin ou son messager. Le verset XXIV/11 fait allusion à l'accusation d'adultère contre Aïcha. Les calomniateurs sont alors ceux qui parlent de ce dont ils n'ont nulle connaissance. Allah leur promet un immense tourment.

NOTES

1 D. Gimaret, *Les noms divins en Islam Exégèse lexicographique et théologique*, Cerf, 1988, pp. 377 et ss.
2 *idem*, ch. XXII, pp. 408 422.

La Rénovation du Shî'isme Ismaélien en Inde et au Pakistan

3 H. Feki *Les idées religieuses ...*, *op.cit.*, p. 77.
4 H. Corbin *Histoire de la philosophie islamique* *op.cit.*, p. 179.
5 D. Gimaret, *op.cit.*, pp. 91 92.
6 *idem*, p. 189.
7 M. de Miras, *op.cit.*, p. 48.
8 A.Y. Sejestânî *Le dévoilement des choses cachées* Tr. du persan et introduit par H. Corbin Verdier Paris 1988 voir le 1er chapitre de la p. 33 à 47.
9 Y. Marquet *Poésie ésotérique ismaélienne*, *op.cit.*, p. 164.
10 H. Feki *Les idées religieuses ... op.cit.*, pp. 122 3.
11 Y. Marquet *La philosophie des Ihwân al Safâ'* SNED Alger 1973 pp. 72 à 82.
12 voir bibliographie.
13 "Ismâ'îlîya" *EI* Supplément livraison 1 1934 Brill Paris p. 108.
14 *Special Golden Platinum Jubilee Day Number* Dar es Salaam s.d. p. 25.
15 *Le Coran* Maisonneuve et Larose 1980 Index p. 711.
16 note 1 p. 171.
17 *En Islam iranien* T.IV tr. par H. Corbin Gallimard 1972 p. 47.
18 H. Feki *Les idées religieuses ... op.cit.*, p. 216.
19 *Le dévoilement des choses cachées op.cit.*, p. 82.
20 la deuxième partie concernant le Prophète n'apparaît pas dans la première version des "fondements de l'Islam" exposée dans *Le libéralisme musulman*, *op.cit.*, p. 73.
21 si cette expression se trouve dans *Le libéralisme ...* (p. 71) et dans *Glimpses of Islam* (p. 4), elle disparaît des *Memoirs* où elle devient simplement "man" (p. 175).
22 M. Moomen *An introduction to Shî'i Islam*, *op.cit.*, p. 177 8.
23 H. Laoust, *op.cit.*, p. 412.
24 cité par J.M.S. Baljon, "Ahmad Khân", *EI2*, T. I, p. 297.
25 cité dans "Réfutation des matérialistes", *op.cit.*, pp. 20 21.
26 sur le concept de Nature chez cet auteur, voir C.W. Troll, *Sayyid Ahmad Khan et le renouveau ...*, *op.cit.*, pp. 224 228.
27 *Le détour Pouvoir et modernité*, Fayard, 1985, p. 175.
28 *Collectanea*, *op.cit.*, p. 77.
29 *idem*, p. 13.
30 sur ce sujet voir Alexandre Koyré, *Du monde clos à l'univers infini*, tr. de l'anglais par Raissa Tarr, Gallimard, 1973 (1ère éd. 1957), 349pp.
31 cette question a été traitée, dans le cadre du judéo christianisme, par Marcel Gauchet dans *Le désenchantement du monde Une histoire politique de la religion*, Gallimard, 1985, 306 pp. Pour un autre point de vue, voir B. Badie, *Les deux Etats Pouvoir et société en Occident et en Islam*, Fayard, 1986, 331 pp. La célèbre citation évangélique "Rendez à César ce qui est à César", qui traditionnellement justifie la précoce séparation du religieux et du politique en milieu chrétien, demanderait à être réexaminée.
32 *Collectanea*, *op.cit.*, p. 13.
33 *India in transition*, *op.cit.*, p. 3.
34 Y. Marquet, *La philosophie des Ihwân al Safâ*, *op.cit.*, p. 63 et ss.
35 Nâsir e Khusraw, *op.cit.*, p. 138.
36 Sejestânî, *Le dévoilement des choses cachées*, *op.cit.*, p. 47 et ss.
37 *op.cit.*, p. 250 et ss.
38 voir par exemple Michel de Miras, *op.cit.*
39 *The true meaning of religion*, *op.cit.*, p. 9.

40 *Collectanea, op.cit.*, p. 85. Certains Musulmans indiens, qui critiquaient le fait que Sayyid Aḥmad Khân ait adopté le mode de vie européen, l'avaient surnommé ironiquement "Ibn al waqt"; cité par Aziz Ahmad, "Islamic modernism in India and Pakistan", *op.cit.*, p. 36.
41 "Message ...", *op.cit.*, p. 26.
42 *India in transition, op.cit.*, p. 292.
43 voir par exemple Mohammed Arkoun, "L'Islam dans l'Histoire", *op.cit.*, p. 9; voir du même auteur "Le concept de raison islamique" in *Pour une critique de la raison islamique*, Maisonneuve et Larose, 1984, pp. 65 99.
44 voir Y. Marquet, *Poésie ésotérique ismaélienne, op.cit.*, p. 176 et S. Makarem, *The philosophical significance ..., op.cit.*, p. 43.
45 P.V. Madhani, "Miracles of Khana abad", *Read and Know*, no 15, p. 5.
46 "Message ... to the Muslim women", *op.cit.*, p. 10.
47 "India in transition", *op.cit.*, p. 298.
48 *The Oxford companion to English literature*, compiled and edited by Sir Paul Harvey, 1958 (1st ed. 1932), Oxford, Clarendon Press, p. 214.
49 voir G. Lukacs, "*Le roman historique*", Payot, 1972.
50 *Autobiography of John Stuart Mill*, With a foreword by Asa Briggs, New York, The New American Library, 1964 (1ère éd. 1873), p. 105.
51 *The Oxford companion ..., op.cit.*, p. 139.
52 *Collectanea, op.cit.*, p. 74.
53 *L'Europe et l'Islam, op.cit.*, p. 14.
54 le *Monde* du 12 Juillet 1957.
55 *Aga Khan Mémoires, op.cit.*, p. 393.
56 texte du "Aga Khan Case" reproduit dans A.S. Picklay *History of the Ismailis, op.cit.*, p. 129.
57 H. Laoust *Les schismes dans l'Islam, op.cit.*, p. 352.
58 H. Feki *Les idées religieuses ..., op.cit.*, p. 279.
59 M. de Miras *La méthode spirituelle ..., op.cit.*, p. 246.
60 Thacker and Co Bombay 1947 p. 2
61 *Spirit of Islâm, op.cit.*, p. 169.
62 India Office, *L/P/& S/18/B 208*, p. 8.
63 S. Abu A'la Mawdudi, *Fundamentals of Islam*, tr. A.A. Kamal, Islamic Publications Ltd, Lahore, 1988 (1st ed. 1975), p. 243.
64 sur le *ribâ*, voir M. Rodinson *Islam et capitalisme* Seuil 1966 pp. 33 à 38.
65 H. Laoust *Les schismes dans l'Islam, op.cit.*, pp. 444 5.
66 *idem*, p. 219.

V

Les Fondements de l'Islam

V-1 LA NOTION DE "FONDEMENTS DE L'ISLAM"

a–le sens du mot "Islam"

Lorsque l'Aga Khan entreprend d'exposer l'Islam – dans *Glimpses of Islam* paru en 1944 – il intitule le chapitre: "The fundamentals of Islam"[1]. Ces fondements avaient déjà été énoncés dans un article publié l'année précédente dans une revue de Lausanne. Là, l'Aga Khan les présentait comme "l'Islamisme vu par l'école libérale, mais fermement convaincue et croyante"[2]. Puis, dans ses mémoires publiées en 1954, il réemploie l'expression, précisant qu'il s'agit de "those Islamic tenets which are held in common by the larger community of Sunnis, and by Shias as well" (p. 172).

Le huitième chapitre des mémoires, consacré à la description de son "Islamic concept", est divisé en deux parties. La première concerne ses "propres croyances personnelles" (*my own personal beliefs*). La deuxième est consacrée à "The fundamentals of Islam". Mais avant d'examiner le contenu de cette notion, et de la situer dans le contexte de la pensée musulmane, il faut s'arrêter sur une question soulevée à plusieurs reprises par l'Aga Khan: la véritable signification du mot "Islam".

Dans ses mémoires, l'Aga Khan écrit: "Islam means peace. God's peace with men and the peace of men to another" (p. 177). Plus loin, il écrit que le véritable sens de l'Islam est paix (p. 319). Dans un discours prononcé à Dar es Salam en 1946, il va jusqu'à affirmer: "Islam means Peace, Muslim means Pacifist. Our salutation (is) 'Salaam alikum' – 'Peace be with you' – and the reply 'Alikum salaam' – 'And upon you be peace' "[3]. Dans le Coran, l'Islam est présenté comme la Religion (III/17); quiconque recherche une autre religion sera parmi les "perdants" (III/79). A aucun moment, le Coran ne mentionne que le mot "Islam" signifie "paix", mais par contre il est dit qu'Allah est la Paix (LIX/23). Du fait que les deux termes proviennent de la même racine arabe *SLM*, l'Aga Khan transfère le sens de l'un – "Salâm" – à l'autre – "Islam".

Les Fondements de l'Islam

Ameer Ali avait déjà souligné qu'une compréhension adéquate de la religion de Muhammad ne pouvait s'accomplir qu'après avoir pris connaissance de la véritable signification du mot "Islam". L'écrivain indien distingue deux sens dans ce terme. Le sens secondaire est de se soumettre à Dieu pour qu'il apporte la paix. Le sens premier est "être tranquille, au repos" – c'est à dire avoir accompli son devoir et, par conséquent, connaître. Ameer Ali poursuit ainsi: "The noun derived from it means peace, greeting, safety, salvation. The word does not imply, as is commonly supposed, absolute submission to God's will, but means, on the contrary, striving after righteousness"[4].

Cette théorie procure à l'Aga Khan un argument décisif pour sa tentative de démontrer à l'Europe que le monde musulman peut – et doit – jouer un rôle international comme facteur stabilisateur. Ce rôle peut s'entendre comme l'instauration et la maintenance d'une paix politique. Mais dans l'extrait cité plus haut, on voit que l'Aga Khan articule sa conception de la paix islamique en deux modalités: la paix de Dieu avec l'homme, et la paix des hommes entre eux. La paix divine peut s'entendre de différentes manières: recherche mystique de l'harmonie avec Dieu ou, plus simplement, actions conformes aux préceptes divins.

Une fois encore, l'Aga Khan franchit un pas de plus qu'Ameer Ali, dans le but de convaincre les Musulmans, mais surtout les Européens. Ameer Ali différencie encore "Salam" et "Islam", bien qu'implicitement il soit indiqué que leur sens se recouvre. L'Aga Khan, visant sans doute à toucher le plus grand nombre en s'exprimant le plus simplement et le plus directement, n'hésite pas à s'exclamer: "Islam means Peace". Cette formule abrupte, qui ressemble fort à un slogan, est caractéristique d'une forme d'expression de l'Aga Khan lorsqu'il s'adresse au plus large public. Car il est évident que sans même recourir au jeu étymologique des racines, cette équivalence peut s'entendre au second degré, dans le sens où la civilisation islamique a fait, par ses différentes productions culturelles et autres, de la paix une de ses valeurs fondamentales. Le fait d'exprimer une idée qu'on peut interpréter sur différents registres est récurrent chez l'Aga Khan. D'autre part, le terme de paix est assez général pour pouvoir contenir un certain nombre de concepts coraniques comme l'indulgence, la miséricorde, la compassion etc...

b–la notion de *uṣûl* dans la pensée classique

Dans le contexte de la pensée classique de l'Islam, le terme *fundamentals* est une traduction d'un terme arabe très utilisé: *uṣûl* (sg *aṣl*). Chez Ghazâlî, auquel l'Aga Khan fait référence pour exposer ses *fundamentals of Islam*, le savoir islamique est réparti en deux grands ensembles: les sciences religieuses (*al-'ulûm al-shar'iyya*) et les sciences non religieuses (*al-'ulum al ghayr shar'iyya*). Dans le premier groupe, le terme *uṣûl* désigne 1 – la "science des fondements", ce sont le Coran, la Sunna, le consensus des docteurs (*al-'ijmâ'*) et les documents concernant les Compagnons (*âthâr al-Saḥâba*), 2 – dans la quatrième partie intitulée les "sciences complétives" (*al-mutamîmât*), se trouvent les fondements du *fiqh* (*uṣûl-al-fiqh*) basés sur le Coran.

D'un point de vue général, ce terme désigne les *uṣûl al-dîn* synonyme du *'ilm al-kalâm*, les *uṣûl al-ḥadîth*, méthode de la science de la tradition, et les *uṣûl al-fiqh*, science des principes de la jurisprudence islamique[5]. Dans la pratique, les *uṣûl al-fiqh*, sont communément appelés *uṣûl*. C'est al-Shâfi'î (m.204/820) qui apparaît comme le fondateur de la science du droit islamique. C'est lui qui détermine et fixe les principales normes conceptuelles et méthodologiques (*sunna*, *'ijmâ*, *kiyâs* etc.).

Les Shî'ites s'entendent avec les Sunnites pour reconnaître des "Fondements" du *fiqh*: le Coran, la *Sunna* du Prophète à laquelle ils ajoutent la *Sunna* des Imâms dont l'autorité est infaillible, la raison (*'aql*) et, depuis l'occultation du douzième imâm, la conception concordante de la majorité des jurisconsultes (*ijmâ'* restreinte). Finalement les quatre bases du droit sont le Coran, la *Sunna*, l'*ijmâ'* et le *'aql*[6].

La notion de *fundamentals of Islam* semble provenir de l'idée des *uṣûl al-Dîn*; mais ceux-ci sont entendus non pas comme des "Lois promulguées par Dieu pour guider l'homme vers sa fin dernière, la soumission à ces Lois (donc à Dieu), et leur pratique (le culte)"[7], mais comme un ensemble de connaissances éthico-spirituelles de l'Islam. Les *uṣûl al-Dîn* rassemblent les principaux dogmes qu'une importante littérature de professions de foi s'évertue à définir. Dans l'Islam sunnite, ce sont le monothéisme, la Prophétie, le Jugement dernier, la résurrection des corps, la rétribution éternelle etc. Les *uṣûl al-Dîn* shî'ites sont le *tawḥîd*, la *nubuwwat* et le *ma'ad* auxquels sont ajoutés deux éléments fondamentaux du shî'isme: l'imâmat et la Justice Divine (*'adl*). Ibn 'Arabî, pour sa part, considère que l'Islam a quatre pierres angulaires (*arkân al-dîn*): la *risâla*, la *nubuwwat*, la *walâya* et l'*imân*[8].

Qu'en est-il des Ismaéliens au sujet des *uṣûl al-fiqh*? De par la prédominance du concept de l'imâm manifesté, les Fatimides ont rejeté toute contribution de l'homme à la Loi divine. Pour eux, cette fonction législative est sacrée et en conséquence, seul l'imâm est habilité à l'exercer. Ils considèrent que les fondements du *fiqh* sont des *bida'*[9]. Dans l'un de ses ouvrages, Kermânî réfute un à un le bien fondé des principes sunnites. Chaque réfutation se termine par la conclusion: "C'est au Livre de Dieu et aux Imâms dépositaires de la Science qu'il faut avoir recours". On reconnaît ici le principe du *ta'lîm*, la soumission absolue à l'enseignement de l'imâm manifesté, principe commun à la plupart des écoles ismaéliennes.

c–la notion dans l'Islâh

La plupart des réformateurs ont tenté de définir un espace, dans la pensée islamique, auquel puissent souscrire tous les Musulmans. Cette démarche est certes liée au thème du "retour aux sources" puisque les réformateurs s'entendent au moins sur le fait que l'Islam fondamental historique était caractérisé par sa simplicité. A côté de penseurs comme Sayyid Ahmad Khân qui ne distingue les *uṣûl* et les *furû'* que pour l'interprétation du Coran[10], Ameer Ali et Muhammad Iqbâl sélectionnent certaines valeurs qui leur semblent les plus représentatives de cet Islam authentique.

Dans cette définition, la pensée réformiste sort du cadre théologique classique auquel il a été fait allusion plus haut. L'objectif visé est en réalité de définir un Islam simple qui réponde au double objectif de rassembler toutes les écoles islamiques contemporaines, et surtout, et c'est en cela que le champ sémantique de la notion doit singulièrement s'ouvrir, de relever le défi intellectuel du modernisme européen.

On a déjà mentionné à plusieurs reprises la dette de l'Aga Khan envers Ameer Ali. Mais peut-être est-il audacieux de parler d'influence proprement dite, comme de maître à élève, puisque lorsque les deux hommes se rencontrent, au tout début du XXème siècle, l'Aga Khan est âgé d'environ 25 ans. Sa période de formation intellectuelle est alors achevée. Sans doute trouvera-t-il dans l'oeuvre d'Ameer Ali de nombreuses idées qui sont siennes, et que l'auteur indien exprime avec un engouement, un style reconnu par tous, doublé de références islamiques et occidentales solides. Il serait préférable par conséquent de parler de concordance de vues.

Dans son *Spirit of Islâm*, Amer Ali écrit que le système islamique repose sur cinq bases principales: l'attitude du croyant vis à vis du Créateur, la charité et la fraternité, le contrôle des passions etc. Ces bases ne correspondent pas du tout aux *fundamentals* de l'Aga Khan, ce qui signifie que les deux hommes n'ont pas puisé dans le même héritage islamique. Chez l'Aga Khan, les éléments qui composent les fondements de l'Islam se répartissent en trois groupes: les principes, les articles de foi-desquels nous avons détaché "l'idée de Dieu" pour la clarté de l'analyse – et les devoirs du Croyant. Un problème difficile sera à résoudre au cours de l'étude des *fundamentals of Islam* de l'Aga Khan: celui de leur attribution, puisqu'il affirme les exposer d'après al-Ghazâlî.

d–la notion de "usulat" chez l'Aga Khan

Bien que les auteurs distinguent habituellement les *uṣûl al-Dîn* et les *'ibâdât* (obligations rituelles), l'Aga Khan ne reprend pas ce clivage. Il écrit en effet dans ses mémoires: "I shall try (...) to give a small compass, a clear survey of the fundamentals of Islam by which I mean those principles, those articles of faith, and that way of life, all of which are universally accepted among all Muslim sects" (p. 172).

Dans une préface rédigée à la fin des années cinquante, il reprend la terminologie classique en opposant les *usulat* – forme "persanisée" de l'arabe *uṣûl* – qu'il traduit par *essentials*, aux *furu'at* – forme "persanisée" de l'arabe *furu* – qu'il traduit par *non-essentials*. Al-Ghazâlî lui-même oppose les "sciences des fondements" aux "sciences dérivées" (*al-furu'*) dont le principal élément est le *fiqh*. L'Aga Khan, quant à lui, reproche aux *'ulamâ'* d'avoir mis au rebut ("thrown out") les *usulat* pour ne conserver que les *furu'at*[11].

Dans *Glimpses of Islam*, l'Aga Khan écrit qu'il présente aux Européens "the essentials of the Islamic faith and Islamic life"[12]. On s'aperçoit que les *usulat* de l'Aga Khan incorporent des principes – c'est à dire des dogmes –, des articles de foi, mais aussi ce qu'il nomme "way of life". A la lecture de cet élément, il apparaît que ce domaine relève, dans la pensée classique, des *furu'*. Dans ses mémoires, il affirme que ses *fundamentals* sont acceptés par "the main and central sunni stream of thought, whose source is in the ideas of the school founded by al-Ghazali, and whose influence and teaching have flowed on from century to century" (p. 174).

Abû Hamid Muhammad b. Muhammad al-Tûsi al-Ghazâlî (450–505/ 1058–1111) fut sans conteste l'un des plus illustres penseurs de l'Islam[13]. Après avoir suivi des études dans le Khorassan, à Tûs et à Nîshâpûr, il se rend au "camp" de Nizâm al-Mulk (m.485/1092), le vizir des sultans saljûkides Alp Arslân et Malikshâh. Celui-ci l'envoie en 484/1091, à Bagdad, comme professeur à la *madrasa* qu'il avait fondée, la célèbre Nizâmîya. Al-Ghazâlî devient l'un des personnages les plus éminents de la cité mais en 488/1095, après avoir écrit plusieurs ouvrages, il renonce à sa carrière de juriste et de théologien. Les origines de cette "crise" ont été amplement discutées sans qu'il soit possible d'être péremptoire sur cette question.

Al-Ghazâlî reprit pourtant son enseignement en 498/1105 mais pendant les onze années qui séparent ces deux dates, il est difficile de savoir avec précision où il séjourna. Il vécut comme un soufi et c'est à cette époque qu'il écrivit son grand ouvrage mystique *Ihyâ' 'ulûm al-dîn*. Il était alors convaincu que la voie mystique était le mode de vie le plus élevé pour l'homme. Son retour à l'enseignement – à Nîshâpûr – fut peut-être provoqué par sa conviction qu'il était destiné à devenir le restaurateur de la religion, comme l'annonçait une tradition célèbre.

Pour notre sujet, il n'est pas inutile de signaler qu'al-Ghazâli est l'auteur d'un ouvrage consacré à la réfutation de l'ismaélisme, le *Mustazhîrî*. Il blâme d'autre part souvent les *'ulamâ'* de son temps car pour lui, la science religieuse, entre leurs mains, est devenue un moyen de faire son chemin en ce monde. Etablissant différents niveaux d'enseignement suivant les publics, il a introduit la logique en philosophie bien qu'il soit toujours resté ash'arite en dogmatique. Cet auteur fut aussi le défenseur du *ta'wîl*, tout en consacrant un ouvrage à déterminer les limites de cette technique interprétative. Enfin, dans le domaine de la connaissance, al-Ghazâlî soutint l'idée que l'homme pieux et droit peut atteindre à une intuition, ou à une expérience directe des choses divines, comparable à celle du Prophète.

Les Fondements de l'Islam

La forme générale de la pensée d'al-Ghazâlî, c'est à dire son "esprit" – qui importe beaucoup plus à l'Aga Khan que le détail – est en accord avec la pensée de l'Aga Khan: dénonciation des *'ulamâ'*, utilisation du *ta'wîl*, intuition divine de l'individu. Mais au-delà de cette conformité, il faut revenir sur le fait qu'al-Ghazâlî fut un rénovateur de la pensée islamique, et qu'une telle rénovation était l'objectif essentiel de l'Islâh. Non pas que l'Aga Khan ait une quelconque prétention dans ce sens, mais il a pu lui sembler que le choix d'al-Ghazâlî, universellement reconnu comme le "réformateur" de l'Islam, démontrait la nécessité de rénover la pensée religieuse à certaines périodes, en même temps qu'elle en prouvait la possibilité tout en préservant l'identité islamique.

Enfin, l'adhésion d'al-Ghazâlî à l'école ash'arite en fait un "modéré" au sein de l'ensemble des écoles islamiques. Les positions dogmatiques de cette école constituent une "voie moyenne" entre les mu'tazilites et les traditionalistes. Tous ces facteurs ont pu infléchir le choix de l'Aga Khan qui espérait trouver dans la pensée d'Al-Ghazâlî les "croyances" aptes à rassembler la plus grande partie des Sunnites et des Shî'ites.

Les fondements aga-khaniens de l'Islam accordent la première place aux "principes", qui sont suivis par les articles de foi et les devoirs. Ces principes sont au nombre de trois: l'interprétation – qui est la conséquence de l'absence d'autorité suprême reconnue par tous dans l'Islam, la prophétie – il s'agit de la prophétie universelle, comme elle a existé chez de nombreux peuples – et enfin le monoréalisme – que l'Aga Khan préfère au terme monothéisme pour caractériser l'Islam.

Les articles de foi mêlent la conception de Dieu à celle de la Création et des Créatures. La foi elle-même est constituée d'un certain nombre de valeurs morales. On est d'emblée frappé par l'accentuation éthique de ces "fondements", bien qu'elle soit plus marquée dans les premiers discours importants que par la suite. Enfin, les devoirs font allusion aux préceptes sociaux qui donnent à l'Islam sa spécificité. Mais l'Aga Khan mêle à des questions juridiques comme le mariage, le divorce ou la défense d'absorber de l'alcool, certaines prescriptions rituelles.

Si l'on se souvient que l'objectif de l'Aga Khan, en définissant les fondements de l'Islam, est de revenir à la simplicité première de l'Islam par la sélection de certaines "croyances" communes à toutes les écoles de l'Islam, on est surpris par certains choix. Il ne place pas comme premier principe le *tawḥîd*, mais l'interprétation, qui se trouve citée avant la prophétie: la *shahâda* n'est donc pas retenue comme principe unificateur. La prépondérance du concept de l'interprétation n'est finalement pas si surprenante: le concept d'*ijtihâd* fut prédominant chez les réformateurs de l'Islâh. Mais ce concept, dans la pensée de l'Aga Khan, remplit diverses fonctions qui justifient le fait qu'il soit analysé dans la troisième partie de la recherche.

V-2 LA PROPHÉTIE

a–la notion de civilisation

Parmi les principes fondamentaux communs à toutes les écoles islamiques, l'Aga Khan place le principe que "pendant des siècles et des milliers d'années avant Mahomet, il y a eu des messagers illuminés par la Grâce divine parmi toutes les races de la Terre, qui étaient arrivées à une évolution de leurs moyens intellectuels suffisants pour comprendre un message"[14].

L'Aga Khan considère que tous les peuples de la Terre peuvent avoir un prophète dans la mesure où ils ont atteint un certain stade intellectuel. La prophétie est donc le plus haut degré de communication avec le divin qui soit donné aux hommes formant un groupe. Mais que faut-il comprendre par "moyens intellectuels suffisants"? La réponse est fournie dans *India in transition* (1918). Dans cet ouvrage, l'Aga Khan accorde une grande importance à une notion très en vogue dans la conception historique de l'Europe du XIXème siècle: la notion de civilisation.

La notion de civilisation n'apparaît certes pas au XIXème siècle, mais c'est la formulation qu'en donne l'historien français Guizot (1787–1874) qui va connaître une grande fortune dans le monde musulman. Il développe sa conception de la civilisation dans son livre *Histoire générale de la civilisation en Europe depuis la chute de l'empire romain jusqu'à la Révolution française*. Pour lui, l'idée fondamentale contenue dans ce mot est celle du progrès, du développement. Mais il analyse surtout la civilisation européenne et en arrive à la conclusion que deux "faits" la caractérisent: "Deux faits, écrit-il, sont donc compris dans ce grand fait; il subsiste à deux conditions, et se révèle à deux symptômes: le dévelopement de l'activité sociale et celui de l'activité industrielle, le progrès de la société et le progrès de l'humanité"[15].

Guizot exprime cette dichotomie à plusieurs reprises sous diverses formes: le développement social et le développement moral, la production croissante et une distribution plus équitable entre les individus. D'autres notions importantes apparaissent dans l'ouvrage: l'idée du bien-être mais aussi une nouvelle conception de l'individu. En effet, la civilisation contient l'idée du "développement de la vie individuelle, de la vie intérieure, le développement de l'homme lui-même, de ses facultés, de ses sentiments, de ses idées"[16].

Chaque civilisation s'est développée à partir d'un principe unique: l'Egypte et l'Inde à partir du principe théocratique, l'Ionie, la Phénicie, la Syrie et l'Asie Mineure à partir du principe démocratique. Cette théorie n'a connu qu'une seule exception: la civilisation de l'Europe moderne. Non seulement celle-ci n'a pas été le produit d'un seul principe, mais elle a connu l'événement sans précédent que fut la Réforme qui "a été un grand élan de liberté de l'esprit humain, un besoin nouveau de penser, de juger librement,

Les Fondements de l'Islam

pour son compte, avec ses seules forces, des faits et des idées que jusque là l'Europe recevait ou était tenue de recevoir des mains de l'autorité. C'est une grande tentative d'affranchissement de la pensée humaine; et, pour appeler les choses par leur nom, une instauration de l'esprit humain contre le pouvoir absolu dans l'ordre spirituel"[17].

Guizot voit dans la Réforme une révolution religieuse et intellectuelle qui a consacré en Europe le libre-examen. Au XVIème siècle, son domaine d'application se limitait aux questions religieuses et parfois politiques, puis au XVIIème, il acquit l'universalité qui lui permit de toucher la religion, la politique, la philosophie, l'homme, la société et la morale. Son domaine d'application devint illimité.

Le livre de Guizot fut traduit en arabe en 1877; Al-Afghânî demanda à Muhammad 'Abduh d'écrire un article sur cette traduction. Al-Afghânî cite lui-même Guizot dans sa "Réfutation" (p. 165). Et il tente bien aussi d'établir un parallèle entre la Réforme du XVIème siècle et le phénomène de l'Islâh.

b–religion et civilisation

L'Aga Khan développe sa conception de la civilisation dans le premier chapitre de *India in transition* intitulé "Social organisation". D'après lui, le monde est divisé en deux parties: les sociétés civilisées et les sociétés primitives. Les premières sont caractérisées par des lois, des institutions civiques, les arts et un système religieux (*systematised religion*)[18]. Le second groupe se trouve encore en Amérique du Nord, dans les régions arctiques, le Pacifique, en Afrique et en Inde. Cet état "sauvage et primitif" a été celui de toute l'humanité à l'origine mais une partie seulement de l'humanité a évolué vers la civilisation.

L'Aga Khan dénombre aujourd'hui quatre formes principales et clairement définies de civilisation: occidentale, extrême-orientale, brahmanique et musulmane. Dans la description de chacune d'elles, la religion apparaît comme le principe d'identification essentiel. Il écrit ainsi que le seul lien existant entre les sociétés extrême-orientales, entre le Japon et la Birmanie par exemple, est le bouddhisme[19]. Plus, le bouddhisme a été le principal facteur d'unité de cette civilisation et par là, c'est lui qui a donné son identité – de la baie du Bengale à la Sibérie – à cette civilisation. En conséquence, la civilisation extrême-orientale pourrait s'appeler, d'après l'Aga Khan, la civilisation bouddhiste. Sans doute la désignation géographique paraît-celle plus scientifique que la désignation strictement religieuse. Il est intéressant de remarquer qu'al-Afghânî, dans sa réfutation, distingue lui aussi quatre civilisations: musulmane, chrétienne, judaïque et brahmane (p. 162–4).

Il est évident que l'Aga Khan ne peut justifier le développement exceptionnel du monde occidental par le seul facteur religieux. Mais parmi les facteurs intellectuels, il cite: la civilisation gréco-romaine, les religions de la période du Christ, le christianisme à travers la Réforme, la Contre-Réforme et les innombrables églises. Autrement dit, c'est bien dans le contexte chrétien que s'est élaborée la civilisation occidentale.

c–prophétie et religion

L'Aga Khan précise que l'Islam accepte presque tous les prophètes d'Israël et Jésus: "(...) mais on va beaucoup plus loin, écrit-il en 1943, car on admet même qu'en dehors de ceux de l'Ancien et du Nouveau Testament, il y a eu des messages divins tels que Gautama Bouddha, Shri Krishna et Shri Ram aux Indes, Socrate en Grèce, les grands sages de la Chine et ceux des civilisations de races perdues pour nous"[20]. Dans *Glimpses of Islam*, écrit avec l'égyptien Zaki Ali, l'Aga Khan ne mentionne qu'Abraham, Moïse et Jésus[21]. Dans ses mémoires, il écrit au sujet des autres prophètes que les Musulmans sont prêts à admettre qu'il y a eu des messagers divinement inspirés dans d'autres pays[22].

Aucune référence n'est faite aux conceptions traditionnelles de la théologie. Les Shî'ites distinguent deux sortes de prophétie (*nubuwwat*): une *nubuwwat al-ta'rif* – prophétie enseignante, et une *nubuwwat al-tashri'* – prophétie législatrice. Cette dernière est la plus importante et cette mission d'énoncer une loi divine – *sharî'a* – a pour nom la *risâla*. La plupart des prophètes étaient des *nabî morsal*, tandis que les grands prophètes ou *ulû'l 'azm* (les hommes de décision) sont limités au nombre de six: Adam, Noé, Abraham, Moïse, Jésus, Muhammad ou sept, en comptant David, d'après certaines traditions[23].

L'extension de la mission prophétique opérée par l'Aga Khan correspond aux grandes civilisations mentionnées ci-dessus. En effet, quoi qu'écrits à presqu'un demi-siècle d'intervalle, on retrouve dans les *Memoirs* les prophètes de chaque civilisation citée dans *India in transition*. Diverses écoles anciennes ou modernes de l'Islam ont accepté d'autres prophètes que ceux cités par le Coran. A notre connaissance, seuls les Bahâ'îs, qui ne sont certes pas musulmans, reconnaissent les prophètes cités par l'Aga Khan, auxquels ils ajoutent bien entendu le Bâb et Bahâ' Ullâh[24]. Mais d'autre part, comment ne pas sentir l'influence des écoles positivistes et évolutionnistes de l'Europe du XIXème siècle sur lesquelles nous allons revenir? Avant d'étudier cette question importante, il faut signaler que l'Aga Khan ne cache pas cependant les ressemblances de sa conception avec certains mouvements syncrétistes d'origine européenne: "It is true that, écrit-il, like theosophy, Islam has Christ and Buddha and the other messengers in its pantheon"[25].

Dans son exposé de la prophétie qui se trouve dans les mémoires, l'Aga Khan en vient à rechercher la cause de la révélation muhammadienne. La raison en est simple: les messages des prophètes antérieurs ont été mal interprétés par les peuples auxquels ils étaient adressés. Le monothéisme juif est devenu une religion "raciale" dans laquelle Dieu est totalement séparé de l'Univers: il est donc totalement transcendant.

Les Fondements de l'Islam

Quant aux religions de la Chine et de l'Inde, le bouddhisme et le brahmanisme, ce sont sans doute celles qui ont été le plus altérées; l'Aga Khan écrit dans ses mémoires que "the purity of the faith in the one God had been so vitiated by polytheism, by idolatry and even by pantheism which was hardly distinguishable from atheism, that these popular and folk-lore religious bore but little resemblance to that which emanated from the true and pure God-head" (pp. 174–5).

Ce passage est très révélateur de la conception religieuse de l'Aga Khan: tous les prophètes sont les envoyés de Dieu et leur message est unique, il s'agit de l'affirmation d'un seul Dieu. Mais cette croyance ne peut être acceptée que par les peuples qui ont acquis un certain degré d'intelligence. Il en résulte que le monothéisme est le degré suprême de la religion et là se trouve certainement le clivage qui sépare les sociétés primitives – polythéistes – des sociétés civilisées – monothéistes.

Enfin, d'après, l'Aga Khan, les Chrétiens ont déformé le message de leur prophète lorsqu'ils ont affirmé qu'il n'était pas un homme, mais Dieu incarné: Dieu fait chair. Dans un article publié dans la presse populaire britannique de Londres, l'Aga Khan interpelle avec véhémence les Chrétiens: "You think we have forgotten the Message of the Christ, interroge-t-il? That is where we disagree with you. We think we are the true Christians, and that your Church distorted the Message. We think that the Fatherhood of God and the sonship of Man has no particular and special application to the One Son of Man"[26].

Par là, l'Aga Khan entend souligner ce qui différencie le message muhammadien de tous les autres messages monothéistes: la reconnaissance de ses prédécesseurs. Chaque prophète a fondé sa religion sur la base du rejet, de l'exclusion de celles qui l'ont précédée. Muhammad, quant à lui, les a intégrées à son message sous une forme mieux adaptée à son temps.

On a constaté que l'Aga Khan ne fait pas référence aux catégories du *'ilm al-kalâm* pour exposer sa conception de la prophétie. On ne retrouve pas les distinctions entre nabî, rasûl etc. Pour lui, la fonction des prophètes est la même: communiquer la révélation divine, bien sûr, mais aussi, et cela fait partie intégrante du message religieux, apporter une certaine forme de civilisation. Toutefois, sur un point particulier, l'Aga Khan fait référence à des concepts de la théologie classique de l'Islam. En effet, à travers sa présentation des altérations principales du monothéisme, il reprend ses réfutations dogmatiques principales: incarnationnisme (*hulûl*), athéisme et idolâtrie (*zandaqa*), dualisme et théisme. Ces hérésies que les théologiens combattaient âprement dans de nombreux traités étaient souvent imputées aux Ismaéliens. Faut-il voir ici une tentative de l'Aga Khan pour réaffirmer que l'ismaélisme n'est pas ou n'est plus une doctrine extrémiste?

Sa conception générale de la prophétie laisse comprendre que l'Aga Khan entend infléchir la conception traditionnelle de l'Islam. En effet, si la religion muhammadienne est la dernière qui totalise toutes celles qui l'ont précédée, elle doit pour conserver cette caractéristique – qui la rend supérieure aux autres – toujours s'actualiser par la prise en compte de l'évolution même des autres formes religieuses. Il ne fait aucun doute pour l'Aga Khan que la production scientifique et technique de l'Europe du XIXème siècle est une partie intégrante de la civilisation chrétienne: il laisse entendre à plusieurs reprises que ses éléments moteurs sont des sectes religieuses, comme par exemple les Quakers.

La conception religieuse de l'Aga Khan dans ses rapports avec la civilisation est de toute évidence tributaire des écoles positivistes et évolutionnistes de la fin du XIXème siècle. Cette période voit éclore l'anthropologie qui est alors dominée par l'évolutionnisme victorien. En 1871, Tylor (1832-1917) publie un ouvrage intitulé *Primitive culture* dans lequel l'évolution de l'homme est décrite comme trois stades définis par la religion: l'animisme, le polythéisme et le monothéisme. Moins de vingt ans plus tard, Frazer (1854-1941) expose dans son célèbre *Rameau d'Or* (1890) l'idée que l'humanité évolue à travers trois stades successifs: la magie, la religion et la science.

Ces conceptions couronnent l'idée de progrès et elles ont le mérite d'établir une continuité entre les "primitifs" et les "civilisés", basée sur la reconnaissance d'une logique qui, si elle est moins développée chez les uns, leur permet néanmoins d'avoir une vision ordonnée et par conséquent cohérente du monde. L'idée de continuité est par la suite développée par Durkheim (1858-1917) qui voit dans la religion "primitive" une première explication du monde: "Notre logique est née de cette logique écrit-il. Les explications de la science contemporaine sont plus assurées d'être objectives, parce qu'elles sont plus méthodiques, parce qu'elles reposent sur des observations plus sévèrement contrôlées, mais elles ne diffèrent pas en nature de celles qui satisfont la pensée primitive"[27].

Ces points de vue ne sont pas sans rappeler les quelques lignes rédigées par l'Aga Khan au début du huitième chapitre des mémoires; "The origins of man's religious aspirations are to be found in what we nowadays call science, écrit-il. (...) Primitive religious experience and primitive scientific reasoning were linked together in magic (...)" (p. 169). La religion est donc liée à la volonté d'expliquer rationnellement le monde. C'est par conséquent aussi à l'aune de la rationalité qu'on établit la valeur d'une religion. Dans ce cas, l'Islam est bien la religion la plus achevée. Ameer Ali voit lui aussi dans la rationalité islamique la preuve que cette religion "represents the latest development of the religious faculties of our being"[28].

d–la prophétie muḥammadienne

On a vu que la thèse centrale de l'Aga Khan est que les religions antérieures à l'Islam ont été déformées: "Alors, la nécessité absolue s'est faite sentir d'une nouvelle révélation à Mahomet lui-même, un homme comme les autres, par

Les Fondements de l'Islam

la parole divine, d'une description détaillée de la personne du Tout-Puissant et de ses relations avec l'Univers créé par Lui"[29]. Cette double articulation du message muhammadien ne constitue en fait que deux modalités pour connaître la divinité. On peut s'interroger sur ce que l'Aga Khan entend par l'expression "description détaillée de la personne du Tout-Puissant". Si l'on exclut tout anthropomorphisme, elle peut désigner les attributs de Dieu.

Mais un autre écrit de l'Aga Khan permet de mieux cerner la spécificité du message de Muhammad qui est résumé en deux idées principales; 1-celui qui soutient et qui contient infiniment chaque existence détient la justice, la miséricorde (*mercy*) et l'amour; 2- l'homme, à travers ses qualités et à travers la douceur (*gentleness*) et la bienveillance (*kindness*), la prière, le respect mêlé de crainte (*awe*) ou le prodige (*wonder*) – en si petite quantité soient-ils – peut obtenir une communion directe avec la puissance Toute-Embrassante dans laquelle nous vivons et nous nous déplaçons[30].

V–3 LE MONORÉALISME

a–comment comprendre le monoréalisme?

Dans son exposé des fondements de l'Islam, l'Aga Khan cite comme troisième principe de l'Islam, après l'interprétation et la prophétie, le monoréalisme. La lecture de ce terme provoque une interrogation, puisque de toute évidence, c'est un néologisme: que veut signifier l'Aga Khan par "monoréalisme"?

En 1943, il écrit laconiquement que "le principe islamique sera peut être mieux défini comme un monoréalisme que comme un monothéisme"[31]. Cette affirmation brève pose d'emblée un problème méthodologique: comment définir ce principe que l'Aga Khan désigne comme LE principe islamique?

Une méthode linguistique très simple nous a permis jusque là d'identifier certains termes et concepts utilisés par l'Aga Khan. Différentes raisons déjà évoquées font qu'il n'emploie que très rarement un langage technique et lorsqu'il le fait, c'est après avoir opéré un transfert de sens. On a observé en effet que l'Aga Khan effectue ce transfert d'un terme arabo-persan à un terme franco-anglais suivant diverses méthodes. En schématisant, on peut les ramener à deux *scenarii*. Le plus fréquent est celui qui consiste à user d'un terme franco-anglais pour transcrire des connotations assez distinctes pour lesquelles l'arabo-persan emploie différents vocables. Dans certains cas, l'Aga Khan surdétermine encore le terme en le chargeant d'une signification issue d'un autre contexte culturel.

L'identification du contenu du concept aga-khanien a été rendue possible par l'analyse des différents emplois du concept. Puis, à partir de là, il a été possible de reconstituer ses nuances par la recherche des différents contextes culturels auxquels elles se référaient.

Le deuxième scénario possible est que l'Aga Khan utilise la traduction franco-anglaise classique d'un terme arabo-persan, mais en opérant un déplacement de sens implicite. L'exemple typique de ce scénario est le terme *fundamental*. Il traduit le terme arabo-persan *uṣûl* – qui est employé par l'idéologie post-coranique du *'ilm al-kalâm*. Mais il en transforme considérablement le contenu, comme nous l'avons déjà constaté.

Dans le cas du "monoréalisme", on ne trouve a priori aucun terme arabo-persan qui lui corresponde. L'Aga Khan le préfère à monothéisme. La traduction arabo-persane de ce terme (*waḥdâniyyat*) est peu employée par les Musulmans pour désigner le principe fondamental de leur religion. Ils utilisent, pour caractériser le phénomène du monothéisme, le terme *tawḥîd*. Il est évident que le terme forgé par l'Aga Khan l'a été sur le modèle de "monothéisme", ne serait-ce que par la façon qu'il a de les opposer. Le préfixe "mono" est conservé: cela ne fait aucun doute qu'il traduit l'idée de l'Unicité de Dieu. Mais la question est plus difficile en ce qui concerne la seconde partie du vocable: "réalisme". D'après le lexique franco-anglais, il est impossible d'en saisir la signification. En effet, ayant toujours à l'esprit que l'Aga Khan traduit des termes arabo-persans, c'est dans le lexique arabo-persan qu'il faut chercher le sens de ce terme.

Prenant pour hypothèse que le suffixe "-isme" est employé par l'Aga Khan pour renforcer la similitude de son néologisme avec le modèle "monothéisme", le concept de la réalité est rendue par deux racines: 1-*ḥaqq*, 2-*wâqi'*. La première racine est plutôt utilisée par les philosophes sous la forme *ḥaqîqat*. Chaque racine possède un champ sémantique spécifique de la notion. Le terme *wâqi'* désigne la réalité positive et contraignante alors que *ḥaqîqat* signifie réalité ésotérique – sans compter que al-*Ḥaqq* est un des noms coraniques de Dieu. Le concept de *ḥaqîqat* tient une grande place dans les systèmes de pensée du soufisme et de l'ismaélisme: le terme désigne alors la réalité suprême, celle que tout croyant tente d'atteindre. Les écoles ismaéliennes considèrent que la réalité comporte trois degrés: *ẓâhir*, *bâṭin* et *ḥaqîqat*. Hâtim al-Hâmidî écrit à ce sujet que "le *ta'wîl* est comparable aux rayons qui partent d'une circonférence pour converger vers un centre qui est la *ḥaqîqat*"[32].

Il serait certes fastidieux de parcourir les traités soufis ou shî'ites pour trouver la clé de l'énigme. En effet, les uns et les autres sont très prolixes lorsqu'il s'agit de trouver des équivalents à la Réalité suprême – qui, en définitive, n'est autre qu'une certaine conception de la divinité. Mais les philosophes iraniens ont à partir de Mollâ Sadrâ Shîrâzî conçu une doctrine qui fait de la Réalité suprême l'Existence.

b–du *tawḥîd* au *waḥdat al-wujûd*

Depuis le XIXème siècle, les islamologues ont traduit l'expression de *waḥdat al-wujûd* de multiples façons. Le terme "panthéisme", autrefois utilisé, a aujourd'hui été abandonné, bien que Djamshid Mortazavi le conserve sans aucune explication. Mais les spécialistes sont encore aujourd'hui très loin de faire l'unanimité sur une traduction: théomonisme, automultiplication de l'être, unité transcendantale de l'Etre, unicité d'exister (Corbin), unicité de l'Etre ou de l'Existence, univocité de l'Etre (Gardet), unité ontologique (Berque), "ontological monism" (Ahmad), monisme théologal (Yahia) etc.

Les islamologues, Musulmans ou non, ne parviennent pas à s'entendre. S'il est vrai que ces divergences peuvent s'apparenter à des "querelles d'écoles", cette situation traduit certainement aussi une réelle difficulté de traduire par une seule expression franco-anglaise cette expression arabo-persane. En arabe, cette expression semble avoir été appliquée en premier lieu par Ibn Taimiyya à la doctrine du célèbre soufi Ibn 'Arabî (1165-1240)[33]. Cette théorie existait certes avant le penseur andalou – sous les noms de *hulûl*, *ittihâdi* et autres, mais ce fut lui qui l'exposa systématiquement dans ses écrits: il en est de ce fait le principal théoricien[34].

Si le premier terme de l'expression ne se prête à aucune ambiguïté, – il connote l'idée de l'un, de l'unité et provient de la même racine que *tawhîd* – le terme de *wujûd* a une histoire plus mouvementée dans la pensée islamique. Dans l'école de la Falasîfa, Ibn Rushd a des scrupules à l'utiliser pour rendre l'idée de l'existence. Ghazâlî, pour sa part, tient à préciser le point suivant: "Il est bon que la mention de *wujûd* en arabe, quand elle ne serait pas comprise, soit parfois remplacée par un terme étranger pour faire comprendre ce que l'on veut dire par là"[35]. Et ce terme apparut à beaucoup comme un terme trop technique car le sens actif de la racine W.J.D est "trouver".

Quel est le sens général et courant de l'expression *wahdat al-wujûd*? Roger Deladrière, dans sa thèse sur Ibn 'Arabî, affirme que le terme est impropre pour rendre compte de la pensée du mystique andalou. Pour lui, les termes de *wahdâniyya* ou de *wâhdiyya* conviendraient mieux[36]. Dans sa *Tadhkîra*, Ibn 'Arabî fonde sa théorie sur le verset coranique suivant: "Toute chose est périssable sauf sa Face" (XVIII, 68). Cela revient à dire qu'en toute chose il y a la Face de Dieu. Pour les mystiques, le monde n'est que le reflet de la seule Existence divine. L'esprit humain est alors une émanation directe de l'Essence incréée[37]. Cette théorie est l'aboutissement de la doctrine du *tawhîd*. Elle est l'intériorisation de la *shahâda*, et partant de l'Islam. Les disciples d'Ibn 'Arabî ont développé le concept du *wahdat al-wujûd* dans une direction déjà présente chez le maître: l'Homme Parfait (*al-Insân al-Kamîl*). En Perse, au XVIIème siècle, Mollâ Sadrâ Shîrâzî a réalisé la synthèse du *wahdat al-wujûd* et du shî'isme duodécimain. Sur le *wahdat al-wujûd* chez cet auteur, H. Corbin a écrit qu'il "typifie la réalité unique de l'exister différencié en actes d'existences multiples dans l'exemple des nombres: l'échelle des nombres ne forment qu'une réalité unique, chaque degré n'étant qu'un rassemblement d'unités; et pourtant, chacun de ces degrés possède une essence, des qualités et des vertus propres, qui ne se retrouvent dans aucun autre"[38].

Certains islamologues ont cru bon, à la suite de Louis Massignon de répartir la doctrine soufie en deux écoles principales: *le waḥdat al-wujûd* et le *waḥdat al-shuhûd*. D'après eux, la première domina aux IIème-IIIème siècle de l'Hégire, et culmina avec l'expérience d'al-Hallâj. La deuxième domina le soufisme à partir d'Ibn 'Arabî jusqu'à nos jours. Muhammad Iqbâl reprochera aux tenants du *waḥdat al-wujûd* une certaine passivité, un certain quiétisme, voire un certain narcissisme[39]. Mais cette distinction est niée par Javad Nurbakhsh, l'actuel *quṭb* de la principale *tarîqa* ni'matullâhiyya. Pour lui, cette distinction, créée de toute pièce par les orientalistes, demeure externe à la question. En effet, il faut avoir connu le *waḥdat al-shuhûd* pour atteindre le *waḥdat al-wujûd*[40].

Cela n'empêche qu'un auteur comme Shâh Walî Allâh (+1176/1762) s'est interrogé sur les rapports du *waḥdat al-shuhûd* avec le *waḥdat al-wujûd*[41]. Shâh Walî Allâh fait un rêve au cours duquel deux groupes de soufis se disputent; les uns sont des *wujûdî*, les autres des *shuhûdî*. Ne parvenant à se mettre d'accord, ils demandèrent le jugement de Shâh Walî Allâh. Celui-ci déclara que le *waḥdat al-wujûd* était une doctrine authentique, mais que ceux qui la défendaient professaient de telles idées concernant l'immanence de Dieu dans le monde qu'ils ne réussissaient pas à maintenir intactes sa majesté et sa transcendance[42]. L'autre groupe, poursuivit-il, n'a aucune aptitude à réaliser les vérités du *waḥdat al-wujûd*, il n'est donc pas étonnant qu'ils nient la vérité de cette doctrine.

La doctrine du *waḥdat al-wujûd* connut sa plus grande fortune dans la poésie mystique persane. C'est là que son expression la plus générale et la plus populaire fut réalisée, non pas sous une forme métaphysique ou purement philosophique, mais sous la forme d'une poésie spécifique. D'après cette poésie, les attributs de Dieu représentent la multiplicité des êtres et des choses, alors que Dieu, dans son essence est unique. La multiplicité n'est en définitive qu'une apparence: Dieu et le monde ne font qu'un. Cette perception est le degré suprême de la connaissance et c'est à partir de son acquisition que le soufi peut expérimenter la "vision divine".

c–le monoréalisme aga-khanien

Pour l'Aga Khan, le principe du monoréalisme définit les relations qui existent entre le Créateur et la création. Le but de la révélation est la nécessité pour Dieu de dévoiler sa personnalité et ses liens avec l'Univers: "Once man has thus comprehended the essence of existence, explique-t-il dans ses mémoires, there remains for him the duty, since he knows the absolute value of his own soul, of making for himself a direct path which will constantly lead his individual soul to and bind it with the Universal

Soul of which the Universe, as much of it as we perceive with our limited vision, is one of the infinite manifestations" (p. 175).

L'âme, inhérente pour l'Aga Khan à toutes les créatures, est l'entité par excellence par laquelle se manifeste la divinité. Mais bien que l'Aga Khan cite dans ses mémoires le monoréalisme comme principe de l'Islam, on en cherche en vain une explication approfondie. Celle-ci peut être trouvée de façon diffuse dans ces mêmes mémoires mais aussi dans d'autres écrits. Plus que toute autre, ce principe du monoréalisme fait référence à des conceptions que l'Aga Khan classe dans ses *own personal beliefs*. Et finalement, c'est surtout à travers la poésie mystique persane qu'il est possible d'appréhender le monoréalisme qui, on l'a déjà signalé, n'est pas à proprement parler une doctrine. Comme les soufis avec le *waḥdat al-wujûd*, l'Aga Khan avec le monoréalisme essaye de rendre compte du fait que, d'après le Coran, tout provient de Dieu alors que la réalité apparaît être un tissu de contradictions.

Le monoréalisme permet de comprendre que tout ce que l'homme perçoit – que ce soit par la vue, l'ouïe, la raison, l'imagination – provient d'un principe unique. Dans l'extrait cité plus haut, l'Aga Khan utilise l'expression "the essence of existence" – qui peut être considérée comme une traduction de *waḥdat al-wujûd*. L'origine de l'existence est – dans la mesure où elle peut être connue – l'Ame Universelle. La nature du lien entre l'âme individuelle et l'Ame universelle n'est qu'un aspect de la volonté du Créateur à être connu.

Comme les soufis, l'Aga Khan reconnaît l'existence d'une âme dans tous les éléments de la Nature: "Islamic doctrine goes further than the other great religions for it proclaims the presence of the Soul, perhaps minute but nevertheless existing in an embryonnic state in all existence in matter, in animals, trees and space itself. Every individual, every molecule, every atom has its own special relationship with the All-Powerful Soul of God" (*Memoirs*, p. 177). L'âme est donc un élément central dans l'économie des rapports entre le Créateur et les créatures. Tout l'aspect mystique de la pensée de l'Aga Khan s'appuie sur ce concept.

Nous avons vu que Shâh Walî Allâh avait cherché à introduire la notion de transcendance dans la doctrine *wujûdiyya*. Pour cela, il la divisa en deux parties. Premièrement, tout ce qui existe, quelle que soit sa forme d'existence, est une manifestation (*ẓuhûr*) de l'Existence (*wujûd*). Cette existence n'est pas une existence particulière ou générale: elle est l'Existence Universelle (*al-Wujûd al-Munbaṣit*) qui contient tous les Existants. Dans ses derniers écrits, il préfère l'appeler l'Ame Universelle (*al-Nafs al-Kullîyya*)[43]. Les Existants ne sont pas des parties de l'Existence Universelle mais des manifestations; en effet, elle est une et indivisible. En fait, ce que nous nommons "monde extérieur" (*khârij*) n'est rien d'autre que l'Existence Universelle, et ce que nous nommons "temps" n'est rien d'autre que le processus d'autodétermination de l'Existence Universelle.

La deuxième affirmation de Shâh Walî Allâh est que l'Existence Universelle n'est pas l'Essence Divine (*al-Dhât al-Ilâhîyya*). La relation entre l'Existence Universelle et l'Essence Divine est de nature totalement différente de celle entre l'Existence Universelle et les Existants. La relation qui unit l'Existence à l'Essence est une relation de *ṣudûr*, alors que celle qui unit l'Existence aux Existants est une relation de *ẓuhûr*. Le premier terme est habituellement traduit par "émanation".

L'Aga Khan, sur la question du monoréalisme, ne construit pas d'exposé théologique pour justifier telle ou telle conception. Pourtant, c'est bien à un certain nombre d'entités ou hypostases divines qu'il faut la rattacher. La plus récurrente est sans aucun doute l'Ame Universelle (*Universal Soul*). Bien que ce concept reste vague, il faut comprendre que l'Aga Khan distingue à l'instar de Shâh Walî Allâh le Dieu créateur de ses hypostases. De cette façon, la contradiction entre la transcendance et l'immanence de Dieu est résolue; en effet, la transcendance absolue concerne Dieu (Allâh), alors que l'Ame Universelle, qui provient de Dieu (l'Aga Khan ne précise pas le mode de provenance), représente ce qui de la divinité agit dans le monde, et ce qui peut être connu d'elle. L'Aga Khan reprend une conception très ancienne de la divinité qui différencie le *deux otiosus* du *deus revelatus*.

Le principe du monoréalisme ne peut être correctement défini sans revenir à la conception aga-khanienne de Dieu. Signalons qu'une notion l'explicite plus particulièrement: celle de "Dieu-qui-contient" (*embracing*). Cette idée capitale de Dieu-qui-contient est réaffirmée par l'Aga Khan à travers diverses formules. C'est elle qui lui permet de distinguer le monoréalisme du panthéisme qu'il condamne à plusieurs reprises. Le panthéisme est une divinisation grossière des éléments de la nature; cette forme de religion, qui est à rapprocher de l'idolâtrie, est caractéristique des religions de l'Inde, de l'Iran et de la Chine. Le panthéisme poussé à son extrême revient finalement à l'athéisme, puisque si Dieu est partout, il est nulle part: plus rien ne le sépare de la création.

Le panthéisme est par conséquent une forme corrompue de la religion (*Memoirs*, pp. 174–176). Elle constitue une étape intermédiaire entre les religions primitives et l'Islam. Mais le monoréalisme permet encore à la religion de Muhammad d'avoir une position intermédiaire entre le christianisme, qui va jusqu'à proclamer l'incarnation de Dieu en l'homme, et le judaïsme, d'après lequel au contraire Dieu est totalement séparé de l'univers. En dernière analyse, le principe du monoréalisme est pour l'Aga Khan caractéristique de la forme religieuse islamique pour la bonne raison qu'elle fait d'elle une synthèse équilibrée des autres religions. Il lui permet d'autre part, sans entrer dans la casuistique, d'établir un distingo entre l'incarnation et l'émanation, qui sera important pour répondre à la question du statut de l'imâm vis à vis de la divinité.

Les Fondements de l'Islam

NOTES

1 pp. 1 à 10.
2 *Le libéralisme musulman, op.cit.*, p. 69.
3 *Memoirs, op.cit.*, p. 172.
4 *Spirit of Islâm, op.cit.*, p. 138.
5 "Uṣûl", *EI*, J. Schacht, t.IV, 1112 – voir aussi Linant de Bellefonds – "Le droit imâmite" – pp. 183–201 et R. Brunschvig – "Les uṣûl al fiqh imâmites" – dans *Le shî'isme imâmite, op.cit.*, pp. 201–215.
6 *id.* pp. 1114–5 et M. Moomen – *An introduction to Shî'i Islam, op.cit.*, p. 185.
7 "Dîn", *EI2*, L. Gardet, T. II, p. 303.
8 M. Chodkiewicz – *Le sceau des saints – Prophétie et sainteté dans la doctrine d'Ibn 'Arabî*, Gallimard, 1986, p. 118.
9 H. Feki – *Les idées religieuses ... – op.cit.*, pp. 43 à 48.
10 voir la préface de Shâh Karîm à la Constitution de 1986.
11 A. Ahmad – *Islamic modernism ... – op.cit.*, p. 42.
12 *Collectanea, op.cit.*, p. 83.
13 *Glimpses, op.cit.*, p. vii.
14 *Le libéralisme musulman, op.cit.*, p. 70.
15 *Histoire générale de la civilisation en Europe depuis la chute de l'empire romain jusqu'à la Révolution française* – Didier, libraire éditeur – 1842 (2ème éd). – p. 17.
16 *id.*, p. 16.
17 *ibid.*, p. 353.
18 *India in transition, op.cit.*, p. 1.
19 *idem*, p. 4.
20 *Le libéralisme musulman, op.cit.*, p. 70.
21 *Glimpses of Islam, op.cit.*, p. 3.
22 *Memoirs, op.cit.*, p. 174. Il est difficile d'expliquer cette évolution de la pensée aga khanienne en ce qui concerne la notion de prophétie.
23 Moomen – *An introduction to Shî'i Islam, op.cit.*, p. 177.
24 Christian Cannuyer – *Les Bahâ îs* – Editions Brepols – 1987 – s.l. – Voir aussi "Bahâ'îs", *EI2*, T. 1, A. Bausani (qui est lui même bahâ'î), pp. 943–946. On trouve une tendance similaire chez le druze Kamal Joumblatt – *Pour le Liban* – Stock – 1978– surtout pp. 75 à 77.
25 *Memoirs, op.cit.*, p. 24.
26 "Message ...", *op.cit.*, p. 24.
27 *Les formes élémentaires de la vie religieuse   Le système totémique en Australie* – PUF – 1979 – pp. 340–1.
28 *Spirit of Islâm, op.cit.*, p. 175.
29 *Le libéralisme musulman, op.cit.*, p. 71.
30 *Collectanea, op.cit.*, p. 82.
31 *Le libéralisme musulman, op.cit.*, p. 71.
32 cité par H. Feki – *Les idées religieuses ..., op.cit.*, p. 299
33 Ibn 'Arabî (569/1165–638/1240), natif de Murcie en Espagne, est considéré comme l'un des plus grands théoriciens du soufisme. Après des études de *fiqh*, *kalâm*, *ḥadîth* et soufisme à Séville, Ibn 'Arabî quitte en 598/1201 le Maghreb pour l'Orient. Il se fixe en 620 h. à Damas, protégé par le prince ayyoubide al Malik al Ashraf, où il meurt quelques années plus tard. Son oeuvre immense cherche à refaire l'unité de la communauté en gardant, de chaque doctrine, sa part de vérité. Deux notions ont malgré tout suscité l'inquiétude des théologiens: le *waḥdat al wujûd* et la *walâya*. Cette dernière fait des "saints" des hommes

supérieurs aux prophètes, et affirme la permanence de l'élection divine après la fin de la prophétie. 'Ulamâ' et islamologues ont souligné la proximité de ces thèses avec les thèses des Bâṭinîs. Voir H. Laoust, "Les schimes dans l'Islam", *op.cit.*, pp. 246–250, O. Yahya, "Ibn 'Arabî", *EU*, vol. 11, pp. 869–871; H. Corbin "L'imagination créatrice dans le soufisme d'Ibn 'Arabî", Flammarion, 1977 (1ère éd. 1958), 328 p.

34 conversation avec le professeur R. Deladrière – Lyon le 17/12/1986 – Voir *La profession de foi d'Ibn 'Arabî – Texte et commentaire de la Tadhkîra* – Lille – 1975 – pp. LXX et ss.

35 cité par A.M. Goichon – *La philosophie d'Avicenne et son influence en Europe médiévale* – A. Maisonneuve – 1979 – p. 63.

36 "La profession de foi ...", *op.cit.*, p. LXXXV.

37 L. Gardet – *Mystique musulmane, op.cit.*, p. 83.

38 Mollâ Ṣadra Shîrâzi – *Le livre des pénétrations métaphysiques* – Tr.fr. par H. Corbin – 1964 – A. Maisonneuve – p. 76.

39 A. Guimbretière – "Personnalisme théocentrique ...", *op.cit.*, p. 247.

40 Entretien avec Javad Nurbakhsh – Londres le 23/02/1988.

41 Shâh Walî Allâh (1703–1762) est le principal rénovateur de la pensée musulmane de l'Inde au XVIIIème siècle et à ce titre, il apparaît comme le précurseur de l'Iṣlâḥ survenue le siècle suivant dans le sous continent. Son objectif est de restaurer l'unité de la communauté en luttant contre le sectarisme, plus particulièrement contre l'hostilité sunnite/shî'ite. Convaincu qu'aucune société ne peut se maintenir sans justice (*'adl*), il pense qu'il est urgent de rénover le *'ilm al kalâm*. Son effort théologique s'appuie sur un renouvellement de l'usage de *l'ijtihâd*, ce qui lui permet de se prétendre *mujaddîd*, qu'il utilise pour élaborer le concept de *maṣlaḥa*. Ce dernier est compris comme le bien – être du peuple, basé sur l'interaction entre le développement de l'homme et les forces créatrices de l'univers. Voir I.H. Qureshi, "The Muslim community in the Indo pakistan subcontinent", *op.cit.*, pp. 206–209; A.M. Schimmel, *Islam in the Indian subcontinent*, *op.cit.*, p. 138 et ss.; Daud Rahbar, "Shâh Walî u'llah and Ijtihâd", *The Muslim World*, XLV, 4 (oct. 1955).

42 Abdul Haq Ansari, "Shah Waliy Allah attempts to revise waḥdat al wujûd", *Arabica*, XXXV, 1988, p. 200.

43 A.H. Ansari, "Shah Waliy Allah attempts to revise waḥdat al wujûd", *op.cit.*, p. 201.

VI

Les Conditions de Possibilités de la Rénovation

VI-1 LA SITUATION HERMÉNEUTIQUE DU CORAN

Dans son livre sur la raison islamique, Mohammed Arkoun écrit: "Après la Bible et les Evangiles, le Coran a introduit une situation herméneutique en langue arabe"[1]. Sans examiner les fondements de cette situation, l'auteur poursuit en affirmant qu'elle est à l'origine de "pratiques sémiotiques" et de lectures changeantes qui ont un rapport réel ou postulé avec le texte coranique. Nous pensons qu'il est important, avant de décrire les principales tendances de l'interprétation coranique, de présenter les spécificités du texte qui ont introduit cette situation herméneutique. Il ne nous a pas semblé nécessaire de retenir les divergences mineures de l'interprétation qui n'altéraient pas le sens général du texte. Le problème de la multiplicité des lectures, par exemple, a d'ailleurs été résolu par un compromis dans lequel sept lectures furent autorisées et sept autres tolérées[2].

Par interprétation, nous entendons à la fois la technique permettant de mettre à jour une compréhension du texte, et la vision du monde qu'elle induit. Suivant les cas, c'est le premier aspect ou le second, ou les deux, qui seront privilégiés. La situation herméneutique du Coran est d'autant plus contraignante que le "Livre" est considéré comme la Parole de Dieu; de ce fait, "l'Islam n'est pas comme on l'a trop souvent dit une théocratie, mais un système où l'action repose directement sur le logos tel qu'il a été formulé pour la raison humaine: une logocratie"[3]. L'enjeu de l'interprétation n'en est que plus important.

Le Coran pose à plusieurs reprises la question de l'interprétation. Le terme coranique *ta'wîl* apparaît dans cinq versets répartis dans trois sourates. D'un point de vue général, le contexte laisse entendre que le *ta'wîl* doit permettre la compréhension de quelque chose. A deux reprises, le *ta'wîl* s'applique à la compréhension d'un songe ou d'une vision (*ru'ya* dans XII, 5): Joseph explique les songes des prisonniers et du Pharaon. Dans ces deux cas, l'interprétation donnée par Joseph est en réalité une anticipation sur l'avenir. C'est cette interprétation qui lui permettra de prédire l'avenir au Pharaon, qui fera alors de lui son conseiller.

Mais lorsqu'il est question de l'interprétation des versets qui forment l'essence de l'Ecriture, Allah condamne ceux qui recherchent l'interprétation à travers les versets équivoques, alors qu'ils disposent de versets clairs. Mais il semble ici que la condamnation porte plus sur le choix des versets que sur le principe de l'interprétation lui-même: "L'interprétation de ces ayas n'est connue que d'Allah" précise le Coran. Ces *ayas* peuvent signifier qu'il existe une connaissance qui échappe à l'entendement humain, idée qui constitue un leït-motiv du Coran.

Le verset 52 de la septième sourate établit un lien entre "l'Ecriture intelligible" et la foi. En effet, la condition de la compréhension est la foi. La foi constitue la base de l'interprétation de l'Ecriture qui doit faire éclore sa compréhension. Dans ce passage, l'interprétation apparaît comme la réalisation et l'actualisation de la signification de l'Ecriture. L'interprétation devient alors une partie intégrante de la condition du Croyant.

Mais cette interprétation est-elle accessible à tous? Le passage cité plus haut ne fait aucune restriction: cette interprétation/accomplissement est l'attente de tous. Pourtant, lorsque Joseph confie à son père les songes qu'il a eus, celui-ci lui répond: "Ainsi ton Seigneur te choisira. Il t'enseignera l'interprétation des Ecritures" (XII, 6)[4]. L'interprétation apparaît alors clairement comme dépendante de Dieu: c'est lui qui choisit celui qui va devenir l'Interprète, et qui plus est, c'est Dieu qui "enseigne" la science de l'interprétation. Celle-ci relève donc du savoir divin: elle est directement liée à Révélation et constitue une des bases de la logocratie islamique.

Si la question de l'interprétation est bien posée par le Coran, il est évident qu'elle ne constitue pas un problème fondamental. Pourtant, certaines notions coraniques appartiennent au large espace sémantique de l'interprétation comprise comme un processus devant provoquer la compréhension. Ce sont par exemple les radicaux 'QL – qui a donné le substantif *'aql*, FKR – d'où provient le substantif *fikr*, FQH – dont est issu le substantif *fiqh*, et NZR – racine reprise dans un sens spéculatif par les philosophes. Tous ces radicaux connotent l'idée d'incitation à la compréhension et/ou à la réflexion.

La racine *'AQL* incite les hommes à comprendre, comme dans le verset 164 de la deuxième sourate: "Dans la création des cieux et de la terre, dans l'opposition de la nuit et du jour, dans le vaisseau voguant sur la mer avec le profit que cela vaut aux Hommes, en l'eau qu'Allah fait descendre du ciel par laquelle Il fait revivre la terre après sa mort, dans ce qu'il fait pulluler de toute bête, dans l'envol des vents et des nuages soumis, entre le ciel et la terre, (en tout cela) sont certes des signes pour un peuple qui raisonne". Ici, les éléments de la Nature sont décrits comme des signes (*ayas*): c'est un devoir qui incombe au croyant que de les comprendre (voir aussi XVI, 2, 67, XIII, 4, XXX, 24, XLV, 5). Dans la plupart des cas, la racine *'AQL* est utilisée en rapport avec les éléments de la Nature.

Les Conditions de Possibilités de la Rénovation

De nombreux passages du Coran incitent ainsi les hommes à réfléchir à l'aide du radical *FKR*. Dans le verset 219 de la deuxième sourate, il est associé au radical *BYN* qui est alors synonyme de *ta'wîl*: "Voilà comment Dieu vous explique les Signes. Peut-être méditerez-vous". Cette réflexion doit s'appliquer à la nature réelle de Muhammad, qui est un Prophète, mais aussi aux éléments de la nature (III, 191, XXX, 8, 24, XIII, 3, XVI, 11), à des récits historiques (VII, 175–6), à l'homme et à la femme (XXX, 21) et à la mort (XXXIX, 42).

Le dernier radical se rattachant au champ sémantique de l'interprétation est le plus utilisé dans le Coran: *NZR*. Il incite les hommes à réfléchir sur les cieux et la terre (VII, 185, L, 6, X, 11 etc ...) et sur le sort des impies (II, 137, VI, 11, XXX, 42). A six reprises, ce radical est employé dans des phrases qui sont à peu près semblables au type: "Eh quoi! n'ont-ils pas parcouru la terre et considéré quelle fut la fin de ceux qui furent avant eux et (qui) furent plus redoutables qu'eux par la force? Allah ne saurait être réduit par l'impuissance, par rien, ni dans les cieux ni sur la terre. Il est omniscient et omnipotent" (XXXVI, 44).

La diversité des incitations fait apparaître divers niveaux de compréhension. Il est évident que la nature de la compréhension évoquée ci-dessus n'est pas la même que celle qui porte sur les éléments de la Nature. Certaines incitations se regroupent autour de l'idée que l'acte de comprendre doit correspondre à une démonstration de la supériorité de Dieu sur l'homme et sur toute la création. Ici, le message à comprendre est simple et clair. Il en est autrement pour la compréhension de certains signes (*aya*). Ce terme est utilisé plus de cent quarante fois dans le Coran. Il est très souvent associé aux radicaux mentionnés plus haut.

Il est écrit dans le Coran que certains versets sont clairs et concis, alors que d'autres sont équivoques. L'équivocité coranique est désignée par le terme arabe *mutashâbih*. C'est dans le cinquième verset de la troisième sourate que l'on peut lire: "C'est Lui qui a fait descendre sur toi l'Ecriture. En celle-ci sont des aya confirmés (?) qui sont l'essence de l'Ecriture, tandis que d'autres sont équivoques. Ceux au coeur de qui est une obliquité suivent ce qui est équivoque (?), dans l'Ecriture, par recherche du trouble et recherche de l'interprétation (de ces aya). (Mais) l'interprétation de ces aya n'est connue que d'Allah (...)".

Cette mention des versets "équivoques" dans le Coran ne cesse de poser de nombreuses questions. En effet, pourquoi le Créateur a-t-il placé à côté des *ayas* claires – qui constituent la Mère du Livre – d'autres qui sont obscurs? Est-ce pour tester la foi du Croyant, puisqu'il est question de "ceux dont les coeurs penchent vers l'erreur"[5]? Est-ce au contraire pour stimuler l'ardeur du Croyant, dans la continuité des nombreuses exhortations à chercher à comprendre? Quoi qu'il en soit, force est de constater que c'est ici une des problématiques de l'interprétation posée par le Coran. Une autre question consiste à chercher quels sont les versets équivoques. Car si le Coran signale à plusieurs reprises la clarté de certains d'entre eux, rien ne signale l'obscurité de certains autres, ni en quoi elle consiste (XLIII, 1 à 3 et XIII, 39).

Pour certaines écoles islamiques comme les Hanbalites, les versets *mustashâbihât* sont des versets qu'il faut accepter sans chercher à les interpréter. Pour Ghazâlî, au contraire, ces versets requièrent une interprétation. Ben Salen Himmich, pour sa part, par delà la diversité de ces points de vue, retient que "l'ambiguïté est aussi une donnée qui structure la parole de Dieu"[6]. Dans la tradition musulmane, l'équivocité a été comprise comme une contradiction exprimée sous la forme de thèmes antithétiques. Les soufis utilisent la technique de l'*istinbât* pour interpréter les *mutashâbihât*: c'est une relecture fréquente et globale du texte[7]. Les Ismaéliens, quant à eux, utiliseront l'existence du *mutashâbih* coranique pour justifier l'usage du *ta'wîl* (Kermânî), justification basée sur une analyse grammaticale du verset cité ci-dessus[8].

Mais certains soufis vont élaborer une véritable théorie de l'équivocité, comme par exemple 'Ayn al-Qudât al-Hamadânî. Pour celui-ci, l'équivocité (*tashâbuh*) structure le champ sémantique de chaque mot. Cela est dû au fait que chaque champ sémantique est divisé en deux parties: le domaine de la raison (*tawr al-'aql*) et le domaine au-delà de la raison (*tawr warâ'a al-'aql*). Suivant le domaine auquel s'applique le terme, le sens est différent. C'est ainsi que l'équivocité permet aux philosophes de parler du domaine au-delà de la raison[9]. Hâfiz fut un des maîtres de l'équivocité, qui constitue la clef de tout son art poétique.

L'abrogation (*naskh*) est un principe important dans le Coran puisqu'il y est écrit que Muhammad n'a pas aboli purement et simplement le judaïsme et le christianisme, il les a abrogés. Cela signifie que le Message du Prophète est plus achevé, mais aussi qu'il se situe dans la continuité et dans la même tradition que les religions qui l'ont précédé. Dans le Coran, plusieurs versets sont consacrés au problème de l'abrogation: "Dès que nous abrogeons une aya ou la faisons oublier, Nous en apportons une meilleure ou une semblable. Ne sais-tu point qu'Allah, sur toute chose, est omnipotent?" (II, 106).

Ce principe de l'abrogation n'est-il pas en contradiction avec la thèse de la perfection du Coran, qui n'est autre que la Parole de Dieu? Une fois encore, la dernière partie du verset semble porter à comprendre que l'abrogation échappe à l'entendement humain puisqu'il est rappelé qu'Allah seul est tout-puissant. L'abrogation serait-elle alors une autre "donnée qui structure la parole de Dieu"? Mais surtout, elle constituerait, comme l'équivocité, une donnée fondamentale du *logos* divin qui aurait comme fonction essentielle de pérenniser le clivage qui le sépare du monde humain, c'est à dire de fonder la transcendance de la divinité.

Comment les diverses écoles de pensée islamique ont-elles compris le principe de l'abrogation? Y ont-elles vu une injonction à l'interprétation du

Les Conditions de Possibilités de la Rénovation

texte coranique? La réponse la plus répandue au problème de "l'Abrogeant et de l'Abrogé" (*an-Nâsikh wa-l-Mansûkh*) a été de l'inclure parmi les sciences religieuses. L'objectif était de retouver l'ordre chronologique dans lequel les sourates avaient été révélées, dans le but de résoudre les contradictions qui apparaissaient dans le Coran. Régis Blachère pense que cette science de l'Abrogeant et de l'Abrogé s'est constituée de bonne heure. En clair, la fonction de cette science religieuse était de déclarer caduques les dispositions d'un verset, si celles-ci étaient contredites par un autre. Par exemple, le verset 13 de la deuxième sourate – conciliant envers les autres religions – est annulé par la troisième sourate, verset 99, qui affirme "quiconque recherche une autre religion que l'Islam, (cela) ne sera pas accepté de lui et dans l'Au-Delà il sera parmi les perdants"[10]. En définitive, la science de l'Abrogeant et de l'Abrogé, tributaire des biographies de Muhammad et des "Causes de la Révélation" ressort du commentaire du Coran dans lequel se spécialisèrent les traditionnistes.

Chez les Ismaéliens, le problème de l'abrogation est compris en fonction des concepts du *zâhir* et du *bâtin*. Chez les Ikhwân al-Safâ', plus particulièrement, de strictes équivalences ont été établies entre l'Abrogé, qui est le *zâhir*, et l'Abrogeant, qui est le *bâtin*. Mais, dans le contexte ismaélien, cette question sera actualisée par la proclamation de la Grande Résurrection en 1164: celle-ci n'est autre, comme nous le verrons plus loin, que l'abrogation de la forme littérale de la religion islamique. Cette abrogation restreinte est connue sous le nom d'*ibâha*.

VI-2 LES POSTULATS ISMAÉLIENS DE LA RÉNOVATION DU SAVOIR

a–le concept de l'imâmat

Le terme "imâm" apparaît à deux occasions dans le Coran. Dans le verset XXXII/24, il est écrit: "Nous avons mis des imâms issus d'eux, qui les dirigent sur Notre ordre, en prix de ce qu'ils ont été constants et ont été convaincus de Nos signes". De ce fait, dans la théorie sunnite traditionnelle, l'imâm est le calife. Les deux termes sont employés indifféremment. L'imâmat/califat est alors "la direction générale de la communauté, au spirituel comme au temporel, confiée à un seul homme. Cet unitarisme califien, soutenu par des théologiens postérieurs, a été repris dans les écoles réformistes contemporaines"[11].

La plupart des Sunnites acceptent l'idée que l'imâm doit être qurayshite. Il doit aussi réunir un certain nombre de qualités qui varient selon les auteurs. D'après Baghdâdî, ce sont: l'honorabilité, l'esprit de scrupule, la qualité de *mujtahid*, l'aptitude à exercer la charge. Ibn Taimiyya juge ces exigences trop idéales. L'imâm d'après lui ne devra pas avoir plus de qualités morales qu'on en demande à un témoin pour accepter son témoignage[12]. Hamid Kermânî (m.408/1017) est le premier penseur fatimide à avoir exposé une doctrine de l'ismaélisme. D'après lui, chaque Prophète annonciateur d'une loi (*nâtiq*) a un *wasî* ou imâm qui est le premier imâm (*asâs*) d'une période. Dépositaire de la révélation prophétique, sa fonction propre est le *ta'wîl*, l'exégèse qui "reconduit l'exotérique au sens caché, à son archétype (asl)"[13].

Cet imâm est l'homologue de la IIème Intelligence, première Emanée ou Ame Universelle, car à une hiérarchie céleste correspond une hiérachie terrestre. L'imâm qui succède à l'*asâs* doit maintenir l'équilibre de l'ésotérique et de l'exotérique. Un imâm clôture ce cycle: c'est le *Qâ'im*, l'imâm de la Résurrection qui met fin à une période et suscite un nouveau Prophète. Muhammad étant le dernier Prophète, le dernier imâm de ce cycle sera le *Qâ'im al-Qiyâma*. Sa fonction sera de révéler le sens caché de la Révélation, ce qui provoquera de grands bouleversements.

Pour les Fatimides, l'imâm est à la fois humanité (*nâsût*) et divinité (*lâhût*). Sa divinité est composé d'un "Temple de Lumière" que forment toutes les lumières des adeptes. La recherche de la rencontre avec l'imâm est le thème fondamental de la gnose ismaélienne. L'adepte doit en saisir la dimension spirituelle par l'intermédiaire d'une vision intérieure (*basîra*). Elle est une connaissance métaphorique (*majâziyya*). La connaissance de l'imâm ne peut se réaliser que par la connaissance de soi (*nafs*). Les auteurs fatimides justifient cette conception par le *hadîth*: "Celui qui se connaît, connaît son Seigneur (imâm)"[14]. La connaissance de l'imâm est le stade le plus élevé que l'adepte puisse atteindre. Il parvient alors à l'état d'Esprit Saint (*rûh al-quds*).

Mais contrairement à ce que Henry Corbin laisse entendre, chez les Fatimides, le concept de l'imâmat ne se réduit pas à sa fonction ésotérique. En effet, en 297/910, 'Ubayd Allah al Mahdî se proclame calife et *mahdî* à Raqqada. Cet événement fut à l'origine d'une révision de la théorie de l'imâmat. Jusque là, les Ismaéliens considéraient que le *Mahdî* serait Muhammad Bin Ismâ'îl. 'Ubayd Allah renia ce dogme pendant quelques temps avant de trouver un compromis. Le retour de Muhammad Bin Ismâ'îl comme *qâ'im* fut interprété "dans un sens spirituel, comme ayant été réalisé par l'avènement des Fâtimides, destinés à accomplir graduellement les prédictions concernant le kâ'im"[15]. Cet épisode indique que le principe sacré de l'imâmat a déjà subi, dans le passé certes lointain, une révision conceptuelle.

La doctrine nizârite quant à elle insistait sur l'importance du *ta'lîm*, la soumission à l'enseignement d'un imâm choisi par Dieu. L'événement majeur de l'histoire de cette école fut la proclamation le 17 ramadân 559/8 août 1164, par Hasan 'alâ dhikri-hi's-salâm de la Grande Résurrection (*qiyâmat al-qiyâmat*). Il se présentait au nom de l'imâm, dont il était le *hujja*. Il proclama l'abolition de la *sharî'a*: "La résurrection fut interprétée spirituellement comme étant la manifestation de la Vérité dévoilée dans

Les Conditions de Possibilités de la Rénovation

l'Imâm qui réalisait le Paradis pour les croyants susceptibles de la saisir, alors qu'elle condamnait les opposants de l'Ismaélisme au non-être spirituel, c'est à dire à l'enfer"[16].

Son fils et successeur Muhammad (561–607/1166–1210) se proclama imâm, en affirmant que son père descendait de l'imâm Nizâr. Il fit de l'imâm présent le centre de la *qiyâma* qui consistait à contempler Dieu dans la réalité spirituelle de l'Imâm qui devint de ce fait supérieur au Prophète: cet élément fut longtemps la caractéristique de l'ismaélisme nizârite. La hiérarchie qui, dans la pensée fatimide, séparait l'adepte de l'imâm disparaît dans la pensée nizârite: il peut directement connaître son imâm. W. Ivanow et W. Madelung pensent que cette doctrine avait déjà subi l'influence du soufisme[17].

A partir du XVème siècle, il devient très difficile de différencier la conception ismaélienne de l'imâm et la conception soufie du *qutb*. Mais avant d'aborder cette question, il est intéressant de signaler la conception khoja de l'imâm, telle qu'elle apparaît dans les *ginâns*, textes sacrés sur lesquels W. Madelung et A.A.A. Fyzee portent des jugements opposés dans l'Encyclopédie de l'Islam[18]. Deux thèmes récurrents apparaissent dans les *ginâns*: la focalisation de la fonction sotériologique sur *l'imâm-e zamân* et la consubstantialité de l'imâm avec Dieu. L'imâm est décrit comme vivant dans de mystérieuses et lointaines contrées. Le médiateur principal entre l'imâm divinisé et les croyants est devenu le *pîr* ou *guru*[19].

Il est maintenant nécessaire de faire le point sur les rapports entre l'ismaélisme et le soufisme, à travers les connexions entre l'imâm et le *qutb*. Loin de nous l'intention de faire progresser cette question qui dépasse largement le cadre de la recherche ainsi que celui des compétences. Mais il s'avère indispensable de signaler les interférences historiques et théoriques entre ces deux statuts.

Dans son *Histoire de la philosophie islamique*, Henry Corbin a écrit qu'après la chute d'Alamût, l'ismaélisme ne fit que rentrer dans la clandestinité en prenant le manteau (la *khirqa*) du soufisme (p. 142). On a déjà fait allusion au fait que des liens – qui peuvent constituer une affiliation – existent probablement depuis le XVème siècle entre les imâms ismaéliens et la *tarîqa* ni'matullâhiyya. Ces liens sont attestés jusqu'à l'Aga Khan lui-même mais, il faut le préciser, uniquement d'après des sources ni'matullâhiyya. A ce sujet, l'ancien directeur académique de l'Institute of Ismaili Studies de Londres, Aziz Esmail, nie la validité de cette filiation[20].

On peut raisonnablement s'interroger sur la raison qui aurait pu provoquer l'allégeance d'un imâm ismaélien au *qutb* de la *tarîqa* ni'matullâhiyya. Dans son article sur Hasan 'Ali Shâh, Hamid Algar écrit: "Paradoxally, it was to an Ithna'asharî tarîqa the Ni'matullâhi, that the Ismâ'îlî Imams were affiliated, as if implicitly they renounced their title to the Imamate"[21]. D'après les sources ni'matullâhiyya compulsées par H. Algar, P.L. Wilson et N. Pourjavady, en plus de l'autobiographie de

Hasan 'Alî Shâh[22], le grand-père maternel, un oncle et son propre fils, qui est donc le père de l'Aga Khan, avaient atteint une certaine renommée comme soufis dans la *tarîqa* ni'matullâhiyya.

Hamid Algar attribue la révolte de Hasan 'Alî Shâh à un différend d'ordre interne à la *tarîqa*. En effet, celui-ci était le *murid* du *qutb* Mast 'Alî Shâh[23] auquel il donna refuge à plusieurs reprises, lorsque la vindicte des *'ulamâ'* ou de Fath 'Alî Shâh le poursuivait. Mais un autre soufi ni'matullâhi revendiquait le statut de *qutb* de la *tarîqa*: Hajji Mirza Aqâsî, favori puis premier ministre du souverain Muhammad Shâh. Bien que Mast 'Alî Shâh soit mort au cours du pèlerinage, près de Jeddah en 1253/1837, le premier ministre aurait poursuivi de sa vindicte l'imâm jusqu'à provoquer son départ de Perse. Cette version des faits n'est pas du tout celle que donne l'Aga Khan, sur laquelle nous reviendrons.

Comment peut-on expliquer qu'un imâm ismaélien, considéré dans la doctrine ismaélienne traditionnelle comme impeccable et omniscient, soit le *murîd* d'un *shaykh* soufi? Nous avons déjà dit que Farhad Daftary ne posait pas la question, bien qu'il signale cette affiliation. Dans un contexte shî'ite, la première explication qui vient à l'esprit est l'application du principe de la *taqiyya*. Dans quelles conditions est-elle admise par les Ismaéliens? Sur ce point, les Ismaéliens partagent la conception duodécimaine. Nous avons vu qu'avant le jugement de Sir Arnould dans le "Aga Khan Case", la *taqiyya* devait être pratiquée en Perse: quoi qu'il en soit, elle ne suffit pas à expliquer ce phénomène qui perdura après le jugement[24].

La seconde explication possible, qui apparaît la plus plausible, est qu'après la chute d'Alamût – sur une durée plus ou moins longue, l'ismaélisme ait adopté l'organisation d'une *tarîqa* soufie jusqu'à provoquer une révision du concept de l'Imâm. Il est à ce titre intéressant de noter que l'imâm Mustansir bi'llâh (m.885/1480) est considéré comme le premier imâm à avoir été affilié à la *tarîqa* ni'matullâhiyya. Cet imâm fut quasiment le contemporain du fondateur de la *tarîqa*, Shâh Ni'matullâh Walî Kermanî (m.834/1431). D'autre part, il est l'auteur d'un ouvrage, cas unique chez les imâms nizârites: les *Pandiyât-i javânmardi*.

La clandestinité des imâms favorisa sans aucun doute la "régionalisation" de la pensée nizârite. Le contrôle relatif que l'imâm exerçait sur les communautés lointaines ne lui permettait pas d'imposer une doctrine stricte. Une des principales conséquences de cette situation est l'émergence du *pîr*. Le *pîr* remplace la hiérarchie fatimide composée de plusieurs degrés. Et surtout, le *pîr* devient "miniature Imam", pour reprendre l'expression de W. Ivanow[25]. Mais l'établissement des Safavides qui conduit à l'unification et à la pacification du pays devait permettre aux imâms d'entreprendre le rétablissement de leur autorité. Cette tentative s'est matérialisée sous une forme sans précédent: la rédaction par l'imâm Mustansir bi'llâh (fin XVème s.) – connu aussi sous le nom de Shâh Qalandar – de l'ouvrage déjà cité: le *Pandiyât-i javânmardi*. C'est dans cet ouvrage qu'est mentionné pour la première fois le terme *firman* avec le sens technique de dit de l'imâm oral ou écrit sur n'importe quel sujet. Les Aghâ-Khâns utiliseront les *firmans* pour diriger la communauté ismaélienne jusqu'à notre époque.

Dans ce cas, l'affiliation de Hasan 'Alî Shâh n'a rien d'extraordinaire car il n'est pas rare qu'un soufi soit affilié à plusieurs *tarîqas*. En effet, chaque *tarîqa*, comme le nom l'indique, est une voie – c'est à dire une méthode particulière pour réaliser les objectifs du soufisme. Aucune voie ne fonctionne sur l'exclusion d'une autre; seule la méthode diffère. Ibn 'Arabî' par exemple, était affilié à plusieurs *tarîqas*[26]. Cette tradition est encore en vigueur à l'époque contemporaine. Enfin, le concept de l'autorité varie beaucoup selon l'époque et le lieu; c'est aussi le cas du degré de "sainteté" du *qutb*, de son rayonnement, des pouvoirs qui lui sont attribués etc.

Dans la *tarîqa* ni'matullâhiyya, la désignation d'un successeur par le *qutb* a été plusieurs fois contestée. Au cours du XIXème siècle, ces contestations ont donné naissance à six branches de la *tarîqa* ni'matullâhiyya[27]. Quelle est la situation du *qutb* dans la *tarîqa* ni'matullâhiyya? Comme de nombreuses *tarîqas*, elle fait remonter son origine à 'Alî. D'après Shâh Ni'matullâh, il existe deux sortes de *qutb*: ceux qui sont apparus avant Muhammad et ceux qui sont apparus après lui. Mais à côté de ce groupe, il existe aussi quatre *âqtâb* ayant sept *abdâl*, ayant douze *nuqabâ'*. Chaque Prophète contient un nombre donné *d'abdâl* dans son coeur; Isrâfil en contient un qui est le *qutb* des *âqtâb*. Il délègue ses pouvoirs à un vice-régent pour le monde spirituel, et à un autre pour le monde matériel. Non seulement ce système hiérarchique n'est pas clair dans l'oeuvre de Shâh Ni'matullâh, mais un de ses disciples, qui semble le citer, rajoute un degré: le *ghawth*, qui paraît désigner le *Mahdî*[28].

Le fait qu'à partir d'Ibn 'Arabî se développe l'idée d'une hiérarchie cachée rend difficile la connaissance des liens entre l'imâm et le *qutb*. Mais on a déjà signalé qu'en dernière analyse, cette question est mal posée dans la mesure où le soufisme ne pose pas comme base de son fonctionnement des principes d'exclusion. Le besoin d'intériorisation de l'islam – commun au soufisme et à certaines formes du shî'isme – postule la nécessité absolue de dépasser l'aspect formel, et donc forcément limité, de la conception religieuse. Sur la question de l'affiliation de Hasan 'Alî Shâh à la *tarîqa* ni'matullâhiyya, N. Pourjavady et P.L. Wilson concluent que si cela semble en apparence incompréhensible, c'est parce qu'une telle conception s'adresse non pas à des formalistes mais à des "men of esoteric vision"[29].

b–le principe du *ta'wîl*

La première édition de l'Encyclopédie de l'Islam ne consacre pas un article important au *ta'wîl*. Son auteur, Rudi Paret, utilise I. Goldziher, qui utilise lui-même Ghazâlî. Il voit dans le *ta'wîl* ismaélien "une interprétation tendancieuse et allégorique qui faisait rentrer mystérieusement dans le texte les idées qui en étaient les plus éloignées"[30]. Pourtant, l'importance du *ta'wîl* dans la pensée ismaélienne n'avait pas échappé à Stanislas Guyard qui écrivait dès 1874, au sujet d'un commentaire ismaélien de l'histoire coranique de Noé: "L'auteur au lieu de suivre pas à pas le texte d'une sourate, réunit les différents endroits du Koran qui traitent de la mission de Noé, les coordonne à sa manière et leur applique l'interprétation allégorique, *ta'wîl*. Ce procédé devait être qualifié d'impie par les Musulmans, mais il nous donne la mesure de l'intelligence et de l'habileté des chefs de cette remarquable secte"[31].

Il faut attendre Henry Corbin – qui voit dans les Ismaéliens "les grands maîtres en *ta'wîl*"[32] – pour voir dégager la modernité du *ta'wîl* ismaélien qui fait, pour lui, des Ismaéliens les précurseurs de l'analyse structurale[33]. Il va même plus loin en affirmant que le *ta'wîl* ismaélien a développé "une théologie générale des religions que l'ismaélisme a peut-être été le premier à formuler"[34]. Mais ce qui fascine surtout Corbin dans le *ta'wîl* ismaélien, c'est qu'il affirme le triomphe de l'ésotérique, et même si cet ésotérique ne s'applique qu'aux trois religions abrahamiques, il fait que "la pensée ismaélienne est par excellence une pensée aux virtualités oecuméniques"[35].

Il est frappant de constater la persévérance avec laquelle les penseurs ismaéliens, surtout fatimides, s'évertuent par le *ta'wîl* à démontrer la continuité des religions: c'est comme si le contraire constituait une négation de l'unicité de Dieu. C'est ainsi que ces penseurs élaborent des homologies entre l'ismaélisme et le sabéisme, le mazdéisme, la philosophie grecque etc. De ce point de vue, l'ismaélisme peut en effet être considéré comme étant un des premiers mouvements religieux à avoir élaboré une histoire comparée des religions.

Mais il est caractéristique que les différents *ta'wîl* que nous allons examiner ont en commun de porter exclusivement sur le savoir religieux. C'est le cas d'Abû Yaqub Sejestânî, lorsqu'il établit l'homologie de structure de la croix et de la *shahâda*. Il perçoit dans les quatre branches de la croix, et dans les quatre mots composant le credo islamique, le symbole du même secret: la parousie ou second avènement du Christ/Imâm annoncée dans la sourate *Laylat al-Qadr* (XCVII).

On a vu que le terme *ta'wîl* était coranique: le *ta'wîl* est une connaissance réservée à Dieu et peut-être à certains élus (III/7). Mais la conséquence de cette origine coranique est que tous les Sunnites sont d'accord pour affirmer que le Coran comporte un *ta'wîl*. Pour un certain nombre parmi eux, le *ta'wîl* est synonyme de *tafsîr*, et ils le mettent en oeuvre pour élucider paraboles et versets équivoques. La période fatimide, surtout celle qui correspond à la période impériale de 909 à 1171, fut celle de la grande élaboration théorique du *ta'wîl*. Et il apparaît que la définition du *ta'wîl* est très controversée chez les Ismaéliens fatimides.

Bien qu'aucun document de l'ismaélisme pré-fatimide ne nous soit parvenu, il est malgré tout possible de retracer les grandes lignes de la

Les Conditions de Possibilités de la Rénovation

doctrine grâce à des ouvrages ismaéliens postérieurs et à des traités écrits par des auteurs anti-ismaéliens. Le *ta'wîl* pré-fatimide expose déjà les grandes lignes qui constitueront les idées-forces de la doctrine ismaélienne. La religion est composée de deux aspects: le *zâhir* ou exotérique, et le *bâtin*, ou ésotérique. Le *zâhir* est constitué par le sens apparent et littéral des Ecritures révélées et par le droit qui en dépend, alors que le *bâtin* est composé par les significations cachées de ces mêmes textes. Ces vérités forment un système gnostique qui comporte une cosmologie et une "hiéro-histoire" cyclique[36]. Un mythe ouvre la cosmologie, qui met en scène l'impératif divin (*kun*) qui forme un principe mâle et un principe femelle. De ces deux principes procèdent trois puissances spirituelles – Djibrâ'îl, Mîkhâ'îl et Isrâfîl – qui sont les médiateurs entre le monde spirituel et le monde humain.

L'histoire cyclique est formée de sept ères auxquelles correspondent sept Prophètes énonciateurs (*nâtiq*). Chaque *nâtiq* est suivi d'un *asâs* qui révèle le *bâtin* du message, qui est suivi lui-même de sept imâms. Le septième imâm de chaque ère atteint le rang supérieur et devient le *nâtiq* de l'ère suivante, abrogeant la loi du *nâtiq* précédent pour en proclamer une nouvelle. Le septième imâm de l'ère de Muhammad est Muhammad b. Ismâ'îl qui, lorsqu'il réapparaîtra dans un proche avenir, deviendra le septième *nâtiq*, le *qâ'im* ou *mahdî*. Le *qâ'im-mahdî* révèlera le *bâtin*, abrogera l'islam, gouvernera le monde et jugera l'humanité. La date de l'apparition du *qâ'im-mahdî* était recherchée à l'aide de spéculations astrologiques. Enfin, le *bâtin* demeure secret pendant la période d'occultation du *qâ'im-mahdî*. Pour adhérer à la communauté, le néophyte subit une initiation sous la direction du *dâ'î*: on en sait très peu de choses.

La doctrine décrite ci-dessus va rester inchangée dans ses grandes lignes jusqu'à l'époque d'al-Mu'izz. Pourtant, quelques modifications vont y être apportées par le premier calife fatimide 'Ubayd Allah al-Mahdî. Le dernier imâm caché Husayn b. Ahmad l'avait désigné pour lui succéder à Salamiya, en Syrie, et c'est après une longue odyssée qui l'avait mené de Syrie – qu'il avait fui devant la menace qarmate – au Maghreb, que, le vendredi 21 rabi' II 297/07 janvier 910, est annoncée la fin de la période d'occultation et le début de celle de la manifestation de l'imâm. L'attribution du titre de *Mahdî* pose un certain nombre de questions mais il semble clair que le premier calife fatimide se qualifiait aussi de *qâim-Mahdî*, avec les implications eschatologiques que véhiculait cette expression.

Cette situation nouvelle et sans précédant contraignit l'imâm al-Mahdî à quelques réformes doctrinales. Le premier problème était que la fonction de *qâ'im – mahdî* était dévolue, dans la doctrine pré-fatimide, à Muhammad b. Ismâ'îl. Dans un premier temps, la tendance fut de rejeter cette idée, puis, par la suite, on interpréta dans un sens spirituel le concept de *qâ'im-mahdî* appliqué à Muhammad b. Ismâ'îl: comme on l'a vu plus haut[37]. Mais cette réforme ne suffit pas à pallier la déception que l'apparition du *Mahdî* ne manqua pas de susciter chez ses partisans. Al-Mahdî essaya aussi d'apporter une réponse en associant très tôt au gouvernement son fils, paré du titre prestigieux de *qâ'im*.

Enfin, al-Mahdî était confronté avec le problème de l'Etat qui, dans le contexte eschatologique propre à l'ismaélisme, ne pouvait pas seulement, à l'instar des autres théocraties islamiques, s'inspirer du modèle de l'Etat muhammadien de Médine. En d'autres termes, il s'agissait d'harmoniser la fonction sotériologique du *qâ'im-mahdî* avec la raison d'Etat. Le premier et principal accommodement fut de proclamer – contrairement à la doctrine pré-fatimide – la coexistence égalitaire du *zâhir* et du *bâtin*. Cela permettait par la suite d'établir la cohabitation entre Ismaéliens et non-Ismaéliens, l'égale importance du monde d'ici-bas et de celui de l'au-delà etc. Surtout, cela repoussait l'accomplissement de l'eschatologie *sine die*.

La grande innovation du *ta'wîl* mu'izzite est d'avoir introduit le néo-platonisme dans la doctrine ismaélienne primitive. Cette période coïncide d'autre part avec l'essentiel de l'effort d'élaboration doctrinale de l'ismaélisme fatimide: c'est pour cette raison que le *ta'wîl* mu'izzite constitue le *ta'wîl* fatimide classique par excellence. Il semble que ce soit dès le début du IXème siècle que le *dâ'î* al-Nasafi ait remplacé l'ancienne cosmologie par la cosmologie néo-platonicienne mais il faut attendre le règne d'al-Mu'izz pour qu'elle soit totalement acceptée. Dans ce nouveau système, Dieu est situé au-delà de toute compréhension. Par l'effet de sa volonté (*amr*), il a donné naissance à l'Intellect (*'aql*) duquel a émané l'Ame (*nafs*). La cosmologie insiste sur les analogies entre les mondes spirituel, astral et physique d'une part, et l'homme considéré comme microcosme et le monde physique considéré comme macrocosme d'autre part.

La prédominance de l'interprétation dans la connaissance apparaît dans le fait que les Fatimides utilisent d'autres termes comme *tafsîr*, *bayân*, *tarjama*, pour désigner l'opération du *ta'wîl*. Il est important de signaler que dans l'ismaélisme fatimide, le *ta'wîl* ne donne aucunement le droit de rejeter les obligations religieuses. Habib Feki fait une mise au point importante à ce sujet: "Si les apologistes sunnites, tel qu'al-Ghazâlî et les Shî'ites duodécimains, tel qu'Abû al-Hasan al-Sharîf ont insisté sur cette question de l'abrogation de la Loi dans leur réfutation de la doctrine ismaélienne, c'est uniquement pour affaiblir leur (aux ismaéliens) influence politique. L'analyse, sans parti pris des thèses ismaéliennes, amène à reconnaître que l'accent mis sur cette question déforme la pensée véritable de la grande majorité des docteurs ismaéliens"[38].

Un penseur fatimide, al-Mu'ayyad, a appliqué le *ta'wîl* à deux versets célèbres pour leur aspect contradictoire. Il s'agit du verset 2/256: "Point de contrainte en religion" auquel s'oppose le verset 9/73: "O Prophète! combats les hypocrites et les infidèles". Un autre verset qui affirme que le regard humain ne peut atteindre Dieu (6/103) est contredit par un autre où il est dit que certains regarderont leur Seigneur (75/23). Al-Mu'ayyad ajoute que le *ta'wîl* est recommandé par le Coran – et que très nombreux sont les versets qui parlent de la compréhension du Livre. Pour lui, le terme dualité (*zawjiyya*) signifie la relation d'une chose avec son effet: l'un est l'organe sensible et représente le *zâhir*, l'autre est l'organe spirituel et représente le *bâtin*.

Pour une chose, plusieurs sortes de *ta'wîl* peuvent être données. La diversité du *ta'wîl* est fonction du degré atteint dans la connaissance et dans la méditation. Mais tout *ta'wîl*, pour être valable, doit avoir l'appui de la raison. C'est grâce au *ta'wîl*, pour les Ismaéliens fatimides, que le Coran conserve une validité à travers les siècles. Car le Coran a été révélé à la fois pour les hommes d'une époque donnée et pour les hommes de toutes les époques. Le *ta'wîl* permet d'effectuer une interprétation du Coran adaptée à une époque. Il faut signaler qu'un des modes de *ta'wîl* très utilisé par les Ismaéliens fatimides est la science de la Balance (*mîzân al hurûf*). Ils pensent que les lettres indiquent des réalités situées au-delà du monde sensible. Enfin, certains penseurs associent le *ta'wîl* au *bâtin*, qui est lui-même un stade de la connaissance intermédiaire entre le *zâhir (tanzîl)* et la *haqîqat (bâtin al-bâtin)*. Il est donc l'intermédiaire entre l'apparence d'une chose et sa réalité archétypale.

Un autre penseur de la période fatimide est l'auteur d'importants ouvrages sur le *ta'wîl*: Nâsir-e Khusraw (Vème/XIème s.). Il consacre un ouvrage en particulier à tenter l'harmonisation des deux pensées philosophiques grecque et ismaélienne. Il est intéressant de noter que dans ce livre, Nâsir-e Khusraw procède différemment des autres Ismaéliens. En effet, au lieu de choisir comme objet du *ta'wîl* des concepts zoroastriens ou autres, mais en tous cas connus, et de les harmoniser avec d'autres concepts d'origine inconnue mais qui sont malgré cela censés être valables, il utilise le *ta'wîl* pour rechercher un terrain sémantique permettant d'établir des équivalences entre les deux pensées.

Dès le titre *Kitâb-e Jami' al-Hikmataïn*, Nâsir-e Khusraw annonce qu'il ne désire pas faire la synthèse de deux connaissances. Le *ta'wîl* dévoile les relations secrètes du symbolisé à ce qu'il symbolise, ce que Corbin appelle l'archétype. Mais chez Khusraw – ce en quoi l'Aga Khan se rapproche de lui – le *ta'wîl* est avant tout "un mode de réunion" qui doit avant tout instaurer un dialogue, l'essentiel étant de maintenir une cohérence.

Ce *ta'wîl* n'est pas pensable si son auteur ne possède pas au préalable un schéma qui comporte principalement une pluralité d'univers et leur symbolisation. C'est ce schéma qui doit assurer la cohérence de l'ensemble. C'est ainsi qu'il suffit d'interpréter un cosmos dans un certain sens puisque tous les cosmos ont une structure analogue, et de ce fait, tous peuvent communiquer entre eux; "Nâsir n'opère pas de "démonstrations" philosophiques ou théosophiques. Il rapporte plutôt des arguments et il en fait l'herméneutique, c'est à dire opère la transition d'un monde à l'autre, ce qui est moins l'effet d'une démonstration que d'un Comprendre, une hermeneia"³⁹.

c–le concept d'*ibâha*

L'antinomianisme est une attitude qui a marqué certaines écoles de pensée musulmanes; pourtant, à l'origine, le terme *ibâha* avait une connotation juridique. La racine de ce terme ne se trouve pas dans le Coran. L'emploi le plus ancien du mot comme terme technique se trouve dans la *Risâla* d'al-Shâfi'î. Il semble se rapporter à ces choses que chacun est autorisé à utiliser ou à s'approprier. L'évolution sémantique de la notion suit les péripéties de la pensée musulmane. C'est ainsi que les Mu'tazila utilisent le terme *mubâh* pour indiquer que certains actes sont indifférents, alors que d'autres sont défendus (*mahzûr*) ou laissés en suspens (*mawkûf*). Toutes les écoles juridiques et théologiques sont cependant d'accord pour admettre que, d'une façon générale, et dans l'état actuel du droit musulman, "tout ce qui n'est pas positivement défendu (ou répréhensible) et qui, manifestement, n'est pas susceptible de causer un dommage, est mubâh"⁴⁰.

Le terme d'*ibâha* est d'autre part appliqué aux enseignements ou aux actes antinomiens, plus particulièrement tels qu'ils sont affirmés au sein de certains groupes shî'ites et soufis. L'accusation d'antinomianisme est très ancienne et les Ismaéliens, à certaines époques, sont considérés comme les principaux représentants des "Ibâhiyya". Nous reviendrons sur les trois phases de l'antinomianisme ismaélien, à savoir la phase qarmate, druze et alamûtî. Cette attitude semble s'être développée plus tardivement chez les Soufis. Chaque *tarîqa* adoptait une attitude personnelle vis à vis de cette question. Certaines, comme la Naqshbandiyya ou la Qâdiriyya, sont connues pour leur fidélité à la *sharî'a*. D'autres, comme les Qalandar ou la Malâmatiyya, adoptèrent des comportements qui ne sont pas sans rappeler l'école grecque des Cyniques.

Quoiqu'il en soit, l'*ibâha* n'impliquait pas forcément une conduite immorale, mais le refus des règles de la *sharî'a* pour les actes cérémoniaux et le régime personnel. M.G.S. Hodgson remarque que l'*ibâha* shî'ite est issue des espoirs du millénarisme, alors que l'*ibâha* soufie provient d'une expérience mystique et d'une vision dans lesquelles "une résonnance éthique interne fait apparaître comme banales ou arbitraires toutes les règles extérieures"⁴¹. Pour terminer, il précise que ces deux sortes de visions se combinèrent souvent, citant comme exemple les Ismaéliens nizârites.

En réalité, dans l'histoire de l'ismaélisme, l'idée de l'*ibâha*, même lorsqu'elle est désignée sous un autre vocable, est liée à la dialectique du *zâhir* et du *bâtin*; et lorsque cette théorie est élaborée, elle est toujours suivie de son application, c'est à dire du passage à l'acte. Trois périodes d'*ibâha* peuvent être distinguées: l'*ibâha* qarmate, l'*ibâha* druze et l'*ibâha* alamûtî. Le cas le plus ancien, en contexte ismaélien, puisque d'autres précédents en

Les Conditions de Possibilités de la Rénovation

milieu islamique se sont produits, est l'*ibâha* qarmate. Rappelons que d'après Al-Nawbakhtî, les Qarmates soutenaient l'idée que Muhammad b. Ismâ'îl n'était pas mort et qu'il devait revenir comme *mahdî*; de ce fait, il apporterait une nouvelle loi qui abrogerait celle de Muhammad[42].

Au IVème/Xème siècle, les Ikhwân al-Safâ' reprochent aux Qarmates de négliger les secrets et la sagesse des imâms et de pratiquer l'*ibâha* en commettant tous les interdits et en s'abstenant de tous les actes ordonnés par Dieu[43]. Un Ismaélien de la période fatimide, Nâsir-i Khusraw, a visité l'Etat qarmate vers le milieu du Vème/XIème siècle. Il rapporte que les Qarmates vénèrent l'un de leurs chefs, Abû Sa'îd, qu'ils semblent même considérer comme le *Mahdî*: "Un cheval sanglé, paré d'un collier et d'une aigrette, et que l'on change à tour de rôle, se tient jour et nuit à la porte du mausolée d'Abou Sayd pour être monté par lui lorsqu'il sortira du tombeau"[44].

Nâsir-i Khusraw souligne d'autre part le fait que les Qarmates ont abrogé la loi puisqu'ils ne respectent ni la prière canonique ni le jeûne. Abû Sa'îd al-Jannabî, un disciple de Hamdân Qarmat fonda l'Etat du Bahrayn fin IIIème/début Xème siècle.

Il fut assassiné en 301/914. C'est sous la direction de son petit-fils Abû Tâhir Sulaimân que les Qarmates se lancent à l'assaut de La Mekke en 317/938, deux ans après avoir lancé un appel en faveur du *mahdî* fatimide qui s'était fait connaître près de trente ans auparavant. Ils s'emparent de la Pierre Noire qu'ils ne restitueront qu'en 339/951. Abû Tâhir Sulaimân meurt en 944. On observe que l'*ibâha* qarmate a été proclamée à une date inconnue. Il est difficile de comprendre, d'autre part, pour quelles raisons la doctrine qarmate du *mahdî* a évolué ainsi. En effet, dans un premier temps, ils considèrent Muhammad b. Ismâ'îl comme *Mahdî*, puis ils reconnaissent le fatimide 'Ubayd Allâh, enfin, à l'époque de la visite de Nâsir-e Khusraw, le fondateur de l'Etat du Bahrayn, Abû Sa'îd. On sait que les Qarmates, en 360/971, vont jusqu'à prendre Damas aux Fatimides, avant de marcher sur l'Egypte.

Au cours de l'année 407/1017, un groupe de missionnaires Ismaéliens mena en Egypte une action de propagande destinée à faire reconnaître la nature divine de l'imâm al-Hâkim. Face à l'opposition de la population égyptienne, l'imâm aurait conseillé aux missionnaires de poursuivre cette action en Syrie. En 411/1021, al-Hâkim disparaît au cours d'une promenade nocturne. Après sa mort, les Druzes se réfugient en Syrie, et c'est l'un d'eux, Bahâ' al-Dîn Muktanâ qui compose un traité – *Rasâ'il al-Hikma* – qui expose les bases de la théologie druze. Al-Hâkim est considéré comme le *mahdî* qui reviendra sur Terre pour le jugement Dernier.

L'organisateur du mouvement, Hamza al-Zawzânî, un Ismaélien d'origine iranienne, est le démiurge d'al-Hâkim: il est l'Ame Universelle. C'est lui qui a abrogé les cinq piliers de l'Islam et les a remplacés par sept devoirs: la véracité absolue entre les adeptes, entraide et protection mutuelle, renonciation à toutes les autres religions, répudiation du mal, reconnaissance de l'unité de Dieu-al-Hâkim, acceptation de tous ses actes et soumission absolue à sa volonté. L'*ibâha* qarmate et l'*ibâha* druze sont par conséquent des abrogations partielles de la *sharî'a*. Leur justification théorique est plus difficile à déterminer; elle est liée sans aucun doute à l'attente du *Mahdî*, mais il semble que dans les faits elle précède sa venue, et semble plutôt coïncider avec l'occulation de l'imâm. On ne peut d'autre part écarter les facteurs politiques: ils paraissent particulièrement déterminants dans le combat des Qarmates à la fois contre les Fatimides et les Abbassides.

Le 17 ramadân 669/8 août 1164, Hasan 'alâ dhikri-hi's-salâm, grand-maître d'Alamût chargé de diriger la communauté de l'imâm alors occulté, prononce un discours de la plus grande importance: "Aujourd'hui, il n'y a plus à quêter les preuves ni les indices; aujourd'hui, la Connaissance ne dépend plus de Signes (des versets d'un Livre révélé), ni des discours, ni des allusions, ni des actes de dévotion ployant les corps. Aujourd'hui, les gestes et les dires, les indices et les allusions ont abouti au terme de leurs termes. Celui qui a contemplé de ses yeux l'Essence (dât) en personne, celui-là a contemplé la totalité des signes et des indices de toutes les Révélations, tandis que ce qu'il connaissait par ses noms et ses qualifications, en était l'envers et l'inverse, ce qui était encore caché sous un voile"[45].

Ce texte court nous a été rapporté par plusieurs auteurs nizârites: il a pour principal avantage d'exprimer de la façon la plus claire la profonde transformation de la doctrine fatimide opérée par Hasan. La recherche du sens ésotérique de la Révélation est abolie puisque l'imâm instaure le temps de la Résurrection. En citant "les gestes et les dires", il fait allusion à l'aspect rituel de la religion qui n'a plus de raison d'être; en ce qui concerne "les indices et les allusions", il faut comprendre la recherche de la réalité ésotérique des choses. C'est là où le *ta'wîl* intervient puisque c'est grâce à lui que, se basant sur les indices coraniques, il était possible de revenir au sens archétypal d'un mot, ce que Hasan désigne par "le terme de son terme". Il est aussi rappelé que l'Essence – expression qui indique que Dieu est l'origine de toute chose – totalise toute la connaissance: elle contient toute chose. Enfin, il est intéressant de noter comment Hasan exprime le rapport entre les deux aspects de la religion: "l'envers et l'inverse". Cette expression démontre que ces deux éléments qui structurent chaque chose sont absolument indissociables. Leur rapport n'est pas contradictoire mais complémentaire: c'est ici un point fondamental de la pensée ismaélienne.

On ne sait rien du contexte, ni des facteurs qui ont poussé Hasan à proclamer l'avènement d'un pur Islam spirituel. Contrairement aux Fatimides qui avaient toujours maintenu l'équilibre entre le *zâhir* et la *bâtin* de la religion, Hasan instaure l'*ibâha*, c'est à dire l'abolition pure et simple de la religion légalitaire. Le sens ésotérique de la révélation n'a plus

Les Conditions de Possibilités de la Rénovation

de raison d'être occulté: il doit être maintenant connu de tous. Quoi qu'il en soit, ce n'est pas tant l'*ibâha* en elle-même qui compte, puisqu'elle fut abandonnée par le deuxième successeur de Hasan. Ce sont les conséquences doctrinales à savoir 1 – l'Imâm "éternel" devient le centre de la connaissance, 2 – la connaissance de soi chez l'homme présuppose la connaissance de l'imâm. En résumé, Henry Corbin écrit que "connaissance de Dieu, connaissance de l'Imam et connaissance de soi, sont les aspects d'une seule et même connaissance fondamentale libératrice, d'une même gnose"[46].

Bien que les auteurs nizârites aient diversement développé cette doctrine, on constate que tous s'accordent à envisager l'Imâm, non pas comme un être physique, mais comme le support spirituel d'une méditation devant conduire à la connaissance de Dieu. Les quelques lignes qui suivent montrent à quel point cette Grande Résurrection d'Alamût (*Qiyâmat al-Qiyamât*) est importante dans le sens où elle posait le premier jalon qui devait aboutir à l'adoption par l'ismaélisme nizârite d'une forme du *wahdat al-wujûd*: "L'Imâm a dit: Je suis avec mes amis et partout où ils me cherchent, sur la montagne, dans la plaine, et dans le désert. Celui à qui j'ai révélé mon Essence, c'est à dire la connaissance mystique de moimême, celui-là n'a plus besoin d'une proximité physique. Et c'est cela la Grande Résurrection"[47].

d–le problème de la dissimulation

Qu'est-ce que la *taqiyya*? A-t-elle été pratiquée par les Ismaéliens? La *taqiyya* est une dissimulation légale de son appartenance religieuse qui fut acceptée dans certaines conditions très strictes, et qui l'est par les Shî'ites dans une situation caractérisée par un danger patent de perdre la vie ou une propriété. Cette pratique de restriction mentale s'appuie sur un verset coranique: "Celui qui renie Allah après (avoir eu) foi en lui – excepté celui qui a subi la contrainte et dont le coeur reste paisible en sa foi – ceux dont le coeur s'est ouvert à l'impiété, sur ceux-là tomberont le courroux d'Allah et un tourment terrible" (16:106).

Les sources shî'ites attribuent à l'imâm Ja'far al-Sâdiq d'avoir préconisé l'emploi de cette pratique mais c'est après l'échec de l'expérience politique du huitième imâm, 'Alî al-Ridâ, que la *taqiyya* devint une pratique courante pour échapper aux persécutions des Abbassides[48]. Mais à ce repli d'une communauté sur elle-même qui se mue en un "réflexe de conservation", apparu dans bien des situations de danger, va bientôt se substituer une conception ésotérique de la connaissance que Corbin désigne sous le terme de "discipline de l'arcane"[49].

D'après Corbin, la *taqiyya* a été ordonnée par les Imâms conformément au verset: "Dieu vous ordonne de restituer à qui ils appartiennent, les dépôts confiés." (4:61). Quoi qu'il en soit, la spiritualisation de la *taqiyya* conduit les Shî'ites à élaborer une conception de la connaissance d'après laquelle la connaissance ésotérique est supérieure à la connaissance exotérique. Mais cette prééminence n'est pas reconnue par toutes les tendances du shî'isme et elle instaure de ce fait une situation paradoxale "mettant les ésotéristes qui professent le shî'isme intégral en devoir de pratiquer la "discipline de l'arcane" à l'égard de ceux de leurs coreligionnaires se limitant à la religion légalitaire et exotérique"[50].

L'accès à cette connaissance ne peut s'effectuer que par une initiation dirigée par les imâms eux-mêmes. La *taqiyya* devient alors un devoir de réserve obligatoire car le non-initié ne sera pas à même de comprendre les secrets divulgués à l'initié, de par le fait qu'il n'aurait pas atteint le niveau de connaissance nécessaire. Il risquerait alors de faire perdre au secret sa qualité même de secret qui lui donne plus de sens que sa propre signification. Cette fonction centrale du secret apparaît dans de nombreuses sociétés secrètes répartis dans le monde entier: en Occident, le secret occupe une fonction centrale dans divers groupes du passé – les Cathares, et du présent, les Francs-Maçons[51]. Son rapport avec le concept de l'ineffable qui seul peut exprimer la déité dans sa différence radicale avec l'homme est indéniable. Ce système de la connaissance pense résoudre ce dilemme par l'intériorisation de l'ineffable sous la forme de la représentation du secret.

Comme les Shî'ites ithnâ 'ashârites, les Ismaéliens ont pratiqué la *taqiyya*. La prédominance de cette pratique a varié avec les conditions extérieures qui leur permettaient ou non d'afficher leur foi. Par exemple à partir de 1210, l'imâm Jalâl al-Dîn Hasan se convertit officiellement au sunnisme et impose le respect de la *sharî'a* dans toutes ses terres. La *taqiyya*, qui peut être envisagée comme la dissimulation de la partie ésotérique de la religion, coïncide d'autre part avec l'alternance des cycles d'apparition et d'occultation des imâms. Cette fois, ce n'étaient pas les imâms qui étaient cachés, comme dans les précédentes périodes d'occultation, mais la véritable nature de leur mission. Quand la vérité intérieure était dissimulée, peu leur importait quelle forme extérieure d'observance légale on adoptait[52].

Il est probable la période instaurée par la proclamation de la *Qiyâma* par Hasan 'alâ dhikri-hi's-Salâm en 1164 marque la fin de la *taqiyya*: "With the end of the period of taqîya, explique Azim Nanji, there also ended the period of occultation (satr) when the Imâm had been unable to reveal his true self or identity"[53]. On observe donc qu'en contexte ismaélien, le concept de *taqiyya* s'enrichit d'une troisième signification liée à une conception cyclique du temps dans l'ismaélisme[54].

VI–3 LES AGHÂ KHÂNS ET LE CONTEXTE INDO-IRANIEN

On a vu dans quelles circonstances Hasan 'Alî Shâh a quitté l'Iran. Ce qui nous intéresse ici est de déterminer la nature des liens qu'entretenaient les Aghâ–Khâns avec leur pays d'origine.

Les Conditions de Possibilités de la Rénovation

Fath 'Alî Shâh avait désigné comme successeur son fils 'Abbas Mîrzâ, en 1818, au détriment de son frère aîné Muhammad 'Alî Mîrzâ pour la raison que la mère de ce dernier était une esclave géorgienne. 'Abbas Mîrzâ mourut avant son père et celui-ci désigna son fils Muhammad Mîrzâ comme héritier en 1834. A la mort de Fath 'Alî Shâh le 23 octobre 1834, 'Alî Mîrza se proclama shâh à Téhéran. Son règne ne devait durer guère plus d'un mois: dès le mois de décembre, l'armée de Muhammad Mîrzâ s'emparait de la capitale. Les chroniqueurs favorables aux Ismaéliens affirment que Hasan 'Alî Shâh contribua personnellement beaucoup à rendre son trône à l'héritier légitime[55].

Nous ne reviendrons pas sur les révoltes de l'Agâ Khân mais il est important néanmoins de signaler certains points précis. Pendant la première révolte, qui débuta vers 1838, la femme de Hasan 'Alî Shâh, qui savait que le shâh était un ardent soufi, décida d'habiller son fils – 'Alî Shâh, le père de l'Aga Khan alors âgé d'environ sept ans – en derviche et de le faire paraître tous les jours devant le souverain en récitant des poèmes en faveur du pardon[56]. La femme de Hasan 'Alî Shâh était Sarv-i Jahân, fille de Fath 'Alî Shâh et par conséquent tante du souverain.

Pendant la deuxième révolte qui débuta vers 1840, Hasan 'Alî Shâh avait pris soin d'envoyer sa famille dans la région de Karbalâ. 'Alî Shâh passa plusieurs années entre Bagdad et Karbalâ[57], plus précisément dans les *Atabât*, les cités saintes shî'ites de l'Irak[58], Karbalâ, Najaf, Kâzimayn et Sâmarrâ. Cela n'est certes pas impossible puisque Hasan 'Alî Shâh ne s'installe en Inde qu'en 1844. En Irak, 'Alî Shâh aurait chassé en compagnie de plusieurs princes kâjârs, ses oncles et cousins, réfugiés dans la région après de vaines tentatives pour s'emparer du pouvoir[59]. L'un d'eux n'était autre que Muhammad 'Alî Mîrzâ.

Il est très difficile d'identifier les princes kâjârs et ce pour plusieurs raisons: ils portent souvent plusieurs noms et les historiens les désignent par l'un ou par l'autre sans jamais livrer la totalité de leurs noms et titres; les noms utilisés dans la famille sont très proches: ils tournent autour de quelques prénoms (Muhammad, 'Alî, Husayn…); les mêmes titres honorifiques sont portés par des princes qui sont quasiment contemporains: Zill al-Sultân, Sipahsalâr, Shu'â' al-Sultana; enfin cette situation assez confuse provoque des erreurs chez les historiens.

C'est ainsi qu'A.K.S. Lambton dénonce la rivalité entre Muhammad 'Alî Mîrzâ et 'Abbas Mîrzâ pour la succession au trône. Puis à la mort de Fath 'Alî Shâh, elle écrit que 'Alî Mîrzâ Zill-al-Sultân se proclame shâh à Téhéran comme nous l'avons vu plus haut. Or, dans l'arbre généalogique des Kâjârs, Muhammad 'Alî Mîrzâ (1788-9–1821-2) et 'Alî Mîrzâ (1789–1854) sont deux fils distincts de Fath 'Alî Shâh, le premier étant l'aîné. Mais aucun ne porte le titre de "Zill al-Sultân"[60]. N. Pourjavady et P.L. Wilson mentionnent de leur côté un certain Muhammad Ridâ Mîrzâ – "the first Crown prince", gouverneur du Gîlân, qui aurait été un disciple du *qutb* ni'matullâhi Majdhûb 'Alî Shâh; et de ce fait, son père Fath 'Alî Shâh aurait nommé héritier à sa place 'Abbas Mîrzâ[61]. Ce personnage n'est pas mentionné dans l'arbre généalogique d'A.K.S. Lambton: il est vrai que Fath 'Alî Shâh eût plus de deux cents fils.

Pour A.S. Picklay, Muhammad 'Alî est Zill al-Sultân, et c'est lui qui a régné une quarantaine de jours à Téhéran[62]. Il en est de même pour N. Dumasia qui fait de Zill al-Sultân le fils aîné de Fath 'Alî Shâh spolié de la couronne[63]. Mais d'après G. Hambly, il s'agirait en réalité de 'Alî Mîrzâ (1789-1854), gouverneur de Téhéran et fils puîné de Fath 'Alî Shâh, et de ce fait en aucun cas spolié[64]. Quoi qu'il en soit, Muhammad 'Alî Mîrzâ hébergea Shaykh Ahmad Ahsâ'î de 1814 à 1816, et de 1819 à 1821[65]. Il fut l'un de ses plus ardents fidèles. Pourtant, la date de sa mort – 1821 – rend impossible sa rencontre avec 'Alî Shâh qui ne devait naître que dix ans plus tard. D'autre part, H. Algar cite un "Zill al-Sultân' gouverneur de Qomm, alors que Muhammad 'Alî Mîrzâ était gouverneur de Kirmâmshâh[66]. Il est probable que Dumasia, repris par Picklay, confonde les deux fils de Fath 'Alî Shâh. Il commet d'autre part une erreur sur le nom même de Muhammad Shâh qu'il transforme, suivi par Picklay, en "Muhammad 'Alî Shâh", opérant ainsi une sorte d'amalgame entre Muhammad 'Alî Mîrzâ et Muhammad Shâh.

Même s'il n'est pas possible de déceler un lien tangible entre les Aghâ-Khâns et le renouveau religieux de l'Iran, on peut affirmer sans risque que Hasan 'Alî Shâh fut certainement amené à côtoyer Shaykh Ahmad Ahsâ'î. D'autant plus que la connexion principale entre les Aghâ Khâns et le renouveau religieux iranien se situe au sein de la *tarîqa* ni'matullâhiyya. Abû'l Hasan, grand-père de Hasan 'Alî Shâh, était gouverneur de Kirmân lorsque Nûr 'Alî Shâh, le rénovateur de la *tarîqa*, s'y trouvait de 1200/1785 à 1205/1790.

Hasan 'Alî Shâh, et ce fait est confirmé par l'ensemble des sources, donna refuge à Mahallât au *qutb* Mast 'Alî Shâh (1196-1782/1253-1837), qui avait été le disciple de Nûr 'Alî Shâh[67]. Son futur successeur comme *qutb*, Rahmat 'Alî Shâh le rejoignit en 1833. D'après son "autobiographie", sur laquelle nous reviendrons, Hasan 'Alî Shâh considère Mast 'Alî Shâh comme son maître spirituel: son nom dans la *tarîqua* était "Atâ'ullah Shâh". On a vu que Mast 'Alî Shâh aurait déclaré à Muhammad Shâh: "J'ai un disciple comme l'Aghâ Khân, qui a lui-même des disciples dans la plupart des pays du monde"[68]. Dans la courte guerre de succession qui suivit le décès de Fath 'Ali Shâh, l'ex-prince héritier Muhammad Ridâ Mîrzâ se rendit chez Hasan 'Alî Shâh pour demander conseil au *qutb* Mast 'Alî Shâh. Celui-ci lui ordonna de reconnaître Muhammad Shâh comme nouveau souverain[69].

On ne dispose d'aucun élément attestant que Hasan 'Alî Shâh aurait entretenu des liens avec la *tarîqa* ni'matullâhiyya en Inde. Par contre, il fut l'hôte de plusieurs soufis iraniens. En 1266/1849, un poète du nom de

Les Conditions de Possibilités de la Rénovation

Mîrzâ Waqâr Shîrâzî (1235–1820/1298–1881) séjourna un an ou deux chez Hasan 'Alî Shâh, à Bombay. Il était le fils d'un poête réputé, Wisâl, qui était un soufi dhahabî[70].

Ivanow voit en lui le véritable auteur de "l'autobiographie" de Hasan 'Alî Shâh, *'Ibrat-afzâ* – bien qu'elle soit écrite à la première personne. L'oeuvre fut lithographiée à Bombay en 1278/1861, puis traduite en gujarâti et imprimée vers la même époque. Algar utilise une édition plus récente, avec de nombreuses erreurs typographiques, effectuée à Téhéran en 1325 par un certain Husayan Kûhî Kirmânî. Mîrzâ Waqâr Shîrâzî est aussi l'auteur d'une *Risala dar insân kâmil* ou *Risala dar 'Irfân*, lithographiée avec *'Ibrat-afza*. Ivanow écrit sur cet ouvrage que c'est "a threatise on Sufic or Ismailitic ma'rifat (...). It is vague and probably intentionally obscure"[71].

'Alî Shâh fut certainement un des imâms ismaéliens qui fut le plus en contact avec la *tarîqa* ni'matullâhiyya. Les sources ismaéliennes elles-mêmes font implicitement allusion – dans un vocabulaire crypté – à l'intérêt qu'il nourrissait à l'égard du soufisme. A.S. Picklay, qui s'informe à des sources orales ismaéliennes, signale que ses sujets favoris étaient l'éthique et la métaphysique. Seuls les nombreux devoirs inhérents à sa charge l'auraient empêché de produire une oeuvre littéraire. Enfin Picklay signale que "During the life time of his father, Aga Ali shah had earned reputation as a "Pir" or spiritual man and had a large following of his own"[72].

Lorsqu'il était en Irak, il avait rencontré, à Kâzimayn, un shaykh ni'matullâhi nommé Sabîr 'Alî. Celui-ci était le *khalîfah* de la *tarîqa* à Ispahân; à travers le shaykh, 'Alî Shâh fut initié au soufisme par le *qutb* Rahmat 'Alî Shâh[73]. Après la mort du *qutb*, il envoya régulièrement de l'argent à son fils – Ma'sûm 'Alî Nâ'ib al-Sadr – pour s'acquitter des lectures coraniques sur la tombe du défunt à Shîrâz.

Les contacts entre 'Alî Shâh et la *tarîqa* se poursuivirent après son départ pour l'Inde. D'après Javad Nurbakhsh, 'Alî Shâh était un soufi authentique. Mais d'après lui, il devint derviche après que Safî 'Alî Shâh se fut rendu auprès de lui à Bombay[74]. C'est ainsi qu'il écrivit au nouveau *qutb*, Munawwar 'Alî Shâh, pour lui apprendre que sa femme était stérile et lui demander une prière qui lui apporte un fils. Le *qutb* lui répondit en lui envoyant une prière et, comme le souligne le chroniqueur ni'matullâhi: "Avec le secours de la barakah des Imâms, il obtint un fils". Ce fils n'était autre que Sultân Muhammad Shâh, l'Aga Khan.

'Alî Shâh fut l'hôte de plusieurs soufis ni'matullâhites à Bombay. L'un d'eux était le fils de Rahmat 'Alî Shâh, Ma'sûm 'Alî Nâ'ib al-Sadr. Ce soufi est l'auteur d'un ouvrage – *Tarâ'iq al-Haqâ'iq*, qui constitue la principale source concernant les liens des Aghâ-Khâns et de la *tarîqa*. Il séjourna un an à Bombay et 'Alî Shâh lui donna un certain nombre d'informations concernant ces liens. Il lui dit d'autre part qu'il avait lui-même écrit un livre sur la *silsilah* ni'matullâhiyya intitulé *Tuhfat al-Haramayn*.

Un autre soufi ni'matullâhi se rendit à Bombay. 'Alî Shâh avait écrit à Munawwar 'Alî Shâh pour lui demander de lui envoyer un *khalîfah* de confiance à Bombay, pour initier "ceux qui sont prêts". Le *qutb* enyoya Safî'Alî'Shâh, qui, on l'a déjà dit, initia 'Alî Shâh à la *tarîqa*, d'après Javad Nurbakhsh. Entre 1863 et environ 1873, il passa plus de cinq ans à Bombay répartis en séjours entrecoupés de pèlerinages et de voyages en Perse. Au cours de ce séjour, Safi 'Alî Shâh rencontra un grand nombre de yogis, de derviches et autres ascètes. C'est à Bombay qu'il publia une de ses oeuvres les plus importantes, le *Zubdat al-Asrâr*, en 1289/1872-3. Il l'avait commencée plusieurs années auparavant à la demande de Rahmat 'Alî Shâh. H. Algar le décrit comme "a sufi poet of much talent and originality"[75].

Hâjjî Mîrza Hasan Isfahânî Safî 'Alî Shâh (m.1317/1899) fut à l'origine d'une scission dans la *tarîqa* ni'matullâhiyya. Un ni'matullâhi affirmait à H. Algar que l'Aghâ Khân avait été le responsable de cette scission. Bien qu'une ombre demeure sur l'identité de l'Aghâ Khân – Hasan 'Alî Shâh ou 'Alî Shâh? – cela ne lui semble pas possible[76]. Quoi qu'il en soit, une querelle éclata entre lui et un *shaykh* du *qutb*, 'Abd 'Alî Shâh, querelle qui provoqua une rupture entre Safî 'Alî Shâh et Munawwar 'Alî Shâh. Il ne semble pas que Safî 'Alî Shâh se soit présenté comme *qutb*, mais un de ses principaux disciples, Zahîr al-Dawla (m.1924), gendre et ministre de Nâsir al-Dîn Shâh d'après certaines sources, de Muzzafar al-Dîn Shâh selon d'autres, le reconnut comme tel de son vivant et commença à organiser un groupe auquel se joignirent plusieurs importants courtisans.

Zahîr al-Dawla, dont le nom soufi était Safâ 'Alî Shâh, organisa le groupe sous la forme d'une véritable *tarîqa* à la mort de Safi 'Alî Shâh en 1899. Il ne se prétendit aucunement *qutb* et créa, pour diriger la nouvelle *tarîqa*, un comité de douze shaykhs dont il était le président, peut-être par imitation de certaines sociétés secrètes, comme les Francs-Maçons, qui devenaient très populaires en Iran. A sa mort en 1924, ses disciples se regroupèrent dans une sorte de "société fraternelle" (*Anjuman-i Ukhuwwat* ou *Ukhuwwat-i Safi' alishâhi*)[77].

Seyed Djafar Shafiei-Nasab affirme quant à lui que ce fut Zâhir al-Dawla qui fonda l'organisation "selon les directives de son chef spirituel Safi 'Alî Shâh"[78]. Bien qu'elle devînt le lieu de rencontre des intellectuels réformistes de la famille kâjâr, les couches sociales défavorisées pouvaient y être représentées. Inspiré par les modèles semi-maçonniques de Malkum Khân, Zâhir al-Dawla songeait à structurer l'organisation selon un modèle maçonnique. Muzzafar al-Dîn Shâh autorisa la fondation de l'organisation: la première réunion eut lieu en 1317/1900, l'année qui suivit la mort de Safi 'Alî Shâh. Parmi les cent dix membres de cette organisation traditionnelle en apparence, soixante étaient les principaux membres de la franc-maçonnerie en Iran. Et pourtant, S.D. Shafiei-Nasab écrit: "Nous pensons que l'Organisation Ukhuvvat, qui était le siège des partisans de la ligne du célèbre soufiste Safi 'Alî Shâh s'inspira des institutions des sectes soufies"[79].

Les Conditions de Possibilités de la Rénovation

L'organisation de Zâhir al-Dawla défendait les modérés. Elle publiait une revue, *Akhlâq*, qui prétendait ne pas intervenir dans les affaires politiques et religieuses. Pourtant la revue mit en scène une pièce de théâtre qui était un acte symbolique contre la démarche anti-nationale du shâh et les pillages commis par les étrangers. Ce sont sans doute les activités de Zâhir al-Dawla en faveur de l'établissement de la constitution qui forcèrent le respect des révolutionnaires à son égard. Dans des situations conflictuelles, son intervention fut même sollicitée. Au cours du coup d'Etat de Muhammad 'Alî Shâh, en juin 1908, au cours duquel le shâh fit bombarder le Majlis, les Cosaques détruisirent le siège de l'organisation qui ne reprit jamais ses activités.

Concernant les liens de l'Aga Khan avec la *tarîqa* ni'matullâhiyya, N. Pourjavady et P.L. Wilson écrivent: "His life is well-documented, but we may point out that besides politics and race horses, he also professed an interest in Sufism which is reflected in a number of his writings"[80]. D'après Javad Nurbakhsh, la rupture de l'Aga Khan avec la *tarîqa* remonte à sa première visite en Iran à l'occasion du mariage de Muhammad Ridâ Shâh[81]. A cette occasion, l'Aga Khan, qui était l'invité personnel du shâh, demanda au *qutb* de l'époque, Mûnis 'Alî Shâh, de lui rendre visite. Mais, Javad Nurbakhsh, de son propre aveux, déconseilla à son maître de rendre cette visite. L'Aga Khan décida alors de ne plus envoyer de subsides à la *tarîqa*, comme il le faisait depuis des années. A la question de savoir pourquoi Javad Nurbakhsh conseilla ainsi le *qutb*, il répondit: "Quand on est l'invité du shâh, comment peut-on prétendre être un derviche?"[82].

On ne peut ni infirmer, ni confirmer que l'Aga Khan ait rencontré Safî 'Alî Shâh. Chronologiquement, une telle rencontre est possible. Quoi qu'il en soit, le chroniqueur iranien du voyage de l'Aga Khan en Iran rapporte un fait significatif. Il faut rappeler qu'à cette époque, l'Aga Khan était âgé de soixante-quatorze ans. Il était malade et se déplaçait avec difficulté. L'Aga Khan vint s'incliner sur la tombe de Ridâ Shâh et regretta de ne pouvoir se rendre sur le tombeau de Shâh 'Abd al'Azîm, un des lieux les plus sacrés du pays – dans lequel s'étaient réfugiés son grand-père Hasan 'Alî Shâh, Jamâl al-Dîn al-Afghânî et beaucoup d'autres, près de Téhéran.

Par contre, l'Aga Khan se rendit sur la tombe de Safî'Alî Shâh où il fut reçu par le ministre des Affaires étrangères. On lui présenta un volume du *tafsîr* coranique écrit par le soufi. Puis on lui offrit quelque chose, l'auteur ne précise pas quoi, ayant appartenu à Safî 'Alî Shâh. L'Aga Khan prononça un discours qui n'est pas rapporté par le chroniqueur. La visite se termina par la récitation de vers de Safî 'Alî Shâh[83].

La diversité de l'effervescence intellectuelle de l'Iran du XIXème siècle traduit sans aucun doute en premier lieu la confrontation entre le monde musulman et l'Occident. Ses principales caractéristiques sont d'y avoir apporté des réponses différentes de celles du reste du monde musulman.

La Rénovation du Shî'isme Ismaélien en Inde et au Pakistan

C'est ainsi qu'un mouvement – le bâbisme – a su utiliser une partie de l'appareil conceptuel de la théologie shî'ite sans pour autant sombrer dans un intégrisme rétrograde, mais plutôt en développant à l'extrême certaines de ses prémisses eschatologiques et sotériologiques[84].

La position d'une partie des 'ulamâ' en faveur d'un certain type de laïcité est pour nous significatif du lieu principal où doit être situé ce débat. Mais cette expérience – qui doit être maintenue dans ses propres limites, loin de nous l'idée d'en faire une réussite exemplaire valable partout et toujours – démontre que la définition d'une laïcité islamique est possible, mais aussi que, de toute évidence, le facteur grégaire s'est avéré déterminant. En effet, chaque fois que les 'ulamâ' shî'ites ont accepté ou participé à une laïcité, c'est que les intérêts de leur groupe – économiques et aussi "spirituels" – étaient menacés. Dans cette situation, les soi-disants blocages épistémologiques liés aux textes sacrés jusqu'alors invoqués – le plus important étant l'impossibilité totale dans l'Islam de séparer le profane du sacré, étaient déverrouillés.

On a d'autre part constaté que le milieu soufi, traditionnellement considéré par les réformateurs sunnites comme un nid d'obscurantisme, a intégré certains concepts contemporains, le plus important étant de toute évidence le travail. Les observateurs européens ont été naturellement conduits à y déceler une influence européenne, surtout protestante. Max Weber a démontré dans un célèbre ouvrage que le concept du travail (*beruf*) dans le protestantisme provenait plus de l'esprit du traducteur, Luther, que de l'esprit de la Bible[85]. Ainsi en est-il de Javad Nurbakhsh lorsqu'il découvre que l'oeuvre de Shâh Ni'matullâh accorde une grande importance au concept du travail. Le plus important reste la volonté d'intégrer un concept, non pas seulement parce qu'il occupe une place croissante dans l'idéologie moderne de l'Europe, mais parce que des changements dans les activités économiques se produisent en Iran.

Les contacts des Aghâ Khâns avec les milieux intellectuels de l'Iran du XIXème siècle ont été riches et continus. L'Aga Khan lui-même a vraisemblablement hébergé des Iraniens, tout comme son père et son grand-père. Parmi ceux-ci, se trouve Abû'l Hasan Mîrzâ, connu sous le nom de Shaykh ur-Ra'îs, qui fut un collaborateur de Malkum Khân. C'était un prince kâjâr qui semble avoir été bâbi et franc-maçon[86]. Ce fut Mîrzâ Aqâ Khân Kirmânî qui le rencontra une première fois en 1886 à Mashhad, puis en 1892 à Istanbul où il fut en contact avec al-Afghânî. Mais les Ottomans lui refusèrent l'asile politique et il se rendit en Inde où il fut l'hôte, à Bombay puis à Poona, de l'Aga Khan. De la résidence de l'Aga Khan, Shaykh ur-Ra'îs entretint une correspondance avec Malkum Khân. Vu l'admiration que Shaykh ur-Ra'is prodiguait à Mîrzâ Aqâ Khân Kirmânî, il est probable qu'il en parla à l'Aga Khan[87].

Il semble avoir été chargé de diffuser *Qânûn*, le journal fondé par Malkûm Khân qui réclamait l'octroi d'une Constitution, dans la communauté iranienne de Bombay, communauté à laquelle appartenait l'Aga

Les Conditions de Possibilités de la Rénovation

Khan. Shaykh ur-Ra'îs fut d'autre part le chef (*amîn*) de la branche bombaïote de la "Ligue de l'Humanité". La première lettre envoyée par le prince à Malkum Khân est datée du 23 Dhûl Hijja/27 juin 1894. Il avait totalement épousé la thèse panislamiste d'al-Afghânî, ainsi que les Bâbis azali d'Istanbul. Il publia à Bombay, en 1894, un opuscule intitulé *Ittihâd-i Islâm* qui est le seul écrit en persan qui traite à fond du panislamisme[88].

La présence de Shaykh ur-Ra'îs à Bombay corrobore l'hypothèse selon laquelle l'Aga Khan était au fait de l'effervescence intellectuelle iranienne. Il est difficile de penser qu'il ne s'intéressa pas au phénomène bâbi, mais aussi au développement de l'idéologie réformiste en Iran. Par contre, ses positions sur le panislamisme, qui datent il est vrai de 1918 – vingt ans après les faits relatés ici – s'accordent mal avec celles d'un partisan de Jamâl al-Dîn-Afghânî. Mais il est possible que l'Aga Khan ait hébergé un parent, malgré sa réputation de ne pas être très orthodoxe, sans partager le moins du monde ses convictions; comme il est possible qu'il ait évolué intellectuellement. Le prince kâjâr Shaykh ur-Ra'îs, qui était bâbî et qui avait collaboré avec Malkum Khân, Mîrzâ Aqâ Khân Kirmânî et Jamâl al-Dîn al-Afghânî, l'a côtoyé pendant plusieurs années. Lorsqu'il résidait à Bombay, l'Aga Khan était âgé de 17 ans – il n'avait pas encore rencontré Sayyid Ahmad Khân.

Enfin, on a constaté que les informations sur la Anjuman -i Ukhuwwat ne sont pas tout à fait concordantes; l'une d'elles, basée sur les mémoires de Zâhir al-Dawla, affirme que l'organisation fut créée selon ses directives. Mais ces informations laissent malgré tout comprendre que l'organisation, tout en se réclamant de l'héritage spirituel de Safi'Alî Shâh avait des ambitions affichées d'établir une constitution. Les auteurs la décrivent comme un vivier des idées réformistes, et pourtant les sources ni'matullâhiyya la considèrent comme une branche de la *tarîqa*. De toute évidence, cette organisation dut être assez représentative des interconnexions d'idées et des flux idéologiques qui caractérisèrent la fin du XIXème et le début du XXème siècle en Iran.

NOTES

1 *op.cit.*, P. 134; voir aussi du même auteur *La pensée arabe*, *op.cit.*, p. 27.
2 R. Blachère, *Le Coran*, Que sais je? no 1245, 1980 (1ère éd. 1966), p. 23.
3 J.P. Charnay, *Sociologie religieuse*, *op.cit.*, p. 40.
4 R. Blachère traduit par "énigmes" le terme "ḥadîth"; D. Masson le traduit par "récits" et "événements".
5 traduction de Denise Masson, III, 7.
6 *op.cit.*, pp. 36 7.
7 L. Massignon, *Essai sur les origines*, *op.cit.*, p. 46.
8 Feki, *op.cit.*, pp. 284 5.
9 T. Izutsu, *Création perpétuelle* ..., *op.cit.*, pp. 125 et ss.
10 voir R. Blachère, *Introduction au Coran*, *op.cit.*, pp. 241 2 3.
11 H. Laoust *Les schismes dans l'Islam*, *op.cit.*, p. 432.
12 *idem*, p. 433.

13 *Histoire de la philosophie islamique*, op.cit., p. 134.
14 H. Feki   *Les idées religieuses et philosophiques*, op.cit., p. 216.
15 "Ismâ'îliyyya" *EI2* W. Madelung T. IV p. 213.
16 *idem*, p. 214.
17 *ibidem* et "Ismâ'îlîya" *EI supplément* I p. 109.
18 *op.cit.*, et A.A.A. Fyzee "Imâm Shâh" *EI2* T. III p. 1191.
19 *Collectanea*, op.cit., p. 30.
20 Entretien avec le docteur Aziz Esmail   février 1988, Londres.
21 H. Algar   *The revolt of Aghâ Khân Mahallâtî*, op.cit., p. 73
22 Ce document est signalé par W. Ivanow dès 1933 dans son *Guide to Ismâ'îlî literature*. Jusqu'à aujourd'hui, il est resté introuvable pour l'Institute of Ismaili Studies de Londres.
23 sur lui, voir aussi J. Nurbakhsh   *Masters of the Path*, op.cit., pp. 108 9.
24 hormis les articles de Guyard et de Frère plus tardifs, voir J.B. Rousseau qui semble être le premier à signaler que les "Assassins" existent encore en Syrie et en Perse, et surtout, que leur imâm réside dans ce dernier pays dans *Mémoire sur les trois plus fameuses sectes du musulmanisme: les Whabis, les Nosaîris et les Ismaélis* Marseille   1818.
25 *Pandiyat   i javânmardi*, op.cit., introduction p. 11.
26 Michel Chodkiewicz   *Le sceau des saints*, op.cit., note 4 p. 113. Sur la question des affiliations multiples dans l'Egypte du XIXème siécle, voir G. Delanoue, *Moralistes et politique*, op.cit., p. 203.
27 *Kings of love*   op.cit., pp. 249 254.
28 *idem*, p. 41.
29 *ibidem*, p. 135
30 T. IV, p. 740.
31 "Fragments relatifs à la doctrine des Ismaélis", *Notices et Extraits des Manuscrits de la Bibliothèque Nationale*, XXII, 1, p. 319.
32 "H.P.I.", op.cit., p. 27.
33 *Trilogie ismaélienne*, op.cit., p. 11.
34 "L'initiation ismaélienne ...", op.cit., p. 57. Corbin écrit d'autre part: "C'est que l'extrême intérêt des theologoumena ismaéliens est d'offrir, par delà le réseau des filiations historiques pensables ou déterminables, de telles correspondances avec d'autres régions de la Gnose, qu'ils concernent une science générale des religions, une "hiérologie" comme telle", introduction au *Kashf al Mahjûb*, op.cit., p. 24.
35 *Kashf al Mahjub*   Introduction, op.cit., p. 6. Corbin signale l'oecuménisme de la pensée ismaélienne dans "De la gnose antique à la gnose ismaélienne" in *Temps cyclique et gnose ismaélienne*, op.cit., p. 203.
36 W. Madelung "Ismâ'îlyya", *EI2*, T. IV. p. 213. L'expression de "hiéro histoire" est emprunté par Madelung à Corbin.
37 voir p. 168.
38 Feki, op.cit., p. 275.
39 *idem*, p. 64.
40 J. Schacht, "Ibâḫa", t. III, p. 682.
41 M.G.S. Hodgson, *idem*, p. 684.
42 *Les sectes shi'ites (Firaq al Shî'a)*, tr., annoté et intr. par le Dr Javd Mashkour, Téhéran, 1980, p. 90.
43 Y. Marquet, "Ihwân al Safa' Ismaïliens et Qarmates", *Arabica*, XXIV, fasc. 3, p. 248.
44 *Sefer nameh, Relations du voyage de Nasiri Khosrau en Syrie, en Palestine, en Egypte, en Arabie et en Perse Pendant les années de l'Hégire 437 444*

Les Conditions de Possibilités de la Rénovation

(1035 1042), publié, tr. et annoté par Ch. Schefer, Paris, E. Leroux, 1881, p. 228.
45 cité par Henry Corbin in *Huitième centenaire d'Alamût*, Mercure de France, Fév. 1965, p. 299. Cette proclamation qui affirmait le triomphe de l'herméneutique spirituelle fascinait H. Corbin. Il est vrai qu'elle semble constituer un cas unique dans l'histoire des religions. L'auteur écrit un peu plus loin: "Comme on le sait, des deux branches ismaéliennes, c'est la branche issue d'Alamût qui aujourd'hui, en Inde et ailleurs, reconnaît comme Imâm l'Aghâ Khân. Un écho de la proclamation de la Grande Résurrection résonne t il aujourd'hui dans le secret des coeurs ismaéliens? Il ne nous appartient pas de répondre ici à cette question." (p. 301). Il est difficile de ne pas voir ici un appel lancé par l'iranologue en direction de l'Aghâ Khân.
46 "HPI", *op.cit.*, p. 148.
47 *idem*, p. 151.
48 Yann Richard *L'islam chi'ite Croyances et idéologies*, Fayard, 1991, p. 59. Signalons qu'il serait enrichissant de faire une analyse comparatiste des formes prises par la dissimulation dans les religions abrahamiques, à savoir la *taqiyya* dans l'Islam, le marranisme dans le judaïsme et le nicodémisme dans le christianisme. Voir par exemple J. Chiffoleau, "Dire l'indicible: la catégorie du nefandum du XIIè au XVè siècle", *Annales ESC*, mars avril 1990, 45ème année, no 2; Carlo Ginzburg *Il nicomedismo. Simulazione a dissimulazione religiosa nell'Europa nell 1500*, Turin, Einaudi, 1970; Cecil Roth, *Histoire des Marranes*, tr. de l'anglais par Rosy Pinhas Delpuech, Liana Levi, Paris, 1990, 344 p.; Laurence Tribe, "Towards a syntax of the unsaid: Construing the sounds of congregassional and contitutional silence", *Indiana Law Journal*, 57, 1982, 515 ff.
49 "HPI", *op.cit.*, p. 67.
50 *idem*, p. 431.
51 voir G. Simmel, *Secret et sociétés*, tr. de l'allemand par Sibylle Muller, Circé, 1991, 123 p. Sur les liens entre cette notion et celle d'ésotérisme, voir la présentation de S. Hutin, "Ésotérisme", *EU*, 8, pp. 683 687.
52 *Les Assassins Terrorisme et Politique dans L'Islam médiéval*, présentation de Maxime Rodinson, tr. de l'anglais par A. Pélissier, Berger Levrault, (1982) (1ère éd. 1967), p. 122.
53 *The Nizârî Ismâïlî tradition in the Indo Pakistan subcontinent*, Caravan Books, Delmar, New York, 1978, p. 108.
54 voir à ce sujet l'exposé détaillé de H. Corbin "Le temps cyclique dans le mazdéisme et dans l'ismaélisme", *Eranos jahrbuch* XX/1951, Zurich, Rhein Verlag, 1955 et repris dans *Temps cyclique et gnose ismaélienne*, Berg International, 1982, pp. 9 38. Corbin n'envisage le déroulement des cycles conception qui est d'après lui d'origine mazdéenne que sur le plan strictement spirituel: de ce fait, le terme *taqiyya* n'apparaît pas dans son article.
55 A.K.S. Lambon "Kâdjâr" *EI2* T. IV p. 409; N. Dumasia *The Aga Khan ..., op.cit.*, p. 25; A.S. Picklay *History of the Ismailis op.cit.*, p. 69. H. Algar *The revolt of ..., op.cit.*, note 1 p. 63.
56 N. Dumasia *The Aga Khan ..., op.cit.*, p. 26 Picklay relate les mêmes faits, sans doute d'après Dumasia, *op.cit.*, p. 71.
57 A.S. Picklay *History of the Ismailis, op.cit.*, p. 83.
58 H. Algar *The revolt ..., op.cit.*, p. 67.
59 sans doute les fils de Farmân Farma (1789 1835) qui tenta en vain de s'emparer du trône de Muḥammad Shâh après l'échec de Muḥammad 'Alî Mîrzâ. Les fils

La Rénovation du Shî'isme Ismaélien en Inde et au Pakistan

     de Farmâm Farma gagnèrent l'Angleterre. J.B. Frazer a relaté leur séjour dans son *Narrative of the residence of the Persian princes in London in 1835 and 1836* 2 vol. London 1838.

60 "Kâdjâr", *EI2*, T. IV, pp. 405 et 409.
61 N. Pourjavady et P.L. Wilson "Ismâ'îlîs", *op.cit.*, p. 125.
62 A. S. Picklay *History of the Ismailis*, *op.cit.*, pp. 69 et 83.
63 N. Dumasia *The Aga Khan...*, *op.cit.*, p. 25. Le prince Ali Kadjar fait allusion à la tentative de Zill al Sultân, en utilisant ce nom pour le désigner, dans *Les Rois oubliés. L'épopée de la dynasite Kadjare*, Edition no 1/Kian, 1992, pp. 245 246. Il fait de lui le gouverneur de Yezd et affirme que c'est la troupe mise sur pied par l'ambassadeur anglais Sir John Campbell qui permit à Muḥammad Shâh de monter sur le trône.
64 G. Hambly, "Iran during the reigns of Fatḥ 'Alî Shâh and Muḥammad Shâh", *The Cambridge History of Iran*, vol. 7, Cambridge University Press, Cambridge, 1991, p. 168.
65 H. Algar *Religion and state...*, *op.cit.*, p. 68 et 70.
66 *idem*, p. 62.
67 J. Nurbakhsh *The masters of the Path*, *op.cit.*, p. 109.
68 H. Algar *The revolt...*, *op.cit.*, p. 74.
69 N. Pourjavady et P.L. Wilson "Ismâ'îlîs...", *op.cit.*, p. 126.
70 sur cet ordre dhahabi/zahabî voit H. Corbin "HPI", *op.cit.*, p. 435 et Y. Richard *Le Shî'isme en Iran*, *op.cit.*, p. 96 C'est une branche de la Kubrawiyya qui connut un renouveau important au XIXème siècle. Il est l'un des deux ordres iraniens les plus importants, l'autre étant la ni'matullâhiyya voir J.T.P. de Bruijn "Iran" *EI2* T. IV 54.
71 *A guide to Ismaili literature*, *op.cit.*, p. 114 N. Pourjavady et P.L. Wilson partagent la même opinion "Ismâ'îlîs...", *op.cit.*, p. 130; alors que H. Algar semble considérer l'ouvrage comme une authentique autobiographie *The revolt...*, *op.cit.*, p. 61.
72 A.S. Picklay *History of the Ismailis*, *op.cit.*, p. 84.
73 N. Pourjavady et P.L. Wilson "Ismâ'îlîs...", *op.cit.*, p. 131 Les informations qui suivent proviennent de cette source.
74 Javad Nurbakhsh est à partir d'ici la seule source de N. Pourjavady et P.L. Wilson. Il nous a confirmé leur version lors de notre rencontre à Londres, le 17 février 1988.
75 H. Algar *Religion and state...*, *op.cit.*, p. 38 Un court extrait de son *diwân* est traduit en anglais par N. Pourjavady et P.L. Wilson in *Kings of love*, *op.cit.*, p. 237 Les auteurs écrivent d'autre part: "(he) was undoubtely one of the finest Sufi poets of the nineteenth century" (p. 253).
76 rapporté par N. Poujavady et P.L. Wilson "Ismâ'îlîs...", *op.cit.*, p. 132.
77 N. Pourjavady et P.L. Wilson *Kings of love*, *op.cit.*, p. 253 Y. Richard les reprend mot pour mot mais mentionne en plus la "société fraternelle". Il cite comme source les mémoires de Ẓâhir al Dawla in *Le shi'isme en Iran*, *op.cit.*, p. 97 Pour sa part, J.T.P. de Bruijn commet une confusion entre Safi 'Alî Shâh et Safâ' 'Alî Shah puisqu'il écrit que Safi 'Alî Shâh mourut en 1924, alors qu'il s'agit en fait de Safâ' 'Alî Shâh. L'auteur mentionne l'existence de cette "sorte de fraternité (ukhuwwat) avec une direction collective" in "Iran", *op.cit.*, p. 54. Voir aussi 'A. Anwâr, "Anjoman e Oḵowwat", *EIR*, vol. II, fasc. 1, pp. 88 89.
78 S.D. Shafiei Nasab *Les mouvements révolutionnaires et la Constitution de 1906 en Iran*, thèse de doctorat de l'Université Lyon 2, 1986, p. 286.
79 *idem*, p. 287.

80 N. Pourjavady et P.L. Wilson "Ismâ'îlîs ...", *op.cit.*, p. 133. De son côté, Abdullah Rahmatoullah, dans son article sur le soufisme, mentionne "l'Iranien Soltan Muhammad Aga Khan" comme un des grands mystiques musulmans du XXème siècle in "Soufisme: l'Oeil du Coeur", *Le Courrier de l'UNESCO*, août septembre 1981, p. 66.
81 N. Pourjavady et P.L. Wilson donnent la date de 1948. L'Aga Khan pour sa part écrit qu'il se rendit en Iran pour la première fois à l'occasion du mariage de Reza Shâh en février 1951 ("Memoirs", p. 324). Ce que nous a confirmé Javad Nurbakhsh.
82 Entretien avec Javad Nurbakhsh 17 février 1988 Londres.
83 M. Saee *H.R.H. Prince Aga Khan's visit to Iran* 1951, Karachi, 1953, pp. 23 4 Deux photos illustrent la visite au tombeau de Safi' Alî Shâh. L'une représente l'Aga Khan assis en dessous d'un grand portrait photographique du soufi; l'autre le représente en conversation avec d'autres soufis.
84 sur le renouveau religieux de l'Iran au XVIIIè/XIXè siècle, il manque encore un ouvrage de synthèse. Voir Denis Mac Eoin, *From Shaykhism to Babism: a Study in charismatic Renewal in Shî'î Islam*, unpublished Ph.D., Cambridge University, 1979 (l'auteur a publié un article: "Changes in charismatic authority in Qajar Shi'ism" in E. Bosworth and C. Hildenbrand, *Qajar Iran: political, social and cultural change, 1800 1925*, Edinburgh University Press, 1984, 148 176); W.R. Royce, *Mîr Ma'sûm 'Alî Shâh and the Ni' mat Allâhî revival 1776 77 to 1796 97*, unpublished Ph.D., 1979, UCLA. Ce à quoi il faut ajouter les ouvrages de H. Algar, M. Bayat et A. Amanat, voir bibliographie.
85 *L'éthique protestante et l'esprit du capitalisme*, Plon, 1964, pp. 81 104.
86 H. Algar, *Mirzâ Malkum Khân: A biographical Study in Iranian Modernism*, University of California Press, 1973, p 225. L'auteur n'est pas très clair à ce sujet.
87 M. Bayat Philipp, "Mirza Aga Khan Kirmani: A Nineteenth Century Persian Nationalist", *Middle Eastern Studies* 10 (1974), pp. 65 66. Shaykh ur Ra'îs, d'après un extrait cité par l'auteur, admirait surtout l'étendue des connaissances de Mîrzâ Aqâ Khân Kirmânî dans le domaine islamique.
88 H. Algar "Islâh II Iran", *op.cit.*, p. 171.

VII

L'Aggiornamento de l'Ismaélisme

VII–1 LES PRÉMICES DU RENOUVELLEMENT

a–le transfert de l'imâmat en Inde

La conception du *quṭb* et celle de l'imâmat nizârite ont en commun, jusqu'au XIXème, d'être confuses. Qu'aucun auteur n'ait cru en la nécessité de l'éclaircir est révélateur; mais l'organisation éclatée de ces institutions, ainsi que l'absence de structure centralisée ont certainement joué un rôle non négligeable dans le maintien de cette situation. Concernant l'ismaélisme nizârite, nous avons déjà évoqué l'événement qui allait bouleverser cet état de fait: l'émigration du quarante-septième imâm, Hasan 'Alî Shâh, en Inde. Parmi les trois types de sources relatives à ce problème, Hamid Algar a privilégié les sources kâjârs. Wilferd Madelung admet sans aucune réserve que l'exil de Hasan 'Alî Shâh fut la conséquence d'une tentative qu'il fit pour devenir le souverain indépendant du Kirmân[1].

L'Aga Khan dans ses mémoires, évoque la révolte de son grand-père à travers le résumé présenté par le juge Sir Joseph Arnould pendant le fameux procès connu sous le nom de "Aga Khan Case", en 1866. La principale source utilisée par le juge fut sans doute l'historien persan Mîrzâ Muhammad Taqî Lisân al-Mulk. D'après cette version, un Persan de basse origine, qui avait été au service de Hasan 'Alî Shâh, devint le favori du premier ministre Hâjji Mîrzâ Aqasî. Ce personnage, par l'intermédiaire de son protecteur, demanda une fille de l'imâm en mariage. Ce dernier, se sentant insulté par une telle demande, refusa fermement, se faisant ainsi de l'homme le plus puissant de la Perse un ennemi mortel.

Hasan 'Alî Shâh pensa probablement, poursuit le juge Arnould, que le meilleur moyen de rester sain et sauf était de prendre les armes, ce qui, précise-t-il, n'était pas rare parmi les grands feudataires d'une Perse désorganisée. S'établissant à Kirmân, il livra combat avec des fortunes diverses au cours des années 1838–9, et une partie de l'année 1840. Puis,

L'Aggiornamento de l'Ismaélisme

submergé par le nombre, il dut s'exiler, non sans parvenir à s'échapper avec difficulté, à travers le Balûchistân et le Sind.

Cette version simpliste constitue la "vulgate" des historiens ismaéliens: elle est en vérité difficile à croire. Si l'épisode du Persan de basse origine demandant la main de la fille de l'imâm est plausible, on peut se demander dans quelle mesure il a pu provoquer un tel événement. S'il a pu servir de prétexte, il est difficile de croire qu'il en a été le facteur déterminant.

De toutes les hypothèses mentionnées, c'est certainement, comme le pense Hamid Algar, le différend pour le rang de *qutb* qui fut déterminant. Hasan 'Alî Shâh semble avoir été le feudataire qui fut l'un des plus ardents soutiens de Muhammad Shâh dans la courte guerre de succession qui se produisit après la mort de Fath 'Alî Shâh en 1834. Le *shâh* aurait-il pris ombrage de cet encombrant protecteur?

Enfin, un autre facteur est certainement intervenu dans la révolte de Hasan 'Alî Shâh: les Britanniques. En effet, cette révolte coïncide avec la marche d'une armée persane commandée par Muhammad Shâh sur Harât "et une diversion de l'attention des Persans vers le Sud fut clairement considérée comme bienvenue à Londres", remarque Algar en se référant à une source diplomatique britannique[2].

Mais pour notre sujet, il est plus important d'analyser les conséquences plutôt que les causes de l'exil de Hasan 'Alî Shâh en Inde. Dans ses mémoires, l'Aga Khan décrit son grand-père en Inde comme un prétendant politique au sens propre du mot. Pour ce qui est des conséquences, il écrit: "Not only was this a wise and happy personal decision, but it had an admirable effect on the religious and communal life of the whole Ismaili world. It was as if heavy load of persecution and fanatical hostility, which they had to bear for so long was lifted" (p. 182).

C'est à de nombreuses reprises que l'Aga Khan souligne que sous le *British rule*, la liberté de croyance est garantie, ce qui n'est pas le cas dans de nombreux pays musulmans. Willi Frischauer voit dans ce changement la fin de la *taqiyya*[3]. L'Aga Khan, citant toujours le juge Arnould, écrit que son grand-père fut accueilli à Bombay par une population khoja enthousiaste. Cela n'empêche qu'avant et après son installation dans la ville, plusieurs remises en cause de la conception de l'imâmat furent le fait de Khojas. Hasan 'Alî Shâh, dans le but d'éclaircir cette question une bonne fois pour toutes, décida de porter l'affaire devant la justice britannique.

b–l'imâmat et la justice britannique

L'Aga Khan écrit dans ses mémoires que son grand-père Hasan 'Alî Shâh avait été confirmé dans ses droits et dans ses titres par un jugement de la Haute Cour de Bombay le 12 novembre 1866[4], par Sir Joseph Arnould (p. 9 une erreur s'est glissée dans les mémoires où le nom du juge est orthographié "Arnold"). Il fait appel au compte-rendu du juge à deux reprises: 1–la naissance du shî'isme (p. 179) et 2–la cause de l'exil indien de Hasan 'Alî Shâh (p. 181-2). L'Aga Khan considère l'exposé comme excellent (*classic fully-detailed account* p. 9, *best described in the words of* ... p. 179).

Un événement particulier allait être à l'origine du procès de 1866. Le 20 octobre 1861, Hasan 'Alî Shâh informait les Khojas qu'ils pouvaient désormais pratiquer ouvertement leur religion que leurs ancêtres avaient tenue secrète, ce qui pourrait équivaloir à l'abolition de la *taqiyya*. A la fin de ce document, il demandait à ceux qui acceptaient d'obéir à ses ordres d'écrire leurs noms pour qu'il puisse les connaître. Suivait un espace laissé vierge pour recueillir les signatures[5].

Cette initiative de l'imâm était une réponse à des articles parus dans la presse qui affirmaient que les Khojas étaient sunnites, et que Hasan 'Alî Shâh essayait de les convertir au shî'isme par la force. Ce dernier affirmait vouloir savoir qui était sunnite et qui était shî'ite. Le document fut déposé à Bombay chez un de ses fils, puis il circula dans la plupart des communautés khojas de l'Inde et d'Afrique orientale.

Pour répondre aux questions posées par cette affaire, le juge Arnould écrit que les deux avocats – Mr. Austey pour l'accusation, et Mr. Howard pour la défense[6] – ont fait peuve d'une ingéniosité exhaustive. Leurs sources sont principalement constituées par von Hammer et Sylvestre de Sacy, ainsi que par des récits de voyageurs britanniques en Inde[7].

A la question de savoir qui sont les "Shias Imame Ismailis", le juge Sir J. Arnould répond: "They are those among the Shias who hold Ismail, the seventh in descent from Ali to have been the last of the Revealed Imams; and who also hold that until the final manifestation of Ali who (as an incarnation of God) is to come before the end of all things to judge the world, the musnud of the imamate (or in latin idiom the office of Supreme Pontiff) is rightfully held by an hereditary succession of unrevealed Imams, the lineal descendants of Ali through Ismail"[8]. Le juge est convaincu que les croyances spécifiques des Ismaéliens concernant l'imâmat les contraignaient à pratiquer la "*takiah*". Citant un voyageur britannique qui rencontra l'imâm au début du XIXème siècle, il soutient que l'imâm était pour les Persans, une émanation de la divinité[9].

A la question: qui est l'Aga Khan? le juge répond qu'il est le chef héréditaire et l'imâm non-révélé des Ismaéliens, le détenteur présent et vivant du "Musnud of the Imamate"[10]. Sur la question de la généalogie de Hasan 'Alî Shâh, Sir J. Arnold n'est pas très démonstratif puisqu'il estime que la "*takiah*" peut expliquer les mystères entourant la lignée des imâms. Néanmoins, dans le jugement rendu, l'authenticité de la généalogie sera acceptée. Ce point est fondamental puisque c'est sur l'authenticité de sa généalogie que Hasan 'Alî Shâh fonde la légitimité de son imâmat.

L'Aggiornamento de l'Ismaélisme

Il est évident que le juge n'avait aucun intérêt, au nom du "British rule", à déstabiliser une communauté loyaliste moins de dix ans après la révolte des Cipayes (1857); pas plus que de se faire un ennemi de l'imâm ismaélien, loyaliste envers les Britanniques depuis plus de trente ans. Sir J. Arnould précise dès le début du "Aga Khan Case" que les plaignants représentent une fraction très minoritaire de la communauté khoja, d'après les signatures portées sur le document de Hasan 'Alî Shâh[11].

La définition donnée par Sir J. Arnould n'est pas très précise bien qu'il se soit donné pour objectif de clarifier les liens d'autorité qui unissent les imâms aux Ismaéliens. Il mentionne toutefois que chez les Ismaéliens, l'imâm est physiquement présent, ce qui fait de l'ismaélisme la seule école shî'ite à professer cette croyance. La conséquence en est une accentuation du concept de l'*imâm-e zamân*. Pour ce qui concerne l'autorité imâmienne, le juge semble la dédoubler: "chef héréditaire" et "imâm non-révélé". Cette formulation tend à faire comprendre qu'à côté d'une fonction purement religieuse, subsiste une fonction civile héréditaire dont il n'est pas du tout question.

En conclusion, l'affaire de 1866 a quelque peu contribué à éclaircir le concept ismaélien de l'imâmat dans la seconde moitié du XIXème siècle. Le transfert de l'imâmat de Perse en Inde vers 1845 a entraîné une clarification conceptuelle dans une communauté où, de toute évidence, les liens distendus entre les imâms et les adeptes avaient contribué à faire de l'imâm un personnage lointain qui jouait le rôle d'un *deus otiosus*, ses pouvoirs se trouvant délégués par la force des choses aux *pîrs*.

Il est frappant de constater l'insistance avec laquelle les imâms, depuis Hasan 'Alî Shâh et jusqu'à l'Aga Khan, affirment qu'ils sont à la fois *pîr* et imâm. C'est ainsi que le propre testament de l'Aga Khan, en 1957, est formulé comme suit: "(…) I appoint my grandson Karim, the son of my son Aly Salomon Khan to succeed to the title of Aga Khan and to be the Imam and Pir of all my Shia Ismailian followers (…)"[12].

La justice britannique aura, par ses jugements, transformé l'imâmat dans la mesure où, fait sans précédent, elle confirmait un chef religieux dans ses préogatives et ce, pour l'ensemble de l'empire britannique. Parmi ces dernières, se trouvent les importants subsides qui proviennent du versement de la dîme, et la confirmation du fait que les imâms sont les seuls et uniques propriétaires, sous leur propre nom, de tous les biens communautaires. Le jugement de 1866 allait permettre à Hasan 'Alî Shâh de se bâtir une nouvelle fortune puisqu'il avait perdu ses principales sources de revenus lors de son départ de Perse[13].

VII–2 L'IMÂMAT D'APRÈS SHIHÂB AL-DÎN SHÂH

Né probablement en Irak, fils aîné de 'Alî Shâh, Shihâb al-Dîn Shâh al Husayni (1850–1885) était prédestiné à lui succéder comme imâm. Il semble avoir joui d'une solide réputation pour ses connaissances spirituelles puisque les Ismaéliens de Shughnân le considéraient comme le *ḥujja* de Hasan 'Alî Shâh[14]. Mais une maladie de poitrine allait l'emporter alors qu'il était âgé d'environ trente-cinq ans, le 5 ou 6 décembre 1884. Son frère Nûr Shâh, son cadet de deux ans, succombait à son tour des suites d'une chute de cheval quelques semaines plus tard. 'Alî Shâh lui-même disparaissait peu de temps après. L'Aga Khan a confié à Dumasia que son père 'Alî Shâh ne se remit jamais de la disparition de son héritier: "My next memory is of my father, on the day he heard of the death of my eldest half-brother, Aga Shah Abdin Shah (sic). My father was terribly shaken and though he tried to hold his own, as a man in his position would do so, great was his grief that I think it led to his early death a few weeks later"[15]. L'Aga Khan signale dans ses mémoires que son demi-frère aîné était l'un des fondateurs d'une organisation musulmane ayant les mêmes objectifs que le Indian National Congress (p. 23–4).

Shihâb al-Dîn était le demi-frère de l'Aga Khan. Leur père 'Ali Shâh s'était marié une première fois en Perse à la fille d'un chef de tribu "Irqui"[16] qui lui avait donné deux fils: Shihâb al-Dîn Shâh et Nûr Shâh. Après son installation en Inde, 'Alî Shâh avait épousé la fille d'une famille d'origine shîrazie; mais celle-ci mourut à son tour. Il épousa ensuite à Kirmân, en 1867, Shams al-Mulk, qui était la fille d'un haut dignitaire de la cour kâjâre, Nizam al-Dawla[17]. De cette union devait naître dix ans plus tard l'Aga Khan.

On connaît deux traités de Shihâb al-Dîn Shâh. Le premier fut composé avant 1880, sous l'imâmat de son grand-père Hasan 'Alî Shâh. Il s'intitule *Khiṭabât-i 'Aliyya* et il a été édité par Hushang Ojaqi à Téhéran en 1963. Le second – *Risala dar ḥaqîqat-i dîn* – fut publié et traduit en anglais par W.Ivanow en 1933 puis 1947. L'auteur l'écrivit entre 1881 et 1884 sous l'imâmat de son père 'Alî Shâh, alors que lui-même était héritier. Ce dernier traité a obtenu un large écho dans la communauté ismaélienne puisqu'il a été traduit en arabe, en ûrdû et en gujarâti.

Henry Corbin voit dans ces traités "d'excellentes récapitulations de la gnose ismaélienne" et il considère, au sujet de Shihâb al-Dîn Shâh, que sa "disparition prématurée fut une perte inestimable pour la communauté ismaélienne"[18]. Il est vrai que ces traités ne s'adressent pas à des adeptes ayant atteint une connaissance spirituelle élevée. L'auteur écrit pour introduire sa *Risâla* que ce sont des "frères en religion" (*barâdarân-e dîn*) qui lui ont demandé de l'écrire, dans le but de clarifier certains points de la doctrine. Mais l'intérêt principal de ces traités réside dans le fait qu'ils constituent un témoignage unique de la pensée ismaélienne de langue persane telle qu'elle existait parmi la famille des imâms, à l'époque où l'Aga Khan devint imâm. D'autre part, ces traités constituent la première tentative d'harmonisation de la tradition ismaélienne persane et de la tradition ismaélienne khoja.

L'Aggiornamento de l'Ismaélisme

On a vu que ce serait l'Aga Khan qui aurait fourni les manuscrits de Shihâb al-Dîn Shâh à W. Ivanow pour qu'il les édite et qu'il les traduise. W. Ivanow aurait légué à sa mort les manuscrits à l'Université de Téhéran[19]. A.A.A. Fyzee mentionne, dans l'article nécrologique sur W. Ivanow, que c'est grâce aux subsides de l'Aga Khan que le même Ivanow put faire progresser notre connaissance de l'ismaélisme[20].

Pour notre propos actuel, le traité le plus intérssant est les *Khiṭâbât-i 'Aliyya*. L'ouvrage est divisé en soixante-quatre *khitâb* que W. Ivanow traduit par "admonition". Le titre ne fait référence ni à l'ismaélisme, ni au shî'isme, mais au premier imâm 'Alî. On peut regrouper thématiquement le traité en quatre parties: l'origine et la nature des imâms (1 à 25), l'interprétation ésotérique (*ta'wîl*) des *'ibâdât* (26 à 35), la généalogie authentique des imâms (36 à 43) et enfin des exhortations à faire le bien et à ne pas faire le mal (44 à 64). La moitié environ du traité est consacrée aux imâms.

Pour Shihâb al-Dîn Shâh, le Prophète Muhammad et sa descendance, c'est à dire les Imâms et leur famille, sont les attributs (*ṣifât*) de Dieu. Des milliers d'années avant la création du monde et de l'homme, une Lumière (*nûr*) se sépara de la Lumière de Dieu. C'était l'esprit de "Mawlana 'Alî", et ce fut cet esprit qui le premier reconnut Dieu. C'est pourquoi ceux qui veulent reconnaître la Lumière de Dieu ne peuvent y parvenir qu'en reconnaissant et en suivant "Mawlana 'Alî". Cette Lumière se scinda ensuite en deux: celle du Prophétat et celle de l'Imâmat. Cet événement survint 4.000 ans avant la création du monde. Par conséquent, 'Alî et le Prophète proviennent de la même Lumière. Puis Shîhab al-Dîn cite le *ḥadîth* suivant lequel Dieu s'adresse au Prophète: "Si cela n'avait été dans ton intérêt, je n'aurais pas créé l'Univers, et si cela n'avait pas été dans l'intérêt de 'Alî, je ne t'aurais pas créé".

Avant d'aller plus loin, on peut déjà percevoir des idées-forces de la pensée ismaélienne contemporaine de langue persane: l'importance du symbole de la Lumière qui remplace toutes les hypostases de l'ismaélisme antérieur et du soufisme (Esprit Saint, Ame Universelle etc.) et la préséance absolue de l'imâm sur le Prophète. On relève enfin la place dévolue à 'Alî qui provient directement de la Lumière divine.

L'auteur poursuit en expliquant que la mission de Muhammad est de révéler à l'humanité le statut de 'Alî qui est le Seigneur du monde. Cette vérité a été révélée à l'occasion du sermon de Ghadîr Khumm. Les imâms qui ont succédé à 'Alî sont de la même substance *(dhât)*: ils doivent par conséquent être reconnus et obéis. Ces imâms sont les véritables représentants de Dieu; ils sont ses yeux, ses oreilles, sa langue etc.

Chaque croyant qui recherche la vie éternelle après la mort doit suivre les admonitions de 'Alî et de ses successeurs qui sont les dépositaires de la Vérité absolue. Shihâb al-Dîn démontre alors pourquoi 'Alî est le Dixième avatar dans la communauté khoja. Mais il précise que les imâms ne prétendent pas être des divinités bien que leur substance soit supérieure à celle des autres hommes. Les mortels ordinaires ne peuvent d'ailleurs pas saisir la substance de l'imâm, c'est pourquoi il doit les reconnaître par leur Lumière. Ceux qui ont reconnu les imâms doivent leur obéir sans réserve, les gardant toujours présents dans leur mémoire en récitant les prières prescrites.

Shihâb al-Dîn Shâh consacre sept admonitions à démontrer l'authenticité de la généalogie des imâms. L'objectif de cette démarche est de confirmer la légitimité de la prétention des Aghâ-Khâns à l'imâmat. Il explique comment, malgré plusieurs ruptures successives, la continuité de l'imâmat a pu être maintenue. Il met enfin au point la question des noms des imâms – dont plusieurs listes avaient circulé – parce que sa récitation constitue une prière importante dans la communauté ismaélienne. Le jugement du "Aga Khan Case", s'il a donné raison à Hasan 'Alî Shâh, n'a pas pour autant mis fin aux sécessions dans la communauté khoja.

On entrevoit mieux dans la seconde partie du traité les objectifs poursuivis par l'auteur. Il insiste en effet sur l'obéissance à l'imâm, et sur le fait que ceux qui ne le reconnaissent pas iront en enfer. Il fait aussi une mise au point sur une question qui reste encore très débattue au sein de la communauté ismaélienne: la nature divine de l'imâm. On peut considérer qu'une vingtaine d'années après le "Aga Khan Case", la clarification de la nature de l'imâm n'est pas acquise.

Cette question est récurrente dans l'histoire de l'ismaélisme contemporain. Le dernier différend s'est produit au début de l'année 1989 avec la parution du livre de l'ex-ismaélien canadien Akbar Meherally: *Understanding Ismailism*. L'affaire n'est pas allée devant la justice seulement parce que cet auteur s'est de lui-même "converti" au sunnisme[21]. Dès 1922, W. Ivanow signalait que la relation de l'imâm avec la divinité était l'objet des spéculations les plus secrètes et était entourée d'un impénétrable mystère[22].

Quoi qu'il en soit, il y a environ un siècle, Shihâb al-Dîn Shâh affirme que les imâms n'ont jamais eu aucune prétention à la divinité, tout en soutenant que leur substance est supérieure et qu'ils sont dotés de certains pouvoirs divins: cette position est assez proche de la position classique. La mention du *ṣâhib al-zâman* laisse entendre qu'un imâm particulier, peut-être 'Alî, est supérieur aux autres puisque c'est à lui que reviendra de juger les hommes.

VII-3 LA RÉFORME DE L'IMÂMAT ÉSOTÉRIQUE

a–les bases historiques de l'imâmat

L'étude de la conception aga-khanienne de l'imâmat pose un problème. En effet, tout l'aspect ésotérique de sa fonction – nous désignons temporairement par cette expression tout ce que les Ismaéliens considèrent comme ne

L'Aggiornamento de l'Ismaélisme

devant pas être divulgué aux non-Ismaéliens – est totalement passé sous silence dans ses écrits ou discours publics. Dans ce cas, sans doute faut-il mieux commencer par s'interroger sur l'existence même de cette fonction dans la conception aga-khanienne.

Prenons comme hypothèse de travail qu'une telle fonction existe. Il va de soi que les sources pouvant y faire référence ne peuvent être que des sources ismaéliennes s'adressant uniquement à des Ismaéliens. En effet, les Shî'ites de toutes les écoles ont toujours considéré que celui qui ne reconnaît pas l'Imâm n'est pas apte à recevoir son enseignement. Les sources ismaéliennes susceptibles de traiter cette question se répartissent comme suit:

1. Les *firmans* de l'Aga Khan
2. les Constitutions promulguées sous son imâmat
3. les articles, brochures, livres écrits par des *waez*[23] ou édités par des revues ismaéliennes.

Mais avant de pousser plus loin ces investigations, il faut se reporter à l'exposé de l'imâmat que l'Aga Khan présente dans ses mémoires. Nous règlerons rapidement la question de la succession à l'autorité politique. En résumé, pour l'Aga Khan, 'Alî a été spolié de la succession au profit d'Abû Bakr. Mais celui-ci, qui n'était pas au courant de la désignation de 'Alî par le Prophète, n'a hérité que de la direction politique de la communauté musulmane. 'Alî, pour ne pas l'affaiblir en la divisant, reconnut le califat d'Abû Bakr.

L'Aga Khan explique que chez les Shî'ites, l'imâm détient une double autorité: temporelle et spirituelle. Il décrit ensuite les principales branches du shî'isme et il explique que leur apparition est due à des divergences portant sur l'attribution de l'imâmat. L'ismaélisme est lui-même présenté sous les deux principales formes qui subsistent encore aujourd'hui: "Nozar", son ancêtre et "Mustalli" (p. 189).

Pour situer l'importance qu'a revêtue l'imâmat dans sa vie – n'oublions pas que l'Aga Khan s'adresse avant tout à des Occidentaux qui le connaissent surtout par sa présence sur les champs de course – l'Aga Khan fait une mise au point dès le prologue de ses mémoires: "I must, however, stress that whatever part I may have played in public affairs and in political developments in India and elsewhere, none of it has been my main task or duty. Since my childhood my chief concern, my chief responsability, has been the great charge which I have inherited as Imam of the Ismaili branch of the Shia sect of Muslims. (...) I can only affirm that my duties in this task have always been my prime concern; in all aspects – in a vast and varied correspondance, in the maintenance of countless links of personal and religious loyalty and affection – they have occupied a large part of every day of my life (...). With this important reservation clearly stated, I think I can give an account of many of the other events and experiences of my life" (p. 4).

La Rénovation du Shî'isme Ismaélien en Inde et au Pakistan

Cet extrait nous apprend que l'imâmat est une charge héréditaire qui oblige son détenteur à des responsabilités et à des devoirs. Cette première mention sommaire, bien qu'elle insiste sur la maintenance des liens qui unissent l'imâm à ses fidèles, présente l'imâmat comme une quelconque fonction administrative. Dans ce même prologue, l'Aga Khan prévient qu'il va donner par la suite un exposé détaillé des responsabilités et des charges incombant à l'imâm.

b–le culte du *hazar imam*

L'action de l'Aga Khan sur la doctrine khoja s'est effectuée selon trois axes principaux, à savoir 1–la prédominance absolue du *imâm-e hazar*[24], 2–l'éviction de certaines pratiques d'origine hindoue et 3–l'introduction d'un certain nombre de valeurs provenant des *usulat* de l'Aga Khan. D'après les *ginâns*[25], l'imâm est un personnage lointain et le *pîr* remplit quasiment les fonctions qui lui sont habituellement dévolues. W. Ivanow écrit que "Khayr Khwah (1550) transplanta dans l'ismaélisme l'idée du darwishisme shî'ite de la con-substantialité du *pîr*, guide spirituel et de l'imâm (idée basée sur les théories non-ismaéliennes de ishrâq et fanâ fi'l-Haqq)"[26]. En Inde, l'imâm était considéré comme la divinité elle-même alors que les *pîrs* se voyaient attribués des pouvoirs surnaturels. Les différents procès intentés aux Aghâ Khâns au cours du XIXème siècle indiquent la confusion qui caractérisaient les croyances khojas. Mais en ce qui concerne les *pîrs*, les Census of India prouvent que les Khojas étaient attachés à leurs *pîrs* avant tout, preuve en est le fait que les communautés portent souvent le nom du *pîr* "fondateur", c'est à dire du *pîr* qui avait converti leurs ancêtres à l'ismaélisme.

L'Aga Khan déclare dans une *talika* du 11 juin 1953: "In our family the Imamat usually have been given to a Pir as successor and at present there is no independant Pir, I myself holding this position"[27]. A nouveau, dans son testament, il précise que son successeur hérite du "title of Aga Khan and to the Imam and Pir of all my Shia Ismailian followers (...)"[28].

Dès 1905, le "Haji Bibi Case" mentionne parmi les titres de l'Aga Khan celui de "Pir Shah"[29]. La liste de *pîrs* que fournit Azim Nanji dans sa thèse indique en effet que les deux derniers *pîrs* ont été Shâh Hasan 'Alî et Aghâ 'Alî Shâh[30]. Il apparaît d'autre part que Shihâb al-Dîn Shâh, qui jusqu'à sa mort était l'héritier de l'imâmat, fut lui aussi *pîr*, probablement de son père 'Alî Shâh[31], bien que Mujtaba Ali affirme qu'il l'était de son grand-père, ce qui ne cadre pas avec la loi de succession énoncée par l'Aga Khan et confirmée par la liste de Nanji[32]. Ce titre n'apparaît plus par ailleurs dans les constitutions de l'imâmat de Shâh Karîm.

Quand, dans quelles conditions et surtout pour quelles raisons l'Aga Khan occupe-t-il la fonction de *pîr*? On notera en effet qu'il ne la supprime pas; le fait qu'il occupe cette position est une étape du processus de centralisation de

L'Aggiornamento de l'Ismaélisme

la communauté. Il est toutefois question dans plusieurs sources d'un *pîr*, Sabz 'Alî, qui aurait officié pendant l'imâmat de l'Aga Khan[33]. D.L.R. Lorimer mentionne qu'en 1923, un "missionnaire" – il n'utilise pas le terme de *pîr* – fut envoyé par l'imâm au Dardistân. Il nomma des agents chargés de collecter la dîme et désigna quelqu'un avec la tâche de relever le nom de tous ceux susceptibles de la payer. Sabz 'Alî donna aussi des ordres pour que des *jamatkhanas* soient construites et pour que des écoles soient créées. Enfin, il supprima toutes les pratiques païennes et magiques (bénédiction des amulettes, etc...)[34]. Il est probable d'autre part que l'Aga Khan ait considéré le fait que sous la protection du *british rule*, la fonction de *pîr* n'avait plus de raison d'être. Celui-ci remplissait, entre autres, la fonction de représentant de l'imâm à l' époque de la *taqiyya*; mais avec la *pax britannica*, non seulement les Ismaéliens peuvent pratiquer ouvertement leur foi, mais l'Aga Khan lui-même peut circuler librement et rendre visite à ses disciples.

Le problème des pratiques et des croyances hindoues des Khojas fut traité graduellement par l'Aga Khan. Shirin Walji note que jusqu'en 1950, les changements effectués furent progressifs[35]. L'arabisation des prières ne fut effective qu'en 1956, à la fin de son imâmat[36]. Quels étaient les objectifs poursuivis par l'Aga Khan? L'objectif primordial apparaît avec clarté si l'on se souvient que "la doctrine nizârite est caractérisée par des modifications majeures dans le temps et par des traditions locales presque entièrement indépendantes les unes des autres"[37]. Ces traditions locales présentent des différences importantes relatives à la doctrine: une modernisation efficace de la communauté – basée comme on l'a vu sur une étroite centralisation– n'était pas possible dans ces conditions, sans compter le fait que la modernisation elle-même faisait référence à un schéma unique. Il faut aussi souligner l'extrême importance que l'Aga Khan accorde au principe islamique de l'unité, qui se traduit par les *usulat*, c'est à dire les éléments communs à toutes les sectes et sous-sectes de l'Islam.

Le problème consistait à détacher progressivement les Khojas d'une partie de leurs croyances et de leurs rites multiséculaires. C'est ainsi que l'AgaKhan rappelle à plusieurs reprises dans ses *firmans* que les *ginâns* ne sont qu'une interprétation du Coran. Mais surtout, il met en valeur l'héritage ismaélien en adjurant les Khojas, simples croyants et *mukhis*, d'étudier l'histoire de l'ismaélisme. Dans une *talika* de 1952, il reproche aux *Ismailia Associations* de ne pas suffisamment encourager les jeunes Khojas à étudier la littérature ismaélienne historique publiée par W. Ivanow et d'autres[38]. Pour l'Aga Khan, la littérature ismaélienne – il désigne en fait la littérature fatimide – est un élément, et non le moindre, de la littérature islamique et surtout du patrimoine universel de l'humanité. Il trouve en elle les qualités fondamentales de l'islam ainsi que les "vérités éternelles de la foi".

Le pouvoir judiciaire que l'imâm exerce dans la communauté – pouvoir reconnu et confirmé par la justice britannique, ou qu'il délègue à ses représentants, lui permet de faire respecter une loi unique dans toutes les communautés[39]. Ce en quoi il ne fait que poursuivre l'action entamée par son grand-père qui avait fait circuler, en 1861, un manifeste dans lequel il demandait aux Khojas de se conformer aux coutumes de l'ismaélisme, en ce qui concernait les mariages, les ablutions et les cérémonies funèbres.

c–le *nûr*, principe imâmien

Le *nûr* est un terme coranique qui donne son nom à une sourate (XXIV/35); nous y reviendrons[40]. Nous entendons traiter ici du terme technique tel qu'il a été élaboré en milieu shî'ite; d'après Louis Massignon, les Ismaéliens auraient été les premiers à en faire un tel usage[41]. Les Duodécimains voient dans ce symbole les Quatorze Très Purs, Muhammad, Fâtima et les Douze imâms, et les Ismaéliens les imâms et les Envoyés, qui constituent l' Homme Parfait[42].

Les *firmans* qui renforcent la position du *hazar imam* ont été émis dans la première partie de l'imâmat de l'Aga Khan, qui va de 1885 à 1905 environ. L'argument le plus rémanent de l'Aga Khan est d'affirmer la permanence dans l'imâmat du *nûr*, qui apparaît de ce fait comme le principe imâmien par excellence.

C'est ainsi que le jour même de son intronisation, le 1er septembre 1885, l'Aga Khan annonce: "Jamats, do not consider me small. I am the descendant of Prophet and my grandfather is Hazrat 'Amir-ul-Mo'minin (Hazrat Ali) and my grandmother is Khatoon-e-Jannat (Lady of Paradise) Hazrat Bibi Fatima. I am 'Light' (Noor) of both Hazrat Ali and Holy Prophet (Mohamed). Though young in age, I am exalted"[43].

L' imâm-enfant cherche à rassurer ses fidèles qu'il est bien l'imâm malgré son jeune âge; l'imâm Zayn al-'Abidîn, leur rappelle-t-il, était jeune lui aussi quand il devint imâm. Mais le point qui lui paraît le plus délicat est de convaincre ses disciples que le principe même de l'imâmat, le *nûr*, est intact dans sa personne. Malgré son jeune âge, il est le dépositaire du *nûr* de la même façon que les imâms qui l'ont précédé. Les pouvoirs qui en émanent sont strictement les mêmes: "You should be rest assured that the 'Noor' (Light) of Mowla Murtaza Ali is in me and is present before you, explique-t-il le 8 septembre 1885. We (imams) change the physical bodies in the world but our 'Noor' (Light) is eternal and originates from the very beginning. You should therefore take it as one Noor. The (Light of God) is ever present, only the names are different, The throne (of Imamat) of Mowla Murtaza Ali continues on and it will remain till the day of Judgment"[44].

On voit que par l'affirmation de la présence du *nûr*, l'Aga Khan cherche à persuader de la pérennité de l'imâmat. Le *nûr* apparaît alors comme le principe même de cette pérennité. Il constitue un lien entre le monde et Dieu dont l'éternité est la dimension chronologique. En réalité, certains *firmans* vont jusqu'à lier l'existence du monde à la présence du *nûr*: "The world is such, déclare-t-il à Dar es Salam en 1937, that the existence of Living Imam

L'Aggiornamento de l'Ismaélisme

must be there"[45]. Implicitement émerge l'idée que sans la présence de l'imâm, réceptacle du *nûr*, le monde n'existerait plus. On sait que l'Aga Khan déclare à maintes reprises que Dieu-Allah est *sustainer*. On peut considérer que cette fonction cosmique est déléguée à l'imâm par l'intermédiaire du *nûr*.

La deuxième dimension du principe du *nûr* permet d'affirmer l'unicité du principe de l'imâmat. Nous l'avons vu dans le *firman* cité plus haut: les imâms changent d'aspect physique mais le *nûr* reste le même; il est unique, sa forme est une. Cette idée est elle aussi récurrente dans les *firmans*. L'Aga Khan recourt à plusieurs reprises à des images simples pour l'exprimer: "The 'light' of Imam is one but its forms are different, déclare-t-il à Karachi en 1951. It is like the electric bulbs which are blue, red, yellow, and green but the electricity in them is the same. Substance is the same but the facets are different".[46]

L'Aga Khan n'est pas plus explicite au sujet du *nûr* imâmien. De toute évidence, les caractéristiques de ce principe sont connues des Ismaéliens, c'est pourquoi l'Aga Khan n'a pas à y revenir. Son objectif, en faisant référence à ce principe dans les conditions examinées ci-dessus, est de faire prévaloir le concept du *hazar imam*. Comment peut-on connaître alors la nature du *nûr*? Ses implications dans la personne de l'imâm? Les articles des *waez*, les prières et rites en vigueur dans la communauté indiquent que dans le *nûr* sont inclues certaines qualités telles que l'omniscience, la connaissance du futur, un certain contrôle sur l'outre-monde etc. Il reste que les points de vue des *waez* ne sont pas toujours concordants, ce qui incite à prouver que l'imâm lui-même n'avait pas jugé bon de développer cet aspect de l'imâmat. En dernière analyse, le principe du *nûr* totalise en lui toutes les qualités imâmiennes-l'éternité, l'unicité – qui ne sont pas humaines; et il est certain que ces qualités sont par excellence constitutives de la sacralité de l'imâm.

d–l'extension de la fonction sotériologique

La fonction sotériologique, qui constituait la fonction essentielle dans la conception traditionnelle de l'imâmat ismaélien, reste prédominante chez l'Aga Khan. Un changement important survient malgré tout: l'Aga Khan accentue la fonction sotériologique de l'imâm ici-bas, alors que dans l'ismaélisme historique, cette fonction restait limitée à l'au-delà. Cette accentuation n'est qu'une conséquence logique du culte du *hazar imam*. Pendant toute la durée de son imâmat, l'Aga Khan insiste sur le fait que la fonction sotériologique – qui comporte plusieurs degrés – s'applique à la fois à ce monde-ci et à l'au-delà.

Au cours de son premier voyage en Afrique, à Zanzibar, le 30 juillet 1899, l'Aga Khan déclare aux Ismaéliens: "I have come here for your uplifment and salvation of your souls"[47]. Quant à l'aspect strictement religieux, il est totalement en accord avec la tradition ismaélienne. Shihâb al-Dîn Shâh décrit l'imâm comme celui qui est seul apte à obtenir le salut du Croyant[48]. En Afrique orientale, en cette même année de 1899, l'Aga Khan donne quelques précisions sur la question du salut: "If you desire the emancipation of your soul, then keep your soul in the love and affection of God. Never forget God even for one moment but always think of Him". Ce à quoi répond de toute évidence un *firman* de 1937: "Nothing is more glorious than keeping love and affection for your Hazar Imam"[49].

Mais la plus grande innovation effectuée par l'Aga Khan est d'affirmer que le Paradis peut être acquis pendant la vie terrestre. En Inde, le 25 novembre 1903, il déclare à ses fidèles: "All other religions are exoteric if in this world you do good deeds then after your death you will go to Heaven. But our religion is such that if you act with a clean heart according to its preachings, pray regularly and be pure, then you can acquire Heaven during your life time"[50]. Ce principe, qu'il réaffirmera en 1945 à Dar es Salam, est sur le plan logique une conséquence du concept du *hazar imam*. En effet, sa prégnance fait du temps présent – *hic et nunc* – la dimension fondamentale qui relègue dans un arrière plan celle de l'au-delà (*akhîra*). L'Aga Khan doit rappeler à plusieurs reprises, dans ses *firmans*, de ne pas négliger malgré tout la préparation de la vie future[51].

Ces déclarations de l'Aga Khan ne sont pas sans rappeler la Grande Résurrection d'Alamût, au cours de laquelle l'imâm Hasan 'alâ dhikri-hi's-salâm proclama le 17 Ramadan 559/8 août 1164 l'actualisation du Paradis sur Terre. Dans le contexte qui nous occupe, il est probable que la nature de ce Paradis est plus proche des conceptions soufies. L'Aga Khan n'est néanmoins pas très précis sur la question du Jugement Dernier. Il affirme à un moment que cette réalisation du Paradis sur Terre n'oblitère aucunement le Jugement Dernier, où tous les hommes seront jugés pour leurs actes. Ailleurs, il soutient que les véritables Croyants (*momins*) seront dispensés de questions le jour du Jugement.

Mais qu'est-ce que le Paradis? Qu'est-ce que le salut? Si l'Aga Khan l'expose dans ses *firmans* – sous la forme classique de la réunion du Croyant parfait et de l'imâm[52], il reste convaincu que le salut n'est pas réservé aux seuls Ismaéliens ou Musulmans. Même s'il considère que dans le contexte islamique, l'ismaélisme est la meilleure voie – parce que la plus proche du Prophète – pour l'atteindre. Pour ces raisons, cette question doit être traitée dans un cadre plus large que celui du seul enseignement imâmien[53].

VII–4 LA RÉFORME DE L'IMÂMAT EXOTÉRIQUE

a–le guide

L'Aga Khan utilise fréquemment, pour désigner le rapport qui le relie aux Ismaéliens, le terme anglais de *guidance*. Bien qu'il le traduise par le terme français de "autorité", ce concept traduit, comme l'atteste la dernière

L'Aggiornamento de l'Ismaélisme

constitution, le terme arabe de ḥidâyah. Dans le lexique de la constitution, qui donne l'équivalent arabe de chaque terme anglais, ḥidâyah est définie comme la "guidance from the Imam of the Time"[54].

Le terme ḥidâyah n'est pas d'un usage très fréquent dans le lexique politique musulman. L'idée de guider est plutôt exprimée par le terme *za'îm*, terme qui est utilisé par les historiens sunnites pour désigner le Vieux de la Montagne[55]. Dans le même ordre d'idée, le lexique ismaélien contemporain utilise deux autres termes dérivés cette fois de la racine R.S.H.D, qui désigne la direction montrée par Dieu dans l'islam; le terme *murshid* en est issu. Une autre racine, *hadâ*, indique le sens passif "être bien (c'est à dire divinement) guidé". Un terme très important dérive de cette racine, le *Mahdî*; cette figure messianique sera envoyée et guidée par Dieu pour mettre fin au temps du péché et du mal, et faire régner la justice et l'équité.

En tout état de cause, l'Aga Khan utilise toujours le terme *guidance* sous la forme de l'action accomplie, jamais sous celle de l'acteur qui accomplit une action, ce qui aurait donné la forme *guide*. Dans ce cas, il lui préfère le terme *imamat*. Qu'est-ce que l'usage de ce terme apporte à l'exercice de sa fonction d'imâm? Notons d'abord que ce terme est relativement vague en ce qui concerne l'autorité. D'autre part, il est évident que son emploi – hormis la référence précise au concept musulman de ḥidâyah – se réfère plus à des conseils qu'à des ordres, ce qui laisse entendre, en accord avec le leadership constitutionnel évoqué plus bas, que l'autorité imâmienne est plus consultative qu'impérative. Enfin, la notion de *guidance* reste assez neutre: elle permet de ce fait à l'Aga Khan de dépasser le fameux problème des domaines – spirituel, matériel etc. – sur lesquels s'étend l'autorité imâmienne. L'Aga Khan peut aussi utiliser le terme *guidance* comme équivalent du terme *firman*[56]. L'utilisation de *guidance* serait-elle en rapport avec la vogue d'une certaine terminologie dans l'Europe des années trente? L'Aga Khan semble avoir utilisé le terme avant cette vogue.

Il est impossible d'étudier cette notion de *guidance* sans la rapprocher d'une autre notion aga-khanienne en rapport avec l'imâmat: la notion de *ṣirâṭ al-mustaqîm*. Car si l'imâm a la charge de guider les Croyants, c'est évidemment sur la Voie Droite, *the Right Path*. En Inde en 1903, l'Aga Khan rassure ainsi ses fidèles sur la perdurance de l'imâmat: "Imam never disappears ... Imam is to be present in the world to guide his followers at all times for their benefit, to lead them to the right path and maintain Imamat"[57]. L'expression de *Right Path* indique d'autre part, en accord avec l'aspect généraliste de la *guidance*, que l'autorité de l'imâm s'exerce ponctuellement: les Ismaéliens ne disposent d'aucun code, d'aucun *fiqh*, pour la bonne raison qu'aucun texte écrit n'est assez pragmatique pour s'adapter à l'évolution de l'homme et du monde.

"There is no written book on guidance for Ismailis but they have a 'Living Imam' "rappelle-t-il en 1945 à Bombay; "Books and written words are not enough as guidance in religion, renchérit-il à Londres en 1951. For guidance ought to be according to the change of time and therefore it would be found that a Living Prophet in every period had come on earth to guide people. During the time of my Imamat, I have made many changes in Firmans and am still altering them according to the times"[58]. La notion de *guidance* fait référence simultanément à l'autorité traditionnelle de l'imâm qui est totalisante; mais elle fait aussi référence à un pouvoir consultatif que l'Aga Khan affirme mettre en place; enfin, le caractère neutraliste et généraliste de la notion semble cristalliser en elle ce qui, dans l'autorité imâmienne, reste à définir, et ce qui est en cours d'élaboration.

A la fin de son imâmat, l'Aga Khan semble plus utiliser le terme *guidance* – auquel il accole souvent celui de *advice* – lorsqu'il s'agit de questions matérielles. Dans une *talika* émise d'Aix-les-Bains le 13 juin 1952, l'Aga Khan explique en détail la procédure à suivre pour obtenir ses conseils: "I am only too happy to give guidance in worldly affairs when people are in difficulties and do not know how to manage but in future this cannot be done by writing to me direct. And those who wish to have such guidance should write to me through their Local Councils, who first will read the letter and see if the guidance asked for is one of common sense and natural business. In that case they will not forward the letter to me and give guidance themselves. But if it seems a difficult question where there is no clear common sense solution only then such letters will be sent to me. If spiritual children wish their letter to be confidential it may be sealed and my reply will be sent under sealed envelope"[59].

b–le leader constitutionnel?

Ce n'est qu'au huitième chapitre de ses mémoires que l'Aga Khan entreprend de traiter "The Islamic concept and my role as imam". Les chapitres précédants traitent de sujets divers comme son enfance et sa jeunesse, son premier voyage en Europe, les problèmes de l'après-guerre etc.: le plan suivi est donc chronologique. A la fin du septième chapitre, il rappelle qu'il n'a jamais été qu'un amateur dans les affaires publiques et que sa fonction d'imâm a toujours prévalu. Il présente ainsi cette fonction: "My normal work as Imam of the Ismailis consists of a constitutional leadership and supervision of the various councils and institutions of all numerous and far-scattered Ismaili community, self-administrated as they are in each region. I am in constant communication with thousands of individuals in the community, on all sorts of diverse matters about which they seek guidance, and it is – as I have indicated – a community spread across the globe from the Great Wall of China to South Africa" (p. 168).

Cette expression employée par l'Aga Khan est frappante: *constitutional leader*. Dans le sens courant, elle signifie que l'autorité du leader est limitée par une constitution. Une monarchie constitutionnelle est ainsi un système politique dans lequel le monarque voit son pouvoir limité par une

L'Aggiornamento de l'Ismaélisme

constitution: il le partage avec une ou plusieurs assemblées. Par conséquent, si l'on prend l'expression dans ce sens, cela signifie que l'imâmat est limité et contrôlé par un élément qui lui est finalement supérieur: une constitution. Nous verrons que l'Aga Khan a bien octroyé des constitutions à la communauté ismaélienne[60]. Mais la répartition du pouvoir autorise-t-elle l'emploi de ce terme?

Les différentes constitutions ont plutôt été promulguées pour réaffirmer le pouvoir de l'imâm, préciser sur quels domaines s'étend son autorité. Elles constituent un cadre normatif pour tout ce qui touche à l'organisation territoriale des communautés et à son organisation juridique. Il est probable que l'Aga Khan ait révisé les constitutions après avoir consulté les responsables locaux; mais rien n'indique qu'il ait tenu compte de ces avis. Par ailleurs, les fondements mêmes de l'imâmat rendaient difficile l'élaboration d'un "imâmat constitutionnel" puisque cette autorité transcendante ne pouvait par définition recevoir de limites.

D'autre part, l'Aga Khan précise qu'un second aspect de l'imâmat consiste à superviser les conseils et les institutions de la diaspora. Le terme employé, *supervision*, laisse entendre que l'imâm n'exerce pas son autorité de façon impérative: son rôle serait de conseiller et d'orienter. Cette idée très souvent mentionnée par l'Aga Khan pour présenter l'imâmat est rendue en anglais par le terme *guidance*. Il est possible qu'il pense qu'il traduit bien l'idée contenue dans le terme arabo-persan *imâm*. Sa racine A.M.M, identique à celle de mère et communauté musulmane (*umm*), est très riche. L'imâm – dans son sens général – est "celui qui se tient devant" pour diriger la prière.

La description détaillée de l'imâmat annoncée par l'Aga Khan est plutôt décevante: elle ne concerne que l'aspect administratif et gestionnaire des communautés ismaéliennes. Du fait que celles-ci sont dispersées dans le monde et qu'elles relèvent politiquement de la souveraineté de différents Etats, l'Aga Khan est amené à préciser l'espace sur lequel porte son autorité: "All my guidance and my teaching for my followers has been in fulfilment of this principle: render unto God the things which are God's and to Caesar those which are Caesar's" (p. 187).

Le terme "autorité" n'est utilisé qu'à une reprise, dans les mémoires, pour caractériser l'imâmat: "In matters of social reform I have tried to exert my influence and my authority sensibly and progressively" (p. 188). On voit que la notion d'autorité, couplée avec celle d'influence qui la minore, est limitée à la sphère sociale. L'Aga Khan donne deux exemples pour lesquels il en a usé: l'émancipation féminine et le développement social de la communauté (construction d'écoles, d'hôpitaux etc.).

c – le gestionnaire

Une autre question évoquée par l'Aga Khan – qui tient à mettre fin aux rumeurs folles qui ont couru dans la presse à ce sujet – est la question financière. Il reconnaît que "perhaps not many people (...) have the control over an income that I exercise; but this control carries with it – as an unwritten law – the upkeep of all the various communal, social and religious institutions of my Ismaili following, and in the end only a small fraction of it-if any-is left for members of my family and myself" (p. 188-9).

Il est difficile de suivre l'Aga Khan lorsqu'il fait allusion à ces *unwritten laws*. On a vu que le "Aga Khan Case" de 1866 a officiellement reconnu aux Aghâ Khâns la totale propriété individuelle de tous les biens communautaires. Cette prérogative a toujours été affirmée péremptoirement dans chaque constitution par une formule du type: "By virtue of his office and in accordance with the faith and belief of the Ismailis Muslims, the Imam enjoys full authority of governance over and in respect of all religious and jamati matters of the Ismaili Muslims"[61].

Enfin, l'Aga Khan, toujours dans le domaine financier, aborde très brièvement le problème du "tribut" (*sic*), qui est dépensé dans sa plus grande partie pour la construction des écoles et des salles de prière, ainsi que pour l'administration des institutions religieuses et sociales (*Memoirs*, p. 183).

La description aga-khanienne de l'imâmat donne une forme très particulière à cette institution. L'imâm apparaît comme le dirigeant d'une société multinationale. Du point de vue strictement économique, cette société aurait la particularité de relever d'un capitalisme "communautaire" ayant à sa tête un "patron" héréditaire. Les questions religieuses (*religious matters*) ne sont pas développées et en dehors de l'aspect gestionnaire, l'imâmat devient une institution chargée d'apporter le bien-être (*welfare*), surtout dans le domaine socio-économique.

Pourquoi l'Aga Khan ne révèle-t-il qu'un aspect de l'imâmat? On a déjà mentionné l'organisation traditionnelle de la pensée ismaélienne qui postule que celui qui n'a pas reconnu l'imâm n'est pas prêt à recevoir son enseignement. Mais surtout, cette fonction socio-économique de l'imâmat est devenue de plus en plus importante sous l'Aga Khan; c'est dans ce domaine qu'il a réalisé une véritable réforme de l'institution imâmienne, qui a permis le progrès de la communauté ismaélienne: "I say with pride, confie-t-il dans ses mémoires, that my Ismaili followers are in this matter of social welfare far in advance of any other Muslim sect. No doubt it is possible to find individuals equally advanced, but as a body I am convinced that our social conditions (...) are far ahead" (p. 188). Cette assertion est corroborée par la plupart des islamologues spécialistes de l'Islam indien[62].

VII–5 L'IMÂMAT ET LES INSTITUTIONS SPIRITUELLES CONTEMPORAINES

L'Aga Khan a considérablement transformé l'imâmat dans l'objectif de développer le bien-être matériel (*welfare*) de la communauté ismaélienne sur le modèle européen. Harry J. Greenwall, dans sa biographie de l'Aga Khan parue en 1952, soutient qu'il a suivi de très près les méthodes par lesquelles le Vatican exerce son pouvoir spirituel. Il aurait commencé dès son plus âge en étudiant les méthodes des missionnaires en Inde: "But he had – and has – even greater admiration for the way in which the Vatican operates as a diplomatic listening-post"[63]. L'auteur poursuit en affirmant que le particulièrement bien informé service diplomatique de l'Aga Khan provenait des bonnes relations entretenues entre l'imâm et le Vatican: mais aucune source n'est citée.

A notre connaissance, la seule référence faite par l'Aga Khan à une institution dépendant du Vatican est une anecdote qu'il raconte dans ses mémoires. Interrogeant un jour le responsable d'un collège jésuite, l'Aga Khan s'étonnait qu'il ne tente pas de convertir ses élèves musulmans. Celui-ci répondit que les fortes sommes versées par les familles musulmanes servaient à éduquer les enfants pauvres des familles chrétiennes (p. 16).

Quel modèle a utilisé l'Aga Khan pour transformer la fonction exotérique de l'imâmat, si tant est qu'il en ait utilisé un? On a vu que dans ses mémoires, l'Aga Khan compare à plusieurs reprises les Ismaéliens aux Quakers: "In England I have had many friends all my life among the Quakers, and I am aware of a tranquil sense of mental and spiritual communion with them, for our mutual respect for each other's beliefs – mine for their Quakerism, theirs for my Islamic faith – is absolute" (p. 17).

L'Aga Khan explique que la raison pour laquelle il admire les Britanniques est l'existence chez eux d'une conscience d'une grande acuité qui les empêche d'accepter comme responsabilité nationale tout acte violent ou injuste, même s'il peut paraître avantageux pour le bien-être matériel du pays. Cette conscience est habituellement individuelle, mais en Grande-Bretagne, ainsi qu'aux Etats-Unis, c'est un bien national: "The cause of this phenomenon lies, I believe, in the influence of the Quakers; always numerically a fairly small minority, they have from the nineteenth century onwards exerted a moral and spiritual influence out of relation to their numbers" (p. 260). A travers leurs connexions avec d'autres groupes non-conformistes, poursuit-il, cette influence a été diffusée auprès de toute la population, y compris dans le domaine de la grande industrie et du commerce international.

L'Aga Khan s'explique du choix qu'il a fait – le trust – pour gérer les sommes issues des pesées de la meilleure façon. Le trust est d'après lui le mieux adapté à la spécificité de la communauté ismaélienne. Il combine le bien-être avec de prudents conseils financiers, une assistance, et des prêts. Un trust est dans son principe "not unlike the Friendly Societies that have made so valuable a contribution to British life" (p. 287). L'expression "Friendly Societies" est une référence directe aux Quakers, communauté puritaine fondée en 1652 par George Fox (1624–1691) sous le nom de "Société des Amis"[64].

L'Aga Khan est pendant toutes ces années soucieux de l'avenir de la communauté musulmane de l'Inde: il considère plus urgent de fixer légalement ses droits face à la majorité hindoue, bien qu'il situe ses discours de Bombay et de Delhi dans le contexte de l'Islâh. Pour lui, il n'est pas envisageable que le pouvoir politique reçoive ses directives du pouvoir religieux, comme il n'est pas possible que le pouvoir religieux reçoive ses directives du pouvoir politique. Il rappelle le principe évangélique: "Rendre à César ce qui est à César, et à Dieu ce qui est à Dieu".

L'autorité primitive de l'imâmat incluait l'autorité politique parce qu'elle constituait l'héritage de l'autorité prophétique[65]. Puis, sur le modèle de 'Alî qui reconnut le califat – c'est à dire en termes shî'ites l'autorité civile – d'Abû Bakr, il semble que les imâms shî'ites aient implicitement renoncé à la prérogative politique sans toutefois renoncer à d'autres prérogatives temporelles telles que les revenus financiers. Cette position permet à l'Aga Khan d'afficher un loyalisme à toute épreuve envers les Britanniques et d'affirmer aux Musulmans – on l'a vu avec les troupes anglo-indiennes en Egypte – et aux Ismaéliens qu'ils doivent être loyaux envers les gouvernements des Etats où ils vivent.

Ainsi, héritant d'une charge qui depuis des siècles se réduisait à une fonction spirituelle – et à certains avantages matériels qui en étaient issus – l'Aga Khan se fait le champion de la séparation de l'autorité religieuse et de l'autorité non-religieuse. Cette conception établit de fait la laïcité en Islam, question qui reste encore aujourd'hui l'une des plus débattues parmi la communauté musulmane[66].

Mais l'Aga Khan ne parvient pas à trancher définitivement l'équivocité liée à l'autorité imâmienne, qui définit un espace spirituel et un espace autre, qui dans les constitutions est nommé *jamati*; que désigne en effet ce terme? Il indique que l'Aga Khan a totalement renoncé à des prétentions d'ordre politique liées au principe de l'imâmat. Si lui-même ou Hasan 'Alî Shâh ont eu des prétentions territoriales, c'est en dehors de tout le contexte imâmien. La formule évangélique peut par conséquent symboliser sa position. Par contre, il reste que l'imâmat n'est pas non plus seulement une charge religieuse.

VII–6 LA NOUVELLE CONFIGURATION DE LA TRADITION ISMAELIENNE

a–la tradition fatimide comme culture ismaélienne

L'Aga Khan fait rapidement allusion dans ses mémoires à la secte des Assassins (p. 180). A notre connaissance, il ne mentionne jamais la secte devant les Ismaéliens. Pour lui, ce sont surtout les Fatimides qui semblent le mieux représenter le fait ismaélien. Lors de son premier séjour en Afrique orientale, à Zanzibar, le jeune imâm exhorte ses fidèles: "Read our history and know about the Imams who succeeded one after another. Study the whole history of Fatimid Ismaili Imâms – our forefathers who ruled in Egypt for 200 to 300 years"[67].

Cette référence à la période fatimide est fonctionnelle sur plusieurs plans. En effet, l'ismaélisme fatimide s'est épanoui à une époque qui coïncide avec l'apogée de la civilisation musulmane – au coeur de sa période classique. De 909 à 1174, les imâms fatimides ont dirigé un empire rival de celui des Abbassides de Bagdad. La puissance économique et militaire de cet empire a pour conséquence d'occulter l'aspect hérétique de la doctrine. Du reste, les Fatimides ont toujours strictement maintenu l'équilibre entre le *zâhir* et le *bâtin*. Certains auteurs contemporains voient dans la pensée fatimide – qui sur le plan philosophique atteint des sommets – l'une des sources de l'humanisme musulman[68].

Il est frappant de constater que les chroniqueurs européens des Croisades ignorent la plupart du temps la spécificité confessionnelle des Fatimides. Jacques de Vitry (XIII ème siècle), le chroniqueur le mieux informé sur les divergences dogmatiques entre les sectes islamiques, ne voit dans les Fatimides qu'une tendance shî'ite parmi d'autres; il ne révèle aucun excès, aucun extrémisme dans les croyances, les coutumes ni les pratiques. L'Aga Khan occulte par conséquent volontairement l'ismaélisme des "Assassins" qui, pourtant, constitue plus que l'ismaélisme fatimide l'origine de l'ismaélisme nizârite. Il peut ainsi évacuer toute l'image négative véhiculée par les Sunnites depuis le Moyen-Age: terrorisme, licence des moeurs, métempsycose, incarnationnisme etc.

La référence au fait fatimide permet d'autre part à l'Aga Khan d'établir un parallèle entre la période classique de l'Islam et l'époque contemporaine; cela le conforte dans sa conviction que l'ismaélisme a un rôle à jouer dans la confrontation actuelle entre l'Islam et le modernisme occidental, tout comme il en avait joué un dans la confrontation entre la pensée grecque et la pensée musulmane. Finalement, l'Aga Khan est convaincu que l'étude de cette période capitale de l'histoire de l'ismaélisme et de l'Islam peut aider à résoudre le défi actuel. Quoi qu'il en soit, il est à l'origine d'un essor de la recherche et des études ismaéliennes.

L'Aga Khan commande plusieurs ouvrages d'histoire sur l'ismaélisme. Vers 1903, Fidâ'î Khurâsânî achève une histoire de l'ismaélisme, le *Kitâb-i hidâyat al-mu'minîm al-tâlibîn*, pleine d'anachronismes et d'inexactitudes. Elle sera mise à jour en 1910 par Mûsâ Khân b. Muhammad Khân Khurâsânî, qui fut au service de Shihâb al-Dîn Shâh avant de passer à celui de l'Aga Khan; la partie ajoutée par Mûsâ Khân concerne surtout les miracles accomplis par les Aghâ Khâns. Le plus important de ces ouvrages reste le *Nur-um Mubin* publié en 1954 à Bombay par N. Chunara. De nombreux foyers ismaéliens le possèdent encore; c'est un épais volume d'environ cinq cents pages[69].

Le *Nur-um Mubin* comporte de nombreux clichés photographiques qui représentent les *dargahs* des *pîrs* indiens, les imâms et leurs familles. Le

La Rénovation du Shî'isme Ismaélien en Inde et au Pakistan

Nur-um Mubin présente un certain éclectisme du point de vue des informations qui concernent principalement les Aghâ Khâns. Un souci de les rendre éternels apparaît dans le récit de leur vie où se mêlent le réel et la fiction mythologisante. Ce souci se conjugue d'autre part avec la volonté de les présenter "dans le siècle". Cet aspect ressort des très nombreuses descriptions illustrées de photographies où ils apparaissent, surtout l'Aga Khan, comme des sportifs accomplis.

On note d'autre part la naissance d'une presse ismaélienne. Ce phénomène – qui semble rester confiné au monde indien – est de première importance puisqu'il va grandement contribuer à remodeler l'image de l'ismaélisme. Les *waez* s'évertuent à redéfinir la théologie nizârite en termes fatimides. On y trouve aussi des articles de spécialistes comme Ivanow ou Fyzee: cette référence à la connaissance occidentale est en réalité une constante dans ces revues. L'Aga Khan lui-même avait indiqué à ses fidèles que certains spécialistes européens étaient beaucoup mieux informés qu'eux – mêmes sur leur religion[70]. L'une des premières revues, *Ismaili* fut publiée dans les années vingt à Bombay; une autre, intitulée *Islah*, indique clairement la mouvance idéologique de ses rédacteurs. A la fin de l'imâmat de l'Aga Khan, ces revues sont toutes contrôlées par les Ismailia Associations.

Enfin, *last but not least*, l'Aga Khan a encouragé la recherche. C'est lui qui fut à l'origine de l'oeuvre d'éditions et de traductions de Wladimir Ivanow à partir de son installation à Bombay en 1930. Cette information, peu connue, est pourtant mentionnée par A.A.A. Fyzee en 1970: "(...) and throughout his working life after his service with the Asiatic Society, écrit-il au sujet d'Ivanow, he was supported by Sir Sultan Muhammad Shah, the late Aga Khan, whose patronage resulted in the most remarkable advance in our present knowledge of early Ismailism"[71]. C'est ainsi que la plus grande partie, si ce n'est la totalité des manuscrits nizârites traduits et édités par Ivanow, lui aurait été confiée par l'Aga Khan; celui-ci lui aurait même confié tous les manuscrits de sa bibliothèque personnelle – qui n'est autre que celle des imâms. Ivanow aurait emporté avec lui cette bibliothèque à Téhéran, où il devait s'installer au début des années soixante avant de mourir en 1970. Il en aurait fait don à l'Université Pahlavi de Téhéran[72].

b–la normalisation de la tradition khoja

On a vu comment Hasan 'Alî Shâh avait réussi à renforcer l'identité ismaélienne des Khojas grâce à l'Aga Khan Case. Mais sur le plan doctrinal, les *ginâns* véhiculaient bon nombre de croyances qui étaient plus hindoues que musulmanes. L'attachement des Khojas à leur tradition religieuse rendait impossible toute intervention arbitraire de l'imâm. Il semble que ce soit l'imâm 'Alî Shâh qui ait décidé de mettre de l'ordre dans la tradition ginânique en commandant une vulgate qui serait publiée[73]. L'un des objectifs secondaires était de mettre fin à la diversité des versions qui prévalait dans les différentes communautés.

Quoi qu'il en soit, c'est sous l'imâmat de Sultân Muhammad Shâh que l'élaboration d'un canon fut achevée. La première édition fut effectuée par un certain Ghulam Husayn à la fin du XIXè siècle[74]. Mais il fut rapidement remplacé par Lalji Devraj, qui reçut de l'imâm l'autorisation officielle et exclusive de collecter, éditer et publier les *ginâns*. Devraj allait commencer par publier séparément de longs *ginâns* avant de publier en 1905 une anthologie[75]. Une autre publication importante fut, en 1915, un catalogue des *ginâns* autorisés, qui excluait ceux dont le caractère hindou était trop marqué. On dit que Devraj avait détruit systématiquement les 3500 manuscrits qu'il avait collectés en les enterrant. De 1914 à 1934, Devraj publia les cinq volumes des *ginâns* canoniques en caractères khojki, l'écriture secrète des Khojas, à Bombay.

L'édition de Devraj devait rester en vigueur jusqu'à la fin des années 70. En effet, en 1978-79, une nouvelle édition officielle des *ginâns* en deux volumes, intitulée *Ginân-e sharîf*, fut publiée à Karachi et Bombay. Compte-tenu du déclin de l'écriture khojki, elle fut publiée en écriture gujarâti; c'est une sélection de l'édition de Devraj, qui exclut à nouveau certains *ginâns*, corrige certaines erreurs d'impression, et modernise le texte en changeant des mots ou des phrases. A cette même période apparut la première traduction anglaise réalisée par G. Allana. Sultân Muhammad Shâh lui avait décerné le titre unique de *huzur wazir* en 1949. Auteur prolifique, il a exercé divers mandats comme ceux de maire de Karachi, membre de l'Assemblée législative du Pakistan, président de la commission des Droits de l'Homme des Nations-Unies. G. Allana publie en 1984 un texte bilingue: sur une page se trouve la version gujarâti en caractères romains, et sur l'autre la traduction anglaise en vers[76]. L'ensemble est précédé d'une introduction biographique d'une centaine de pages concernant les *pîrs*.

c–la dialectique du *zâhir* et du *bâtin* revisitée

Dans son article "Bâtiniyya" écrit pour la deuxième édition de l'Encyclopédie de l'Islam, Marshall Hodgson écrit que le *zâhir* et le *bâtin* constituent un des quatre piliers de l'ismaélisme[77]. Une enquête lexicographique sur ce sujet dans les écrits de l'Aga Khan s'avère très décevante. Il n'utilise ces termes qu'exceptionnellement dans ses *firmans* et dans ses *talikas*. Dans une *talika* émise de France en décembre 1952, il rappelle que les Ismaéliens ont été désignés depuis leur origine par le terme *Batiniyoon*, ce qui signifie que la foi des Imâms était avant tout une révolte contre le formalisme. Dans un autre *firman* prononcé en janvier 1937 à Zanzibar, l'imâm explique que chaque *firman* est comme une pomme: il a un extérieur (*outside/zâhir*) qui l'enveloppe, mais à l'intérieur (*inside/bâtin*) se trouve la réalité.

La Rénovation du Shî'isme Ismaélien en Inde et au Pakistan

Dans la pensée de l'Aga Khan, la dialectique du *zâhir* et du *bâtin* détermine la modalisation de la connaissance en catégories fluctuantes, du fait que chaque concept peut être modalisé dans un certain champ cognitif, infléchi en cela par le contexte du discours et les objectifs de son auteur. Cette dialectique est formalisée par l'utilisation de couples d'opposés complémentaires dont aucun à lui seul ne saurait exprimer la totalité du *zâhir* et du *bâtin*. La seule possibilité de restituer le champ sémantique du *zâhir* et du *bâtin* est d'analyser les différents couples qu'il signfie à différents moments. Il apparaît en effet que selon les usages, ce couple initial revêt des significations différentes ou, même si elles ne sont pas perçues comme telles par l'utilisateur, sont traduites dans les langues européennes par des expressions différentes. La première tâche est alors d'analyser non pas chaque terme d'un couple mais chaque groupe de termes opposé à un autre groupe de termes. Ainsi, lorsque l'Aga Khan décrit dans ses mémoires les domaines sur lesquels s'exerce l'autorité du prophète, puis ceux du calife et de l'imâm shî'ite, on obtient certaines équivalences d'oppositions; de même avec les *talikas* et les *firmans*.

On peut observer la plasticité des champs sémantiques de ces notions. Chacune d'elles peut être déterminée par la somme des termes de chaque groupe. La signification de chaque terme se détermine par rapport à son opposé complémentaire. Plutôt que de rechercher des équivalences entre chaque *zâhir* et chaque *bâtin*, il est intéressant de constater que l'Aga Khan ne peut aborder un sujet important quel qu'il soit sans le présenter sous un double aspect. En 1931, par exemple, il présente le double objectif de la Conférence du Désarmement sur le plan moral, chasser les effets paralysants du soupçon et de la peur, et sur le plan matériel, limiter les crédits octroyés pour la production d'armes. Cet exemple serait banal si ce type de présentation n'était pas systématique dans les écrits de l'Aga Khan. C'est aussi le cas dans les *firmans*; en février 1923 par exemple, s'adressant aux Ismaéliens indiens, il déclare: "Comme je pense tout le temps à vous, vous aussi devez penser à moi et faire vos prières pour lesquelles vous serez récompensés matériellement et spirituellement"[78].

Il est particulièrement frappant de constater à quel point l'Aga Khan veille à maintenir l'équilibre du *zâhir* et du *bâtin*; cette volonté s'inscrit dans l'histoire de la pensée ismaélienne, qui puise elle-même directement dans le Coran (par exemple 57, 3). Cet équilibre s'exprime par une continuité: le *bâtin* est le prolongement du *zâhir*. Cette continuité est assurée par l'interprétation, technique qui permet la transmutation d'un espace sémantique constituant la réalité extérieure et apparente d'un objet, vers un autre espace sémantique qui constitue sa réalité intérieure et vraie.

L'interprétation permet par conséquent, comme le signalait déjà Nâsir-e Khusraw dans son *Kitâb-e Jâmi' al-Hikmatayn*, de résoudre les contradictions du texte coranique, mais aussi de résoudre les contradictions qui se manifestent entre le Coran et l'Histoire. On sait que chez les Ismaéliens,

L'Aggiornamento de l'Ismaélisme

l'interprétation fondamentale est réservée à l'imâm: lui seul peut donner le cadre général constitué par ses propres *firmans*, qui sont des interprétations à partir des sources scripturaires de l'Islam, qui seront interprétés à leur tour par les *waez* ismaéliens. Nous avons vu que l'interprétation aga-khanienne cherche à rendre possible des emprunts au savoir occidental. C'est pourquoi une fois le cadre épistémologique de l'interprétation délimité, l'Aga Khan détermine pour son époque les catégories du *zâhir* et du *bâṭin* suivantes:" (...) the choice for us and for all Moslems is either the strong health of the Turkey of Ata Turk or the sick man of Europeans of Sultan Abdul Ahmed (Hamid) and either spiritual life of Batun (*sic*) or dark head of zahir. Today in every Moslem country, poursuit-il, the struggle is between those who want progress on Western lines and identification with the Western way of life in wordly and material things and keep the spiritual side of Islam on the hand, and those who want the Formalism of the past and what is called (by) the Molevis and Mullahs as Islamic way of life"[79].

Dans cet exemple comme dans la plupart des cas, la catégorie *zâhir* correspond aux catégories cognitives du terrestre et du matériel, alors que le *bâṭin* correspond à celle du spirituel. Il est vrai que dans les écrits de l'Aga Khan, ces modalisations sont celles qui apparaissent le plus fréquemment. Mais cela n'empêche que cette dialectique peut s'appliquer à l'infini; c'est ainsi qu'une catégorie, celle du religieux par exemple, peut elle-même se modaliser en un *zâhir* et un *bâṭin*.

En novembre 1903, en Inde, l'Aga Khan s'exprime ainsi sur cette question: "All religions preach zaheri but your religion is batuni. All other religions are exoteric; if in this world you do good deeds then after your death you will go to Heaven. But our religion is such that if you act with a clean heart according to its preachings, pray regularly and be pure, then you can acquire Heaven during your life time"[80].

Dans les *firmans*, l'Aga Khan utilise les adjectifs *shariati* et *haqiqati* qui se réfèrent à des personnalités types: "(Elles) sont deux choses totalement différentes. L'un (e) préfère le livre, le jeûne et la prière; l'autre aspire à la liberté. Ce sont deux mondes à part: ils ne s'assemblent jamais." Une personne *shariati* est une personne qui interprète littéralement le Coran alors qu'une personne *haqiqati* recherche l'amour de Dieu afin d'atteindre la vision divine.

La pensée aga-khanienne fait du *zâhir* et du *bâṭin* les deux catégories fondamentales inhérentes à tout objet; mais elles sont transcendées par une troisième catégorie qui est nommée – dans le lexique aga-khanien et ismaélien contemporain – *noorani*. Cette structure tripartite correspond à la structure fondamentale de la pensée ismaélienne nizârite. Dans les ouvrages de la péfiode anjudâni, ces trois catégories ou "états" portent les noms *shar'îa*, *ḥaqîqa* et *qiyâma (t)*. On constate qu'un changement lexical s'est produit: quand est-il intervenu? Pour quelles raisons?

La Rénovation du Shî'isme Ismaélien en Inde et au Pakistan

Les traités de Shihâb al-Dîn Shâh n'utilisent plus le terme *qiyâmat* pour exprimer un état spirituel: il est utilisé uniquement dans l'expression *rûz-i qiyâma* pour désigner le "Jour de la Résurrection". En ce qui concerne le terme *nûraniyyat*, si son usage est relativement restreint, il s'agit bien d'exprimer ainsi un état qui est supérieur au *zâhir et au bâtin*. Shihâb al-Dîn Shâh a écrit ses traités pour les Ismaéliens en général, ce qui fait qu'il ne peut pas expliquer en quoi consiste cette vision intérieure qu'il nomme *nûraniyyat*; je ne peux pas vous en dire plus au sujet de sa signification, explique-t-il, parce que cela constitue une matière secrète que vous n'êtes pas capables de comprendre. Dans les *Khiṭâbât*, il est question du monde de la *nûraniyyat* (*'alam-i nûraniyyat*).

L'Aga Khan voit dans Hâfiz celui qui a su le mieux exprimer la dialectique du *zâhir* et du *bâṭin:* "In him we find contact, direct and immediate, écrit l'Aga Khan, with the outer universe interpreted as an infinite reality of matter, as a mirror of an eternal spirit, or indeed an absolute existence of which matter and spirit alike are but two infinite modes and facets"[81]. C'est ainsi que l'opposition traditionnelle entre matière et esprit n'est pas chez Hâfiz une vision définitive de la Réalité qui ferait que cette Réalité, sur le plan de la connaissance, serait répartie en deux éléments: cette vision ne constitue qu'une des multiples facettes sous laquelle la Réalité parvient à l'homme.

L'Aga Khan s'inscrit dans cette tradition qui recourt au paradoxe pour décrire une réalité difficilement déchiffrable: l'emploi de couples d'opposés lui permet de déterminer le champ sémantique d'une notion qu'il juge importante. Pour lui, comme pour Hâfiz, l'antonymie peut restituer une réalité dont chaque élément est composé de deux termes contradictoires mais sur le plan de la complémentarité: "Just as fundamental pairs exist and are complementary to each other viz, light, darkness, truth and untruth, joy and sorrow, this brain twin of thinking man exits, and has outsmarted the wordy contestants"[82].

En dernière analyse, en ce qui concerne le principe d'interprétation, l'imâmologie et la dialectique du *zâhir* et du *bâṭin*, l'Aga Khan utilise l'infrastructure de l'ismaélisme persan du XIXème siècle-elle-même très marquée par le soufisme – pour opérer un véritable *aggiornamento* de la pensée ismaélienne. Cet *aggiornamento* vise comme objectif général de promouvoir certaines valeurs qui à leur tour doivent dans leur modalisation zâhirite et bâtinite permettre d'atteindre d'autres objectifs; il doit permettre à plus court terme d'unifier la croyance ismaélienne et d'harmoniser l'ismaélisme avec l'Islam de l'Islâh. A travers cet *aggiornamento* de l'ismaélisme, l'Aga Khan espère préparer un *aggiornamento* de l'Islam qui doit à son tour promouvoir un nouvel humanisme. Pour lui, ces valeurs, qui sont éternelles et universelles, étaient celles de l'Islam originel et elles expriment mieux que toute autre l'esprit du Coran. Elles constituent ce que l'Aga Khan appelle *eternal truths of the Faith*. L'Aga Khan considère de son

L'Aggiornamento de l'Ismaélisme

devoir de faire connaître aux Musulmans et au monde occidental ces valeurs.

d–l'émergence d'un nouveau lexique technique

Le titre de ce paragraphe peut paraître contradictoire: en effet, nous avons répété à plusieurs reprises qu'une des particularités, certes embarrassante, de l'Aga Khan était de ne pas utiliser fréquemment de lexique technique apparent. Pourtant, la rénovation de l'ismaélisme qu'il effectue provoque l'élaboration d'un nouveau lexique technique. Cette élaboration est surtout le fait des *waez* qui contrôlent les publications destinées à la communauté ismaélienne. Cette effervescence intellectuelle est particulièrement évidente dans les années cinquante et soixante, à travers ces mêmes publications. Elle traduit les incertitudes, les interrogations, bref la définition d'un nouveau lexique technique qui sera mieux approprié à la nouvelle pensée ismaélienne. On constate la circulation des idées d'un continent à l'autre; il n'est pas rare, en effet, qu'une revue africaine publie un article publié précédemment dans une revue indienne.

L'un des articles les plus représentatifs de cette recherche a été publié au Pakistan, puis repris dans une revue de Tanzanie[83], sous le titre significatif: "What is Ismailism?". L'auteur a adopté une démarche basée sur le réemploi de termes issus du lexique technique de la tradition ismaélienne ou soufie. Cet auteur, qui est de toute évidence un Khoja, cherche à atteindre plusieurs objectifs: avant tout à concilier la tradition Khoja avec l'ismaélisme rénové par l'Aga Khan, mais aussi à situer cet ismaélisme par rapport à la théologie traditionnelle, et enfin à le situer en rapport avec ce qui constitue la doctrine classique de l'ismaélisme, à savoir la théologie fatimide. Signalons d'autre part que l'auteur fait constamment référence à l'Aga Khan à travers des citations de ses *firmans*[84].

Il est évident que ces articles reflètent le point de vue de leurs auteurs, et surtout le stade heuristique de leur démarche. Par conséquent, il n'est pas possible de dégager une conception homogène du lexique contemporain de l'ismaélisme. L'article anonyme incline vers le soufisme. L'auteur annonce que les Ismaéliens forment une *tarîqa*, du fait qu'ils sont plus attirés par le sens interne des rites de la religion musulmane[85]. Pour lui, l'objectif de tout Ismaélien est d'atteindre l'immortalité à travers le pèlerinage spirituel "even in this mortal life, by passing away from self (fana) into consciousness of survival of Allah (Baqa)"[86].

Le problème de la conciliation de la tradition khoja avec la tradition aga-khanienne se cristallise sur le terme *avatar*. Après avoir précisé que la théorie de l'imâmat n'avait rien de commun avec la théorie chrétienne de l'incarnation, l'auteur explique que le terme *avatar* provient du sanscrit avec la signification de *descent, coming down*[87]. Par conséquent, il est faux et blasphématoire de traduire le terme gujarâti *avatar* par *incarnation*.

En réalité, les *pîrs* l'ont utilisé comme équivalent du terme coranique *nûr*: "Therefore, conclut l'auteur, the 'coming down' is interpretable as the Light's appearance or Visible Manifestation 'down' here in the world of phenomena. It is the Light's passing, so to speak, from Its realm of Absolutness to the realm of Relativity by Visible Manifestation in it"[88].

Ce travail d'élaboration ne semble pas terminé. Qui plus est, la tâche des *waez* est rendue encore plus difficile par les phénomènes migratoires qui ont frappé les Ismaéliens. En effet, depuis les années soixante-dix, une partie importante de la communauté est-africaine (Ouganda, Kenya, Tanzanie, Madagascar, Mozambique) a dû émigrer vers l'Europe ou l'Amérique du Nord. La conséquence est que les nouvelles générations ont tendance à délaisser le gujarâti, et de ce fait, à se couper de la tradition. C'est pourquoi les associations ismaéliennes multiplient la publication de brochures à vocation pédagogique. En 1981, le président de l'association ismaélienne pour l'Europe, Mohamed Peera, justifie ainsi la publication de *Connaissances générales*: "Il existe dans notre Jamât, particulièrement chez les enfants, un besoin d'une compréhension et d'un savoir des rituels de notre Religion. Dans cet ouvrage, un effort a été fourni pour expliquer nombre de pratiques que nous accomplissons régulièrement"[89]. Mohamed Peera fait ici clairement allusion à une autre conséquence produite par la rénovation de l'ismaélisme: la nouvelle formalité des pratiques.

e–la nouvelle formalité des pratiques

Ce paragraphe au titre ambitieux n'est en réalité qu'une ébauche. Plusieurs indices convergents apportent la preuve qu'une nouvelle formalité des pratiques s'est dessinée à partir des dernières années de l'imâmat de l'Aga Khan. Elle se conforme aux grands axes de la réforme aga-khanienne. Cette nouvelle formalité est mise en place progressivement. L'Aga Khan est trop réaliste pour imposer brusquement de nouveaux rites à une communauté dont la tradition est multiséculaire.

Il est possible que les premiers changements soient intervenus dès 1905: la récitation de noms issus de la mythologie hindoue aurait été supprimée[90]. Néanmoins, l'Aga Khan prend soin de prévenir la communauté de ces changements, en ce qui concerne par exemple la traduction du *du'a* en arabe. C'est en 1950 que l'Aga Khan commence à introduire certains versets coraniques (*Fatiha*) dans le *du'a*, en remplacement des concepts hindous de réincarnation des différentes formes de la divinité. Puis, en 1956, le *du'a* est complètement arabisé – dans le sous-continent indien seulement, il le sera en Afrique pendant l'imâmat de Shâh Karîm – alors que certains *ginâns* sont transformés, ceux qui sont particulièrement hindouisés. Par exemple dans un *ginân*, les avatars "Macch", "Korub", "Shrî Râm" etc. sont remplacés par "Adam, Noah, Ibrahim, Issa". Mais l'Aga Khan est plus particulièrement virulent en ce qui concerne le culte des différents

L'Aggiornamento de l'Ismaélisme

intercesseurs. Il condamne le pèlerinage au tombeau des *pîrs*, la parade des effigies (*tâbut*), etc. L'Aga Khan qualifie ces pratiques de péchés et il les considèrent comme relevant de l'idolâtrie[91].

La nouvelle formalité des pratique doit participer à l'élaboration de la nouvelle identité de l'ismaélisme, par l'éviction progressive des références hindoues, mais aussi, par la désintégration d'un autre type de références. On a relevé les connexions entre l'Aga Khan et les références shî'ites. On ignore pour quelles raisons les Khojas du Sind avaient pris l'habitude vers le milieu du XIXème siècle de construire des *tâbût* à l'occasion du Muharram[92]. Quoi qu'il en soit, ils demandèrent l'autorisation à l'Aga Khan de poursuivre ces processions; face à une fin de non recevoir, ils préférèrent se séparer de la communauté[93]. A l'occasion d' *al 'Ashûra*, les deux premiers Aghâ Khâns avaient coutume d'assister au *jamatkhana* au récit des événements du drame vécu par Husayn et sa famille. L'Aga Khan accepte que ces *majâlis* se poursuivent, mais ni lui ni ses fidèles les plus proches n'y assistent, bien qu'au cours de la cérémonie des livres khojas soient aussi lus. J.N.D. Hollister, qui présente sa thèse en 1947, écrit que la passion de Husayn à Karbalâ est encore représentée à Hasanabad, le centre ismaélien de Bombay[94].

La nouvelle formalité doit d'autre part mettre fin à certaines pratiques superstitieuses alors très répandues chez les Khojas. En 1945 à Kampala, à un fidèle qui lui réclame une amulette qui lui apporte la prospérité, l'Aga Khan répond: "There can not be an amulet of prosperity but you should economise and spend less on new clothes, shoes etc ... Stop spending on cinemas and luxuries. Keep your expenses less than your income and surely mowla will give you prosperity"[95]. Les sommes dépensées pour accomplir certains rites traditionnels convainquent aussi l'Aga Khan de simplifier ces pratiques. En juillet 1952, il enjoint aux Khojas de réduire les dépenses – pratiques qui font partie pour lui du *Hindu system* – relatives aux cérémonies de la naissance, du mariage et du décès. Ces coutumes ne sont pas suivies dans les pays arabes, ni dans les pays chrétiens[96].

Ces informations trop minces ne nous permettent par d'approfondir pour l'instant l'analyse de cette nouvelle formalité des pratiques. On peut toutefois s'interroger sur la rénovation des *du'as*. Le livret publié par Mohamed Peera[97] en 1981 indique que les Khojas européens utilisent aujourd'hui à la fois des *du'as* en gujarati et des *du'as* en arabe. Il est important de signaler que le terme arabe *du'a* fait référence à la prière congrégationnelle mais aussi à l'invocation individuelle, ce qui explique l'usage des deux langues.

Force est de constater que cette nouvelle formalité des pratiques a tendance à mettre fin aux cultes annexes – celui des *pîrs* ou d'autres imâms comme Husayn. Comme dans le cas de la rénovation doctrinale qu'elle accompagne, l'objectif visé et partiellement réalisé est de renforcer le culte de *l'imâm-e ḥazar*. Qu'en est-il pendant l'imâmat de Shâh Karîm?

La Rénovation du Shî'isme Ismaélien en Inde et au Pakistan

L'unification de la communauté ismaélienne ayant été presque totalement réalisée par l'Aga Khan, le nouvel imâm semble avoir supprimé certains aspects du culte de l'*imâm-e ḥazar*, comme le pèlerinage à la *durkhana*, la résidence principale de l'imâm, et la cérémonie de la pesée.

Ce dernier événement témoigne particulièrement de l'habileté de l'Aga Khan dans l'instauration de la nouvelle formalité des pratiques: il constitue le moment fort du cérémonial du jubilé. Le jubilé est une fête d'origine hébraïque qui célèbre un événement qui s'est produit cinquante ans auparavant. Au XIXème siècle, cette coutume fut reprise par certaines cours européennes. Ces événements étaient d'autant plus rares qu'on imagine aisément le peu de souverains dont le règne s'étendait sur cinquante années ou plus: parmi ceux-ci se trouvait la reine Victoria. Pour son jubilé de diamants, qui couronnait soixante années de règne, l'Aga Khan se rendit auprès du vice-roi Lord Elgin pour lui adresser ses félicitations comme imâm des Ismaéliens, mais aussi au nom des musulmans de l'Inde occidentale et d'une assemblée représentative des citoyens de Bombay et de Poona (*Memoirs*, p. 39). On peut sans risque affirmer que l'Aga Khan dut être fortement impressionné par les cérémonies qui célébrèrent le jubilé de diamants de la reine Victoria.

Au cours de l'année 1935, l'Aga Khan se préparait à célébrer le cinquantième anniversaire de son accession à l'imâmat. Gulamali G. Merchant, Khoja de Karachi, demanda humblement à l'Aga Khan de donner son accord à un projet élaboré pour célébrer le *Golden Jubilee* en Inde et en Afrique. Alors que l'Aga Khan hésitait, un vénérable *mukhi* demanda la permission de raconter l'histoire de l'Etat exemplaire de Gondal, dans le Kathiawar (Gujarât). Le maharadjah de Gondal avait comblé de bonheur son peuple à un point tel qu'il décida de remettre à l'honneur l'ancienne cérémonie de *tula-vidhi*. Au cours de cette cérémonie, on versait au souverain son poids en or: ces dons signifiaient paix, santé et prospérité à la personne pesée. Puis, l'ensemble de ces dons étaient distribués par le souverain aux pauvres et aux nécessiteux de l'Etat[98].

Cette coutume est d'origine hindoue, mais elle fut adoptée dès 1572 par l'empereur Akbar sans doute pendant sa campagne contre le Gujarât. Akbar se faisait peser le jour de son anniversaire solaire, le 20 octobre, contre les douze denrées traditionnelles: or, mercure, soie, parfum, cuivre, médecines, beurre clarifié (*ghî*), fer, riz et grains divers, et sel.

On distribuait autant de moutons, de chèvres et de volailles que l'empereur avait d'années: "Pour des raisons de bon augure, et pour avoir l'occasion de faire des présents aux pauvres – écrit son biographe Abû Fadl– Sa Majesté se fait ainsi peser deux fois l'an ... Elle est pesée une deuxième fois lors de son anniversaire lunaire, contre seulement huit articles, argent, étain, tissus, plomb, fruits, huile de moutarde et légumes. Dans les deux cas où cette fête du *Sâlgirah* (anniversaire) est célébrée, des dons et des remises

L'Aggiornamento de l'Ismaélisme

de peine sont faits à tous, à quelque rang qu'ils appartiennent. Un trésorier et un comptable sont spécialement désignés pour cet office"[99].

A l'époque contemporaine, cette coutume a été en vigueur parmi certains Etats musulmans et au sujet du jubilé, il était célébré par le *niẓam* de Hyderabad[100]. Finalement, l'Aga Khan ne sut résister au *mukhi* qui lui demandait la permission, avec tous les Ismaéliens, de montrer leur gratitude envers leur imâm chéri qui leur avait permis d'entrer avec succès dans l'ère moderne. W. Frischauer affirme que l'Aga Khan, lorsqu'il donna son accord, savait déjà comment les dons allaient être utilisé pour le propre bénéfice des donateurs[101].

La cérémonie du Jubilé d'Or eut lieu le 19 janvier 1936 à Bombay, dans les propriétés familiales de Mazagaon et de Hasanabad. L'Aga Khan reçut 220 livres d'or, l'équivalent de son poids, estimées pour une valeur 335.000 rupees ou 25.760 livres sterling. L'année suivante, la cérémonie fut renouvelée à Nairobi, au Kenya et la somme issue de la pesée fut de 23.000 livres sterling. En Inde, l'Aga Khan demanda au conseil de former un *Gold Grant Committee* dont la tâche serait de distribuer le capital du Jubilé aux jeunes Ismaéliens pour leur permettre de poursuivre des études. En Afrique, il fut à l'origine de la *Jubilee Insurance Company*, dans laquelle il plaça un investissement personnel, et de la *East African Muslim Welfare Society* que l'Aga Khan décrit ainsi dans ses mémoires: "We also set up, what we called an investment trust, which is really a vast association for receiving money and then putting it out on loan, at a low rate of interest, to Ismaili traders and to people who want to buy or build their own houses" (p. 188).

Une fois encore, cette organisation de la communauté ismaélienne n'est pas sans rappeler certaines sectes anabaptistes dont les membres se sont révélés de très efficaces partenaires économiques, tout en menant une vie religieuse très pieuse. Mais la particularité de la communauté ismaélienne est d'avoir à sa tête un chef unique: l'imâm, qui l'a dotée de ce fait d'une structure centralisée. A l'occasion du Jubilé de Diamants (1945), et du Jubilé de Platine (1955), d'autres trusts ont été fondés: toutes ces sociétés sont – en vertu du "Aga Khan Case" – les propriétés gérées personnellement par l'imâm, au bénéfice de la communauté ismaélienne et des populations parmi lesquelles elle vit.

En dernière analyse, la nouvelle configuration de l'ismaélisme est le produit de plusieurs facteurs. Au premier chef, elle résulte de la rencontre de deux traditions ismaéliennes: la tradition persane, qui est celle des imâms, et la tradition khoja, qui, au cours de la fin du XIXème et du début du XXème, devient peu à peu la forme spécifique de l'ismaélisme indien. Cette confrontation a lieu lorsque Hasan 'Alî Shâh s'établit à Bombay au milieu du XIXème siècle.

Sous l'impulsion de l'Aga Khan, une nouvelle morphologie de l'ismaélisme a émergé: il s'agissait de prendre en compte l'héritage spécifique de chacune des traditions ismaéliennes, de telle sorte qu'elle puisse intégrer les valeurs dominantes du modernisme européen. Sans aucun doute, le défi maximal résidait dans le problème de la place assignée à la religion: une modernisation de la communauté ismaélienne ne risquait-elle pas en effet de provoquer une laïcisation *ipso facto*? Cette modernisation, qui dans les faits s'exprime à la fois comme une accentuation des pratiques économiques, et comme une centralisation et un développement des institutions imâmiennes, ne pouvait-elle pas détacher la communauté des fidèles de son imâm?

Malgré les dissidences et les scissions qui jalonnent la première moitié de l'imâmat de l'Aga Khan, la modernisation de la communauté a été réalisée avec succès; pour nous, deux facteurs peuvent l'expliquer: les fondements humanistes de la démarche aga-khanienne, qui ont comme conséquence que l'intérêt individuel et collectif ici et maintenant prévaut toujours, et d'autre part, l'objectif à long terme que s'est fixé l'Aga Khan plus ou moins formellement certes, qui est la contribution islamique à l'élaboration d'une modernité véritablement universelle.

NOTES

1 "Ismâ'îliyya", *op.cit.*, p. 210.
2 "Maḥallâtî" *EI2* T. IV p. 1212. L'auteur signale d'autre part le fait que les Britanniques firent don de deux canons à Ḥasan 'Alî Shâh dans *The revolt ...*, op.cit., p. 69.
3 *The Aga Khans*, *op.cit.*, p. 52.
4 Sir J. Arnold *Jugement by the Hon'able Sir Joseph Arnold in the Khojah Case other wise known as Aga Khan Case* Printed at the "Bombay Gazette" Steam Press Bombay 1866.
5 "Khojah Case" dans la reproduction de A.S. Pickaly *The history of the Ismailis*, *op.cit.*, p. 150.
6 ce dernier publie en 1866 *The Shia School of Islam and its branches especially that of the Imame Ismailies* A speech delivered by E.I. Howard Esquire, barrister at law, Bombay Oriental Press 1866 101 p.
7 il s'agit sans doute de *Geschichte der Assassinen* (1818) et de *Exposé de la religion des Druzes* (1838).
8 Picklay, *op.cit.*, p. 126.
9 *idem*, p. 135.
10 *ibid.*, p. 136.
11 *ibid.*, p. 150.
12 cité par W.Frischauer *The Aga Khans*, *op.cit.*, p. 208.
13 ce fait est établi dans le "Haji Bibi Case", p. 33.
14 d'après W.Ivanow cité par Syed Mujtaba Ali *The origins of the Khojas and their religious life today* Rohrscheid/Verlag Bonn 1936 p. 58. Sur ces Ismaéliens, voir R. Majerczak "Les Ismaéliens de Choughnan" *Revue du Monde musulman* 1913 XXIV au sujet du "hujja" p. 207.
15 cité par Dumasia *The Aga Khan and his ancestors*, *op.cit.*, p. 76.
16 sans doute une tribu turkmène appartenant à la fédération kâjâre.
17 ces informations sont fournies par A.S. Picklay qui ne cite aucune source *History of the Ismailis*, *op.cit.*, pp. 84 à 86.

18 "HPI", *op.cit.*, p. 447 et *Temps cyclique et gnose ismaélienne op.cit.*, p. 143.
19 entretien avec Abdullah Rahmatoullah   18 juin 1986   Paris.
20 *op.cit.*, pp. 35 à 39.
21 *Understanding Ismailism   A unique tariqah of Islam*, A.M. Trust, Burnaby (Canada), 1988, 171 p.
22 "Ismailitica"   *Memoirs of the Asiatic Society of Bengal*   vol. viii, 1922, p. 11.
23 *wâ'iz*: terme d'origine arabe utilisé dans l'ismaélisme contemporain pour désigner les prêcheurs itinérants, appelés aussi *missionaries*; ils représentent les institutions ismaéliennes et sont chargés de délivrer des conférences sur certains thèmes concernant la pensée ou l'histoire de l'ismaélisme. Les Ismaéliens les représentent couramment comme les successeurs des *dâ'is*.
24 dans l'ismaélisme contemporain, la forme la plus utilisée est *hazar imam*; sans doute provient elle du gujarâti, par l'intermédiaire des Khojas.
25 terme gujarâti issu du sanscrit *jnâna*, qui désigne la connaissance acquise par la méditation. Les *ginâns* constituent le corpus de la littérature sacrée des Khojas; ils ont été composés par différents *pîrs*, depuis le XIIème jusqu'au XXème siècle. Leur contenu traduit l'effort des missionnaires pour faire assimiler la doctrine ismaélienne à une population d'origine hindoue. Voir F. Mallison, "Hinduism as seen by the Nizârî Ismâ'îlî Missionaries...", *op.cit.*, p. 95 et A. Nanji, "The Nizârî Ismâ'îlî Tradition...", *op.cit.*, cf. index et C. Shackle et Z. Moir, "Ismaili Hyms from South Asia", *op.cit.*
26 W. Ivanow, *Ismaili literature*, *op.cit.*, p. 185.
27 "Talika", *op.cit.*, p. 32.
28 Frischauer, *op.cit.*, p. 208. et Bose, *op.cit.*, Mujtaba Ali précise:" (...) he is both the Imâm and the Pîr of the Aga.", *op.cit.*, p. 53.
29 *op.cit.*, p. 17.
30 *The Nizârî Ismâ'îlî tradition*, *op.cit.*, p. 141. Dans le compte rendu du "Haji Bibi", 'Alî Shâh est le *pîr* de Ḥasan 'Alî Shâh, *op.cit.*, p. 9. A.S. Picklay, pour sa part écrit "During the life time of his father, Aga Ali Shah had earned reputation as a "Pir" or spiritual man (...)", *op.cit.*, p. 84.
31 *idem*, note 201 p. 168.
32 *op.cit.*, p. 58.
33 Müller Stellrecht, "Hunza", *op.cit.*, pp. 218   220 et Meherally, *op.cit.*, p. 126.
34 Müller Stellrecht, *op.cit.*, p. 220. Il semble qu'au Dardistân, le terme de *pîr* soit utilisé dans le sens de *mukhi*. Lorimer ne donne pas d'autre terme que *missionary* au sujet de Sabz 'Alî. Meherally le désigne comme un *pîr*, dans le sens du terme fatimide *ḥujjat* ou nizârite *dâ'î al du'ât*.
35 *op.cit.*, p. 139.
36 Trimingham, *op.cit.*, p. 107.
37 W. Madelung, "Ismâ'îliyya", *EI2*, p. 214.
38 *op.cit.*, p. 26.
39 ce fait n'est pas aussi rare qu'il peut paraître; c'est à plusieurs reprises qu'une décision judiciaire britannique a légitimé une autorité religieuse traditionnelle. Le *raj* n'avait aucun intérêt à ne pas reconnaitre l'ordre établi, surtout lorsqu'il était contesté par une minorité.
40 voir VIII, c 3.
41 "Nûr Muhammadiyya", *EI*, T. III, p. 1027.
42 H. Corbin, "HPI", *op.cit.*, p. 75 et Y. Marquet, *Poésie ésotérique ismaïlienne*, *op.cit.*, p. 173.
43 *Firman Mubarak*, *op.cit.*, p. 1.
44 *idem*, p. 2.
45 *ibidem*, p. 11.

46 *ibidem*, p. 6.
47 *Firman Mubarak, op.cit.*, p. 4.
48 voir *Khîtabât i Aliyya, op.cit.*, pp. 22 24.
49 *Firman Mubarak, op.cit.*, p. 32.
50 *idem*, pp. 35 36.
51 ces *firmans* apparaissent aussi bien au début qu'à la fin de l'imâmat; voir par exemple *Firman Mubarak, op.cit.*, un *firman* de 1905 et p. 33, un autre de 1945.
52 "The perfect Mo'min after death, and Imam, should not be separated (...)", *ibidem*, p. 37.
53 La question du salut fait partie, dans la typologie de l'Aga Khan, de ses *"own personal beliefs"*.
54 *op.cit.*, p. 37.
55 B. Lewis, *Le langage politique de l'Islam, op.cit.*, p. 94.
56 *Firman Mubarak, op.cit.*, p. 19.
57 *idem*, p. 9.
58 *ibidem*, pp. 12 13.
59 "Mubarak Talika", *op.cit.*, p. 24.
60 ce terme de constitution a été par ailleurs utilisé par d'autres communautés comme les Bohras.
61 "The Constitution of the Shia Imame Ismaili Muslims" 13/12/1986.
62 par exemple A.M. Schimmel écrit dans *Islam in the Indian subcontinent, op.cit.*, p. 214: "He (l'Aga Khan) was successful in leading his community into the modern world and transforming them into one of the most progressive groups in muslim world".
63 H.J. Greenwall *His Highness the Aga Khan, op.cit.*, p. 36 W. Frischauer surnomme la résidence principale de l'Aga Khan à Bombay, Hasanabad, le "Vatican ismaélien", *op.cit.*, p. 121.
64 Révolté par les abus du dogmatisme et du ritualisme de l'Eglise anglicane, ce jeune cordonnier trouve dans l'Esprit Saint son seul inspirateur. Les Quakers les "trembleurs", d'après un mot de Fox recommandant à un juge de trembler devant la parole de Dieu comme il le faisait lui même ne connaissent aucune institution rigide, ni clergé, ni liturgie. Ils se distinguent par une pureté morale remarquable, une pratique rigoureuse de la solidarité, une distance totale vis à vis du pouvoir politique, et un pacifisme absolu.

Ils sont convaincus qu'en tout homme il y a une semence divine qui ne demande qu'à porter son fruit, et que l'inspiration directe peut saisir et transformer tout individu. Torturés sous les Stuarts, l'Acte de Tolérance leur donne l'égalité civile et religieuse en 1695. Mais la persécution provoque le départ de nombreux Quakers vers l'Amérique où un très riche adhérent, William Penn (1644 1718), décide d'installer une véritable "démocratie théocratique". Les *Frames of Government* (1682 1701) de la colonie de Pennsylvanie devaient inspirer en partie la législation des Etats Unis: nul privilège ne doit exister, les Indiens sont traités en alliés (on leur paie deux fois le prix estimé des terrains qu'on leur achète), interdiction de former une armée, autant de spécificités qui fascineront Voltaire.
65 chaque fois qu'il en a l'occasion, l'Aga Khan rappelle que l'autorité séculière s'est adjointe accidentellement à l'autorité religieuse.
66 voir Mohammed Chérif Ferjani, *Islamisme, laïcité et Droits de l'Homme Un siècle de débat sans cesse reporté au sein de la pensée arabe contemporaine*, préface de Ali Merad, L'Harmattan, 1991, 397 pp.
67 *Precious Pearls, op.cit.*, pp. 49 50.

68 voir l'article de Osman Yahia dans *Encyclopedia Universalis*, vol. 12, pp. 277 9, et R. Blachère, "La fondation du Caire et la renaissance de l'humanisme arabo islamique au IVème siècle", *Millénaire du Caire: Colloque international sur l'histoire du Caire 1969*, Berlin/Leipzig, 1974, pp. 95 96.
69 sur Fidâ'î Khurâsânî et Mûsâ Khân, voir F. Daftary, *The Ismâ'îlîs*, *op.cit.*, p. 440. Le *Noorum Mubin* a été publié par l'Ismailia Association for India.
70 "Mubarak Talika", *op.cit.*, p. 29.
71 *Journal of the Asiatic Society of Bombay.* vol, 45 46, 1974, p. 93.
72 information due à Abdoullah Rahmatoullah, dont le propre oncle était secrétaire particulier de l'Aga Khan à Bombay.
73 Nanji, *The Nizari Ismaili Tradition*, *op.cit.*, p. 10.
74 Ghulam Husayn (ed.), *Ginân garanth pir samas*, Bombay, 1907.
75 C.Shackle, Z.Moir, *Ismaili Hymns from South Asia*, *op.cit.*, p. 16.
76 G. Allana, *Ginans of Ismaili Pirs Rendered Into English Verse*. His Highness Prince Aga Khan Shia Imami Ismailia Association for Pakistan, Karachi, 1984.
77 "Bâṭiniyya", *EI2*, T. 1, p. 1132.
78 *Connaissances générales*, *op.cit.*, p. 4.
79 "Mubarak Talika", *op.cit.*, p. 29. L'Aga Khan dénonce une certaine catégorie de *'ulamâ'* tout en étant convaincu par ailleurs qu'ils sont indispensables au renouvellement de l'ijtihâd.
80 *Firman Mubarak*, *op.cit.*, pp. 35 36.
81 *Hafiz and the place ...*, *op.cit.*, p. 2.
82 *Special Golden Jubilee*, *op.cit.*, pp. 21 22.
83 dans la revue *Read & Know*, no 24, Shia Imami Association for Tanzania, Umoja Printers, Dar es Salam, sans date ni aucun nom d'auteur, pp. 1 12.
84 à plusieurs occasions, l'auteur anonyme semble en fait reprendre un thème abordé par l'imâm, qui invite sans répit les *waez* à approfondir leur connaissance de l'ismaélisme.
85 ce terme est actuellement le terme utilisé officiellement pour désigner la communauté.
86 *idem*, p. 6.
87 *ibidem*, pp. 8 9. La question de l'utilisation du terme "avatar" dans la tradition ismaélienne a été abordée par l'Aga Khan en 1945 à Dar es Salam; son analyse est néanmoins différente de celle de l'auteur anonyme. En effet, l'Aga Khan explique que le terme "avatar" a une signification symbolique; cité par D. Rattansi, *The Nizari Isma'ilis of Pakistan*, *op.cit.*, p. 60.
88 *ibidem*, pp. 9 10.
89 *Connaissances générales*, *op.cit.*, introduction.
90 Rattansi, *op.cit.*, p. 91 note 153.
91 *idem*, p. 35.
92 on ne peut manquer de relever que cette date coïncide avec l'installation de Ḥasan 'Alî Shâh à Bombay.
93 Hollister, *op.cit.*, pp. 409 410.
94 *idem*, p. 409.
95 *firman* de 1945, *Farman Mubarak*, *op.cit.*, p. 60.
96 *Understanding Ismailism*, *op.cit.*, p. 66.
97 Voir *Connaissances générales ...*, *op.cit.*
98 W. Frischauer, *The Aga Khans*, *op.cit.*, p. 119.
99 cité par Louis Frédéric, "*Akbar le Grand Moghol*, Denoël, 1986, p. 203.
100 H.J. Geenwall, *His Highness the Aga Khan*, *op.cit.*, p. 171.
101 Frischauer, *op.cit.*, p. 120.

VIII

Le Projet Humaniste de l'Interprétation Aga-khanienne

VIII–1 L'INTERPRÉTATION AGA-KHANIENNE

a–le principe d'interprétation

Parmi les trois principes fondamentaux que cite l'Aga Khan, nous avons déjà analysé la prophétie – qui est pour lui le premier principe par ordre d'importance, et le monoréalisme. Malgré cela, le premier principe qu'il cite dans ses mémoires est l'interprétation.

L'Aga Khan commence par expliquer l'origine du principe d'interprétation dans l'Islam. Il est lié à la question de l'autorité: le Prophète n'a pas désigné de successeur à son autorité religieuse et de fait "it remained for the Faithful to interpret the Koran, the example and the sayings of the Prophet, not only in order to understand Islam but to ensure its development through the centuries" (p. 173). L'Aga Khan ne manque pas de rappeler qu'il expose ici la doctrine sunnite: c'est elle en effet qui affirme l'impossibilité d'établir une autorité religieuse succédant à celle du Prophète. S'adressant à un public occidental, il compare cette autorité à la papauté et aux évêques anglicans[1].

L'extrait ci-dessus indique que l'Aga Khan attribue deux fonctions à l'interprétation qui sont: 1–la compréhension adéquate de l'islam et 2–la réalisation de son développement à travers les siècles. La première fonction pose comme préalable que l'Islam – c'est à dire le Coran et la Sunna sur lesquels l'interprétation doit porter – ne peut être correctement compris sans recevoir une interprétation. Les textes ne sont-ils pas clairs? Comportent–ils plusieurs sens? Dans d'autres écrits, l'Aga Khan énonce l'idée que certains textes – nous pensons en particulier à son article sur la poésie de Hâfiz – recèlent des sens qui échappent à l'entendement de l'homme moyen. Bien qu'il ne le dise pas explicitement, il est évident que cette conception s'applique aux textes sacrés. L'interprétation permet donc avant tout à chacun de comprendre le message de l'Islam en fonction de sa capacité à le recevoir.

Le Projet Humaniste de l'Interprétation Aga-khanienne

D'autre part, l'interprétation seule est apte à assurer la validité continue du message islamique; en effet, cette religion est la dernière religion révélée: cela signifie qu'elle complète les autres religions et surtout, comme ultime religion, que son message doit toujours se trouver en accord avec l'homme dans le sens qu'il puisse toujours fournir des réponses à ses interrogations. On a déjà vu que l'Aga Khan est convaincu que certains préceptes coraniques, comme par exemple la polygamie, ont été révélés pour résoudre des questions concrètes qui se posaient dans la société arabe de l'époque du Prophète. Ces mesures ont toujours constitué, il ne faut pas l'oublier, des améliorations par rapport à la situation précédente, et cela témoigne de la nécessité d'adapter ce type de pratiques sociales en les améliorant.

Dans une préface rédigée en 1937, qui tient lieu de *firman*, l'Aga Khan est très explicite sur cette question: "If rightly, the Muslims have kept till now the forms of prayer and fasting as practised at the time of the Prophet, it should not be forgotten that it is not the forms of prayer and fasting that have been commanded, but the facts of life as the circumstances changed"[2].

Mais sur quels critères faut-il adapter ou améliorer les préceptes coraniques concernant la vie sociale au sens large? Influencé comme il l'est par le positivisme – cela ressort dans sa conception des étapes de l'évolution de l'homme – il est permis de penser qu'il a toute confiance dans le progrès naturel qui est le destin de l'humanité. Comment cette évolution vers le Progrès s'effectue-t-elle? L'Europe joue de toute évidence un rôle de leader, mais l'acceptation ou non par le reste du monde du modernisme européen semble résulter d'une sorte de consensus universel, qui, s'il n'existe pas encore formellement, émerge dans le premier quart du XXème siècle.

En dernière analyse, il apparaît évident que l'Aga Khan ne distingue pas l'interprétation de la compréhension; preuve en est la deuxième fonction de l'interprétation qui n'est en réalité qu'une extrapolation de la première. En effet, que peut signifier assurer le développement de l'Islam à travers les siècles si ce n'est assurer la continuité de l'intelligibilité du message coranique? Pour l'Aga Khan, ce en quoi il se situe dans le prolongement de la tradition ismaélienne, l'interprétation permet de réaliser en actes l'éternité du Coran, et ainsi de résoudre le paradoxe d'une parole divine (le Coran) qui serait du temps de l'histoire et non de l'éternité. Il considère que ce principe spécifique de l'Islam constitue ce qui le rend supérieur aux autres monothéismes, car il permet à l'évolution historique d'être à la fois prise en compte et incluse dans le concept de la divinité.

Cette conception de l'interprétation comme mode suprême du comprendre apparaît encore dans *India in transition* lorsqu'il écrit au sujet de la part des Britanniques dans la civilisation occidentale: "They have been the chiefs agents in essential general forms of that culture, such as the watching and the interpretation of Nature around us, to which we give the name of science (...)"[3]. L'interprétation doit s'appliquer aux différents aspects de l'oeuvre de Dieu, que ce soit sa parole, le Coran, ou sa création qu'est l'univers. Ceux-ci ne sont que des *compendii* de signes qui n'attendent que leur interprétation, entendons leur interprétation adéquate, en accord avec leur temps.

Dans ses mémoires, l'Aga Khan insiste à nouveau à la fin de son bref exposé sur la question en répétant que l'interprétation a permis à l'Islam de guider les croyants (p. 173). Il attribue même à la liberté d'interprétation le fait que les Musulmans sont particulièrement enclins à pratiquer la charité entre eux. L'Aga Khan prétend qu'aucune école musulmane ne peut de ce fait accuser une autre école de ne pas être musulmane. Il est vrai que l'Islam ne reconnaît aucune autorité religieuse suprême, et de fait, on pourrait penser que la situation idéaliste décrite par l'Aga Khan a pu voir le jour. Mais l'histoire du monde musulman la dément. On sait que de nombreux traités de *'ilm al-kalâm* comportent un passage sur le *takfir*, et que si cette question était posée à l'égard des Indifèles, elle l'était aussi par rapport à certaines sectes musulmanes comme les Ismaéliens. L'Aga Khan rappelle lui-même les siècles de persécution qu'ont subis les Ismaéliens.

Enfin, notons une dernière indication au sujet de l'importance qu'il attribue à l'interprétation en signalant que dans son article sur le "Libéralisme musulman", les différents mouvements religieux de l'Islam sont dénommés "interprétation". Il y est question de l'interprétation "Ismaïli", "Shiah", "Sunni" et "Souffi". Ultérieurement, il préférera les termes plus conventionnels de *doctrines* et surtout *schools of thought*.

b–interprétation et *ijtihâd*

Le renouvellement de la pensée islamique avec comme base une nouvelle lecture des textes scripturaires a constitué l'essentiel du projet réformiste. Il est donc temps d'examiner en quoi le concept aga-khanien d'interprétation se différencie du concept d'*ijtihâd* tel qu'il a été formulé par les principaux réformateurs.

A l'origine, l'*ijtihâd* est un terme juridique qui désigne "le jugement technique du spécialiste"[4]. Durant les deux premiers siècles et demi de l'Islam, personne ne contesta le droit aux savants et aux spécialistes du droit religieux la faculté de donner des solutions personnelles aux problèmes juridiques. Puis au début du IVème/Xème siècle, les savants de toutes les écoles arrivèrent à la conclusion que toutes les questions essentielles avaient été étudiées à fond et avaient trouvé une solution définitive. Ce consensus limita l'activité en ce domaine à l'explication, l'application ou l'interprétation des doctrines précédemment établies. Ce phénomène est connu sous le nom de "fermeture de la porte de l'*ijtihâd*"; il équivalait à imposer le *taqlîd*, autrement dit l'imitation des doctrines élaborées par les savants du passé.

Dans l'Islâh, l'*ijtihâd* est généralement considérée comme une des quatre sources fondamentales de l'Islam. Nombreux sont les réformateurs qui font

Le Projet Humaniste de l'Interprétation Aga-khanienne

du renouvellement de l'*ijtihâd* la condition nécessaire pour l'établissement d'un nouveau consensus dans la communauté musulmane. Muhammad Iqbâl écrit à ce sujet: "The transfer of the power of Ijtihad from individual representatives of schools to Muslim legislative assembly (...) is the only possible form Ijma can take in modern time (...)"[5]. L'utilisation politique qu'Iqbâl effectue s'appuie sur la connexion qu'il établit entre deux notions clés de l'Islâh, l'*ijtihâd* et l'*ijmâ'*. Il entend affirmer qu'un système politique à tendance démocratique en milieu musulman peut ainsi reposer sur des notions islamiques classiques réinterprétées. Mais dans l'esprit d'Iqbâl, la notion d'*ijtihâd* est limitée à une fonction socio-politique.

Dans son ouvrage consacré à l'*ijtihâd*, Ben Salem Himmich entend la notion dans un sens plus large qui dépasse la seule dimension juridique. Dans l'histoire de l'Islam, il décrit trois dimensions dominantes de "l'effort idéologique" – c'est ainsi qu'il traduit le terme *ijtihâd*, à savoir l'effort juridique, l'effort théologique rationnel et l'effort mystique. Les facteurs historiques de la clôture idéologique correspondent au renouveau du traditionalisme sunnite qui voulut ainsi stopper le développement du mysticisme, de l'ismaélisme et du rationalisme. Mais l'auteur, curieusement, ne situe pas le renouvellement salafi de la notion dans cette continuité historique. Sans aller toutefois jusqu'à parler de la "prétention extravagante" du concept réformiste[6], il écrit que l'*ijtihâd* "devint un concept opératoire et pluri-fonctionnel (socio-juridique, religieux, culturel et économique) intervenant ainsi dans tous les thèmes et à tous les niveaux, allant jusqu'à embrasser tout l'effort fourni pour adhérer à la contemporanéité"[7]. L'extrait cité ci-dessus de Muhammad Iqbâl indique que ce point de vue ne peut être généralisé.

Malgré tout, bien que nous soyons convaincu que cette définition recouvre toutes les définitions des réformateurs mais qu'elle donne par conséquent une image faussée de chacune d'elles, force est de constater qu'elle s'applique assez bien à la pratique aga-khanienne de l'interprétation. Et ceci particulièrement par le fait qu'elle mentionne ce qui différencie cette conception aga-khanienne de celle de tous les autres penseurs ismaéliens: l'ouverture de l'espace interprétatif. Cela n'empêche que l'Aga Khan s'appuie sur une tradition historique, le *ta'wîl* ismaélien, et que sa lecture du monde ne s'apparente pas à une tentative de rationalisation comme cherche à le faire l'*ijtihâd* réformiste. L'interprétation aga-khanienne s'appuie sur une conception spirituelle du monde et de fait, l'outil de lecture du monde ne doit pas provoquer une plus grande prise sur le réel par une démarche rationnelle, mais le transfert de certaines données.

L'Aga Khan s'est par ailleurs exprimé sur l'*ijtihâd*. Signalons avant tout que dans la tradition ismaélienne, l'*ijtihâd* est considérée comme une *bid'a*. Kermânî la condamne en usant de l'autorité de la Sunna et il l'assimile à la libre-pensée. Le fait même que certains passages des textes scripturaires soient obscurs ne justifie pas le recours à l'*ijtihâd*. Dans ce cas précis, le seul recours est la famille du Prophète[8]. Le terme d'*ijtihâd* semble avoir disparu du lexique nizârite, même à fin de réfutation. Cela s'explique par le fait que dans cette école, le *ta'lîm* – la soumission à l'autorité de l'imâm manifesté qui est omniscient – est devenue la notion fondamentale de la théologie.

On a déjà signalé que l'Aga Khan n'utilise pas la terminologie du *fiqh* ni du *'ilm al-kalâm*; pourtant, on trouve sous sa plume le terme *ijtihâd*, à une reprise il est vrai, et c'est de l'*ijtihâd* réformiste dont il s'agit. Dans le dernier chapitre de *Glimpses of Islam*, il insiste avec Zaki Ali sur l'urgente nécessité de réunir une conférence pan-islamique qui aurait comme tâche principale de rechercher l'interprétation de la loi islamique la plus appropriée aux conditions de l'époque. Cette recherche devra aboutir à "the interpretation of the precepts and laws which regulates the lives of the Faithful, as laid down in the Quran and Traditions of the Prophet, can be done at many time and for any generation. Such an interpretation, by means of the Ijtihad which is personal and living research can be made, within the general limits of Quran and Traditions"[9].

L'Aga Khan définit donc l'*ijtihâd* de l'ère contemporaine comme une recherche personnelle et vivante qui doit constituer l'instrument de l'interprétation. Sa délimitation n'est pas très précise puisqu'il utilise le qualificatif *general* appliqué aux textes scripturaires. Mais pour lui, cela signifie qu'il faut tenir compte de l'esprit de ces écritures plutôt que de la lettre. L'Aga Khan insiste sur le fait que ce sont des docteurs vivants qui doivent la produire: en effet, comment un docteur du passé pourrait-il connaître les problèmes contemporains du monde musulman? Enfin, à l'instar de Muhammad Iqbâl, il considère que l'*ijtihâd* doit être pratiqué par des spécialistes: il est convaincu que l'*ijtihâd* est une technique juridique qui permet de lever certains obstacles de la loi. L'Aga Khan situe comme Iqbâl le problème de l'*ijtihâd* au niveau de la question de l'autorité qui reste vacante dans le monde musulman après la disparition du califat. Mais bien qu'il ne cherche aucunement à définir une démocratie islamique, il est évident pour lui que le rétablissement de l'*ijtihâd* doit promouvoir le *welfare* pour l'ensemble des peuples musulmans[10].

c–l'espace interprétatif

Comment l'Aga Khan délimite-t-il l'espace du savoir dans lequel l'interprétation peut être effectuée? La matrice principale est le Coran, mais avec quels espaces épistémiques l'esprit du Coran est-il conciliable? On a déjà pu constater l'importance qu'il accorde à la notion de civilisation, et surtout la place du facteur religieux dans l'élaboration de la civilisation.

C'est en effet en termes de civilisations qu'il désigne les espaces du savoir et l'interprétation doit permettre l'échange de connaissances entre certains de ces espaces. Mais avant d'analyser comment s'effectue l'interprétation

Le Projet Humaniste de l'Interprétation Aga-khanienne

sur le plan technique, il faut chercher à connaître quelles sont les civilisations qui peuvent être soumises à l'interprétation. On a vu d'autre part que pour l'Aga Khan, une des deux qualités dynamiques de l'Islam est l'ouverture d'esprit, c'est à dire justement une prédisposition à l'échange de connaissances en provenance d'autres civilisations: la question est alors de savoir à quelles conditions ces échanges peuvent-ils se produire. En résumant, on peut réduire ces conditions à deux choses essentielles, à savoir 1 – l'échange doit avoir pour fonction d'améliorer certaines dispositions de l'Islam, comprenons de lui permettre de s'adapter à son temps et par là, de rester comme à l'époque classique la plus avancée des civilisations et 2 – l'échange ne doit à aucun prix dénaturer ni forcer les textes fondateurs de l'Islam, Cette deuxième condition signifie finalement que l'échange peut être effectué entre deux civilisations relativement proches culturellement et historiquement.

On sait par ailleurs que l'Aga Khan est convaincu que l'Occident et le monde musulman possèdent un fonds épistémique commun. La rupture épistémique ne s'est produite pour lui qu'à la Renaissance. Ces deux civilisations ont de plus déjà échangé des connaissances lorsque le monde musulman a assumé l'héritage grec, puis lorsqu'il l'a transmis à l'Europe médiévale. A priori, les conditions nécessaires à l'échange sont satisfaisantes mais la raison prédominante qui prévaut est que les Européens, qui doivent finalement leur supériorité scientifique et technique à ce que Pic de la Mirandole appelait "la science arabe", dominent le monde musulman. Les échanges que va permettre cette conception de l'interprétation poursuivent à la fois un objectif théologique, à savoir que la plus achevée des religions reprenne sa place, et épistémique, que la civilisation musulmane reprenne possession de cet héritage qu'elle a jadis transmis à l'Europe. Cette situation désigne indubitablement le partenaire avec lequel les échanges doivent être effectués: l'Occident.

Mais l'Aga Khan, comme les réformateurs, est convaincu que les échanges doivent être réciproques. Si les Musulmans ont à apprendre des Occidentaux, ceux-ci ont aussi beaucoup à apprendre des Musulmans quoi que dans un domaine tout autre. On est donc loin du *ta'wîl* ismaélien classique, comme celui de Nâsir-e-Khusraw, qui visait à établir l'homogénéité de structure des savoirs ismaélien et grec. Ce *ta'wil* était basé sur la conviction que l'interprétation ésotérique de leurs concepts principaux conduisait à établir l'unité de la connaissance, qui n'était elle-même que la modalité épistémique de l'unicité divine. Dans l'interprétation aga-khanienne, une accentuation pragmatiste et parfois utilitariste prédomine. Cela ne signifie nullement que l'Aga Khan ne partage pas la même conviction, au contraire comme l'attestent à maintes reprises ses écrits, mais les préoccupations de l'un et de l'autre ne sont pas les mêmes tout simplement parce que les conditions historiques du XIème siècle sont différentes de celles du XXème siècle.

Il reste que dans les deux cas, l'interprétation doit répondre à un défi. Au XIème siècle, le problème qui se pose à Nâsir-e-Khusraw est l'intégration d'une partie de la philosophie grecque dans le savoir islamique pour la simple raison qu'une partie de celle-ci (Aristote et le néo-platonisme) lui semble supérieure et même indépassable. Mais il n'est pas de péril en la demeure. La position intellectuelle et politique du monde musulmane est prédominante: c'est l'Age d'Or du monde musulman. Et la capitale du califat fatimide, Le Caire, est un des phares du monde connu. Au début du XXème siècle, le monde musulman est par contre dans un état de dépendance et de domination directe. L'impérialisme européen s'impose peu à peu partout. La domination européenne s'appuie sur une condidérable avance dans l'évolution des techniques et dans l'organisation économique: c'est donc sur un plan matériel que se pose le problème du retard islamique.

C'est pourquoi ce qui compte pour l'Aga Khan, davantage que la spéculation philosophique, c'est que son héritage intellectuel lui permet d'envisager d'un oeil autre que celui des réformateurs le problème des échanges entre l'Occident et le monde musulman. D'autant plus que le problème de l'interprétation – qu'il liait à l'absence d'autorité suprême dans l'Islam, se présente sous un aspect différent dans l'ismaélisme nizârite. En effet, l'interprétation est par excellence la fonction de l'imâm. Cela ne signifie pas que l'imâm soit dispensé des conditions énoncées ci-dessus, mais il est clair que l'existence d'une autorité suprême va rendre l'interprétation plus opératoire dans la mesure où l'interprétation s'avère compétente.

d–la technique interprétative

On ne reviendra pas sur l'interprétation que l'Aga Khan croit nécessaire du Coran, et qui consiste à comprendre que certaines dispositions sont abolies puisqu'elles ne correspondent plus à "l'esprit du temps". L'Aga Khan utilise à plusieurs reprises le mot "interpréter" dans le sens de comprendre logiquement. Ainsi, lorsqu'il s'adresse aux Ismaéliens et qu'il leur donne des conseils, il précise qu'ils doivent les interpréter en fonction de leur capacité et de leur condition[11].

Mais avant d'approfondir la technique interprétative de l'Aga Khan, il faut revenir sur la connexion entre l'imâm ismaélien et l'interprétation. A la question l'imâm du XXème siècle est-il comme par le passé le *sâhib al ta'wîl*, la réponse est positive. Il n'est que de se reporter à la Constitution actuellement en vigueur et d'y lire que l'imâm présent prolonge le *ta'wîl*, traduit dans le lexique du document par interprétation, et le *ta'lîm* (tr. *teaching*) du message final d'Allah. Il est même précisé plus loin que seul l'imâm "determine all questions that may arise as regards the meaning and interpretation of any religious or Jamati tradition or custom of the Ismailis (...)"[12].

Dans ses mémoires, l'Aga Khan écrit: "Fortunately the Koran has itself made this task easy, for it contains a number of verses which declare that

Le Projet Humaniste de l'Interprétation Aga-khanienne

Allah speaks to man in allegory and parables" (p. 173). Il poursuit en affirmant que le Coran est constamment ouvert à l'interprétation allégorique. A nouveau, le 4 décembre 1952, il envoie une *talika* de Cannes dans laquelle il rappelle que "while the words of the Koran remain the same, every century, every period must have a new and different interpretation to that to the past, otherwise Islam will die and will not survive the competition of some healthy less rigid competition"[13]. Il est donc clair qu'un mot détient un potentiel polysémique qu'il faut savoir exploiter. L'emploi du terme *allegory* est par ailleurs significatif[14].

A deux reprises, l'Aga Khan propose une interprétation allégorique du *takbîr* "*Allah-o Akbar*". Dans une préface rédigée pour un livre sur Muhammad, il écrit que le terme arabe *akbar* ne doit par être traduit par *greatness*: "It means that everything else is within the womb of the greater-everything else is maintained and sustained by Divine Power, including the furthest spaces of imagination"[15]. Cette interprétation opère une ouverture sémantique qui finit par conférer au terme initial un sens nouveau par une sorte de processus d'élargissement. Le notion de départ est celle de "grandeur" et l'on remarque que l'Aga Khan traduit *akbar* par la notion générale de *greatness* et non pas par le terme strictement équivalement de *the greatest*.

Dans ses mémoires, il propose une autre intepétation du *takbîr* qui est alors présentée comme une explication du principe du monoréalisme: elle revêt donc une double importance. "What does that mean? interroge l'Aga Khan. There can be no doubt that the second word of the declaration likens the character of Allah to a matrix which contains all and gives existence to the infinite, to space, to time, to the Universe, to all active and passive forces imaginable, to life and the soul. Imam Hassan (al-Basrî) has explained the Islamic doctrine of God and the Universe by analogy with the sun and its reflection in the pool of a fountain; there is certainly a reflection or image in the sun, but with what poverty and with little reality, how small and pale is the likeness between this impalpable image and the immense, blazing, white-hot glory of the celestial sphere itself. Allah is the sun; and the Universe as we know it in all its magnitude, and time, with its power, are nothing more that the reflection of the Absolute in the mirror of the fountain" (p. 175).

L'allégorie attribuée par l'Aga Khan à Hasan al Basrî n'est certes pas originale[16]. Kermânî lui-même utilise l'image du soleil et du miroir pour expliquer la création. La Première Intelligence est dans la même situation que le miroir qui réfléchit la lumière du Dieu-Soleil[17]. Par monoréalisme, l'Aga Khan signifie qu'Allah ou l'Absolu contient tout et est origine de tout: rien n'existe ni ne peut exister en dehors de lui. Lorsque l'Aga Khan cite l'allégorie de Hasan al Basrî, qu'il reprend d'ailleurs à son compte comme en témoigne la fin de l'extrait, il utilise un terme capital pour notre sujet: le terme *analogy*. La relation qui existe d'une part entre Dieu et le soleil, et d'autre part entre l'Univers et le miroir, est une analogie[18]. Ce type de correspondance a pour fonction de rendre compréhensible à l'homme ce qui, exprimé dans un autre ordre de connaissance, ne l'était pas.

L'analogie, dans son sens primitif, désigne une identité de rapport qui unit deux à deux les termes de deux ou de plusieurs couples. On parle de "raisonnement par analogie" lorsque la détermination d'un terme provient de la connaissance des deux termes de l'un des couples, et d'un des termes du second[19]. C'est donc bien d'une analogie au sens technique du terme, dont il s'agit dans l'allégorie attribuée à Hasan al Basrî. On retrouve dans le concept d'analogie la notion de couples si importante dans la pensée ismaélienne classique – Henry Corbin utilise le terme "syzygie" pour la désigner – et dans la pensée aga-khanienne. D'autre part, le sens mentionné ci-dessus a lui-même comme équivalent le terme "correspondance"[20]. Et à nouveau, nous voici en présence d'une notion capitale relative au concept classique du *ta'wîl* ismaélien.

Dans ses *firmans*, l'Aga Khan s'exprime à plusieurs reprises sur l'interprétation. A Monbasa, le 20 janvier 1937, il aborde la question de l'interprétation des *firmans*, qui ne sont eux-mêmes que les produits de l'interprétation du Coran effectuée par l'imâm. L'Aga Khan précise à ses fidèles que les *firmans* peuvent être interprétés de plusieurs manières (*ways*). C'est aux membres d'un groupe de volontaires chargés de développer l'étude et l'enseignement religieux que revient la tâche d'interpréter et d'expliquer les *firmans* selon leur connaissance. Il recommande à nouveau à ces *waez* d'être entraînés dans l'interprétation des *firmans* tout en exprimant l'idée que l'esprit du Coran ne doit pas être altéré.

A l'occasion de la cérémonie khoja de Ghât-Pât, le croyant (*mu'min*) boit de l'eau bénie par l'imâm (*Ab-e Safa*) pour se purifier[21]. A Zanzibar, le 7 septembre 1899, voici comment l'Aga Khan interprète cette cérémonie: "Vous (la) buvez depuis cent ans, depuis mille ans mais vous n'avez pas compris sa signification. Il (sic) a des centaines de significations. Premièrement, quand une dizaine de personnes boivent du Nyâz (*Ab-e Safa*) d'un même bol, le grand avantage est que vous vivrez en harmonie et en fraternité ce qui vous rendra une grande récompense spirituelle. Deuxièmement, au moment de boire du Nyâz et au moment de la prière, si vous priez pour votre bien-être, vous obtiendrez ce que vous désirez. Celui qui prie pour le bien-être des autres obtient plus et se rapproche d'Allah"[22]. Cet extrait est très riche des implications multiples que peut induire une interprétation.

Sa fonction principale telle qu'elle apparaît clairement ici est d'établir une correspondance entre ce qui constitue pour l'Aga Khan les deux espaces du réel que nous nommerons le spirituel et le temporel. La première phrase de l'extrait peut signifier que la compréhension du Ghât-Pât change à chaque époque; la compréhension que vos ancêtres en avaient il y a un siècle ou plus n'est plus la compréhension adéquate. Quelle est-elle alors?

Le Projet Humaniste de l'Interprétation Aga-khanienne

C'est ce que le jeune imâm développe par la suite. Son interprétation se déploie dans deux directions. D'une part, la cérémonie a une fonction de cohésion sociale du groupe; elle permet le maintien de l'harmonie au sein de la communauté. Cette harmonie signifie toujours pour l'Aga Khan la principale modalité de l'unité, faisant référence aussi bien à l'époque prophétique qu'à l'ordre de l'Univers. Ce qui explique qu'il énonce que la rétribution de la vie en harmonie est une récompense spirituelle.

D'autre part, le rite auquel il faut ajouter une prière, permet d'obtenir la réalisation de ses désirs dans le domaine du bien-être. Ce concept, lorsqu'il n'est suivi d'aucun qualificatif, est généralement entendu comme bien-être matériel, c'est à dire comme la prospérité. Mais l'Aga Khan termine sur la question en disant que le fait de prier pour le bien-être des autres rapproche d'Allah, ce dernier point étant l'objectif final de la foi ismaélienne. En dernière analyse, la fonction de l'interprétation est certes d'établir des correspondances entre deux espaces du réel, mais aussi d'insister sur leur interdépendance, leur complémentarité et sur leur étroite imbrication. En effet, une interprétation ne concerne jamais exclusivement un espace. Ce processus de l'interprétation ouvre par ailleurs des potentialités illimitées à cette méthode compréhensive qui est caractérisée par le souci constant de maintenir une représentation équilibrée des deux espaces du réel.

e–le concept de *welfare*

Lorsque dans ses mémoires, l'Aga Khan aborde la question de son éducation occidentale, il ne cite le nom que d'un seul auteur: "I discovered the intellectual delight – the precision and clarity – of Mill's system of logic" (p. 30). Bien que John Stuart Mill (1806–1876) représente à la fois le couronnement de la pensée libérale et l'attirance vers le socialisme utopique de l'époque, il est avant tout considéré comme le principal porte-parole de l'utilitarisme, doctrine morale et politique fondée par Jeremy Bentham (1748–1832). La pensée de J.S. Mill connut un grand succès, y compris dans le monde musulman; Malkum Khân a traduit en persan *On liberty*, et Sayyid Ahmad Khân a lu son oeuvre au moins en partie[23]. Il reprend son idée, qu'il applique à l'Inde, que si un peuple n'est pas mûr pour la démocratie, celle-ci peut être un système politique néfaste.

L'utilitarisme devait se combiner avec l'évolutionnisme à la fin du XIXème siècle, et ce fut alors la thèse de la sélection naturelle dans la lutte pour la vie qui en devint l'idée centrale. On a vu que l'Aga Khan, dans sa citation, fait explicitement référence à un ouvrage de Mill sur *The system of logic*, publié en 1872. Cette citation lapidaire ne permet certes pas d'en savoir long sur le point de vue de l'Aga Khan en ce qui concerne la pensée de J.S. Mill; mais il est vrai que les écrits de celui-ci furent en honneur pendant un demi-siècle dans les universités anglaises, surtout par suite de la grande logique et de la clarté de ses écrits. Sa plus grande contribution à la pensée libérale est certainement d'avoir réfléchi sur les limites de l'autorité nécessaire de l'Etat vis à vis de la liberté individuelle. Ce qui explique qu'il ait été considéré avec sympathie à la fois par les libéraux et par les socialistes.

Mill utilise le terme *happiness* pour désigner la notion de bonheur, mais peu à peu, il sera remplacé par celui de *welfare*, qui sera rendu en français par "bien-être". Celui-ci apparaît comme lié au progrès, qui, pour Mill, est une tendance inhérente à la nature humaine, tendance, qui est elle-même issue du "désir d'un confort matériel accru"[24]. D'une manière générale, l'Aga Khan préfère utiliser *happiness* lorsqu'il s'agit de bonheur spirituel et *welfare* lorsqu'il s'agit de bonheur matériel ou de bien-être: "(...) I feel that I owe a duty to both India and England, écrit-il en 1905, countries that seems, by Providence, to be so designed that their welfare and happiness can only be complete when they are thoroughly united"[25]. Il parle ainsi fréquemment de *economic welfare*, de *social welfare*, de *worldly welfare*, et dans ce cas, le terme *welfare* peut être remplacé par *well-being, uplift, upliftment* qu'il rend en français par "prospérité", "développement" ou "progrès". Ce type de *welfare* que l'Aga Khan qualifie de commun, concerne l'éducation, l'hygiène, la santé, le développement économique etc. Il s'applique alors au pays (*country, nation*) ou au peuple et dans ce cas, il doit être instauré de façon permanente.

Mais l'Aga Khan considère que l'instauration du *welfare* peut dépendre de critères religieux, comme lorsqu'il réclame avec Zaki Ali la réunion d'un aréopage de savants musulmans "to discuss the religious problems affecting the welfare of Muslim people around the world"[26]. Il est toutefois intéressant de noter que l'Aga Khan, dans ses écrits "ismaéliens", emploie volontiers le terme *welfare* pour le domaine spirituel. Dans une *talika* du 26 novembre 1950, il recommande à ses disciples africains, à l'occasion de la visite de son fils Aly Khan, de n'organiser que des réceptions auxquelles soient conviés toutes les communautés, y compris les Africains, et plus spécialement "our Moslem bretheren permanently domiciles in Africa; it is necessary once and for all that this should be understood for the Welfare of Imam and Ismaili Faith"[27]. Dans une autre *talika*, il déclare aux Ismaéliens: "Hence your welfare in both worlds this and next is my constant thought and I must always warn you of evil and dangers."

Le concept du *welfare a* été assimilé dès le XIXème siècle, par les réformateurs, au concept islamique de *maslaha*. Rashîd Ridâ, dans son traité sur le califat, interprète la *maslaha* en tant que source de réforme juridique et politique[28]. Al-Kawakibî pour sa part condidère que ce concept constitue la cinquième source du droit islamique, avec le sens de "souci d'intérêt général"[29]. Dès le XVIII ème siècle, le rénovateur indien Shâh Walî Allâh en fait un élément central de sa pensée[30]. En réalité, cette notion se trouvait dans une des doctrines juridiques de l'Islam classique – celle de

Mâlik (m. 179/795), avec le sens d'intérêt bien entendu. Il n'y a rien de surprenant qu'un groupe produise une telle notion qui n'est, après tout, qu'une forme de sa perpétuation. Vers la même époque, la même notion apparaît chez un hanbalite dissident, Sulaimân al-Tûfî (m.715h.). Son oeuvre la plus connue, remise d'actualité par les réformistes au début du siècle, consiste dans une dissertation dans laquelle il préconise un large usage, dans le domaine législatif, de la *maslaha*[31].

VIII–2 LA NOTION D'HUMANISME MUSULMAN

a– l'homme dans le Coran

Le premier point important de l'anthropologie coranique est la place éminente que Dieu a attribué à l'homme. Dans la sourate "la Génisse", la deuxième du Livre Saint, Dieu apprend aux anges qu'il a établi un vicaire (*khalifa*) sur terre, Adam (II/28). Les anges sont surpris de ce choix, mais acceptent de l'adorer à l'exception d'Iblîs (II/32). Il est encore écrit dans le Coran; "Nous avons créé l'homme dans les plus admirables des proportions" (XCV/4). L'ensemble de la création est par conséquent au service de l'homme; "C'est lui qui a créé pour vous tout ce qui est sur la Terre" (II/27). Chaque chose créée l'a été pour rendre la vie plus agréable à l'homme; celui-ci apparaît comme le point de convergence de toute la création (II/20). Cette suprématie de l'homme sur les autres créés apparaît encore lorsque Dieu lui propose de prendre en charge l'*amâna*; "Nous avons proposé la foi (amâna) au ciel, à la terre, aux montagnes, ils n'ont osé la recevoir. Ils tremblaient de recevoir ce fardeau. L'homme s'en chargea, et il est devenu injuste et infidèle" (XXXIII/70). Enfin, la place privilégiée de l'homme est évidente lorsqu'il est écrit que Dieu donne à sa lumière (*nûr*), en la transmettant aux hommes, un complet achèvement. On sait que le concept coranique de *nûr* (XXXIV/35) sera enrichi par la méditation shî'ite et soufie.

Mais si l'univers a été créé pour servir l'homme, l'homme a lui-même été créé pour être le serviteur de Dieu; "Je n'ai créé les Démons et les Hommes que pour qu'ils M'adorent" est-il précisé dans le Coran (LI/56). L'homme doit remercier Dieu pour tous les biens qu'il a reçus de lui. Le Coran parle des épreuves qui attendent l'homme; "Nous avons fait de ce qui est sur la terre une parure pour elle afin d'éprouver lequel d'entre eux est le meilleur en oeuvres" (XVIII/6–7). Mais ces épreuves ne seront pas vaines puisque toutes les actions de l'homme sont enregistrées par deux anges: les bonnes actions seront récompensées par le bonheur éternel, et les mauvaises par le malheur éternel.

La Raison reste un élément déterminant pour l'existence d'un humanisme: le Coran utilise-t-il ce concept? On se souvient de l'importance de l'enjeu qui découle de cette question. Car l'idée de Raison, dans l'histoire du savoir occidental est lié à la science. Le problème de la compatibilité de l'Islam et de la science n'est certes pas nouveau, la polémique entre Renan et al Afghânî en apporte le témoignage, mais elle est toujours d'actualité[32]. Preuve en est que les islamistes en font une base de leur idéologie[33]. Le verbe 'aqala qui signifie "lier des idées ensemble, raisonner, comprendre un raisonnement intellectuel" revient une cinquantaine de fois dans le Coran[34]. En fait Allah et Muhammad ne cessent de raisonner, d'argumenter et ils rappellent toujours aux croyants que le rôle de la Raison est de faire comprendre la validité du message prophétique et l'intérêt qu'il y a à se conformer à ses prescriptions. Il est écrit: "Allah abat le courroux divin sur ceux qui ne raisonnent point" (X, 100).

En conclusion, il est juste de voir dans le Coran un discours sur l'homme qui peut permettre l'éclosion d'une pensée humaniste. Mais l'on entrevoit déjà que cet humanisme musulman ne fait pas de l'homme "la mesure de toutes choses", selon la célèbre formule de Protagoras, puisque s'il est au sommet de la hiérarchie des existants, son rang est infime et même incomparable à celui de son créateur. Par contre, si l'on considère les textes scripturaires chrétiens, il est évident qu'ils n'accordent pas la même place à l'homme que le Coran, ni à la Raison. On se souvient d'autre part que l'humanisme chrétien de la Renaissance s'est construit à bien des égards contre le christianisme officiel. Lalande écrit à ce sujet: "Et l'humaniste n'est pas quelqu'un qui connaît les antiques et s'en inspire; il est celui qui est tellement fasciné par leur prestige qu'il les copie, les imite, les répète, adopte leurs modèles et leurs modes, leurs exemples et leurs dieux, leur esprit et leur langue. Un pareil mouvement, poussé à ses extrémités logiques ne tendait à rien de moins qu'à supprimer le phénomène chrétien"[35].

b–l'humanisme de l'*adab*

Une analyse approfondie de l'humanisme de l'*adab* a été effectuée par Mohammed Arkoun qui écrit que "l'idéal de l'humanitas revendiqué précisément qu XVIème siècle en Occident coïncide largement avec celui de l'*adab* illustré dès les IIIème/IXème siècle par l'oeuvre de Jâhiz"[36]. Arkoun ne pose pas la question des origines de l'humanisme adabien, ni des rapports qu'il entretient avec le modèle coranique. Miskawayh puise en effet les fondements de sa pensée dans la philosophie grecque. Ainsi dans son *Tahdîb al-Akhlâq*, il cite vingt-quatre fois Aristote, quatre fois Platon et Galien contre seulement deux fois Muhammad et 'Alî. Sa formation indique qu'il existait un milieu irano-arabe dans lequel l'attitude philosophique, centrée sur l'exercice de la Raison, était la seule condition reconnue pour la recherche de la vérité.

L'humanisme profane caractéristique de l'*adab* put voir le jour grâce au climat politique de l'époque. En 334/945, Mu'izz al-Dawla destitue le calife Mustakfî, opérant ainsi une désacralisation du pouvoir. Dès 324/936, la

Le Projet Humaniste de l'Interprétation Aga-khanienne

confiscation des prérogatives califales par les Emirs suprêmes avait consacré une "laïcisation de fait des institutions et par la suite, de la réflexion portant sur le pouvoir"[37]. Mohammed Arkoun, grâce à une analyse serrée de l'oeuvre de Miskawayh, réussit à démontrer la validité de son hypothèse de départ qui affirmait l'existence d'un humanisme musulman. Mais on peut s'interroger sur sa portée réelle dans le savoir musulman, et surtout, sur la cause de sa disparition en tant que mouvement de pensée[38].

En dernière analyse, l'humanisme adabien constitue une réponse positive à la découverte de la pensée grecque. En effet, alors que les Ismaéliens comme Nâsir-e Khusraw déployaient leurs efforts pour harmoniser la pensée ismaélienne avec cette pensée, d'autres, dont l'entreprise était favorisée par un climat politique particulièrement enclin à la tolérance, et poussés sans doute par une fascination heuristique engendrée par la découverte de la science grecque, concevaient leur tâche d'une toute autre manière.

c–la contribution mystique

Nous allons examiner en quoi l'école soufie et l'école shî'ite ont contribué à favoriser une attitude humaniste dans l'Islam. En ce qui concerne le soufisme, cette question tourne entièrement autour d'un concept qui fut formulé la première fois par Ibn 'Arabî: *al-Insân al-Kâmil*. Il est vrai que c'est à travers ce concept que les soufis ont le mieux exprimé ce que leur quête avait d'humaniste. Ibn 'Arabî a pu écrire que "l'homme réunit en lui la forme de Dieu et la forme de l'Univers"[39]; et Rûmî que "le but de l'Univers c'est l'homme"[40]. Ces courtes citations donnent une première idée de la tonalité de l'attitude humaniste en milieu soufi.

Mais là encore, il est difficile de trouver une origine purement coranique à ce concept, et l'on pense qu'il provient des divers courants gnostiques qui foisonnèrent dans les premiers siècles du christianisme. Ce thème apparaît clairement dans les gnoses hellénistique, juive et surtout manichéenne où l'Homme Premier constitue la première création suscitée par la Parole de Dieu[41]. Quoi qu'il en soit, les mystiques islamiques trouvent des justifications coraniques au concept: la place de l'homme dans la création fait qu'il peut être considéré comme la première créature, par conséquent la plus proche de son Créateur. Le thème coranique du *walî* a été assimilé par les mystiques au concept de l'Homme Parfait. La racine arabe W.L.Y indique l'idée de proximité. D'autre part, dans le verset II/127, Dieu évoque la possibilité pour le croyant d'atteindre la lumière de Dieu. A nouveau dans le verset XXIV/35 où il est écrit: "Dieu conduit vers sa lumière qui il veut". Le *walî* par excellence est bien entendu Muhammad. Il typifie aux yeux des mystiques l'Homme Parfait, puisqu'il a été le premier choisi par Dieu. Chez les mystiques, le concept coranique du *nûr* devient le *nûr muhammadi* qui représente l'objectif à atteindre. Car l'homme peut individuellement, par diverses méthodes ou par l'illumination, atteindre la perfection et ainsi, participer au *nûr muhammadi* qui les conduit près de Dieu.

En milieu shî'ite, l'Homme Parfait n'est plus le Prophète Muhammad mais le premier imâm 'Alî ou le *Mahdî* chez les Shî'ites duodécimains, l'imâm al-Tayyib chez les Ismaéliens must'alites et l'*imâm-e hazar* chez les Nizârites. Chez les Shî'ites duodécimains, Mollâ Sadrâ affirme que la parousie du XIIème Imâm sera l'avènement de l'Homme Parfait[42]. Sur le contexte ismaélien, on a pu écrire: "Plus importante est encore la diffusion par les Ismaéliens dans le monde islamique, des idées libérales de l'humanisme, qui ont donné aux hommes le courage de s'exprimer librement"[43]. Sans doute ce point de vue s'applique-t-il plus particulièrement à l'Encyclopédie des Ikhwân al-Safâ' qui ont créé une oeuvre véritablement humaniste dans le contexte de l'*adab*; mais à cette conception épistémique de l'humanisme proto-ismaélien, l'ismaélisme nizârite oppose une conception plus mystique, qui ne se sépare de la conception soufie que sur un point certes essentiel: l'Homme Parfait est l'Imâm. Un auteur nizârite a pu écrire: "Celui qui n'aura pas compris qui, en son temps, était l'Homme Parfait, celui-là restera un étranger. C'est en ce sens qu'il a été dit: Celui qui m'a vu, celui-là a vu Dieu"[44].

Le terme *Insân-i Kâmil* n'apparaît dans le premier traité que composa Shihâb al-Dîn Shâh, au début des années 1880, qu'à une reprise seulement pour désigner l'imâm[45]. Il n'apparaît plus dans son second traité. Le fait de lui attribuer cette qualification de parfait le rapproche de Dieu puisque cette qualité est une qualité éminemment divine. A ce sujet, il est intéressant de noter que l'Aga Khan écrit dans son "Libéralisme musulman": "Pour les 'moslem' (sic), le christianisme a perdu son autorité du moment qu'il a fait de son grand et glorieux fondateur non pas l'homme parfait, mais Dieu incarné dans l'homme"[46]. Cette distinction est lourde de conséquences. En effet, l'Aga Khan veut signifier par là que Jésus est une incarnation de Dieu, c'est à dire qu'il est lui-même totalement étranger à cet état qu'il a acquis par la naissance. Alors que dans l'Islam, l'état d'Homme Parfait n'est pas réservé au seul Prophète; il peut être atteint par d'autres Musulmans, dans certaines conditions évidemment.

d–l'Islâh quête d'un humanisme?

La question de l'Islah considérée comme l'élaboration d'un nouvel humanisme a été soulevée par plusieurs auteurs. Mais il faut préciser qu'à chaque reprise, la question a été posée par rapport à l'oeuvre d'un réformateur en particulier: jamais l'Islâh n'a été envisagé globalement comme un mouvement à tendance humaniste. P.J. Vatikiotis analyse dans un article paru en 1957 l'oeuvre de 'Abduh, essentiellement ses article publiés dans *al 'Urwa al wuqtâ*, comme la quête d'un humanisme

Le Projet Humaniste de l'Interprétation Aga-khanienne

musulman. D'après lui, la tendance humanistique de 'Abduh s'affirme principalement dans sa reconstruction d'un système de valeurs formant une éthique et dans l'utilisation du rationalisme critique.

Vatikiotis est convaincu que la conception de 'Abduh est un *religious humanism* puisque la base de sa démarche est de considérer l'Islam comme une religion sociale qui a combiné le bien-être de l'homme, dans ce monde et dans l'autre[47]. Pour tenter d'élaborer cet humanisme religieux, 'Abduh eut à lutter contre trois forces antilibérales à savoir 1–la *sharî'a* qui était caractérisée par un immobilisme renforcé par le *taqlîd*, 2–la conception coranique d'un Dieu transcendantal, 3–l'attitude anti-rationnelle de l'orthodoxie. Son élaboration humanistique devait répondre à trois exigences fondamentales. En premier lieu, le nouveau système de valeurs devait être diffusé par un enseignement religieux réformé. Deuxièmement, ce système devait induire une inclination pour l'introspection et enfin, l'apparition d'une philosophie générale qui puisse répondre aux problèmes et aux besoins de la société moderne. Pour conclure, Vatikiotis écrit: "His humanism, therefore, was never wholly utilitarian but rather bridged the gap between a transcendental God and a dynamic society seeking, and badly needing organic change through the application of honest individual introspection and historical criticism"[48].

Dans une note située au début de son article, Vatikiotis écrivait que Muhammad Iqbâl et Ameer Ali étaient les humanistes par excellence de l'Islam moderne[49]. Iqbâl se distingue de 'Abduh et d'Ameer Ali en situant sa conception humaniste dans la tradition soufie. Il utilise à plusieurs reprises l'expression "Homme Parfait", exprimant ainsi l'influence par ailleurs reconnue de Rûmî[50]. Pour Iqbâl, l'homme est capable de se transfigurer lui-même et de transfigurer le monde.

Si l'on désire caractériser l'humanisme de l'Islâh, il faut sans aucun doute s'arrêter sur l'évolution des rapports entre l'homme et Dieu. Si cette tendance est toujours un humanisme religieux – qu'il soit plutôt rationaliste ('Abduh et Ameer Ali) ou mystique (Iqbâl), c'est parce que l'homme reste toujours subordonné à Dieu. Mais par rapport à la conception de l'homme dans l'Islam classique, l'Islâh a une tendance humaniste parce que c'est l'homme qui peut se changer et changer un certain nombre des choses de la vie. 'Abduh, à l'instar de nombreux autres réformateurs, justifie ce principe par le célèbre verset coranique où il est écrit: "Allah ne modife pas ce qui est en un peuple avant que celui-ci n'ait modifié ce qui est en lui-même" (XII/12). La tendance humaniste de l'Islâh se souvient que l'homme, dans le Coran, est la créature suprême. La conception humaniste la plus audacieuse est certainement celle d'Iqbâl, puisqu'en reprenant à son compte le concept de l'Homme Parfait, il affirme que l'homme peut quasiment se hausser au niveau de la divinité. De plus, à côté de cet aspect mystique, il envisage aussi l'évolution socio-politique des sociétés comme un facteur de progrès pour l'homme.

La Rénovation du Shî'isme Ismaélien en Inde et au Pakistan

VIII-3 LES TENDANCES HUMANISTES DE L'INTERPRÉTATION

a–les valeurs humanistes classiques

Abderrahman Badawi est un philosophe égyptien qui a consacré plusieurs ouvrages à la philosophie islamique. Le plus important reste son *Histoire de la philosophie en Islam*[51]. Son optique est résolument rationaliste et il entend par philosophie toute pensée qui affirme le primat de la raison. Pour lui, la philosophie islamique s'identifie à la falsafa. Les Ismaéliens sont exclus de ses investigations car ils ne font appel que très rarement à la raison. Cette conception s'oppose à celle de Henry Corbin qui voit la philosophie islamique dans "le shî'isme sous ses deux formes principales: l'Imâmisme et l'Ismaélisme"[52]. Badawi a d'autre part consacré un ouvrage important à *La transmission de la philosophie grecque au monde arabe*[53]. D'après lui, l'humanisme arabe s'est principalement manifesté à travers la mystique et plus particulièrement dans l'oeuvre d'Ibn 'Arabî. Pour le philosophe égyptien, l'humanisme est un phénomène universel et dans les divers lieux où il est apparu, et aux diverses époques, ses caractéristiques sont restées les mêmes, à savoir 1 – l'homme est la norme de valeur, 2 – la raison est exaltée et la connaissance est réduite à cette faculté, 3 – l'importance de la Nature et 4 – l'existence de la notion de Progrès. Badawi s'efforce d'identifier ces éléments dans les oeuvres des grands mystiques musulmans. En ce qui concerne le deuxième élément, il considère que c'est sur ce point que l'humanisme musulman se singularise bien qu'il écrive: "On a poussé la glorification jusqu'à la quasi-divination de la Raison"[54]. Cette typologie de l'humanisme musulman nous servira de point de départ pour l'analyse de l'attitude humaniste de l'Aga Khan.

Le plan de l'article qui nous intéresse est simple. Après l'introduction, l'auteur expose les autres caractéristiques de l'humanisme que nous avons déjà citées. Puis une partie importante de l'article explique que par "culture arabe", l'auteur définit le lieu d'expression d'une vaste zone géographique: Perse, Mésopotamie et Palestine. La civilisation islamique n'est pour lui qu'une période de la culture arabe. Elle naquit vers 700 av. J.C., et son humanisme s'est constitué sous le règne de Khosroès Anushirwân. En ce qui concerne l'humanisme dans la pensée arabe, il faut signaler que l'auteur ne consacre qu'une page aux trois valeurs que sont la Raison, la Nature et le Progrès. C'est surtout la place de l'homme dans cet humanisme qui est l'objet de son analyse, sous une forme bien particulière: celle de l'Homme Parfait. En réalité, cette notion constitue le fondement de toute la problématique de Badawi qui passe totalement sous silence l'humanisme adabien. Ses sources sont principalement Ibn 'Arabî et Sohrawardî.

L'Aga Khan, quant à lui, se base sur le Coran pour affirmer que l'homme a une place privilégiée dans la Création: "But men and women, écrit-il dans ses mémoires, are immensely more advanced than the infinite number of other beings known to us. "(p. 77). Il reprend une idée coranique lorsqu'il affirme que la Création est au service de l'homme, et que l'exploitation des forces de la Nature peut lui conférer de grands pouvoirs. L'homme dispose de capacités telles qu'il a la possibilité de dépasser le stade humain: "Islam acknowledges the existence of angels, of great souls who have developped themselves to the highest possible planes of the human soul and higher, and who are centres which are scattered throughout the Univers", explique-t-il encore dans ses mémoires (p. 177). D'après l'Aga Khan, chaque homme reçoit à sa naissance un dépôt sacré: une étincelle de la Lumière divine. Car la nature de l'homme est double. D'une part, par la chair, tous les hommes sont également les fils d'Adam, d'autre part, leur âme est une étincelle divine. Le devoir de chacun d'eux est de ne pas la laisser s'éteindre, et de tout mettre en oeuvre pour son développement;"I can only say to everyone who reads this book of mine, écrit-il dans ses mémoires, it is my profound conviction that man must never ignore and leave untended and undeveloped that spark of the Divine which is in him" (p. 334).

Mais l'Aga Khan est d'autre part animé d'un désir insatiable de découvrir l'homme à travers les rencontres. L'homme représente pour lui la réalité la plus tangible, la seule réalité qui vaille la peine d'être connue puisqu'elle est la meilleure. Pour lui, les événements, les idées n'ont de valeur qu'à travers les hommes qui les vivent. L'intérêt que l'Aga Khan porte à l'homme concerne ses productions concrètes et ses actions plus que les systèmes politiques ou autres, qui, à peine sont-ils achevés, sont déjà dépassés par d'autres. Ce n'est pas là que réside d'après lui la véritable et éternelle humanité de l'homme.

Ce profond désir de comprendre l'être humain apparaît avec le plus d'évidence dans ses mémoires, qui reflètent la fascination qu'il éprouvait pour le genre littéraire de la biographie; elles sont d'ailleurs conçues sous la forme d'une autobiographie. Environ cinq cents personnages sont cités. Cet intérêt pour l'homme se double d'une conception personnaliste ou individualiste lorsqu'il écrit: "But these issues and questions concern men in the aggregate, great bodies of men in national and racial groups. The biggest group, however, is only composed of the number of individuals in it" (p. 334).

Lorsque lui-même évoque la vie d'un grand personnage, le récit de ses actions est toujours plus développé que l'exposé de ses idées, qui peuvent être parfois résumées en une phrase. Cet homme "quotidien" symbolise plus que tout la vie, et l'Aga Khan est persuadé que la grandeur de l'homme réside avant tout dans la grandeur de sa vie. L'édition originale en anglais des mémoires débute par un vers du poète persan Qâ'ânî en exergue qui résume la conception de l'Aga Khan: "Life is a great and noble calling, not a mean and grovelling thing to be shuffled through as best we can but a lofty and exalted destiny" (p.v; p. ii dans la traduction française).

La Rénovation du Shî'isme Ismaélien en Inde et au Pakistan

On a déjà analysé la place de la Nature comme source de la connaissance: on a pu constater la grande place qu'elle occupe dans la pensée aga-khanienne. L'Aga Khan se situe entre la conception de l'humanisme rationnel, qui voit dans la Nature avant tout un objet d'étude pour l'homme qui peut être une source de puissance, et la conception de l'humanisme mystique, pour lequel la Nature occupe un rang privilégié dans l'harmonie universelle qui reflète, comme l'homme, l'immanence divine. D'après l'Aga Khan, c'est Ibn Rushd qui établit la distinction entre deux modes de perception: la perception rationnelle, basée sur "l'expérience de la Nature", et la perception religieuse qui est "our immediate and immanent experience of something more real, less dependant on thought or on the process of mind, but directly given to us (...)" (p. 170). Il existe donc pour l'Aga Khan un type de connaissance qui relève de la Raison. Mais dans quelle limite la Raison peut-elle constituer une source de la connaissance? Et à quel type de raison fait-il référence?

La dernière valeur humaniste que relève Badawi est le Progrès. Il s'agit ici du Progrès, avec le sens qu'il prit vers le milieu du XVIIIème siècle, d'évolution de l'humanité vers un terme idéal, qui se traduit dans les faits par une amélioration des conditions générales de vie, avec une importance particulière accordée aux conditions matérielles. Puis au XIXème siècle naquit le mythe du Progrès sous l'influence d'Auguste Comte dont la devise était: "L'Amour pour principe, l'Ordre pour base, le Progrès pour but". Pour cette notion clé du modernisme européen, l'Aga Khan semble penser qu'elle est comprise dans une notion fondamentale de l'Islam: l'évolution, dans le fait que cette religion, à travers le Coran, prend en compte les changements provoqués par diverses confrontations historiques entre les peuples. L'ismaélisme a plus particulièrement développé cette idée avec le concept de l'*imâm-e zamân*, dont la fonction est de veiller à la compréhensibilité du Coran avec l'aide du principe d'interprétation. Cet attachement de l'ismaélisme à l'idée de progrès a été relevé par plusieurs auteurs[55].

Pour sa part, l'Aga Khan s'appuie sur la conception coranique de la Création: "The creation according to Islam, écrit-il dans ses mémoires, is not a unique act in a given time, but a perpetual and constant event" (p. 175). Ce Progrès comme toute chose, a un aspect matériel et spirituel mais l'Aga Khan, comme Ameer Ali, comme Iqbâl, situe l'idée de Progrès/évolution dans un cadre cosmique. Pour eux, Rûmî, en décrivant les stades successifs de la vie matérielle (minéral, végétal, animal et humain) est en quelque sorte un précurseur de la théorie darwinienne de l'évolution des espèces; ce type de concordisme est par ailleurs très courant dans l'Islâh[56].

b–les valeurs humanistes spécifiques

Le schéma typologique de Badawi laisse de côté certaines valeurs qui sont pourtant des éléments constitutifs de l'humanisme, qu'il soit grec ou de la

Le Projet Humaniste de l'Interprétation Aga-khanienne

Renaissance. Nous pensons à Socrate, qui se déclarait par exemple "citoyen de l'Univers", bafouant aux yeux des Athéniens la patrie sacrée, à Erasme également. On peut encore relever, même s'il n'est implicitement affirmé par aucune déclaration, un tel cosmopolitisme chez Miskawayh, ne serait-ce que par l'intérêt qu'il témoigne face aux sciences "étrangères".

L'Aga Khan proclame quant à lui qu'il est un *internationalist*. Ce n'est que la conséquence logique des multiples solidarités dont il dépend par ses origines et par ses activités: "Yet I belong to no country in the West, explique-t-il, but only to many people in the East. My skin, my religion, my taste in food, my way of thinking-all these make me differ profoundly from the people among whom I move"[57]. La formule déjà citée qui le décrivait comme un Oriental pour les Occidentaux, et comme un Occidental pour les Orientaux lui avait beaucoup plu. Mais il ne faut pas négliger le fait que cette situation qui se rapproche de celle d'un apatride devint pathétique à la fin de sa vie, surtout après l'indépendance de l'Inde et du Pakistan. Un certain type d'universalisme peut être aussi trouvé dans la poésie classique persane. L'Aga Khan, lorsqu'il était représentant de l'Inde à la S.D.N. aurait fait adopter comme devise de l'institution le célèbre vers de Sa'adi – qu'il cite plusieurs fois dans ces écrits en persan-dans lequel le poète décrit l'humanité comme formant un corps, en conséquence de quoi quand un membre souffre, c'est le corps tout entier qui souffre[58].

Mohammed Arkoun voit, parmi les accentuations humanistes en Islam, un lien étroit avec "une aristocratie de l'esprit, de l'argent et du pouvoir"[59]. Le fait même que l'humanisme conçoive l'homme sous une forme idéalisée induit que le type le plus élevé de l'homme appartient à une élite. Et il ressort avec évidence des mémoires de l'Aga Khan que tout groupe humain est divisé en deux parties: une élite et la masse (*khassâ/' âmma*). Cette conception classique, mais d'inspiration profane, trouve son origine, en ce qui concerne l'Aga Khan, dans son milieu familial qui appartenait à l'aristocratie féodale persane apparentée à la famille royale. Cette appartenance se transmue en une admiration pour l'aristocratie anglaise qui culmine dans sa loyauté envers la famille royale britannique. Il est frappant de constater que l'Aga Khan ne semble pas prendre en considération – ou qu'il feigne d'ignorer – la montée des classes moyennes concomitante à la révolution industrielle. Son souci majeur est plutôt d'établir des correspondances entre les élites dirigeantes, qu'elles soient de l'aristocratie britannique ou de l'aristocratie orientale dont il est issu. Il écrit dans ses mémoires que la reine Victoria insistait beaucoup pour que les princes indiens soient traités avec le même respect que les princes européens correspondants.

Les écrits de l'Aga Khan sont marqués par deux autres valeurs qui relèvent de l'humanisme: la fraternité et le pacifisme. On a étudié le panislamisme qui est l'aspect musulman de cette conception; mais l'Aga Khan croit que la fraternité est un principe universel qui doit permettre d'oeuvrer pour le bienfait de l'humanité. Cette fraternité n'est en réalité que l'affirmation islamique de l'égalité des hommes entre eux. Car l'enseignement de l'islam se caractérise par "a basic conviction that in the eyes of God all men, regardless of colour or class or economic condition, are equal" (p. 332). L'idée pacifiste est d'autre part une idée très chère à l'Aga Khan. On a déjà vu qu'il traduit le mot "Islam" par "paix". Lorsqu'il rédige ses mémoires en plein guerre froide, il est hanté de toute évidence par le spectre d'une Troisième Guerre Mondiale qui détruirait l'humanité. C'est pour lui une raison supplémentaire de prendre l'Islam en considération: "To ignore Islam's potential influence for good, Islam's healing and creative power for societies as for individuals, is to ignore one of the most genuinely hopeful factors that exists in the world today" (*idem*).

c–humanisme et humanitarisme

Nous avons jusque là traité des formes traditionnelles de l'humanisme aga-khanien. Nous nous proposons dans ces deux derniers paragraphes d'analyser en quoi l'Aga Khan a contribué à répondre à une double question qui est une partie intégrante de l'humanisme contemporain: celle de l'humanitarisme et celle des droits de l'homme. Sans doute est-il avant tout nécessaire d'indiquer quelle distinction nous établissons entre ces deux notions, à une époque où elles sont couramment accolées et très peu souvent différenciées avec précision et clarté. Qu'est-ce que l'humanitarisme? Que sont les droits de l'homme?

Le terme "humanitaire" apparaît en français aussi tardivement que vers 1837. Il désigne un ensemble de conceptions – jugées utopiques voire dangereuses à cette époque – qui visent au bien de l'humanité. Fort intéressant est à cet égard le point de vue de Balzac qui parle de "ce stupide amour collectif qu'il faut nommer humanitarisme"[60]. C'est un fait que le terme est chargé pendant longtemps d'une connotation péjorative. Ce n'est que récemment que cette expression a été remise à l'honneur. Sans doute est-ce lié à la prise de conscience croissante de la communauté internationale – à travers ses institutions internationales et grâce à la couverture quasi-totale des médias opérée dans n'importe quelle région de la Terre – de l'inégalité de la répartition des richesses à l'échelle mondiale, ainsi que de l'inégalité de la répartition des catastrophes naturelles et des injustices engendrées par des régimes politiques iniques.

Cette prise de conscience ne pouvait concerner que les pays suffisamment riches pour avoir résolu les problèmes économiques les plus prioritaires et pour pouvoir par la suite s'intéresser au sort des autres Etats. Il ne faut pas d'autre part négliger le fait que cette prise de conscience a été amplifiée par un sentiment de culpabilité que certains pays riches ont ressenti souvent à cause d'un passé colonialiste difficile à assumer. Du fait que l'humanitarisme s'intéresse particulièrement aux conditions matérielles de l'humanité, il

Le Projet Humaniste de l'Interprétation Aga-khanienne

s'ensuit logiquement que cette idéologie – qui reste très vague en tant que telle – existe avant tout par les actions qu'elle implique. On parle ainsi des "organisations humanitaires" et de plus en plus, les actions humanitaires s'entendent comme des actions qui doivent satisfaire les besoins de base d'une population. Ces besoins eux-mêmes sont liés aux valeurs de l'époque reconnues internationalement et officiellement par l'entremise des organismes à vocation humanitaire de l' O.N.U. Ce sont l'accès à l'alimentation minimale, aux soins médicaux, à l'hygiène, à l'éducation etc.

Dans ce domaine de l'humanitarisme, l'Aga Khan a fait oeuvre de pionnier en Asie et en Afrique. Sous l'influence des idéologies dominantes du XIXème siècle européen qui proclamaient le droit de tous au bien-être, l'Aga Khan prend dès son plus jeune âge des mesures spectaculaires au sein de sa communauté. L'épisode le plus fameux, qu'il décrit dans ses mémoires concerne l'épidémie de peste de 1897. Les autorités médicales de Bombay eurent tôt fait d'être submergées par la terrible maladie, qu'elles avaient dans un premier temps dangereusement sous-estimée. Ces autorités ne firent que conseiller quelques mesures d'hygiène comme par exemple d'aérer les habitations et de les asperger le plus possible de désinfectants. La panique provoquée par l'épidémie dégénéra en un désordre généralisé dont le paroxysme fut atteint lors de l'assassinat d'un des fonctionnaires britanniques chargés de lutter contre ce fléau.

Pourtant, le gouvernorat de Bombay disposait d'un éminent chercheur russe qui avait travaillé sur les épidémies de choléra et, en pratiquant l'inoculation de masse, avait rencontré de brillants succès. Persuadé que la peste pouvait être vaincue de la même façon, il proposa ses services au gouvernorat qui les accueillit sans enthousiasme. L'Aga Khan, qui avait connaissance de ce que Pasteur avait fait en France, mit immédiatement un de ses palais à la disposition du savant et lui fournit des subsides pendant deux ans, jusqu'à ce que le gouvernorat de Bombay fut convaincu de la validité de ses travaux. Mais l'Aga Khan devait encore lutter contre un autre ennemi: "The impact of the plague among my people was alarming. It was in my power to set an example. I had myself publicly inoculated, and I took care to see that the news of what I had done was spread as far as possible. My followers could see for themselves that I, their Imam, having in full view of many witnesses submitted myself to this mysterious and dreaded process, had not thereby suffered. The immunity, of which my continued health and my activities were obvious evidence, impressed itself on their consciousness and conquered their fear" (p. 38).

Les préoccupations humanitaires de l'Aga Khan apparaissent dans d'autres occasions; par exemple le *Times of India* publie une lettre dans laquelle l'Aga Khan réclame l'aide de ses coreligionnaires indiens pour les réfugiés de la guerre balkanique de 1912; de même lors de la guerre du Rif[61]. De nos jours, l'humanitarisme tend de plus en plus à prémunir le sort des populations contre l'impéritie de l'Etat ou même contre des politiques de persécutions menées par celui-ci à l'encontre de minorités. Mais ici, même si l'action humanitaire reste avant tout basée sur la réalisation matérielle du bien-être, elle tend à la défense du droit des individus face au droit des Etats et par là, elle concerne directement la question des droits de l'homme.

d–humanisme et droits de l'homme

Que sont les droits de l'homme? La définition de cette notion est certes moins complexe que celle de la précédente. En effet, elle apparaît dès 1789 dans la fameuse Déclaration des Droits de l'Homme et nous pouvons utiliser comme base celle qui fut adoptée par l'O.N.U en 1948. La Déclaration universelle des Droits de l'homme se ramène à deux droits fondamentaux qui se subdivisent chacun en un certain nombre de modalités: la liberté et l'égalité. En fait, la Déclaration insiste plus sur les garanties de ces droits que sur les droits eux-mêmes. Elle cherche plus particulièrement à prémunir les individus contre toute discrimination "notamment de race, de couleur, de sexe, de langue, de religion, d'opinion politique ou de toute autre opinion, d'origine nationale ou sociale, de fortune de naissance ou de toute autre situation" (Article 2).

Cette question de l'égalité des individus et des groupes a toujours préoccupé l'Aga Khan au plus haut point. Sa double appartenance à la communauté ismaélienne qui fut persécutée pendant des siècles, et à la communauté musulmane qui constitue une minorité en Inde, explique cet intérêt. De par ses fonctions officielles, au sein de la S.D.N. ou des différentes conférences internationales, de la seconde Conférence de Lausanne aux Round Table Conferences, l'Aga Khan a parfois joué un rôle non négligeable dans le règlement de ces questions. Son activité se déploya principalement pour la reconnaissance de l'égalité des Etats dans la S.D.N, à laquelle il reprochait son européocentrisme, et surtout en faveur du règlement du sort des minorités en Inde.

Il expose son point de vue sur le problème communautaire dans une lettre adressée à Muhammad 'Alî Jinnah datée du 29 mars 1931. La première Round Table Conference venait d'échouer en automne 1930 et l'Aga Khan préparait avec d'autres leaders musulmans la seconde qui devait avoir lieu à la fin de l'année 1931. Lors de la première Conférence, l'Aga Khan avait été désigné comme porte-parole des Musulmans puis élu comme président de l'ensemble de la délégation indienne. L'Aga Khan avait essayé d'élaborer une plate-forme qui puisse être commune à toutes les communautés indiennes, dont les points principaux étaient: le choix du système fédéral pour l'Inde, la transformation du statut de la North-West Frontier Province, l'établissement de certaines régions, comme le Sind, à majorité musulmane comme province séparée et un quota réservé aux Musulmans dans l'armée et la fonction publique. Mais l'Aga Khan échoua:

Le Projet Humaniste de l'Interprétation Aga-khanienne

il ne réussit pas à convaincre ses partenaires hindous d'accepter ces conditions.

Dans une lettre manuscrite, l'Aga Khan explique à Jinnah qu'il lui envoie le télégramme qu'il vient juste de recevoir; on ignore qui l'a envoyé à l'Aga Khan et d'où il provient. L'Aga Khan semble en avoir été l'instigateur puis l'avoir mis au point avec des représentants des Intouchables (*depressed classes*), des Chrétiens, des Anglo-Indiens et des Européens. Dans une notice explicative, il apprend à Jinnah que ni les Hindous, ni les Sikhs n'ont accepté de le signer; vu l'importance numérique des Hindous dans le pays, la validité du document en est singulièrement diminuée. Malgré cela, ce document peut être considéré comme une véritable déclaration du droit des minorités dont la fonction était de protéger ces minorités dans la future Constitution de l'Inde[62]. La déclaration sera par conséquent rejetée lors de la seconde Round Table Conference en novembre 1932 tant il est vrai que les Hindous ne considéraient pas le problème des minorités comme particulièrement important: certains leaders considéraient cette question comme un simple problème "domestique"[63].

La déclaration se divise en deux parties principales: en premier lieu, une partie intitulée "Claims of minority communities" est composée de onze articles. Puis vient une seconde partie qui expose les revendication spécifiques de chaque minorité à savoir les Musulmans, les Intouchables, les Anglo-Indiens et les Européens. Le premier article énonce que personne ne peut à cause de son origine, de sa religion, de sa caste ou de sa foi subir de préjudice concernant l'octroi d'un emploi public, d'un poste de responsabilité ou d'un titre honorifique. L'article suivant prévoit immédiatement des garanties pour les minorités dans la Constitution. Le troisième article garantit la liberté religieuse dans la mesure où celle-ci ne remet pas en cause le maintien de l'ordre et de la moralité publics. Par liberté religieuse, la déclaration précise qu'il est question de liberté de croyances, de pratiques rituelles, de propagande, d'association et d'éducation. Un dernier paragraphe énonce que personne ne peut perdre ses droits civiques ou être condamné s'il change de religion.

Cette précision de la notion de liberté religieuse provient du fait qu'en Inde, le facteur religieux est le facteur le plus souvent déterminant dans l'identité des communautés. Le problème est donc d'autant plus délicat à traiter. Preuves en sont les modifications apportées à la deuxième version de la déclaration. Dans la première, le problème de la liberté religieuse est traité en trois articles séparés (4, 5, 6,). L'article 4 affirmait le droit de chacun à professer, pratiquer prêcher et enseigner la religion librement et ouvertement sous conditon de ne pas perturber l'ordre public et la moralité. Le verbe "prêcher" (*preach*) a disparu dans la seconde version ainsi que l'adverbe "ouvertement" (*openly*), comme s'ils avaient été finalement considérés comme susceptibles de remettre en cause cet équilibre communautaire que la déclaration cherche justement à établir. Sur le même sujet, une autre modification a été faite: la moitié du sixième article de la première version a disparu. Il établissait le droit de chacun de convertir autrui à sa propre foi par des méthodes pacifiques, légitimes et constitutionnelles. Enfin, un article entier a été supprimé: "There shall be no levy for specifically religious purpose". Nous n'avons trouvé aucune explication.

Le quatrième article de la déclaration finale proclame le droit d'établir, de gérer et de diriger – à leurs propres frais, les institutions charitables, religieuses et sociales, les écoles et autres établissements éducatifs avec le droit de pratiquer leur religion à l'intérieur. On se souvient ici de cette question qui divisa la communauté khoja pendant la première partie du XIXème siècle; cet article vise-t-il plus particulièrement les Ismaéliens? Il n'est pas possible de répondre. Puis les articles 5 et 6 se préoccupent des garanties pour la protection des minorités et pour la promotion de leur *welfare* qui devront être directement assumée par des "Statutory Departments" placés sous le contrôle des gouvernements centraux et provinciaux (article 8).

Les articles restants s'intéressent au problème de la représentation des minorités dans les diverses institutions (articles 7, 9, 10, et 11). Ainsi des postes devront être réservés aux minorités dans les gouvernements centraux et provinciaux, ainsi que dans les services publics – ce domaine devra être géré par une "Public Services Commission". Le problème des élections est abordé dans l'Article 9. La déclaration distingue la situation actuelle et la situation dans dix ans. Actuellement, chaque minorité doit avoir une représentation élue séparément. Après dix ans écoulés, les minorités peuvent, si elles le désirent, accepter des élections jointes avec ou sans réservations de sièges. Pour les Intouchables, ce délai est ramené à vingt ans.

Enfin, dans le cas où un projet de loi affecte les pratiques socio-religieuses ou les droits fondamentaux d'une minorité, celle-ci peut faire objection et le projet devra être examiné à nouveau par l'Assemblée. Dans le cas où l'Assemblée refuse de modifier le projet de loi, la même objection est portée à la connaissance du gouverneur, puis, le cas échéant, de la Cour Suprême. Les revendications spéciales sont peu nombreuses. Les plus intéressantes sont celles des Intouchables. La plupart des droits évoqués dans la première partie est réitérée: représentation, droit d'appel pouvant être adressé directement au gouverneur, réservation d'emplois dans l'administration, l'armée et la police et enfin l'interdiction absolue d'exercer une quelconque discrimination basée sur cet état d'Intouchable aboli par la constitution.

La déclaration envoyée par l'Aga Khan à Jinnah est suivie d'une note explicative et d'un tableau statistique qui indique le nombre de sièges qui doit être réservé à chaque minorité dans chaque province. La note explicative indique qu'aucune disposition concernant la distribution des sièges ne peut être séparée d'une autre. La représentation ne peut se faire sur une base autre que communautaire; ainsi, aucun groupe quel qu'il soit –

Le Projet Humaniste de l'Interprétation Aga-khanienne

commerçants, propriétaires terriens industriels, etc. – ne sera agréé. La proportion de la représentation musulmane dans l'Assemblée centrale devra être de 33%.

Le gouvernement fédéral est pour l'Aga Khan le système politique le mieux adapté à la mosaïque de communautés formée par l'Inde. Sa défense des minorités remonte au début du XXème siècle lorsqu'il avait conduit la délégation des Musulmans auprès de Lord Minto, en 1906 à Simla. Déjà à cette époque, l'Aga Khan était convaincu que la protection des minorités passait par des élections séparées; ce que le vice-roi avait accepté. La déclaration du droit des minorités indique que l'Aga Khan n'a pas modifié son point de vue. Sa confiance dans la construction de l'harmonie communautaire s'exprime à travers l'objectif à terme qui est de supprimer les élections séparées. Il est persuadé que la volonté de vivre en paix, condition indispensable à la réalisation du bien-être, l'emportera sur les rivalités communautaires. D'autant que par le passé, l'équilibre communautaire a prévalu à plusieurs époques – surtout sous le règne de sultans musulmans précise-t-il.

L'intérêt que l'Aga Khan porte à l'homme et à l'individu le conduit tout naturellement à concevoir un projet humaniste qui va constituer le fondement de sa pensée moderniste. Comme on l'a déjà relevé ci-dessus, bien que la problématique n'ait guère retenu l'attention des chercheurs dans le cadre du monde musulman contemporain, les prémisses d'un tel humanisme existent bien dans la pensée de réformateurs comme Muhammad Iqbâl ou Ameer Ali. Mais nous pensons qu'il est plus juste de les envisager – sans oublier bien sûr celle de l'Aga Khan – comme des contributions à l'élaboration d'un humanisme à venir.

Peut-être ce type d'humanisme rejoint-il celui que Henry Corbin appelait de ses vœux dans un article peu connu: "J'entends que l'on s'interroge sur l'idée d'un humanisme problématique en Islam. Certes, si l'on y cherche l'humanisme sécularisé du citoyen moderne, on ne l'y trouvera pas. En revanche, pour suggérer ce que peut être le sens d'un humanisme qui devrait trouver notre compréhension, je crois éminemment apte un verset coranique comme celui où il est dit que le secret divin, le dépôt dont le poids leur fut proposé, 'le ciel, la terre et les montagnes refusèrent de le porter, tremblèrent d'effroi de le recevoir. Mais l'homme accepta de l'assumer'(33:72)"[64].

NOTES

1 uniquement dans *Le libéralisme musulman*, op.cit., p. 69.
2 *Firman Mubarak*, op.cit., pp. 14 15.
3 op.cit., p. 9.
4 D.B. Macdonald, "Idjtihâd," *EI2*, T. III, p. 1052.
5 *The Reconstruction...*, op.cit., p. 174.

6 J. Schacht, "Idjtihâd", *EI2*, T. III, p. 1053.
7 "De la formation idéologique en Islam", *op.cit.*, p. 203. De son côté, Gilbert Delanoue voit dans l'*ijtihâd* réformiste "une ouverture critique à toute nouveauté jugée féconde", dans *Moralistes et politiques musulmans dans l'Egypte du XIXème siècle (1788 1882)*, Service de reproduction des thèses, université de Lille, III, 1980, p. 135.
8 Feki, *op.cit.*, p. 124.
9 *op.cit.*, p. 73.
10 *idem* p. 71 et ss.
11 voir par exemple les "Talikas", *op.cit.*, p. 28.
12 *The constitution of the Shia Imami Ismaili Muslims*, sans lieu d'édition, 13 décembre 1986, article one: "Power and authority of Mowlana Hazar Imam", 1.2. (a).
13 "Talikas", *op.cit.*, p. 32.
14 Lalande décrit l'allégorie comme un "symbolisme concret, se poursuivant sur tout l'ensemble d'un récit, d'un tableau etc., et tel que tous les éléments du symbolisant correspondent systématiquement chacun à chacun aux éléments du symbolisé". Mais aussi, on appelle "sens allégorique" de l'Ecriture celui des quatre sens qui exprime les dogmes religieux et surtout la correspondance entre l'Ancien et le Nouveau testament, in *Vocabulaire technique* ..., *op.cit.*, p. 34.
15 *Collectanea*, *op.cit.*, p. 82.
16 L'Aga Khan écrit dans *Le libéralisme musulman*. "Un des grands saints de l'Islam, tout proche de l'époque du Prophète, Hasan e Basri, un commentateur du Koran ...", *op.cit.*, p. 71. Idem dans *Glimpses*, *op.cit.*, p. 5. Ḥasan al Baṣrî est né à Médine en 21/642, et il est mort en 110/728.
17 Feki, *op.cit.*, p. 124.
18 le terme analogy/analogie apparaît dans les trois versions.
19 Lalande, *op.cit.*, p. 52.
20 *idem*, p. 51.
21 sur cette importante cérémonie, voir A. Nanji, "Sharî'at and Haqîqat: Continuity and Synthesis in the Nîzarî Ismâ'îlî Muslim Tradition" dans K.P. Ewing, *Sharî' at and Ambiguity in South Asian Islam*, Delhi etc ..., Oxford University Press, 1988, 65 68. La fonction purificatrice de l'eau est universelle; elle apparaît aussi bien dans les ablutions qu'effectue le Musulman avant la prière, que dans le baptême par lequel le Chrétien se purifie pour entrer dans la communauté; voir Mircea Eliade, *Traité d'histoire des religions*, Payot, 1975, pp. 70 et ss.
22 *Connaissances générales*, *op.cit.*, p. 13.
23 voir et H. Maleek, *Sir Sayyid Ahmad Khan and Muslim modernization in India and Pakistan*, *op.cit.*, p. 115.
24 cité par K. Popper in *Misère de l'historicisme*, tr.fr. de Renée Bouveresse, Plon, 1956 (1ère éd. 1944, 1945), p. 192.
25 *The defence of India*, *op.cit.*, p. 375.
26 *Glimpses of Islam*, *op.cit.*, p. 71.
27 "Talika ...", *op.cit.*, p. 16.
28 cité par M. Khadduri, "Maṣlaḥa", *EI2*, T. VI, p. 729.
29 Tapiéro, *op.cit.*, p. 20.
30 Schimmel, *op.cit.*, p. 155.
31 Laoust, *Les schismes dans l'Islam*, *op.cit.*, p. 274. Voir aussi "Istiḫsân et istiṣlâḥ", *EI2*, T. IV, R. Paret, pp. 267 270, qui voit dans cette notion l'expression des "exigences des intérêts des humains au sens le plus large".
32 voir à ce sujet Ali Merad, "Renan et le cheikh afghan", *Le Monde*, 25 mars 1983.

33 voir par exemple M.Hamidullah, *Initiation à l'Islam*, Ansriyan Publication, Qum, Iran, 1482/1982, pp. 168 à 180.
34 M. Rodinson *Islam et capitalisme*, Le Seuil, 1966, p. 94.
35 *Vocabulaire technique* ..., *op.cit.*, p. 421.
36 *Contribution à l'étude de l'humanisme arabe au IVème/Xème siècle: Miskawayh philosophe et historien, op.cit.*, 357.
37 *idem*, p. 173.
38 voir aussi Marc Bergé, *Pour un humanisme vécu: Abû Hayyân al Tawhîdî. Essai sur la personnalité morale, intellectuelle et littéraire d'un grand prosateur et humaniste arabe engagé dans la société de l'époque bouyide à Bagdad, Rayy et Chiraz, au IVème/Xème s. (entre 310/922 414/1023)*, Institut Français de Damas, 1979, Damas.
39 cité par R.A. Nicholson, "al Insân al Kâmil", *EI*, T. II, pp. 542 3.
40 cité par E.de Vitray Meyerovitch, *Mystique et poésie en Islam Djalâl ud Dîn Rûmî et l'Odre des Derviches touneurs*, Desclée de Brouwer, 1972, 313 pp.
41 R. Arnaldez, "al Insân al Kâmil", *EI2*, T. III, p. 1271.
42 H. Corbin "H.P.I.", *op.cit.*, p. 469.
43 Osman Yahia, "Ismaélisme", *E.U.*, vol. 9, p. 197.
44 "H.P.I.", *op.cit.*, p. 145.
45 *True meaning of religion, op.cit.*, p. 135.
46 *op.cit.*, p. 71. La même expression ("the perfect man") est utilisée dans *Glimpses*, *op.cit.*, p. 4.: alors que dans les mémoires, on trouve simplement "a man" (p. 175).
47 "Muhammad 'Abduh and the quest for a muslim humanism", *Arabica*, jan. 1957, p. 59.
48 *idem*, p. 71.
49 *ibid.*, n. 1 p. 55. Voir par exemple sur ces deux auteurs indiens Luce Claude Maitre, "Un grand humaniste musulman", *Orient* 13 (1960), pp. 81; et A. Ahmad, *Islamic modernism* ..., *op.cit.*, le chapitre consacré à "l'humanisme éthique" d'Ameer Ali, pp. 86 97.
50 L.C. Maitre, *op.cit.*, p. 81. Ali Merad préfère parler du "personnalisme" d'Iqbâl dans "Un penseur musulman moderne: Muhammad Iqbâl (1873 1938)", *Revue de l'Institut des Belles Lettres Arabes*, XVIII, 1956, pp. 339 347.
51 Vrin, 2 vol., 1972.
52 "H.P.I.", *op.cit.*, p. 14.
53 Vrin, 1968.
54 "L'humanisme dans la pensée arabe", *Studia Islamica*, VI, p. 92.
55 voir par exemple L.Massignon, "Archaïsme et modernisme en Islam", in *Archaïsme et modernisme dans l'Islam contemporain*, Cahiers de l'Institut de Sciences Economiques appliquées, no 120, Déc. 1961, Paris, p. 9
56 A. Merad, *L'Islam contemporain, op.cit.*, p. 56 et ss.
57 *Message, op.cit.*, p. 13.
58 cité par Dumasia, *op.cit.*, p. 177 et Frischauer, *op.cit.*, p. 271.
59 M. Arkoun, *Contribution, op.cit.*, p. 357.
60 Paul Robert, *Dictionnaire alphabétique et analogique de la langue française*, 1978 p. 945.
61 "An Appeal to the Indian Muslim to help refugees of the Balkan War', *Times of India*, 9 dec. 1912; "The Marrocan War sufferers", letter with Lord Laurington and Ameer Ali, *The Times*, 15 oct. 1924.
62 Le document que possèdent les archives nationales du Pakistan envoyé par l'Aga Khan à Jinnah, réunit deux déclarations. La première paraît être une proposition alors que la deuxième est une version revue de la première: des

passages sont supprimés et d'autres améliorés, et semble être la version adoptée bien qu'elle même soit surchargée de rectifications. Ikbal Ali Shah reproduit celle ci (Appendice II) sous le nom: "Provisions for a settlement of the Communal Problem put forward by the Aga Khan, regarding Indian Constitutions". Le document comporte le nom des signataires, l'Aga Khan signant comme représentant de la communauté musulmane. A noter qu'un autre signataire est Bhiramao R. Ambedkar (1891 1956), le célèbre leader des Intouchables, qui devait diriger le Comité chargé de préparer la Constitution de l'Inde indépendante. Mais Ikbal Ali Shah n'indique pas sa provenance; peut être est ce l'Aga Khan lui même qui le lui a fourni, *op.cit.*, pp. 243 249.

63 Il s'agit en particulier de Mrs Naidu, proche collaboratrice de Gandhi. Celui ci déclara à la Round Table Conference que le Congrès ne l'avait mandaté pour ne reconnaître que deux minorités: les Musulmans et les Sikhs; Ikbal Ali Shah, *op.cit.*, p. 124.

64 "De l'histoire des religions comme problème théologique", *Le monde non chrétien*, 1959/60, pp. 140 1.

IX

Le Discours Moderniste

IX-1 LES FONDEMENTS POLITICO-ÉCONOMIQUES DU DISCOURS

a–l'Etat aga-Khanien

Le premier ouvrage que publie l'Aga Khan en 1918 – *India in transition* – porte comme sous-titre: "A study in political evolution". L'examen de la table des matières donne un aperçu de ce que l'Aga Khan entend par politique. Il s'agit du sens général du terme, c'est à dire tout ce qui a trait à la vie collective dans un groupe d'hommes organisé. Les différents chapitres de *India in transition* traitent du pouvoir, de l'économie, de l'éducation, bref de tout ce qui est du ressort de l'Etat. Dans ce paragraphe, nous nous attacherons surtout à découvrir quelle est la conception aga-khanienne de l'Etat en tant qu'organisation centralisée du pouvoir.

Pour l'Aga Khan, le principal devoir de l'Etat est double: assurer l'organisation du développement "matériel" qui doit permettre d'instaurer progressivement le bien-être du peuple et travailler à l'associer graduellement au gouvernement[1]. Dans le cas où l'Etat n'assure pas cette fonction, il faut s'attendre à ce que le pays sombre dans l'anarchie. Il cite comme exemples la Russie, la Chine et la Turquie. Les piliers de l'Etat sont la monarchie associée à l'aristocratie qui ont réussi à lier les intérêts de chaque classe. Ce point de vue, comme le précédent, est basé sur l'observation que l'Aga Khan effectue sur les réalités de son époque. Il a constaté que trois grandes puissances correspondent à ce schéma: la Prusse, le Japon et la Grande-Bretagne. Pour cette dernière, cette association bénéfique entre la monarchie et l'aristocratie s'est accomplie depuis l'aube de l'histoire du pays. Près de quarante ans plus tard, dans ses mémoires, l'Aga Khan affirme toujours que le pouvoir politique et économique de l'Angleterre du début du siècle était entre les mains de l'aristocratie (p. 45).

Il existe bien pour l'Aga Khan des formes de gouvernement qui sont meilleures que d'autres: la monarchie par exemple. Mais malgré cela, la forme du gouvernement doit être adaptée aux conditions locales. C'est ainsi que vu la situation de l'Inde lorsqu'il publie *India in transition,* il lui semble que "the monarchy is the natural and fitting apex to the political structure, and must not remain so amid all coming permutations"[2]. Il est clair que pour l'Aga Khan, la monarchie représente l'unité dans un pays caractérisé par un nombre important de communautés d'une grande diversité: elle est le symbole de l'unité du pays mais l'Aga Khan semble la concevoir sous une forme constitutionnelle. En Inde, un Etat moderne doit être basé sur la coopération entre toutes les communautés et le gouvernement en donnant au peuple lui-même le droit à la participation directe au gouvernement. Un parlement central serait particulièrement mal adapté à cause de la trop grande diversité et la dispersion des intérêts, et du problème de la représentation des minorités de "quantité négligeable".

Aurangzeb commit la plus grande erreur de l'histoire politique de l'Inde lorsqu'il mit fin à l'indépendance des Etats du sud de l'Inde pour unifier le pays. La solution politique pour l'Inde est un fédéralisme adapté à son cas particulier, mais l'Aga Khan cite malgré tout l'exemple des Etats-Unis et de l'Allemagne. Chaque province de l'Inde doit se doter d'une constitution, qui d'une part donne naissance à un exécutif fort et indépendant, responsable devant le vice-roi et le secrétaire d'Etat pour pourvoir les postes et les diverses fonctions administratives, et d'autre part qui crée des assemblées élues pour contrôler les finances et la législation. Mais il est nécessaire de redécouper certaines provinces de l'Inde pour qu'elles puissent constituer des Etats. L'Aga Khan fait des propositions d'après lesquelles la cohérence et l'importance de chaque "Etat" indien serait similaire à celles des Etats européens.

Dans *India in transition,* l'Aga Khan plaide la cause du *self-government* pour l'Inde: "We want self-government, we want responsible government in the widest sense of the term – that of ultimate responsibility to the people – but we do not want our nascent national institution to be put into swaddling clothes because one word instead of another was chosen by the British War Cabinet for its public declaration. The Indian peoples, with an instinctive sense of their need, have asked for self-government within the Empire, not for parliamentary institutions on the British model"[3]. L'opinion de l'Aga Khan sur le *self-government* a évolué. Dans l'extrait de l'autobiographie publié par Dumasia, l'Aga Khan écrit: "The whole idea of *self-government* is foreign to Oriental mind (…). In any case, I am persuaded that India, with her diversities of race and creed, would be injured greatly instead of benefit by self-government; the rule best adapted to her circumstances is one of benevolent caesarism"[4].

Comment expliquer l'évolution de l'Aga Khan? Dans un discours qu'il prononce devant la "London Branch of the All-India Muslim League", en juillet 1916, il envisage le *self-government* comme un idéal à atteindre dans un avenir plus ou moins proche: certaines conditions doivent être réalisées en Inde, surtout d'ordre socio-économique, et une forme de *self-government* qu'on puisse adapter à l'Inde doit être définie. Entre 1913 et 1918, lors de la parution de *India in transition*, il ne semble pas que l'Aga Khan considère que les conditions optimales pour l'établissement du *self-government* aient été réalisées. En fait, la question du *self-government* est dans "l'air du temps". L'Aga Khan mentionne rapidement dans ses mémoires la "figure apocalyptique" du président Wilson qui soutenait que la *self-determination* devait être octroyée à tous les peuples. D'autre part, entre-temps, en Inde, lors du pacte de Lucknow, le Congress et la Muslim League avaient fixé comme objectif de leur programme le *self-government*. Sans doute faut-il voir dans cette évolution de la position aga-khanienne un aspect de son pragmatisme.

Une fois l'autonomie octroyée, un gouvernement central conserverait temporairement le contrôle de l'administration provinciale le temps du transfert des pouvoirs. Mais le gouvernement central garderait la mainmise sur les relations avec le gouvernement britannique, les affaires étrangères, l'armée et la marine, les chemins de fer et les douanes. Le chef du gouvernement central serait naturellement le vice-roi dont le gouvernement, dirigé par un premier ministre, comprendrait un ministère de la Défense, des Finances et des Douanes, des Chemins de fer, du Commerce extérieur, des Affaires étrangères et de l'Intérieur. Le gouvernement local serait exercé par une assemblée élue dans laquelle toutes les classes et les croyances seraient représentées. Dans chaque *province-state*, un ministre serait chargé des relations avec le gouvernement central. L'autonomie locale serait conçue d'après un schéma unique qui pourrait fonctionner de la plus petite unité administrative, le *panchayat*, à la plus grande ville.

Sur le plan économique, quelle serait la fonction de l'Etat? On a vu que l'Aga Khan considère qu'il est du devoir de l'Etat d'assurer le développement du bien-être de la population: "There is practically no limit to Indian industrial progress given an appropriate tariff, the steady and earnest encouragement of the State, and complete abandonment of the old policy of *laisser faire, laisser aller*"[5]. L'Aga Khan prend ses distances avec le libéralisme à la Adam Smith et il est plutôt partisan d'un système économique du type développé par J.S. Mill, d'après lequel l'Etat a le devoir d'assurer le bien-être. En quoi consiste "the steady and earnest encouragement" mentionné par l'Aga Khan? On peut supputer que celui-ci doit prendre en charge le développement de certaines infrastructures comme les chemins de fer mais quoi qu'il en soit, la fonction économique de l'Etat ne doit jamais être celle du *Welfare State*.

L'Aga Khan semble avoir de la peine à croire que le *Welfare State* peut apporter la prospérité à la population dans la mesure où il risque de diminuer l'esprit d'aventure inhérent à tout développement économique: "The modern State, when based on democratic ideals, is not an external body to which its inhabitants go pleading for assistance and amelioration. It is, and ought to be, the concentrated and directing instrument of society as a whole"⁶. L'Etat doit conseiller, guider, instaurer la confiance publique, par exemple dans les entreprises à capital social (*joint-stock enterprises*). De même le système bancaire ne peut se développer si l'Etat n'a pas mis les gens en confiance face à ces nouvelles pratiques monétaires.

b–la nation

Dans ses mémoires, l'Aga Khan décrit l'entrevue de Simla au cours de laquelle il conduisit une délégation de notables pour plaider la cause des Musulmans indiens auprès du vice-roi, le 1er octobre 1906. L'Aga Khan rapporte que la délégation lui exposa que les Musulmans indiens constituaient "a nation within a nation" (pp. 76 et 93.) Mais cette expression utilisée en 1954 n'est pas celle utilisée dans la requête présentée à Lord Minto en 1906: "Still, it cannot be denied that we Mahommedans are a distinct community with additional interests of our own which are not shared by other communities, and these have hitherto suffered from the fact that they have not been adequatly represented"⁷. Ce glissement sémantique s'explique par l'évolution de la communauté islamique de l'Inde, qui est devenue une nation qui a formé la base d'un nouvel Etat, le Pakistan. Elle pose malgré tout la question du rôle joué par l'Aga Khan dans la naissance de cet Etat, et surtout, celle de sa propre conception de la nation.

L'Aga Khan est considéré par ses apologistes comme un des précurseurs de l'idée du Pakistan⁸. Il faut rappeler que l'idée d'une représentation séparée des Musulmans avait été proposée dès 1883 par Muhammad Yûsuf 'Alî, puis à nouveau par Ameer Ali en décembre 1896⁹. La revendication des élections séparées et d'une représentation proportionnelle avaient été soutenues dès 1893 par la Mohammedan Anglo-Oriental Defence Association créée par Sayyid Ahmad Khân¹⁰; on attribue d'ailleurs souvent à ce dernier la paternité de la théorie des "two-nations"¹¹. L'Aga Khan fut choisi pour conduire la délégation parce qu'il incarnait la ligne modérée de Sayyid Ahmad Khan et que sa jeunesse était une garantie pour l'avenir de la communauté. Dans ses mémoires, l'Aga Khan souligne qu'en 1906, le plus farouche opposant aux principes des élections séparées était Jinnah, persuadé qu'il était qu'elles diviseraient "the nation against itself" (p. 94). Il poursuit en expliquant que c'est l'intolérance croissante du Congress qui convertit ce champion de l'unité indienne en son opposant le plus déterminé, lui qui allait diriger un Etat séparé et indépendant, le Pakistan, "for which, précise-t-il, we, at the beginning, were working unconsciously and indirectly" (p. 95).

Il est indiscutable que la délégation de Simla fut la première action d'envergure accomplie par les Musulmans pour affirmer leur identité. Il est indéniable d'autre part que l'Aga Khan fut un des promoteurs de la création de la All India Muslim League. Cela ressort clairement de la lettre qu'il écrivit à Muhsin al-Mulk le 29 octobre 1906. Pourtant, il est tout autant évident que l'Aga Khan resta jusqu'au dernier moment le partisan convaincu d'un schéma fédéral pour une Inde unie dans le cadre de l'Empire, comme il le soutient dans le discours de Delhi, en 1910, après l'octroi par le vice-roi d'une représentation séparée des Musulmans. Dans ce discours, l'Aga Khan semble convaincu que l'avenir du pays repose sur une "entente cordiale between the members of the two great sisters communities"[12]. C'est encore ce schéma qu'il soutient à la première Round Table Conference, en 1930, contre Jinnah qui est persuadé que l'octroi de la démocratie à cette fédération entraînerait la domination des Hindous: "However, conclut l'Aga Khan dans ses mémoires, I was convinced that (...) that would be a small price to pay for its obvious and numerous advantages" (p. 217). Dans l'immédiat après-guerre, il garde encore l'espoir que l'amputation – c'est le terme révélateur qu'il emploie pour décrire la partition – peut être évitée: "Now I see clearly that I was wrong; amputation was the only remedy", confie-t-il désabusé (p. 225). Cet aveu montre combien c'est une fois devant le fait accompli, que l'Aga Khan se rallie à l'idée du Pakistan.

La création d'un Etat indépendant sur une base confessionnelle va en réalité à l'encontre de tout ce à quoi l'Aga Khan attache de l'importance. Appartenant lui-même à la minorité ismaélienne de la minorité shî'ite de la minorité musulmane de l'Inde, chef religieux d'une communauté formant une diaspora, l'Aga Khan ne pouvait que promouvoir l'idée de l'harmonie des "races". C'est pourquoi il attache, dans son schéma fédéral exposé dans *India in transition*, autant d'importance à la protection de toutes les minorités, y compris les plus petites, et que dans ses mémoires, il rappelle habilement que la question des minorités était une question essentielle de son époque.

Il est intéressant de noter que dans *India in transition*, pour désigner ces minorités qu'elles soient ethniques, religieuses ou autres, l'Aga Khan utilise le terme *millet*: "(...) each of the various religions and races, as recorded in the census, would provincially be a millet, to use the Turkish term, and each would have a fair share in the assembly directly elected"[13]. L'intérêt qu'il porte à l'Afrique de l'Est s'explique aussi – en dehors de l'intérêt économique – par le fait qu'il considère ce continent comme un monde en devenir, comme un monde à construire dans lequel il sera possible plus que partout ailleurs de réaliser cette harmonie des races qui constitue un des leitmotivs de ses dernières *talikas*.

La conviction profonde de l'Aga Khan en faveur de l'unité indienne s'accompagne d'un sentiment contradictoire: la fierté d'assister à la création d'un nouvel Etat musulman, d'autant plus qu'il considère qu'il est l'un de ceux qui en sont "indirectement et inconsciemment" à l'origine. Il ne peut pas s'empêcher d'y voir un événement majeur qu'il déchiffre comme une preuve tangible de la renaissance du monde musulman. On a déjà signalé l'emphase avec laquelle il célèbre ce moment historique en la personne de son fondateur, allant jusqu'à le comparer au Prophète fondant l'Etat médinois. Mais pour autant que ce Pakistan idéalisé le comble, l'Aga Khan a des difficultés à imaginer ce qu'il est réellement. Cette incompréhension, accuentuée sans doute par la référence mythique à l'Etat du Prophète, provoque une polémique entre l'Aga Khan et les dirigeants pakistanais au sujet de la langue officielle que le pays doit adopter. Lors d'un discours lu le 9 février 1951 à Karachi, sa ville natale, l'Aga Khan se prononce contre le choix de l'ûrdû en faveur de l'arabe.

Il est vrai qu'en 1948, le choix de la langue officielle du Pakistan ne s'était pas effectuée sans problème. Le 21 mars 1948, Jinnah annonçait devant 300.000 personnes rassemblées à Dacca: "The state language of Pakistan is going to be Urdu and no other language. Without one state language, no nation can remain tied up solidly together and function"[14]. Le problème de l'ûrdû était que cette langue récente – dont l'origine remontait à un mélange de hindi, de persan, de turc et d'arabe – était devenue une langue littéraire tardivement, et de ce fait, peu d'ouvrages importants avaient été composés en ûrdû en comparaison avec le persan.

D'autre part, dans les territoires qui formaient le Pakistan, à l'est comme à l'ouest, l'ûrdû n'était la langue maternelle que d'une minorité. Les Bengalais réclamaient que le pays soit doté de plusieurs langues officielles, parmi lesquelles le bengalais. C'est en partie l'argumentation de l'Aga Khan contre l'ûrdû. Il rappelle que la langue d'une nation est non seulement l'expression d'elle-même comme nation distincte, mais comme "the mode of interpretation with all other human societies."[15] La fonction unificatrice qu'aurait pu avoir l'ûrdû entre l'Inde et le Pakistan est caduque puisque l'Inde l'a remplacé par le hindi. D'autre part, l'ûrdû n'a jamais joué de rôle important dans l'histoire de l'islam indien; ce rôle fut rempli par le persan. L'Aga Khan associe l'ûrdû à la décadence des Musulmans indiens.

Les arguments énoncés en faveur de l'arabe n'ont évidemment aucune base historique. Ils se résument à des affirmations du type que l'arabe est la langue de l'Islam et du Coran. Mais toujours pragmatique, l'Aga Khan soutient que "Arabic will give you, as a national language, immediate contact not only with the 40 millions Arabic speaking people of independant nations on your West but the other 60 millions more or less Arabic speaking people who are not independent but who exist in Africa (…)"[16]; suit une énumération des populations musulmanes dans lesquelles l'arabe est parlé par les élites. L'arabe constitue pour lui une langue universelle et c'est d'elle que dépend l'unité mondiale des Musulmans, alors que l'ûrdû isole et divise. H.J. Greenwall rapporte que le texte du discours fut publié dans la presse pakistanaise: "The sequel must have given His Highnes a shock. He was attacked on all sides and in high dudgeon flew away to Persia the home of his ancestors"[17].

Le Discours Moderniste

c–la quête d'un territoire

Dans l'histoire de l'imaélisme, les imâms n'ont dirigé un Etat indépendant qu'à deux reprises: l'empire fatimide, de 297/909 à 567/1171 et l'Etat d'Alamût de 559/1164 à 654/1256. Bien que certains aient exercé des fonctions de gouverneurs de province sous les Zend et les Kâjâr, les imâms nizârites ne semblent pas chercher à acquérir un Etat indépendant à une exception près. On a vu en effet que la révolte de Hasan 'Alî Shâh était interprétée par plusieurs auteurs comme la tentative d'instaurer un Etat indépendant dans le Kirmân. Même si ce fut le désir réel de l'imâm – rappelons encore une fois qu'aucune source ne corrobore cette interprétation – il reste à savoir si son intention était de créer un Etat ismaélien, sous la forme d'une quelconque théocratie imâmienne.

Dans ses mémoires, l'Aga Khan reconnaît que depuis longtemps, les Ismaéliens souhaitaient "a national home – not a big, a powerful State, but something on the lines of Tangier or the Vatican – a scrap of earth of their own which all Ismailis, all over the world, could call theirs in perpetuity, where they could practise all their customs, establish their own laws, and (on the material side) build up their own financial centre, with its own banks, investments trusts, insurance schemes, and welfare and provident arrangements. The idea of a territorial State made no particular appeal to me; but in view of the strenght of Ismaili sentiment on the matter I made my approach to the Government of India. For reasons which I am sure were perfectly just and fair, the Government of India could not see their way to granting our request" (p. 286). Les archives britanniques ne font état que des mémoires envoyés par l'Aga Khan pour défendre la cause de ce que Meher Bose, qui consacre une vingtaine de pages à cette question à partir de l'étude de ces archives, dénomme *Aga State*[18].

Dans le premier mémoire que l'Aga Khan adresse au vice-roi Lord Willingdon en septembre 1933, il utilise habilement l'ambiguïté contenue dans le titre que les Britanniques lui avaient conféré en 1916: "First-Class Ruling Prince of the Bombay presidency" (*Memoirs*, p. 142). En effet ce titre de "prince régnant" avait la particularité incongrue d'être attribué à un prince ne régnant sur aucun territoire, cas unique dans les archives du *Raj*. Très logiquement, par conséquent, l'Aga Khan fait la requête suivante: "I beg to submit for your consideration a memorial praying that my status as a Ruling Prince of the first class of the Bombay presidency may be regularised with a grant of small territory with ruling powers over any area that may be selected for the purpose (...)"[19]. L'India Office désigne D.J. Patrick pour examiner la substance de la requête. Celui-ci conclut après enquête que rien dans l'histoire religieuse des Shî'ites ne justifiait une telle requête. Le vice-roi, qui lui était plutôt favorable, proposait comme territoire la propriété que l'Aga Khan possédait à Poona, d'une superficie de 50 acres, alors que ce dernier avait pensé à chercher un territoire dans le Sind.

P.J. Patrick poursuivait son enquête: il additionnait les arguments défavorables à la requête. Non seulement l'Aga Khan n'avait aucune qualité particulière lui permettant de posséder un territoire, mais jamais les Britanniques n'avaient créé de nouveaux Etats en Inde; cela constituerait un précédent. D'autre part comment la création d'un Etat pour une secte dissidente serait-elle perçue? Mais surtout, P.J. Patrick est persuadé que l'Aga Khan peut jouer un certain rôle politique du fait qu'il est sujet britannique: "As the ruler of a state, however small, he would cease to be. Is there any guarantee that he would then continue to be useful to us politically?"[20]. Les tractations qui devaient être secrètes vinrent à la connaissance d'un membre de l'Assemblée nationale indienne et Londres estima qu'il était plus courtois de prévenir l'Aga Khan.

Celui-ci rencontra P.J. Patrick et lui apprit que les Khojas subissaient des pressions pour se convertir à l'hindouisme. Il lui suggéra de convaincre le *khân* de Qalât de lui céder un petit territoire qui serait transformé pour lui en une principauté organisée sur le modèle du Vatican. Entre-temps, la requête de l'Aga Khan était connue de tous et la presse s'en était emparée. Un journal américain, le *Chicago Tribune*, devait affirmer que le maharadjah du Cachemire allait accepter le gouvernement d'un Etat hindou et que l'Aga Khan allait le remplacer. Toujours d'après les rapports de P.J. Patrick, l'Aga Khan aurait proposé un territoire dans le sultanat de Mascate ou une île britannique de la région d'Aden: son objectif était de protéger ses intérêts ainsi que ceux de sa communauté. Enfin, H.J. Greenwall soutient que l'Aga Khan aurait été pressenti par la France pour le trône de Syrie; il aurait décliné cette offre.

Cette quête d'un territoire devint plus poignante lorsque l'Aga Khan dévoila son inquiétude concernant l'avenir de sa famille, dans une Inde et un Pakistan indépendants sans la protection britannique, ainsi que face au problème de sa propre succession. Sans doute est-ce là l'explication de son option, à la fin de sa vie, pour la nationalité iranienne; les membres de sa famille, aujourd'hui, ont conservé la double nationalité britannique et iranienne.

d–l'étatisation de la communauté ismaélienne

C'est parce que l'Aga Khan identifie les aspirations ismaéliennes à celles d'une nation qu'il recherche un territoire et qu'il rêve de créer un Etat. P.J. Patrick est persuadé que l'Aga Khan est obsédé par l'Etat du Vatican et son collège de cardinaux. H.J. Greenwall, de son côté, affirme que l'Aga Khan avait prévu lors de son premier voyage en Europe, en 1899, de se rendre à Rome pour prendre contact avec le Pape.

Une question difficile à résoudre est dans quelle mesure, à la fin de l'imâmat de l'Aga Khan, cette centralisation et cette hiérarchisation de la communauté étaient-elles effectuées? Autrement dit, quelle était la forme

Le Discours Moderniste

de l'Etat ismaélien sans territoire? Plusieurs *talikas* des années cinquante indiquent que certains Khojas sont réticents à l'idée de ne plus adresser directement leurs requêtes à l'imâm. Le 25 août 1952, il demande à ceux qui lui écrivent pour recevoir des conseils relatifs à la santé ou aux *worldly affairs* de respecter la voie hiérarchique. Il s'en explique ainsi: "All those who wish to have such guidance should write to me through their local Councils, who first will read the letter and see if the guidance asked for is one of common sense and natural business. In that case, they will not forward the letter to me and give guidance themselves. But if it seems a difficult question where there is no clear common sense solution only then such letters will be sent to me"[21].

Puis l'Aga Khan explique qu'il existe quatre niveaux dans le *jamat*[22]: le *jamat* local, le *Local Council*, le *Supreme Council* et l'imâm. Chaque requête doit suivre cette voie pour lui parvenir. L'Aga Khan énumère ensuite les différents types de requêtes en précisant de quelle compétence elles relèvent. La conception de l'Etat aga-khanien n'est pas sans effet pervers. L'Aga Khan reproche aux Ismailia Associations de devenir trop bureaucratiques et trop rigides. La mentalité bureaucratique de certains *mukhis* doit être abandonnée en faveur d'un esprit compréhensif, et la jalousie doit faire place à la coopération. L'Aga Khan adresse d'autres reproches à diverses institutions, leur rappelant que leur rôle est de prodiguer de l'aide et des conseils, et non pas d'user d'autorité ni de donner des ordres.

L'Etat aga-Khanien, comme les constitutions ismaéliennes, ne sont que des fictions. Il serait vain de chercher à situer le type du système politique auquel appartient l'Etat aga-khanien en utilisant les catégories définies par Montesquieu, malgré la terminologie utilisée partiellement et sporadiquement par l'Aga Khan. De toute évidence, l'imâm cumule les trois pouvoirs exécutif, législatif et judiciaire. L'Aga Khan, ainsi que plusieurs auteurs, affirment que les décisions prises par l'imâm ont toujours été précédées de consultations avec les intéressés, y compris pour les constitutions. Mais il semble évident que l'Aga Khan, qui ne faisait sans doute que poursuivre l'oeuvre entreprise en Inde par son grand-père, a surtout modernisé l'imâmat dans le sens où il a rétabli certaines fonctions d'origine non religieuse, en s'inspirant de certains éléments de la conception islamique traditionnelle du pouvoir – à travers l'expérience ismaélienne ou d'autres – de l'Etat.

e–le capitalisme coopératiste

L'Aga Khan considère que la doctrine communiste est une chimère. La distribution des richesses les plus grandes ferait l'effet d'une goutte d'eau dans la mer: les revenus des pauvres n'y gagneraient presque rien. S'il est partisan du capitalisme, l'Aga Khan reste fidèle à l'idée que toute théorie doit être adaptée aux conditions propres d'un lieu et d'une population.

Mais comme en politique, les conceptions de l'Aga Khan restent marquées par les valeurs du XIXème siècle libéral. La modernisation économique de la communauté ismaélienne semble être intervenue tardivement, à l'époque du premier jubilé – *Golden Jubilee* – célébré à Bombay en 1935. Pour lui, les spécificités de la communauté sont professionnelles (la plupart des Ismaéliens sont agriculteurs et commerçants), géographiques (la dispersion sur plusieurs continents), et historiques (la tradition individualiste des Khojas).

C'est ainsi que l'Aga Khan répond à ceux qui lui reprochent de ne pas développer ni encourager les organisations caritatives sur une grande échelle. Ces spécificités des Ismaéliens – l'Aga Khan ne parle en réalité que des Khojas – le conduisent, dans ses mémoires, aux conclusions suivantes: "Welfare imposed from without is not in the pattern of their society. I am convinced that their first need is to learn to co-operate in their thrift and self-help, to extend what they practise in their families and as individuals to the community as a whole" (p. 288). La clé du développement social, économique et culturel réside dans la coopération. La coopération doit constituer la base de toute activité économique qu'elle soit bancaire, commerciale ou autre: elle devient un leitmotiv des *talikas*[23]. Les fondations de ce système sont solides dans l'Afrique orientale britannique et à Madagascar, mais l'Aga Khan prévoit des difficultés pour le mettre en place en Egypte, en Syrie, au Pakistan, en Inde, en Malaisie et en Afrique orientale portugaise.

Dans les *talikas*, l'Aga Khan insiste sur l'importance des compagnies d'assurances dans le développement économique de diverses nations. En conséquence de quoi il recommande aux Ismaéliens de contribuer à leur essor. Les *talikas* tardives – datant des années cinquante – établissent une distinction dans les catégories socio-professionnelles: il y est question des *parasite professions* et des activités commerciales qui elles sont créatives[24]. L'Aga Khan prend l'exemple des Parsis qui formaient au début du siècle la plus riche communauté de l'Inde, alors que dans les années cinquante, ils sont devenus la plus pauvre. Pourquoi? Parce que les Parsis ont abandonné le commerce, ils sont devenus des *servants* alors qu'ils étaient des maîtres: "They become lawyers, doctors, dentists, Government's clerks with so-called education. All theses professions are merely servants professions. They live on what other people create, they help only in time of trouble"[25]. Du 14 octobre au 26 décembre 1951, puis à nouveau le 25 août 1952, une demi-douzaine de *talikas* sont uniquement consacrées à cette question.

L'Aga Khan enjoint aux Khojas d'abandonner les professions "serviles" pour reprendre le commerce. Son objectif est qu'ils se lancent à la conquête de nouveaux marchés, comme l'avaient fait leurs ancêtres un siècle plus tôt. Il indique comme marchés potentiels le Congo, la Centre-Afrique, les territoires africains du littoral océanique mais aussi l'Amérique latine, pour laquelle il cite comme pionniers les Syriens. Les *talikas* dispensent d'autre

Le Discours Moderniste

part des conseils généraux en matière commerciale. C'est ainsi, par exemple, qu'il est rappelé que l'épargne doit être quotidienne pour les riches comme pour les pauvres. En économie plus que partout ailleurs, il est nécessaire de s'inspirer de l'Occident. Celui-ci a en effet mis en point des pratiques dynamiques qui expliquent sa réussite; par exemple, un vendeur occidental n'attend pas le client, il va à lui. Les coopératives sont importantes particulièrement pour les pauvres car en s'unifiant, ils deviennent plus puissants: "Like labour societies and workers, who are individually poor, have done all over the West. If he really wants the poor to become economically strong ask them to associate with each other and not cut each others throat by competition"[26].

La propriété privée constitue pour l'Aga Khan une des bases fondamentales de l'économie. Dans *India in transition*, il s'indigne qu'une loi instituée par les Britanniques, la *regulation of 1818*, autorise la déportation et la séquestration des biens des séditieux. Cette pratique arbitraire entraîne d'après lui un sentiment d'insécurité en ce qui concerne le droit à la propriété et cette privation semble lui paraître plus injuste encore que la privation de la liberté[27]. L'Aga Khan cite l'exemple de Frédéric le Grand qui a posé comme principe pour son administration que quoi qu'on puisse faire de la vie et de la liberté du peuple, la propriété devait être sacrée.

Le processus de modernisation de la communauté ismaélienne reposait sur une hiérarchisation répondant à une certaine délégation des pouvoirs imâmiens effectuée à travers les conseils. La bureaucratisation qui en résultait provoquait la nécessité de créer un corps de "fonctionnaires", qui, s'il était organisé encore au début sur le modèle traditionnel des conseils d'anciens, devint rapidement un instrument compétent composé de spécialistes qui jouissaient d'un grand prestige dans la communauté. Mais un des effets prevers du développement de l'administration est que quelques individus ont exploité le système à leur avantage[28]. L'oeuvre accomplie par des volontaires est reconnue officiellement par la gratification d'un titre. L'Aga Khan institua – à une date inconme mais qui semble assez tardive – un système de titres inspiré par la noblesse européenne bien qu'il réunisse des termes comme *vizier, count, alijah, amaldars, raï, sarkar sahib* etc.[29]. L'Aga Khan, suivant en cela la coutume Kâjâr, gratifie les Khojas méritants de titres honorifiques personnalisés.

IX-2 L'IMPENSÉ DANS LE DISCOURS MODERNISTE

a- le problème de la modernité

En 1974, Georges Balandier constatait, en consultant l'inventaire des publications récentes en sciences sociales, que les ouvrages étaient consacrés au thème de la modernisation, mais beaucoup plus rarement à celui de la modernité: "L'abondance des études ne contribue pas encore à la clarification des débats, poursuivait-il, ne serait-ce qu'en raison de la confusion fréquente dans l'usage de ces deux termes"[30]. La recherche islamologique a suivi la même tendance sans mettre fin à cette confusion; il est en effet frappant de constater que sous un même vocable, les auteurs traitent de sujets totalement différents. La plupart du temps, ils ne cherchent du reste pas à définir les termes qu'ils utilisent, convaincus qu'ils sont de les utiliser dans leur sens commun[31]. Il est vrai que les différentes nuances du concept de la modernité, ainsi que la nature changeante des rapports sémantiques qu'il entretient avec celui de la modernisation sont en partie imputables à la diversité des méthodologies.

Mais la modernité n'est-elle donc pas la même pour les historiens, les philosophes, les sociologues ou les anthropologues? On peut pour l'instant tirer comme conclusion de cette fluctuation sémantique que ces termes concernent des faits difficilement identifiables en tant que tels dans la pensée, dans l'histoire ou dans la société, et qu'ils sont surtout sujet à un changement continu. Il est à ce titre significatif que le terme "modernité" ne figure pas dans la IIème édition de 1972 du *Vocabulaire technique et critique de la philosophie* de Lalande.

Convaincu que la problématique de la modernité révèle un aspect essentiel de la pensée aga-khanienne, une clarification terminologique s'avère par conséquent indispensable. Une revue des termes de la racine de "modernité" dans les ouvrages de l'Aga Khan ne sera d'aucun intérêt dans la mesure où il se réfère à la fois à une période historique et à des innovations en matière politique[32].

Nous distinguons deux niveaux de significations dans le terme de modernité. Dans un premier temps, la modernité désigne un ensemble de valeurs éthiques et de pratiques politico-économiques – dont la provenance est l'Europe du XIXème siècle; la modernisation est alors sa mise en application comprise. Cette modernité se confond avec la notion de contemporanéité, tant il est vrai qu'elle prend en considération – à une époque donnée, l'époque contemporaine – un certain nombre de valeurs et de pratiques universellement admises comme normatives.

Certaines parmi elles ont été officiellement institutionnalisées par la communauté internationale, par le truchement des organisations comme la S.D.N. ou l'O.N.U. Mohammed Arkoun a souligné la nécessité "d'approfondir l'analyse des rapports entre modernité matérielle et modernité intellectuelle"[33]. Cette lacune provoque une "ambivalence du concept de la modernité" puisqu'au discours humaniste abstrait du XIXème siècle européen, qui ne s'applique il est vrai qu'aux nations occidentales, s'oppose la violente expansion impérialiste issue de la modernisation économique. Pour clarifier notre exposé, nous préférons utiliser le terme "modernisme" pour désigner cette première signification de la modernité.

Nous réservons le terme "modernité" à l'interrogation qui pose comme principe – suivant en cela la réflexion de l'anthropologie politique – qu'il

Le Discours Moderniste

n'existe pas une seule forme de la modernité[34]. Cela ne signifie nullement qu'il ne faille tendre vers un modèle universel de la modernité, mais nous considérons que celui-ci est encore aujourd'hui à penser, et donc à construire. Il nous paraît difficilement tenable qu'une conception strictement européenne de la modernité puisse constituer un appel pour des populations issues de traditions multiséculaires différentes. D'autre part, cette modernité européenne est considérée comme telle *a priori*, sans aucune approche critique[35] – celle-ci se murant dans le cercle étroit des philosophes – par le simple fait que le confort apporté par son puissant développement économique en est devenu à constituer sa totalité aux yeux de populations qui n'ont connu jusqu'à nos jours que des conditions de vie misérables.

L'auteur tunisien Hichem Djaït considère que le problème de la modernité n'est pas seulement un défi lancé aux cultures non-européennes mais aussi une confrontation de chacune d'elles avec la modernité: "Et s'il existe une solidarité quelconque qui puisse fonder une assignation vraiment universelle, c'est bien celles des cultures y compris celle de l'Occident contre ce qui les nie toutes: la modernité[36]. Au cours d'une conférence sur "Pensée islamique et modernité," Mohammed Arkoun a pour sa part développé une interrogation sur la modernité en rapport avec le problème de la connaissance[37]. Pour lui, la modernité dépend de l'attitude de l'esprit face à la connaissance et face à la communication de la connaissance à autrui. Sera moderne toute culture apportant des éléments nouveaux qui cherchent à améliorer la connaissance. Ainsi, s'il existe différents types de modernité suivant les cultures, il en existe aussi suivant les époques. La modernité classique n'est pas la même que la modernité contemporaine[38].

C'est à la question de la connaissance que H.A.R. Gibb rattache lui aussi le problème de la modernité. Partant de l'idée que la modernité est en premier lieu un aspect du libéralisme occidental, il constate le mépris des modernistes musulmans pour les critères de l'investigation objective et de la vérité historique. L'objectif qu'ils poursuivent est en fait de "substituer le culte émotif de Muhammad à une théologie rationnellement fondée et spirituellement efficace"[39]. Gibb est convaincu que les Musulmans doivent cultiver les disciplines historiques et cesser de les assujettir à l'imagination romantique. Il est vrai que l'ouvrage de Gibb date de 1947; nous pensons avoir démontré que la rénovation religieuse était plus subtile que ne le laisse entendre ce jugement catégorique. D'autre part, il n'est pas possible de nier la dimension critique de l'effort théologique de l'Islâh; enfin, comment concevoir une pratique religieuse uniquement fondée sur la rationalisation et, de ce fait, excluant toute émotion[40]?

Au sujet de la pensée de l'Aga Khan, la problématique de la modernité devra questionner en quoi elle apparaît comme moderniste – autrement dit, comment son interprétation de l'Islam apporte des réponses au défi du modernisme européen – mais aussi en quoi cette pensée contribue à penser la modernité islamique, voire universelle, pour le troisième millénaire.

b–le discours politique

Le discours aga-khanien est moderniste dans la mesure où sa réflexion porte sur deux concepts clés du modernisme européen: l'Etat et la nation, qui prédominent à partir du XIXème siècle sous la forme de l'"Etat-Nation". Contrairement aux réformateurs, l'Aga Khan ne réfléchit pas à cette question en utilisant l'appareil conceptuel légué par les penseurs musulmans de l'époque classique tels Mawardî, Ibn Khaldûn etc. L'évolution de sa conception de la nation traduit la difficulté qu'il éprouve à penser ce concept, mais aussi les difficultés qu'il éprouve à concilier les réalités géopolitiques – qu'est-ce qu'une nation dans le contexte du sous-continent indien ou dans le contexte islamique? – et l'histoire personnelle de sa famille, qui se caractérise par des solidarités multiples et parfois contradictoires. Il en résulte que le contenu sémantique qu'il attribue à la nation et à l'Etat, sans oublier leurs corollaires constitution, autorité ..., est spécifique non seulement à l'égard du modernisme européen mais aussi à l'égard du modernisme musulman.

L'Etat islamique fondé par Muhammad était l'expression d'une révolte contre l'Etat mekkois: "Il voulut donner à l'Etat, explique A. Laroui, un but autre que la conservation de la société dont il est un instrument, au service de l'individu dont le devoir est de se dépasser pour être digne d'incarner l'idéal dont le Prophète a été l'exemple parfait"[41]. Mais l'Etat reprit très rapidement son indépendance et sa prééminence, de telle sorte que l'Etat médinois devint une sorte d'utopie. Ibn Khaldûn considère pour sa part que les entités politiques qui se sont succédées en milieu islamique contiennent à des degrés divers les trois éléments suivants; 1-le pouvoir naturel, 2-le pouvoir rationnel, 3-le califat, ce dernier étant l'héritage d'une partie de l'héritage prophétique.

Les salafistes reprennent à leur compte l'affirmation classique selon laquelle l'Islam est à la fois "religion et Etat" (*dîn wa dawla*). Cette expression indique bien la nature de l'Etat sultanien puisque les deux sens originaux de la racine *D.W.L* sont d'une part la jouissance exclusive des biens publics, et d'autre part la succession d'un groupe après l'autre à la tête d'une communauté[42]. C'est cet Etat sultanien qui fut tenté, lorsque l'impérialisme européen menaça ses territoires, par la réforme qui donna naissance à ce que Laroui appelle "l'Etat du despotisme éclairé"[43]. Cette réforme comprend une réorganisation de l'armée, la création d'une bureaucratie, la codification des lois, la création de nouveaux programmes éducatifs, et enfin la réforme de la fiscalité.

"L'Etat du despotisme éclairé" et la modernisation de la communauté ismaélienne suivent le même schéma. Quelques exemples comparatifs en apporteront la preuve. La promulgation des constitutions ismaéliennes a eu le même effet que la codification des lois; leur conséquence a été de réduire le rôle du cadi et du *mukhi*. Ces deux personnages sont devenus de simples

Le Discours Moderniste

fonctionnaires de l'Etat sultanien et de l'Etat imâmien. Ils peuvent appliquer une loi mais les limites de son interprétation sont rigoureusement précisées.

Les différences qui subsistent sont dues au fait que l'Etat aga-khanien est un Etat sans territoire; c'est pourquoi il n'existe par exemple pas d'armée. Encore que l'Aga Khan encourageait la création des organisations scouts dont une des fonctions étaient d'assurer le service d'ordre pendant les cérémonies[44]. Mais l'origine imâmienne de l'Etat ismaélien engendre une différence d'importance; alors que la réforme de l'Etat sultanien fait de cet Etat une entité abstraite qui personnifie la loi objective indépendante du souverain, dans la conception aga-khanienne, l'Etat reste incarné par l'imâm qui se confond avec lui et qui, par sa fonction sacralisante, fait de cet Etat un instrument de la réalisation du bonheur individuel, à la fois *welfare* et bonheur spirituel de l'au-delà.

Lorsque l'Aga Khan s'affirme comme "souverain constitutionnel", lorsque des auteurs soutiennent que les décisions sont prises par l'imâm après consultations des avis des "dignitaires", on ne peut en aucun cas voir dans cette forme de gouvernement la démocratie. L'Aga Khan gouverne l'Etat ismaélien avec l'aide de conseillers; ce pouvoir consultatif que détiennent certains n'est certes pas sans rappeler la *shûra* pratiquée par le Prophète. Mais ce pouvoir consultatif est sans commune mesure avec l'autorité sacrée et charismatique de l'imâm qui est illimitée, comme le démontre encore la constitution de 1986. Sur ce point, l'Aga Khan rejoint les penseurs classiques de l'Islam – Ibn Khaldûn par exemple – contre les libéraux de l'Europe du XIXème siècle. En effet, note A. Laroui, "l'un vise à une fin purement humaine et historique, l'autre à un bien transhistorique qui ne peut être atteint sans une inspiration divine"[45].

Sans doute faut-il voir ici l'une des causes de la réussite matérielle des Ismaéliens. En effet, l'imâm est le dépositaire d'une inspiration divine – le *nûr* – et de ce fait, les Ismaéliens n'ont pas vu de contradiction entre l'Etat rationnel issu de l'Islâh et l'Etat musulman utopique; le concept du *hazar imam* dépasse cette contradiction. La réforme de l'Aga Khan a produit au sein de la communauté ismaélienne des dissidences et des contestations, mais l'unité et la cohésion de la communauté nizârite n'ont jamais été mises en péril; ces phénomènes sont demeurés secondaires. Le caractère progressif de la réforme – elle s'étend sur environ un demi-siècle – l'action ponctuelle de l'Aga khan, son pragmatisme qui peut aller jusqu'à l'opportunisme, constituent autant de facteurs qui ont permis la réussite de la modernisation de l'Etat ismaélien. Le fait que l'imâm ait été lui-même le promoteur de ce processus a conduit les Ismaéliens à accepter ce nouvel Etat, alors que partout ailleurs dans le monde musulman, l'Etat moderniste était rejeté principalement à cause de son origine exogène, et parce qu'il était mis en place par des étrangers.

c – liberté et libéralisme

Dans *India in transition*, l'Aga Khan écrit; "In modern as well as ancient times great empires not built on the stable foundations of freedom, nationality and justice, have broken from the blows of smaller but healthier neighbours"[46]. Il place donc l'idée de *liberty* au premier plan des valeurs sur lesquelles l'Etat doit être bâti. Plus loin il propose la création d'une vaste confédération sud-asiatique dont les fondements seraient la justice, la liberté et la reconnaissance de chaque race, religion et entité[47]. Les termes utilisés dans les principaux pays musulmans pour "libre" eurent jusqu'au XVIIIème siècle une signification essentiellement juridique et accessoirement sociale[48]. Les Musulmans qui voyagent en Europe au XIXème siècle, comme Tahtâwî et Khayr al-Dîn, trahissent une compréhension incomplète et inadéquate de la notion de liberté. Il faut attendre la domination impérialiste de l'Europe pour que naisse la conception d'un combat pour la liberté et l'indépendance nationale.

C'est dans ce sens que l'Aga Khan emploie les termes *freedom* et *liberty*, encore en 1945, lorsqu'il affirme que l'Europe "ne refusera pas aux peuples musulmans leur droit à la liberté, à la justice et à la satisfaction de leurs inspirations légitimes"[49]. Les termes "libre" et "indépendant" furent utilisés pour la première fois dans le traité russo-ottoman de Kaïnardji en 1774, qui affirmait que les Tatars de Crimée étaient libres et indépendants de toute puissance étrangère. Dans ce traité, le drogman ottoman utilise le mot persan *serbest* pour traduire "liberté", bien que dans cette langue, on emploie *âzâd* quand il s'agit de liberté politique. Quand au terme *hurriyya*, B. Lewis explique que "la première occurrence relatée à ce jour du terme *hurriya* au sens de "liberté politique" date de 1798, quand le général Bonaparte, à l'occasion de son arrivée en arrivée en Egypte, adressa aux Egytiens une proclamation en arabe, au nom de la République française (...)"[50].

Le terme "libéralisme" a été utilisé par l'Aga Khan dans un article publié en 1943 à Lausanne. Il explique cet intitulé; "On m'a demandé de présenter l'Islamisme vu par l'école libérale, mais fermement convaincue et croyante (...)"[51]. Cette expression renvoie à l'expression "religious liberalism" employée par Hafez Maleek dans un article sur Sayyid Ahmad Khân, et surtout "Arabic thought in the liberal age" d'Ajbert Hourani'[52]. Ce dernier utilise certes l'expression "liberal age" pour désigner une période qui s'étend de 1798 à 1939.

Mais dans l'ensemble, les auteurs veulent, par l'emploi du terme *liberalism* ou de ses dérivés, marquer l'influence exercée par le libéralisme européen, aussi bien par sa forme politique qui affirme que la fonction essentielle de l'Etat est d'assurer l'ordre public qui conditionne l'exercice des libertés (expression, pensée etc.), que par sa forme économique, qui soutient que l'Etat ne doit pas intervenir dans l'économie du pays, si ce n'est

Le Discours Moderniste

pour défendre la propriété et l'initiative privées. Dans ce terme *liberalism*, la liberté s'entend par conséquent comme la préservation de la liberté individuelle contre l'autorité de l'Etat. C'est ainsi que si l'Aga Khan emploie l'expression "libéralisme musulman", c'est parce qu'il n'existe aucun Etat central autour duquel se regrouperait l'*Umma*, ni aucune autorité religieuse; de ce fait, il reste aux Croyants la liberté d'interpréter les textes scripturaires – "le Koran ainsi que les paroles et l'exemple du Prophète"[53] – chacun suivant ses besoins et sa capacité.

On a vu que dans *India in transition*, l'Aga Khan place implicitement la propriété privée au dessus de la liberté, puisque la privation de la première est pire que celle de la seconde. Il en ressort que la liberté qui compte est celle de posséder, celle des propriétaires et par conséquent il n'est de liberté fondamentale que celle des possédants. Cette conception implique que la liberté est inutile si elle attribuée à des gens qui n'en ont pas la réelle jouissance économique. J.S. Mill écrit à ce sujet: "La liberté, comme principe, ne peut s'appliquer à un état de chose antérieur à l'époque où l'humanité devient capable de s'améliorer par la libre discussion entre individus égaux."

Il est frappant de constater l'absence quasi-totale, dans le lexique politique de l'Aga Khan, du terme "démocratie". Considère-t-il à l'instar de J.S. Mill que le public est "ce mélange hétéroclite d'une minorité de sages et d'une majorité de sots"[54]? Il est plus probable que l'Aga Khan estime que tant que les masses restent plongées dans l'ignorance, la liberté politique (droit de vote, etc.) ne leur est d'aucune utilité; elle ne sert pas non plus la nation. L'Aga Khan est persuadé qu'en Inde, le suffrage universel provoquerait la domination des classes éduquées au détriment des pauvres; autrement dit, la démocratie ne changerait rien à cet état de choses[55].

Cela ne contredit pas le point de vue de Mill qui considère que plus un gouvernement est démocratique, moins la liberté individuelle est garantie. Le despotisme est d'après lui un moindre mal dans la mesure où il laisse subsister l'individualité "et tout ce qui opprime l'individualité est un despotisme quel que soit le nom qu'on lui donne (...)"[56]. Sa critique de la démocratie part de la nécessité de se protéger contre la tyrannie de l'opinion et de sa tendance à entraver le développement de l'individualité. Bien que l'Aga Khan considère que la monarchie et l'aristocratie constituent les piliers de l'Etat, il formule néanmoins l'idée que le peuple doit être associé graduellement au gouvernment, simultanément avec le développement social et culturel des masses. Mais il est clair que pour lui, comme il le note dans ses mémoires, "in India it was hardly the glimmer of a distant dream" (p. 300).

Il en ressort une certaine ambiguïté quant à savoir s'il considère que la démocratie est réellement le système politique le meilleur ou s'il constitue pour lui une utopie qui est hors d'atteinte pour l'instant. Il est d'autre part frappant de constater qu'il est surtout question de la démocratie lorsqu'elle est à venir, pour tout dire lorsqu'elle paraît irréalisable. C'est ainsi que dans *India in tradition*, l'Aga Khan estime qu'une des caractéristiques de l'Etat moderne est d'être "based on the cooperation of every community and of the government by giving to the people themselves the right to direct policy"[57]. Dans la conclusion, l'Aga Khan revient encore sur cette idée. Enfin, pour l'Aga Khan, la liberté ne peut être octroyée que dans la mesure où elle ne trouble pas l'ordre; il cite la Suisse comme pays qui a réussi "the ideal combination of liberty and order"[58].

En dernière analyse, dans les domaines politique et économique, la pensée aga-khanienne se révèle plus comme pensée du modernisme musulman que comme une pensée de la modernité islamique; bien que conscient de la nécessité de penser les valeurs du modernisme européen dans le contexte intellectuel propre à l'*épistèmè* islamique, l'Aga Khan révèle des difficultés à penser correctement les concepts fondamentaux du modernisme politique. La démocratie, en particulier, apparaît dans sa pensée comme un concept lointain et intangible qu'il ne cherche ni à approfondir, ni à critiquer. Cette difficulté s'étend à d'autres concepts comme celui de la liberté individuelle. Il est légitime de s'interroger sur les causes de ce "dys-pensé".

On a vu que l'interprétation aga-khanienne résulte du rapprochement de deux notions – l'une appartenant à l'*épistèmè* islamique et l'autre à l'*épistèmè* européenne – dont le champ sémantique est suffisamment étendu pour qu'il puisse leur être commun, au moins partiellement. Par la suite, une nouvelle notion "aga-khanienne" en ressort qui n'est pas exactement l'homologation effectuée par les penseurs ismaéliens classiques comme Nâsir-e Khusraw. C'est ainsi que dans le domaine de l'éthique, l'Aga Khan détermine un certain nombre de valeurs – la charité et la tolérance en sont les principales – pour constitue son "Islam fondamental", qui constitue lui-même la base d'un humanisme à venir. Dans le domaine politique, l'interprétation aga-khanienne apparaît nettement moins opérationnelle; le concept d'Etat-Nation, pur produit de la modernité européenne, ne trouve pas d'expression dans sa conception politique.

NOTES

1 ce second aspect reste en général une déclaration de principe.
2 *India in transition*, op.cit., p. 75
3 *ibid.*, p. 166.
4 cité par Dumasia, *A brief history of the Aga Khan*, op.cit., p. 174.
5 *India in transition*, op.cit., p. 193.
6 *idem*, p. 299. Voici d'autre part ce que l'Aga Khan écrit dans ses mémoires au sujet de la situation économique de l'Angleterre au début du XXème siècle;
"The gradations from rich to poor were steep, and from extreme to extreme; yet throughout much of society there was diffused a general sense of prosperity. There was no Welfare State, but there was a robust, genial feeling that Britain was top dog, and there was a gaiety, vigour, and adventurousness about life for the mass of the people" (p. 45).

7 "Rare documents", *op.cit.*, p. 250.
8 voir par exemple Allana, *Our freedom fighters*, *op.cit.*, p. 260.
9 Pirzada, *op.cit.*, pp. xvii–xviii.
10 F. Shaikh, *Community and consensus; Muslim representation in Colonial India, 1860 1947*, *op.cit.*, p. 111.
11 Pirzada, *op.cit.*, p. xliv.
12 F. Shaikh, *Community and Consensus; Muslim Representation in Colonial India, 1860 1947*, *op.cit.*, p. 195. Iqbâl quant à lui devait utiliser l'expression "Muslim India within India" en décembre 1930.
13 *ibid.*, p. 94. Sur le terme "millet", voir B. Lewis, *Le langage politique de l'Islam*, *op.cit.*, index.
14 *A chronology*..., *op.cit.*, p. 141.
15 *Collectanea*, *op.cit.*, p. 60.
16 *idem*, pp. 64–65.
17 *op.cit.*, p. 153 et aussi Jackson, *op.cit.*, 226.
18 *The Aga Khans*, *op.cit.*, pp. 245–291.
19 cité par Meher Bose, *op.cit.*, p. 145.
20 *idem*, p. 248.
21 "Mubarak Talika", *op.cit.*, p. 23.
22 nous adoptons ici l'usage ismaélien qui emploie ce terme au masculin.
23 par exemple p. 15, *op.cit.*
24 *idem*, p. 18.
25 *ibid.*, p. 19.
26 *ibid.*, p. 31.
27 *op.cit.*, p. 197.
28 Walji, *op.cit.*, p. 242.
29 Nanji, *Modernization* ..., *op.cit.*, p. 132, Hollister, *op.cit.*, p. 403.
30 "*Anthropologiques*", Librairie Générale française, 1985 (1ère éd. 1974), p. 283.
31 c'est le cas des deux ouvrages par ailleurs importants de F. Rahman et A. Laroui; cf. bibliographie générale.
32 voir par exemple dans *India in transition*, *op.cit.*, p. 85.
33 *La pensée arabe*, *op.cit.*, p. 93.
34 G. Balandier, *op.cit.*, pp. 284–5 et Arkoun, *op.cit.*, qui s'inspire lui même de cette démarche. Voir aussi l'article d'Alain Touraine, "Modernité et spécificités culturelles", *Revue Internationale des Sciences Sociales*, 118, nov. 1988, pp. 498–511, thèse qu'il développe encore dans sa *Critique de la modernité*, Fayard, 1992, 462 p.
35 le fait de concevoir la modernité sous la forme d'un projet permet d'envisager une telle critique. Nous avions pensé développer ce thème présentement mais l'ampleur de cette entreprise nous a fait renoncer.
36 *L'Europe et l'Islam*, *op.cit.*, p. 187.
37 conférence prononcée le 30–05–1985, Salle des Conférences de la Bibliothèque de la Part Dieu, Lyon. Thème repris dans M. Arkoun, L. Gardet, *L'Islam, hier-demain*, Buchet-Chastel, 1978 (2ème éd.), 120–138.
38 F. Rahman, dans *Islam and modernity*, *op.cit.*, utilise cette même distinction mais sans élaborer aucune approche critique terminologique.
39 *Les tendances modernes de l'Islam*, *op.cit.*, p. 143.
40 à cet égard, pour ce qui concerne le christianisme, on peut se reporter aux travaux de D. Hervieu-Léger, en particulier "Les manifestations contempor aines du christianisme et de la modernité" in *Christianisme et modernité*, sous la direction de R. Ducret, D. Hervieu-Léger et P. Ladrière, Cerf, 1990, pp. 295–316 et surtout *De l'émotion en religion Renouveau et traditions*,

sous la direction de F. Champion et D. Hervieu-Léger, Le Centurion, 1990, 253 p.
41 *Islam et modernité*, op.cit., p. 19.
42 d'après le *Lisân al-'arab* cité par Laroui, *idem*. p. 36.
43 *ibid.*, p. 39.
44 Hollister, *op.cit.*, p. 399. Les scouts ne forment certes pas une organisation para militaire; mais certains indices témoignent qu'ils sont militarisés à un certain degré; le port de l'uniforme, le salut, les grades, les exercises de "survie", etc. On rappelera pour mémoire l'origine militaire des "boys scouts" fondés en 1908 par R.S. Smyth, 1er baron de Baden-Powell (1857-1941), général anglais, qui s'inspira des jeunes éclaireurs ("scouts") qu'il avait formés au cours du siège de Mafeking, pendant la guerre des Boers.
45 *op.cit.*, p. 39.
46 *op.cit.*, p. 161.
47 *idem*, p. 172.
48 B. Lewis, *Le langage politique de l'Islam*, *op.cit.*, p. 102 et "Hurriyya", *EI2*, T. III, pp. 669-615.
49 *L'Europe et l'Islam*, *op.cit.*, p. 21.
50 *Le langage politique de l'Islam*, *op.cit.*, p. 168.
51 *op.cit.*, p. 69.
52 "The religious liberalism of Sayyid Ahmad Khan", *Moslem World* 50, 1964, pp. 160-169.
53 "Sur la liberté", *op.cit.*, p. 75.
54 *India in transition*, *op.cit.*, p. 301.
55 "Sur la liberté", *op.cit.*, p. 158.
56 *India in transition*, *op.cit.*, p. 32.
57 *idem*, p. 36.
58 la problématique de l'Etat-Nation dans le cadre du monde musulman a fait l'objet de nombreuses études; voir par exemple James P. Piscatori, *Islam in a World of Nation State*. Cambridge University Press, Cambridge, New York, New Rochelle, Melbourne, Sydney, 1988 (Ist ed. 1986), 193 p.

X

La Modernisation de la Communauté Ismaélienne

X-1 LES CADRES DE LA MODERNISATION

a–la place des Khojas est-africains dans le processus de modernisation

On a vu les conséquences du transfert de l'imâtat en Inde; l'imâm s'établit vers 1845 à Bombay, parmi ses disciples khojas qui, bien qu'étant originaires du Gujarât–Kutch, Kathiawar principalement, se trouvent en grand nombre dans cette ville. Hasan 'Alî Shâh, lors de son exode de Perse, traversa toutes ces contrées et depuis lors, les imâms qui lui succédèrent conservèrent cette habitude de visiter leurs disciples. Les Khojas sont, du propre aveu de l'Aga Khan, soit commerçants soit agriculteurs. Les grandes cités maritimes du Gujarât entretiennent des relations commerciales séculaires avec la Perse, la péninsule arabique et l'Afrique orientale, profitant du renversement périodique des moussons. D'après H.B.E. Frere, envoyé en mission par le gouvernement britannique en Afrique orientale en 1872–73, les Khojas et leurs ancêtres, c'est à dire la caste hindoue dont ils sont issus, ont pratiqué le commerce sur la côte depuis des temps immémoriaux; les Portugais décrivent leurs communautés florissantes établies entre Solofa et Socotra. Mais la politique intolérante des Portugais à leur égard, ainsi que leur cruauté, ont presque provoqué leur disparition de la côte[1].

A l'époque contemporaine, il semble que plusieurs facteurs conjoncturels aient provoqué un accroissement de l'exode khoja vers l'Afrique. L'Inde est frappée au XIXème siècle par toute une série de famines en 1803–4, 1813, 1876–7, 1896–7 – à laquelle s'ajoute une terrible épidémie de peste; puis au début du siècle suivant en 1900–1904, 1912–3, 1916–17, 1919–20, 1922–27, 1924–25, 1937–38[2]. Ce à quoi il faut ajouter les épidémies endémiques, principalement le choléra et la dysenterie, qui frappent le pays en 1912, 1918 et 1919[3]. L'établissement de la *pax britannica* sur une partie de la côte orientale de l'Afrique et de la *pax franca* à Madagascar favorise d'autre part l'émigration des Khojas qui pouvaient se livrer à leurs activités agricoles ou commerciales en toute quiétude[4]. L'essor économique de cette région est due en partie aux initiatives du sultan d'Oman Sa'îd ibn Sultân dont le règne s'étendit sur plus d'un demi-siècle de 1804 à 1856, et qui profita de la protection britannique, stipulée par un traité d'amitié signé en 1797, face aux Wahhâbites qui s'agitaient. Il créa entre autres la première plantation de girofliers à Zanzibar et il favorisa l'émigration des communautés marchandes khojas installées depuis des siècles sur la côte omanaise, à Matrah. En 1832, Sa'îd ibn Sultân décida de transférer sa capitale à Zanzibar qui était alors le centre d'un commerce très actif et à sa mort en 1856, ses possessions furent partagées entre ses deux fils qui devinrent les sultans de deux Etats indépendants: Mascate et Zanzibar[5].

Mais le facteur décisif dans le développement de l'émigration, ce furent les conseils des imâms qui encouragèrent les Khojas à constituer une large communauté en Afrique de l'Est; Azim Nanji suggère qu'ils avaient véritablement planifié cette émigration peut-être en liaison à la fois avec le sultan d'Oman, qui possédait par ailleurs une enclave au Balûchistân, et les Britanniques pour assurer le développement économique de la région[6]. On trouve un écho de cette politique dans quelques écrits de l'Aga Khan qui célèbre l'esprit pionnier des ancêtres des Khojas en Afrique orientale. Il ne fait aucun doute pour lui que les Tharia Topan, les Allidina Visram et autres ont amorcé le développement économique de la région, montrant ainsi la voie aux Britanniques qui ne firent que suivre leur exemple: "(...) all these were in Indian hands for many a decade before the Europeans began the work of thorough and scientific exploration of the East Africa mainland. And the pioneers of this great enterprise, Stanley, Kirk and others, were indebted to Indians, such as the late Sir Tharia Topan, for the organisation of their expeditions into the interior"[7].

Allidina Visram avait profité de la construction de la ligne de chemin de fer de la côte vers l'intérieur pour construire un empire commercial ne comportant pas moins de trente branches[8]. Quant à Tharia Topan, qui possédait une véritable flottille marchande et qui avait été anobli par la reine Victoria, ce fut lui qui reçut le jeune imâm lors de sa première visite en Afrique orientale en 1899. Dans une *talika* de 1950, l'Aga Khan conseille aux Khojas d'aller s'établir au Congo belge; "Today our community in Africa are exactly in the same position as they were 100 years ago when first a few went from the Islands of Zanzibar and Pemba to the coast at Bagamoyo and Mombasa; if you will today act with the same energy as people like Vizir Hema and Vizir Tharia did 100 years ago your children will be prosperous and happy (...). The population we have must now act as their great grandfathers did when they left India for Africa, as those who first obeyed my orders 60 years ago and left Zanzibar for the main land and the coast and up country"[9].

L'Aga Khan établit explicitement un parallèle entre la situation de l'Amérique du nord au XIXème siècle – avec le mythe de la conquête de l'Ouest et les richesses naturelles bien réelles que détient le continent – et l'Afrique. L'Aga Khan est convaincu que l'histoire du développement des Etats–Unis va se répéter en Afrique de l'Est et il va jusqu'à prédire que cette région aura atteint le même niveau de développement que les Etats–Unis vers le début des années soixante. C'est par ailleurs dès 1899, à son retour d'Europe, qu'il rend visite aux Khojas de Zanzibar et du Tanganyka, et dans ses mémoires, il décrit cette période comme "the beginnings of future economic prosperity and greatness" de la région (p. 59). Comment s'organisait la migration des Khojas vers l'Afrique? Les migrants rejoignaient-ils les colonies déjà installées? Autrement dit, cette migration était-elle organisée? Quels étaient les liens entre l'imâm et les Khojas d'Afrique avant 1899?

Malgré ce qu'affirment plusieurs auteurs, il semble que les imâms n'aient pas joué un rôle directif à l'origine du mouvement migratoire. Dans le cas de Tharia Topan, il avait débarqué en Afrique orientale à l'âge de douze ans, sans doute avant l'exil de Hasan 'Alî Shâh à Bombay. Allidina Visram débarque lui aussi à l'âge de douze ans, en 1877[10]. Il est donc probable que ces pionniers ont développé leurs entreprises de leur propre chef; la raison de leur réussite réside dans le fait qu'au lieu de s'approvisionner sur la côte, ils ont décidé de se dispenser des intermédiaires et d'aller acheter directement aux producteurs. D'autre part, les plus importants de ces pionniers se sont rendus en Europe; Tharia Topan accompagne à Londres le sultan Bargash de Zanzibar en 1875; il rencontre la reine Victoria, puis au cours d'un nouveau voyage effectué en 1890, la souveraine l'anoblit; à partir de 1885, il réside à Bombay et fait partie du conseil de "régence" chargé de veiller aux intérêts du jeune imâm et de diriger la communauté ismaélienne.

Un autre fait à noter est que les principaux pionniers, qui ont bâti de véritables empires commerciaux en Afrique orientale, ont eu des activités philanthropiques. Tharia Topan est à l'origine de la construction d'un hôpital et d'une école à Zanzibar dès 1881. Sewa Haji Paroo fait de même; il n'hésite pas à offrir à des missionnaires chrétiens un terrain, des bâtiments et de l'argent pour qu'ils puissent instruire Indiens et Africains[11]. De même, Allidina Visram finance une école à Monbasa qui porte aujourd'hui son nom (Allidina Visram High School)[12].

Hatim M. Amiji, pour sa part, voit dans ce phénomène migratoire – l'agogée se situant entre 1850 et 1870 – cinq causes essentielles; l'augmentation du trafic et de la prospérité économique de Zanzibar, le développement de la navigation entre l'Inde et l'Afrique (liaison mensuelle régulière entre Aden, Bombay et Zanzibar à partir de 1873), le déclin de l'artisanat traditionnel villageois, la forte croissance démographique en Inde et les famines et la sécheresse dans le Kutch et le Kathiawar[13]. Au début du XIXème siècle, il semble que de simples agents de maisons commerciales du Gujarât ou de Bombay soient venus proposer leurs services à Zanzibar ou sur la côte; ils s'agissaient pour eux de développer la prospérité de leur maison mère[14].

Une fois une première boutique ouverte, l'entrepreneur cherchait alors à se développer "horizontalement". Son but était de créer le plus grand nombre possible de boutiques, couvrant le territoire le plus vaste. De ce fait, il avait très rapidement besoin d'assistants qu'il recrutait dans sa communauté d'origine en Inde[15]. Dans un premier temps, l'assistant est un simple apprenti. Puis, lorsqu'il a fait ses preuves, il peut ouvrir sa propre boutique grâce à l'appui financier que lui procure la maison-mère. Ce lien de clientélisme se maintient; les détaillants de la côte et de l'intérieur dépendent d'une maison-mère installée à Zanzibar. Celle-ci leur achète les produits locaux, et en échange leur procure des produits manufacturés, et importés, des recommandations pour le crédit et des connexions locales pour les affaires. Le patron attend de ses clients un soutien inconditionnel dans les affaires communautaires.

Il reste que c'est à Zanzibar, à l'occasion du deuxième voyage de l'Aga Khan en 1905, que fut promulguée la première Constitution; c'est donc bien pour répondre à un besoin des Khojas est-africains qu'elle fut promulguée. Les premières constitutions concernent toujours uniquement les Khojas d'Afrique orientale, et les auteurs comme Le Chatelier ou Menant, qui ont écrit au début du siècle sur les Khojas indiens ne font absolument pas allusion aux constitutions, sous quelque forme que ce soit. Pourtant, les pamphlets du Khoja réformateur Karim Goolamali – qui citent de larges extraits d'une constitution – indiquent que les Ismaéliens de l'Inde ont été dotés d'une constitution vers 1920[16].

b–les Constitutions aga-khaniennes

La question principale à laquelle il faut essayer de répondre, avant d'analyser le contenu des différentes constitutions promulguées pendant l'imâmat de l'Aga Khan, est de savoir pourquoi cette Constitution a été promulguée. Les voyageurs musulmans qui visitèrent l'Europe au début du XIXème siècle étaient à la recherche du "secret" de la réussite européenne. Tahtâwî, dans la relation de son voyage, traduit en arabe la Charte de Louis XVIII et fait l'apologie du gouvernement constitutionnel. Cette version est elle-même traduite en turc dès 1839[17]. Khayr al-Dîn pour sa part, voit dans les systèmes politiques de l'Europe la source de sa prospérité et de sa puissance[18].

La première Constitution d'un Etat musulman fut promulguée en janvier 1861 en Tunisie. Le Bey héréditaire restait le chef suprême de l'Etat et de la religion, mais il ne disposait plus des revenus de l'Etat. Il est responsable, avec les ministres, devant le Grand Conseil, formé de ministres, de hauts fonctionnaires, d'officiers supérieurs et de notables. Le pouvoir législatif appartient au bey et au Grand Conseil; le pouvoir exécutif au bey et aux

La Modernisation de la Communauté Ismaélienne

ministres. L'indépendance du judiciaire est reconnue. Enfin, la Constitution reconnaît le Pacte Fondamental de 1857 qui garantissait une complète sécurité à tous les habitants, quelles que soient leur religion, leur nationalité et leur race, l'égalité de tous devant la loi et l'impôt. Enfin la liberté du commerce et du travail était reconnue[19]. En Turquie, la première Constitution fut promulguée le 24 décembre 1876 par Abdül Hamid; en Perse, il faut attendre la Révolution Constitutionnelle pour que le shâh Muzzafar al-Dîn la promulgue le 30 décembre 1906[20].

L'Aga Khan écrit dans ses mémoires qu'il a lu l'ouvrage de Lord Bryce sur la Constitution américaine (p. 100). Mais l'Aga Khan fait allusion aux Constitutions sous la forme *Law Book*, dans une *talika* de 1953. Dans ses mémoires, il écrit à ce sujet; "Ismailism has survived because it has always been fluid. Rigidity is contrary to our whole way of life and outlook. There have really been no cut-and-dried rules, even the set of regulations known as the Holy Laws are directions as to method and procedure and not detailed orders about results to be obtained" (p. 185). En n'utilisant pas le terme *constitutions* et en précisant la nature de ces *regulations*, l'Aga Khan veut-il signifier que la constitution ismaélienne ne peut pas être comparée avec les constitutions des nations? Il est vrai que la première Constitution était intitulée; "The rules of the Shia Imamia councils of the continent of Africa"[21]. Il est intéressant de noter que n'apparaissent ni le terme *constitution*, ni le terme *ismaili*. Frischauer avance la date du 9 septembre 1905 et d'après lui, la constitution ne fut pas imprimée avant 1922, en anglais et en gujarâti[22].

Parmi les auteurs qui mentionnent la constitution, seul Anderson avance comme date 1899 ou 1905, se référant de toute évidence aux deux premières visites de l'Aga Khan à Zanzibar. Pour lui, les conditions de la promulgation de cette constitution ne sont pas claires. A ce sujet, l'Aga Khan écrit dans ses mémoires: "I urged on my Ismaili followers there some of the ideas, in intellectual and physical education, that I was practising and preaching in India. I was especially distressed by the low standards of physique noticeable in Zanzibar; the incidence in particular of tuberculosis was high" (p. 79). D'après Frischauer, la première constitution devait avant tout aider à apporter "the benefits of western civilization to his people". Pour réaliser ses plans, l'Aga Khan devait donner une constitution écrite aux Ismaéliens dont le besoin était de posséder "a set of firm rules to embrace their whole life, an administrative and religious framework"[23].

Si l'idée d'octroyer une constitution semble venir de l'Aga Khan seul, c'est après une série de consultations avec les responsables locaux qu'elle fut établie; de la même manière, Shirin Walji voit dans la Constitution de 1905 le moyen d'institutionnaliser d'une manière formelle la structure de la société ismaélienne et les valeurs, les coutumes et les tradition sous-jacentes à cette structure[24]. Meher Bose considère la constitution comme un document curieux "though it provided for a council to run the community, the council had no power to change the rules, and everything had to be referred to the Aga (…)"²⁵.

Morris, Amiji, Daftary et Nanji sont d'un avis différent; ils situent l'origine de la première constitution dans le contexte des dissidences qui frappaient la communauté ismaélienne, et dont la principale conséquence était que de nombreux Khojas se convertissaient au shî'isme ithnâ' ashârî. Après avoir souligné la récurrence des scissions, Nanji écrit; "The Constitution of 1905 was therefore meant to provide a framework that would apply to the community and act as safety valve against seceders who might lay claim to communal property."²⁶. Il est vrai qu'en cette année 1905, un procès retentissant est intenté contre l'Aga Khan à Bombay: le "Haji Bibi Case". Bien que celui-ci se soit trouvé justement à Zanzibar, sa mère le représenta au cours du procès il est évident qu'il était au courant de cette action puisque le juge note dans son compte-rendu que "(…) the suit itself has attained the distinction of having taking up the longest time on record in these Courts (…)"²⁷.

Ce procès, comme nous aurons l'occasion de le voir dans le paragraphe suivant, revêt une importance capitale à nos yeux; car s'il est vrai que ce n'est pas la première affaire de contestation, le "Haji Bibi Case" est caractérisé par le fait que le procès est intenté par une partie de la proche famille de l'Aga Khan, qui va jusqu'à remettre en cause la légitimité de son imâmat. Les différents témoignages apportent la preuve que la coterie de Haji Bibi avait des partisans en Inde et en Afrique.

L'Aga Khan ne dévoile dans ses mémoires qu'une partie de la fonction assignée à ces *regulations* qui, si elles sont constituées partiellement de directives plutôt que d'ordres en ce qui concerne certaines matières bien précises, réaffirment d'autre part les dogmes fondamentaux de l'ismaélisme qui gravitent tous autour du concept du *imâm-i hazar*. Il est possible que la visite de l'Aga Khan à Zanzibar, en 1905, ait eu pour objectif de mettre fin à la conversion des Khojas au shî'isme ithna 'ashârî.

Avant 1905, la communauté khoja ne possédait pas de règles écrites. Le pouvoir judiciaire était exercé par un conseil d'Anciens; l'organisation de chaque communauté était la même que celle léguée par *pîr* Sadr al-Dîn sans doute vers la fin du XIVème siècle. Chaque *jamat* s'organise autour de trois éléments fondamentaux; le *jamatkhana*, le *mukhi* et le *kamadia*²⁸. La constitution de 1905 dote chaque *jamat* d'*administrative bodies*, parmi lesquels le *local council* présidé par le *mukhi*. Ce sont les *local councils* qui ont la charge d'arbitrer les disputes survenant dans le *jamat*, y compris les affaires criminelles. En matière matrimoniale, la constitution autorise les mariages à partir de 14 ans, pour les garçons, et de la puberté pour les filles. Les valeurs traditionnelles des Aghâ Khâns sont réaffirmées, comme la loyauté envers le pays hôte, et cette constitution rattache tout ce qui concerne l'éducation du "planning" central plutôt que local. Enfin, en ce qui concerne les questions économiques, elle encourage les hommes

La Modernisation de la Communauté Ismaélienne

d'affaires à fréquenter les réunions de la Chambre de commerce locale. D'autre part, la constitution crée les *Panjebhai Committee* chargés de venir en aide aux différentes catégories de défavorisés.

La première constitution resta en vigueur pendant près de vingt ans. En 1926, une nouvelle constitution fut promulguée, qui tenait compte d'un certain nombre de changements qui étaient intervenus entre temps. Le nombre des Khojas avait augmenté, et beaucoup parmi eux s'étaient rendus de Zanzibar sur la côte, et même à l'intérieur du continent africain. La constitution de 1926, et celles qui la suivirent, eurent surtout comme objet la réorganisation administrative de la communauté, au fur et à mesure que le nombre des Khojas augmentait, et qu'ils s'installaient dans de nouveaux territoires; la cérémonie de la pesée, qui se déroula à l'occasion du Golden Jubilee et du Diamond Jubilee, fut le prétexte d'une réorganisation économique qui transparaît aussi dans les constitutions.

En 1926, le *mukhi* et le président du *local council* deviennent deux personnes distinctes; le *mukhi* n'est en aucun cas supérieur aux membres du conseil. Les *Panjebhai Committees* sont développés; il en existe un pour les pauvres (*Garib Fund*), un pour les malades (*Sarwar Committee*), un pour les veuves (*Withwa co.*), un pour les funérailles des pauvres (*Mayat shangar co.*), un pour l'éducation des pauvres (*Educational co.*; le comité est chargé par exemple d'acheter les livres et de payer les inscriptions), un pour subvenir aux besoins quotidiens des pauvres (*Privat Help co.*; il propose des vêtements, des aliments et de l'argent), et un pour l'emploi (*Employment co.*)[29].

Sur le plan administratif, la constitution crée des *provincial councils* dans ce qui constitue alors les trois territoires de l'Afrique de l'est: Tanganyka, Ouganda et Kenya. Les membres sont choisis par l'imâm, qui supervise par ailleurs la plus grande partie de leur tâche. Ces nouvelles institutions furent bien accueillies par les différentes administrations coloniales, car elles leur procuraient des interlocuteurs reconnus par la communauté[30]. Mais chaque *provincial committee* doit consulter Zanzibar pour ce qui concerne les matières d'intérêt général; même plus tard, lorsque le centre se déplaça vers le continent, certaines importantes fonctions restèrent toujours à Zanzibar

La constitution de 1937 fut sans doute promulguée à l'occasion du Golden Jubilee. Les fonds récoltés lors des pesées – 25.000 livres sterling – furent destinés à l'expansion économique dans le cadre de la "Jubilee Insurance Company". Voici comment l'Aga Khan la décrit: "In Africa, where I have been able to give help as well as advice, we have put the finances of individuals and of the various communities on a thoroughly safe basis. We established an insurance company – the Jubilee Insurance – whose shares have greatly increased in value" (p. 188). Mais la nouvelle constitution réorganise une nouvelle fois l'administration de la communauté. Elle crée plusieurs organisations distinctes avec des responsabilités séparées; le Conseil exécutif a la responsabilité ultime des affaires religieuses avec la charge de contrôler les donations charitables effectuées par l'Aga Khan[31]. Ce dernier coordonne les activités des communautés grâce à des rapports qui lui sont envoyés régulièrement. Les *Provincial councils* sont chargés de l'administration des affaires locales.

Le *Supreme council* supervise et inspecte les affaires des *Provincial councils*. Il constitue l'institution responsable pour tout ce qui concerne le *welfare* de la communauté et il est chargé de protéger les intérêts de la communauté à travers l'Afrique. Le *Supreme council* est un instrument majeur de la centralisation de la société ismaélienne. Il est composé de deux membres de Zanzibar, de Monbasa, de Nairobi, de Kisumu et de Dar es Salam; un membre du Tanganyka, de Mwanza, de Moshi, Mbale, Pretoria et Madagascar, plus d'autres personnes nommées par l'Aga Khan. Les devoirs et les fonctions des *Provincial councils* ne sont pas très clairement définis. Leur devoir est de protéger et de sauvegarder "the interest of Mowlana Hazar Imam, His Highness the Aga Khan, the Ismailia religion and the Ismaili followers of the Mowlana Hazar Imam His Highness the Aga Khan within its juridiction"[32]. Enfin, en ce qui concerne le mariage, la constitution indique que le meilleur âge pour le mariage est 14 ans pour les filles et 16 pour les garçons.

En 1946, à l'occasion du Diamond Jubilee, fut promulguée une nouvellle constitution intitulée: "Constitution, Rules and Regulations of His Highness the Aga Khan Ismailia Councils of Africa". Les fonds issus de la pesée sont placés dans une nouvelle société, le "Diamond Jubilee Investment Trust Company", au capital de 1.000.000 de livres sterling, "which is really a vast association, explique l'Aga Khan dans ses mémoires, for receiving money and then putting it out on loan, at a low rate of interest, to Ismaili traders and to people who want to buy or build their own houses" (p. 188). Sur le plan administratif, la constitution réorganise le *Supreme Council*. Chaque ville qui a un *Provincial Council* y a un représentant. Des représentants de nouvelles régions de l'Afrique en font partie, comme par exemple le Mozambique. Autre innovation: trois femmes doivent obligatoirement se trouver dans le *Supreme council*. Personne, d'autre part, ne peut rester à la même fonction plus de huit ans sans la permission spéciale de l'imâm. Sur le plan économique, les *Panjebhai commitee* sont supprimés et remplacés par la "Welfare Society". Et enfin, la constitution recommande aux Khojas de se marier à leur majorité.

En ce qui concerne les constitutions, seul Azim Nanji a véritablement souligné leur importance dans le processus de modernisation de la communauté ismaélienne. A l'époque où cet article fut écrit, en 1974, un fonds constitué de l'ensemble des Constitutions avait été collecté à l'université de Californie, Santa Cruz: il n'existe plus aujourd'hui[33]. Compte-tenu des difficultés pour connaître, on l'a vu, les circonstances exactes dans lesquelles la première a été octroyée, il est difficile de savoir si elle répondait à un problème ponctuel localisé. F. Daftary va jusqu'à

La Modernisation de la Communauté Ismaélienne

affirmer que la Constitution de 1986 fut la première Constitution universelle[34].

c–les *firmans* et les *talikas*

Nous avons déjà vu les *firmans* et les *talikas* comme source pour connaître la pensée ismaélienne de l'Aga Khan. Il est important d'y revenir brièvement. En effet, ils ont constitué par excellence l'instrument de la modernisation. Alors que les Constitutions fournissaient le cadre général des dispositions religieuses et communautaires, les *firmans* et les *talikas* avaient pour fonction de régler la mise en pratique de la constitution, et surtout d'harmoniser le message imâmien avec l'évolution historique.

Cette supériorité des *firmans* comme instrument de la modernisation apparaît à plusieurs reprises dans les dits de l'Aga Khan. C'est ainsi qu'en 1903, dans le Gujarât, l'Aga affirme: "From time to time, as the circumstances change, some new things come up and fresh issues arise. At different times, new difficulties crop up. The conditions of the world also change. The conditions of the world prevailing thousand of years ago were different than the present times and will radically change in the years to come. There have always been great transformations in the world. It is on account of this that the Imam of the Time is always present to guide you according to the changed times. He commands you to act in a way that suits the current times. My Firmans in years to come will be quite different from the present ones. The whole world will change. Therefore you should obey the Firmans of the Imam of the Time. As the time change, so do the Firman"[35].

Cet extrait un peu long démontre amplement la fonction principale du *firman*. Il est un instrument privilégié puisqu'il rend possible la mise en oeuvre de l'essentiel du message imâmien; l'harmonisation des textes scripturaires et des besoins de l'époque. Il permet d'articuler la dialectique historique au temps de l'éternité qui est celui du divin. Mais si la fonction des *firmans* apparaît clairement, qu'en est-il de leur statut? Dans quelles conditions et à quelle époque le *firman* s'est-il constitué en source privilégiée de la connaissance? Ce statut a-t-il été pensé par l'Aga Khan, ou bien l'a-t-il accepté de facto? Enfin, à quels besoins l'élaboration des *firmans* comme référence répondait-elle?

Diamond Rattansi, qui affirme avoir compulsé 80% des *firmans*, cite comme source exclusivement des recueils qui ont été publiés soit dans les années cinquante, soit après la mort de l'Aga Khan. Il semble donc évident que les publications ont été très tardives, mais cela peut signifier qu'une partie de la tradition orale a été mise par écrit. Etant donné d'autre part que cette tradition possédait des écrits, les *ginâns* en particulier, on peut conclure qu'avant la fin de l'imâmat, aucun besoin ne s'était fait sentir de collecter les *firmans* aga-khaniens. Il est néanmoins possible que le *Kalam-e imam-e mubin* soit la synthèse de publications antérieures et plus ponctuelles d'Afrique orientale et du subcontinent indien. Quant à la responsabilité de l'Aga Khan dans ces publications, nous pensons qu'il n'en est pas à l'origine. C'est sans doute sur l'initiative des associations locales et des dignitaires qu'elles furent réalisées; mais on sait d'autre part que l'Aga Khan ne s'y opposa pas. Vu l'enjeu de ces publications, cela signifie qu'il les accepta comme des reflets fidèles de ses paroles.

Il ressort des *firmans* eux-mêmes que l'Aga Khan avertit à plusieurs reprises – l'extrait ci-dessus l'indique – les Ismaéliens que les *firmans* évoluent avec le temps. Cette accentuation du rôle du *firman* provient sans aucun doute de la multiplicité des changements impulsés par l'Aga Khan, dans les croyances et dans l'organisation de la communauté, bref dans la mise en oeuvre de la modernisation. De fait, dans le tourbillon des transformations, le *firman* reste le lien indissoluble qui unit d'une part le *mu'min* à l'imâm, et par là, le *mu'min* à Dieu.

X–2 LES GRANDS AXES DE LA MODERNISATION

a–le développement de l'éducation

Nous n'étudierons pas en détail les grandes réalisations de la modernisation pour la simple raison que cet aspect de l'oeuvre aga-khanienne a été détaillé par les biographes de l'Aga Khan[36]. Nous nous contenterons de rappeler les principaux thèmes autour desquels elle s'est articulée. Deux parmi eux ont déjà été évoqués dans le cadre de la problématique réformiste de pensée aga-khanienne: il s'agit du problème de l'éducation et de celui du statut de la femme. Sur le plan des idées, l'Aga Khan n'est en aucun cas un précurseur. En effet, en Europe, le développement de l'éducation est une des grandes affaires du XIXème siècle[37]. Chez les réformistes musulmans, on sait que Sayyid Ahmad Khân en fait l'un de ses objectifs essentiels. A cette époque, la rénovation de l'enseignement s'entendait à la fois comme la réforme des études musulmanes, et l'acquisition du savoir européen. L'un des premiers établissements qui en résulta fut Aligarh; la première étape fut l'ouverture d'une école primaire en 1875, puis, en 1877, c'est la création du "Mohammedan Anglo-oriental Muslim College", affilié à l'université de Calcutta.

Le père de l'Aga Khan avait lui-même compris que l'éducation était la clé du progrès; c'est pourquoi il avait créé une école khoja à Bombay[38]. Il avait vécu de longues années en Perse et en Irak avec des princes kâjârs, dont plusieurs connaissaient des langues étrangères comme le français et l'anglais. Peut-être fut-il à l'origine de la double éducation, irano-islamique et européenne, que reçut le jeune Aga Khan. Quoi qu'il en soit, l'Aga Khan et ses biographes y voient surtout la responsabilité de sa mère Shams al-Mulk.

La Modernisation de la Communauté Ismaélienne

En 1904 à Delhi, l'Aga Khan expose pour la première fois l'idée que le collège d'Aligarh doit être transformé en université. Il est convaincu que cette université mettra fin à la décadence de l'islam[39]. Cette université, comme celle de Paris, Leipzig ou Londres, incarnera des valeurs nouvelles, ici celles de l'islam. Il souhaitait que l'enseignement des sciences occidentales se conjuguent avec celui de la littérature et de l'histoire orientales[40]. Plus concrètement, l'Aga Khan se chargea essentiellement de collecter les fonds nécessaires à la création de l'université. Il souhaitait d'autre part la création dans l'université d'un institut technologique et d'un collège militaire[41]. Comme à l'habitude, le rôle joué par l'Aga Khan dans la création de l'université d'Aligarh est dû à ses qualités de négociateur, comme le rappelle le vice-chancelier qui l'accueille en 1936 et lui décerne le titre de "pro-chancelor".

A cette occasion, l'Aga Khan rappelle qu'Aligarh doit constituer la capitale intellectuelle de l'Inde, tout comme Delhi en est la capitale politique; "We have in our University at Aligarh the centre form which radiate throughout India Islamic ideals and principles which have been dormant for long in the middle ages of India. It is now a period of renaissance and awakening. What the thirteenth century of the Christian ere was to Europe, the thirteenth century of Higra has been for Islam"[42].

Le souci principal de l'Aga Khan reste toutefois l'adéquation et l'enseignement équilibré des études islamiques et des sciences occidentales. Dans un message de 1952 destiné à l'Arabiyyah Jamiyyat de Karachi, l'Aga Khan déplore le peu d'universités conçues sur le modèle d'Aligarh; "You, Members of the Jamiyyat should bravely request the enlargement of our universities and the increase of their numbers on Aligarh lines, and insist on post graduate degrees of Ulema, just as there is for Scientists brought up the same way"[43]. Il ne voit aucun problème particulier dans l'enseignement conjoint des sciences islamiques et des sciences occidentales. Son énoncé est révélateur de la manière simpliste dont il envisage cette question. On sait qu'il est d'autre part convaincu que le Coran n'est pas incompatible avec la science, bien au contraire; son héritage ismaélien lui permet d'évacuer la complexité de la question telle qu'elle apparaît dans les termes du *'ilm al-kalâm*.

Dans le cadre de la tradition ismaélienne, l'Aga Khan fait de l'éducation un devoir religieux, posant que son désir le plus ardent est qu'aucun de ses *mu'mins* ne soit illettré[44]. Dans le discours qu'il prononce à l'occasion du Golden Jubilee en 1936, l'éducation reste l'objectif principal; "Educate, educate and educate your children", proclame-t-il encore[45]. Mais l'éducation n'est pas pour lui seulement le moyen d'accéder à de bonnes situations grâce aux études supérieures, l'éducation s'entend comme la mise au point d'un nouveau type d'homme qui fait du service et du sacrifice ses idéaux. En 1946 encore, devant les Ismaéliens de Madagascar, l'Aga Khan affirme que la question de l'éducation est une question de vie ou de mort pour la communauté[46].

La Rénovation du Shî'isme Ismaélien en Inde et au Pakistan

Comme toujours chez l'Aga Khan, l'idéal se conjugue avec un grand pragmatisme. Dans la constitution de 1925, un article indique qu'il est inutile de conserver des écoles dans de petits villages, pour la bonne raison qu'un ou deux enseignants ne peuvent enseigner tous les niveaux. Par contre, l'Aga Khan a ordonné d'octroyer un don mensuel de 100 shillings pour les écoles des villages dont la population est supérieure à 300 âmes[47]. D'autres dispositions de cette même constitution indiquent que les écoles ouvertes le sont grâce aux fonds communautaires. En dehors des collectes à l'occasion des divers jubilés, ils sont constitués des différents impôts et taxes – environ 10% des revenus mensuels – plus de nombreuses taxes ponctuelles que la constitution énumère scrupuleusement, perçues par l'administration communautaire au nom de l'imâm. De ce fait, la constitution stipule que les écoles peuvent à tout moment être contrôlées par les missionnaires.

Quoi qu'il en soit, la communauté khoja sait gré à l'Aga Khan d'avoir fait du développement de l'éducation l'une des priorités de la modernisation. Alors que Dominique Menant parle en 1910 de la répugnance des Khojas pour l'instruction, le dignitaire ismaélien qui commémore le *Golden Jubilee* quelques vingt-cinq ans plus tard, vante leur réussite dans les études, en particulier dans le droit, la médecine, le commerce et l'industrie[48].

b–l'émancipation de la femme

Les positions de l'Aga Khan sur cette question sont connues. Dès son premier discours important à Delhi en 1902, il voit dans l'asservissement de la moitié de la nation musulmane l'une des causes de sa décadence. A l'aide de la *sunna*, il démontre que la claustration de la femme n'est aucunement une coutume islamique: c'est une *bida'*. Nous ne reviendrons pas là-dessus. Par contre, il est intéressant, au vu de certains *firmans* et *talikas*, de s'interroger sur le véritable statut social que l'Aga Khan réservait à la femme dans la société ismaélienne contemporaine.

Un *firman* est-africain de 1945 enjoint aux Ismaéliens d'éduquer en priorité leur fille plutôt que leur fils. Pourquoi? "Because a boy would be able to stand on his legs and therefore it is the daughter who should be educated first. Another reason for this is that if a mother is educated she would be able to teach her children. But if the father is educated, he would be so busy in his worldly affairs that he would not be able to look after his children like an educated mother"[49]. Ce *firman* connut un grand succès chez les Ismaéliens qui eurent tôt fait d'y voir une preuve que leur imâm était encore plus "avancé" que les Européens. Signalons par ailleurs qu'on découve ici l'expression outrancière de l'Aga Khan quand il s'agit de problèmes qu'il juge vitaux.

Une lecture plus sereine du *firman* indique clairement que, si l'Aga Khan demande aux Khojas d'instruire en priorité les filles, c'est dans le seul but de faire d'elles de bonnes mères de famille; il est évident que leur tâche unique

La Modernisation de la Communauté Ismaélienne

est l'éducation des enfants. D'autres *firmans* nous renseignent sur le type d'éducation que l'Aga Khan souhaite pour les filles khojas; "I am very pleased to know, déclare-t-il en 1928 à Bombay, that girls are taught knitting, sewing and cooking. I strongly recommend the managing board to give such type of education to girls so that can become economically independant"[50]. Alors? L'Aga Khan est-il véritablement le héros de ces femmes qui, dénonçait-il à Delhi en 1904, "have never shared, or even seen, the free, social intercourse of modern mankind"[51]? Où feint-il seulement de l'être, pour amadouer les Musulmans modernistes et les Européens?

Sans doute la vérité se trouve-t-elle quelque part entre ces pôles extrêmes. On peut noter à sa décharge que la société khoja était très conservatrice et que là encore, l'Aga Khan, en fin pragmatiste, savait que la brusquerie n'aiderait en rien l'application de son programme de réformes. Pourtant, en 1954, l'Aga Khan aborde cette question dans une *talika*. Il répond en fait à un Khoja qui demande si les filles doivent être éduquées comme en Europe, plus particulièrement en France, en Italie et dans les autres pays latins. La question est de savoir si une femme peut élever correctement ses enfants tout en exerçant une activité professionnelle à l'extérieur.

Avant de répondre, l'Aga Khan rappelle qu'une femme peut être une bonne mère, tout en participant à l'économie domestique par une gestion efficace du budget du foyer. Dans le cas où le travail rémunéré de la femme apparaît indispensable, l'Aga Khan conseille d'avoir recours à une femme plus fortunée qui, de ce fait, est dispensée de cette activité. Celle-ci pourra alors s'occuper des enfants ainsi que tenir la maison[52]. L'Aga Khan n'interdit donc pas le travail féminin à l'extérieur; il reste que la réponse qu'il apporte à la question posée se situe délibérément dans le cadre communautaire.

c–la politique du corps

La politique du corps fut une des grandes affaires du XIXè siècle[53]. L'Aga Khan pour sa part condamne les techniques qui ont comme but de soumettre le corps. Il en mentionne différentes formes mais il cite plus particulièrement les flagellations; sans doute pense-t-il aux célébrations shî'ites d'*al 'âshûrâ* qu'il condamne avec virulence ailleurs. Le corps est sacré; "The healthy human body is the temple in which the flame of the Holy Spirit burns, and thus it deserves the respect of scrupulous cleanliness and personal hygiene" (p. 176). Dans un *firman* de 1945, l'Aga Khan fait de ce principe un principe ismaélien; "Remember that according to our Ismailia Faith, the body is the temple of God for it carries the soul that receives Divine Light"[54]. A Bombay en 1951, il réitère l'idée que le seul *Musjid* est le corps humain dans lequel l'âme vit sa période terrestre[55]. De ce fait, tout doit être mis en oeuvre pour le préserver.

Comment faut-il préserver la pureté du corps? L'Aga Khan ne donne pas de règles particulières; à son habitude, il donne des conseils ponctuellement.

Il peut conseiller par exemple à des Ismaéliens, établis sous des latitudes tropicales, de bien vérifier l'état de la viande qu'ils achètent. A la fin de son imâmat, il enjoint aux Ismaéliens de renoncer à ce qu'il considère comme les deux plus terribles ennemis de l'homme; le tabac et surtout l'alcool[56]. En dehors des désastres physiques évidents que leur absorption provoque, l'Aga Khan insiste sur la déchéance et la perte graduelle de la foi qui accompagnent l'alcoolisme[57]. Il reconnaît toutefois des cas exceptionnels, choléra, lèpre, dans lesquels l'alcool peut apporter un réconfort. D'autre part, pour les véritables intoxiqués, il leur demande d'essayer de réduire leur consommation.

En 1946, à Nairobi, l'Aga Khan affirme qu'en tant qu'imâm il s'inquiète de ce problème parce que la santé et la prospérité de ses *mo'min (mu' min)* lui sont chères[58]. Une fois de plus, l'Aga Khan s'extrait totalement du contexte islamique en statuant, de sa propre autorité, sur une question qui a été âprement débattue en milieu musulman. On notera que la référence à l'autorité imâmienne constitue l'unique légitimation quand les destinataires sont ismaéliens. Il est vrai que le Coran, bien qu'assimilant la consommation de boissons fermentées à un péché à une reprise (II/216), conseille seulement de l'éviter. Il assimile par contre l'état d'ivresse à un état d'impureté puisqu'il est demandé de ne pas prier dans cet état (IV/46).

La redondance des *firmans* et *talikas* sur le problème de l'alcool à la fin de son imâmat semble indiquer que les nouvelles générations, dans leur enthousiasme à s'inspirer des manières européennes, montraient un grand empressement à consommer ces produits. C'est pourquoi l'Aga Khan y consacre une longue *talika* en 1953. Il n'hésite pas à diaboliser ces produits, puis décrit en détails comment l'alcool se présente à l'homme comme un ami avant de le détruire. Que faire quand on est déprimé au lieu de boire un verre d'alcool? Se tourner vers la vie spirituelle par la prière. Car quoi qu'on fasse avec l'alcool, qu'on en consomme beaucoup ou peu, le résultat est le même; "But whatever you do it will kill your body but alas more than your body it will kill your Soul"[59].

X–3 MODERNISATION ET PROSÉLYTISME

Officiellement, les Ismaéliens ne pratiquent pas un prosélytisme actif. Pourtant, depuis un demi-siècle environ, différentes sources indiquent que des conversions – qui porteraient sur plusieurs dizaines de milliers d'individus – se seraient produites en Afrique, en Inde, au Pakistan et en Birmanie. S'il est difficile d'établir la chronologie de ces conversions, on peut pourtant affirmer qu'elles se sont produites surtout pendant l'imâmat de Sultân Muhammad Shâh Aga Khan (1885-1957). En Inde, les conversions auraient eu lieu en deux vagues. En 1917-1918, plus de 40 000 Guptis de la North West Frontier Province et du Pendjab, provinces situées actuellement au Pakistan, auraient abandonné l'hindouisme pour

La Modernisation de la Communauté Ismaélienne

embrasser l'ismaélisme[60]. Sur ordre de l'imâm, ces conversions seraient le résultat de la propagande de missionnaires comme Husaini Pirmohammed, Pir Sabzali, Ashqali et Jaferali Ismaili. Puis quelques années plus tard, dans les années 20, quelques milliers d'Indiens hindous et chrétiens ont adopté l'ismaélisme grâce au labeur de Khuda Bakhsh Talib, Haji Mohammed Fazal, Mohammed Muradali et Alimohammed Days. Dans la préface de ses mémoires (pp. 4–5), Sultân Muhammad Shâh signale que sa plus grande satisfaction est d'être personnellement responsable de la conversion de 30 000 ou 40 000 Hindous appartenant à de hautes castes et implantés au Pakistan; sans doute s'agit-il des cas précédemment mentionnés.

Toujours en Inde, des membres de la caste des Patel, qui était peut-être devenue shî'ite, adhèrent à l'ismaélisme après le Diamond Jubilee (1936). C'est une communauté d'agriculteurs et de fermiers qui est implantée principalement dans la région de Sidhpur (Gujarât). Pendant la Seconde Guerre Mondiale, lors d'un voyage à Bombay, l'Aga Khan aurait envoyé un *pîr* qui sut convertir ces Patels à l'ismaélisme; ils prirent alors le nom de Momins[61]. Pour les Momins, cette conversion produisit un effet immédiat sur leur condition de vie. Un véritable plan d'aide fut élaboré: il devait aboutir à la création d'équipements sanitaires et éducatifs. Plusieurs colonies furent aussi construites; les Momins emménagèrent dans des appartements et dans des bungalows flambant neufs. Mais jusqu'à aujourd'hui, les Momins continuent d'exercer leurs activités agricoles, et, dans de nombreux domaines, la coutume hindoue est prévalante. La femme ne peut accéder à la propriété et les filles sont retirées de l'école à la puberté[62]. Nous avons peu d'informations sur ce phénomène de conversions. Quoi qu'il en soit, il est de toute évidence lié à la modernisation. Un Momin interrogé par A.A. Engineer affirme que chaque converti recevait une prime, en plus de l'aide matérielle auquel il avait droit dans le cadre des organisations coopératives. En Afrique, un processus du même type semble s'être produit autour de la création de la Muslim Welfare Society; quelques centaines d'Africains seraient devenus Ismaéliens. A ce sujet, il faut signaler que Louis Massignon mentionne qu'environ 20 000 indigènes du Mozambique se seraient convertis à l'ismaélisme depuis le début du siècle[63]; ce chiffre semble exagéré. D'autre part, Sultân Muhammad Shâh signale dans ses mémoires de récentes conversions survenues en Birmanie (*Memoirs*, p. 181).

Les conversions se sont prolongées sous l'imâmat de Shâh Karîm. Le cas le plus récent concerne les Bhils. Cette population d'origine dravidienne est animiste dans l'ouest de l'Inde et hindoue au sud du Pakistan[64]. Il est particulièrement intéressant de noter que les techniques mises en oeuvre par les missionnaires sont semblables à celles des *pîrs* du passé. En effet, c'est grâce au fameux *Das Avatâr*, qui présentait 'Alî comme la dixième apparition de Vishnû, que ces conversions furent effectuées. Il semble que ce phénomène soit une conséquence de l'islamisation au Pakistan qui rend difficile la vie des communautés religieuses minoritaires, bien que leurs droits soient garantis par la Constitution. D'autre part, la conversion à l'ismaélisme assure aux Bhils une promotion socio-économique immédiate. Actuellement, certains Bhils occupent une place de première importance dans le Tariqah Board de Karachi, le centre de formation religieuse du Pakistan. L'un d'eux, converti à l'ismaélisme en 1979, est un des *waez* les plus en vue du centre; il maîtrise l'arabe, l'ûrdû et l'anglais et s'est spécialisé dans les études coraniques.

X–4 LES RUPTURES

a–les Khojas sunnites

Les dissidences survenues pendant l'imâmat de l'Aga Khan sont des résidus de l'époque de Hasan Alî Shâh. Le transfert de l'imâmat en Inde avait perturbé l'organisation multiséculaire de la caste marchande des Khojas. La déclaration dans laquelle Hasan 'Alî Shâh demandait aux Khojas de se déclarer publiquement ismaéliens avait été provoquée par un article publié par des Khojas dissidents. Ceux-ci s'y prétendaient sunnites. Il est intéressant de noter que cette déclaration fait elle-même suite à une série d'affaires judiciaires qui remonte à 1828. A cette date, les Shetias, c'est à dire les Khojas les plus prospères, s'étaient opposés à la tentative effectuée par Hasan 'Alî Shâh de régulariser leurs contributions financières. Suivit leur excommunication, puis leur réintégration après paiement des arriérés.

Les Khojas contestataires reprochaient à Hasan 'Alî Shâh de ne pas être khoja, voire de condamner leurs pratiques; de ce fait, il leur semblait évident que l'imâm n'avait aucun droit à les diriger d'une quelconque façon que ce soit. Ces contestataires appartiennent alors à la fraction la plus aisée et la plus moderniste de la communauté de Bombay. Dans les années 40, Cassumbhoy Nathubhoy finance la construction d'une école qui jouxte le *jamatkhana*. L'enseignement comprend une section religieuse, sans doute sunnite, et des matières occidentales. Dès cette époque, certains Barbhais – les "douze frères" – surnom donné aux contestataires qui étaient à l'origine au nombre de douze – souhaitent se rapprocher des Sunnites puisqu'ils font des dons importants à la mosquée sunnite de Bombay, et ils vont jusqu'à prier dans ce lieu.

La rupture est consommée en avril 1848, après que les Barbhais aient, dans le "Sarjun Meer Ally Case" de 1847, prétendu qu'ils suivaient la coutume khoja d'origine hindoue, qui, contrairement à la tradition coranique, ne permet pas aux femmes d'hériter. Hasan 'Alî Shâh les excommunie à nouveau. Sir Erskine Perry, chargé de juger l'affaire, donne raison aux Khojas. Ceux-ci élisent alors leur propre *mukhi*, puis ils fondent un nouveau *jamatkhana*.

La Modernisation de la Communauté Ismaélienne

Le différent franchit une étape lorsque, en 1850, des Khojas agakhanistes assassinent des contestataires. Portée devant la justice britannique représentée à nouveau par Sir Erskine Perry, l'affaire est jugée; c'est le "Khoja Case" de 1851, connu sous le nom de "Khoja Bill of Rights" parmi les dissidents[65]. Jusqu'à cette date, les Khojas ne réclament aucunement la confession sunnite; ils prétendent que leur religion est une religion séparée. Pour les Barbhais, l'enjeu réel est le contrôle des biens de la caste. Quoi qu'il en soit, le jugement établit que rien n'autorise Hasan 'Alî Shâh à revendiquer la propriété de ces biens constitués au fil des années par les dons volontaires des Khojas. Les Barbhais, quoique minoritaires, triomphent.

En 1861, le journal fondé par les dissidents, le Khojas Dost, réclame des réformes qui doivent porter à la fois sur les pratiques religieuses et sur le développement de l'éducation. C'est là que pour la première fois, ils réclament une appartenance sunnite. Suit une période de tensions entre Khojas sunnites et Khojas ismaéliens; l'imâm, décidant de ne pas tenir compte du jugement de Sir Erskine Perry, excommunie puis réintègre les dissidents après qu'ils aient payé les arriérés concernant la dîme; les Sunnites cherchent à barrer l'accès du *jamatkhana* aux Ismaéliens, puis c'est l'inverse; en définitive, un policier est placé à l'entrée du bâtiment pour mettre fin à ces tentatives.

Les Barbhais, connus encore sous le nom de "Reform Party", sont à nouveau exclus de la caste, et lors du décès de l'un d'entre eux, c'est sous la protection de la police qu'ils peuvent accomplir les cérémonies funéraires dans le *jamatkhana*. En 1864, la tension augmente encore lorsque les partisans de l'imâm expulsent le *mollâ* sunnite qui étaient chargé des cérémonies religieuses (enterrement, naissance, mariage etc.) qui doivent dorénavant être accomplies suivant le rite shî'ite.

L'affaire est portée devant la haute cour de Bombay; elle donnera lieu à "l'Aga Khan Case" de 1866. C'est à cette occasion que, pour la première fois, le "Reform Party" affirme devant la justice qu'il est sunnite, s'appuyant principalement sur le fait que les rites sont accomplis suivant cette école. Le juge Arnould n'aura aucune peine à démontrer l'origine ismaélienne de leurs croyances; les rites sunnites sont attribuées à la pratique de la *taqiyya*. A la fin des années 1870, on estime qu'environ 300 ou 400 familles khojas étaient sunnites à Bombay, contre un millier de familles ismaéliennes[66].

Vu ce résultat qui ne mit certes pas fin à l'existence de la communauté sunnite des Khojas, on peut se demander pourquoi les dissidents ont choisi cette appartenance confessionnelle; l'examen des principaux *ginâns*, comme le *Das Avatâr* qui proclame l'attente de la parousie de la dixième réincarnation de Vishnû qui n'est autre que 'Alî, la rend peu crédible. Plusieurs auteurs ont mis en valeur le facteur économique. En dehors du groupe de Bombay, d'autres Khojas qui se prétendaient sunnites étaient liés économiquement à ces derniers. Pour le cas des Khojas sunnites de l'Afrique orientale, il semble que les apostats, dont le nombre fut ici aussi minime, appartenaient à la faction des Chotaras, issue de mariages entre Khojas indiens avec des femmes swahilies[67]. Il est possible que celles-ci, appartenant à l'école sunnite, aient créé un milieu plus propice à l'acculturation.

Pendant l'imâmat de l'Aga Khan, les Khojas sunnites forment une communauté distincte, qui possède son propre *jamakhana* et son propre cimetière. Il est probable que sur le plan dogmatique, ils se soient rapprochés des autres groupes sunnites de Bombay, ce qui fait dire à A.A.A. Fyzee que "la grande majorité ne connaît pas grand chose de ses propres croyances et est en train de rentrer rapidement dans le sein de l'Islam"[68]; par "Islam", il faut comprendre Islam sunnite. Pourtant, en 1902, deux Khojas aga-khanistes assassinent des Khojas sunnites.

Les conversions au sunnisme ne semblent pas avoir remporté un grand succès parmi les Khojas, bien qu'il soit difficile aujourd'hui de les situer numériquement. Il est probable que cette première réaction à la réactivation de l'autorité imâmienne, qui se produit avant le transfert de l'imâmat en Inde, peut s'expliquer en grande partie par des questions d'intérês économiques. Il est par contre plus périlleux de comprendre pourquoi ces dissidents choisirent le sunnisme plutôt que le shî'isme duodécimain.

b–les Khojas duodécimains

La revendication de l'appartenance shî'ite duodécimaine fut la principale forme de contestation que rencontra l'Aga Khan. De tels phénomènes n'étaient certes pas nouveaux dans l'ismaélisme historique, comme en témoigne le nombre d'écoles ismaéliennes coexistant encore aujourd'hui. Pendant son imâmat, on peut regrouper ces phénomènes comme suit; 1-la conversion de Khojas au shî'isme ithnâ' ashârite, 2-les Khojas réformateurs et 3-le "Haji Bibi Case."

De toute évidence, la contestation duodécimaine se situe dans le prolongement de la contestation sunnite; on a vu que cette dernière peut être considérée comme un échec sur le plan numérique. La dissidence duodécimaine apparut sous l'imâmat de Hasan 'Ali Shâh puisque dès 1877, plusieurs Khojas de Bombay furent excommuniés pour avoir suivi la doctrine ithnâ' ashârite (reconnaissance de douze imâms au lieu de sept); deux, parmi eux, vont s'établir à Zanzibar. Deux ans plus tard, deux nouvelles excommunications sont prononcées; en 1884, une vingtaine de familles sont shî'ites duodécimaines[69]. Le 21 août de cette même année, une pétition des "Itnasheri Shia Khojas Inhabitants of Bombay" est adressée au vice-roi. De même, en Afrique orientale, les premiers Khojas duodécimains débarquent à la fin des années 1870 (Dar es-Salam, 1875; Zanzibar et Lamu, 1877)[70].

Shirin Walji signale qu'en 1894, 400 des 1200 adultes mâles de Zanzibar avaient quitté l'ismaélisme pour rejoindre le shî'isme ithnâ ashârite[71]. Jusqu'à la fin du XIXème siècle, les deux groupes de Khojas utilisaient les mêmes biens communautaires, ils se réunissaient lors des fêtes; chacun d'eux faisait la prière, *salât* pour les uns, *du'a* pour les autres, dans le même *jamatkhana*[72]. Mais en 1899, lors de sa première visite en Afrique orientale, l'Aga Khan décide de clarifier les choses. Il est probable que ce fut là l'une des causes principales de son voyage; face à l'augmentation du nombre des convertis, il ne pouvait rester sans réagir. Il produisit un *firman* qui interdisait le *Shi'a majlis* et la prière duodécimaine (*salât*)[73]. Ceux qui adhéraient à cette secte n'avaient plus le droit de fréquenter le *jamatkhana* et les autres Khojas devaient rompre tout lien social ou économique avec eux. L'Aga Khan revint sur cette décision à l'occasion du Golden Jubilee[74].

Un problème demeure: plusieurs témoins rapportent qu'un certain nombre de pratiques khojas étaient duodécimaines; par exemple, le pèlerinage à La Mekke n'est certes pas pratiqué mais par contre, les Khojas aisés, et c'est le cas de Tharia Topan et d'Allidina Visram, se sont rendus à Najaf et Karbalâ[75]. Il est possible que ce comportement soit consécutif à l'installation de Hasan 'Alî Shâh à Bombay. Comme le note Masselos; "In his own way a reformer, he was determined to bring the Khojas back into the path of orthodox Shiaism of the sort which he knew in Persia"[76].

Les premières excommunications se produisent une vingtaine d'années après l'arrivée de l'imâm en Inde. Il est fort probable que ce dernier ait adopté un comportement conforme aux pratiques du shî'isme duodécimain, ce qui n'imposait nullement d'en accepter la doctrine de l'imâmat. La pratique ismaélienne en Perse a de toute évidence intégré divers éléments de la pratique duodécimaine[77]. Hasan 'Alî Shâh a pu aussi chercher à renforcer l'identité shî'ite de la communauté après les premières contestations survenues dès 1828. Ce en quoi il remporta un succès qui ne lui laissait pas prévoir les suites de l'affaire; à savoir que les Khojas s'aperçurent vite que le shî'isme duodécimain était plus conforme à l'esprit de caste, traditionnellement individualiste, du fait qu'aucun dirigeant religieux, en l'absence de l'*imâm-e zamân*, ne peut véritablement se prévaloir d'une autorité religieuse complète.

La concordance entre les griefs des Subhanniyas, nom donné aux dissidents duodécimains, et ceux des Barbhais est totale; ils reprochèrent à l'Aga Khan sa prétention d'être la divinité, ainsi que le contrôle étroit qu'il exerçait sur les affaires de la communauté. A. Yusuf Ali, dans son article sur les Khojas publié dans la première édition de l'Encyclopédie de l'Islam, mentionne qu'en 1901, un petit nombre de Khojas "sous la conduite d'hommes instruits à l'occidentale" déclarèrent être des Shî'ites ithnâ' ashâriyya[78]. En Inde, il faut ajouter le zèle missionnaire des *'ulamâ'* shî'ites qui profitèrent des dissensions existant entre ces Khojas et l'Aga Khan pour déployer leurs talents de prédicateurs[79].

La Rénovation du Shî'isme Ismaélien en Inde et au Pakistan

On peut en conclure que les conversions des Khojas au shî'isme constituaient une réponse au problème de la modernisation. Certains parmi eux purent voir dans l'aspect centralisateur de la modernisation une contrainte considérable; l'allégeance à un imâm caché leur permettait de se soustraire aux *orders and advices* de l'Aga Khan, et, *last but not least*, de ne plus verser la dîme et autres taxes, et de conserver une autonomie grégaire peut-être plus conforme à l'organisation en castes. Mais il est d'autre part indéniable, que ces sécessions eurent aussi comme origine le fait que la modernisation n'était pas assez rapide. Ces arguments sont du même ordre que ceux qui sont présentés par les Khojas réformateurs qui se manifestent pour la première fois en mars 1901.

La communauté des Khojas shî'ites sut aussi mettre en place, en la personne de ses familles les plus prospères, des institutions caritatives. En 1923, le Habib Trust et le Dawoodbhai Fazalbhoy Muslim Education sont créés pour permettre la diffusion de l'éducation chez les Musulmans en général, et chez les Khojas shî'ites en particulier. Le Dawoodbhai Fazalbhoy Trust est plus particulièrement destiné aux étudiants nécessiteux[80]. Plus tard, de nouvelles sociétés, comme la Mubarak Co-operative Society, avaient comme objectif d'octroyer des prêts sans intérêt.

c–les Khojas réformateurs

Se présentant comme une portion influente et respectable de la communauté khoja, ils présentent un mémoire à Lord Northcote, alors gouverneur de Bombay, dans lequel ils décrivent les multiples voies par lesquelles l'Aga Khan leur soustrait de l'argent. Près de trente ans plus tard, Karim Goolamali, qui se qualifie de secrétaire de la "Khoja reformers Society" publie une lettre ouverte à l'Aga Khan. Au cours de l'année 1928, la lettre fut publiée dans plusieurs journaux s'exprimant dans différentes langues indiennes. Les griefs concernaient le fait que les Khojas, bien que théoriquement musulmans, ne respectaient aucun des piliers de l'islam (pèlerinage, jeûne etc.) Mais le principal grief mettait en cause les mille et une taxes que les Khojas devaient verser à l'Aga Khan; "In fact, no religious ceremony is performed in the Jamat Khana which is not associated with the payment of money enjoined on the followers"[81]. Quatre ans plus tard, alors que Aly Khan, officiellement désigné comme son héritier par l'Aga Khan, s'apprêtait à visiter l'Inde, Goolamali publie en novembre 1932 "An appeal to Mr. Ali Salomon Khan"[82].

L'Aga Khan fait allusion aux Khojas réformateurs dans ses mémoires; "Our religion is our religion, you either believe in it or you do not. You can leave a faith but you cannot, if you do not accept its tenets, remain within it and claim to "reform" it. You can abandon those tenets, but you cannot try to change them and still protest that you belong to the particular sect that holds them. Many people have left the Ismaili faith, just as others have

La Modernisation de la Communauté Ismaélienne

joined it throughout the ages. About a score of people out of many millions – a small group in Karachi and in India – pretended to be Ismailis but called themselves "reformers". The true Ismailis immediatly excommunicated them. There has never been any question of changing the Ismaili faith, that faith has remained the same and must remain the same. Those who have not believed in it have rightly left it; we bear them no ill-will and respect them for their sincerity" (p. 187). Dans les dernières allégations de cet extrait, l'Aga Khan semble se contredire lorsqu'il affirme que l'ismaélisme a survécu grâce à sa capacité de s'adapter aux changements.

En réalité, il s'agit d'une partie de l'ismaélisme qui est inamovible, sa partie centrale, qui est constituée par le dogme du *hazar imam*. Son autorité ne peut être remise en cause ni contestée, et conformément à la doctrine ismaélienne, lui seul est qualifié pour effectuer l'interprétation du Coran qui produira les changements nécessaires.

La démarche des Khojas réformateurs est certes moins radicale que celle des Khojas shî'ites; preuve en est que ceux-là n'apostasient pas, et c'est bien ce que leur reproche l'Aga Khan. Quoi qu'il en soit, cette démarche, comme celle des Shî'ites, concerne bien le problème de la modernisation. Les réformateurs souhaitent que les pressions fiscales de l'imâm soient allégées – ils ne réclament pas leurs abolitions totales – du point de vue financier, et que les fondements de son autorité soient plus rationnels. D'après le Census of India, A. Le Chatelier signalait en 1907 que dans le Baroda, la communauté khoja était divisée en deux factions: les Panjai'bhai et les Pira'i; "Les premiers regardent l'Aga Khan comme l'incarnation de Dieu lui-même, et les seconds ne voient en lui que le chef religieux de leur communauté"[83].

d–le "Haji Bibi Case"

Le "Haji Bibi Case" (1905) est sans aucun doute la remise en cause la plus importante qui se soit produite pendant l'imâmat de l'Aga Khan et ce pour deux raisons. En premier lieu, parce que ce procès est intenté par des membres de sa famille proche; Haji Bibi est sa cousine germaine et sa belle-soeur. D'autre part, les griefs exposés à son encontre témoignent des nombreux et complexes conflits qui déchiraient la descendance de Hasan 'Alî Shâh. En fait, ces griefs sont un véritable condensé de toutes les différentes affaires de contestations et de dissidences qui sont apparues depuis 1829. Le juge Russell, chargé de l'affaire, ramène les 128 questions à deux principales; les offrandes de la communauté khoja sont-elles destinées à toute la famille de l'Aga Khan, ou à l'Aga Khan seul? La deuxième question concerne l'héritage de Hasan 'Alî Shâh et la répartition de ses biens entre ses enfants. La question est: la transaction passée entre Shamsuddin Shâh et l'Aga Khan – au sujet de certains biens familiaux – était-elle correcte, n'a-t-elle pas été effectuée au détriment de la plaignante?

La Rénovation du Shî'isme Ismaélien en Inde et au Pakistan

Dans ses mémoires, l'Aga Khan fait allusion au procès sans toutefois le nommer: "While I was in Africa a suit was brought against me in the Bombay High Court by certain discontented members of my family, collateral descendants of my grandfather. A series of claims, financial and otherwise, were made against me. This case, which dragged on for many months, was not so much a sequel of the earlier case brought against my grandfather in the sixties, by dissident elements among the Khojas (...), as a consequence of the generous, feudal manner in which my grandfather's establishment in Bombay had been set up and maintained" (p. 79). L'Aga Khan conclut en affirmant qu'après un long et coûteux procès, il fut confirmé totalement et définitivement dans ses droits et dans son statut, et jamais, par la suite, il ne fut à nouveau défié de la sorte.

Haji Bibi est la fille de l'oncle de l'Aga Khan, Aga Jungi Shâh, qui fut son principal mentor pendant sa minorité. Elle a épousé Aga Moochool, dont elle est veuve à l'époque du procès, qui est le fils d'un autre oncle de l'Aga Khan, Jalâl Shâh. Il est évident, en consultant la descendance de Hasan 'Alî Shâh, que tous les plaignants appartiennent à la "coterie" de Jalâl Shâh, qui semble être lui-même décédé en 1905. Trois de ses enfants témoignent en faveur de Haji Bibi: Aga Coochick, Malek Taj Begum et Shah Bibi; plus quatre enfants de Haji Bibi et d'Aga Moochool, et enfin Bibi Saheb, une tante des petits-enfants de Hasan 'Alî Shâh. Du côté de l'Aga Khan, qui est lui-même représenté par sa mère puisqu'il se trouve alors à Zanzibar, les témoins sont sa mère, sa femme, Shahzadi Begum, son cousin Shamsuddin – frère de la précédente et de Haji Bibi – deux autres de ses cousins – Aga Shahrookh et Aga Farookh – fils d'Akbar Shâh et enfin la deuxième femme de Jungi Shâh, Khudija.

La thèse de Haji Bibi et de la coterie de Jalâl Shâh est simple; leur famille est shî'ite ithnâ' ashârite, y compris l'Aga Khan. Dans la dernière décennie du XIXème siècle, l'Aga Khan a inventé une nouvelle religion, l'ismaélisme. Aga Coochick déclare à ce sujet; "The new religion has been going 15 years since Aga Khan's new baghats started preaching, 2 years before Jungi's death. I cannot say Doowa is a new invention of the last 12 or 14 years, since the present Aga Khan came to age. This new invention was never heard of before Jungi's death. Aga Khan has invented a new Doowa in gujrati, the former one was in arabic"[84].

Tous les témoins de Haji Bibi – dont les déclarations ont été enregistrées dans plusieurs provinces de l'Inde et jusqu'à Zanzibar – affirment qu'ils sont ithnâ' ashârî et que l'Aga Khan n'est pas un imâm – 'Alî est l'imâm d'après certains, d'autres mentionnent les douze imâms – mais qu'il est leur "*murched*". Il en est même qui déclarent que toute la famille est *murshid*, ou Jungi Shâh ou Aga Coochick. D'autres encore décrivent certains membres de la famille de l'Aga Khan bénissant des livres – Akbar Shâh – ou recevant des offrandes, Aga Coochick.

Sans qu'il soit possible d'en connaître les circonstances, la deuxième partie du compte-rendu fait état de déclarations pour le moins incongrues de la part

La Modernisation de la Communauté Ismaélienne

de certains membres de la coterie de Jalâl Shâh. A commencer par Shah Bibi qui déclare que l'Aga Khan est un usurpateur, et qu'elle est elle-même l'Aga Khan. Puis Haji Bibi accuse l'Aga Khan d'être à l'origine de tous les malheurs qui ont frappé la famille; des meurtres de son père Jungi Shâh et de son frère Shâh Abbas, de celui de leur cousin Hashîm Shâh, le propre neveu de l'Aga Khan. L'Aga Khan et sa mère auraient d'autre part fait étouffer l'enquête sur le meurtre de son père et de son frère. Il aurait vendu des propriétés familiales pour en racheter d'autres sous son propre nom et enfin, il aurait fait disparaître un testament de Hasan 'Alî Shâh. Vu l'incohérence de ces déclarations, les contradictions des témoignages et enfin l'absence totale de preuves, le juge Russell ne considère pas qu'il soit utile de retenir ces charges.

Malgré l'aspect délirant de certaines déclarations, la complexité des affaires évoquées et surtout le manque de documentation, il est possible d'entrevoir les différentes strates qui composent le "Haji Bibi Case". En premier lieu, un différend relatif à une question d'héritage aurait comme origine une répartition mal équilibrée des biens entre les enfants de Hasan 'Alî Shâh; ce en quoi l'Aga Khan n'était responsable en rien. Le compte-rendu apporte la preuve que l'Aga Khan accepta – pas toujours de bonne grâce il est vrai – de compenser ce déséquilibre en faveur de la descendance de Jungi Shâh, sur une requête insistante de Shamsuddin Shâh en juillet 1901. Haji Bibi, qui par son mariage appartenait à la coterie de Jalâl Shâh, aurait été trouver l'Aga Khan en lui demandant de racheter des propriétés de l'héritage de Jungi Shâh pour les offrir à Moochool et à Coochick; "defendant I (l'Aga Khan) said this was a most extraordinary suggestion, that Moochool and Coochick were neither the heirs of Jungi nor of Hassanali, and he saw no reason why he should make such a present"[85].

Bien qu'il soit impossible de la confirmer, l'hypothèse selon laquelle les Khojas ithnâ ashârî et la coterie de Jalâl Shâh étaient en rapport est soutenable, ne serait-ce que par le fait que les griefs concernant la doctrine sont les mêmes de part et d'autre. On a constaté d'autre part que l'ensemble des témoins déclare qu'ils sont ithnâ' ashârî. Le propre cousin de l'Aga Khan, Aga Coochick, inaugure en 1908 un *imâmbara* à Zanzibar; il s'affirme donc ouvertement ithnâ' ashârî[86]. Cela signifie que la scission a touché durablement la famille proche de l'Aga Khan. Il est enfin difficile de comprendre pourquoi une simple histoire d'héritage – qui avait très peu de chance d'aboutir vu les circonstances – aurait pu déterminer Haji Bibi à intenter ce procès sans le soutien d'une faction de la communauté khoja.

X–5 LA CONTINUITÉ POST-AGA-KHANIENNE

a–Shâh Karîm

Notre objet n'est pas ici d'entreprendre une analyse détaillée de la pensée et de l'action du petit-fils de l'Aga Khan, Shâh Karîm, qui lui succède comme

49ème imâm, ni de son fils Sadruddin; nous désirons seulement signaler une dimension importante de la pensée aga-khanienne, qui est celle de la continuité. Cette dimension se traduit encore aujourd'hui par des responsabilités importantes exercées par ces personnage au sein de la communauté ismaélienne et au sein d'organismes privés ou internationaux, qui font que de nombreuses vies humaines en dépendent.

Shâh Karîm est le fils aîné d'Aly Khan (1911–1960) et de Joan Yarde-Buller (née en 1909). Bien que ce soit Aly Khan qui ait été désigné comme héritier, c'est finalement Shâh Karîm qui devient imâm le 11 juillet 1957 à la grande surprise des Ismaéliens et des autres. Né en 1936, Shâh Karîm obtient un diplôme en histoire islamique à Harvard (1959), après avoir été l'élève de H.A.R. Gibb et P.K. Hitti. La continuité aga-khanienne de son oeuvre apparaît aussi bien à travers ses réalisations publiques qu'ismaéliennes[87]. Nous aborderons d'abord les grands thèmes de sa pensée, puis ses principales réalisations.

La thématique de sa pensée apparaît dans un ensemble de discours prononcés entre 1958 et 1976, la plupart du temps dans des universités asiatiques. De nombreux thèmes développés sont empruntés à l'Aga Khan; Shâh Karîm va même à plusieurs reprises jusqu'à paraphraser son grand-père, en faisant référence ou non à lui. Cela prouve qu'il ne remet absolument pas en question les grandes orientations définies par l'Aga Khan. A Bombay, le 25 mars 1958, Shâh Karîm souligne la fonction importante de l'école comme force d'intégration des différentes communautés qui peuplent l'Afrique orientale. Favorisant l'harmonie et la compréhension entre les races, elle seule peut permettre au concept de société multiraciale de sortir du domaine de l'utopie.

A l'université de Peshawar, le 30 novembre 1967, Shâh Karîm développe l'idée que la perpétuation de l'art islamique permettra d'aider au maintien d'une véritable identité islamique qui seule habilitera le monde musulman à fournir des réponses adéquates au défi de la modernité matérialiste de l'Occident: "Il serait dramatique que les piliers de l'islam tels que la justice sociale, l'égalité, l'humilité, la générosité et la joie perdent leur force et leur ampleur parmi notre jeune société. Il ne faudrait pas que la génération future puisse nous blâmer d'avoir abandonné nos devoirs envers le pauvre, l'orphelin, le voyageur et la femme célibataire pour nous être tournés vers les biens matériels de l'Occident"[88]. Dans un discours prononcé à Karachi le 12 mars 1976, il explique que la vie du Prophète procure les éléments fondamentaux permettant de résoudre le problème que constitue l'élaboration de la société islamique du futur. Ce sont l'intégrité, la loyauté, l'honnêteté, la générosité, la sollicitude envers les malades, les faibles et les pauvres, la constance en amitié, l'humilité, la magnanimité dans la victoire, la simplicité et la sagesse[89].

Shâh Karîm crée en 1967 la "Aga Khan Foundation" dont les programmes, qui concernent en premier lieu les pays du Tiers-Monde,

La Modernisation de la Communauté Ismaélienne

ont pour champ d'action la nutrition, la santé, l'éducation, le développement rural etc. L'organisme travaille en liaison avec l'UNICEF, l'OMS ou la Banque Mondiale en tant qu'ONG, ainsi qu'avec d'autres fondations comme Ford ou Gulbenkian. Les fonds considérables de la fondation – 75 millions de dollars en 1984 – sont distribués selon des critères très stricts[90]. Les programmes retenus doivent obtenir des résultats rapides et renouvelables et ils doivent répondre aux besoins exprimés par les populations. Ils doivent aussi faire appel aux ressources des Etats et aller dans le sens de l'autosuffisance.

Bien qu'aucun critère religieux ne soit une condition pour obtenir son soutien – une revue ismaélienne française précise que c'est "une institution laïque destinée à promouvoir le développement et l'aide sociale par le biais d'activités philanthropiques"[91] –, la Fondation accorde une attention particulière aux populations musulmanes; un observateur analyse l'action de la fondation comme "un appel fait par l'imam aux valeurs de tolérance, d'humanisme, d'ouverture de l'Islam". En 1976, l'Agha Khan crée une seconde fondation: l'Aga Khan Award for Architecture (A.K.A.A.).

Cette fondation, qui finance la chaire d'architecutre islamique de l'université de Harvard, témoigne du grand intérêt que Shâh Karîm accorde à l'architecture islamique. Dans son discours prononcé au huitième séminaire international du A.K.A.A., à San'â en septembre 1983, l'imâm insiste sur le fait que l'architecture représente à ses yeux la quintessence de l'art islamique. Chaque architecture islamique traduit comment chaque peuple islamique pratique sa Foi musulmane; chacun exprime cette foi à travers les constructions et l'environnement. Son objectif est à la fois d'aider à la conservation du patrimoine architectural du monde musulman et à la recherche d'une architecture islamique adaptée aux besoins du monde moderne: "Il faut se poser la question, interroge Shâh Karîm, comment protéger ce qu'ils ont? Comment les encourager à apprécier et perpétuer leurs propres traditions plutôt que d'accepter aveuglément la technologie et les matériaux modernes, sans analyse critique?"[92].

En 1983 est fondée la Aga Khan University de Karachi. Cette université dispense notamment un enseignement concernant les études médicales; sa bibliothèque contient 7.500 volumes. D'après le World of Learning de 1988, le nombre d'enseignants était de 100, pour 500 étudiants. En 1984, Shâh Karîm crée l'Aga Khan Fund For Economic Development (AKFED). L'AKFED regroupe des institutions créées par Sultan Muhammad Shâh, ainsi que d'autres créées par lui-même comme l'Industrial Promotion Services (1963) et le Tourism Promotion Services (1971)[93]. Enfin, en 1988, Shâh Karîm crée une autre fondation, la "Aga Khan Trust for Culture"; à ce titre, il organise un concours pour sauver Samarcande[94].

La première constitution promulguée par Shâh Karîm le fut en 1962. Parmi les onze parties qui la composent, c'est la septième qui présente le plus grand intérêt: elle est intitulée *Personal Law*. Toutes les questions qui y sont traitées – polygamie, mariage, divorce, adoption etc. – représentent une énorme avance sur la constitution précédente (1946). Le mariage, par exemple, n'est pas autorisé avant l'âge de 16 ans pour les filles et 18 pour les garçons. La polygamie est strictement interdite, alors que la précédente constitution l'autorisait dans certains cas particuliers. En ce qui concerne le divorce, une égalité totale est reconnue entre le mari et la femme. Deux questions sont malgré tout traitées d'une façon moins modernistes: l'apostasie et le mariage avec des non-Ismaéliens. La constitution interdit à tout Ismaélien de se marier avec un apostat, ni même d'entretenir des rapport d'aucune sorte avec lui. En ce qui concerne le mariage "mixte", les auteurs de la constitution se trouvaient devant une impasse. Autoriser purement et simplement ces mariages pouvait conduire à affaiblir sérieusement la communauté, et les interdire risquait de provoquer des sécessions de la part de la jeune génération. Le résultat est que le texte concernant cette question est particulièrement vague.

b–Sadruddin Aga Khan

Sadruddin Aga Khan, né en 1933, est le second fils de l'Aga Khan; sa mère, Andrée Carron (1898–1976), est française. Comme son neveu, Sadruddin Aga Khan développe une pensée et une action qui se situent totalement dans la continuité de l'oeuvre de son père. Diplômé de Harvard dans la même discipline que Shâh Karîm, fondateur de la "Harvard Islamic Association", il effectua une dation à l'université qui permit la création de la "Chair of Aga Khan Professor for Iranian Studies"[95]. Al'instar de son frère Aly Khan – qui fut ambassadeur du Pakistan auprès des Nations–Unies, et de son neveu Amyn Mohamed, Sadruddin se dirige vers une carrière internationale au sein de diverses organisations onusiennes.

Après avoir été l'un des initiateurs du déplacement du temple d'Abou Simbel, il est Haut-Commissaire aux Réfugiés pour les Nations–Unies de 1965 à 1977. En mai 1968, il se présente à la succession de M. M'Bow au poste de directeur-général de l'UNESCO[96]. En 1981, candidat pour le poste de secrétaire-général des Nations–Unies, avec le soutien des Etats–Unis, il recueille plus de voix que Javier Perez de Cuellar mais un veto soviétique l'empêche d'être élu[97]. En octobre 1986, il est à nouveau candidat pour le même poste[98], puis en novembre 1991; il obtient alors 4 voix (11 pour B. Boutros–Ghali). De 1988 à 1990, Sadruddin devient coordinateur de l'assistance humanitaire et économique des Nations–Unies en Afghanistan. En juillet 1991, il est délégué du secrétaire-général de l'ONU pour l'effort humanitaire dans le Golfe. Il rencontre alors les autorités irakiennes, parmi lesquelles se trouve Tarek Aziz, avant de remettre un rapport à J. Perez de Cuellar dans lequel il préconise la levée partielle des sanctions qui ne font qu'affamer les populations irakiennes[99].

La Modernisation de la Communauté Ismaélienne

On sait d'autre part que Sadruddin Aga Khan fut à l'origine d'une publication, réunissant les plus grands spécialistes des études ismaéliennes, qui commémorait le centenaire de la naissance de l'Aga Khan, son père[100].

Sadruddin Aga Khan expose les grands axes de son action dans un article intitulé; "Souveraineté des Etats et bien-être de la personne: revaloriser l'humain"[101]. Il écrit cet article à l'occasion de la création de la Commission indépendante sur les questions humanitaires internationales. Les objectifs de la commission sont "d'intensifier l'action de la communauté internationale et de faire des propositions réalistes pour assurer le mieux-être de la personne; de sensibiliser l'opinion publique aux conditions qui contribuent à perpétuer la souffrance humaine et de réaffirmer la primauté des valeurs humanistes".

Sadruddin considère que l'intérêt de l'Etat passe trop souvent avant celui de la personne. La réduction de l'écart entre la "société des Etats" et la "société des hommes" ne saurait être effectuée sans adapter les prérogatives de la souveraineté aux exigences humanitaires. Le bien-être de l'homme doit trouver son fondement dans des convictions éthiques de caractère universel; pour Sadruddin, ce problème prend la forme de la tension qui existe entre le spécifique et l'universel: "Les dimensions non matérielles, comme la liberté ou la dignité, sont interprétées de manière différente selon les civilisations, les cultures, les religions; la communauté peut être valorisée plus que l'individuel, le spirituel plus que le matériel."

Sadruddin Aga Khan est à l'origine de plusieurs actions culturelles importantes. En 1985, il est l'un des promoteurs de l'exposition "Trésors de l'Islam", à Genève. Le président du comité d'organisation, Hashem Khosrovani, écrit à ce sujet. "Nous avons été grandement aidés dès le début du projet par l'appui constant du Prince Sadruddin Aga Khan dont la collection de miniatures, de manuscrits et de céramiques est de première importance et dont les connaissances scientifiques et artistiques sont immenses. Son avis et son expérience ont été pour nous essentiels"[102].

Plus récemment, une nouvelle dimension s'est ajoutée à la philanthropie et au mécénat: l'écologie. Il crée la Fondation Bellerive, chargée de la préservation des espèces animales en voie de disparition, puis "Alp Action" (Fonds Institutionnel International pour l'Environnement Alpin) qui s'attache à la sauvegarde du patrimoine naturel dans les Alpes[103].

Quelques indices certes épars tendent à montrer que Sadruddin Aga Khan entend réévaluer l'appartenance shî'ite des Ismaéliens. C'est ainsi que lors de son séjour en Irak, dans le sud du pays à dominante shî'ite, un reportage le filme en prière dans la grande mosquée de Najaf[104]. On apprend ailleurs qu'au cours de ce même séjour, il a discrètement rencontré l'ayatollah Khû'î, décédé depuis, le 8 août 1992[105]. Ce dernier était depuis 1970 reconnu comme une des plus hautes autorités spirituelles shî'ites, surtout parmi les communautés du sous-continent indien et d'Afrique orientale[106]. Avec la Révolution iranienne de 1979, son nom s'était effacé devant celui de Khomeini. Il avait adopté une attitude de retrait par rapport à la politique, estimant que les *'ulamâ'* shî'ites ne devaient pas intervenir dans les affaires de l'Etat. Pourtant, son soutien à Khomeini avait été inconditionnel lorsque celui-ci, qu'il avait connu à Najaf, avait déclenché la Révolution. Il faut enfin signaler que l'ayatollah Khû'î était ostensiblement considéré comme le guide spirituel des Shî'ites qui, d'une manière ou d'une autre, étaient en désaccord avec Khomeini.

c–Nasîr al-Dîn 'Nasîr' Hunzâ'î

L'oeuvre spirituelle de Sultân Muhammad Shâh s'est perpétuée avec l'imâm actuel et elle a aussi été relayée par un certain nombre de "sages". L'impulsion qu'il a donné au renouveau de l'ismaélisme est plus particulièrement évidente chez Nasîr al-Dîn 'Nasîr' Hunzâ'î. Né en 1917 à Hyderabad (Hunza), à l'extrême nord du Pakistan, ce maître (*'allâma*) qui est entouré d'un cercle de disciples a publié surtout en ûrdû plus d'une centaine de traités et de poèmes, le plus souvent sous la forme d'opuscules. Après avoir été chercheur associé à l'Ismailia Association for Pakistan, il dispense un enseignement spirituel et continue d'écrire à Karachi au sein d'associations indépendantes comme *Khânah-i Hikmat* et *Idarah-i Arif*. C'est aussi un spécialiste de la langue burushaski, la langue du Hunza, et à ce titre, il travaille en collaboration avec les universités de Montréal, dont il est chercheur associé, et de Heidelberg.

Nasîr al-Dîn 'Nasîr' Hunzâ'î a participé, au lendemain de la seconde Guerre Mondiale, à une mission en Chine. Il a converti quelques Turcs ouïgours à l'ismaélisme avant d'être emprisonné par les autorités chinoises qui l'accusaient d'espionnage. Ces années passées en prison à Yarkand furent marquées par une expérience spirituelle unique au cours de laquelle il fut l'objet de visions sublimes. Cette expérience devait complètement modifier sa vie. Sa formation religieuse avait été succincte; à Hunza, comme dans le Badakhshan, l'héritage ismaélien se rattache essentiellement à l'oeuvre de Nasîr-i Khusraw; ses *qasidas* constituent la base de la littérature dévotionnelle. Nasîr Hunzâ'î a traduit plusieurs oeuvres de Nasîr-i Khusraw en ûrdû.

Un point particulièrement intéressant pour notre sujet est l'usage qu'il fait du concept aga-khanien de monoréalisme (*hamah ûst* ou *haqîqat-i wâhidah*). Pour lui, toutes les particules des différentes parties de l'univers atteignent les unes après les autres la place du soleil, se transforment en lumière. De la même manière, l'âme de chaque chose, quand elle atteint l'essence de Dieu, s'immerge en lui puis se transforme en la lumière de ses attributs[107]. Mais le concept de monoréalisme doit être appliqué en priorité non pas à soi mais à l'Homme Parfait. Parce que c'est l'Homme Parfait qui est le symbole de l'unicité de toutes les réalités, pré-éternelles et post-éternelles. Cela signifie que l'Homme Parfait est lui-même l'exemplification

La Modernisation de la Communauté Ismaélienne

de l'unicité et de la monoréalité perpétuelles de toutes les âmes: il est celui qui représente la monoréalité et qui les guide vers elle[108].

X–6 MODERNISATION DANS LA COMMUNAUTÉ ISMAÉLIENNE DES BOHRAS[109]

a–les origines historiques de la communauté

On sait que la communauté ismaélienne se divise en deux sectes principales: les Nizârites dont le chef est l'Aghâ Khân, Shâh Karîm, et les Must'alites. Ces derniers représentent la tradition fatimide. Après l'assassinat du calife al 'Amir en 524/1130, son fils al-Tayyib était trop jeune pour régner; c'est pourquoi un cousin du défunt calife, 'Abd al-Majîd, assura la régence (*walî 'ahd al-Muslimîn*). Puis il se proclame calife-imâm en 526/1132, sous le nom d'al-Hâfiz li-Dîn Allâh, après un intermède de quelques années au cours desquelles un coup d'Etat le jette en prison.

Cette proclamation provoque le premier schisme important dans la communauté must'alite. La majorité des dignitaires de la communauté et des Ismaéliens de Syrie et d'Egypte reconnaissent le nouvel imâm; ils forment la Hâfiziyya ou Majîdiyya. Quelques groupes de Syrie, d'Egypte et surtout du Yémen, reconnaissent les droits d'al-Tayyib: c'est la Tayyibiyya ou Amiriyya. Au milieu du VIème s./XIIème s., la communauté ismaélienne est donc divisée en trois factions rivales: la Nizâriyya, la Hâfiziyya et la Tayyibiyya. Les trois successeurs d'al-Hâfiz ne furent que des califes-enfants, véritables jouets entre les mains des vizirs. Le dernier, son petit-fils al-Adid, devait s'éteindre après une brève maladie à l'âge de vingt et un ans en 567/1171: cette date marque la fin de l'empire fatimide, et la Hâfiziyya ne devait pas lui survivre longtemps.

La Tayyibiyya trouva un support conséquent en la personne de la régente al-Malika al-Sayyida, qui détenait la réalité du pouvoir dans le Yémen sulayhide. Les Tayyibites considèrent que l'imâm al-Tayyib est en occultation (*satr*)[110]. De ce fait, la communauté est dirigée par ce qui était à l'origine un chef administratif, le *dâ'î al-mutlaq*. En réalité, son autorité est totale puisque, comme représentant de l'imâm, l'obéissance absolue lui est due. Tout comme les imâms, le *dâ'î* désigne son successeur par *nass*.

Les Bohras, dont le nom dérive d'un terme gujarâti signifiant "faire du commerce", auraient été convertis à l'ismaélisme au XIème siècle. Au milieu du Xème/XVIème siècle, la communauté indienne étant devenue plus importante que la communauté yéménite, le 23ème *dâ'î al-mutlaq* désigna un indien pour lui succéder. Celui-ci, Yusuf, dirigea la communauté du Gujarât mais ce n'est qu'à sa mort, en 974/1567, que le quartier général de la communauté fut transféré du Yémen à Ahmadabad, capitale de cette province.

Lorsque le Gujarât devint musulman en 697/1298, les Bohras furent persécutés: ils réagirent en pratiquant la *taqiyya*, mais nombreux furent ceux qui se convertirent au sunnisme[111]. Ce n'est qu'avec la conquête du sultanat par Akbar, en 980/1573, que la situation allait évoluer. Le 26ème *dâ'î al-mutlaq*, Dâ'ûb b. 'Ajabshâh se rendit à Agra pour rencontrer Akbar. Celui-ci accorda la liberté religieuse aux Bohras.

A la mort de Dâ'ûd b. 'Ajabshâh, un nouveau schisme se produisit. Il avait désigné pour lui succéder Dâ'ûd Burhân al-Dîn; mais quatre ans plus tard, Sulaymân b.Hasan al-Hindî, son représentant au Yémen, soutint qu'il avait été désigné pour lui succéder. L'affaire fut portée devant l'empereur moghol Akbar qui désigna une commission; elle devait donner raison à Dâ'ûd. S'il est vrai que la grande majorité des Bohras reconnut Dâ'ûd Burhân al-Dîn, ce schisme semble reproduire le clivage entre tayyibites indiens et tayyibites yéménites. En effet la majorité des partisans de Sulaymân était yéménites; aujourd'hui encore, leur *dâ'î al-mutlaq* réside dans ce pays.

b–les schismes dans la période contemporaine

Peu après l'accession au pouvoir du 29ème *dâ'î*, le descendant d'un de ses prédécesseurs se proclama lui-même *dâ'î*. La scission qui suivit donna naissance à une nouvelle communauté bohra: la 'Aliyya, du nom du prétendant 'Alî b. Ibrâhim (m. 1046/1637). Aujourd'hui, cette petite communauté est essentiellement implantée à Baroda; le *dâ'î* a pris ses fonctions en 1974.

En 1204/1789, elle s'est elle-même scindée lorsqu'un groupe de dissidents prétendit que l'ère de l'Islam avait pris fin. Ils furent excommuniés par le *dâ'î* de l'époque. Il semble que cette nouvelle communauté, elle aussi implantée à Baroda, ait fondé une nouvelle religion dans laquelle des croyances hindoues ont été intégrées; en effet, les membres de la Nâgoshiyya sont végétariens.

En 1175/1761, un dâ'ûdite, Hibat Allâh, affirme avoir établi un contact direct avec l'imâm, et de ce fait, avoir atteint un degré plus élevé que le *dâ'î al-mutlaq*. Un groupe se forme autour de lui à Ujjain, connu sous le nom de Hiptias. Il existe encore aujourd'hui dans cette seule ville.

En 1256/1840, le *dâ'î* mourut subitement sans avoir désigné de successeur. Dans de telles circonstances, les *'ulamâ'* tinrent la nouvelle secrète et ils désignèrent 'Abd al-Qâdir Najm al-Dîn comme *al-nâzim*, c'est à dire administrateur de la communauté. Certains *'ulamâ'*, perturbés par la suspension du *nass*, commencèrent à attendre la manifestation de l'imâm. En 1293/1876, un groupe se rendit en Arabie à sa recherche; dans le Hijâz, ils furent soupçonnés par les Ottomans d'être des espions. Deux ans plus tard, un groupe de *'ulamâ'* créa un conseil consultatif (*hift al-fadâ'il*) à Surat, dans le but de guider la communauté, pour les affaires religieuses, sur la voie de la *shar'îa*.

Entre-temps, 'Adb al-Qâdir avait assumé le titre de *dâ'î al-mutlaq*. Il entreprit d'affaiblir le pouvoir des *'ulamâ'* en nommant aux postes les plus

La Modernisation de la Communauté Ismaélienne

élévés de la communauté des membres de sa famille. Dès 1847–48, des lettres anonymes circulent, qui reprochent à 'Abd al-Qâdir d'accaparer une partie des fonds communautaires. La fonction de *dâ'î* passa à son frère, puis à son neveu, mais ce dernier dut reconnaître en 1309/1891 dans un document écrit que lui-même et ses deux prédécesseurs n'avaient été que des *nâzims*, et non pas des *dâ'îs*.

Quelques années plus tard, en 1315/1897, un jeune dâ'ûdite appelé 'Abd al-Husayn Jîwâjî prétendit être en communication avec l'imâm caché. Ayant établi sa résidence à Nagpûr, il reçut le soutien de quelques *'ulamâ'*. Cette nouvelle communauté est connue sous le nom de Mahdîbâghwâlâs; un petit groupe parmi elle, les Artâliswâlas, affirme que la période de manifestation (*dawr al-kashf*) a commencé et de ce fait, ils ne respectent pas les prescriptions de la *sharî'a* comme le jeûne, etc.

c–le *dâ'î al-mutlaq*, une autorité absolue

Dès le début du siècle, une partie des Bohras réclame des réformes; en particulier, ils revendiquent le droit à une éducation occidentale à laquelle le *dâ'î* reste opposé. Lorsqu'un nouveau *dâ'î* accède au pouvoir en 1333/1915, Tâhir Sayf al-Dîn (m. 1385–1965), le clivage entre ses supporters et les réformistes s'accentue. En 1920, l'affaire est portée devant la justice britannique.

Depuis qu'il est *dâ'î*, Tâhir al-Dîn prétend à l'infaillibilité: jamais aucun *dâ'î* n'avait eu de telles prétentions. Au cours du procès, il va jusqu'à produire un document, écrit une trentaine d'années auparavant par un de ces prédécesseurs, qui affirme que le *dâ'î-mutlaq* est un être suprême, inférieur à Dieu seul qui a créé tous les êtres[112]. Il est le représentant de Dieu – et non plus de l'imâm sur Terre – Maître de l'esprit, des biens, du corps et de l'âme de chacun de ses disciples.

Le *dâ'î al-mutlaq* de la communauté sulaymânite – dont le nombre serait d'environ 70.000 membres – est depuis 1976 al-Sharafî al-Husayn; il réside au Yémen. La communauté n'a pas subi les mêmes scissions que la dâ'ûdite. Il est possible que cela provienne du fait que le *dâ'î* n'a jamais eu les mêmes prétentions (infaillibilité, etc.) que le *dâ'î* dâ'ûdite. Peut-être est-ce la raison pour laquelle la famille Tyabjee, à laquelle appartient, rappelons-le, A.A.A. Fyzee, choisit de quitter les Dâ'ûdites pour rallier les Sulaymânites[113].

En réalité, en fonction du principe de délégation de l'autorité, le *dâ'î al mutlaq* des Dâ'ûdites a les mêmes pouvoirs que ceux jadis attribués à l'imâm. Pourtant, contrairement au cas de l'imâm nizârite Hasan 'Alî Shâh, la justice britannique n'a pas confirmé les prétentions de Tâhir al-Dîn, bien que le *dâ'î* soit depuis 1866 "first class Sardar of the Bombay Presidency"[114]. Le procès de 1920 stipule que le *dâ'î al-mutlaq* n'est pas le propriétaire des biens communautaires: il n'est que l'administrateur (*trustee*). Par conséquent, le juge tranche la question de l'autorité en affirmant que Tâhir al-Dîn n'est pas *dâ'î al-mutlaq*, mais seulement *nâzim*. Il va jusqu'à préciser qu'il reste curateur des biens de la communauté tant que celle-ci est satisfaite de sa gestion[115].

Aujourd'hui, Muhammad Burhân al-Dîn, fils du précédent et *dâ'î* depuis 1965, jouit des mêmes pouvoirs que son père. La structure des communautés musulmanes du Gujarât – basée sur l'endogamie – rend difficile la dissidence qui provoque systématiquement l'exclusion de la caste. C'est pourquoi la grande majorité des Bohras dâ'ûdites – la communauté est forte d'environ 500.000 membres – reconnaît devoir une obéissance absolue au *dâ'î*. Pourtant, les partis réformistes – anciens et nouveaux – se sont regroupés dans les années 50/60 pour constituer un front unifié, le Pragati Mandal, contre le *dâ'î* qui réside à Bombay[116].

A l'âge de quinze ans, le jeune dâ'ûdite doit prêter un serment d'allégeance (*mîthâq*) au *dâ'î*; il entre alors officiellement dans la communauté et devient un *mu'min*. Puis chaque année, ce serment est renouvelé le 18 de Dhu'l-Hijja, jour de la fête de Ghadîr Khumm. Dans le texte du serment, traduit en anglais par Hollister, le *mu'min* promet une obéissance inconditionnelle au *dâ'î*[117]. Signalons que le jour de l'anniversaire du *dâ'î* est une grande fête célébrée par la communauté.

Les Dâ'ûdites versent un certain nombre de taxes au *dâ'î*; ce sont le *khums* annuel, payé aussi par les Shî'ites duodécimains, et le *zakât*; ce à quoi il faut ajouter une taxe versée à l'occasion d'un décès et une autre contribution volontaire mais traditionnelle. Le total représente une somme importante qui vient augmenter le trésort du *dâ'î*. Les biens communautaires (*aqwaf*), malgré le jugement de 1920, sont reconnus comme étant la propriété personnelle du *dâ'î*.

d–synthèse comparative

Il est certes illusoire de vouloir tirer des conclusions définitives de ces quelques lignes. En premier lieu, parce que ni les sources du savoir bohra, ni sa structure n'ont été analysées. On sait que la doctine bohra se situe dans le prolongement direct de la doctrine fatimide. L'oeuvre d'al-Qâdî al-Nu'mân fournit les ouvrages de référence de la communauté en matière de droit bien que la législation indienne considère que les Bohras relèvent de la *sharî'a*.

On ne connaît pas dans la doctrine bohra d'équivalents des *ginâns*, qui, chez les Khojas, assimilent les divinités du panthéon hindou aux imâms; jamais les Bohras n'ont été classés par le Census of India parmi les sectes hindoues, mais bien parmi les sectes musulmanes. Les dissidences sporadiques mais récurrentes dans la communauté s'expliquent par la tension eschatologique inhérente au concept de l'imâm caché.

Comme chez les Khojas, la question de l'autorité se pose avec plus d'acuité au XIXème siècle. Le plus remarquable est que deux contextes théologiques dissemblables ont donné naissance à des conceptions de

La Modernisation de la Communauté Ismaélienne

l'autorité semblables. En effet, l'autorité de l'imâm nizârite est défiée par un groupe de Khojas; ce défi porte sur la transmission même de l'autorité. Cette tentative reste vaine puisqu'aucune rupture récente n'est intervenue dans la succession des imâms. Chez les Bohras, le défi provient d'une situation toute différente: la vacance du *nass*. Certains Bohras "progressistes" cherchent à profiter de cette opportunité pour démocratiser la communauté; là, le poids de la tradition auquel s'ajoute le système de castes est le plus déterminant.

Dans les deux cas, on semble assister à la résistance d'une caste, qui, sous couvert de modernisation, cherche à maintenir une organisation socio-économique qui confie l'autorité à une oligarchie. Mais la majorité des Bohras et des Khojas accepte ce renouveau qui s'accomplit dans le cadre de la tradition. Dans les deux cas, le détenteur de l'autorité a vu son pouvoir renforcé, avec ou contre l'autorité judiciaire britannique, malgré la permanence d'une dissidence endémique qui ne va toutefois plus jusqu'à la sécession.

La question de la propriété des biens communautaires s'est également posée dans les deux communautés. Elle provient du fait que l'imâm et le *dâ'î-mutlaq* ont utilisé la multiplication des charges fiscales comme outil de centralisation de leur pouvoir. Cette centralisation constituait elle-même le préalable indispensable au renforcement de leur autorité. Là encore, le succès a été partagé par les deux sources d'autorité absolue.

L'Aga Khan a rencontré Tahîr Sayf al-Dîn. La modernisation de la communauté bohra a néanmoins été plus tardive que celle des Khojas. Il semble que la centralisation en Inde, soit plus autoritaire que celle des Khojas qui jouissent d'une certaine autonomie[118]. Le *dâ'î al-mutlaq* dirige sa communauté à l'aide de constitutions et de *firmans*; leur apparition semble relativement récente; s'est-il inspiré de l'Aga Khan?

Mais les matières sur lesquelles portent les *firmans* peuvent être politiques; avant chaque élection, un *firman* indique aux Bohras le candidat pour qui ils doivent voter (il est en principe membre du Congress)[119]. Tâhir Sayf al-Dîn a fait appel en 1962 contre le Bombay Prevention of Excommunication Act de 1949, qui interdisait l'excommunication, et a gagné devant la Cour Suprême[120].

Le *dâ'î al-mutlaq* n'a pas produit un véritable *Welfare-State*. Malgré cela, les Bohras apparaissent comme une communauté globalement prospère dans le sous-continent indien, comme en Afrique orientale. Une Khoja shî'ite, qui est originaire d'une famille bohra, soutient à A.A. Engineer que l'Aga Khan a été le précurseur de l'action coopérative à orientation caritative[121]; la chronologie de la fondation des différents organismes chez les Bohras, les Khojas shî'ites et les Khojas ismaéliens lui donne raison.

On a vu que bien que les fondements de l'autorité suprême diffèrent chez les Bohras et chez les Khojas ismaéliens, son exercice reste comparable; dans les deux cas, une obéissance absolue est exigée. L'autorité du *dâ'î al-mutlaq* résulte du fait qu'il a accaparé les attributs réservés traditionnellement à l'imâm; ce processus d'accaparement de l'autorité religieuse sous couvert de délégation n'est pas sans rappeler la doctrine du *velayat-e faqih* de Khomeini. Cette légitimité est par conséquent contestable, et c'est pourquoi on assiste à une permanence de la dissidence dans la communauté bohra qui, en retour, favorise une accentuation des tendances autoritaires de l'institution du *dâ'î al-mutlaq*.

Il serait intéressant néanmoins de porter plus loin la comparaison entre ces communautés "soeurs". Mais si les Bohras ont fait progresser la connaissance de l'ismaélisme fatimide, grâce aux manuscrits qu'ils possédaient dans leurs bibliothèques, on sait finalement peu de choses sur l'organisation de la communauté actuelle[122]. Comment le *dâ'î al-mutlaq* gouverne-t-il ses fidèles? Quel est le statut de l'initiation et du service dans cette communauté? Quelle est la part réelle du *dâ'î* dans la modernisation? Autant de questions qui restent sans réponse. Signalons enfin que les tensions entre les différentes factions bohras sont loin d'être apaisées. La presse indienne et la presse est-africaine font régulièrement état de pressions, voire de menaces excercées par les loyalistes à l'encontre des dissidents[123].

NOTES

1 H.B.E. Frere, "The Khojas; the disciples of the old man of the Mountains", *Macmillan's Magazine*, vol. V, XIXIV, 1876, p. 342.
2 voir L. Dumont, "Les Britanniques en Inde", *Histoire de l'humanité*, vol. V, XIXème siècle, UNESCO, Robert Laffont, 1969, p. 1008.
3 S.R. Walji, *op.cit.*, pp. 22 27.
4 pour Madagascar, R. Delval affirme que de 1910 à 1939 les entrées étaient d'environ deux cents par an, "Les Musulmans à Madagascar", *Revue de Madagascar*, 1967, p. 16.
5 J.J. Berreby, *Le Golfe Persique*, Payot, Paris, 1959, p. 182. Berreby donne la date de 1832 pour le transfert de la capitale de Mascate à Zanzibar, ainsi que A. Grohmann, "Zanzibar", *EI*, T. IV, pp. 1283 86. W. Madelung qui affirme par ailleurs que les Khojas commercent en Afrique orientale depuis le XVIIème siècle donne 1840, suivi par A. Nanji, "Modernization and changes", *op.cit.*, p. 126; pour Madelung, l'affluence des Khojas à Zanzibar, puis par la suite sur le continent, est une conséquence directe de ce transfert, *EI2* "Khodja", T. IV, p. 27.
6 *Modernization and changes ... op.cit.*, p. 126.
7 *India in Transition*, *op.cit.*, p. 117. D'après W. Frischauer, Topan aurait sauvé la vie à Stanley, *op.cit.*, p. 61.
8 A. Nanji, *Modernization and changes ... op.cit.*, p. 127. Sur Allidina Visram, voir le problème soulevé par J.S. Mangat in "Was Allidina Visram a robber baron or a skillfull and benevolent commercial pioneer?", *East Africa Journal*, VI, 2 (Feb. 1968), pp. 33 35. Sur ces pionniers, voir aussi J.C. Penrad, "La présence isma'ilienne en Afrique de l'Est; note sur l'histoire commerciale et l'organisation communautaire" in *Marchands et hommes d'affaires asiatiques*, études publiées sous la direction de Denys Lombard et Jean Aubin, éditions de l'Ecole des Hautes Etudes en Sciences Sociales, 1988, pp. 221 236.

9. "Mubarak Talika", *op.cit.*, pp. 18 19.
10. Penrad, *op.cit.*, pp. 224 et ss.
11. *idem*, pp. 227.
12. *ibidem*, pp. 229.
13. H.M. Amiji, "Some notes on religious dissent in nineteenth century East Africa", *African Historical Studies*, IV, 3 (1971), pp. 604.
14. Penrad, *op.cit.*, pp. 223 et Amiji, *op.cit.*, pp. 607
15. On sait que ce processus ne fut pas spécifique aux Khojas. D'autres communautés gujarâti comme les Bohras, les Memons etc. suivirent la même évolution; à notre connaissance, aucune étude globale de ce phénomène n'a été effectuée jusqu'à aujourd'hui dans le cadre africain; sur ces communautés en Inde, voir A.A. Engineer, *The Muslim Communities of Gujarat. An Exploratory Study of Bohras, Khojas and Memons*, Ajanta Publications, Delhi, 1989, 275 p. et H. Papanek, "Pakistan's big business; Muslim separatism entrepreneurship and partial modernization", *Economic Development and Cultural Change*, 1972, pp. 1 32.
16. Hollister, dans sa thèse sur le shî'isme en Inde, utilise le même pamphlet de Goolamali publié en 1932. A priori, l'organisation administrative en Inde et en Afrique semble être identique à cette date.
17. "Dustûr, II. Turquie", B. Lewis, *EI2*, p. 658.
18. K.S. al Khusry, *op.cit.*, p. 41.
19. "Dustûr, I. Tunisie", *EI2*, p. 655.
20. B. Lewis, "Dustûr, II Turquie", *op.cit.*, p. 658 et A.K.S. Lambton, "Dustûr, IV Iran", *op.cit.*, p. 666.
21. J.N.D. Anderson, *op.cit.*, p. 23. Hollister, Anderson, Nanji, Walji, Frischauer, Daftary et Bose utilisent le terme "constitution". Morris, bien que faisant référence au contenu des constitutions, semble curieusement ignorer leur existence. Il ne cite aucune source; il est donc probable qu'elles soient orales. *Idem* pour Ikbal Ali Shah. A. Rahmatoullah est opposé à l'utilisation de ce terme qu'il trouve inconvenant. D'après lui, il a été utilisé tardivement, peut être sous l'imâmat de Shâh Kârim. En ce qui concerne la première Constitution de 1905, aucun auteur ne dit explicitement l'avoir consultée.
22. Frischauer n'indique aucune source, *op.cit.*, p. 123. D'après, N.Q. King, la version originale de la constitution était en gujarâti et la traduction anglaise semble plus tardive et incomplète, lettre du 12 août 1990.
23. *op.cit.*, pp. 65 66.
24. *op.cit.*, p. 86.
25. *op.cit.*, p. 227.
26. *Modernization and changes ... op.cit.*, p. 128.
27. "Haji Bibi Case", *op.cit.*, p. 1.
28. Walji, *op.cit.*, p. 42.
29. A. Nanji donne la date de 1926, *op.cit.*, p. 128; et S. Walji celle de 1925, *op.cit.*, p. 87. Morris signale des changements importants, qui correspondent à ceux sanctionnés par la constitution qui n'est pas mentionnée survenus en 1926, *op.cit.*, p. 465.
30. Morris, *op.cit.*, p. 465; A. Nanji, *op.cit.*, pp. 128 9 reprend ses informations.
31. Walji, *op.cit.*, p. 175.
32. *idem*, p. 177.
33. A. Nanji, "*Modernization and changes ... op.cit.*, note 24 p. 130. Ce fonds, qui comprenait les Constitutions mais aussi les *firmans* de l'Aga Khan, avait été constitué en 1974 par le professeur Noel Q. King. L'année suivante, le professeur s'absenta de l'université; à son retour, le fonds avait disparu. Il apprit

longtemps après que le fonds, constitué surtout de documents qui n'étaient pas des livres, avait d'abord été déposé, en son absence, au sous sol de la bibliothèque, puis lorsque celui ci avait été débarrassé, jeté à la poubelle ... Lettre du 20 février 1990.

34 F. Daftary, *The Ismâ'îlîs*, *op.cit.*, p. 530.
35 *Firman Mubarak*, *op.cit.*, pp. 8 9.
36 Voir bibliographie.
37 Daniel Hameline, *Encyclopaedia Universalis*, vol. 7, pp. 952 54.
38 Hollister, *op.cit.*, p. 371.
39 cité par Ikbal Ali Shâh, *op.cit.*, p. 72.
40 *idem*, p. 71.
41 Dumasia, *op.cit.*, p. 191.
42 *idem*, p. 197.
43 *Collectanea*, *op.cit.*, pp. 79 80.
44 Rattansi, *op.cit.*, p. 36.
45 Dumasia, *op.cit.* Le Golden Jubilee a été célébré en 1936 à Bombay, et l'année suivante en Afrique orientale.
46 *Firman Mubarak*, *op.cit.*, p. 55.
47 *Rules of the Shia Imami Ismaili* ..., *op.cit.*, p. 84.
48 Dumasia, *op.cit.*, p. 286.
49 "Firman Mubarak", *op.cit.*, p. 54.
50 *idem*, p. 53.
51 Ikbal Ali Shah, *op.cit.*, p. 70.
52 "Mubarak Talika", *op.cit.*, p. 41.
53 Voir Jacques Lenard, *Archives du corps. La santé au XIXème siècle*, Ouest France, 1986 et Csergo Julia, *Liberté, égalité, Propreté. La morale de l'hygiène au XIXème siècle*, Albin Michel, 1988.
54 "Firman Mubarak", *op.cit.*, pp. 65 66.
55 *idem*, p. 69.
56 "Firman Mubarak", *op.cit.*, pp. 76 à 85; "Mubarak Talika", *op.cit.*, surtout pp. 34 35.
57 "Mubarak Talika", *op.cit.*, p. 34.
58 "Firman Mubarak", *op.cit.*, p. 85.
59 "Mubarak Talika", *op.cit.*, p. 34.
60 A.A. Aziz, *A Brief History of Ismailism*, Dar es Salaam, 1974, p. 166.
61 A.A. Engineer, *The Muslim Communities of Gujarat. An Exploratory Study of Bohras, Khojas and Memons*, Ajanta Publications, Delhi, 1989, p. 246. Il faut cependant signaler que l'auteur est un Ismaélien bohra; concernant les Momins, il ne cite pas ses sources mais il est probable qu'il rapporte des témoignages.
62 *idem*, p. 248.
63 *Annuaire du monde musulman*, 1954.
64 N. Tajdin, *Les Ismaéliens d'origine bhill; première approche d'une communauté hindoue convertie*, document dactylographié, Montréal, 1982.
65 J.C. Masselos, *op.cit.*, 14 et ss.
66 *idem*, p. 18.
67 Amiji, *op.cit.*, p. 610.
68 A.A.A. Fyzee, *Conférences sur l'Islam*, *op.cit.*, p. 52.
69 Masselos, *op.cit.*, p. 18.
70 King & Rizvi, "Some East Africa Ithna Asheri Jamaats (1840 1967)", *op.cit.*, p. 14, 16 et 19.
71 Walji, *op.cit.*, p. 86.
72 Amiji, *op.cit.*, p. 612.

73 *idem*; d'après King et Rizvi, pour le cas précis de Kilwa, la rupture se produisit en 1905 après qu'un partisan de l'Aga Khan ait reproché à certains Khojas d'être shî'ites ithnâ' ashârites, puisqu'ils priaient au nom des Quatorze Très Purs, *op.cit.*, p. 20.
74 A.A. Engineer, *The Muslim communities* ..., *op.cit.*, p. 262. Un Khoja duodécimain dirigerait la banque des Khojas ismaéliens à Ahmedabad, *idem*, p. 251.
75 Amiji, *op.cit.*, p. 612; ce phénomène est déjà signalé dans le "Aga Khan Case", et confirmé par un officiel britannique en poste en Afrique orientale en 1876.
76 Masselos, *op.cit.*, p. 17.
77 voir Rafique H. Keshavjee, *The Quest for Gnosis and the Call of History; Modernization Among the Ismailis of Iran*, Ph.D. thesis, Harvard University, 1981.
78 T.II, p. 1018; A. Le Chatelier signale quant à lui, d'après le Census of India, que depuis 1901 les Khojas sont divisés en "Ismâîli Aga Khan et Chiites proprement dits", *op.cit.*, pp. 60 61.
79 voir Shaykh Abrar Husayn, *Marriage custome among Muslims in India. A sociological study of Shia marriage customs*, New Delhi, Sterling Publishers, 1976, pp. 18 19.
80 A.A. Engineer, *The Muslim communities* ..., *op.cit.*, pp. 251 253.
81 cité par Bose, *op.cit.*, p. 228 et A.A. Engineer, *The Muslim communities* ..., *op.cit.*, pp. 248 9.
82 Universal Printing House, Karachi. Cette publication sera suivie en 1937 par la publication de *An open letter to H.E. Sir Lancelot Graham*, Gouverneur du Sind, Karachi. Puis sen 1954, *Quo vadis Pakistan?* Karachi job press. Ces publications reprennent les griefs déjà exposés.
83 *op.cit.*, p. 62.
84 "Haji Bibi Case", *op.cit.*, p. 4.
85 *idem*, p. 29.
86 S.S.A. Rizvi & N.Q. King, *op.cit.*, p. 19.
87 peu d'articles en dehors des relations publiées dans les revues ismaéliennes et de livres ont paru à ce jour sur Shâh Karîm, alors qu'il est imâm depuis plus de 40 ans. Hella Pick, journaliste au *Guardian*, devait écrire une biographie mais ce projet a été abandonné. Du côté ismaélien, Nagib Tajdin et son équipe de Montréal ont entrepris la publication systématique des *firmans* de l'imâm. Deux des trois volumes prévus ont paru; le premier regroupe les *firmans* des pays occidentaux; le second, ceux des pays asiatiques et proche orientaux; le troisième, qui doit paraître sous peu, sera consacré aux *firmans* africains. Voir bibliographie. Il faut préciser que cette initiative est personnelle et qu'elle n'est pas autorisée officiellement.
88 *Discours de Mowlana Hazar Imam L'esprit de l'Islam*, S.D, S.L.
89 *idem*.
90 Frédéric Edelmann, "L'Aga Khan et la vallée perdue", *Le Monde*, 01 juin 1986.
91 *Ismaili Contact*, 10, Salegreh, 1983, H.H. Prince Aga Khan Shia Imami Ismailia Council for Europe, Paris.
92 *idem*.
93 W. Frischauer consacre deux pages à "The Aga Khan Empire", *The Aga Khans*, *op.cit.*,
94 *Le Monde*, 01. 08. 1991.
95 Shâh Karîm fonde quelques années plus tard la "Aga Khan Chair of Islamic Studies" à l'université américaine de Beyrouth.

96 *Le Monde*, 09 05 1986. Bien qu'aucune biographie n'ait été consacrée à Sadruddin Aga Khan, il a été l'invité de différentes émissions: télévision Suisse Romande, *Côté jardin* du 09. 08. 1992.
97 *Le Monde*, 18.09.1991.
98 *Le Monde*, 12 13 octobre 1986.
99 *Le Monde*, 14 15. 07. 1991 et 27. 07. 1991.
100 *Ismaili contributions to Islamic culture*, S.H. Nasr (ed.), Imperial Academy of Philosophy, Tehran, 1977. Cet ouvrage relativement peu connu a été publié pour commémorer le centième anniversaire de la naissance de l'Aga Khan; il réunit Corbin, Madelung, Enayat etc.
101 *Le Monde Diplomatique*, avril 1986. Voir aussi les publications de Sadruddin Aga Khan dans le cadre de l'ONU, spécialement *Les droits de l'homme et les exodes massifs*, Genève, Nations Unies, 1982. 37 p. + 77 p. d'annexes+xxvii de bibliographie; "Les bases éthiques pour le droit et la société: Perspectives de la commission indépendante sur les questions humanitaires internationales", *Académie de droit international*, Recueil des cours, 1985, IV, Tome 193, Martinus Nijhoff Publishers, Dordrecht/Boston/Lancaster, 1986.
102 *Trésors de l'Islam*, Scale/Philip Wilson en association avec le Musée d'Art et d'Histoire, Genève, 1985, Deux ouvrages ont été écrits sur la collection de miniatures de Sadruddin Aga Khan; A. Welch, *A collection of Islamic art, Prince Sadruddin Aga Khan*, 4 vols, Genève, 1972 78 et A. et S.C. Welch, *Arts of the Islamic book The collection of Prince Sadruddin Aga Khan*, New York, 1982. Signalons enfin que la collection de Sadruddin Aga Khan est utilisée pour illustrer des ouvrages; voir par exemple la miniature reproduite dans C. Bonaud, "Le soufisme", *op.cit.*, p. 93 et les remerciements.
103 c'est d'ailleurs à ce titre qu'il est l'invité de plusieurs émissions télévisées en France; voir bibliographie.
104 *Reportages*, Antenne 2, 30. 01.1992.
105 *Le Monde*, 11.8.1992. Sur l'ayatollah Abu'l Qâsim Mûsawî Khû'î, voir M. Moomen, "An introduction to Shï' i Islam", *op.cit.*, index.
106 *idem*,
107 Naṣîr al Dîn 'Naṣîr' Hunzâ'î, *Imâm shinâsi*, Karachi, 1972, p. 41.
108 Naṣîr al Dîn Naṣîr Hunzâ 'î, *Saw Su'âl*, Karachi, 1978, Part I & II.
109 sur les Bohras, voir Asghar Ali Engineer, *The Bohras*, Vikas pl., 1980.
110 la plupart du temps, les Bohras qui apartiennent à la communauté must'alite, comparent l'occultation d'al Ṭayyib à l'occultation du douzième imâm des Ithnâ' Ashârî. Au cours d'une conversation, Carrim A. Currimjee nous dit que l'imâm, comme dans la croyance duodécimaine, se tenait derrière un voile. Port Louis, île Maurice, août 1985.
111 sur la communauté sunnite des Bohras, voir Ismail A. Lambat, "Marriage among the Sunni Surati Vohras of South Gujarat' in I. Ahmad (ed.), *Family, Kinship and Marriage among Muslims in India*, *op.cit.*, pp. 49 82.
112 Hollister, *op.cit.*, p. 280.
113 Wright, *Muslim Kinship and Modernization: The Tyabjee Clan of Bombay*, *op.cit.*, p. 220.
114 cité par Hollister, *op.cit.*, p. 298. On notera que cette "promotion" intervient l'année même où l'imâm nizârite est confirmé dans ses titres.
115 Hollister, *op.cit.*, p. 297.
116 sur ce parti réformiste, voir A.A. Enginner, *The Bohras*, New Delhi, 1980.
117 J.N. Hollister, *The shî' a of India*, *op.cit.*, p. 283.
118 A.A. Engineer, *The Muslim Communities ...*, *op.cit.*, p. 4.
119 *idem*, pp. 56 57.

120 S.C. Misra, *op.cit.*, note 44.
121 A.A. Engineer, *The Muslim Communities ...*, *op.cit.*, *p. 4*.
122 nous avons signalé la rareté des analyses sur la modernisation de la communauté en dehors des articles de Theodor P. Wright, "Competitive Modernization Within the Daudi Bohra Sect of Muslim and its Significance for Indian Political Development", in Hellen Ulruch (ed.), *Competition and Modernization in South Asia*, 1975, New Delhi, Abhinav Publications et "Muslim kinship and modernization; the Tyabjee clan of Bombay" in Imtiaz Ahmad (ed.) *Family, kinship and marriage in Indian*, Delhi, Manohar, 1976, pp. 217 238.
123 voir A.A. Enginner, *op.cit.*, pp. 98 99.

XI

La Finalité Mystique de la Connaissance

XI–1 MORPHOLOGIE DE LA CONNAISSANCE SPIRITUELLE CHEZ L'AGA KHAN

a–connaissance et compréhension

Pour l'Aga Khan, la connaissance est aussi et surtout un espace à connaître, un espace à découvrir. Cette connaissance à venir est liée à un processus heuristique qui doit donner naissance à l'objectif final de cette démarche qui est la compréhension, ou plus exactement le comprendre. A. Esmail et A. Nanji ont écrit; "One of the most striking features of the doctrinal system of the Ismâ'îlis is its comprehensiveness. This quality is really a reflection of the theocratic ideal of Ismâ'îlism, an ideal which it shared, in a general way, with the rest of Islam"[1]. Cette caractéristique s'applique parfaitement à la pensée aga-khanienne, qui, de ce point de vue, se situe dans la totale continuité de l'héritage de l'ismaélisme classique.

L'acquisition de la connaissance comme moyen de connaître/comprendre est liée à certaines "propriétés" humaines. La raison est l'une d'elles. Elle domine dans la connaissance de certains domaines; elle est alors le résultat de l'observation et du questionnement de l'univers. Mais il est aussi possible de connaître un "sujet" en vivant en harmonie avec lui, c'est à dire en vivant finalement en lui, en se l'appropriant par certains types d'expérience; dans ce cas, l'instrument de cette connaissance est alors l'âme.

Dans ses mémoires, l'Aga Khan écrit au sujet de sa mère; "Like many other mystics my mother had a profound poetic understanding" (p. 18). La description qu'il en donne établit un réseau de correspondances entre la beauté des éléments de la Nature, d'une part, qui ne font que symboliser la beauté divine, d'autre part. La poésie persane constitue par excellence l'espace où se réalisent de telles correspondances. Dans cette poésie, l'organe de cette connaissance est le coeur, et il est étrange à ce titre que l'Aga Khan ne le mentionne jamais comme tel. Pour lui, l'organe de cette "intelligence poétique" est l'âme et c'est dans le monde de l'âme que se

La Finalité Mystique de la Connaissance

produisent les correspondances dont il est question ci-dessus. Cette apparente divergence lexicale peut trouver une solution simple dans la langue persane, qui était la langue maternelle de l'Aga Khan et de sa famille. En persan, trois termes peuvent traduire le français "âme": *jân*, qui a le sens d'esprit vital; *nafs*, qui désigne l'âme charnelle ou le soi; *dil*, qui signifie cœur, âme[2]. C'est ce dernier terme qui est le plus utilisé par les soufis mais aussi par les Ismaéliens dès l'époque de Nasîr-i Khusraw[3].

Mais avant de développer l'analyse de cet espace de savoir fondamental dans la pensée aga-khanienne, il est nécessaire d'étudier le cadre épistémique de cet espace; la poésie mystique persane. Dans ses mémoires, il insiste à plusieurs reprises sur l'imprégnation poétique de son milieu familial: "The home in which I was brought up was, écrit-il, as you can see, a literary one. I have referred to my mother's poetic sense. She was deeply versed in Persian and Arabic literature, as several of her ladies-in-waiting and closest women friends. My mother knew a great deal of poetry by heart and she had a flair for the appropriate classical quotation – a flair which, I may say, she never lost throughout her long life. Even when she was nearly ninety she was never at a loss for the right and apt quotation, not merely from one of the great poets such as Hafiz and Firdausi or Roumi, but from many a minor or little-known writer" (p. 19).

Le rapport que l'Aga Khan établit entre le mysticisme et l'intelligence poétique est des plus significatifs. On perçoit d'une part que cette compréhension poétique est liée directement à l'expérience mystique, qui constitue pour lui l'ultime objectif. D'autre part, la compréhension poétique apparaît comme un stade supérieur à la compréhension rationnelle, et comme un stade intermédiaire entre celle-ci et une compréhension supérieure.

b–l'intelligence poétique

La plupart des biographes de l'Aga Khan souligne l'amour qu'il portait à la poésie. D'après Dumasia, le plus ancien d'entre eux puisqu'il écrivit sa première biographie de l'Aga Khan en 1903, ce fut 'Alî Shâh qui initia son fils à la poésie persane dès son plus jeune âge[4]. On a déjà signalé le fait que l'examen statistique des noms de personnes cités par l'Aga Khan est nettement favorable aux poètes persans comme Khayyâm, Rûmî et surtout Hâfiz. D'autre part, dans ses mémoires, il décrit longuement cette ambiance mystique qui imprégna son enfance, ambiance qui était due à sa mère que l'Aga Khan qualifie de mystique authentique. Enfin il n'est pas inutile de rappeler que l'Aga Khan écrivit trois articles sur la poésie persane.

L'*épistémè* de la poésie persane n'en demeure pas moins à déterminer; et il est important de découvrir quels en sont les éléments que l'Aga Khan a particulièrement retenus en elle; le peu d'articles qu'il écrivit témoignent de la connaissance qu'il en avait, mais aussi de ses capacités d'analyse de cette littérature et surtout, ils nous communiquent un grand nombre d'informations relatives au fonctionnement de sa pensée.

Une fois encore, l'étude de ce cadre épistémique nous renvoie au problème des connexions entre le soufisme et l'ismaélisme mais il est nécessaire de préciser que, dans le cas précis de l'Aga Khan, l'influence de sa mère, qui était une shî'ite duodécimaine issue d'un milieu soufi, semble avoir été prépondérante. Il est donc indéniable que la pensée de l'Aga Khan accentue encore l'influence du soufisme iranien sans que cela n'aliène en quoi que ce soit la tradition ismaélienne, ces deux systèmes de pensée ayant de nombreux points communs.

Qu'est-ce que l'Aga Khan entend précisément par "Persian literature"? Relatant un jour des souvenirs d'enfance, il confie à Dumasia: "As a child I was very much interested in philosophy and poetry, because anyone who knows Persian literature is naturally inclined to those subjects by the wonderful power, charm and grace of our Persian poets. I came under influence of Hafiz, Mawlana Roumi and other at an early and impressionable age, and they opened my eyes to the wonders of the universe and to the need of constantly keeping abreast of scientific and philosophic speculation and discovery"[5]. L'Aga Khan souligne d'emblée une spécificité de la poésie iranienne; elle est le lieu d'expression d'une certaine philosophie.

Le point principal sur lequel cette philosophie se démarque de la philosophie classique est l'expérience. Pour l'Aga Khan, elle est un mode de vie qui vise à réaliser un idéal. Aucun système philosophique n'est indispensable car si une pensée est dotée d'un substrat philosophique, le regard qu'elle porte sur le monde ne devient opérationnel qu'à partir du moment où elle se transforme en une expérience, où sa mise en pratique devient la principale instance validatrice. Sans doute n'est-il pas inutile de rappeler la conception qu'al-Afghânî avait de la philosophie qui était pour lui la science mère: "La philosophie, écrivait-il, était l'art de vivre et le philosophe, celui dont la mission consistait à conduire les esprits vers une existence parfaite"[6].

En dehors de la nature affective de l'attachement qui relie l'Aga Khan à la poésie persane, il faut prendre en compte les différentes fonctions que celle-ci entretient au sein de sa pensée. L'*épistémè* de la poésie persane ne remplace ni n'annihile les références coraniques et muhammadiennes. Elle agit sur un registre différent que celui des sources scripturaires mais sans jamais être en contradiction avec elles. Cette littérature en est plutôt un prolongement, une explicitation où les grands thèmes (Dieu, l'Univers, l'Homme) sont développés et réinterprétés par l'esprit et la sensibilité persans. L'importance de la poésie persane dans la pensée de l'Aga Khan ressort en premier lieu de l'analyse d'une expression significative: "l'intelligence poétique".

Cette "intelligence poétique", qu'il associe aux mystiques, s'oppose à la compréhension rationnelle. Elle permet alors d'appréhender ce qui échappe

La Finalité Mystique de la Connaissance

à la raison, ce qui la dépasse. Cette forme d'intelligence est intuitive et esthétique car non seulement elle ne peut être apprise, mais elle réclame aussi une certaine disposition affective. Comment opère-t-elle? Elle établit un jeu de correspondances entre l'homme, l'Absolu et les éléments de la Nature, qui restitue à merveille l'harmonie du monde telle qu'elle a été voulue par le Créateur. Ce jeu de correspondances dans lequel ont excellé les poètes persans est basé sur l'analogie.

L'analogie est exprimée dans différentes modalités. Au sujet de la poésie de Rûmî et de Hâfiz, l'Aga Khan parle dans ses mémoires de "their exquisite analogies between man's beatific vision of the Divine and the temporal beauty and colours of flowers, the musics and the magic of the night, and the transient splendours of the Persian dawn" (p. 18). Elle établit une relation entre des éléments appartenant à différents ordres; par exemple la vision divine et la beauté d'une fleur. La plupart du temps, la poésie persane met en rapport Dieu et un élément de la Nature, mais celui-ci est toujours choisi pour représenter un concept-clé de la poésie persane: la Beauté qui semble être finalement la meilleure représentation de Dieu. Pour l'Aga Khan, la poésie est la voix de Dieu qui parle à travers les lèvres de l'homme[7].

En dernière analyse, la poésie persane apparaît comme un espace épistémique intermédiaire qui assure la médiation entre le monde de l'homme et le monde de Dieu. L'Aga Khan place Hâfiz au-dessus de tous les autres poètes, comme le signale le sous-titre de son article du *Times* sur les poètes persans, la suprématie de Hâfiz. Il voit dans son oeuvre l'imitation réussie de la perfection de la Création: l'harmonie dans le rythme, dans les images, dans le son et dans les couleurs. Il va jusqu'à dire que l'audition d'une telle poésie peut provoquer un état proche de l'extase. Mais avant d'analyser Hâfiz dans la pensée aga-khanienne, il faut s'arrêter sur un auteur qu'il cite à plusieurs reprises: 'Umar Khayyâm.

D'après Dumasia qui écrit en 1938, 'Umar Khayyâm est le poète favori de l'Aga Khan. Il est vrai qu'il rédige en 1915 la préface d'une traduction anglaise des *Rubâ'iyât*, par John Pollen, professeur de persan et spécialiste de l'espéranto. Dans son introduction, celui-ci affirme que c'est l'Aga Khan qui l'a encouragé à effectuer cette traduction. La préface ne traite que de l'aspect littéraire des *Rubâ'iyât*: "The charm of the 'Ruba'iat, écrit l'Aga Khan, which lies in the intensely human spirit pervading them, is enhanced by the poet's inimitable direct ness of expression, with that unrivalled and untranslatable music of the words to which the sonorous language of Persia peculiarly lends itself"[8].

Il est remarquable que dans cette préface, l'Aga Khan attribue à la poésie de 'Umar Khayyâm les mêmes qualités qu'il attribuera plus tard à Hâfiz. Il souligne l'intérêt peu commun que cette poésie a suscité en Europe puis l'explique ainsi: "The secret of this phenomena may be traced on Omar's thoughts on inscrutable problems of Life and Death being, to some extent, in harmony with the rational tendencies produced by the collision of modern science with the unquestioning beliefs of a by gone age"[9]. Pourtant, dans un article publié dans un recueil en 1935, mais qui dut être écrit dans les années vingt, l'Aga Khan cite un quatrain de Khayyâm, avant de qualifier sa vision du monde de stupide et de destructice[10]. Enfin dans ses mémoires, il rapporte une conversation qu'il eût avec Churchill qui lui confiait son admiration pour le poète. Pour ceux dont le persan est la langue maternelle, lui explique-t-il, Omar Khayyam est "a minor poet with a very limited outlook" (p. 87).

Dans un article publié dans le *Times* en 1934, l'Aga Khan présente trois poètes: Qâ'ânî, Hâfiz et Khayyâm. Mîrzâ Habîb Qâ'ânî (1807–1853) est considéré comme l'un des meilleurs poètes iraniens du XIXème siècle[11]. Ce poète, qui connaissait le français et l'anglais, est avant tout pour l'Aga Khan une preuve vivante de la continuité de la tradition poétique persane au XIXème siècle. Il le place au même niveau que les poètes classiques. L'Aga Khan reproche à E.G. Browne de ne pas lui avoir rendu justice dans son *History of Persian literature in modern times*; en effet celui-ci, tout en reconnaissant la beauté de sa langue, reproche au poète de manquer d'objectifs élevés et nobles; beaucoup de ses poèmes ne sont composés que pour flatter les princes pendant qu'ils sont au pouvoir[12]. Il est vrai que Qâ'âni fut un des panégyristes officiels des Kâjârs Muhammad Shâh et Nâsir al-Dîn Shâh. Il semble d'autre part que lorsque Hasan 'Alî Shâh séjournait en Perse, il entretenait les meilleurs rapports avec le poète, puisque celui-ci lui adressa un *qasîda* commençant ainsi: "La vie éternelle sur cette Terre serait nécessaire, pour ne chanter qu'un dixième des louanges de l'Aghâ Khân!"[13].

Le véritable intérêt de l'article du *Times* réside dans le fait que l'Aga Khan compare ceux qu'il désigne lui-même comme deux extrêmes: Hâfiz et 'Umar Khayyâm. Là encore, après avoir signalé la beauté de l'expression, l'Aga Khan affirme que l'étude de 'Umar Khayyâm ne peut conduire qu'à l'atrophie mentale; ce qui est exprimé dans ses poèmes ne sont que "the passing sentiments of a hopeless waster". Mais le point essentiel qui différencie Hâfiz de Khayyâm n'est pas l'expression, quoique le lyrisme de Hâfiz soit supérieur. C'est plutôt que la poésie de Khayyâm ne s'attache qu'à un aspect de l'expérience et de l'émotion, alors que dans celle de Hâfiz, toutes les expériences, tous les sentiments sont représentés "from the highest theism to the most realistic materialism".

La poésie de Hâfiz constitue un espace dans lequel l'Aga Khan effectue une transmutation de valeurs; c'est là que certaines valeurs fondamentales du modernisme occidental peuvent être rattachées à un socle épistémique familier pour l'Aga Khan, et ainsi, intégrées à sa pensée. Cette alchimie intellectuelle s'accomplissait déjà à partir du savoir coranique; ce phénomène n'était aucunement particulier à l'Aga Khan. On a vu comment, partant de notions occidentales, l'Aga Khan réussissait à leur trouver une

La Finalité Mystique de la Connaissance

origine coranique. Comment expliquer alors cette fonction de la poésie persane qui ne peut être aussi normative que le Coran?

Pour une fois, l'Aga Khan apporte lui-même une réponse, à mots couverts; "In the highest religious messages, écrit-il dans ce même article, we hope to find such visions as will clarify the latest speculations of scientific philosophy, without for one moment supposing that the teachers of the past know or could have known the later developments of human thoughts. So in Hafiz one could easily find thoughts, ideas, expressions that would illuminate the fundamental conceptions of even such abstract hypotheses and speculations as those of, say Einstein, Jeans, or Withehead. Hafiz could not know the marvellous discoveries of the disciplined application of human intelligence today; but his supreme genius enabled him to lay such splendid foundations that place can be found within his universal temple for almost any later development". L'Aga Khan ne donne aucun exemple précis de ce "génie suprême" qui permit à Hâfiz de poser des fondations si vastes qu'elles pouvaient contenir les découvertes à venir. Mais il est évident que l'Aga Khan revient à l'ancien débat renanien sur la relation entre l'Islam et la science.

On a vu que dans ses discours de Bombay et de Delhi, à l'instar de la plupart des réformateurs, l'Aga Khan avait démontré que le Coran était imprégné de rationalité et, de ce fait, conforme à l'esprit scientifique. L'Aga Khan confie dans cet article qui, contrairement aux discours, ne s'adresse pas à des Musulmans, qu'il serait souhaitable que les messages religieux – y compris l'Islam à priori – possèdent un tel pouvoir de clarification. Car finalement, c'est la puissance clarificatrice de la poésie de Hâfiz qui fascine l'Aga Khan. Et lorsqu'il écrit "we hope to find such vision as will clarify the latest speculations of scientific philosophy", cela signifie que cette poésie seule rend possible l'éclosion du comprendre, c'est à dire qu'elle permet l'appropriation de concepts d'origine extérieure à l'Islam sans pour autant poser de problèmes insurmontables au niveau du dogme; de toute évidence, la structure et la finalité des textes scripturaires de l'Islam ne leur avaient pas permis d'y parvenir de façon satisfaisante.

Comment l'Aga Khan explique-t-il cette faculté unique de la poésie de Hâfiz? Après avoir précisé qu'elle rend la poésie de Hâfiz quasiment intraduisible, il poursuit: "When attempts are made to reproduce in any form or shape in a foreign language the beauty of his lyrical and imaginative expression, the variety and diversity of his thought are obscured. On the other hand, if a detailed analysis is written paraphrasing every conceivable interpretation of each word, it becomes an encyclopaedia rather than a rendering of poetry". Il est vrai que dans la littérature persane, Hâfiz est la "Langue de l'Invisible" (*lisân al-ghayb*) et l'"Interprète des Mystères" (*tarjumân al-asrâr*) et son *diwân* est toujours consulté en Iran comme un oracle.

La dialectique subtile de Hâfiz procède par étapes: rien n'y est tout à fait affirmatif, rien n'y est tout à fait négatif non plus. Hâfiz défie tous les systèmes et tout son art consiste à nous en libérer. Son utilisation des symboles de la poésie persane est elle aussi très caractéristique. Le symbole est le principe même de sa dynamique poétique puisque jamais, il n'est transformé en codes: le vin est bien le jus de raisin, mais aussi autre chose. Hâfiz ne contraint pas à choisir une figure précise du symbole, il s'efforce au contraire de maintenir toutes les éclosions sémantiques dans le domaine du possible. C'est à chacun que revient de faire l'herméneutique du symbole.

Hâfiz reste à la limite de l'engagement mystique inconditionnel d'un Rûmî et du détachement inconditionnel d'un Khayyâm. Quant à Rûmî, l'Aga Khan écrit: "Unlike Hafez, however, he has only put forward the argument for mystical pantheism, while in Hafez in a few verses all the essentials of Rumi's and indeed of every other philosophy, are given to us"[14]. Deux ans après son article dans le *Times*, l'Aga Khan prononce le discours inaugural à l'occasion de la création de l'Iran Society[15]. Dans son compte-rendu du 10 novembre 1936, le *Times* signale que Sir Denison Ross, alors directeur de la School of Oriental Studies, et Sir Percy Sykes assistèrent à la conférence.

Cet article est certainement l'un de ses écrits les plus importants pour la compréhension de sa pensée. En effet, l'Aga Khan approfondit son analyse de la poésie de Hâfiz et, corrélativement, nous livre sa conception de ce monde dans lequel évolue la poésie: le monde de l'âme. Cela n'empêche que l'Aga Khan voit aussi dans la poésie de Hâfiz un enseignement qui dispense des valeurs éternelles comme la beauté, l'amour et la bonté.

Hâfiz surpassa tous les autres poètes persans pour la simple raison que tout se trouve dans sa poésie: elle est la vie. Sur le plan de l'expérience et de l'émotion, elle constitue un modèle. L'Aga Khan n'entre pas dans le débat, classique au sujet de Hâfiz, de savoir si le poète fut un authentique soufi, ou s'il fut au contraire un libertin. Mais sur la question de l'intention profonde de Hâfiz, les spécialistes s'entendent aujourd'hui pour reconnaître que la position unique de Hâfiz dans la littérature persane provient de son ambiguïté, quelque part entre le mystique et le temporel. Cette ambiguïté constitue le point d'équilibre des contraires, la solution du problème fondamental de la *wahdat al-wujûd*: le passage de l'Unique, le Créateur, à la multiplicité des êtres. Ce problème est aussi un problème fondamental pour l'Aga Khan à travers son principe du monoréalisme. Et il est aisé de comprendre que cette oscillation de Hâfiz entre la sainteté et la chute dans le temps convenait à l'Aga Khan pour la simple raison qu'elle reflétait, à la perfection, "l'âme persane" et par dessus tout, les propres tendances divergentes de sa personnalité[16].

L'équivocité peut être comprise comme une recherche à mettre fin à la tension entre deux domaines du savoir: le spirituel et le temporel, tout comme la poésie de Hâfiz visait à trouver l'équilibre entre l'univers des mystiques et celui des rationalistes. Ce fut là aussi l'objectif primordial que, de son propre aveu, l'Aga Khan chercha à atteindre au cours de sa vie pour

La Finalité Mystique de la Connaissance

lui-même, et pour ses fidèles. En effet comme Hâfiz, l'Aga Khan souligne à plusieurs reprises qu'il est tout à fait opposé à la vie ascétique des soufis et autres moines: l'homme est du monde, et le Prophète de l'Islam a lui-même illustré cette appartenance indéfectible[17]. Par contre, il place par-dessus tout l'expérience mystique dont la finalité n'est autre que la vision divine.

c–la sourate al-Nûr

Dans ses mémoires, l'Aga Khan ne fait qu'une citation coranique *in extenso*: il s'agit du verset 35 de la sourate *al-Nûr* (XXIV). Mais avant de le citer, il écrit une sorte d'avertissement qui a son importance: "To a certain extent I have found that the following verse of the Koran, so long as it is understood in a purely non-physical sense, has given assistance and understanding to myself and other Muslims. I must, however, warn all who read it not to allow their material critical outlook to break in with literal, verbal explanations of something that is symbolic and allegorical. I appeal to every reader, whether Muslim or not, to accept the spirit of this verse in its entirety (...)" (p. 172).

Avant d'analyser l'avertissement puis le verset, il est important de rappeler que cette sourate possède une longue et ancienne histoire dans l'Islam. Pour Sohrawardî, par exemple, elle symbolise une topographie spirituelle qui n'a de réalité que métaphysique. Sa signification est que les notions géographiques d'Orient et d'Occident ne sont que les épigones de leur réalité essentielle: en effet, sur le plan spirituel, l'Orient est le lieu de l'imaginaire. Cet imaginaire a été exploré par Henry Corbin qui lui a préféré l'appellation de "monde imaginal" (*mundus imaginalis, 'alâm al-mithâl*)[18]. Ce monde constitue l'espace dans lequel se déroulent les événements spirituels; il est donc à la charnière du monde terrestre et du monde divin, et par là, assure la correspondance entre ces deux mondes. Mollâ Sadra Shîrâzî, quant à lui, affirme que les Shî'ites puisent leur science et leur philosophie à la Niche aux Lumières de la Prophétie et de la *walâyat*, en suivant les voies des saints imâms[19].

Ce monde de l'imaginal est le lieu où se produisent la transmutation des symboles d'une constellation culturelle dans une autre, mais aussi les homologies entre les différentes modalités de l'Etre[20]. L'Aga Khan ne cite aucunement le monde imaginal (*'alâm al-mithâl*) nommément. Mais nous verrons malgré tout que ce monde intermédiaire existe bel et bien dans sa *Weltanschaung*. En attendant, que peut bien signifier pour lui la sourate *al-Nûr*? Pour les Ismaéliens, cette sourate est le fondement même de l'imâmat puisque nous avons vu que son principe était le *nûr*. Cette sourate établit par conséquent de la manière la plus évidente la continuité d'Allah à l'imâm, sans que ce principe du *nûr* ne soit pourtant défini avec précision.

L'auteur ismaélien nizârite du XVIème siècle, 'Amir b. 'Amir al-Basrî, a composé deux vers qui lui ont été inspirés par ce verset: "Tiens, ô homme doué de jugement! Emprunte avec une douce brusquerie les rayons d'une lampe placée dans une niche, dont l'huile produit les lumières qui éclairent presque l'univers sans que la touche un feu, tant en est pur le verre"[21]. Aussi bien dans l'école fatimide que dans l'école nizârite, la niche aux Lumières représente l'imâmat en tant que *lâhût*, c'est-à-dire la divinité de l'imâm: "Dès qu'il est 'investi' (nass), le jeune imâm devient le support de ce Temple de Lumière, explique Henry Corbin. Son Imâmat, sa 'divinité', c'est ce corpus mysticum constitué de toutes les Formes de lumières"[22].

L'avertissement de l'Aga Khan est important à plusieurs égards. D'une part, il résume les catégories cognitives de base de la pensée aga-khanienne. D'un côté, on trouve l'explication symbolique et allégorique, de l'autre l'explication littérale et lexicale. On notera que chaque catégorie est décrite par deux termes qui forment un couple. Mais si les deux catégories cognitives que sont l'esprit et la lettre coexistent, l'Aga Khan indique clairement que le mode de connaissance essentiel est l'esprit. Il précise d'autre part que ce verset doit être accepté "in its entirety". Ce verset peut encore prêter "assistance and understanding", c'est là que se trouve en réalité sa fonction principale. La compréhension juste résulte d'une interprétation adéquate dans une situation donnée.

La question qui se pose est maintenant de savoir quelles interprétations l'Aga Khan aurait-il pu en donner? Cette question est partiellement non avenue pour la simple raison que l'interprétation aga-khanienne vise toujours un objectif précis, souvent concret, et que, de ce fait, elle peut difficilement être effectuée dans un cadre strictement théorique, à titre expérimental. Nonobstant cela, le stade où la recherche est parvenue nous autorise à faire quelques suggestions.

Il est certain que si le choix de l'Aga Khan s'est porté sur ce verset, en dehors des références ismaéliennes, c'est parce qu'il représente une sorte de modèle, une sorte de Coran microcosmique. Ce verset contient ce qui pour l'Aga Khan constitue l'essence même du texte sacré. Toutes ses conceptions essentielles s'y trouvent exprimées. D'autre part, le texte apparaît comme une matrice sémantique de laquelle on peut tirer diverses interprétations qui correspondent à divers degrés de l'intelligence, mais aussi à des hommes de lieux et d'espaces différents. Plus particulièrement, ce verset symbolise le dernier stade de la connaissance ésotérique.

Allah est la Lumière des Cieux et de la Terre: cette énonciation nous donne d'emblée la structure tripartite du monde qui est celle de l'ismaélisme et de l'Aga Khan. Allah est à la fois séparé, transcendant, et il est la Lumière des Cieux et de la Terre. La Lumière entretient par conséquent une double relation avec Dieu: elle est Dieu et elle ne l'est pas, mais quoi qu'il en soit, elle constitue le lien entre lui-même et le monde des Cieux et celui de la Terre. Mais par cette idée, il est dit aussi qu'Allah contient tout: rien ne lui échappe. C'est l'idée que l'Aga exprime à maintes reprises par *Allah all sustainer*.

La Finalité Mystique de la Connaissance

La deuxième proposition de la sourate est une série d'associations: Lumière/Niche/Récipient en verre/Astre étincelant. Mais le rapport d'associations est de deux natures différentes. Les rapports Lumière/Niche et Récipient en verre/Astre étincelant sont des rapports d'homologies. Par contre, les rapports Niche/Lampe et Lampe/Récipient en verre sont des rapports de contenu. De fait, ce passage de la sourate décrit les types de rapports qui peuvent être établis entre des choses appartenant à des ordres différents. C'est bien évidemment le principe d'interprétation qui constitue l'instrument qui oeuvre des associations. Le nombre des équivalences et des correspondances produites dans ce passage indique que la compréhension rationnelle n'est pas suffisante: elle est inapte à appréhender certains champs de la connaissance, et plus particulièrement la connaissance divine.

Une partie importante du verset fait allusion à la source de la lumière: c'est un olivier. Il est clair que le fait que son huile éclairerait "même si nul feu ne la touchait" fait référence à la transcendance divine puisque ce phénomène dépasse tout ce que l'homme connaît dans les phénomènes naturels habituels. Au sujet du fait que cet olivier ne soit "ni oriental, ni occidental", cela peut signifier que la réalité dernière de la religion, et donc celle de l'homme, relève d'un espace qui n'est pas celui des seules contingences géographiques. La réalite ontologique de l'homme est une, et cette modalité de l'unicité divine peut recevoir des interprétations dans le champ de la connaissance, à savoir que, de ce fait, les correspondances peuvent être établies entre des ensembles culturels différents, sans pour autant aliéner l'identité, ni la "personnalité" – pour rependre le mot de Djaït – de chacun.

Les dernières propositions expriment des convictions aga-khaniennes. A savoir, l'idée qu'Allah choisit les élus. S'il est certain qu'une voie ou plusieurs voies existent, c'est en dernier lieu Allah seul qui décide. Cela signifie que les états spirituels les plus élevés ne sont pas réservés aux seuls saints ou aux imâms, mais à tout un chacun. Cela signfie d'autre part qu'ils ne sont pas non plus l'exclusivité des Musulmans. L'Aga Khan est à plusieurs reprises, dans ses mémoires en particulier, très explicite sur ces questions[23]. Le fait qu'Allah s'exprime par paraboles est la preuve que le Coran, c'est à dire la parole de Dieu, ne doit pas être acceptée à la lettre, mais soumise à l'interprétation. Cela signifie aussi que certaines questions religieuses échappent au raisonnement discursif. Enfin, l'extrait cité par l'Aga Khan se termine par ce par quoi il commençait: Allah est omniscient. Ce qui signifie que tout est contenu dans son savoir, et de fait, que rien ne lui échappe.

En dernière analyse, le facteur déterminant qui incite l'Aga Khan à citer ce verset in *extenso* est sans aucun doute qu'il exprime le plus clairement possible le problème central de l'existence. Ce problème est celui de la conciliation du statut contradictoire de la divinité qui est à la fois transcendante – dans le lexique aga-khanien, il s'agit d'Allah ou de

Absolute – et immanente, *Light, Holy Spirit* etc. Sur le plan de l'interprétation aga-khanienne, cette contradiction tente d'être résolue par la double tendance herméneutique, à savoir une tendance ontologique et une tendance socio-culturelle.

d–les archétypes de la connaissance

L'attribut essentiel d'Allah, chez l'Aga Khan, est sans aucun doute l'unicité, qui, sous le terme "monoréalisme", révèle une influence du concept soufi de *vaḥdat-e vujûd*. Cette unicité, qualité divine par excellence, n'existe certes pas comme telle dans le monde terrestre. Mais l'Aga Khan, lorsqu'il exprime ses objectifs dans les domaines les plus divers, que ce soit au niveau des relations internationales, du *welfare* individuel ou autre, se réfère à des archétypes de la connaissance qui ne sont autres que les diverses facettes de l'unité divine. Le plus récurrent de ces archétypes est l'équilibre/harmonie.

Cette notion est de première importance dans le Coran; "Ainsi, est-il dit dans la sourate II, 143, nous avons fait de vous une communauté éloignée des extrêmes". Il est frappant de constater que l'Aga Khan, quelques lignes après la sourate al-Nûr, s'exprime en des termes analogues dans ses mémoires; "In that endeavour Islam can play its valuable constructive part, and the Islamic world can be a strong and stabilizing factor, provided it is really understood and its spiritual and moral power recognized and respected" (p. 172). Il réitère la même idée à la fin de ses mémoires (p. 332), ainsi que dans d'autres écrits[24].

Les racines coraniques qui reflètent cette idée d'harmonie sont nombreuses *(Q.W.M, Q.D.R, N.Z.M, etc.)*. Les spirituels islamiques ont fait de l'harmonie la finalité de leur quête sous la forme de la fusion du moi avec la divinité. Dans le contexte aga-khanien, l'idée d'harmonie se modalise. Elle implique par exemple celle de solidarité et d'interdépendance. Cela est particulièrement vrai sur le plan social. En Afrique orientale, l'avenir des nouveaux Etats dépend de l'entente des différentes communautés qui doivent savoir qu'elles ne sont rien les unes sans les autres (*Memoirs*, pp. 331–332). Ailleurs, au sujet du Kenya, l'Aga Khan affirme être convaincu que les Ismaéliens constituent "an influential and stabilizing element to the community" (p. 163).

Cet archétype primordial qu'est l'harmonie se confond très souvent chez l'Aga Khan avec la paix. Bien qu'il puisse s'agir de paix intérieure, l'Aga Khan voit dans cette notion la principale réalisation de l'harmonie. Ses interventions à la SDN et à la Conférence du Désarmement indiquent qu'il fut un pacifiste convaincu, qui ne sut de ce fait échapper à l'illusion munichoise.

La recherche de l'harmonie peut constituer une étape vers ce qui constitue la finalité de l'homme, la recherche du bonheur. Dans ses déclarations sur "la philosophie du bonheur", l'Aga Khan fait plusieurs fois

La Finalité Mystique de la Connaissance

référence au fait que la recherche de l'harmonie avec le monde, et surtout avec Dieu sont d'indispensables préludes au bonheur[25]. La réalisation de l'harmonie sociale, individuelle ou religieuse, est la plus sûre voie pour reproduire l'harmonie de l'univers. L'Aga Khan l'affirme explicitement dans un texte mal connu: "Even a superficial examination of the events of the world would show that they are governed by a certain order and harmony, which presupposes an intelligent author called the Universal Spirit who controls the world by definite set of laws, whether natural or moral"[26].

C'est pourquoi l'homme doit chercher à être en harmonie avec Dieu. Mais sa tâche est d'autant plus difficile qu'il est du monde, et qu'il n'en est pas: le problème de l'existence est double, déclare-t-il dans sa "philosophie du bonheur", puisque l'homme doit être à la fois en accord avec lui-même, et en harmonie avec Dieu[27].

XI–2 LE SPIRITUEL, UNE TOPOGRAPHIE DE L'ÂME

Un terme clé dans l'oeuvre de l'Aga Khan est *soul*. Comme souvent dans ses écrits, ce terme à travers ses multiples emplois dessine un champ sémantique très vaste et très malléable. On a déjà étudié les occurrences qui concernent les hypostases de la divinité comme l'Ame Universelle, héritée de l'ismaélisme fatimide. C'est ainsi qu'il est question de l'âme de la nation, de l'âme de Dieu, de l'âme du peuple, de l'âme individuelle, etc. Il est évident qu'une partie de ces occurrences se réfère aux caractéristiques d'un peuple ou d'une nation, aux éléments qui composent leur identité. On parle parfois de "l'esprit d'un peuple"; l'Aga Khan, pour sa part, utilise le terme de *soul*: pourquoi? Ce terme renvoie à autre chose qu'à une référence identitaire. L'Aga Khan indique qu'il a une conception organique des peuples: un peuple forme un corps et de ce fait, il possède une âme qui, d'une manière ou d'une autre, participe au jeu cosmique.

On a vu en effet que la conception aga-khanienne du monde s'appuie sur l'émanatisme. Cet émanatisme est incomparablement moins systématique et moins complet que celui de l'époque fatimide ou alamûtî, mais il est malgré tout indéniable qu'il constitue l'infrastructure de la *Weltanschaung* aga-khanienne. Il utilise à plusieurs reprises l'expression *All-powerful Soul of God* – qui semble équivalent de *Universal Soul*[28]; dans un article paru en 1943, il écrit que le but de la vie est de "se frayer un chemin direct qui reliera constamment cette âme individuelle à l'Ame universelle dont l'Univers, tel que nous le connaissons par nos moyens très limités, est une des infinies manifestations"[29]. L'Aga Khan écrit d'autre part dans ses mémoires que tous les êtres vivants, dans l'Islam, possèdent une âme, même embryonnaire (p. 177).

Comme à son habitude, l'Aga Khan est assez vague en ce qui concerne l'âme humaine. Pourtant, dans son discours qu'il prononce sur Hâfiz à l'occasion de la création de l'Iran Society en 1936, il apporte quelques précieuses indications sur ce qu'il entend par le terme "spiritual": "I do not wish to limit it to religious or such ideas, affirme-t-il, or to give it any otherworldly interpretation, but I do mean anything that deals with man's life of the spirit here and now on this earth and in this life. Whatever may or may not be the soul's future, there is one impregnable central fact in existence: that here and now, in this word, we have a soul which has a life of its own in its appreciation of truth, beauty, harmony and good against evil"[30].

Ici, le terme *spiritual* désigne un espace cognitif qui a l'âme pour organe. Une fois de plus, l'Aga Khan le décrit négativement: il n'est pas seulement constitué du religieux ou de l'au-delà, il est de ce monde précise-t-il. On peut en conclure que cet espace du "spirituel" est et n'est pas du monde terrestre, est et n'est pas du monde divin: on serait alors tenté d'y voir une réminiscence d'un monde imaginal (*'alâm al-mithâl*). Le spirituel apparaît alors comme un pont entre le temps de la corruption et l'éternité, qui est la dimension divine par excellence vers laquelle tend l'homme.

Quoique les écrits de l'Aga Khan ne nous permettent pas de pousser très loin les investigations, on peut néanmoins affirmer que le terme "spirituel" désigne tout ce qui favorise, ici-bas, la divinisation de l'homme, c'est à dire tout ce qui tend vers sa transmutation par la rejonction avec la divinité: que ce soit dans le cadre de l'Islam, de l'ismaélisme ou d'une autre voie. Que ce soit par l'expérimentation d'une technique mystique, par la pratique de rites, par la conformation à des valeurs éthiques etc.

Pourtant, il insiste sur l'autonomie de ce monde de l'âme qui fonctionne avec ses propres référents. Dans le même discours, il qualifie l'âme du plus grand trésor que possède l'homme: "In it there was for ever a spark of true divinity which could conquer all the antagonistic and debasing elements in nature"[31]. Il est donc clair que l'âme est le principe divin en l'homme. De ce fait, l'importance de l'âme réside dans le fait qu'elle constitue l'organe sotériologique: "If you desire the emancipation of your soul, déclare-t-il lors de son premier voyage en Afrique orientale en 1899, then keep your soul in the love and affection of God. Never forget God even for one moment but always think of Him."[32].

Ainsi, le terme "spirituel", qui, chez l'Aga Khan apparaît essentiellement sous la forme adjectivale, est sans aucun doute le plus représentatif dans son lexique, ainsi que de ses conceptions cognitives et épistémiques. Nous avons vu l'importance de ce terme dans le cadre de la dialectique du *zâhir* et du *bâtin*. Il serait simple de délimiter son champ sémantique par la compilation de tous les autres termes avec lesquels l'Aga Khan l'oppose. Mais ce travail ne rendrait pas compte de ce qui constitue l'essentiel de cette notion, et de la conception aga-khanienne du monde: la plasticité. En résumé, les modalités qui reviennent le plus souvent dans ses écrits sont 1–le spirituel envisagé comme la finalité d'ordre mystique de la connaissance, connaissance qui culmine avec la "communion with that Eternal Reality which I call Allah"[33]; et 2–le spirituel envisagé comme une éthique du savoir.

La Finalité Mystique de la Connaissance

XI-3 L'EXPÉRIENCE MÉDIATRICE

a–la prière et la méditation

Dans ses mémoires, l'Aga Khan relate que, dans son enfance, il rejoignait sa mère chaque soir pour prier avec elle "that prayer for unity, for companionship on high, which is the core of Muslim faith" (p. 30). La prière, telle qu'elle est conçue par les Musulmans, remplit tous les coins et recoins de la conscience humaine. L'Aga Khan consacre un court article à la prière dans les années trente. Il rappelle le fait que la prière musulmane peut être accomplie dans n'importe quel lieu, à partir du moment où l'on connaît l'orientation de La Mekke. L'Aga Khan fait l'apologie de la prière du vendredi, qu'il effectue invariablement autour de midi. Il utilise systématiquement l'expression *meditation and prayer* pour désigner cette expérience qui intervient une fois par semaine. Elle dure environ une heure pendant laquelle, écrit l'Aga Khan, "I pray to my Maker and meditate on His ways"[34]. Ce moment privilégié permet d'oublier tous les désirs et les soucis terrestres et d'être en communion directe avec la perfection.

Dans son entretien publié dans *The Listener*, le 11 novembre 1931, l'Aga Khan insiste sur l'importance de l'éducation, éducation qui devrait inclure la vie de l'âme dans son sens le plus large. Cela signifie le développement de la recherche spirituelle, esthétique et intellectuelle, des plaisirs de la nature et de l'art, et par dessus tout, de la communion directe avec l'Invisible[35]. Cet "Invisible" qu'il nomme plus loin "the obvious soul in the universe" serait dépendant du développement de la contemplation. Ce texte montre une étroite relation entre cette contemplation et la beauté de la Nature, alors que l'art n'est qu'une recherche de reproduire sa perfection. On a déjà vu que l'Aga Khan considère que la Nature/Univers est le reflet du Créateur (image du miroir; *Memoirs*, p. 175), et il apparaît qu'un des moyens de rechercher l'union divine est de se laisser absorber par la contemplation de la beauté de la Nature. Déjà dans la poésie persane, Hâfiz tissait un réseau de correspondances entre sa beauté, sa perfection et celles du Créateur.

Le 2 novembre 1931, l'Aga Khan publie un article sur sa conception de la philosophie du bonheur. Au premier rang, il place le bonheur spirituel: être en harmonie avec Dieu, ne faire qu'un avec lui. Cela s'entend dans le sens où le croyant doit se conformer à ses commandements transmis par le Prophète. En second lieu, l'Aga Khan place l'appréciation, et la jubilation procurées par la contemplation des gloires de la nature: "All those sunrises and sunsets – all the intricate miracle of sky colour, from dawn to dusk. All that splendid spendthrift beauty ... (...) Those glories are from his fromdawn to dusk, and then comes night – 'a night of stars – all eyes'"[36].

Dans les écrits ismaéliens, l'Aga Khan accorde la même fonction mystique à la prière: mais celle-ci peut également être adressée à l'imâm qui est le médiateur. La prière permet au croyant de se rapprocher de Dieu et elle devient alors une forme d'amour puisque celui qui aime Dieu ne doit pas craindre l'enfer. A plusieurs reprises, l'Aga Khan revient sur l'idée que la prière et les cérémonies doivent être effectuées avec compréhension. Le 13 juillet 1899, à Zanzibar, l'Aga Khan insiste plus particulièrement sur le lien avec la pratique religieuse "compréhensive" et son efficacité: "Our religion is based upon 'aql' (power of reasoning). If you seek religion without ''aql' you will not understand much and will obtain nothing"[37]. La méditation est basée sur un mot-clé que l'imâm donne à méditer au croyant[38].

Rûmî a décrit comment la création se développait du stade minéral au stade végétal. De cette manière, explique l'Aga Khan, la prière permet à l'homme d'atteindre un plan plus élevé. Mais bien que la prière adressée à travers l'imâm soit récompensée spirituellement et matériellement, son objectif final concerne la vie dans l'au-delà. A Bombay, le 4 février 1894, l'Aga Khan expose les bénéfices que peut procurer le *salwât*[39]: "Inshâllâh, venez tous au Jamât Khânâ et priez en vous concentrant. Et si dans vos prières vous récitez beaucoup de salwat (*sic*), alors Inshâllâh, votre foi s'accroîtra de jour en jour, vos péchés seront pardonnés, vous irez au Paradis et vous aurez la grâce d'avoir la vision divine (didâr)"[40].

c–le Bonheur

D'après Mohammed Arkoun, le bonheur est l'équilibre optimum qu'arrivent à réaliser les tensions contradictoires de l'homme tiraillé entre le mal inhérent à sa condition "d'animal politique" et le bien postulé par sa nature d'ange tombé des cieux"[41]. Nombreux sont les penseurs musulmans de la période classique qui ont tenté de définir les conditions pour y accéder: Fârâbî, Miskawayh, Ibn Sînâ, Ghazâlî, Ibn 'Arabî etc. Dans un article publié sur ce sujet en 1931, l'Aga Khan écrit: "First I would place spiritual happiness. A man must be at one with God. This may sound old fashioned to some people (...). That is the fundamental question: Are you in harmony with God? If you are, you are happy"[42].

La finalité du bonheur est par conséquent pour l'Aga Khan d'ordre spirituel. A plusieurs reprises, il affirme que sa forme la plus haute est l'union ou la communion avec Dieu; nous y reviendrons. Dans ce cas, le bonheur est l'équivalent de la vie éternelle qui sera le lot des élus par Dieu: "For the chosen, écrit-il dans ses mémoires, there is eternal life and the spiritual felicity of the divine vision. For the condemned, there is hell where they will be consumed with regret for not having known how to merit the grace and the blessing of Divine mercy" (p. 177).

Chez l'Aga Khan, le Bonheur recouvre à la fois le bien-être (*welfare*), qui en est le versant matériel, et une entité spirituelle. Si l'Aga Khan insiste à plusieurs reprises sur le fait que l'équilibre doit être maintenu entre le *zâhir* et le *bâtin*, il affirme pourtant que le bonheur spirituel est supérieur au

La Finalité Mystique de la Connaissance

bonheur matériel. Il écrit à ce sujet: "Never forget this: the society in which we live cannot give a man happiness. If we miss that, you miss my point altogether. Society can give a man space to breath and freedom to move in it; it can afford him the means of keeping himself healthy and making himself strong. But happiness never depends on one's surroundings: it depends altogether and exclusively on oneself"[43].

d–la vision divine

Comme les Fatimides, l'Aga Khan considère que dans la connaissance, le *zâhir* et le *bâtin* doivent être équilibrés. Il l'illustre concrètement en rappelant aux Ismaéliens qu'une vie consacrée à la dévotion et à la prière doit se réfléchir dans la vie quotidienne, dans les affaires, parce que les deux sont interdépendantes. Malgré cela, dans ses écrits, il est clair que la vie sur terre n'est qu'un passage. La finalité de la vie n'est pas du ressort du monde terrestre et de ce fait, l'homme doit chercher à dépasser sa condition humaine; "We believe that this life is but a bridge toward eternity and this inward conviction gives us a poise and a contentment during our mortal lives which, as it seems to us, very many of the world's religionists lack"[44].

Pour l'Aga Khan, la religion est comparable à la respiration puisque, comme il le rappelle, il est dit dans le Coran que nous vivons, agissons et existons en Dieu (*Memoirs*, p. 170). D'après sa conception du monoréalisme, l'Aga Khan considère que Dieu est toujours-présent et que de ce fait, le devoir de tout croyant est de chercher un contact direct avec Dieu.

Pour décrire ce contact, l'Aga Khan utilise plusieurs termes différents: union, communion, contemplation et vision sont les plus importants. Cette relation exprime soit une activité visuelle – elle fait alors référence à la vision du Prophète que l'Aga Khan cite dans ses mémoires (p. 176) – soit elle contient plutôt l'idée de fusion de l'homme dans la divinité. Dans ses mémoires, l'Aga Khan écrit: "The way to personal fulfilment, to individual reconciliation with the Universe that is about us, is comparatively easy for anyone who firmly and sincerely believes, as I do, that Divine Grace has given man in his own heart the possibilities of illumination and of union with Reality" (p. 334). Chaque homme a donc la possibilité de réaliser l'union divine. Et l'allusion à la possibilité de réaliser l'union avec la Réalité en son propre coeur fait directement référence au monde du coeur/âme, dont il a déjà été question, qui n'est autre que le microcosme.

L'Aga Khan mentionne là encore que c'est la Grâce Divine ou l'Esprit Saint qui a fait don de cette capacité de la vision divine. La vision divine est un don et une grâce de Dieu. Elle constitue une expérience qu'aucun mot ne peut transcrire et l'Aga Khan est convaincu que ce don peut être obtenu dans toutes les religions. Mais bien qu'il existe certaines pratiques pour essayer de l'obtenir, le don reste du seul pouvoir de Dieu: "I am certain that many Muslims, and I am convinced that I am myself, have had moments of enlightenment and of knowledge of a kind which we cannot communicate because it is something given and not something acquired" (*Memoirs*, p. 171).

Mais en quoi consiste l'état de la vision divine? C'est, d'après les mémoires, un moment d'extase spirituelle au cours duquel la lumière céleste rend l'âme et l'esprit aveugle à toute autre lumière, et fait disparaître toute autre sensation ou perception (p. 307). Il ne s'agit en aucun cas de la contemplation d'une forme divine quelconque, anthropomorphique ou non, mais plutôt d'un état mental vide de toute sensation et perception humaines habituelles. L'Aga Khan décrit aussi cet état comme la contemplation de l'outre-monde (*after-world*) et de ses joies[45]. Cette satisfaction, l'individu ne peut la trouver qu'à l'intérieur de lui-même.

Les mémoires de l'Aga Khan se terminent sur un long paragraphe qui donne quelques détails sur sa conception: "In our ordinary affections one for another, in our daily work with hand or brain, we most of us discover soon enough that any lasting satisfaction, any contentment that we can achieve, is the result of forgetting self, of merging subject with object in a harmony that is of body, mind and spirit. And in the highest realms of conciousness all who believe in a Higher Being are liberated from all the clogging and hampering bonds of the subjective self in the prayer, in rapt meditation upon and in the face of the glorious radiance of eternity, in which all temporal and earthly consciousness is swallowed up and itself becomes the eternal" (p. 335). On trouve dans cet extrait une référence à la composition trinaire de l'homme: corps, âme et esprit; l'état mystique est présenté ici comme une harmonie entre ces trois éléments. Comme dans l'article sur Hâfiz, l'Aga Khan donne du monde de l'âme le nom de *eternity*: ce terme est à comprendre dans le sens de monde du "non-temps", celui-ci étant une dimension physique par excellence.

Le choix de ce terme témoigne de la volonté de l'Aga Khan d'insister sur le fait que la véritable dimension de l'âme relève de Dieu. Et c'est bien cela dont il était question dans l'article sur Hâfiz et la culture iranienne, le plus grand des trésors que possède l'homme, c'est son âme éternelle, qui, en cela, le relie à Dieu. La délivrance du moi subjectif et la disparition de la conscience dans la dimension de l'éternité font que le sujet devient lui-même éternité. Cette description – si on utilise les termes arabo-persans – restitue une conception soufie connue sous le nom de *fanâ fi'l-Haqq*. C'est le but de toute l'école du *wahdat al-wujûd* que d'atteindre le stade terminal d'unification (*ittihâd*). Il est dit dans le Coran que Dieu manifestera sa suprême Toute-Puissance en faisant précéder le "Jour du Jugement" par le *fanâ'* de la créature (LV, 26–27). Ce *fanâ* "absolu" sera suivi du jugement. Dans le lexique soufi, le *fanâ* est un état d'abolition qui réalise la vérité de la créature face au Créateur: c'est le "petit *fanâ* ". Kalâbâdhî écrit que le *fanâ'* est "une mort à toute chose, parce que le soufi est absorbé par l'Objet

La Finalité Mystique de la Connaissance

de son fanâ' "[46]. Cette annihilation du sujet dans l'objet se transmue en état de "pérennisation" (baqâ) dans et par cet Objet. Cette expérience est celle de l'Unicité.

Bien que l'octroi de la vision divine dépende de Dieu, comment le croyant peut-il faire pour avoir une chance de l'obtenir? Le développement de la parcelle divine en l'homme est lié à l'amour: "Roumi and Hafiz, the great Persian poets, écrit l'Aga Khan dans ses mémoires, have told us, each in his different way, that some men are born with such natural spiritual capacities and possibilities of development, that they have direct experience of that great love, that all-embracing, all-consuming love, which direct contact with reality gives to the human soul" (p. 170). L'amour était déjà le pilier de la foi ismaélienne d'après Shihâb al-Dîn Shâh: l'amour pour l'imâm.

Celui qui possède cet amour, même s'il ne fait pas preuve d'une piété extérieure, reste malgré tout un *mu'min*[47]. L'Aga Khan dans ses *firmans*, décrit lui aussi la foi ismaélienne comme amour (*mahabbat, pyar*) et confiance en l'imâm, et, dans ses mémoires, il attribue à l'amour un véritable pouvoir spirituel. C'est le Christ qui a possédé le pouvoir spirituel de l'amour à son plus haut degré. Mais l'Aga Khan situe le monde spirituel dans le prolongement du monde terrestre puisqu'il pense que l'amour divin peut être, jusqu'à un certain point, préparé par un amour dans le monde matériel, envers un autre être humain. Malgré cela, il fait de l'amour le fruit de l'union divine; "But as the joys of human love surpass all that riches and power may bring a man, écrit-il dans ses mémoires, so does that greater spiritual love and enlightenment, the fruit of that sublime experience of the direct vision of reality which is God's gift and grace, surpass all that the finest, truest human love can offer" (p. 171). L'amour est donc nécessaire pour obtenir le don de la vision divine, et il constitue aussi la substance de cette vision.

Le *didâr* – les Ismaéliens n'utilisent que le terme persan pour désigner la vision divine – comme toute réalité est formée d'un *zâhir* et d'un *bâtin*. Le *bâtin* du *didâr* est le *nûrânî didâr*, c'est à dire la vision de la nature surhumaine de l'imâm: ce qui signifie en fait la vision de Dieu à travers le *nûr* de l'imâm. La fonction ésotérique de l'imâm apparaît donc avant tout comme une fonction sotériologique. Le salut – qu'il est possible d'obtenir ici-bas par la vision divine qui peut être comprise comme un fragment de l'état de "Paradis sur Terre" – ne peut s'obtenir que par l'intermédiaire de l'imâm.

L'Aga Khan le rappelle dans un *firman* imagé à forte connotation soufie: "Allah est l'océan. 'Alî, durant sa vie sur terre, était la rivière; et les Musulmans sont des ruisseaux qui ne peuvent atteindre l'océan sans rejoindre d'abord la rivière"[48]. L'Aga Khan souligne sans ambiguïté la distinction entre Allah et 'Alî. Et ce qu'il dit pour 'Alî vaut bien sûr pour les imâms, qui sont ses successeurs comme dépositaires du *nûr*.

La Rénovation du Shî'isme Ismaélien en Inde et au Pakistan

Mais par *nûrânî didâr*, les Ismaéliens désignent aussi un pouvoir surnaturel que l'Aga Khan possède du fait qu'il est le dépositaire du *nûr*. En effet, non seulement la vision constitue le stade suprême de la méditation ésotérique comme vision de son *nûr*, vision de la divinité à travers l'imâm, mais elle désigne aussi pour tous les Ismaéliens, peu importe leur degré d'initiation, le caractère surnaturel de la connaissance de l'imâm. L'imâm **sait**: il détient le savoir absolu; il connaît en particulier l'avenir, il sait de quoi va être fait le lendemain[49]. On notera que les termes utilisés par l'Aga Khan et les Ismaéliens pour la méditation ésotérique sont les mêmes que ceux du soufisme persan: *zikr (dhikr), dîdâr, isme azam (ism-e'azam)*.

NOTES

1 The Ismâ'îlîs in history in *Ismaili contributions in Islamic culture*, op.cit., p. 237.
2 Bo Utas, *A sufi poem; vocabulary and terminology*, Curzon Press, London and Malmö, 1978, pp. 149, 169.
3 voir l'extrait cité par Soheïl Afnan, *A philosophical lexican in Persian and Arabic*, Dar el Mashreq Publishers, Beirut, 1969, p. 100. le terme est récurrent chez Shihâb al Dîn Shâh.
4 Dumasia, *op.cit.*, p. 73.
5 *idem*, p. 76.
6 cité par Homa Pakdaman, *op.cit.*, p. 56.
7 "Omar Khayyâm", *op.cit.*, p.xvii.
8 "Omar Khayyâm", *op.cit.*, p.vii.
9 *A message ...*, *op.cit.*, p. 26.
10 *The Times*, 22 September 1934.
11 sur Qâ'âni, voir les quelques poèmes traduits en français dans Z. Safâ *Anthologie de la poésie* persane (XIème siècle), Gallimard/UNESCO, 1964, pp. 345 347.
12 Cambridge University Press, 1924, p. 329.
13 Cité par H.Algar in "The revolt of Aghâ Khân Mahallâtî ...", *op.cit.*, p. 63.
14 *The Times, op.cit.*
15 "Hafiz and the place of Iranian Culture in the word", *The Iran Society*, November 1936, London, pp. 1 à 7. Le discours fut aussi publié dans "*Asiatic Review*", Jan. 1937, pp. 113 117.
16 sur ce thème voir *L'âme de l'Iran*, sous la direction de René Grousset, Louis Massignon et Henri Massé, préface de D.Shayegan, Albin Michel, 1990 (1ère éd. 1951), 266 p.
17 *A message to the Islam world*, *op.cit.*, p. 30.
18 sur cette notion, voir l'article de Henry Corbin, "Mundus imaginalis ou l'imaginaire et l'imaginal", *Cahiers Internationaux du Symbolisme*, 6, Bruxelles, 1964, article réédité dans *Face de Dieu, face de l'homme. Herméneutique et soufisme*, op.cit., pp. 7 40.
19 H. Corbin, *En Islam Iranien*, op.cit., tome IV, p. 75.
20 voir D. Shayegan, *Qu'est ce qu'une révolution religieuse*, op.cit., p. 45.
21 tr. par Y.Marquet *Poésie ésotérique ismaïlienne. La Ta'iyya de 'Amir b. 'Amir al Basrî*, Maisonneuve et Larose, 1985, p. 68.
22 HPI, *op.cit.*, pp. 137 138.
23 voir par exemple *Message ... op.cit., p.* 26
24 *L'Europe et l'Islam*, op.cit., pp. 72 73.

25 *Message, op.cit.*, pp. 26 et 29.
26 "Special Golden Platinum Jubilee Day Number", *op.cit.*, p. 25.
27 *Message, op.cit.*, p. 27.
28 *Glimpses, op.cit.*, p. 10.
29 *Le libéralisme musulman, op.cit.*, p. 71.
30 *Hafiz and the place, op.cit.*, p. 1.
31 *idem*, p. 2.
32 *Firman Mubarak, op.cit.*, p. 32.
33 *Message, op.cit.*, p. 26.
34 *A message ..., op.cit.*, p. 13.
35 *idem*, p. 20.
36 *ibid.*, p. 29.
37 cité par A. Meherally, *op.cit.*, p. 141.
38 il faut préciser que les informations relatives à l'initiation proviennent exclusivement de dissidents, à l'exception de J.S. Trimigham.
39 "Salwât", de l'arabe "salawât" (prières), désigne chez les Ismaéliens contemporains une sorte de prière surérogatoire, qui bien qu'elle soit brève, constitue néanmoins une voie qui conduit au salut.
40 *firman* cité dans "Connaissances générales", *op.cit.*, p. 20.
41 *Essais sur la pensée islamique, op.cit.*, p. 149.
42 *Message, op.cit.*, p. 28.
43 *Message, op.cit.*, p. 27.
44 *idem*, p. 30.
45 *A message ..., op.cit.*, p. 30.
46 cité par C.G. Anawati et L. Gardet in *Mystique musulmane. Aspects et tendances. Expériences et techniques* Vrin Paris p. 105 note 30.
47 *Risala ..., op.cit.*, p. 25.
48 cité par l'auteur anonyme de l'article "Ce qu'est l'ismaélisme, foi des Ismaéliens", *Read and Know*, no 24.
49 Pour le symbolisme du *nûr*, voir Naṣîr al Dîn 'Naṣîr' Hunzâ'i, *Imâm shinasî*, Karachi, 1972, pp. 26 42. Nos entretiens avec différents Ismaéliens, en France et ailleurs, ont démontré que cette croyance était toujours très répandue. Ils la justifient par un discours du type: "Voyez Sulṭân Muḥammad Shâh, il savait comment le monde allait évoluer et c'est grâce à cette connaissance qu'il a pu moderniser la communauté et en faire la plus moderne du monde musulman".

XII

La Fonction Rationalisatrice de l'Ethique

XII–1 LE CALIFAT

a–le califat et son évolution

On a vu que l'Aga Khan distingue une autorité séculière et une autorité religieuse du vivant même du Prophète Le calife, chez les Sunnites, n'a hérité dès Abû Bakr que de la première. Dans la période historique, l'Aga Khan voit dans le califat l'une des deux institutions musulmanes avec le pèlerinage qui ont donné au cours des siècles un essor puissant à l'unité de l'Islam. Bien que ce rôle fût surtout important pendant les premiers siècles de son existence, l'Aga Khan écrit: "On peut donc considérer le califat comme un office centralisateur et le calife comme le mandataire de la communauté musulmane chargé de maintenir intacte la loi islamique (charî'a) et de sauvegarder les intérêts des Musulmans. Il avait le devoir de défendre la nation contre les dangers du dehors (...). En tant qu'institution religieuse, le califat fut pendant de longs siècles le symbole extérieur de l'unité de l'Islam"[1].

Ce devoir de "défendre la nation contre les dangers du dehors "semble avoir pris fin avec le transfert du califat aux Ottomans. L'Aga Khan ne discute pas la légitimité de ce transfert: il l'accepte comme un fait historique. Mais ce transfert marque pour lui le commencement du déclin de l'institution califale. Et son origine ne réside pas dans la faiblesse politique des Ottomans mais dans le moindre intérêt qu'ils manifestaient à l'égard des affaires religieuses. Preuve en est leur titulature: "Avec les sultans ottomans, écrit l'Aga Khan, le titre de calife et commandant des Croyants 'Amîr al Mouminîm' était subordonné à celui de sultan. Ce sultan ottoman était désigné comme 'le Sultan fils du Sultan et le Khakân fils du Khakân'; ensuite, venait le titre de calife et commandant des Croyants. On ne peut comparer quant à la signification ou l'importance réelle dans le monde islamique, l'époque du califat des sultans turcs avec celle des califes omayyades et celle des califes abbassides jusqu'au calife al-Mutawakkil"[2].

La Fonction Rationalisatrice de l'Ethique

Cette opinion émise par l'Aga Khan en 1945 sur le califat ottoman diffère quelque peu de celle exprimée dans la lettre qu'il écrivit avec Ameer Ali. La distance qui sépare les deux conceptions est certainement due à l'abolition du califat.

Le fait que le califat ottoman n'ait jamais eu l'importance ni la signification des califats qui l'ont précédé est à l'origine d'une tentative pour réformer l'institution. Mais le véritable objectif de cette réforme, entreprise par le sultan Abdül Hamid II (1876-1908), était de sauver l'empire ottoman alors en pleine décadence: "Le sultan Abdul Hamid (...) résolut de se servir de sa situation de sultan-calife pour atteindre des fins politiques. Ne se contentant pas de sa souveraineté politique sur l'Etat turc, alors en pleine décadence, il faisait ressentir la direction spirituelle qu'il voulait exercer sur le monde musulman"[3].

Ce n'est pas la première fois que l'Aga Khan dénonce cette distorsion de la signification réelle du califat. Dès 1918, dans *India in transition*, il décrit en détail comment Abdül Hamid a voulu politiser le califat par la création d'un panislamisme dans lequel al-Afghânî joua un rôle important, ainsi que des agents allemands[4].

L'Aga Khan reste persuadé que cette réforme du califat fut une illusion totale. C'était comme si le pape de Rome avait voulu réunir tous les Catholiques du monde sous la même souveraineté temporelle. Mais cette comparaison ponctuelle entre le califat et la papauté n'est nullement une analogie. Contrairement à certains réformateurs comme Ameer Ali[5], il tient à préciser chaque fois qu'il aborde la question de l'autorité dans l'Islam post-muhammadien: "(...) il était impossible de constituer une autorité semblable à celle de la papauté ou de l'Assemblée des évêques anglicans"[6]. Cette position est encore plus nette dans ses mémoires: "There does not exist in Islam, and there has never existed any source of absolute authority, we have no Papal Encyclical to propound and sanction a dogma, such as Roman Catholics possess, and no Thirty-Nine articles like those which state the doctrinal position of the Church of England" (p. 173).

Pourquoi le califat ne peut-il être comparé à la papauté, alors que ces deux institutions ont pour mission d'assurer l'authenticité et la permanence d'un message prophétique? Un seul point les différencie: la fonction religieuse du pape qui est en la matière l'autorité suprême des Catholiques. Le calife n'a jamais eu aucun pouvoir de ce type. Finalement, le calife ne dispose d'aucun pouvoir réel. C'est ce que veut dire l'Aga Khan lorsqu'il répète que le calife a surtout une fonction de symbole plutôt qu'une fonction exécutive ou législatrice. Cette distinction établit d'autre part le clivage séparant, d'après lui, le califat de l'imâmat.

b–les Musulmans indiens et le califat ottoman

Les relations entre les Musulmans indiens et le califat se répartissent en deux phases: une première phase va de 1870 à 1910, et une seconde s'étend de 1911 à 1924. Dès 1857, le gouvernement britannique obtenait une proclamation du calife ottoman demandant aux Musulmans indiens de rester loyaux envers le *british rule*. Ce service venait comme un dû succédant à la guerre de Crimée (1854–5). Dans la guerre russo-turque de 1877, les Indiens musulmans envoyèrent d'importantes sommes d'argent à la Turquie[7].

Sayyid Ahmad Khân, pour sa part, associe le califat à une simple monarchie: les sujets de son empire lui doivent obéissance. Surtout dans le contexte de l'Inde, politique et religion ne doivent pas être mélangées. Les Indiens doivent obéir au gouvernement britannique. C'est l'arrivée d'al-Afghânî qui allait redonner de l'importance à la question du califat. En effet, celui-ci privilégie comme base de la renaissance islamique l'unité des Musulmans sous la direction unique d'un calife. On a vu que cet "idéalisme" fut largement exploité par Abdül Hamid. Un des faits les plus remarquables dans les mouvements indiens pour le califat est la part importante prise par les shî'ites (B. Tyabjee, Chiragh 'Alî etc.)[8].

La deuxième période des relations entre les Musulmans indiens et le califat est provoquée par la recrudescence des menées impérialistes de l'Europe: agressivité française (Tunisie, Maroc) et italienne (Libye) surtout, mais aussi guerres balkaniques (1912–3). En 1914, Muhammad 'Alî, un journaliste d'Aligarh, est emprisonné pour avoir publié un article dans lequel il justifiait le choix des Turcs d'être entrés en guerre du côté des Allemands. Les Turcs, d'après lui, livraient leur propre combat contre les Grecs. Relâché en 1919, il fonde la "Khilafat Conference" dont les objectifs sont d'empêcher les Britanniques d'imposer le traité de Sèvres à la Turquie, et de s'aligner politiquement sur l'Indian National Congress dirigé par Gandhi.

Le théoricien de la "Khilafat Conference" fut Abûl'l Kalâm Azad. Celui-ci, à l'instar d'Al-Afghânî, ne faisait aucune différence entre les califats omayyade, abbasside et ottoman. Contrairement aux califes *rashidûn*, qui détinrent le califat religieux, ces dynasties califales ne possédaient qu'un califat universel monarchique. Pour lui, la loyauté des Musulmans envers le calife doit donc être politique et non religieuse.

Les Musulmans soutinrent financièrement Atatürk dans sa lutte contre les Grecs et les Britanniques. Lorsque le califat fut aboli, la "Khilafat Conference" se dissolva. Nombreux étaient ceux qui s'interrogeaient de savoir si un individu plutôt qu'une assemblée était apte à guider les Musulmans de l'époque moderne. Pour Iqbâl, en supprimant le califat, la Grande Assemblée Nationale turque n'a fait qu'exercer son pouvoir d'*ijtihâd*.

c–Atatürk et le califat

Kemal Pasha Atatürk fut, de par sa formation, très tôt gagné au laïcisme. L'armée était en effet un des foyers où, dans l'empire ottoman, l'idée laïque

La Fonction Rationalisatrice de l'Ethique

était la mieux enracinée. Mais cela n'empêche que, jusqu'en 1924, il n'hésite pas à s'appuyer sur l'Islam pour justifier certaines de ses actions politiques. Pour supprimer certaines discriminations ou restrictions, Atatürk reprend le discours des réformateurs les plus libéraux: "Jamais notre foi, affirme-t-il ainsi, n'a prescrit que les femmes devaient retarder sur les hommes (...). Etudiez l'histoire de l'Islam et du peuple turc, vous y constaterez l'absence des milliers de restrictions qui nous ont été imposées"[9].

Avant d'analyser les raisons pour lesquelles Atatürk soumit l'abolition du califat à la Grande Assemblée Nationale par la voix de son premier ministre, il est important de revenir sur sa propre conception du califat ottoman. Nous disposons pour cela de deux documents. L'un est le discours prononcé le 1er novembre 1922 à la Grande Assemblée Nationale. L'autre est l'entretien donné par Atatürk à Maurice Pernod et publié dans la *Revue des Deux-Mondes* du 1er janvier 1929.

Le discours du 1er novembre 1922 doit expliquer aux députés pourquoi le sultanat a été aboli et le califat maintenu: "Le califat est une chose très importante dans l'Islam, parce qu'il forme le lien sacré entre les Musulmans" affirme Atatürk[10]. Mais très rapidement, sous le même nom de "califat" se constitua un empire islamique: "Les empereurs portaient le nom de calife" (p. 773). Puis il explique que la situation de séparation du pouvoir religieux (califat) et du pouvoir politique (sultanat) avait existé dans le monde musulman dès le règne de Malik Shâh. Jusqu'à ce que Salîm reprenne le titre califal, cette séparation des pouvoirs a fonctionné.

Sept ans plus tard, cinq après avoir fait abolir le califat, la conception d'Atatürk s'est transformée: "Notre Prophète a ordonné à ses disciples de convertir les nations du monde à l'Islam, il ne leur a pas ordonné de pourvoir au gouvernement de ces nations. Jamais une telle idée ne passa par son esprit. Califat signifie administration, gouvernement"[11]. Il s'insurge d'autre part contre "l'idée panislamique" qui prétend à la création d'un califat universel: "Ni les Persans, ni les Afghans, ni les Musulmans d'Afrique n'ont jamais reconnu le calife de Constantinople. L'idée d'un calife unique, exerçant la suprême autorité religieuse sur tous les peuples de l'Islam est une idée sortie des livres, non de la réalité"[12].

En dernière analyse, c'est bien pour des raisons politiques qu'il fit supprimer le califat. Peu ou prou, le calife était devenu le centre de ralliement de l'opposition monarchiste et religieuse. Il est d'autre part évident que le calife Abdül Mejid n'entendait pas accepter la fonction strictement représentative à laquelle le contraignait le statut octroyé par la Grande Assemblée Nationale. Il est enfin possible qu'un complot ait pu voir le jour si Atatürk n'avait décidé de prendre les devants[13]. Celui-ci ne pouvait accepter la subsistance de ce pouvoir théocratique qui continuait d'enchaîner la Turquie à son passé et à l'Islam. Cette opération était aussi une nécessité pour la poursuite de son programme de laïcisation qui prévoyait d'unifier l'éducation publique et de supprimer le ministère de la religion (*Seriat*) et des Fondations religieuses (*Evkâf*).

d–l'Aga Khan et la Turquie

Bien que l'Aga Khan ne se soit affilié à aucun mouvement indien en faveur du califat, il mena plusieurs actions, seul ou avec Ameer Ali, pour assurer son maintien.

Le 3 mars 1924, la Grande Assemblée Nationale d'Ankara votait l'abolition du califat. Intervenant dix-huit mois après la suppression du sultanat, cet événement allait considérablement renouveler la question de l'autorité dans l'Islam. La plupart des observateurs, spécialistes ou non, s'accordent pour attribuer l'origine de cette décision dans une lettre écrite par l'Aga Khan et Ameer Ali le 24 novembre 1923 à Ismet Pasha, alors premier ministre[14].

Lorsque la guerre éclate en 1914, l'Aga Khan propose au gouvernement britannique de servir comme soldat. Mais celui-ci préfère lui confier des missions plus ou moins secrètes visant à s'assurer du loyalisme des populations musulmanes de l'empire. En 1916, à la veille du déclenchement de la révolte arabe, il est chargé en compagnie d'Abbas Ali Baig de "prendre le pouls" de la population égyptienne.

Dans la note confidentielle qu'ils rédigent le 12 janvier 1916, on apprend que l'Aga Khan s'est adressé en ûrdû aux troupes indiennes pour les convaincre que rien ne les oblige à faire allégeance au calife ottoman. Les intrigues turco-germaniques sont entièrement de nature politique et la Turquie ne poursuit aucun objectif religieux dans ce conflit. La Turquie a été entraînée par une "junte de chauvinistes turcs" mais l'inviolabilité des Lieux Saints est garantie, pendant et après la guerre, par la Grande Bretagne et d'autres puissances.

L'Aga Khan démonte point par point les malentendus provoqués par les intrigues turco-germaniques "according to the Shariat and Islamic doctrines, it was pointed out that Islam imposed upon them the duty of being true to the salt of the sarkar under whose aegis they enjoyed complete liberty"[15]. Les auteurs de la note précisent que la reconnaissance du sultan comme calife n'implique aucune allégeance politique, ce qui explique que ni les Egyptiens, ni les Indiens musulmans n'aient reconnu cette allégeance. Ils constatent que les élites musulmanes ne se sont pas laissées abuser par la propagande allemande. En conséquence de quoi, la *fetva*, qui déclarait le *jihâd*, prononcée par le *shaykh al-Islam* turc est restée sans effet.

Le 15 mars de la même année, l'Aga Khan rédige un mémoire *most confidential* sur les relations avec la Turquie adressé à Chamberlain. C'est de sa propre initiative qu'il l'écrit pour suggérer une action non-officielle dans laquelle il pourrait jouer un rôle. L'objectif à long terme serait de restreindre le coût et la durée de la guerre. En cas d'échec des offensives alliées prévues pour l'été 1916, l'Aga Khan propose de préparer la voie à des négociations visant à détacher la Turquie de la Triple Alliance. Parmi les Jeunes Turcs, poursuit-il, Tallat Bey était opposé à l'alliance avec l'Allemagne. La majorité de l'opinion ottomane, ainsi que le sultan se plaignent de cette alliance. Ils savent qu'en cas de victoire allemande, l'empire ottoman serait transformé en avant-poste des dominions du *kaiser*.

Mais c'est en fait surtout l'inquiétude de l'Aga Khan au sujet du sort de l'empire ottoman après la guerre qui apparaît dans ce mémoire. Il en vient bientôt à la question du califat: "There is the perplexing problem of the caliphate. The spiritual authority of the vice-gerent of the Prophet is intertwined with his temporal authority as an independant sovereign. For the valid exercice of his pontifical functions it is advisable that he should be possessed of sovereign rights and independant secular authority"[16]. Le but de ces négociations secrètes serait d'obtenir une paix séparée avec l'empire ottoman. Dans ces conditions, les millions de Musulmans des empires alliés seraient contentés, et leurs intérêts seraient sauvegardés. En cas de victoire allemande, le sultan deviendrait le vassal du *kaiser*.

Tout au long de ce mémoire, l'Aga Khan répète qu'il n'a aucun intérêt personnel à faire cette démarche. Il ne fait qu'effectuer son devoir: servir son souverain le roi-empereur. Il est clair néanmoins qu'il attache une grande importance à la sauvegarde du califat, et surtout d'un califat digne de ce nom. Comme beaucoup de ses contemporains, il ne peut le concevoir sans une certaine autorité séculière. Cette autorité, à l'instar de la conception de Sayyid Ahmad Khân, s'exercerait non pas sur l'ensemble du monde musulman, mais sur un empire limité géographiquement.

Avant la Conférence de la Paix (12 janvier–28 juin 1919), l'Aga Khan et Ameer Ali organisèrent plusieurs mouvements de protestations contre le démembrement de la Turquie. Ils exprimèrent leurs craintes dans des lettres publiées dans le *Times* (6 juillet et 2 août 1919). Les auteurs félicitaient Lloyd George (1863–1945) de renoncer à priver la Turquie de sa capitale, ainsi que de la Thrace et de l'Asie Mineure. Le premier ministre britannique s'était aussi prononcé en faveur de la reconnaissance des entités nationales de l'Arabie, de l'Arménie, de la Mésopotamie, de la Syrie et de la Palestine. Convaincu que le choix d'un territoire national pour la Turquie – c'est à dire les territoires où la race turque prédomine – est équitable, l'Aga Khan et Ameer Ali terminent leur lettre en demandant que le souverain ottoman conserve sa "suzeraineté spirituelle" (*spiritual suzerainty*) dans les pays qu'il a perdus.

Une fois de plus, l'Aga Khan exprime son inquiétude vis à vis du sort territorial de la Turquie, mais surtout du statut spirituel du calife dépouillé de son empire. Il présente le maintien de la "suzeraineté spirituelle" du calife sur les anciens territoires de l'empire ottoman comme un facteur de stabilité politique.

La Rénovation du Shî'isme Ismaélien en Inde et au Pakistan

La lettre du 2 août 1919, cosignée par l'Aga Khan et Ameer Ali, est motivée par un nouveau projet de Lloyd George concernant la Turquie. Ils protestent contre le démembrement de la Turquie, toujours en liaison avec l'avenir du califat: "Whether the feeling of the Muslims of India in regard to Turkey and the Ottoman sovereign, is old and immaterial, it is a living and universal sentiment and should be counted as a factor in practical politics. Is it wise, is it statemanlike, to treat this living sentiment in the way, we are told, the Peace Conference Propose to do?".

Le traité de Sèvres (10 août 1920) ne respecta pas le "facteur national turc" pour délimiter le territoire de la nouvelle Turquie – puisque les puissances, parmi lesquelles la France, se virent attribuer des mandats en Cilicie. Les conditions de ce traité eurent un grand retentissement en Inde. En effet, les *'ulamâ'*, plus ou moins affiliés à la Khilafat Conference, promulguèrent une *fatwa* arguant que les Musulmans indiens ne pouvaient continuer à résider en territoire britannique, déclaré *dâr al-harb*: leur devoir était alors d'émigrer vers l'état musulman indépendant le plus proche, l'Afghanistan.

Un convoi fut organisé à partir du Sind. On estime à pas moins de 18.000 les Musulmans qui émigrèrent vers l'Afghanistan seulement au mois d'août. Cette expédition fut un désastre, d'autant plus que l'Afghanistan ne pouvait supporter un tel apport démographique. Les *Muhajirûn* durent retourner en Inde: mais ils avaient vendu tout ce qu'ils possédaient. Pour réinstaller cette population, le gouvernement fut aidé matériellement par des mécènes, parmi lesquels se trouvait l'Aga Khan[17].

L'Aga Khan ne devait pas relâcher son effort pour convaincre le gouvernement britannique de faire réviser le traité de Sèvres. Pétitions à la S.D.N, articles dans le *Times*, rapports au gouvernement, tout fut mis à contribution pour réaliser cet objectif[18]. En septembre 1922, devant l'avance des armées turques vers les Dardanelles, Lloyd George déclara que l'aide des dominions serait requise dans une guerre éventuelle avec la Turquie.

Lord Derby, secrétaire d'Etat à la Guerre, charge alors l'Aga Khan d'une mission auprès des kémalistes, la Grande-Bretagne reconnaissant de *facto* les gains territoriaux des kémalistes, si ceux-ci s'abstenaient de toute action hostile envers elle. Mais il fallut attendre les désastres de Smyrne et de Shanak pour que le gouvernement abandonne sa politique de soutien à la Grèce. L'Aga Khan joua un rôle important à la seconde Conférence de Lausanne (1923), qui rendait caduc le traité de Sèvres.

Quand le traité de Lausanne fut signé en juillet 1925, l'Aga Khan publia un message "aux Musulmans du monde entier": "I am sending this message from Lausanne where, for the first time in recent history, a Treaty has been signed by a Muslim nation upon equal terms with the Great Powers of the West. This Treaty reflets credit upon the steadfast leadership of Mustapha Kemal Pasha and Ismet Pasha. It also revels the earnest desire of Great

La Fonction Rationalisatrice de l'Ethique

Britain, France and other Western Powers to be friends of Turkey and Islam. Under this excellent Treaty, Turkey becomes an independant and compact national state"[19].

Pour l'Aga Khan, le traité de Lausanne est quasiment une victoire personnelle: il couronne ses années de lutte en faveur de la Turquie entamées quelque dix ans plus tôt. Mais il ne fait aucune allusion au sort de l'Etat arménien, ni à celui de l'Etat kurde prévus par le traité de Sèvres et dont il n'est plus question dans celui de Lausanne. Aucune allusion n'est faite non plus au souverain ottoman: le sultanat a été aboli en 1922, et le califat en 1924.

e–la lettre de l'Aga Khan et d'Ameer Ali

L'Aga Khan envoie une dernière lettre publiée par le *Times* le 14 janvier 1924. Mais elle ne devait pas avoir l'importance de celle du 24 novembre 1923 cosignée avec Ameer Ali[20]. On a vu que pour la grande majorité des observateurs, elle est à l'origine de l'abolition du califat. L'Aga Khan n'y fait aucune allusion dans *Glimpses of Islam*, il souligne seulement avec Zaki Ali la nécessité d'envisager la création d'un nouvel organisme visant à le suppléer.

La lettre fut écrite en anglais et envoyée au *Times*, ainsi qu'à trois journaux de l'opposition à Istanbul: le *Tanin*, l'*Ikdam* et le *Tevhidi Efkâr*[21]. C'est par la presse turque d'opposition que le destinataire de cette lettre, Ismet Pasha, en prit connaissance. Comme le note Ikbal Ali Shah, la lettre, postée à Londres, ne fut reçue par le premier ministre turc qu'une semaine après qu'elle fut publiée dans la presse: cette maladresse augurait mal de la requête adressée par l'Aga Khan et Ameer Ali.

De toute évidence, Atatürk sut utiliser la lettre pour faire abolir le califat. Il transforma ce qui n'était qu'un incident mineur en le présentant à la Grande Assemblée Nationale, ainsi qu'au peuple turc, comme un des éléments d'un vaste complot international orchestré par l'Angleterre, ennemie jurée des Turcs et de l'Islam, par l'intermédiaire de ces deux agents stipendiés[22]. Atatürk fit réunir d'urgence la Grande Assemblée Nationale. Ismet Pasha déclara que la lettre était en contradiction avec la décision du 1er novembre 1922 sur la séparation des pouvoirs. D'autre part, il porta à la connaissance de l'Assemblée que bien que la lettre lui fût adressée, il l'avait lue d'abord dans la presse d'opposition. Il déniait enfin à deux Shî'ites la compétence de discuter une institution sunnite, et le droit à deux étrangers de s'ingérer dans les affaires turques[23].

Dans ces conditions, ne fallait-il pas voir dans cette intervention un complot contre la république? Les députés qui se suivirent à la tribune n'hésitèrent pas à attaquer en termes véhéments l'Aga Khan, Ameer Ali, l'Angleterre mais aussi les 'ulamâ', les chefs de l'opposition et même le calife. Ces débats furent largement diffusés par la presse, laissant entendre qu'une nouvelle fois, la patrie était en danger. Le même jour, la Grande Assemblée Nationale envoya un "tribunal d'indépendance" à Istanbul pourvu de pouvoirs extraordinaires. Les premiers à être traduits devant ce tribunal furent les directeurs des journaux qui avaient publié la fameuse lettre. Ils furent finalement acquittés, ayant réussi à convaincre les juges qu'ils s'étaient bornés, dans cette affaire, à exercer leur métier.

En fait, ce tribunal continua à fonctionner, inculpant toute personne qu'il estimait coupable de menées contre le régime. Loutfi Fikri, auteur d'une lettre ouverte au calife, fut condamné à cinq ans de travaux forcés parce qu'une phrase laissait entendre que le calife conservait une parcelle de pouvoir non religieux. Il est évident qu'Atatürk avait projeté très tôt d'abolir le califat. S'il ne le fit que deux ans après avoir supprimé le sultanat, ce fut uniquement pour ne pas "brusquer" l'opinion publique turque; et pour ne pas rendre sacrilège la naissance de la république. Aux Musulmans indiens qui lui demandaient des éclaircissements, il répondit que le califat faisait double emploi avec le gouvernement de la république: "La notion du califat, explique-t-il, se confond en réalité avec celle du gouvernement, et gouvernement doit signifier direction et autonomie de l'Etat. En maintenant la charge califale, indépendante de la république turque, nous aurions compromis l'unité, au dedans et au dehors, de la Turquie"[24].

Il est inutile de souligner l'opportunisme d'Atatürk en ce qui concerne sa conception de l'autorité suprême en Islam. Dans un premier temps, pour justifier la suppression du sultanat, il démontre qu'un califat "spirituel" a subsisté pendant longtemps dans l'histoire du monde musulman; ensuite, pour justifier l'abolition du califat, il argue que l'autorité califale est inséparable d'un pouvoir politique.

Quel était le contenu de cette lettre qu'Atatürk sut si habilement utiliser? En voici les principaux points:

1. après avoir salué la nouvelle Turquie, les auteurs signalent que le poids de l'Islam dans le monde est dépendant de la dignité et du prestige du calife
2. cette question du califat concerne tous les Musulmans sunnites
3. sans vouloir restreindre les pouvoirs de l'Assemblée, ils l'invitent à maintenir le califat intact en accord avec la *sharî'a*. La diminution ou l'élimination du califat provoquerait la désintégration de l'Islam et sa disparition comme force morale
4. le califat symbolise l'unité de la foi sunnite
5. depuis quatorze siècles, le principe cardinal de l'*umma* – l'*ijmâ'* – a fait du calife l'imâm des Sunnites
6. même lorsque le calife imâm a perdu son pouvoir temporel, les souverains musulmans lui réclament son investiture, ceci étant le "concomitant of secular authority"

La Fonction Rationalisatrice de l'Ethique

7. pour cela, les auteurs font confiance à l'Assemblée pour qu'elle donne au calife un statut tel qu'il soit un objet d'estime et de confiance pour les nations musulmanes.

Le plus frappant, dans cet exposé du califat, est le lien que les auteurs établissent entre le calife et la communauté musulmane. Bien que les auteurs précisent que le calife symbolise l'unité de la foi sunnite, ils rattachent sa fonction à l'ensemble de l'Islam, puisque, d'après eux, il maintient la cohésion du monde islamique et il est le garant "islamique" des pouvoirs séculiers. Enfin, et c'est là-dessus que les auteurs terminent, la position du calife déterminera la stabilité des nations musulmanes.

Cette conception du califat s'accorde avec celle que l'Aga Khan décrira dans *L'Europe et l'Islam* en 1945, mais qui ne concernera alors que les périodes omayyade et abbasside du califat. Cela signifie que l'Aga Khan accepte difficilement la séparation du califat et du sultanat parce que le califat sans pouvoir politique risque fort de réduire son détenteur à l'état de vassal du gouvernement turc: c'est là sans aucun doute la plus grande crainte exprimée dans la lettre. L'Aga Khan et Ameer Ali veulent d'autre part faire entendre à la Grande Assemblée – à mots couverts – qu'il ne lui appartient pas de régler seule une question essentielle comme celle du califat: c'est au monde musulman sunnite qu'il appartient de le faire.

Les auteurs manifestent la volonté de réformer la conception ottomane du califat: redonner à l'institution son rayonnement spirituel qui était le sien jusqu'à al-Mutawakkil. L'importance de la fonction symbolique dans la pensée aga-khanienne apparaît ici. Cette fonction est très liée à celle de maintien moral que l'Aga Khan aimerait attribuer au calife: cette conception s'inscrit dans la vision aga-khanienne d'un Islam qui doit régénérer moralement le monde occidental contemporain. L'Aga Khan plaide ici la cause d'une réforme du califat qu'il aura abandonnée à l'époque où il publie ses mémoires (1954). Cette réforme doit être compatible à la fois avec la *shariyyet (sic)* et l'*ijmaa-i Ummat* alors qu'il décrit le califat historique comme une sorte de "royauté", ce qui est une vision très classique de la question.

Un passage de la lettre est particulièrement important pour situer la redéfinition du califat souhaitée par l'Aga Khan et Ameer Ali. C'est le cinquième point, où ils écrivent que le calife est l'imâm des Sunnites "and that between him and the general body of worshippers there is a nexus which knits together the Ahl-i Sunnat. This mystical element cannot be eraticated from the Muslim mind without creating discord in the world of Islam"[25]. Le vocabulaire utilisé est ici très révélateur. Il s'agit du lexique technique shî'ite. Les deux auteurs shî'ites transfèrent purement et simplement la conception shî'ite de l'imâm au calife sunnite. C'est bien ainsi qu'il faut comprendre que "le calife est l'imâm des Sunnis". Il est vrai que le terme "imâm" est un terme coranique (II, 124; XXV, 74 etc ...), et que les auteurs sunnites classiques comme Mawardî ou Ibn Khaldûn utilisent indifféremment les termes "calife" ou "imâm". Malgré cela, il n'est pas employé ici pour désigner un simple guide puisque les auteurs précisent la nature mystique des liens qui l'unissent à ses fidèles. Le calife est finalement le pôle, le centre du monde sans lequel le monde ne subsisterait pas.

Il est plus difficile de comprendre pourquoi l'Aga Khan et Ameer Ali écrivirent ainsi cette lettre, sachant que l'homme à qui elle était adressée était un laïc convaincu. On sait que les Alevîs d'obédience shî'ite ont joué un rôle important dans le processus de laïcisation en Turquie, étaient-ce eux que l'Aga Khan et Ameer Ali espéraient convaincre?[26]

f–l'avenir du califat

Divers projets furent élaborés dans le monde musulman pour restaurer l'institution califale. Dès le 12 mars 1924, le calife déchu Abdül Mejid adresse lui-même un appel au monde musulman dans lequel il demande "aux chefs et (...) représentants des plus puissants des communautés musulmanes du monde entier à coopérer activement à la réalisation d'une consultation électorale en me faisant parvenir dans le plus bref délai des propositions ainsi que des offres concrètes de contribution à la réunion d'un grand congrès religieux interislamique"[27]. Bien que s'en remettant à la solidarité musulmane, la seule ressource qui lui reste, l'appel d'Abdül Mejid resta sans écho.

Dès le 5 mars 1924, Husayn, roi du Hijâz, se proclame calife avant d'être mis en déroute par les Sa'ûdiens le 13 octobre suivant. Puis en 1926, deux Congrès – l'un en mars au Caire, l'autre en juillet à La Mekke – ont lieu pour étudier la question du califat, sans aucun résultat. Les puissances occidentales compliquent encore le débat en soutenant chacune un candidat différent[28]. En 1931, un nouveau congrès se tient à Jérusalem au cours duquel se manifeste un esprit de solidarité qui aboutira à la création, en 1945, de la Ligue des Etats arabes.

Finalement, les Musulmans s'accommodèrent plutôt bien de la disparition du califat. Dès 1922, Rashîd Ridâ avait proposé une réforme de l'institution. En 1924, un auteur musulman indien, Muhammad Barakatullah, publiait un ouvrage dans lequel il soutenait la thèse de la séparation du temporel et du spirituel en Islam; un peu plus tard, en 1925, 'Alî 'Abd al Râzik fit scandale en publiant un ouvrage dans lequel il affirmait que le gouvernement du Prophète à Médine ne relevait pas de la mission prophétique; enfin, en 1926, A. Sanhoury publie à Lyon sa thèse qui est une réflexion historique sur le califat, qui conclut que "les institutions sociales de l'Islam sont en partie le produit de circonstances particulières et qu'elles disparaissent avec ces circonstances"[29].

L'Aga Khan aborde la question de l'avenir de l'autorité suprême en Islam dans le dernier chapitre de *Glimpses of Islam*, écrit avec Zaki Ali. Il faut

La Fonction Rationalisatrice de l'Ethique

mentionner le fait que Louis Gardet signale, dans une note de *La cité musulmane*, la solution proposée par ces auteurs pour combler le vide laissé par le califat[30]. On a vu que l'Aga Khan entendait par '*Ulu'l-Amr* ceux qui détiennent l'autorité religieuse. Mais lorsqu'il s'agit de la réalisation du bien-être de toute la communauté musulmane, il donne une définition beaucoup plus proche de celle des réformateurs.

Il réclame la réunion d'une "All-Islam Conference" qui représente équitablement la variété des peuples musulmans. Le lieu de réunion proposé est Al Azhar, au Caire, qui reste à ses yeux "the citadel of Islamic culture" fondée par ses ancêtres fatimides[31]. Cette conférence composée de sunnites, de shî'ites, d'ismaéliens etc. pourrait devenir "a truly representative assembly of the entire islamic world". Le principe de l'autorité dans cette assemblée serait l'*ijmâ*, que les auteurs définissent comme "the majority of opinion of the learned doctors of the Islamic religion" que sont les juristes (*fuqahâ*), les savants (*'ulamâ*) et les docteurs de la Loi islamique[32].

La principale différence entre la conception de Rashid Ridâ et celle de l'Aga Khan est que ce dernier ne limite pas l'objectif de l'*ijmâ*' à réaliser la *maslaha*. En effet, il écrit que l'assemblée devra produire "an interpretation which would meet the spiritual and material needs of our time"[33]. Ainsi, le domaine défini comme intangible parce qu'il est sacré, est lui-même, pour l'Aga Khan, sujet à interprétation. Mais cette interprétation devra être effectuée dans les limites du Coran et de la Sunna.

Lorsque l'Aga Khan et Zaki Ali font allusion à la suppression du califat, qu'ils qualifient de malheureuse, c'est pour constater que depuis, personne ne veille sur les intérêts du monde musulman qu'ils n'hésitent pas à comparer à "a sort of a rudderless ship on the wild seas of modern life. Left to itself, such a ship must inevitably either sink or become seriously damaged. And until the caliphate is restored, the congress may eventually become a sort of a permanent Muslim Assembly, a sort of an Islamic League of Nations concerned with Muslim welfare in all domains"[34].

Le terme *welfare* n'est pas l'exact équivalent de *maslaha*. Cette différence apparaît dans les deux objectifs que les auteurs fixent à l'Assemblée. Le premier est de réaliser un *religious revival*. L'Assemblée devra, grâce à l'*ijtihâd*, retrouver l'authenticité de l'Islam muhammadien, et se débarrasser de l'esprit scolastique et borné qui a prévalu pendant les siècles précédents. Le second objectif, que les auteurs considèrent comme moins important, est de développer le contrôle des ressources économiques naturelles.

Cela permettrait au monde musulman de conserver à longue échéance son indépendance. Il pourrait alors pleinement jouer le rôle stabilisateur entre les grandes puissances. Enfin, un objectif à long terme serait d'élever le niveau culturel et économique de certaines populations musulmanes, en Afrique et en Inde surtout. Simultanément, ce projet permettrait de renforcer le prosélytisme musulman et de contrecarrer ainsi le missionnarisme chrétien.

Quelques remarques s'imposent sur cette Assemblée et sur ses objectifs. On est surpris qu'en 1944 l'Aga Khan et Zaki Ali croient encore possible la restauration du califat aboli vingt ans plus tôt. L'Aga Khan nourrissait-il des ambitions personnelles à ce sujet? On sait qu'au début du siècle, la presse anglaise le présentait comme un calife potentiel – en tant que descendant du Prophète, donc qurayshite, et héritier des califes fatimides[35]. Certains auteurs vont jusqu'à affirmer qu'il revendiqua la succession au califat sans produire de preuves[36].

Quoi qu'il en soit, cette "Islamic League of Nations" qu'ils proposent était une idée qui courait dans le monde musulman de l'Entre-Deux Guerres. Dans sa thèse publiée à Lyon en 1926, Sanhoury proposait déjà la création d'une "Société des Nations Orientales"[37]. L'inspiration commune de ces propositions est de toute évidence la Société des Nations créée en 1919 sur la base des "Quatorze points" du président américain T.W. Wilson (1856–1924), que l'Aga Khan décrit dans ses mémoires comme "an almost apocalyptic figure" (p. 145). Sanhoury dénonce le manque d'universalité de la S.D.N. (p. 589).

L'Aga Khan formulera la même critique lorsqu'il sera délégué de l'Inde à la Société, allant jusqu'à en faire le thème d'un de ses principaux discours à Genève. Il y fait allusion à plusieurs reprises en 1932 et 1934; mais c'est surtout en 1935 qu'il s'inquiète du "manque d'universalité de la S.D.N. en voyant comment la S.D.N. dépense son énergie, presqu'exclusivement en faveur de l'Europe et des intérêts européens"[38].

Finalement l'abolition du califat permettrait peut-être la création d'une assemblée islamique plus apte à répondre aux besoins des nations musulmanes. Peut-être serait-elle plus capable aussi de réaliser l'un des souhaits les plus chers à l'Aga Khan: une voie indépendante entre les grandes puissances. Un bloc islamique neutre qui soit assez puissant pour assurer et garantir la paix. Ce souhait est formulé sous des formes différentes par l'Aga Khan à travers lesquelles on retrouve ses deux principales solidarités parfois antagonistes: l'indienne et la musulmane. L'Aga Khan écrit lui-même dans ses mémoires que toute son oeuvre politique et diplomatique ne peut être comprise qu'en fonction de cette dualité (p. 33).

Si dans *Glimpses of Islam* (1945), puis dans ses mémoires (1954), quoique d'une manière moins affirmée, l'Aga Khan veut ériger le monde musulman en une troisième force qui par sa neutralité garantisse l'équilibre des puissances – dans *India in transition* (1918), il exprime une idée proche dans le contexte indien, il propose la création d'une immense confédération des états du Sud de l'Asie avec l'Inde comme centre de gravité (p. 13).

L'examen de la question de l'autorité a permis de connaître la position de l'Aga Khan sur un problème qui demeure fondamental dans l'Islam contemporain. Si on situe cette position dans le contexte de l'*Islâh*, force est de constater que l'Aga Khan fait peu de place à deux concepts qui ont eu la faveur des réformateur: l'*ijtihâd* et l'*ijmâ'*.

La Fonction Rationalisatrice de l'Ethique

Une des rares allusions à l'*ijmâ'* se trouve dans la lettre co-signée par l'Aga Khan et Ameer Ali. Mais ils ne font que justifier dans la logique sunnite l'existence du califat. Dans *Glimpses of Islam* – la deuxième et dernière utilisation de ce terme – l'*ijmâ'* est "the majority of opinion of the learned doctors of the Islamic religion" (p. 71). Il s'agit donc de l'*ijmâ'* restreint ou *ijmâ'* des savants. Cette position n'est finalement pas si éloignée de celle de Rashîd Ridâ qui ne reconnaît d'*ijmâ'* que celle des "ahl al-hall wal-'aqd", qui n'est pas – contrairement à celle des Compagnons – infaillible. En fait, l'Aga Khan ne se pose même pas la question, car dans son idée, les plus savants des docteurs de la religion islamique sont par définition les plus compétents pour discuter les problèmes religieux concernant le bien-être (*welfare*) des peuples musulmans. Finalement, seuls les "problèmes religieux" visant à établir ce "bien-être" sont du ressort de l'*ijmâ'* restreint.

Un des éléments les plus intéressants de la conception aga-khanienne de l'autorité est le fait qu'il envisage en 1944 la restauration du califat. Sans doute est-ce dû à l'importance qu'il attribue à l'idée de l'unité de la communauté islamique. Cette unité a comme mérite de réactualiser sa condition primordiale qui correspond à la période muhammadienne et à celle des califes *rashidûn*. Influencé par les "Quatorze points" du président Wilson, à l'instar de la plupart des réformateurs, l'Aga Khan opte pour une "Islamic League of Nations", en attendant que le califat soit restauré. Mais c'est plus un appel aux Musulmans qu'un projet précis, tel qu'a pu en concevoir un al-Kawâkibî dans sa charte pour la création d'une association internationale islamique[39]. On peut par ailleurs se demander pourquoi l'Aga Khan n'a participé à aucun congrès du Proche-Orient sur l'avenir d'une autorité suprême en Islam: sans doute est-ce tout simplement parce qu'un imâm ismaélien n'y avait pas sa place. Mais peut-être est-il plus adéquat de s'interroger sur la place du politique dans la conception aga-khanienne de l'autorité.

Dans les premières années du XXème siècle, l'Aga Khan est absorbé par le problème indien. C'est dans ce cadre qu'il élabore une théorie de l'avenir politique et socio-économique du pays dans son livre *India in transition* (1918). Ce n'est que plus tard que l'Aga Khan s'intéresse de près au problème du califat. S'il est vrai qu'avant la défaite de la Turquie, rien d'alarmant ne pourrait justifier un tel intérêt, il est significatif que l'Aga Khan fit "cavalier seul" et n'adhéra à aucune organisation musulmane indienne pour la défense du califat.

L'Aga Khan est pendant toutes ces années soucieux de l'avenir de la communauté musulmane de l'Inde: il considère plus urgent de fixer légalement ses droits face à la majorité hindoue, bien qu'il situe ses discours de Bombay et de Delhi dans le contexte de l'*Islâh*. Pour lui, il n'est pas envisageable que le pouvoir politique reçoive ses directives du pouvoir religieux, comme il n'est pas possible que le pouvoir religieux reçoive ses directives du pouvoir politique. Il rappelle le principe: "Rendre à César ce qui est à César, et à Dieu ce qui est à Dieu".

XII–2 LA NATURE DE LA FOI

a–*îmân* et *'îqân*

Les "articles de foi" forment le deuxième élément des "fondements de l'Islam". Il est difficile de penser que l'Aga Khan a strictement distingué, dans son exposé, les articles de foi des devoirs du croyant. En effet, ils sont mélangés alors que la première partie des "fondements de l'Islam" traitait exclusivement des "principes". D'autre part, des allusions y sont faites dans d'autres chapitres des mémoires.

Qu'est-ce que la foi? Dans une préface, l'Aga Khan écrit qu'il est important pour les Musulmans de se souvenir que le Prophète demandait la Foi/*Imân*, et non pas comme certains théologiens l'ont affirmé le *'iqân*[40]. Bien que cette distinction n'apparaisse pas dans les mémoires, elle est capitale pour comprendre la conception aga-khanienne de la foi.

L'Aga Khan oppose deux termes arabes d'origine coranique, sous cette forme ou sous une autre. Le second provient du terme coranique *yaqîn*, traduit le plus souvent par "certitude" (par exemple dans LXXIV/48). Chaque école de pensée, chaque penseur octroient à ce terme un sens spécifique. Pour le philosophe shî'ite Haydar Amolî (VIIIème/XIV ème s.), le shî'isme duodécimain comporte deux aspects: un aspect *zâhir* – ce sont la *sharî'at*, l'*islâm* et l'*îmân*; et un aspect *bâtin* – ce sont la *tarîqat*, la *haqîqat* et le *'îqân*. Le *'îqân* constitue par ailleurs le coeur de la foi.

Chez les Ismaéliens fatimides, la forme *al-îqân* correspond au deuxième degré de la connaissance qui est supérieure à la foi superficielle, mais inférieure à la foi véritable (*îmân*)[41]. Il semble enfin que la forme coranique *yaqîn* soit une forme inférieure de la foi chez les Ni'matul-lâhî[42].

En fait, tel que l'Aga Khan oppose les deux termes, il est évident que la conviction de la certitude est moins forte, si ce n'est plus partielle, que celle de la foi. Pour lui, la certitude fait référence à une acquisition de la conviction par un raisonnement intellectuel. Alors que la foi est quelque chose de donné, et non pas d'acquis. La foi est une adhésion totale à ce qu'il présente comme les deux bases religieuses de la foi: 1 – Muhammad est le dernier et le plus grand Messager du Créateur 2 – par lui, l'homme peut trouver son salut dans ce monde et dans l'autre[43].

La foi se confond avec la Révélation qui n'est elle-même que le Message du Prophète. L'Aga Khan le résume ainsi: "Muhammad told mankind first that the infinite sustainer and container of all existence had justice mercy and love as well; secondly, that man through gentleness and kindness, prayer, awe or wonder could get – how so ever infinitesimal proportion –

La Fonction Rationalisatrice de l'Ethique

direct communion with the all-embracing power in which he lived and moved and had his being"[44].

Dans ses mémoires, l'Aga Khan écrit que la prière est le coeur (*core*) de la foi islamique (p. 30). On a entrevu déjà la conception double de la foi chez l'Aga Khan. En effet, le principal reproche qu'il adresse aux croyants et surtout aux '*ulamâ*', est d'avoir oublié "l'autre moitié de la foi". Rappelons que la moitié qui n'a pas été oubliée est constituée par les rites, cérémonies, prières, jeûnes – c'est-à-dire l'aspect cultuel de la religion ('*ibâdât*).

Mais alors de quoi est formée l'autre moitié? L'Aga Khan donne une première indication: il s'agit des injonctions coraniques ayant pour sujet la recherche de la connaissance: "(De même), dans l'opposition du jour et de la nuit, dans la pluie qu'Allah fait descendre du ciel, par laquelle Il fait revivre la terre après sa mort, dans le déchaînement des vents, sont (aussi) des signes pour un peuple qui raisonne. "(XLV/4). Il faut noter que ce type d'injonctions était très utilisé par les penseurs fatimides. Al Sejestânî ponctue chaque paragraphe de son *Kashf al-Mahjûb* par "Comprends!"[45].

L'Aga Khan précise-t-il la nature de la connaissance à acquérir? Il s'agit de la connaissance des signes de Dieu (*ayats of God*) auxquels fait référence le Coran, mais aussi leur loi et leur ordre qui sont les preuves de la *divine guidance* utilisées dans le Coran. Un autre thème très classique évoqué par l'Aga Khan est celui de la foi et de la raison. Sa position est très simple: chacune d'elles a son propre domaine. Mais il est évident, la question a déjà été examinée, que la raison est au service de la foi. Elle ne peut jamais remplacer les certitudes de la foi, mais seulement les renforcer en les corroborant.

La lecture de l'ensemble des écrits de l'Aga Khan laisse paraître qu'il réduit l'essentiel de l'Islam au message de son fondateur, mais aussi – comme l'indique l'extrait cité plus haut – à un certain nombre de qualités. C'est la perte de deux qualités islamiques, l'esprit d'ouverture et la simplicité de la foi, qui a provoqué la crise de l'islam, comme il le démontre au début du siècle devant un aéropage de feudataires musulmans. Mais avant d'aborder l'étude de cette question – qu'on peut appeler la fonction éthique de la foi, il est important d'étudier une fonction sur laquelle l'Aga Khan est revenu à maintes reprises: la fonction sociale. C'est à travers sa conception du panislamisme qu'elle sera analysée.

b–la foi et le panislamisme

Dans divers écrits, l'Aga Khan affirme que la foi est le lien puissant et indissoluble des Croyants. C'est en cela que consiste ce qu'il nomme le "panislamisme spirituel" ou la "fraternité islamique". La première fois qu'il en est question, c'est dans *India in transition* (1918): une bonne partie du seizième chapitre y est consacré (pp. 156–159). Trente-sept ans plus tard, l'Aga Khan rédige le premier chapitre de *L'Europe et l'Islam* sur cette question: il l'intitule "Le panislamisme" (pp. 13–22).

La Rénovation du Shî'isme Ismaélien en Inde et au Pakistan

Le panislamisme est une "solidarité spirituelle et une union morale de tous les Musulmans. C'est le lien puissant et indissoluble de la foi entre les croyants. Il est donc un facteur de stabilité et de sécurité dans un monde qui souffre profondément d'une carence spirituelle et morale"[46]. On entrevoit ici les liens qui unissent l'Harmonie, la Foi et l'Ethique, mais surtout, cette conception de la foi argue en faveur de la reconnaissance internationale du "bloc" musulman, dans une période de l'histoire mondiale qui est celle de la guerre froide. Cette présentation du monde musulman à l'Occident intervient à plusieurs reprises, et dans différents écrits de l'Aga Khan: il y attache par conséquent la plus grande importance.

Pour lui, la foi puissante de l'islam peut seule maintenir la cohésion du monde musulman. Cette cohésion repose essentiellement sur des bases éthiques que l'Aga Khan mentionne comme les *eternal truths of the faith*. Enfin, l'émergence au niveau international d'un "bloc" musulman stable ne pourra que favoriser la paix mondiale. Il est évident que lorsque l'Aga Khan développe cette idée en 1945, il est persuadé que la foi islamique – avec sa teneur éthique – est le seul remède pour ce monde "qui souffre profondément d'une carence spirituelle et morale" qui a rendu possible la double hécatombe des deux guerres mondiales. On peut avancer sans risque que cette thèse, qui est récurrente dans *L'Europe et l'Islam*, forme l'armature même de tout l'ensemble de l'ouvrage.

Mutatis mutandis, la foi de l'islam peut régénérer moralement le monde, comme elle l'a régénéré lors de son apparition, en mettant fin à la Jâhiliyya. On a déjà souligné que l'Aga Khan, à l'instar d'Ameer Ali, insistait beaucoup sur les dépravations morales des Mekkois de la Jâhiliyya et sur l'importance de la nouvelle éthique apportée par le message de Muhammad.

Un autre aspect de cette conception de l'Islam doit être envisagé. Sans faire de l'Aga Khan un énième précurseur musulman du Tiers-Monde, il publie ses mémoires un an avant la Conférence de Bandoung (1955), force est de constater – à travers ses déclarations à la S.D.N. déjà mentionnées – sa volonté de voir émerger un groupe de nations qui ne fasse d'allégeance politique ni à l'Ouest, ni à l'Est. Mais l'Aga Khan, à son habitude, n'élabore aucune théorie: il se contente de faire des propositions qui bien souvent, restent sans effet.

Il est intéressant de constater que l'Aga Khan développe sa thèse du "panislamisme spirituel" dans le but, à l'origine en tous cas, de réfuter le "panislamisme politique" d'Abdül Hamid. Cette question est elle-même très liée au problème du califat. On a déjà vu que le sultan-calife ottoman avait tenté de réformer le califat avec l'aide, d'après l'Aga Khan, d'al-Afghânî. Il est persuadé que le calife de l'époque ottomane n'a jamais été que le symbole de l'unité spirituelle des Musulmans, donc finalement de la foi.

De par les multiples malentendus qui jalonnent l'histoire des relations islamo-européennes, l'Aga Khan craint par dessus tout que l'idée du

La Fonction Rationalisatrice de l'Ethique

panislamisme soit mal comprise par les Européens. C'est surtout pour cela qu'il démontre que le panislamisme politique d'Abdül Hamid n'est en réalité qu'un impérialisme ottoman mal déguisé. Il précise aussi que le terme de "panislamisme" est une forgerie européenne. Le fait qu'il ait été construit sur le modèle de "pantouranisme" – forme exacerbée du nationalisme turc – lui fait redouter une identification: "On voit donc que ce panislamisme, explique-t-il, est une unité édifiée sur le principe de la foi et du lien spirituel. Il est foncièrement différent du pangermanisme ou du panslavisme qui se réclament, l'un et l'autre, de l'unité raciale ou linguistique et ethnique, ce qui est contraire à l'esprit d'universalisme de l'Islam. Car il faut bien insister sur l'esprit internationaliste et universel de l'Islam qui n'admet ni racisme ni distinction de couleur"[47].

Mais qu'est-ce qui fonde ce lien spirituel? Ce sont certaines valeurs éthiques qui pour l'ensemble des Musulmans traduisent l'essence même de l'Islam. L'Aga Khan s'exprime à maintes reprises sur cette question.

c–l'amour, pilier de la foi

L'amour est une notion cardinale dans les écrits de L'Aga Khan. Cette importance qu'elle revêt ne saurait toutefois masquer que la plasticité en est la caractéristique. Un clivage important, en ce qui concerne les différentes modalités de cette notion, correspond d'une part aux écrits ismaéliens, et d'autre part aux écrits publics. Mais bien que les occurrences dans les écrits publics ne soient pas parmi les plus fréquentes, l'Aga Khan lui donne une place de premier ordre dans la réalisation des objectifs ultimes de la vie.

Le terme *'ishq* (désir de Dieu) est un terme clé du lexique technique du soufisme. Chez Nûr 'Alî Shâh par exemple, le *'ishq* est le principe qui provoqua la manifestation du monde: il est assimilé à l'Intellect Premier; notons que le soufi ne distingue pas l'Amour de la Beauté. Nûr 'Alî Shâh, qui utilise par ailleurs d'autres termes (*mahabbat, hubb, wadd* ...), voit encore dans l'amour le lien entre Dieu et le derviche. Tout procède de l'Amour, l'amour est le ressort de toute activité[48].

Chez les Ismaéliens fatimides, le concept de l'Amour existe mais le terme *'ishq* n'est pas utilisé: ils lui préfèrent celui de *mahabbat*. Chez Sejestânî par exemple, l'amour est un principe intermédiaire entre l'Ame et l'Intelligence par lequel cette dernière lui dispense ses dons. L'Amour est donc le principe d'émanation. Mais l'auteur distingue d'autre part plusieurs formes d'amour: chaque sens dispose d'une forme particulière de l'amour[49]. Dans son premier traité, Shihâb al-Dîn Shâh n'utilise pas le terme *'ishq* mais celui de *mahabbat* dans l'expression *mahabbat hadrat mawlâ* (p. 20).

Curieusement, ce concept n'est pas considéré non plus comme un pilier dans son second traité: l'auteur présente comme qualités du *mu'min* la dévotion (*'ibâdat*), l'obéissance (*itâ'at*) (p. 5; tr. angl. p. 3). Ce sont d'autre part les bases de la forme supérieure de la connaissance, la *ma'rifat*

(p. 27–28; tr angl. p. 16.) Pourtant, dans le chapitre qu'il consacre aux différentes formes du culte, Shihâb al-Dîn Shâh fait du coeur (*dil*) l'organe de la plus haute forme de culte: l'amour (p. 69; tr. angl. p. 45). Ce culte consiste à tenir en grande affection (*'ishq*) les cinq membres de la famille du Prophète, et à aimer (*mahabbat*) 'Alî et ses descendants (p. 45; tr. angl. p. 69). En réalité poursuit l'auteur, la foi (*îmân*) n'est rien d'autre que l'amour; la base de la foi, précise-t-il, n'est autre que l'amour pour l'imâm p. 70; tr. angl. p. 46).

La conception aga-khanienne de l'amour, dans les écrits ismaéliens, se situe totalement dans la tradition représentée par Shihâb al-Dîn Shâh. Cette connexion entre la foi et l'amour n'est pas à notre connaissance explicite dans les écrits publics. Par contre, dans les *firmans*, l'Aga Khan écrit que la foi (*îmân*) constitue le fondement de l'Islam et de l'ismaélisme. Cette foi ne peut s'acquérir et ne peut progresser que par la connaissance de l'imâm. Mais c'est en 1937, à Dar-es-Salam, qu'il rattache formellement la foi à l'amour: "For your religious progress, I tell you one thing which includes everything. The most important thing is that you keep a strong and solid faith in the successor of Mohamed and Ali; it should be even more than our mother, father, wealth and health. You will have no fear in this world if you love the descendants of Mohamed and Ali. This one hint includes all the beauties of prayers and religion"[50].

Cet amour du *mu'min* pour l'imâm ou pour la divinité, qui paraît être de même nature, est désigné dans les *firmans* par la terme technique "*ishq*" (*'ishq*). Tout au long de son imâmat, l'Aga Khan en fait la première qualité du *mu'min*. Plus, il affirme en 1899 en Afrique orientale: "If you desire the emancipation of your soul, then keep your soul in the love and the affection of God. Never forget God. Never forget God even for one moment, but always think of him"[51]. L'Aga Khan fait donc de l'amour pour Dieu et pour l'imâm, puisque les deux sont indissociables, une condition nécessaire à l'émancipation de l'âme; ce n'est pas le cas chez Shihâb al-Dîn Shâh. Un autre changement que l'on peut constater entre l'amour (*'ishq* ou *mahabbat*) chez Shihâb al-Dîn et chez l'Aga Khan est la réduction du destinataire de ce sentiment. Chez Shihâb al-din Shâh, l'amour s'adresse au Prophète, à 'Alî et à ses descendants. Chez l'Aga Khan, aucune mention n'est faite des quatre membres de la famille du Prophète: l'amour paraît uniquement destiné au *hazar imam*. Il est vrai que dans le Coran, l'amour du Croyant est destiné à Dieu (III, 31), ou à Dieu et à son Prophète (IX, 24).

Dans ses mémoires, l'Aga Khan revient à deux reprises sur l'importance du concept d'amour. Bien qu'il ne le mette pas en rapport avec celui de la foi, l'amour apparaît comme une notion fondamentale puisqu'il accompagne, par la volonté de l'Esprit Saint, la vision divine (p. 171). Il s'agit bien sûr de la forme la plus élevée de l'amour spirituel. Quiconque prie peut l'obtenir; mais rares sont ceux qui l'obtiennent. C'est pourquoi l'amour "matériel" ou "humain" est lui aussi source de bonheur, même si celui-ci est

La Fonction Rationalisatrice de l'Ethique

d'un tout ordre. L'amour humain peut dans certains cas préparer à la plus haute expérience spirituelle.

Un peu plus loin (p. 249), l'Aga Khan revient sur ce dernier point en affirmant que le bonheur le plus élevé peut être atteint par l'amour humain, résultat d'un long attachement "in which one human being devotes all that he has, knows, and feels to the love and service of another." Par conséquent, la conception aga-khanienne de l'amour est très représentative. On retrouve par exemple la conception duelle de sa pensée sous la forme amour humain/ amour spirituel; d'autre part, l'Aga Khan reprend le concept ismaélien qui fait de l'amour le pilier de la foi, mais il donne lui aussi une nouvelle détermination. En effet, le dernier extrait tiré de ses mémoires indique qu'une nouvelle dimension enrichit l'amour: le service d'autrui. Cette notion clé dans la pensée aga-khanienne témoigne de la réinterprétation éthique de l'ésotérisme effectuée par l'Aga Khan.

Dans ses *firmans* et *talikas*, l'Aga Khan renforce constamment le lien affectif qui l'unit à ses fidèles. Ce paternalisme, qui s'accentue encore dans les dernières années de son imâmat, se traduit par la redondance d'une terminologie et de certaines formules. Dans un message non identifié, mais qui est antérieur aux années trente, l'Aga Khan s'adresse ainsi aux Ismaéliens: "Remember that no wordly father and mother could love you all more than I your Spiritual Father and Mother do. Hence your welfare in both worlds this and next is my constant thought and I must always warn you of evil and dangers"[52].

XII-3 LA FOI, UNE ÉTHIQUE

a–la foi et les vertus islamiques

La définition du contenu de la foi a incorporé, parmi d'autres éléments, les vertus les plus caractéristiques de l'Islam (*makârim al-akhlâq*). Ces vertus sont des principes moraux particulièrement recommandés dans le Coran. La constance dans l'adversité (*sadr*) doit permettre de supporter sans faiblir les épreuves auxquelles sont soumis les Croyants. Le scrupule pieux (*wara*), qui s'interroge sur les limites du licite et de l'illicite, est d'après les Shî'ites une des vertus de 'Alî et de ses descendants. Certaines vertus ont été beaucoup discutées par les Musulmans. C'est le cas par exemple du *zuhd*, le détachement des choses de ce monde[53]: l'Aga Khan lui-même y fait allusion à plusieurs reprises mais pas en tant que vertu islamique.

Suivant la thèse de Toshihiko Izutsu, toutes ces vertus ne sont qu'une forme islamisée de l'idéal éthique le plus élevé de la Jâhilîyah: la *murû'a* (*murûwah*). Ce terme est l'exact équivalent de l'anglais *manliness*, autrement dit la qualité d'être un homme. L'idéal de la *murû'a* inclut des vertus variées qui, si elles sont d'origine bédouine, se trouvent réinterprétées dans le Coran: "In any case, in the Qur'anic teaching the old murûwah was made to abandon all its harmful excesses and to assume a more civilized form. It began to work as a new moral energy in the midst of the growing community of the Muslims. And undoubtly this has given a very specific coloring to Islamic ethical culture"[54].

La plus grande partie des "vérités éternelles" de l'Aga Khan sont issues des vertus qui composent la *murû'a* comme la générosité, la bravoure, le courage, la patience, la loyauté et la véracité. Mais avant d'analyser les "vérités éternelles", il faut souligner que nombre de réformateurs, pour lesquels la supériorité morale de l'Islam ne faisait aucun doute, ont proposé des "qualités" ou des "vertus", à leur yeux spécifiquement islamiques, qui avaient la capacité de régénérer l'Islam et le monde.

Jamâl al-Dîn al-Afghânî lui-même écrit dans sa *Réfutation des matérialistes* que la religion islamique procure trois vertus: l'élévation de l'âme (*hayâ*), la loyauté et la véracité. A la première qualité se rattache la "noblesse de l'âme": elles constituent ensemble la base même des liens sociaux. Pour al-Afghânî, si les individus d'une nation ont perdu ces qualités, tout progrès leur est interdit[55]. Cette noblesse de l'âme distingue les hommes des animaux et leur permet de triompher de leurs instincts bestiaux. La deuxième qualité, la loyauté, est indispensable aussi bien dans le commerce que pour le bon fonctionnement de l'Etat. Quant à la troisième, la véracité, elle semble être liée au savoir et à la connaissance. L'homme doit chercher à connaître, à comprendre; il doit rechercher le savoir vrai et, quand il le possède, le dispenser sans tromper autrui.

Al-Afghânî donne une coloration moderne aux vertus coraniques. Il en fait les bases de la société qui, si elle est suffisamment cohérente, formera une nation à l'image des nations européennes dirigées par un Etat centralisé. La dernière qualité fait référence à un problème fondamental pour les réformateurs: celui de l'ignorance dans laquelle a été maintenu le monde musulman. Al-Afghânî semble dénoncer ceux qui ont altéré ou occulté le savoir: ils sont de ce fait responsables de la décadence du monde musulman.

b–les "vérités éternelles de la foi" chez l'Aga Khan

C'est dans son discours présidentiel, prononcé devant la Mohammedan Educational Conference réunie à Delhi en 1902, que l'Aga Khan signale comme remède à la crise de l'Islam de placer face à la jeunesse les *eternal truths of the Faith*. Il reviendra à ces éléments de la foi – sous d'autres dénominations – tout au long de sa vie, jusque dans ses mémoires (1954) dans lesquelles elles seront citées de façon diffuse mais récurrente (par exemple p. 116).

Il est par conséquent hors de doute que l'Aga Khan attache la plus grande importance à ces "vérités". Il est probable qu'elles constituent une partie de la moitié oubliée de la foi, mais avant de les analyser et de les

La Fonction Rationalisatrice de l'Ethique

situer dans l'héritage islamique, il est important de revenir sur le contexte dans lequel l'Aga Khan prononça le discours de Delhi.

En 1902, l'Aga Khan est âgé de vintg-cinq ans. Il est quasiment à l'apogée de sa popularité et de sa carrière parmi la communauté musulmane de l'Inde. Nommé la même année membre du Conseil Législatif par le vice-roi des Indes, la presse anglaise voit en lui le chef de file des Musulmans modérés et loyalistes ainsi que le successeur de Sayyid Ahmad Khân[56]. Ce jeune homme concentre sur sa personne tous les espoirs des classes moyennes et supérieures de l'Inde musulmane.

Le discours qu'il prononce à Delhi se divise en trois parties principales[57]. Après avoir souligné que sous le *British rule*, aucun livre ni aucun domaine du savoir n'ont été censurés – ce qui n'est pas le cas, souligne-t-il, en Perse ou en Turquie – il rappelle les traits caractéristiques de l'Islam muhammadien qu'il prolonge jusqu'aux califes *rashidûn*. L'Aga Khan recherche ensuite les causes de la crise de l'Islam. Nous avons déjà traité cette question. Enfin, dans la troisième partie, il propose des solutions devant permettre au monde musulman de régler cette crise et, par conséquent, de suivre la voie du progrès.

L'Aga Khan démontre l'inanité de la thèse de Renan qui affirmait que l'Islam était intrinsèquement inapte au raisonnement scientifique. Il soutient que la crise de l'Islam n'est en aucun cas inhérent à la foi islamique, preuve en est les hauts "standards" qui constituaient les normes éthiques de la société arabe de l'époque du Prophète et des califes *rashidûn*.

Mais ces valeurs, si elles traduisent un idéal éthique, sont avant tout liées à l'action individuelle. En effet, les premiers croyants qui, par leurs actions ont vécu cet idéal, sont devenus des héros de l'Islam. L'Aga Khan est convaincu que "Islam, as a faith, when it was best understood did not lead to apathy, but, to extraordinary devotion and self-sacrifice, which it elicited even from such wretched material as the dissolute and immoral Meccan aristocrats of the days of ignorance"[58].

Il est intéressant d'observer l'évolution des "vérités éternelles de la foi" depuis le discours de Delhi (1902), où l'Aga Khan fait, à notre connaissance, référence pour la première fois, jusqu'à une préface pour un ouvrage sur le Prophète, écrit par un Ismaélien de Bombay, qui fut publié dans les années cinquante. Nous avons choisi six discours et écrits, dans lesquels l'Aga Khan aborde cette question. D'après la chronologie, on peut les regrouper en deux périodes: le premier groupe s'étend de 1902 à 1910, après quoi trente cinq ans s'écoulent pour arriver au second groupe, de 1945 à 1950.

Ces deux groupes correspondent à des périodes d'activités différentes dans la vie de l'Aga Khan. Pendant la première période, il est un des leaders les plus en vue de la communauté musulmane de l'Inde: il reste président permanent de la All-India Muslim League de 1907 à 1912. Après un "silence" de trente-cinq ans, dû à un intérêt croissant pour les affaires internationales ainsi qu'à une vie privée bien remplie, la seconde période correspond à la fin de sa vie: c'est une époque où l'Aga Khan est détaché des affaires et pendant laquelle il peut consacrer son temps à la réflexion. Un fait important est à souligner: un seul de ces échantillons s'adressait à des Européens; les cinq autres étaient adressés à un public musulman.

Il faut aussi noter que l'Aga Khan utilise parfois des termes qui recouvrent un même champ sémantique. C'est le cas de solidarité/fraternité: sans doute pense-t-il traduire avec plus de précision un terme arabe. Relativement peu de qualités se retrouvent dans les deux groupes. Celles qui dominent sont la charité, la justice et la tolérance. On constatera la ténacité avec laquelle Ameer Ali s'attachait à démontrer que l'Islam est la religion qui accorde le plus d'importance à la charité: l'Aga Khan certes est moins véhément, mais il apparaît clairement que pour lui aussi, la charité est la première qualité islamique.

Qu'est-ce que la charité pour l'Aga Khan? Et à quel héritage islamique se rattache ce concept? Dans ses mémoires, il explique que l'absence d'autorité suprême en Islam a permis aux Musulmans d'interpréter le Coran, et la conséquence a été de les conduire vers une plus grande charité les uns envers les autres (p. 173). On serait tenté d'en conclure que la charité n'est pas différente de la tolérance. Et puisque l'Aga Khan s'adresse à des lettrés musulmans indo-pakistanais, on peut douter qu'il veuille signifier par ce terme le concept chrétien de charité.

Pour T. Izutsu, la charité est l'équivalent de la générosité; et celle-ci forme l'un des plus importants concepts éthico-religieux du Coran qui provienne de la *murû'a*. D'après lui, la charité était dans l'Arabie anté-islamique un acte de chevalerie[59]. Mais la charité pratiquée à cette époque avait pour but d'étaler sa richesse. Si Muhammad continua d'attacher la plus grande importance à ce concept, c'est dans la mesure où il traduisait la volonté de faire le bien, sans aucun désir d'ostentation.

T. Izutsu justifie son analyse par la citation du verset II/266 au cours de laquelle il traduit le terme arabe *sadaqa* (aumône) par *charity*. Puis, poursuit-il, la charité des Musulmans a été canalisée par l'institution de l'aumôme légale (*zakât*). Enfin l'idée de charité est principalement marquée, d'aprés lui, dans le Coran, par la racine K.R.M. (par exemple XLIV/49).

Pour Ameer Ali, le Coran inculque à plusieurs reprises l'idée de *general charity*[60]. Il cite comme exemple les sourates II/267 et IX/60. Il y est question de ceux qui dépensent leurs biens en vue de l'agrément d'Allah et des aumônes pour les pauvres. Ameer Ali voit comme une gloire de l'Islam le fait que la religion de Muhammad ait transformé le "merveilleux sentiment" de Jésus en des lois définitives.

Mais il est évident que pour le réformateur shî'ite, le concept islamique de charité ne signifie pas seulement l'aumône, si importante soit-elle: "No religion prior to Islâm had consecrated charity, the support of the widow, the orphan, and the helpless poor, by enrolling its principles among the positive enactments of the system"[61].

La Fonction Rationalisatrice de l'Ethique

L'Aga Khan n'explique malheureusement pas ce qu'il entend par charité. Mais dans *l'Europe et l'Islam* (p. 69 et 73), il utilise le mot "charité", puis, quelques pages plus loin, dans une phrase en tous points semblables, le terme est remplacé par "bienfaisance". Il semble donc que la charité consiste à faire le bien. Le terme coranique *birr*, qui recouvre cette idée, est expliqué dans la sourate II/172: "La bonté pieuse (*birr*) ne consiste point à tourner votre face du côté de l'Orient et de l'Occident, mais l'homme bon est celui qui croit en Allah et au Dernier Jour, aux Anges, à l'Ecriture et aux Prophètes, qui donne du bien – quelqu'amour qu'il en ait, aux Proches, aux Orphelins, aux Pauvres, au Voyageur (*sic*), aux Mendiants et pour l'affranchissement des Esclaves, qui accomplit la Prière et donne l'Aumône (zakât). Et ceux qui remplissent leurs engagements quand ils ont contracté un engagement, les Constants dans l'adversité, dans le malheur et au moment du danger, ceux-là sont ceux qui ont la foi et ceux-là sont les pieux".

L'enracinement coranique de la charité aga-khanienne est indubitable, malgré la minceur des informations. On ne peut toutefois écarter les influences ni'matullâhites quand on sait que Nûr 'Alî Shâh considère que la générosité est une des attitudes que le soufi doit adopter envers la société. Il la nomme *rahmat* quand elle prend exemple sur Dieu, et *futuwwat*, lorsqu'elle se rapporte aux frères en religion. Dans ce cas, elle obéit au principe coranique de "rendre le bien pour le mal"[62]. Mais d'autre part, il est évident que la formulation aga-khanienne du concept coranique répond une fois encore indirectement à la polémique chrétienne qui ne voit dans l'Islam que fanatisme. Comme Ameer Ali, l'Aga Khan choisit d'attaquer les Chrétiens sur leur propre terrain.

Les deux autres qualités que l'on retrouve dans les deux groupes, la tolérance et la justice, ne sont pas plus expliquées par l'Aga Khan. La tolérance est un concept coranique si l'on en accepte comme définition l'absence de contrainte, comme par exemple dans le célèbre verset commençant par la formule: "Nulle contrainte en religion!" (II/257). Quant à la justice, qui est considérée comme l'aspect humain de la Justice divine, le Coran exhorte le Croyant d'être équitable: "Nous avons certes envoyé Nos Apôtres, avec les Preuves, et fait descendre, avec eux, l'Ecriture et la Balance, afin que les Hommes pratiquent l'équité (...)" (LVII/25).

En dehors de ces trois qualités, des changements notoires se produisent entre les deux groupes. Aux qualités de véracité – on a vu qu'elle est une des trois vertus islamiques pour al-Afghânî – de sens du devoir et d'auto-sacrifice, succèdent celles de pardon, d'amour et de bonté.

c–la qualité divine de *ḥilm*

A la fin de l'année 1951, un article est publié dans le *Times* qui affirme que l'Islam est un religion intolérante qui enseigne le devoir de rejeter toute influence étrangère. L'Aga Khan envoie au journal la réponse suivante:

"This sweeping generalisation not only against Muslims but against Islam itself, is both untrue and unfair, and shows a lamentable dearth of knowledge regarding Islam and its legal and religious principles. Even a little knowledge of Islam will show that its religion is not only tolerant of others faiths but it fully accepts the divine inspiration of all the theistic faiths that came before Islam. It does not only teach tolerance to its followers but goes a step further and enjoins on them to create the Godly quality of *hilm*, that is tolerance, forbearance, patience, calmness and forgiveness. It is due to the spirit of tolerance of Islam that even the smallest Christian and Jewish minorities survived and kept all their doctrines during the thousand years of Muslim rule. Nothing like what happened to Muslim in Spain after the Christian conquest has ever happened to a non-Muslim faith in any Islamic dominion"[63].

Le terme *hilm* est absent du Coran; de la même racine, c'est l'adjectif *halîm* qui est employé pour qualifier Allah, Abraham (IX/115-114), Isaac (XXXVII/99-100) et Shu'ayb (XI/89-87). La vertu de *hilm* est donc loin d'être imposée aux Musulmans par le Coran. Mais du fait que "l'Islam s'oppose à la Jâhiliyya et que le '*jahl*' est le caractère fondamental de cette période, il s'ensuit que le *hilm* doit être la marque essentielle de l'Islam"[64]. La notion de *hilm* est donc purement implicite dans le Coran bien qu'elle ressorte de certains versets comme le verset XXV, 64/65 où il est écrit: "Les (vrais) serviteurs du Bienfaiteur sont ceux qui marchent sur la terre modestement et qui, interpellés par les jâhils, répondent 'paix' ". On relèvera que dans ce verset, le *halîm*/musulman se caractérise par son comportement modeste, mais surtout par le mot "paix" (*salâm*-traduit "Salut" par R. Blachère) qui semble être la véritable règle islamique de conduite. Il est tentant d'établir une connexion avec l'équation aga-khanienne évoquée ci-dessus: Islam = paix.

D'après T. Izutsu, le *hilm* était une des vertus les plus estimées par les Arabes païens. Il cite al-Zabîdî, qui considère que c'est l'action de contrôler son âme et de la maintenir hors d'atteinte de la violence colérique, et al-Bustânî, qui explique que c'est l'état de quiétude de l'âme, de telle sorte que la colère ne puisse l'atteindre. Avec les Mu'tazilites, le *hilm* devient surtout la soumission des passions à la raison. Le *hilm*, d'un point de vue général, que Nicholson décrivait comme "the moral reasonableness of a civilized man"[65], est caractérisé par la clémence, la patience, la liberté vis à vis de la passion et l'indulgence.

T. Izutsu voit dans l'*ihsân* la manifestation la plus immédiate de l'esprit du *hilm*. S'appuyant sur le verset coranique IV, 40/41-36/37 et d'autres de contenu semblable, il soutient que celui qui cherche constamment à aider le pauvre, qui reste calme en toute occasion, qui est indulgent et qui pardonne, celui-là est la personnification du *hilm*.

Une rapide incursion dans la pensée ni'matullâhite permet de constater que le *hilm* joue un rôle important. Nûr 'Alî Shâh en fait la meilleure qualité

La Fonction Rationalisatrice de l'Ethique

du soufi: "Avec les créatures, il est bon et a de la sympathie, dans l'infortune il est patient et sans réaction. Sa compassion est sans limite ... Il aide le faible et le captif, il assiste tous ceux qui se trouvent dans la détresse. Il contribue, par ses efforts, au travail des gens, sa pensée s'étend à tout le peuple. En raison de sa bonté, il ne cesse de pardonner, il ne cesse de donner et de pardonner"[66].

Le Coran qualifie onze fois Allah de *halîm*, dont six fois en association avec *ghafûr*, et trois fois avec *'alîm*[67]. Dans ce cas, l'exégèse la plus répandue entend par *halîm* le fait que Dieu ne se hâte pas de châtier. Il retarde son châtiment, il donne un délai à ceux qu'il doit frapper. Pour Tûsî, le *hilm* de Dieu est par conséquent une sorte de "sang-froid", de maîtrise de soi. Mais Râzî reste cependant perplexe devant cette exégèse classique du *hilm*. Il pense que Dieu est *halîm* lorsqu'il a l'intention de ne pas châtier. De fait, certains auteurs comme al-Ash'arî introduisent dans leur exégèse de *halîm* l'idée de pardon.

Cette lettre envoyée au *Times* par l'Aga Khan est le dernier écrit où il se soit exprimé sur les "vérités éternelles". On constate qu'ici, il n'est pas question de charité. C'est la tolérance qui domine la divine qualité de *hilm*, et on peut même comprendre d'après cet extrait que le *hilm* est la forme la plus achevée de la tolérance. Vu le contexte dans lequel il écrit cette lettre, il est probable que l'Aga Khan désire démontrer aux Européens qu'une fois de plus, l'Islam s'avère être supérieur. Mais malgré cela force est de constater que la description donnée par l'Aga Khan correspond à la fois à la définition coranique et à celle de Nûr 'Alî Shâh.

d–charité, tolérance, justice; les choix lexicaux

Il a été possible – pour les trois qualités les plus importantes de l'éthique aga-khanienne – de partir des termes franco-anglais pour découvrir le(s) terme(s) ou les racines arabes correspondants. On a donc établi les équivalences dominantes suivantes:

charité = *birr*
tolérance = *hilm*
justice = *'adl*

Si le choix du terme "justice" pour traduire le terme arabe de *'adl* ne peut être contesté, on peut s'interroger toutefois sur le choix des termes "charité" et "tolérance". Il est vrai que ces termes appartiennent à des champs sémantiques proches et ils transmettent des notions coraniques de première importance. Ces notions sont en fait des attributs/qualités divines.

La notion de *hilm* n'est pourtant pas une vertu cardinale, dans le Coran, au même titre que *'adl* ou *ihsân*: "Dieu ordonne l'équité, la bienfaisance et la libéralité envers les proches" (XVI, 90). Par contre, les deux vertus de *'adl* et de *ihsân* produisent d'autres valeurs parmi lesquelles se trouvent le *hilm*, le *birr* et *rahma*. Mais cela n'empêche que l'Aga Khan aurait pu choisir d'autres traductions. Le concept de charité est d'ailleurs complété ou remplacé dans certains cas par "entraide" ou "bienfaisance", voire "fraternité". Alors pourquoi l'Aga Khan se fixe-t-il sur le terme de charité?

Dans le christianisme, la charité consiste dans l'amour de Dieu lui-même et du prochain en Dieu. Mais surtout, elle est la plus importante des trois vertus théologales (charité, foi, espérance). Saint Paul a développé son concept dans sa Première Epître aux Corinthiens: "La charité est patiente, elle est pleine de bonté, la charité n'est point envieuse, la charité ne se vante point, elle ne s'enfle point d'orgueil, elle ne fait rien de malhonnête, elle ne cherche point son intérêt, elle ne s'irrite point, elle ne soupçonne point le mal, elle ne se réjouit pas de l'injustice, mais elle se réjouit de la vérité; elle excuse tout, elle supporte tout. La charité ne périt jamais" (XIII, 4–8).

La charité est plus qu'une vertu; elle est son principe même, l'inspiration d'où émane la moralité. Le terme choisi par l'Aga Khan n'est donc pas gratuit: il entend bien situer une fois de plus son discours dans le contexte de la polémique chrétienne anti-musulmane. Le terme "charité" implique pour lui une action motivée par un commandement divin. L'objectif final en sera le service d'autrui (*service of another*); il constitue la réalisation la plus proche du véritable amour (*Memoirs*, p. 249).

Mais l'Aga Khan établit-il une distinction entre charité chrétienne et charité islamique? Il ne cherche pas à le faire systématiquement, ne serait-ce que parce que la charité n'est jamais citée de façon isolée. C'est ainsi que "The vast majority of Muslim believers all over the world are charitable and gently disposed to those who hold other faith (...)" (*Memoirs*, p. 17). La charité n'est qu'un élément – bien qu'elle soit le plus important – d'un ensemble dont les éléments ont de toute évidence de multiples connexions et interférences sur le plan sémantique. Cela n'empêche que, lorsqu'on sait que l'Aga Khan s'adresse souvent, dans ses mémoires par exemple, à des Occidentaux, force est de pressentir chez lui le désir de les persuader que la vertu chrétienne cardinal est aussi la vertu islamique fondamentale.

La lettre envoyée par l'Aga Khan au *Times* prouve sans conteste que l'ancienne vertu de *hilm* est rendue en franco-anglais par "tolérance". Le terme de tolérance est né au XVIème siècle des guerres de religion entre catholiques et protestants. Dès le XVIIIème siècle, elle s'étend à la libre-pensée mais le terme lui-même est contesté par certains qui le jugent par trop péjoratif. Ils lui préfèrent "respect" car d'après eux, celui qui a le pouvoir de tolérer est de ce fait dans une position supérieure.

Les rares fois où l'Aga Khan précise à quoi s'applique cette notion, c'est de questions religieuses qu'il s'agit. Il reprend exactement le Coran lorsqu'il prescrit l'absence de contrainte en religion. C'est dans ce contexte qu'il rappelle, dans ses mémoires, que l'Islam est assez tolérant pour sauvegarder une minorité chrétienne en son sein (p. 318). Il est bon d'autre part de se souvenir que l'Aga Khan a personnellement vécu la "condition minoritaire"

La Fonction Rationalisatrice de l'Ethique

en Inde – il a combattu pour que les droits de la minorité musulmane soient reconnus – et que l'histoire de l'ismaélisme est faite de persécutions et d'exils: la tolérance religieuse est pour lui une évidence qui doit s'imposer.

Un dernier point sur les choix lexicaux de l'Aga Khan est à examiner: dans la pensée occidentale, la charité est traditionnellement opposée à la justice. La première est considérée comme positive car elle n'est pas obligatoire. A. Lalande en donne comme équivalent la bienfaisance[68]. Mais on peut aussi distinguer ces deux concepts sur la base de leur complémentarité.

Dans le Coran et en Islam, une telle opposition entre charité et justice n'existe pas. C'est la justice qui apparaît à bien des égards totaliser toutes les autres vertus recommandées par le livre sacré: "O vous qui croyez, tenez-vous droits devant Allah en témoins d'équité! Que la haine pour un peuple (impie) ne vous porte point à n'être point justes! C'est (l'acte) le plus proche de la piété. Soyez pieux envers Allah! Allah est bien informé de ce que vous faites" (V, 11/8).

Le Coran distingue la Justice divine – en particulier celle qui s'exercera le Jour du Jugement Dernier – et la Justice entre les hommes. Mais les nombreuses injonctions coraniques qui recommandent à l'homme d'être équitable semble signifier que la pratique de la justice est l'une des meilleurs voies pour s'approcher de Dieu. De même, dans la pensée de l'Aga Khan, la justice comme valeur morale n'est que le versant humain de la Justice divine qui connote des notions qui représentent l'ordre divin de l'Univers comme l'équilibre, l'unité et surtout l'harmonie.

e–la foi et les oeuvres

La question de la foi et des oeuvres a été, au cours de l'histoire de la pensée islamique, un des problèmes les plus débattus. Les Shî'ites font des oeuvres une partie intégrante de la foi, si ce n'est la foi elle-même. En quoi consistent-t-elles? Ce sont les oeuvres prescrites par le Coran. Al-Kâlabâdhi élaborera la définition soufie de la foi en reprenant la conception hanbalite: "la foi est parole (*kawl*), acte (*'amal*) et intention droite (*niyya*)"[69].

Dans les mémoires, l'Aga Khan exprime une opinion conforme à la position shî'ite: "But my mother's religion was resolutly practical as well; she saw no virtue in faith without works, and from the outset of my public career I accepted and sought to practise the same standard" (p. 30).

XII–4 LA RÉINTERPRÉTATION ÉTHIQUE DE L'ÉSOTÉRISME

a–l'initiation dans l'ismaélisme

Légitimement, les islamologues ont souvent étudié l'ismaélisme contemporain – l'ismaélisme khoja en particulier – par rapport à l'ismaélisme fatimide, qui constitue comme nous l'avons vu la forme classique de l'ismaélisme. Considérant que cet ismaélisme constituait une sorte de matrice, ils ont eu tendance à juger l'ismaélisme contemporain en fonction de ce qu'il avait, ou de ce qu'il n'avait pas, de fatimide. C'est ainsi qu'ils ont recherché les fameux degrés d'initiation qui formaient la clé de voûte de la pensée fatimide. A ce sujet, il est bon de rappeler le point de vue du grand spécialiste de l'ismaélisme que fut W.Ivanow: "On ne trouve pas de trace dans la littérature originale ismâ'îlîe ou dans la tradition de plusieurs "degrés d'initiation", analogues aux degrés maçonniques dans lesquels chacun a son propre 'secret' "[70]. C'est pourquoi avant d'examiner cette question, encore faut-il définir ce qu'on entend par "initiation" dans le contexte ismaélien.

Henry Corbin a consacré deux importants articles à ce thème d'après un roman initiatique ismaélien du Xème siècle intitulé *Kitâb al-'âlim wa'l-ghulâm*[71]. Pour lui, l'initiation dans l'ismaélisme est la connaissance de la signification ésotérique des données révélées, ce qui constitue une naissance spirituelle (*al – wilâda al rûhâniyya*), d'après le verset coranique dans lequel il est écrit qu'Allah donnera une seconde naissance (XXIX/19). La source de l'initiation est l'imâm; celle-ci se déroule suivant un rituel pareillement connu grâce à ce roman. L'un de ses moments les plus importants est l'attribution d'un nom: "(…) ce nom doit en principe rester secret à l'égard de la société profane. C'est pourquoi un homme ne peut porter un nom propre sans être un homme libre, car il ne peut être un homme libre s'il n'est pas ressuscité d'entre les morts, c'est à dire s'il n'a pas reçu l'initiation"[72].

Cette résurrection d'entre les morts est la naissance de l'initié à la catégorie de l'éternité qui s'effectue par le *ta'wîl*. En effet, la fonction de celui-ci est de faire retourner chaque chose considérée comme un symbole à sa signification première, à son archétype. L'éternité étant par définition une catégorie et un attribut de la divinité, on peut dire que l'initiation ismaélienne est en dernière analyse la découverte par l'homme de sa propre divinité à travers sa propre découverte, comme le résume l'adage: "Qui se connaît soi-même connaît son Seigneur"[73].

Dans la période historique, un des points essentiels de la doctrine ismaélienne était l'existence d'une hiérarchie ésotérique comprenant des grades que le croyant devait franchir après avoir subi une initiation. Le nombre de ces grades a varié selon les époques et les écoles. Henry Corbin cite des grades récurrents qui constituent le *'âlam al-Dîn*.

Corbin voit dans le "roman initiatique" deux leitmotifs qui sont la résurrection des morts et l'éthique du dépôt confié: "Tout ce qui est apparent, écrit Corbin, tout l'exotérique (*zâhir*), aussi bien celui des phénomènes de la Nature que celui de la lettre des Révélations divines, tout cet exotérique, tout ce phaïnômenon, comporte un ésotérique, le sens caché d'une réalité invisible. L'éveil du sommeil de l'inconscience exotérique (de la "Parole perdue") est provoqué par le *ta'wîl*, par l'herméneutique qui promeut toutes choses au rang de symboles, et cela dans la mesure, et dans la seule mesure, où ce *ta'wîl* opère eo ipso une nouvelle naissance, la naissance spirituelle"[74]. L'initiation fatimide est donc une initiation à l'interprétation des choses du monde considérées comme des symboles. Cette interprétation symbolique vise à révéler des analogies entre différents niveaux de la réalité et de ce fait, à tisser un vaste réseau de correspondances qui relient, directement ou non, tout.

b–l'initiation dans l'ismaélisme contemporain

Que reste-t-il de l'initiation ismaélienne à l'époque contemporaine, et plus particulièrement sous l'imâmat de l'Aga Khan? Depuis 1932, dans l'appel de Karim Goolamali, à 1988, dans le livre d'Akbar Meherally, les Ismaéliens contestataires, qui ne sont pas spécialistes en la matière, ont toujours placé au second rang, après la prétention à la divinité, le problème de l'initiation. D'après ces auteurs, l'initiation ismaélienne existe, mais elle est payante. Un autre auteur mentionne ce fait: c'est Mujtaba Ali, qui écrit vers 1936[75]. Il ne cite pas ses sources mais il est évident que comme J.N. Hollister, il utilise Goolamali. Il faut noter qu'aucun de ces auteurs n'a cherché à corroborer les allégations de Goolamali.

Nonobstant cela, Mujtaba Ali décrit l'initiation comme étant composée de cinq grades. Ceux-ci ne portent pas de nom particulier: ils sont seulement numérotés. Le premier degré permet au "*murid*" de visiter personnellement l'Aga Khan qui le bénit et lui donne un *du'a*, plus un certificat attestant son grade. Il semble que pour parvenir au degré supérieur, il suffise de payer: le prix du cinquième et dernier degré est cent fois supérieur à celui du premier[76]. Il existe une organisation pour les hommes et une autre pour les femmes: elles sont connues sous le nom de "Moto Kamno Panjebhai" (*Great Works Association*). Il est probable que l'Aga Khan ait innové en la matière: le *moto panth* serait l'une de ses créations[77]. Il est difficile de pousser plus loin les investigations sur l'initiation, faute de documents. J.S. Trimingham, dans son livre sur l'Islam est-africain publié en 1964, écrit que la méditation (*vadokam* en gujarâti et *bait al-khiyâl* en arabe) est réservée aux initiés[78].

D'après Akbar Meherally, la progression dans la méditation ésotérique ne peut s'accomplir si le *dasond*, qui s'élève au minimum à 12,5% des revenus, n'a pas été versé. Certains Ismaéliens vont jusqu'à verser 25%. Cela leur donne le droit d'être membre d'un *mandli*, congrégation de membres liés par un objectif commun. Ils se réunissent plusieurs fois par mois. L'Aga Khan leur donne des audiences privées et leur fait des *firmans* spéciaux. Il leur donne aussi des bénédictions particulières. La femme de Meherally appartient à un "de ces groupes." et il n'a pas la permission de toucher à son livre de *firmans* privés[79]. Meherally passa à travers plusieurs *mandlis* avant de faire partie d'une autre congrégation.

En réalité, il est évident que Meherally confond deux concepts tout à fait différents: l'initiation et le service[80]. Compte-tenu du fait qu'il est Ismaélien, cette confusion ne peut être que volontaire. A l'époque où les imâms résidaient parmi leurs fidèles, la coutume voulait que les plus fervents des Ismaéliens servent physiquement l'imâm pendant quelques temps. Une fois l'imâm fixé en Europe, cette coutume qui témoignait de l'attachement des fidèles envers leur imâm était devenue irréalisable. Les Ismaéliens décidèrent de la remplacer par des dons financiers et par le service envers la communauté. C'est alors qu'apparurent différents types de congrégations – les *mandlis* – qui étaient définis en fonction de la volonté des Ismaéliens de s'engager auprès de la communauté. Les organisations citées par Goolamali et les autres concernent les *mandlis*.

En revanche, chez l'Aga Khan la question de l'initiation relève de la connaissance ésotérique. Celle-ci se répartit en deux éléments: éthique et mystique. Dans les mémoires, il est évident que ces deux éléments sont indissociables puisque l'homme, pour parvenir au bonheur, doit réussir à juguler ses pulsions obscures et maléfiques (p. 334); pour cela, il doit pratiquer les vertus de la foi, au premier rang desquelles se trouve la pratique du Bien. Pour l'Aga Khan, le Bien finit toujours par l'emporter sur le Mal. Mais ce contrôle peut concerner des pulsions autres. L'Aga Khan cite l'exemple d'un de ses oncles dont le fils avait été tué. Il l'aimait beaucoup et, malgré cela, rendit grâce à Allah pour cet événement: "I confess, poursuit l'Aga Khan, that I may not have risen to such a spiritual height. But I believe that I shall rise to it. I know that this is the way to happiness"[81].

La mauvaise foi d'Akbarally Meherally apparaît dans la trop brève mention qu'il fait de la méditation ésotérique (*zikr-ibadah*). En 1976, écrit-il, après trente ans de pratique, il vint pour changer de *isme-azam*. On lui remit un *naksh* en lui disant que cela constituait le plus haut degré du *Baitul Khayal bandgi*[82]. Nous avons déjà vu que l'analyse des écrits de l'Aga Khan induit l'existence d'une méditation ésotérique sur laquelle nous ne possédons quasiment aucune information; malgré cela, quelques auteurs ismaéliens contemporains nous éclairent un peu plus sur la nature de l'inititation à l'époque contemporaine.

C'est le cas en particulier d'Abualy A. Aziz et de Nasîr al-Dîn 'Nasîr' Hunzâ'î. Pour le premier, qui est l'auteur de nombreux ouvrages de vulgarisation pour les Ismaéliens, l'initiation se rattache au *zikr*; à l'instar de nombreuses *tarîqas* soufies précise-t-il, les Ismaéliens pratiquent la méditation à partir des noms divins, connus alors sous le nom de *ism al-zikr*[83]. L'un des supports de cette méditation est 'Alî qui signifie "le plus haut". En plus de la pratique quotidienne de la méditation proprement dite (*bait al-khayal*) – pour laquelle l'heure idéale se situe entre 4 et 5 heures du matin-chaque Ismaélien doit répéter des centaines de fois le saint nom de 'Alî, avec ou sans son rosaire. La répétition de ce nom à voix basse, mais sur

La Fonction Rationalisatrice de l'Ethique

un rythme suffisamment soutenu, procure un influx d'énergie qui purifie l'âme et conduit au contrôle de soi.

Pour Nasîr al-Dîn 'Nasîr' Hunzâ'î, comme pour l'auteur précédent, il n'est pas question d'initiation organisée et encore moins payante. Si Hunzâ'î conçoit une initiation, c'est une initiation spirituelle qui permet de franchir les différents stades de la connaissance mystique, qui culminent avec la *ma'rifat*. Le support de cette méditation (*bandagî*) est la remémoration de Dieu (*zikr-e ilâhî*), plus particulièrement de son Nom Suprême (*ism-e a'zam*)[84]. Après avoir énuméré un grand nombre de *zikrs* différents, l'auteurs écrit que le *ism-e a'zam* varie suivant plusieurs paramètres comme l'époque, le lieu, la capacité spirituelle et d'autres exigences. Il est convaincu que le *ism-e a'zam* est fixé pour chaque personne séparément.

Nous ne pensons pas qu'il faille absolument rechercher la nature de l'initiation ismaélienne contemporaine uniquement dans ses rapports avec sa conception classique. Comme pour le reste de la doctrine, l'initiation nizârite a sans aucun doute fortement subi l'influence du soufisme iranien et il n'est pas exclu que le *zikr-ibadah* ne se soit inspiré du *zikr* ni'matullâhî. Il n'est pas inutile cependant de rappeler que la pratique du *zikr* s'enracine dans le Coran (XXIX/45). Ceci dit, ce type d'initiation spirituelle est aussi invoqué par les *pîrs* dans les *ginâns*. Pîr Hasan Kabîr al-Dîn va jusqu'à indiquer trois positions; debout, assis, allongé[85]. Il est d'autre part indéniable que la réforme opérée par l'Aga Khan a concerné la structure apparente de la communauté ismaélienne son organisation administrative, aussi bien que l'aspect ésotérique de sa pensée, à partir du moment où le concept du *imâm-e zamân* ne subissait aucune altération.

Au sujet de l'initiation, J.S. Trimingham écrivait: "Initiation, of which there are several degrees, is not based on knowledge of the allegorical interpretation of the Qur'ân, but on the service to the Imâm, now interpreted as service to the community. Meditation is done only by initiates and the precondition for it is fulfilment of the following three duties: leading a good life, payment of the desond (tithe), and performance of the three daily prayers"[86]. Trimingham confond par conséquent, comme les autres auteurs, service et initiation. Mais ce faisant, il met en relief une dimension prépondérante de l'ismaélisme contemporain: la notion de service.

c–le service dans le contexte islamique

Le terme "service" est lié à l'utilitarisme puisque c'est Bentham qui en a consacré l'usage dans le sens d'une "action qu'un individu accomplit et dont un autre individu retire un avantage quelconque"[87]. Existe-t-il dans le contexte intellectuel de l'Islam une quelconque notion dont le champ sémantique recouvre au moins partiellement celui de la notion de service?

Il n'est pas nécessaire d'examiner les principales écoles de l'Islam pour voir le rapport qui existe entre cette notion et la question des oeuvres comme partie intégrante de la foi. Une de ces oeuvres, sans lesquelles la foi est incomplète, apparaît à la fois comme action et comme valeur éthique dans le soufisme persan et dans le mouvement de la *futuwwa/ javânmardi*.

On a vu qu'un *hadîth* faisait de 'Alî le *fatâ* par excellence. Dans le Coran, ce terme est réservé à des individus en rupture avec la société: Abraham jeune homme, les sept dormants de la Caverne etc. D'après Abû 'Abd Al-Rahmân al-Sulâmî (325–932/412–1021), originaire du Khorassan, la *futuwwa* part plus d'un mouvement du coeur que de règles et de conventions sociales. Il considère que l'objectif de ce mouvement est de mettre en pratique le célèbre verset coranique enjoignant de pratiquer le pardon et d'ordonner le Bien (XII/199). Al-Sulâmî cite les paroles d'al-Hasan al Basrî (m. 110/728), qui est souvent considéré comme le maître des *Fityân*: "Dans le temps, aurait-il dit, la piété des Fityans se reconnaissait non pas à leurs paroles mais à leurs actions; et c'est cela que l'on peut appeler 'la science utile' "[88]. D'après le traité d'al-Sulâmî, les vertus essentielles du *fatâ* sont; courage, esprit de sacrifice et générosité sans limite. On a cru voir l'origine de cette conception dans le terme coranique *fatâ*, lorsque celui-ci est utilisé pour désigner le jeune serviteur d'Abraham (XVIII, 60 à 62). Ce "service" du *fatâ*, la préférence qu'il donne à autrui, est un service d'amour qui rapproche le *fatâ* de Dieu. Pour Hujwirî, les deux vertus cardinales de la *futuwwa* sont la générosité et le service d'autrui. Il considère que "le fait de préférer autrui à soi-même (...) est d'autant plus réel qu'il est le fruit d'un élan du coeur de l'amant vers l'aimé"[89].

L'histoire de la *futuwwa* est surtout connue à partir du califat d'al-Nâsir lî Dîn Allâh (m. 620/1233). La préoccupation du calife était d'unifier toutes les familles spirituelles de l'Islam: "Légiférant en ce domaine comme en d'autres, écrit Claude Cahen, il essaya d'unifier, discipliner, encadrer la *futuwwa* baghdadienne en encourageant du même coup à y adhérer les milieux dirigeants de la société religieuse, militaire et administrative, de manière à convertir en instrument d'éducation sociale et de solidarité d'ensemble ce qui avait été facteur de désordre et de discorde, et de concilier avec la shari'a teintée de sûfisme telle qu'il la concevait un corps de règles et d'usages qui s'était développé hors d'elle"[90]. Dans le même article, Claude Cahen signale les influences ismaéliennes possibles, ainsi qu'une certaine pénétration mutuelle de l'idéal soufi et de l'esprit de la *futuwwa*. Louis Massignon avait quant à lui développé la thèse de l'origine shî'ite de la *futuwwa*[91], alors que Henry Corbin voit en elle une spécificité shî'ite tout en privilégiant la méthode comparatiste avec les ordres de chevalerie européens[92].

Dans le soufisme ni'matullâhite, la notion de service apparaît dans les oeuvres du fondateur de la *tarîqa*. Shâh Ni'matullâh Walî Kermânî considère que l'obligation de travailler constitue un service rendu à la

La Fonction Rationalisatrice de l'Ethique

société: "Shâh Ni'matullâh, explique Javad Nurbaksh, in addition to directing a large number of his disciples, spent his free time engaged in farming, making his occupations a model for his disciples to imitate and visibly demonstrating to his followers that the best form of self-austerity and the most excellent way to purify the heart and purge the self was by service to society and kindness to other human beings"[93]. La *futuwwa* est encore une valeur éthique importante dans le soufisme de Nûr 'Alî Shâh. Celui-ci considère qu'elle constitue un des neuf trésors qui sont cachés dans la *sharî'a*. La *futuwwa* signifie le don de soi, une générosité qui va jusqu'au sacrifice de soi. Nûr 'Alî Shâh confère à l'éthique une fonction suprême qui fait de la destruction de l'égoïsme, du sacrifice du moi, l'achèvement de la morale[94].

Le *javânmard* ismaélien, tel qu'il est défini par l'imâm Mustansir bi'l-lâh dans le traité qu'il écrivit à la fin du XVème siècle, suit une éthique dans laquelle la notion de service tient une place relativement importante. Il doit aider la communauté dans sa lutte pour l'existence et la prospérité. Une des caractéristiques du *javânmard* est de faire passer les intérêts de ses frères en religion avant les siens. Il donne la priorité aux autres. Si son frère en religion a mangé de quelconques aliments, c'est comme si c'était lui-même qui les avaient mangés. Il est heureux lorsqu'ils connaissent le bonheur, et malheureux quand ils sont dans la peine[95]. Plus loin, Mustansir bi'llâh enjoint les croyants de faire progresser leur amour et leur service envers autrui, envers le *pîr* et envers l'imâm[96]. Il ne faut pas d'autre part avoir honte de servir autrui puisque c'est un moyen de recevoir la prospérité de Dieu. Le service des *pîrs* dont le coeur est illuminé (*pîrân-i rawshan-i dil*), enfin, est considéré comme étant l'une des voies royales pour progresser dans la connaissance ésotérique.

Cette notion de service apparaît pour la première fois dans ce traité: elle est absente des traditions fatimides et alamûties. Il est probable que son origine soit soufie, puisque Mustansir bi'llâh était considéré comme étant un *shaykh* soufi, connu sous le nom de "Shâh Qalandar"[97]. Cette notion n'est certes pas d'une importance primordiale eu égard aux autres injonctions d'ordre éthique, mais il faut néanmoins signaler que pour l'auteur, elle constitue la modalisation sociale du vieux principe alamûtî du "sacrifice pour l'imâm". En effet, il est écrit dans le traité que le *javânmard* doit être prêt à tout sacrifier: sa vie, sa famille et ses biens[98]. L'innovation provient du fait que le service/sacrifice à l'imâm est assimilé, dans ce traité, sans doute sous l'influence du soufisme, au service/sacrifice pour la communauté.

d–le service dans la pensée aga-khanienne

La notion de service est absente des deux traités de Shihâb al-Dîn Shâh écrits à la fin du XIXème siècle. Mais dans un des derniers chapitres de ses *Khitâbât-i 'Aliyya*, l'auteur énonce les qualités suivantes que doit posséder le *mu'min*: conviction dans la foi, confiance dans la religion, amour pour l'imâm et être prêt à se sacrifier pour la cause de l'imâm, comme l'ont fait dans le passé les *fidâ'îs*. C'est donc bien comme une forme extrême du sacrifice que Shihâb al-Dîn Shâh mentionne la notion de service. La référence aux *fidâ'îs* fait de cette notion une notion ismaélienne nizârite et Shihâb al-Dîn Shâh nous apprend ainsi que le sacrifice de soi n'était pas une valeur oubliée à l'époque contemporaine. Nous verrons que de la même manière, l'Aga Khan utilise dans ses premiers discours le terme *self-sacrifice* qui devient après les années trente le "service".

On a déjà vu que l'Aga Khan, dans le premier discours de Delhi, en 1902, mentionne comme "vérité éternelle de la foi" le *self-sacrifice* qui en est fait l'équivalent d'une sorte de "service suprême". Au sujet des Compagnons du Prophète, il affirme en effet; "Islam made heroes of such men, not only on the battlefield, but in the more difficult daily sacrifices of healthy and patriotic society"[99]. Deux ans plus tard, le *self-sacrifice est* entendu comme devant être accompli pour la cause nationale[100]. On constate que l'Aga Khan a déjà transformé la signification du "sacrifice". Ou plus exactement, il l'a adapté aux "nécessités de son époque". Le fait qu'il invoque le sacrifice pour la patrie ou la nation islamique, de l'Inde et l'*umma*, ne dénie en rien le sacrifice ismaélien pour l'imâm. En effet, celui-ci est la communauté: il la représente, il la protège, il la totalise sur le plan spirituel, bref il en est le guide, l'imâm.

En 1939, Dumasia énonce comme idéaux que l'Aga Khan inculque aux Ismaéliens le service et le sacrifice de soi[101]; le glissement de l'un à l'autre – qui produit une équivalence – est donc effectuée à cette époque. Dans un recueil d'articles publiés en 1935, l'Aga Khan considère encore le *self-sacrifice* comme un facteur qui doit permettre aux Musulmans d'atteindre une place égale à celle des Chrétiens[102]. Il est question du service dans les *talikas*. Dans l'une d'elles, qui n'est malheureusement pas datée, l'Aga Khan affirme qu'il considère que tous les Ismaéliens sont égaux, quel que soit leur grade ou leurs responsabilités dans la communauté. L'important est que chacun ait comme idéal de servir du mieux qu'il peut la foi ismaélienne: "I therefore expect that every Ismaili to consider the work allotted to him sacred duty to perform to the best of his abilities, as a great responsibility ... He that serves me most becomes nearer me"[103].

Si le service de l'imâm doit être un facteur d'unité dans la communauté en mettant fin aux querelles et aux jalousies – comme l'Aga Khan le reppelle en juillet 1942[104] – la dernière phrase de l'extrait ci-dessus révèle une autre dimension du service. En effet, l'image de la proximité de l'imâm signifie que le service a une fonction mystique. Il constitue une voie, parmi d'autres, qui permet de se rapprocher de l'imâm. Par conséquent, la participation au service de l'imâm doit être considérée comme une progression spirituelle dont l'objectif n'est autre que le salut, c'est à dire la vie éternelle. Cette vocation mystique du service ne fait que rejoindre l'idéal du *javânmard/fatâ*-dans la conception de Mustansir bi'llâh comme dans celle de Nûr 'Alî Shâh.

La conception ésotérique du service/sacrifice – entendue comme service/sacrifice pour l'imâm – constitue dans la pensée aga-khanienne le *bâtin* de la notion de service. En effet, l'Aga Khan élargit la notion à une plus vaste population que la seule communauté ismaélienne, comme il l'avait fait pour la notion de sacrifice. Dans *India in transition*, l'Aga Khan établit un lien entre le service que chacun accomplit pour son pays et le *welfare* de ce même pays. En 1939, il soutient que la loyauté envers le roi-empereur est la meilleure façon de servir l'Islam[105]. Mais dans son article "Le libéralisme musulman" publié en 1943, il déclare que, dans l'Islam, l'agriculture et le commerce libres et honnêtes "sont encouragés comme étant un service divin, car le bonheur des hommes dépend de l'intensification de ces labeurs légitimes"[106]. L'année suivante, en 1944, l'Aga Khan reprend la même idée dans *Glimpses of Islam*, mais le "bonheur" des hommes devient en anglais le *welfare of mankind*: l'expression identique apparaîtra encore dans ses mémoires en 1954[107].

Mais comment l'Aga Khan justifie-t-il le fait que ce "service de l'homme" constitue la clé de voûte du *welfare*? Dans un discours radiodiffusé en février 1950, l'Aga Khan développe sa thèse de l'Islam comme religion naturelle. Il explique que le Coran et la *sunna* ne font que répéter que la nature est le livre de Dieu dont les secrets doivent être percés pour le bien-être (*well-being*) de l'humanité. Tous les phénomènes naturels décrits dans le Coran doivent être utilisés pour le service de l'homme[108]. Cette affirmation est sans aucun doute tirée du Coran lorsqu'il est dit que la Création est soumise à l'homme: "Il a assujetti pour vous la nuit, le jour, le soleil et la lune, et les étoiles sont soumises à Son Ordre. Il y a là, en vérité, des signes pour un peuple qui raisonne." (XVI, 12) ou encore; "N'avez-vous pas vu qu'Allah a soumis pour vous ce qui est dans les cieux et (sur) la terre et qu'il a répandu sur vous ses Bienfaits manifestes ou cachés?" (XXXI, 19).

Comme tous les réformateurs, l'Aga Khan, suivant en cela les différentes doctrines européennes du XIXème siècle – après Adam Smith au XVIIème, celle de J.S. Mill, Ricardo ou Marx – doit situer le travail dans sa conception du monde. Ameer Ali expliquait dans un article sur "The modernity of Islam" que le travail avait été valorisé par le Prophète lui-même: "In the Prophet's system, the dignity of labour was extolled (...)"[109]. Sans faire remonter l'origine de l'importance du travail jusque là-il ne se réfère du reste à aucune source précise – l'Aga Khan apporte une précision importante à sa propre conception de la notion puisqu'il qualifie le travail de *Divine service*.

L'Aga Khan franchit un pas supplémentaire par rapport aux réformateurs qui ne cherchent, à leur habitude, qu'à légitimer la notion libérale du travail en la référant aux sources scripturaires de l'Islam[110]. Il sacralise la notion de travail. La sacralisation de la notion de travail s'effectue en qualifiant le travail de "service divin"; du même coup, son objectif qui est le *welfare* de l'humanité se trouve lui aussi sacralisé. Le raisonnement implicite de l'Aga Khan est simple: le *welfare* constitue la réalisation du bien pour l'humanité; on sait que le Coran – c'est à dire la parole de Dieu – fait de ce principe un des piliers de son éthique; par conséquent, travailler à la réalisation du *welfare*, c'est travailler pour le service de Dieu.

Une autre association est effectuée par l'Aga Khan à la fin de ses mémoires. Rappelant qu'il a précédemment exprimé l'idée que ceux à qui la grâce de la communion directe avec la *Divine Presence* n'a pas été accordée, il poursuit en affirmant que ceux-ci "may yet attain blessed and pure felicity if they achieve the heights of human love and companionship-something not won lightly or easily, but the crown of a lifelong attachment, in which one human being devotes all that he has, and feels to love and service of another" (p. 249). En dernière analyse, le *service of another* est une forme de l'amour du prochain. Et l'Aga Khan est persuadé que cet amour permet d'atteindre une forme élevée du bonheur.

Au sujet de la question de la foi et des oeuvres et en dehors de suivre les prescriptions rituelles, l'Aga Khan attache une importance particulière aux actions produites par la mise en pratique des "vérités éternelles de la foi". On a déjà vu que dans le premier discours de Delhi et dans celui de Bombay, l'Aga Khan mentionne comme vérité éternelle le *self-sacrifice*. Il explique que dans les premiers temps de l'Islam, le véritable héros n'est pas celui qui fait preuve de bravoure sur le champ de bataille, mais celui qui se sacrifie pour le bien-être de sa nation[111].

Il le répète sous une autre forme en disant que la vérité éternelle suprême est le sacrifice de soi pour le bien-être du peuple ("the well-being of the people"). Si cette qualité n'apparaît que dans les premiers discours, il faut noter que par la suite elle est "remplacée" par des valeurs qui expriment la même idée, mais moins accentuée (*gentleness, kindness*, etc ...) Mais dans ses mémoires, l'Aga Khan écrit au sujet des activités économiques, c'est à dire du travail, que "since they manifest a Divine service, and the welfare of mankind depends upon the continuation and the intensification of these legitimate labours" (p. 177).

L'Aga Khan établit une nouvelle connexion entre le "service divin" et le "bien-être de l'humanité". Le travail pour le bien d'autrui considéré comme un service divin est certes une idée ancienne dans la pensée ni'matullâhite. Le service n'est plus celui de la patrie ou de la nation, il s'est singulièrement élargi à l'humanité toute entière.

NOTES

1 *L'Europe et l'Islam, op.cit.*, cette définition que donne l'Aga Khan du califat ne tient aucun compte, une fois de plus, des auteurs classiques. Pour Mawardî par exemple, le califat "a pour raison d'être qu'il supplée le prophétisme (...) pour

La Fonction Rationalisatrice de l'Ethique

la sauvegarde de la religion et l'administration des intérêts terrestres" in *Les statuts gouvernementaux ou règles du droit public et administratif*, tr. fr. et notes R. Fagnan, Le Sycomore, 1985 (1ère éd. 1915), 1982, chapitre 1.

2. *id.*, p. 16.
3. *ibidem*.
4. *India in transition, op.cit.*, Le rôle d'al Afghânî est aussi signalé dans *L'Europe et l'Islam, op.cit.*, p. 17.
5. *Spirit of Islam, op.cit.*, p. 131.
6. *L'Europe et l'Islam, op.cit.*, mais aussi *Glimpses of Islam, op.cit.*, pp. 1 2
7. A. Ahmad *Islamic modernism ..., op.cit.*, p. 124
8. *id.*, pp. 130 1.
9. cité et traduit par Bernard Caporal *Mustafa Kemal et l'Islam La laïcisation dans un pays musulman* thèse, Faculté de théologie de Strasbourg 1972 T. 2, p. 658.
10. *id.*, p. 771.
11. Maurice Pernod "La Nouvelle turquie II L'esprit et les tendances du nouveau régime" *Revue des Deux Mondes* T. XIX 01/01/1929 p. 632.
12. *id.*, et B. Lewis *Islam et laïcité, op.cit.*, pp. 230 1.
13. *id.*, et Benoit Mechin *Mustapha Kemal ou la mort d'un empire* Albin Michel 1954 pp. 330 2.
14. B. Caporal, *op.cit.*, p. 184.
15. *India Office*, L/P&S/18/B 208 p. 8.
16. *India Office*, L/P&S/18/C/146 p. 9.
17. Ikbal Ali Shah *The prince Aga Khan ..., op.cit.*, pp. 109 110.
18. voir les articles et compte rendus du *Times* datés du 5, 6 et 27 novembre 1920, 12 novembre 1921, 7 juin 1922 et 28 juillet 1923.
19. cité par Dumasia *The Aga Khan and his ancestors, op.cit.*, p. 162.
20. voir la discussion de cette lettre par Nallino in *Oriente moderno* 1922 ii/705, iii/705, 409; iv/84 5; iv/10, 645 6 et enfin A.Toynbee in *Royal Institute Of International Affairs* Survey 1925 pp. 53, 84 5.
21. B.Caporal *Mustafa Kemal et l'Islam, op.cit.*, p. 222.
22. *id.*, p. 221.
23. ces deux derniers éléments ne sont mentionnés que par lkbal Ali Shah, *op.cit.*, p. 178.
24. cité par H.Lammens "Aurons nous un concile oecuménique de l'Islam?" *Etudes* T. 180 1924 p. 647.
25. Ikbal Ali Shah, *op.cit.*, p. 176.
26. Il est vrai que dans cette période de farouche laïcisme, on ne sait rien de l'origine confessionnelle des députés de la Grande Assemblée Nationale. Certaines études tendraient à démontrer que les Alevîs ont joué un rôle important dans la promotion et dans la défense de l'idée laïque. Voir Jean François Bayart "La question Alevî dans la Turquie moderne" in O.Carré (dir.) *L'Islam et l'Etat* PUF Paris pp. 109 120 et Jean Pierre Péroncel Hugoz "La Turquie et l'Islam. Des chiites différents" *Le Monde* 28 mai 1985; E. Ramsaur, "The Bektashi and the Young Turks", *Moslem World*, 1942, pp. 7 14. Cette question est plus particulièrement soulevée par Altan Gokalp, "Une minorité chîite en Anatolie: les Alevî", *Annales ESC*, mai août 1980 35ème année no 3 4, pp. 760 762. Bien que ces auteurs s'entendent pour dire que les termes "Alevî" et "Kizilbash" recouvrent la même population en Turquie, R.M. Savory n'y fait aucune allusion dans l'article "Ḳizil Bâsh", pp. 241 243.
27. traduit par B. Caporal *Mustafa Kemal et l'Islam, op.cit.*, Annexe no 9 p. 780.

28 "Khalîfa", *EI2*, p. 979.
29 *"Le khalifat"* Paris 1924.
30 *La cité musulmane* Vrin 1954 note 1 p. 23.
31 *Glimpses of Islam, op.cit.*, p. 72.
32 *id.*, p. 71.
33 *ibid.*, p. 73
34 *ibid.*, p. 77.
35 cité par Le Chatelier *Aga Khan, op.cit.*, p. 69.
36 par exemple Michel Mourre *Dictionnaire encyclopédique de l'histoire* Bordas Tome A B 1978 p. 71.
37 A. Sanhoury *Le califat, op.cit.*, pp. 572, 584 et 596 7.
38 *Société des Nations Journal officiel* Supplément spécial no 114 1935 Genève 1935 p. 66. L'Aga Khan cite un extrait dans les *Memoirs* p. 244.
39 N. Tapiéro *Les idées réformistes d'al Kawâkibî (1265 1320/1848 1902) Contribution à l'étude de l'Islam moderne* Les Editions arabes Paris 1956 surtout pp. 48 à 59.
40 *Collectanea, op.cit.*, p. 81
41 H. Feki *Les idées religieuses ..., op.cit.*, p. 299.
42 M.de Miras *La méthode spirituelle ..., op.cit.*, p. 195.
43 *Collectanea, op.cit.*, p. 81.
44 *id*, p. 82 La vie et l'enseignement du Prophète comme bases de la foi sont aussi mentionnés dans *Message, op.cit.*, p. 7.
45 Abû Ya'qûb Sejestânî, *Kashf al Mahjub. Traité ismaélien du IVème siècle de l'Hégire*, texte persan publié avec une introduction par Henry Corbin, A. Maisonneuve, 1979 (1ère éd. 1949); *Le dévoilement des choses cachées. Recherches de philosophie ismaélienne*, traduit du persan et introduit par Henry Corbin, Verdier, 1988.
46 *L'Europe et l'Islam, op.cit.*, p. 10 et *Glimpses of Islam, op.cit.*, p. 71. Voir J.M. Landau, *The politics of Pan Islam. Ideology and Organizations*, Clarendon Press, London, 1990.
47 *L'Europe et l'Islam, op.cit.*, p. 20.
48 M.de Miras, *op.cit.*, p. 283; voir index. N. Pourjavady et P.L. Wilson analyse "the language of love" dans la *tarîqa* ni'matullâhiyya dans *Kings of love, op.cit.*, pp. 49 54.
49 Abû Ya'qûb Sejestânî, *Kashf al Mahjub, op.cit.*, pp. 32 32; tr. fr. pp. 66 67.
50 "Firman Mubarak", *op.cit.*, p. 16.
51 *idem*, p. 32 et 23. Au sujet du "ishq" aga khanien, A.K. Adatia et N.Q. King traduisent curieusement ce terme par "confidence", *op.cit.*, p. 182.
52 "Mubarak Talika", *op.cit.*, p. 49.
53 *Les schismes dans l'Islam, op.cit.*, pp. 445 6 et l'article déjà cité de Louis Gardet "imân" *EI2*, p. 1200.
54 T. Izutsu *Ethical religious concepts in the Qur'ân* Mac Gill University Press 1966 p. 75.
55 *Réfutation ..., op.cit.*, pp. 94 5.
56 cité par A. Le Chatelier *Aga Khan, op.cit.*, p. 78.
57 rappelons que nous ne connaissons ce discours que par le long extrait donné par Ikbal Ali Shah dans *Prince Aga Khan, op.cit.*, de la p. 66 à 74. Dumasia en rapporte les grandes lignes. Ces deux versions l'une directe l'autre indirecte permettent la seconde étant antérieure à la première de conclure à l'authenticité des questions qui nous intéressent.
58 Ikbal Ali Shâh *Prince Aga Khan ..., op.cit.*, p. 69.
59 T. Izutsu *Ethical religious concepts ..., op.cit.*, p. 76.

60 *Spirit of Islam, op.cit.*, p. 170 n. 4.
61 *id.*, p. 169.
62 M. de Miras *La méthode spirituelle* ..., *op.cit.*, pp. 232 3.
63 *The Times* 6 november 1951.
64 T. Izutsu *The ethical religious concepts* ..., *op.cit.*, p. 28.
65 *id.*, pp. 225 6.
66 cité par T.Izutsu, *op.cit.*, pp. 232 3.
67 M. de Miras, *op.cit.*, p. 232.
68 D. Gimaret, *Les noms divins en Islam, op.cit.*, p. 420. L'exposé qui suit est basé sur cet ouvrage remarquable.
69 *Vocabulaire technique et critique de la philosophie, op.cit.*, p. 139.
70 "imân", *EI2*, L. Gardet p. 1200.
71 "Ismâ'îlîya", *EI supplément* livraison 1, p. 109.
72 "Un roman initiatique ismaélien du Xème siècle", *Cahiers de civilisation médiévale*, XV, 1972, no 1, pp. 121 142 et "L'initiation ismaélienne ou l'ésotérisme et le verbe", *Eranos Jahrbuch*, XXXIX, 1973, pp. 41 141.
73 "L'initiation ismaélienne ...", *op.cit.*, p. 22.
74 Il se trouve encore chez Shîhab al Dîn.
75 *op.cit.*, pp. 250 1.
76 son ouvrage est la publication d'une thèse soutenue à Bonn: *The origins of the Khojâhs and their religious life today*, L.Rörscheid/Verlag, 1936, 109 p. Syed Mujtaba Ali (1904 1974) était un auteur bengali qui publia de nombreux romans et nouvelles; voir N.M. Jaïn, *Muslims in India: A Biographical Dictionary*, vol. II, Manohar, New Dellhi, 1983, p. 75.
77 *op.cit.*, p. 61 et Goolamali, *op.cit.*, 95 96.
78 Amiji, *op.cit.*, p. 613; l'auteur cite mot pour mot le témoin d'un procès qui opposait deux Khojas de Zanzibar en 1897. Ce témoignage rejoint la déclaration d'Aga Coochick lors du "Haji Bibi Case" qui affirme que l'Aga Khan a "inventé" de nouveaux *du'as.*
79 J.S. Trimingham, *op.cit.*, p. 107. Nous ignorons pourquoi l'auteur cite la forme *bait al khiyâl*; la forme *bayt al khayâl* est plus correcte.
80 A. Meherally, *op.cit.*, p. 80. D'autres confusions ont été faites. Lorsque Willi Frischauer interroge Shâh Karîm sur l'initiation, celui ci répond: "Those who wish to participate in a more formal manner can do so but the opportunity for such personal spiritual involvement is not always available to other sections of the community". Puis Frischauer écrit que l'initiation ismaélienne n'implique aucun *mumbo jumbo* mystique, mais qu'à cette époque Shâh Karîm, en consultation avec les principaux dirigeants de la communauté, préparait la modernisation de la communauté. Dans ce cas, Frischauer confond service, initiation et constitution! Frischauer, *op.cit.*, pp. 250 1.
81 *Message, op.cit.*, p. 26.
82 A. Meherally, *op.cit.*, p. 5.
83 Abualy A. Aziz, *Ismâili Tariqah*, Toronto, 1985, p. 73.
84 Hunzâ'î a consacré un ouvrage à cette question: *Dhikr i ilâhî*, Karachi, 1976.
85 G. Allana, *Ginans of Ismaili pirs Rendered into English Verses*, Karachi, 1984, p. 88.
86 Trimingham, *op.cit.*, p. 107.
87 Lalande, *op.cit.*, p. 989.
88 *Futuwwah Traité de chevalerie soufie*, tr. et intr. par Faouzi Skali, Albin Michel, 1989, p. 27.
89 *idem*, p. 34.

90 "Futuwwa", *EI2*, C. Cahen, p. 986.
91 "La 'futuwwa' ou 'pacte d'honneur artisanal' entre les travailleurs musulmans du Moyen Age", 1952, in *Opera minora*, T.I, Dar el Maaref, Beyrouth, 1963, pp. 396 417.
92 *En Islam iranien*, *op.cit.*, pp. 390 460 et "Juvénilité et chevalerie (javânmardî) en Islam iranien", *Eranos Jahrbuch*, XL/1971, Leiden Brill, 1973, pp. 311 356. Henry Corbin a enfin écrit l'introduction analytique de l'ouvrage de Shihâb al Dîn 'Umar Sohrawardî, *Traité des compagnons chevaliers (Rasâ'il e javânmardî)* , Publié par Morteza Sarraf, Bibliothèque iranienne no 20, Téhéran/Paris, A.Maisonneuve, 1973.
93 Javad Nurbakhsh, *Master of the Path*, *op.cit.*, p. 48.
94 M. de Miras, *La méthode spirituelle* ..., *op.cit.*, p. 200, 205 et 231.
95 *Pandiyat i javanmardi*, *op.cit.*, p. 10.
96 *idem*, p. 28.
97 d'après lvanow, *ibid.*, p. 07.
98 *ibid.*, p. 21.
99 cité par Ikbal Ali Shah Ali Shah, *op.cit.*, p. 69.
100 *The Aga Khan and his ancestors*, *op.cit.*, p. 87.
101 *idem*, p. 93.
102 *Six articles on religion and politics*, *op.cit.*, p. 7.
103 "Mubarak Talika", *op.cit.*, p. 48.
104 *idem*, p. 50.
105 *ibid.*, p. 5.
106 *op.cit.*, 73
107 *op.cit.*, p. 9 et p. 177.
108 *Collectanea*, *op.cit.*, p. 58.
109 *Islamic Culture*, (1927), p. 5.
110 sur les notions de service et de travail en milieu musulman, et plus particulièrement dans le contexte de la *futuwwa*, voir J.C. Vadet, "La *Futuwwa*, morale professionnelle ou morale mystique", *Revue des Etudes Islamiques*, XLVI, 1 (1978); l'auteur analyse un traité d'al Husayn al Kâshifî (fin IXè/XVème). Le *kasb* un élément constitutif du culte parce qu'il permet de secourir ses frères. Mais l'adepte ne peut garder une somme supérieure à dix huit dirhems: "Tout benéfice supplémentaire devenait propriété commune"; cf surtout pp. 74 76.
111 cité par Ikbal Ali Shah, *op.cit.*, p. 69 et Dumasia *The Aga Khan and his ancestors*, *op.cit.*, p. 184.

Conclusion

Notre recherche s'articulait autour de trois axes principaux. Dans un premier temps, nous avons dressé la liste des sources du savoir dans la pensée aga-khanienne, suivie d'une description des fondements de l'Islam. Puis nous avons mis l'accent sur la rénovation effectuée par l'Aga Khan sur la doctrine ismaélienne, celle-ci restant le référent essentiel bien qu'il soit souvent implicite. Enfin, la troisième partie envisageait d'évaluer en quoi la pensée aga-khanienne apportait une contribution à l'élaboration d'une modernité, musulmane plutôt qu'islamique.

Les sources du savoir et les principes fondamentaux de l'Islam aga-khanien participent à l'effort islâhiste de réorganisation du savoir musulman. Mis à part quelques questions de détail, le réformisme aga-khanien se caractérise par une tendance générale à la vulgarisation. De ce fait, les caractéristiques sont la simplification extrême qui peut aller jusqu'à la caricature, la redondance et l'exagération. Ce dernier aspect est parfaitement illustré par l'équation que l'Aga Khan établit: Islam = Paix. Cette volonté farouche de convaincre, la propre conviction de l'auteur, le fait qu'il s'adresse le plus souvent à un public non spécialisé, européen ou musulman, nuisent à l'approche critique du savoir musulman. Si elle n'est pas totalement absente – au sujet des prescriptions non coraniques, c'est le problème des *bida'* – elle ne tient que peu de place face à la problématique apologétique dans laquelle il se place. Bien qu'étant situé dans le prolongement de la pensée d'Ameer Ali, cet Islam fondamental porte déjà l'empreinte ismaélienne: l'élargissement de la notion de prophétie aux envoyés non abrahamiques, et surtout le concept du monoréalisme en sont autant de témoignages.

Mais le réformisme aga-khanien ne s'arrête pas à une réduction des rites, ni à une définition de principes fondamentaux La rénovation a porté aussi sur la doctrine ismaélienne. Il est difficile certes de situer la chronologie de cette double rénovation. L'Aga Khan les a-t-il conduites parallèlement? L'une a-t-elle éclairé l'autre? Si oui, laquelle? Dans quelle mesure l'ismaélisme des Khojas l'a-t-il infléchie? Il est impossible d'établir la chronologie de chacune d'elles au vu des sources disponibles actuellement. On peut penser que l'Aga Khan subit avant tout l'influence du vaste mouvement de rénovation qui touchait l'ensemble du monde musulman, dans son expression indienne. Signalons au passage que les dimensions de ce phénomène n'ont pas toujours été mesurées dans le champ religieux. Ces contextes seuls n'auraient pas suffi; l'Aga Khan a pu produire cette double rénovation parce que la doctrine ismaélienne contenait les postulats aptes à une telle entreprise. A ce sujet, on a signalé la difficulté qui provient du fait que l'Aga Khan ne fait jamais référence à la tradition ismaélienne en dehors de données très générales. Dans ces conditions, il était difficile de ne pas chercher à compenser ces lacunes en utilisant des sources ismaéliennes complémentaires.

S'il est difficile de bien distinguer sur le plan chronologique la réforme islamique de la réforme ismaélienne, on peut par contre établir des analogies sur le plan du savoir. Par exemple, à l'éviction des cultes des saints prônée par l'Aga Khan et les Réformateurs, répond dans le contexte ismaélien, l'éradication des cultes des *pîrs* indiens mais aussi des cultes proprement shî'ites, comme celui de Husayn. Sans doute faut-il y voir une tentative de rationalisation de l'émotion religieuse. Pourtant, un clivage important se dessine: dans l'Islâh, l'éviction de cette religiosité tend à mettre fin à toute immanence comme celle du type de la *baraka* des *awliyâ*. Au contraire, dans l'ismaélisme, elle vise à renforcer un type déterminé d'immanence: l'imâmat.

C'est là que se situe un des points les plus originaux de la pensée réformiste de l'Aga Khan; mais c'est là aussi que se fixent ses limites. En effet, le rôle joué par l'Aga Khan dans la modernisation de la communauté ismaélienne pose le problème du charisme. La fonction charismatique qu'elle soit héréditaire ou non, d'essence religieuse ou non, est-elle une condition nécessaire à l'acceptation d'une telle réalisation? Mais avant d'y répondre, il faut revenir sur les deux facteurs que constituent le principe d'interprétation et les résistances à la modernisation.

La fonction traditionnelle de l'imâm ismaélien est d'interpréter le texte sacré: c'est le *ṣâhib al-ta'wîl*. Mais cela n'empêche que cette interprétation n'est pas totalement libre: elle doit être accomplie dans les cadres que constituent les différentes sources normatives de l'Islam. Son objectif principal est d'harmoniser toutes les contradictions qui peuvent émerger entre les données scripturaires et les données objectives. Un deuxième niveau d'interprétation concerne l'intériorisation de la religion: l'imâm a pour fonction de guider le *mu'min* sur la voie du salut. Dans les écrits ismaéliens de l'Aga Khan, le matériel/*ẓâhir* et le spirituel/*bâṭin* sont plus que jamais équilibrés; on sait que l'Aga Khan cite rarement l'un sans l'autre. On peut même affirmer que ces deux dimensions inhérentes à tout objet restent indifférenciées jusqu'à ce qu'elles soient stimulées par un facteur extérieur. La dialectique du *ẓâhir* et du *bâṭin* est revisitée par l'Aga Khan qui l'étend à

Conclusion

toute activité humaine; cette conception duelle et antinomique de la connaissance permet aussi de résoudre toute contradiction.

Par certains aspects, le concept aga-khanien d'interprétation se rapproche du concept islâhiste de l'*ijtihâd*. Ils ont en comnun d'avoir subi un singulier élargissement sémantique. Dans les deux cas, le concept devient l'instrument même de la réforme mais le plus décevant est qu'il n'est pas suffisamment utilisé pour effectuer un examen critique systématique des fondements du savoir islamique. Son usage critique, s'il existe dans certains domaines que nous avons déjà mentionnés, est absent de cet espace essentiel que constitue l'histoire. Cette déficience nuit au processus d'appropriation nécessaire à toute entreprise de rénovation véritable.

En dehors des postulats spécifiques de l'ismaélisme propices à rénover le savoir, au premier rang desquels se place le *ta'wîl*, l'interprétation aga-khanienne du savoir islamique se distingue par le fait que le choix systématique qu'il effectue dans cette *épistèmè* est orienté par l'objectif de départ: la rénovation du savoir. D'autre part, il ne faut pas négliger la dialectique du *ẓâhir* et du *bâṭin* qui lui permet d'affirmer, à l'instar d'autres réformateurs marqués par le soufisme ou par une certaine forme de shî'isme, que l'essence de l'Islam est prédominante par rapport à son aspect formaliste. De ce fait, à la problématique du spirituel et du temporel se substitute une nouvelle problématique du temporaire et de l'éternel. C'est sur cette base uniquement que la double autorité du Prophète peut être distinguée.

Cette originalité du réformisme de l'Aga Khan est tributaire de la disparité de ses héritages intellectuels. La suprématie qu'il accorde à la notion de "l'esprit de l'Islam", inspirée par Ameer Ali, lui permet de poser les bases d'un humanisme universel fondé sur des sources musulmanes; on retrouve ici l'une de ses grandes préoccupations qui est de définir une universalité de l'humanisme véritablement universelle. L'Aga Khan peut même apparaître comme un précurseur dans ce domaine, compte-tenu de son souci constant du sort des minorités et des groupes opprimés.

Un fait particulièrement remarquable dans le modernisme aga-khanien est que, si l'Aga Khan parvient à mettre en oeuvre un discours économique particulièrement efficace, il échoue par contre dans sa tentative d'élaborer un discours politique cohérent. Dans l'Islâh, la question du discours politique est certes significative; en effet, elle démontre qu'il n'est pas possible d'emprunter ni de faire fonctionner un lexique si ses composants n'ont pas été auparavant en gestation dans une *épistèmè* donnée avant d'être enfantés. On observe la difficulté des réformateurs à s'approprier les notions politiques de l'Europe du XIXème siècle, et plus particulièrement celles de liberté et d'égalité.

L'enracinement de l'Islâh dans les catégories musulmanes du pouvoir contraint les réformateurs à ne pas réussir à penser les notions politiques fondamentales. Ce n'est pas ici le lieu d'analyser les raisons de cet échec, d'autres l'ont fait ailleurs; pour le cas de l'Aga Khan, il est frappant de relever le contraste qui sépare le discours politique du discours économique. D'un côté, il intègre parfaitement les données du discours capitaliste du XIXème siècle; par contre, sur le plan politique, il n'intègre pas les concepts fondamentaux du modernisme que sont la Nation et surtout l'Etat–Nation. A l'instar des réformateurs, il ne parvient pas à se départir du modèle islamique de *l'umma*, qui transcende les nations.

Cet échec est d'autant plus remarquable que l'Aga Khan réalise une transformation de la communauté ismaélienne sur la base des systèmes administratifs des Etats modernes. Par conséquent, l'Aga Khan a parfaitement assimilé les systèmes de centralisation du pouvoir, et de redistribution de l'autorité via diverses catégories d'institutions. La difficulté qu'il éprouve à penser l'Etat–Nation nous ramène à la problématique évoquée ci-dessus de la modernité à partir d'une notion qui est absente de la plus grande partie des héritages culturels de par le monde. Cette question prend une nouvelle dimension alors que deux de ces Etats-Nations, l'ex-URSS et l'ex-Yougoslavie, se désintègrent et s'entredéchirent sous nos yeux.

La double réforme opérée par l'Aga Khan produit une nouvelle forme de religiosité qui échappe à la fameuse "routinisation du sacré" jadis dénoncée par Max Weber. Sans doute ce résultat est-il partiellement en accord avec un projet de l'Islâh. En effet, un des leitmotivs des réformateurs est de proclamer que l'Islam est une voie médiane dont la mission est de rendre son âme à l'Occident qui s'est abîmé dans le matérialisme. L'Aga Khan, pour sa part, accentue ce qu'il appelle la "spiritualité" du message islamique. Deux parties sont à distinguer: un aspect éthique et un aspect mystique.

En affirmant que le stade du bonheur éternel peut être atteint ici-bas, l'Aga Khan réactualise dans une certaine mesure la doctrine de la *Qiyâmat*. De ce fait, la parole de l'imâm opère non pas un "désenchantement" mais au contraire une sacralisation sur l'ensemble des activités et des pratiques qui relèvent, dans la typologie traditionnelle, des *'ibâdât*. La réalisation du *welfare* est assimilée à une des voies pouvant conduire à se rapprocher de l'imâm. Mais ce *welfare* doit être à la fois individuel et communautaire; sa réalisation s'articule autour de la notion de service. Les différentes significations de cette notion témoignent de l'évolution de la pensée de l'Aga Khan. Au début du siècle, il est question du service de la nation, puis dans les années cinquante, du service de l'imâm. L'Aga Khan produit alors un *firman* très significatif: "Celui qui me sert se rapproche de moi".

Si besoin en est, ce *firman* renforce l'idée que la réussite de la modernisation de la communauté est avant tout attachée au charisme d'une personne, l'imâm. Cela revient à poser la question suivante: quelle détermination respective revient aux Khojas (nous pensons à des initiatives individuelles) et aux conditions objectives telles que la mise en place d'une économie mondiale? La plupart des auteurs s'accorde sur le fait que la

Conclusion

"personnalité" de l'Aga Khan a compté dans la modernisation. La "personnalité" de l'Aga Khan désigne aussi bien une aptitude au compromis, une capacité à la synthèse intellectuelle, ou plus simplement un rayonnement lié à ses activités internationales.

Nous pensons avoir démontré dans notre recherche la part déterminate qui revient à l'Aga Khan dans le processus de modernisation. C'est d'autre part l'explication la plus convaincante qui puisse être attribuée aux différents phénomènes de contestations; le "Haji Bibi Case", dans la diversité foisonnante de ses accusations, indique que le processus est irréversible. Il est probable que ce processus ait été déclenché par quelques Khojas isolés, ceux que l'Aga Khan qualifie de "pionniers", avant qu'il n'accède à l'imâmat. Mais c'est à l'Aga Khan que revient le mérite d'avoir fait de la modernisation un projet pour l'ensemble de la communauté ismaélienne, et d'en avoir entrepris la réalisation systématique, ce qui n'était pas contradictoire avec des ajustements ponctuels.

Chez l'Aga Khan cohabitent deux types de charisme qui peuvent expliquer la conviction qu'il sut inculquer à ses fidèles. Le charisme héréditaire est inhérent à la fonction d'imâm: il est institutionnel. L'imâmat véhicule le sacré par excellence qui ne représente rien d'autre que l'immanence de la divinité symbolisée par le concept du *nûr*. Mais à cela s'ajoute un charisme du sujet. Et cette rencontre de deux charismes constitue une spécificité sans laquelle la modernisation n'aurait pas été une telle réussite.

Si l'on part de l'hypothèse que la modernité intellectuelle se définit à partir de valeurs comme les droits de l'homme et la laïcité, on est on droit de considérer que l'Aga Khan a produit un Islam qui pouvait souscrire à ces critères. Doit-on en déduire que cette modernité peut-être le bien de tout un chacun de par le monde? Chaque peuple, chaque culture sout-ils dans une situation qui leur permet de se l'approprier? L'Aga Khan répond que si l'Islam peut produire une pensée en accord avec une telle modernité, c'est parce que jusqu'au XVIème siècle, les *épistèmès* européenne et musulmane n'étaient qu'une.

La pensée aga-khanienne nous permet d'apporter une réponse positive à la double question que nous posions en commençant notre conclusion. Il est clair que la modernisation réalisée par l'Aga Khan dans la communauté ismaélienne a été possible grâce à l'existence d'une conception de la modernité sous-jacente. Bien que nous en ayons fixé les limites – l'échec de l'élaboration d'un lexique politique et la question du charisme – cette conception de la modernité sait revivifier un héritage islamique préexistant. L'effort théologique de l'Aga Khan a porté plus particulièrement sur la spiritualisation des principes et des pratiques; ce faisant, un nouveau projet éthique était assigné à l'Islam. La modernité aga-khanienne nous démontre qu'une autorité d'essence théocratique ne constitue pas forcément un frein à une nouvelle définition du savoir, étape indispensable à toute modernisation.

La Rénovation du Shî'isme Ismaélien en Inde et au Pakistan

Notre analyse de la pensée aga-khanienne démontre l'émergence d'un nouveau type de discours religieux en milieu musulman, qui engendre à son tour de nouvelles pratiques et partant, une nouvelle religiosité. Il est intéressant de noter que cette évolution du fait religieux est totalement reconnue et acceptée en milieu chrétien; on admire à la suite de Weber que le capitalisme ait pu émerger dans les sectes protestantes: pourquoi reprocher alors à l'Aga Khan et aux Ismaéliens d'être modernes? D'un côté, on accuse les Musulmans d'être incapables d'adhérer à la modernité, qu'elle soit économique ou autre, et de l'autre, on n'accepte pas non plus la réussite d'une modernisation. Il faut signaler à ce sujet qu'une étude récente indique que l'Aga Khan n'a pas été le seul Musulman à maîtriser rapidement les ressorts de l'économie moderne: la gestion des *aqwaf* en Iran est elle aussi parfaitement technocratique[1].

Si l'on accepte qu'une modernité véritablement universelle ne peut se construire sans dialogue des civilisations, il apparaît évident que le seul usage de la Raison – celle des Lumières, qui fut le principal fondement de la modernité européenne – ne peut suffire à une telle entreprise. A cet égard, la pensée aga-khanienne enseigne que le discours rationnel peut céder le pas dans certaines situations à d'autres types de discours; le discours symbolique ou le discours mythique peuvent dans une certaine mesure contribuer à mettre en place une sorte de capital commun de la mémoire de l'humanité.

Il est d'autre part évident que l'échec de l'élaboration modernistique en Islam peut s'expliquer avant toute autre chose par la chape de plomb qu'ont imposée les différents appareils d'autorité religieuses ou civils qui se sont succédés dans l'histoire du monde musulman: ce sont les fameux *'ulul'-l-amr* mentionnées dans le Coran. On oublie trop souvent que cette situation a longtemps prévalu en Europe. On oublie trop souvent aussi dans quelles conditions le modernisme européen a vu le jour, et comment ces valeurs qui paraissent aujourd'hui évidentes à la majorité d'entre nous se sont imposées. Dans la douleur et dans la durée.

Enfin, cette modernité aga-khanienne nous enseigne qu'une nouvelle religiosité peut être un élément constitutif et même déterminant: parce qu'il est apte à produire une dynamique nouvelle qui puisse formuler un projet de société mobilisateur. Dans ses conditions, l'Occident lui-même aurait à faire un examen critique qui constituerait un préalable indispensable à cette modernité à venir.

NOTE

1 O. Roy, *L'échec de l'islam politique*, Le Seuil, 1992, p. 176 et s., et surtout B. Hourcade, "*Vaqf* et modernité en Iran. Les agro business de l'Astân e qods de Mashad", dans *Entre l'Iran et l'Occident. Adaptation et assimilation des idées et techniques occidentales en Iran*, sous la direction de Y. Richard, Maisons des Science de l'Homme, 1989, 117 142.

Annexes

Annexe I

Morceaux Choisis des Ecrits et Discours Publics

1–DISCOURS DE DELHI, 1902

We are, if I understand the purpose of this Mohammedan Education Conference aright, considering what in modern times are the ideals we must hold before our people and the paths by which they can attain them; and upon the right answer to these questions depends no trifling matter, but nothing less than the future of Indian Muslims.

We are undertaking a formidable task when we attempt to correct and remodel the ideals of our people. But for the task before us, we Indian Mussalmans possess many advantages; we have the advantage of living under a Government which administers justice evenly between rich and poor and between persons of different breed and classes; in the second place we enjoy complete freedom to devise plans for the amelioration of our people. We have no reason to fear that our deliberations will be abruptly closed if we propose schemes of education other than those approved by the Government. We know that no book and no branch of knowledge will be forbidden to us by official command; and lastly, we know that, under the protection of British rule, we shall be allowed to work out to the end any plans for social and economic salvation which we may devise. Our wealth will not excite rapacity, nor our advancement in learning awaken the jealousy of our rulers. More than all this, we are members of a polity in which the opportunities for advancement in wealth and learning are greater, perhaps, than in any country in Asia, if only we have the energy and the wisdom to make a right use of those opportunities.

These are privileges which our co-religionists in Turkey or Persia, who are not British subjects, do not possess. In those countries the opportunities for growing wealthy in commerce and in industries or in the independent liberal professions can hardly be said to exist, and in both of them the pursuit of learning and freedom of thought are fettered by restrictions. We Muslims of India, therefore, enjoy unparalleled advantages and we occupy among our co-religionists a unique position, and, if we properly utilize them and realize our duties, we ought to lead the way and constitute ourselves the vanguard of Islamic progress throughout the world. Here in India we can develop our own ideals of society; we have freedom in which to deliberate upon them, and we have security from internal and external enemies. We may carry our plans to maturity without fear of internal trouble or external aggression. Our brethren in Turkey and Persia must give their first thoughts and unceasing attention to military preparations and diplomatic arrangements lest, while they are evolving schemes of progress, illiberal and autocratic European States should swallow up their independence. But we, who live beneath the liberal rule of England have here all the chances that a people require of developing our own individuality according to our own ideas.

Let us direct our attention to a question, namely, how have the Indian Muslims taken advantage of the opportunities which Providence has placed in their way? We must all acknowledge with shame and regret that so far we have failed. Throughout the whole length and breadth of India how many national schools are there in existence which educate Muslim boys and girls in their faith and at the same time in modern secular science? Is there even one to every hundred that our nation needs and which we should have established if we had been like any other healthy people? There are, indeed, a certain number of old-fashioned schools which continue to give parrot-like teaching of the Koran, but even in these places, no attempt is made either to improve the morals of the boys or to bring before them the eternal truths of the faith. As a rule prayers are but rarely repeated, and, when said, not one percent of the boys understand what they say or why.

...In Mohammedan society we too often hear futile laments over the loss of political power, but we must remember that in the modern world a monopoly of political power such as Muslims once held in India is neither possible nor even desirable. Now that general liberty is given to all, the monopoly, or even a desire for a monopoly, of political power is both immoral and of no benefit.

The just man does not even wish to possess privileges to the necessary exclusion of others. On the other hand a desire for industrial and financial pre-eminence is perfectly legitimate because it is obtained by the free competition of the energies of individuals without which rapid progress is, perhaps, impossible. But here again the Muslim community has signally failed to take advantage of that peace, justice and freedom which we all enjoy under British rule. We have neglected industry and commerce just as we have neglected every other opportunity of progress.

This general apathy which pervades every walk of life is a sign of a moral disease, and what I will ask you to consider are the causes of this terrible disease. Are the causes of this disease congenital and necessary? Are they part or the faith or are they accidental and acquired? That this disease is accidental and no necessary development of the faith is shown not only by

Morceaux Choisis des Ecrits et Discours Publics

the political progress made by Islam during the first twenty-five year's of the Hijra, but by the high standard of duty, morality, truthfulness, justice, and charity that was general in Arabian society during the glorious reigns of Abu Bakr and Omar, and this high standard prevailed, mind you, amongst men whose early youth had been passed either in the lazy and dissolute society of Mecca before the conquest or in Bedouin brigandage. Islam made heroes of such men, not only in the battle field, but in the more difficult daily sacrifices of healthy and patriotic society.

... So Islam, as a faith when it was best understood, did not lead to apathy, but to extraordinary devotion and self-sacrifice, which it elicited even from such wretched material as the dissolute and immoral Meccan aristocrats of the days of ignorance.

... We must, therefore, consider what are the real causes of this supineness which we are compelled to recognize as universal in Muslim society of to-day, a supineness all the more remarkable under the benign rule of England, when a little self-sacrifice would enable us to achieve greatness.

... The most genuine and the most moral of Muslims often tell you, as they have a thousand times told me in almost identical terms at Constantinople or Cairo, at Bombay or Zenzibar, that as long as they spend their energies in prayer and pilgrimage they are certain that, though they do not do the best, yet they do no harm, and thus they give up to pilgrimage and prayer the lives which should have been devoted to the well-being of the people.

It is to this class in India that I appeal and desire most earnestly to impress upon them my conviction that if they continue in their present attitude of aloofness, it means the certain extinction of Islam, at least as a world-wide religion. We of this Conference appeal to the pious for their co-operation and assistance, and we warn them solemnly and in all earnestness that, if they give all their time to prayer and their money to pilgrimages the time will come when that piety, which they so highly prize, will pass away from our society and, for want of timely assistance at this most critical period, not one of our descendants will know how to pray or put any store upon the merit of pilgrimage. It is to the genuine class of pious men that we appeal; let them come forward and take their legitimate place in the advancement of their co-religionists and in the moral and religious education of their brethren and children. In the strenuous life of modern times a people that does not get help from its most pious and most moral sections has as little chance of success as a man who tries to swim with his arms tied behind his back.

A great, but silent, crisis has come in the fortunes of Islam, and unless this class wake up to the altered conditions of life and to the necessity of superintending and educating the rising generation, the very existence of Islam is at stake. This class of pious Muslims must understand that what

Islam now demands of them is that they should surrender to the training of the young a portion of the time hitherto given to prayer, and a portion of the money hitherto spent in pilgrimages or celebrations of martyrdoms long since past, which only help to keep alive those terrible sectarian differences which are one of the misfortunes of Islam ... The first duty of every Muslim is to give his time to the service of his nation and not merely to silent prayers.

A second cause of our present apathy is the terrible position of Muslim women ... There is absolutely nothing in Islam or the Koran, or the example of the first two Muslim centuries, to justify this terrible and cancerous growth that has for nearly a thousand years eaten into the very vitals of Islamic society. The heathen Arabs, in the days of ignorance, especially the wealthy young aristocrats of Mecca, led an extremely dissolute life ... and altogether the scandals of Mecca before the conquest were vile and degrading. The Prophet, not only by the strictness of his laws put an end to this open and shameless glorification of vice, but by a few wise restrictions made the former constant and unceremonious companionship of men and strange women impossible.

From these necessary and wholesome rules has developed the present system ... which means the permanent imprisonment and enslavement of half the nation. How can we expect prayers from the children of mothers who have never shared, or even seen, the free, social intercourse of modern mankind? This terrible cancer must either be cut out, or the body of Muslim society will be poisoned to death by the permanent waste of all the women of the nation. Purdah, as is now known, did not exist till long after the Prophet's death, and is no part of Islam.

... No fair or reasonable person who has read the Koran can for a moment doubt that freedom of the will and individual human responsibility is there insisted upon ... but there has subsequently been given to Muslim thought that fatal fatalism which discourages effort, and which has undoubtedly been one of the principal causes of the non-progressive spirit of modern Islam.

In my opinion – an opinion held also by many of the most learned who have given the matter serious study – it was this bad example, the fatal system ... with its restrictions on the intellectual development of women, the constant and silent withdrawal of the most pious and moral Muslims into a life of private prayer and devotion, and this doctrine of necessity that brought about our downfall. I say it was in my opinion these four causes that have brought Muslim society down to its present low and degraded level of intellect and character. How low we have fallen one can easily find out by comparing Muslim general intelligence of to-day to that which exists even in the most backward of Slavic-European States. If this downward movement is not arrested there is danger that the best minds amongst the present day Muslims of India will be brought up without any knowledge of

Morceaux Choisis des Ecrits et Discours Publics

the purity and beauty of Islam, and this loss will mean the certain estrangement of all the ablest of the community and the consequent loss of character, honesty, and devotion amongst the intelligent, and this will mean, further, that our intellectual and social leaders will not possess the moral qualities most necessary for permanent success.

If, then, we are really in earnest in deploring the fallen condition of our people, we must unite in an effort for their redemption and, first and foremost of all, an effort must now be made for the foundation of a University where Muslim youths can get, in addition to modern sciences, a knowledge of their glorious past and religion and where the whole atmosphere of the place, it being a residential University, may, like Oxford, give more attention to character than to mere examinations.

'Muslims of India have legitimate interests in the intellectual development of their co-religionists in Turkey, Persia, Afghanistan, and elsewhere, and the best way of helping them is by making Aligarh a Muslim Oxford, where they can all send their best students not only to learn the modern sciences, but that honesty and self-sacrifice which distinguished the Muslims of the first century ... Such a University would restore the faded glories of our people ... We are sure that by founding this University we can arrest the decadence of Islam, and if we are not willing to make sacrifices for such an end, must I not conclude that we do not really care whether the faith of Islam is dead or not?

...We propose to establish an institution capable of dealing with the enormous interests involved; we want to be able to give our Muslim youths not merely the finest education that can be given in India, but a training equal to that which can be given in any country in the world ... We want Aligarh to be such a home of learning as to commend the same respect of scholars as Berlin or Oxford, Leipzig or Paris. And we want those branches of Muslim learning, which are too fast passing into decay, to be added by Muslim scholars to the stock of the world's knowledge.

And above all, we want to create for our people an intellectual and moral capital; a city which shall be the home of elevated ideas and pure ideals; a centre from which light and guidance shall be diffused among the Muslims of India, aye, and out of India too, and which shall hold up to the world a noble standard of the justice and virtue and purity of our beloved faith.

Sources: Ikbal Ali Shah, *The Prince Aga Khan An authentic Life Story*, London, John Long Ltd, 1933, pp. 66 74

2–DISCOURS DE BOMBAY, 1904

I think I am right in saying that one of the forces that has drawn us willy-nilly into assembling here is a growing hopefulness and spirit of optimism amongst our co-religionists in India – a sense of hopefulness directly and entirely due to British rule. Providence has given us a government that guarantees justice; intellectual and religious liberty; personal freedom; a government that gives a clear field and no favour, that constantly, by its acts, reminds us that fitness is the only test, and that for the fit there are no artificial obstacles. We must, if we wish to lead, concentrate all our energies on acquiring those arts that prove fitness under civilised conditions. At last we see signs of dawn. At last we see the dim light of dawning reason. It will be hours yet – in the life of a people decades are but hours – before the sunshine of knowledge penetrates into our homes, but will we see the signs of dawn.

"Friendly critics have said that we have held many conferences, made many speeches, and many addresses have been delivered, many resolutions passed but that results are still wanting, and that still we Muslims remain behind whenever we are compared with other Indian nationalities on the educational test. This criticism expresses but half the truth. Such critics forget that for us these Conferences are signs of progress. Could a Conference such as this have been held in Bombay 20 years ago? I think not.

"A great historian has said that if St. Paul or Gautama Buddha visited St. Peter's or the Chief monastery of Lhassa or Kandy, they would not at first realise what was the object of the magnificent ceremonial they would there behold. But if the Prophet saw Santa Sophia or the Musjids of Delhi to-day he would find the ceremonial the same as it was in his day at Mecca and Medina. This is true of the ceremonial. But what about the personnel? How different the case is there. The sects, the sectarian differences, the divisions and sub-divisions that have crept even into the simple and clear faith of Islam – how they would pain and surprise the founder?

"However, here for the cause of learning, for the cause of progress, is an assembly where, thank God, differences are forgotten. Here we see once more the unity of early Islam. Is this not progress? Is this not a great step towards salvation? It is a fortunate circumstance that at last we have awakened to the necessity of knowledge.

"There are some dangers ahead and I venture to draw your attention to some of them which we can now guard against. It would be the greatest of all our misfortunes if we now mistook instruction for education and the mere power of passing examinations for learning. It is for this reason that the thoughtful welcome the reform of the Universities which the Government of India now contemplates. It is for this reason that the far-sighted amongst the Muslims of India desire a University where the standard of learning shall be the highest and where with scientific training there shall be that moral education – that indirect but constant reminder of the eternal difference between right and wrong which is the soul of education. It is a source of regret for many of us that in the Indian Universities there is that divorce between learning and religion which, especially in the case of Muslims, will, I fear, lead to disaster. Gentlemen, most Muslims, I think, would most gladly welcome a Hindu University, at Benares; we would gladly welcome another at Poona, a third in Bengal or Madras. But because there is evidently no desire on their part to have a sectarian University with a Brahminical atmosphere, it is absurd to deny us a University at Aligarh with affiliated colleges all over India. Another reason why we require a Central University where our individuality may not be lost for the sake of turning out a mechanical imitation of a European is this: we have a history in which noble and chivalrous characters abound; we have a religious past so full of heroic figures that direct contact and communion with them could not but improve and give our youth early in life that sense of the necessity for self-sacrifice, for truthfulness, and for independence of character without which instruction and knowledge are, from the national point of view, worthless.

"It may be said such noble characters also abound in the histories of Greece and of Rome; what need for the study of the history of Arabs? Yes, Englishmen and Frenchmen, the direct successors of Romans, they can and do feel that the glorious characters of Roman history belong to them in a very real sense. Not so for the Muslim youth of this country. For most of us, even the noblest of them remain to the end but distant figures without any direct attraction. Yet Muslim history is so full of heroic characters or men, who lived and moved very much as the Muslims of today in their home life do, that contact with them could not but ennoble. Muavia and Walid are as statesmen not eclipsed either by Caesar or Augustus; and where can you find in the annals of any dynasty, whether European or Asiatic, a more saintly sovereign than Omar Ibn Abdul Aziz or a more exemplary Emperor than Hisham Ibn Abdul Malik? Direct contact with such great characters could not but strengthen the character of our youth and thus the character of our people. We may have crowds and battalions of graduates – it does not follow that they will be self-sacrificing men who will remove those degenerating customs that keep us not merely amongst the backward, but amongst the fallen. Those painful and those pernicious social customs that have so crept, in the course of centuries, into our religious rites that now even Muslims who are by no means uninstructed, do not know the difference between such customs and the commandments of the founder. Islamism is wrongly supposed to be responsible for such customs. It is for this, gentlemen, that I beg of you to give a thought while yet there is time towards the methods by which you propose to educate your youth. It is for this that I beg of you, gentlemen, to remember that we are a M.A.O. educational and not an instructional conference. It is for this that I beg of you that the cause of a Central University – a University which, please Heaven, may rank some day with Oxford and Leipzig and Paris as a home of great ideas and noble ideal – a University where our youth may receive the highest instruction in the Sciences of the West, a University where the teaching of history and literature of the East may not be scamped over for a mere parrot-like knowledge of Western thought, a University where our youth may also enjoy, in addition to such advantages, a Muslim atmosphere, – I earnestly beg of you that the cause of such a University should not be forgotten in the shouts of the market place that daily rise amongst us."

Sources: N.M. Dumasia, *The Prince Aga Khan An authentic Life Story*, London, John Long Ltd., 1933, pp. 185 89.

3–DISCOURS DE DELHI, 1910

Seven years ago I had the honour of presiding at the Mohammedan Educational Conference held in this Imperial city at the time of the historic Proclamation Durbar of His Majesty the King Emperor. During the interval many things have happened, and one of the most gratifying signs of the times is the partial awakening of the Musalmans of India. The recent march of events has been as rapid as it has been momentous; its course is indicated by the enactment in the Indian Empire of what Lord Morley called the 'signal transaction', with which benevolent and statesmanlike policy his Lordship's name will be permanently associated – and by the formation of our League. At first the idea of the formation of the League was actually pooh-poohed in some quarters, while in others it did not receive the attention it merited. But as subsequent events have shown, it has more than justified its existence, and I am proud to say that I was one of the originators of the movement. The necessity for the immediate formation of a Muslim League impressed me on the occasion of my visit to Aligarh in 1906, and I communicated the idea to my late and most lamented friend, Nawab Mohsin-ul-Mulk, by whose death we have suffered a serious and irreparable loss. With characteristic foresight, he accepted my suggestion, worked for its attainment, and brought about the Deputation which, waiting on H.E. Lord Minto in 1906, was the starting point of the recognition of the principle that the important Muslim minority in this country should have its fair and legitimate share in the administration of the country. We must not, however, forget that a sympathetic Viceroy whose memory is dear to Hindu and Muslim alike – the Hon'ble Lord Ripon – had in the early eighties laid down the principle of communal representation. For the maintenance of our due share in the political life in this country, and for the removal of an old-standing exclusion, which formed a bone of contention between the Hindus and Mohammedans, the separate electorate for Musalmans was deemed to be an absolute necessity. Now that we have secured it, I hope it will result in a permanent political sympathy and a genuine working *entente cordiale* between the members of the two great sister communities.

Morceaux Choisis des Ecrits et Discours Publics

Let me make it clear that we have not received any undue preference, as has been alleged in some quarters. In fact, we have not got all that we thought was promised or all that we had asked for; but in their final shape, the Reforms were publicly and gratefully acknowledged by us as a fair and reasonable compromise. Here, I must recognize the loyal support which your representatives in England, Syed Ameer Ali and myself, received from practically the whole of the Muslim community; and I must say that without this practically absolute unanimity, we should never have had the fair share of representation in the new Councils to which we are entitled. When the elements of constitutional government were being introduced into India, it was only natural and right and just that we should press for the reasonable recognition of the special interests and peculiar needs of a vast and important community like the Muslims. I am glad our just demand has been recognized. Now that the Reform Scheme has been finally settled and is actually in active operation, we must accept it as final in an appreciative spirit, worthy of our traditions, and try to make the best of it as loyal subjects of our beloved Sovereign the King Emperor and as citizens of India. May I venture also to say most emphatically that it is to the interests of Indians – Hindus and Muslims, Christians and Parsis alike – to accept the Reforms in a spirit of cordial appreciation, and that it now lies with us to do our utmost as enlightened citizens to co-operate with the Government and our representatives in the Councils in working them for the common welfare of the people, remembering that if we make a practical and beneficent use of this opportunity, we shall surely, in time to come, get a further advance towards constitutional government. If fact I may say that self-government has come to our very doors. On the other hand, if we waste our time in squabbles over the form of the Regulations, and in general hostility towards what should be regarded as a settled fact, we shall lose the sympathy of our well-wishers in India and England, and the result will be that the growth of liberal institutions, and our slow progress on the long path towards ultimate parliamentary institutions in India, will be greatly retarded. We must also remember that if these Reforms fail, the alternative will not be a more liberal set of regulations, but a return to the *status quo ante* that will check the realization of our aspirations. Public opinion in England scrutinizes India carefully and is watching to see how we discharge the great trust committed to us. Are we Indians prepared to go forward on the road to reform or to recede and disappoint our friends? Do we desire further liberal concessions, or do we wish the curtailment of the rights now at last granted? There can be no doubt as to the reply. Is it not then the duty of all, Hindus as well as Mohammedans, to prove by our conduct and ability that we are capable of making practical improvements in the moral and material conditions of the people, which is after all the aim of wise governments? If we fail in the initial stage, what prospect is there of our obtaining the further liberalization of the rules and regulations at a later stage? A grave duty rests upon us in connection with the new Councils; they are not an end in themselves but are only the means to achieve an end, namely, the improvement of the moral, material and economic condition of our people by the diffusion of education and science, so as to develop the intelligence and humanity of our peoples in the highest sense. If we prove by our knowledge of the conditions of the country, by our zeal and efficiency, that our co-operation is an indispensable factor in the improvement of the administration of the country, then I have no doubt that gradually our area of utility and opportunity and powers will expand. But, if on the other hand, we view the Reform Scheme and the regulations under it in a spirit of obstructive particularism instead of using the wide powers placed in our hands for the conservation and development of those forces which are the dynamic factors in national progress all the world over, then as surely as night follows day, we shall divert the slant of fair wind which fought to drive us far on towards the realization of many of our cherished ambitions.

Hindu-Muslim Co-operation

Now that we Musalmans have striven for and obtained a reasonable recognition of our rights, should we not consider what our aims are, what interests we have in common with our Hindu brethren, and what are the peculiar communal interests which will demand the steady attention of our representatives? Our first and foremost duty is to prove our active loyalty towards our Sovereign and his heirs and successors by our endeavours to strengthen the foundation of British rule in India and its permanence by consolidating the sentiments of loyalty which permeate the land, by taking a legitimate pride in the glorious Empire in which we are partners, by uniting the great sister communities through the bonds of sympathy, affection, and a community of interests. And may I plead again for no mere cold calculating loyalty, bound up with a materialistic sense of favours to come; but a warm passionate attachment to the Imperial House under which this country has made such gigantic strides, which has given us the most liberal *raj* the world has ever seen, and which alone guarantees us the peaceful attainment of those grand national destinies that we believe to be in our hand – an attachment to His Majesty's throne and person, and through that to the historic institutions of which he is the head which shall burn in our hearts and colour all our actions ... Our representatives, in function in the Council is of a threefold character. In the first place, they must co-operate, as representative Indian citizens, with other Indians in advancing the well-being of the country by working whole-heartedly for the spread of education, for the establishment of free and universal primary education, for the promotion of commerce and industry, and for the improvement of agriculture by the establishment of co-operative credit and distribution societies, and for the development of all the natural resources of the country. Here indeed is a wide field of work for Hindus and Mohammedans acting together, in forwarding practical measures that must tend to the permanent welfare of the country. In the second place, our representatives must be ready to co-operate with the Hindus and all other sections of society in securing for them all those advantages that serve their peculiar conditions and help their social welfare, for although the two sister-communities have developed on different lines, each suffers from some peculiar weakness in addition to the misfortunes common to general economic and educational backwardness. And then our representatives must watch and promote social measures exclusively for the benefit of their Muslim co-religionists with the co-operation, we hope, of the Hindu members; for we, too, have needs that are not known to them and which we alone can fully understand. We have committed to us the sacred duty of helping forward, with our sympathy and advice and practical help, the interest not only of Indian Musalmans, but also of our co-religionists outside India, whose true and permanent welfare depends, in no small measure, upon the greatness of England and upon the maintenance of the British Empire foremost in the councils of the world (*sic*).

I have no hesitation in asserting that unless Hindus and Mohammedans co-operate with each other in the general development of the country as a whole and in all matters affecting their mutual interests, neither will develop to the full its legitimate aspirations or give full scope to its possibilities. In order to develop their common economic and other interests, both should remember that one is the elder sister of the other, and that India is their common parent; religious differences should be naturally reduced to the minor position, as such differences have been in America and Western Europe. We must bear in mind that the healthy national unity which we seek to establish will not be promoted but retarded by forgetting the historical and social differences that have made Hindus and Mohammedans what they are to-day. We must determine what are the interests that we have in common with the Hindus, and co-operate for their advancement; then remember the measures necessary for the removal of our peculiar ills, and again help each other in removing them. What is the actual work of those who sit in the different Councils as our representatives; what is to become of the League, what is its legitimate sphere of work? My respected friend the Right Hon'ble Syed Ameer Ali has to some extent defined the proposed division of work of the League, and I fully and cordially agree with him. I need therefore say no more about it than this, that nothing would be more disastrous to our interests than the impression that its work is to be confined to the narrow limits of political activity or the attainment of merely selfish ends. It must embrace catholic interests in their broadest sense. We must ascertain the real, pressing needs of India; and then devote our attention and energies to satisfying them.

The Importance of Education

We have then before us a comprehensive programme involving a vigorous, practical, sustained attack on the problems relating to education, agriculture, commerce and industry. I place free primary education for the masses in the front rank. Our aim must be to see that it is not only free and universal but also sufficiently practical to be of use to agriculturists and labourers. In arranging our courses of elementary education, we must keep in mind the fact that an immense proportion of those attending the primary schools do not proceed beyond them, and that they should be so designed that the pupil will fully benefit from the primary schools without reaching the secondary. We must concentrate our energies on primary education in such a way that there shall be no redundance or superfluity, so as to make it of real benefit to the recipients. The agricultural classes should in particular be given such training as will secure them the fruits of their industry. Our system of secondary education stands in need of a twofold development. We should extend and improve the facilities for imparting a sound grounding to those who are proceeding to the Arts Course, and then, on the other hand, we need urgently to develop a "modern" side, which will be complete in itself, and will fully equip the student for a career in the rapidly increasing commercial activities of the country, or for the specialized scientific course, for which there is an ever-growing field. So far we have made little or no progress towards securing that diffused knowledge of science, which is absolutely essential if the country is to take its rightful place amongst the producer nations of the world. Until our teaching machinery is enormously improved, students in these special courses must obtain their instruction abroad, and there is no method better than the multiplication of Government and other scholarships. But we shall not rest content until there are provided in this country facilities for the instruction of its students up to the highest pitch demanded by the stress of modern industrial life. Then when we have our trained men, we have to assist them to develop the economic resources of the country. We must send our boys not only to England and the Continent but to America and Japan, so that they may learn the various processes in the lives of that great industrial commonwealth. Those who have acquired proficiency in commercial training should be helped by co-operative societies to open business not only in Europe and America but in Africa and Asia to find markets for indigenous Indian products. To foster local industries, to relieve agricultural indebtedness, and to ameliorate the lot of the peasantry and encourage artisans, it is necessary to form extensive co-operative societies under the aegis of the Government.

Morceaux Choisis des Ecrits et Discours Publics

Agricultural and Industrial Development

To obtain the regeneration of Indian arts and industries, either a temporary moderate system of protection, or some corresponding economic expedient should be adopted, so as to prevent the strangulation of these infant industries. We must have ever before our eyes the fact that the great mass of the Indian population is dependent upon agriculture ... Hindus and Mohammedans have ample scope for improving the lot of the toiling agriculturists, impoverished by the ravages of famine consequent upon drought and their social customs and thriftless habits. Here we have an immense agricultural class; our duty is to make that agriculture pay. By a rational system of elementary education we can keep the peasant from the coils of the usurer; by the extension of irrigation we can reduce his dependence upon an erratic rainfull. But the history of agriculture all the world over tells us that the salvation of the small cultivator lies in co-operation. Co-operation to secure cheap credit and wipe off the burden of hopeless debt that hangs round the necks of our *ryots*; co-operation to secure cheap and efficient distribution; co-operation in the introduction of agricultural implements and to profit by the lessons of our Research Institute and experimental farms – this is the only agency that can permanently benefit our backward agriculture. Then our industrial development must equally claim our united attention. No country in the world can be great or prosperous until its agricultural and industrial activities have been made mutually dependent on each other. It is commerce and trade that have made European countries prosperous and powerful; and if we aspire to our legitimate place in the British Empire, we must concentrate our mind on our economic development.

Support for Indians in South Africa

Another direction in which the two communities must immediately work together is on the burning question of the Indians in South Africa. Our fellow subjects, who are there maintaining an unequal struggle in a heroic manner that commands our admiration are wilfully subjected to persecution, insults and indignity and are branded with the undeserved stigma of an inferior race. We must all do all in our power to help our compatriots in South Africa. Hindus and Mohammedans have combined there in the common defence of the prestige of the whole Indian population; and the passive resistance they offer, amid untold privations and sufferings, with patience and martyrdom, must set an example to those here who are not ashamed to have a recourse to measures that have brought infinite shame and disgrace to India. If no better method can be found of bringing the Colonial Government to see the glaring injustice and cruelty of their acts to our brethren, we must ask the Government to stop all indented labour to

South Africa as a mild step of retaliation. Yet another channel, and even more important for immediate purposes than anything else, in which Hindus and Mohammedans can co-operate with all their powers of mind and will, is the wiping out of the blot on the fair name of India by the extirpation of the anarchical cult. We must send earnest missionaries, form organizations and vigilance committees, and from pulpits and platforms, from mosques and temples, orders must emanate for the prevention of political crime, inflicting social disabilities on sedition-mongers and their disciples. In particular, students must be guarded from the tainted influence of the foolish and insane people who would ruin the country. All these are questions in which loyal and patriotic Hindus and loyal and patriotic Mohammedans can work hand in hand for a common goal with singleness of purpose and awakened conscience.

Muslim University

Now I will come to the questions of separate or exclusive Muslim interests, which, let me at once add, in no way clash with the interests of the great sister community, but still affect us only. Pre-eminent amongst these practical questions is the foundation of a Muslim University at Aligarh. As I pointed out here seven years ago, our youth must be in a position to acquire, in addition to modern science, a knowledge of the glorious past of our religion. Without a sincere and deep but unobtrusive and charitable faith, without that childlike feeling of dependence on the Unseen Power of which the visible universe is but a sign, our youth can never develop their highest and noblest faculties, their spiritual and emotional qualities. Our university must be a residential university. Like those great seats of learning, Oxford and Cambridge, it will strive to form the character, as well as train the intellect, and satisfy the emotions through the medium of a loving and charitable faith, of discipline, of field sport, and that intangible atmosphere that environs all which is best in university life. It should be the home of our great ideas and great ideals. But it should also be much more: our efforts ought to be bent to the task of making Aligarh a Muslim Oxford – an educational centre and intellectual capital to which all Muslims should turn for light and guidance. We should lay bare before the rising generations the treasures concealed in ancient Arabic lore with a view to developing the spiritual and emotional side of their nature, which in its true sense is now even more backward than our economic condition. In order to enable us to come in touch with what is best in the ancient Hindu civilization and better to enable us to understand the origin and structure of Hindu thought and religion in its widest sense, as well as to inculcate in us a feeling of respect and affection for our fellow-subjects, and to teach us to consider their customs and their prejudices, Sanskrit and other Oriental literature ought also to be given due prominence in the curricula. The object of the university is not to gratify mere sentiment or vanity; we believe it to be necessary for the true development of our principles and the ultimate spiritual unity of our faith. Commonsense and science alike teach us that we are not independent agents but links between the past and the future; and all that is healthy and glorious in the past should be preserved, taught and understood, because it exercises a beneficial influence on the future. It is therefore necessary that all that is good should be conserved, to enable us to hold a spiritual communion with the beloved figures of the Prophet and his companions and with our splendid historic past. To avoid the catastrophe involved in the radical separation of ancient and modern ideals, the university is our great need. Moreover, it is our aim to develop discipline and reverence in our youth, and instil in their minds the principles of toleration, piety and charity, so that they can live in concord and harmony with other races. Our loyalty to the Throne must be absolute, and our relations with the Hindus and all other Indian communities who share that loyalty must frankly be most cordial. Otherwise our political activities will tend to the undoing of both, and ultimately prove detrimental even to the British Power. The true interests of the British Empire can never lie in a policy of "divide and rule". Such a policy, as British and Indian statesmen worthy of the name well know, can only weaken their ultimate power and make India a source of anxiety instead of source of strength.

The Political Faith of Ordered Development

Whilst we hold fast to our own religious, social, and ethical ideals, whilst we hold equally fast to the separate organization and separate representation which are essential for their maintenance and to secure for our community its due influence in the body politic, it must be the desire of our rulers, no less than of ourselves, to pursue these ideals, to work out our constructive programme, in harmonious cooperation with all other Indians who accept the cardinal principles of our political faith – the ordered development of this country under the Imperial Crown. Time, the opportunities for co-operation in stimulating the social and economic progress of this country, and the diffusion of education will also, I believe, remove the acerbities attaching to the religious difficulties and caste disabilities which sap the foundation of Indian society, so that they will become, in the distant future, the minor forces that they are now in Western Europe and America. If we extend hearty and sincere co-operation in each other's transactions and interests and pursue higher ideals and act with moderation and judicious calm, then I have no apprehension for the future of India.

Wakf-alal-Aulad

Now I will say a few words in special support of the suggestions made by my distinguished friend Syed Ameer Ali, the President of the London Branch of this League – whose absence from our deliberations I deplore more than I can say – as to the system of *Wakf-alal-Aulad*. This is again our exclusive interest, but I hope the Hindus will co-operate with us in seeing that Muslim families are not broken into pieces. We must strive to bring about a satisfactory solution of this important question, as it is necessary that Muslim families should be protected against the impoverishing influence of constant and vexatious sub-divisions. I feel very strongly on the subject, with Syed Ameer Ali, and I think this is a question where our Muslim representatives can directly set to work, and thus benefit the community. I fully endorse the various practical suggestions made by Syed Ameer Ali, but I do not wish to tire you out by treading the same ground, as most of you are already familiar with my full agreement with his views on the practical proposals placed before us in his usual forceful manner by the London President.

The Future

And now, gentlemen, let me say a final word with regard to the future. We have before us a convincing demonstration of the altruism and liberality of British statesmanship. In the midst of difficulties so great that at times they threatened to overcast the political horizons, undaunted by acts of anarchy in India and those conservative influences that must beset the path of the reformer in every country and in every age, Lord Minto and Lord Morley have turned a bright new page in Indian history. We do not know which to admire most – the courage and sympathy of the Viceroy, or the judgment, intellectual strength and sober liberalism of Lord Morley. But we are confronted by the fruits of their work. We see the representatives of all classes of people in this country brought to the Councils of the Imperial and provincial governments in numbers never before approached. We see these Councils endowed with an authority, with opportunities for making the opinions of its members known and operative, to a degree far transcending any that existed in the past, associating us indeed with the daily administration of the country. The future lies more largely than ever with ourselves. By the measure in which we rise to these responsibilities shall we be judged, will the fortunes of the land to which we are passionately attached rise – or fall. Fully conscious of these opportunities, let me once again earnestly appeal to all to support law and order, remembering the immense blessings British rule has conferred upon this land. Never was the condition of Indians more happy than it is to-day. Never was peace of the country so serene and secure as under the Crown. Fifty years of British rule

Morceaux Choisis des Ecrits et Discours Publics

in India, since it passed to the direct control of the Crown from the East India Company, has changed the entire character and political aspect of the country. We have been secured against strife and disorder. The elevation of the people in the scale of civilization by means of Western training, the development of the country by encouraging foreign capital, the gradual disappearance of social and traditional barriers through the levelling influence of education, the security of life, property and peace, and the dispensation of justice with an even hand to rich and poor alike, the guarantee of freedom of thought and speech, and liberty of press, and above all relgous toleration, have all brought about a silent but steady change in the thoughts, aspirations and manners and behaviour of the people. We are at the beginning of a period of renaissance and reform in the social, economic and political life of the people, and by ethical teachings we may inspire our youth and their descendants, with a genuine love of their country and fellowmen. The moral and material and intellectual condition of the population presents a curious and on the whole a favourable contrast with the pre-British period; and in the words of the philosopher-statesman that rules India, the bureaucracy in India has proved to be "a great and splendid machine for performing the most difficult task that ever was committed to the charge of any nation". Indian public spirit is cultivated on Western lines, the intellectual expansion is quickened in a marvellous degree. New hopes and new ambitions have been created as a natural sequence of this instruction, and to meet them British statesmen have wisely resolved to give Indians a far larger share in the administration of the country. No human agency can be perfect in this world and that applies to British rule as to all others; but even if the British Government had no other claim on our affections, these great political concessions alone would entitle them to our deep and sincere gratitude. But they have, as you and I know full well, changed the destiny of the country, set afoot progressive agencies, the end of which is not yet in sight, and brought the country into line with the civilized countries of Europe, proving in the words of the great English poet:

Peace has her victories,
No less renowned than war.

All this is due to the beneficial influence of *Pax Britannica*. Now may I ask whether we have paid our debt to the Empire, to our country and to our community? The community that carried culture to the Pyrenees and to Central Asia, the community that can still recall with emotional pride the greatness of Cordova and Damascus cannot be dead to its sense of duty. I appeal to you with all the force in my power, I entreat you with all the earnestness at my command, to imitate the spirit of those who made Toledo and Baghdad, to dream day and night, to work day in day out, for the noble object of elevating Muslim life so as to hold forth the highest ideals before the younger generation. The task before us is of stupendous magnitude, the path of progress is endless; but if we have at heart the true interests of Islam, no obstacle and no sacrifice will be too great to speed our onward march on the path of progress.

...our immediate aim shall be to make young generations virtuous and efficient and our posterity robust and healthy, so that it may fulfil its legitimate part in the Empire with honour to the race. Let our pole-star be active and unimpeachable loyalty to the Soverign and the glory of India and of Islam.

Source: Syed Sharifuddin Pirzada, *Foundations of Pakistan: All India Muslim League Documents: 1906 1947*, National Publishing House, Karachi (n.d. ? 1969), Vol. I (1906 1924), pp. 94 103

4–MEMORANDUM ON RELATIONS WITH TURKEY, 1916

Having given much serious thought to the international and to the permanent interests of the British Empire before and since the outbreak of the war, and having studied the circumstances of Turkey's unhappy interposition therein, I take the liberty to submit my views with the utmost frankness for the consideration of His Majesty's Government. I have no personal ambition to serve and write only under the constraining sense of duty; my best reward if my humble suggestions bear fruit will be the consciousness that I have been enabled to render some further service to my Sovereign, His Majesty the King-Emperor. I am proud to think that in the obvious and immediate sphere of my opportunity as a patriotic subject, I have been able to exert myself with such good effect since August 1914, that my followers in India, in East Africa, and elsewhere within the King's dominions are no less loyal than myself to the British cause. Hence I feel the more free to suggest confidential unofficial action, in which possibly I may be deemed worthy to have a humble part, in the wider field of a possible understanding calculated to restrict the cost and duration of the war without infringing the fulfilment of its vital purposes.

The ardent desire of every British subject worthy of the name, and my daily hope and prayer, is that before next Winter the Allies will have delivered such an overwhelming and victorious offensive as to have broken up the resistance of the principal enemy – Germany – whose confederates depend on her. If the military power of Germany is completely crushed by weight of arms and valour on one of the vast fronts held by her troops, the conquered territories now in their possession, and the whole of the Turkish Empire, will fall to the Allies, with other conquests, like a ripe pear. We Allies will be in a position to dictate our will as to the fate of Constantinople, and to do what we like with the remains of the Ottoman Empire. But we cannot disguise from our minds the consideration that war

Morceaux Choisis des Ecrits et Discours Publics

on the present unprecedented scale, and after these long years of secret German preparation is something of a gamble, at least in respect to duration and relative economic endurance. It is no more than common prudence to recognize the possibility that, just as the Kaiser's troops failed in their great rush for Paris in the early weeks of the struggle, the Allies may not succeed in their anxiously awaited advances along the various fronts, at any rate to the full extent hoped and needful, within the next eight or ten months.

In the event of doubtful, instead of complete, success, and consequent extension of the war through yet another Winter, the problems of military, industrial and economic endurance, already serious, may become acute among the Entente Powers. From a considerable knowledge of France I have reason to fear that if by the end of October the present strain is not substantially relaxed by great changes in the military situation, the financial peril of the Republic will be such that it will be necessary for Great Britain to afford her very much greater assistance in the shape of loans than hitherto. My information shows that the same remark is applicable to Italy. Of the financial and economic situation of Russia the Government is well aware. It follows that the pressure upon British credit and resources of every kind, so far borne with characteristic determination and courage, will be cumulatively greater.

As I am writing in strict confidence, I may be permitted to refer to the important consideration in this connection that the British Empire does not consist merely of these islands, of Canada, of Australia, and the other self-governing dominions, but that its largest member in population, forming more than three-fourths of the whole, India, is inhabited by peoples of non-British race and colour, the inheritors of an advanced civilization and culture, and with leaders keenly alive to changes in the Western world. The deep permanent impoverishment of the United Kingdom by a hampering weight of debt and taxation would be a serious obstacle to the efficiency and enterprise upon which England's position in relation to India depends in no small measure. Short of some wholly unthinkable departure from Britain's progressive policy toward that Empire, nothing could be more calculated to weaken her position there than the permanent decay of her financial stability and credit. From this point of view there is sound wisdom in the observation of the "Westminster Gazette" that: "We do not want to win merely a Pyrrhic victory, which would leave us with our credit exhausted and our unique position in the trade and commerce of the world gone" (March 7, 1916). Many other arguments might be adduced to show that if the great offensive of the Spring and Summer does not completely succeed any legitimate measures that can be taken to shorten the war and reduce the appalling expenditure thereon should be thought out and taken; always provided that it does not infringe the complete fulfilment of the noble and essential purposes of the Allies in resisting German military domination, so repeatedly and eloquently proclaimed by the Prime Minister.

This being the case, I venture to suggest early preparation for an alternative diplomatic stroke, consistent with those great aims, to be made if the coming great offensives are not completely successful, and, perhaps, earlier if the conditions should be propitious. The efforts of Germany, by the offer of special terms, to detach first one and then another member of the Alliance from the fight against her have failed completely, as they are each pledged in the most explicit and public terms not to conclude a separate peace with the Central Powers without the full concurrence of the other partners. But there is no compact to prevent them from taking united and well-considered measures to bring about the detachment of one member of the Germanic War Confederation, whose entry into the struggle some three months after its commencement has so enormously increased the military and financial strain upon the Allies, has greatly prolonged the struggle, and has been so severe a test, on religious grounds, of the fealty of many millions of His Majesty's Sunni subjects in India. Her participation has vastly increased the anxieties and responsibilities of the Allies, and particularly of Great Britain, as the sad history of the ill-fated and costly effort to conquer the Gallipoli Peninsula attests. Her withdrawal from association with Berlin and Vienna might well have a correspondingly marked effect in frustrating the Kaiser's plans and leading to the early collapse of the resistance of the Central Powers and Bulgaria.

If these propositions are accepted and the detachment of Turkey is held to be desirable as well as possible, the importance of formulating secret plans for its attainment will be evident. I do not suggest that the time is ripe for entering upon diplomatic negotiations with the Porte through some neutral diplomatic intermediary; but I strongly feel that Great Britain ought not to delay preparing the way for such negotiations as an alternative to the complete success of the Allied offensive this year. There is the less occasion for hesitation in adopting this course, since it is a matter of common knowledge that the Turkish people generally had no wish to unsheath the sword for the promotion of German ambitions, and that even the majority of the Young Turks were opposed thereto. Talaat Bey is known to have hesitated and to have opposed the idea of falling into the arms of Germany, almost to the last moment. The Sultan and the Imperial family were as reluctant as the people generally to abandon neutrality. There is abundant evidence in the published diplomatic papers and other authentic revelations, that the Porte was jockeyed into the war. There are rumours that there were conversations with the Turks in Rome, with a view to their making a separate peace even last Spring, and before they broke off relations with Italy. But to these rumours little attention need be paid, since the Turks with whom any such conversations could have taken place were themselves agents of the war party which had gained the ascendancy.

Morceaux Choisis des Ecrits et Discours Publics

For the purpose of the present argument, however, it is more important to study the currents of Turkish opinion to-day, so far as they can be known, than those of the immediate past. My information and long personal knowledge of many leading Turks leads me to the conclusion that there are, broadly, four parties among the Turks. There is, first, the out-and-out pro-Ally section represented by men of the type of Cherif Pasha in Paris. It is so pronouncedly opposed to present policy, and so pro-Ally, and especially Francophile, that it will never be sufficiently influential to carry with it the strongest currents of national opinion. It is regarded as unpatriotic, for the people generally will not listen to proposals which are assumed to give them no solid hope of continued national existence and the retention of Constantinople. Secondly, there is the section which may be described as made up of the old governing school – the ministers and ambassadors of the Abdul Hamid regime, with their friends and hangers-on. This section is also pro-Ally, but it is too small to be strongly influential, and a great deal of unpopularity has clung to it because its members used their power in the past unjustly and arbitrarily to heap up wealth for themselves. Though it is not really powerful, this clique, with its long experience in Ottoman statecraft, has to be reckoned with, since the throwing of its weight into the scale for a fundamental change in Turkey's policy would not be negligible.

The third and all important group is made up of the vast majority of middle-class men of the Ottoman nation, with the Sovereign and the Imperial family secretly but strongly attached to its views, and comprising a great many young Turks. This large party, despite the failure of our attempt to force the Dardanelles, has not ceased to lament in private the adhesion of the Porte to the Central Powers. It is under no illusion as to the results in the Near East of Germanic victory. It knows that the Ottoman Empire would then become a mere outpost of the kaiser's dominions – a sort of Native State under Prussian domination. It is naturally eager for the maintenance of an independent national existence, comprising the retention of Constantinople, and of all the Moslem-peopled Asiatic provinces, such as Mesopotamia, Syria and Arabia. This party would be well-disposed to listen if the Allies offered a separate peace which would leave Turkey a distinct and independent entity. Fourthly and finally there is the Enver party, which is as pro-German as the first party is pro-Ally, and therefore nothing can be done with it. Talaat is often inclined toward the central patriotic party, but moves in a carefully calculated orbit between it and the Enver section.

The possibilities of detaching Turkey from the Central Powers seem to me to rest upon bringing the idea of a separate peace, based on mutual advantages, to bear on the thoughts and hopes of the third of the four parties I have enumerated, and linking them with the two pro-Ally parties. But no proposals and no apparent concessions will avail unless the Allies are prepared to leave the Ottoman Empire a distinct, if somewhat modified, existence. The favourable outlook will melt away unless the central party described above recognizes that the compact holds out this fundamental advantage. History, both modern and ancient, attests to the strength of national feeling in Turkey, and we may be confident that her people will be ready to make further heavy sacrifices for it.

I venture to submit some considerations against any encouragement by the British Government, if it can be avoided consistently with the general aims of the Allies, of a post-bellum situation which would wipe the Porte off the map as an independent entity. As first, last, and always the King-Emperor's loyal servant and in secular and mundane matters a British subject, I recognize the prima facie advantages of crushing Germany and her associates so thoroughly that Turkey might be divided between ourselves, Russia, France, Italy, Greece and perhaps Bulgaria. But such sharing of the spoils in the Near East might lead to a conflict of interests and ambitions among the Allies so marked that their unity might be endangered, as well as to less immediate difficulties of a serious kind. There is, for instance, the perplexing problem of the Caliphate. The spiritual authority of the Vice-gerent of the Prophet is intertwined with his temporal authority as an independent Sovereign. For the valid exercise of his pontifical functions it is advisable that he should be possessed of sovereign rights and independent secular authority. The need for selecting a successor to the head of the House of Othman by the suffrages of the faithful in every Moslem land – for it has been repeatedly admitted by His Majesty's Government that no outside authority, however powerful, has a right to influence, still less dictate, the choice would give rise to a perplexing and difficult situation, the outcome of which might not be entirely conformable to the British Imperial interests.

It is still more important to remember that the situation when peace is declared, while not inconsistent with the declared purposes of British and Allied policy, might fall short of the complete successes in the Near East which would wholly eliminate German influence there and provide the means for wholesale Ottoman dismemberment. At least the alternatives have to be considered; policy, whether military or diplomatic, has to be adapted to changing conditions, as Germany found when failing in the rush on Paris she took the initiative in Poland with such tremendous influence on the course of the war. Supposing the policy of total dismemberment to be impracticable, what will be the position if the Allies have made no attempts to disengage Turkey from the bondage to Berlin to which she was delivered by the machinations of Enver Pasha and his party. The recent successes of Russia in Armenia are most satisfactory, and will tend to stimulate the dormant peace proclivities of the third and most important element of Turkish opinion. But we have to bear in mind that the victorious offensive of the Grand Duke Nicholas has been enormously facilitated by the proximity of the Trans-Caucasian Railways, while the defenders of Erzerum, Trebizond and Bitlis and Bagdad have been cut off from the nearest Turkish railheads by hundreds of kilometres of mountainous country. In the degree to which the position is reversed and the Russian forces, penetrating into Anatolia and Mesopotamia, get further and further from their railheads, the Turks, being nearer to their railways, will have better opportunity to stem the tide of invasion.

Having regard to these tactical considerations, as well as to the persistent vitality of the Ottoman Empire which has well been described as one of the miracles of history, we cannot reckon too confidently on the complete overthrow of the Porte when peace is restored. The Prussian determination to dominate Europe will have been defeated; but if Turkey has not meanwhile been detached from her unholy alliance, Germany will remain dominant in her counsels, and the Sultan will be little more than a vassal of the Kaiser. Though thwarted in her main objectives, Germany will have gone someway at least to fulfil her fond dreams of Eastward advance and dominion. She, and not Russia, would hold the key to the Bosphorous and the Straits, and would be master of the situation not only in Constantinople, but throughout Asia Minor and perhaps Syria. Already German thinkers and writers, compelled to modify the expectations of two years ago, are claiming as the certain and greatest gain of the war that Asia Minor will become in fact, if not in name, a German dependency. If this consolation is theirs, the Allies will fall short of obtaining the full objective of their resistance of Prussian aggression. The parts of the Asiatic dominions of the Porte which have so far fallen to Russia could be retained by her without vitally menacing the Germanic Turkish hold of the route to the Canal and perhaps the Gulf. There could be no better proof of this than the fact that they are the very parts of Asiatic Turkey which the Kaiser was ready to leave to Russia at the time of the Historic Potsdam "conversations".

In considering the alternatives to such a result in the Near East, we have to bear in mind that any large additions to the Asiatic possessions of His Majesty are most undesirable. The responsibilities of Great Britain in the East are very heavy, and she does not wish to extend them beyond the degree that may be absolutely necessary for their better protection. Presumably Russia might be satisfied with her conquests in Armenia. Certainly Turkey would not agree to conditions of a separate peace which would mean the setting up of an alien dominion in Syria, Anatolia and Arabia; still less would she be prepared for the relinquishment of Constantinople. If terms are offered they must be better than any she can hope for from her "friend" Germany. Happily, there is no reason to think that an arrangement for her detachment from the Central Powers would be unacceptable to the British public and the self-governing dominions. Throughout they have regarded her as more sinned against than sinning, since she was jockeyed into the war by Teutonic cunning and a wild pro-German clique. They recognize both the unflinching courage and the "cleanness" of Turkish fighting, and regard the Muslim soldiers of the Porte very differently to those of the two chief enemies and of the treacherous King of Bulgaria. The withdrawal of Turkey from the conflict against the Allies would be highly gratifying to the many millions of Mahommedans subject to the King-Emperor or under his gracious protection. To the French people an arrangement consistent with the main objectives of the war would be welcome, since their very considerable financial interests in Turkey would thereby be protected – a consideration also applicable, though not to the same extent, to English bond-holders.

If such an alternative policy commends itself to His Majesty's advisers as likely to be in their best interests, now is the time, in my humble judgment, to make some preparation for its adoption. Great caution and deliberation are required, and if the entire field has to be quickly traversed when circumstances render such efforts obviously desirable and even necessary, we may be too late for effective negotiation. The improvisation which has been an unavoidable feature of many phases of war policy need not be applied in this particular sphere. There is time and opportunity for the Quadruple Alliance to formulate an alternative policy. It seems to me that once after this alternative policy of detaching Turkey is prepared, the best initial move, and the one least open to danger of premature and hurtful disclosures, would be for two or three trustworthy people of influence, not direct servants of the Government, to quietly prepare the ground for more definite negotiation at a later stage. They would have good opportunity to do so in Switzerland, where members and emissaries of all the various Turkish parties are to be found. They would travel thither separately, each ostensibly on his own private account; nor need they always be in the same town. The employment of retired diplomatist in this preliminary work is to be deprecated as liable to arouse suspicions. Obviously the selection of suitable agents is a matter of great moment.

The name of my distinguished friend, Lord D'Abernon, at once occurs to me in this connection. He has known Turkey well for more than a generation, and his work with the Imperial Ottoman Bank and in other important capacities in Constantinople gave him intimate acquaintance with the working of the various forces of the country. He knows Turkish character and is in a good position to judge of the relative influence of the several groups. It would be well for the work to be shared by a Moslem subject of His Majesty. If, for example, it should be deemed desirable that I should co-operate with Lord D'Abernon, or any other colleague with whom I could work well, I should be very proud to render my King-Emperor this further service. But I wish it to be clearly understood that it is simply under a constraining sense of duty that I venture to make the suggestion. So far as personal inclination goes, I would much rather have

Morceaux Choisis des Ecrits et Discours Publics

the leisure for my many private affairs and interests than undertake a secret mission of this character. But I recognize that my special position carries with it serious obligations – and the first of these is to be ready to serve my Sovereign in whatever way his advisers may think best. I shall feel delighted if some other selection is made; I shall be more than content to have done my duty by intimating my readiness to participate in the preliminary work I regard as necessary and also in helping to outline its course.

Whoever are the men selected, they should come into casual contact with the representatives of the different schools of thought in Turkish life passing in and out of Switzerland; and should then be in a position to judge with whom definite negotiation might later be opened up. They would survey the possibilities of definitely disengaging Talaat Bey from Enver Pasha and coming to a separate understanding with him as representing the mass of the Turkish people who want peace, though not at the price of the loss of the independent existence of the Porte. If Talaat was found to be exorbitant in his price, it could be ascertained through what other agency what effective use of this prevailing sentiment might be made. The secret and unofficial emissaries of the British government would be given no powers of actual negotiation; they would simply prepare the way for diplomacy at a later stage. But I cannot too strongly emphasize the conviction that all conversation for bringing about a separate peace would be foredoomed to failure if the offers made to the Porte left her in a position of dependence like another Egypt and deprived her of real authority in Constantinople and the Moslem provinces. 15. March 16. Hotel Ritz, Paris. Aga Khan.

Source: India Office, L/P & S/18/C 146.

5–AN APPEAL TO TURKEY TO RETAIN THE KHILAFAT, 1923

Sources: The Times, 14 December 1923

Your Excellency,

1. As consistent friends of new Turkey and in full sympathy with her aspirations as an independent member in the comity of the free nations of the world, we desire, with your permission, to invite the attention of the Grand National Assembly to the very disturbing effects the present uncertain position of the Caliph-Sultan is exercising among the vast populations who belong to the Sunni communion. We have noticed with the greatest regret that Islam, as a great moral and cohesive force, is losing among large sections of the Sunni population, owing to the diminution in the Caliph's dignity and prestige, its weight and influence. For obvious

reasons we do not wish to particularize the facts, but its absolute accuracy cannot be gainsaid.

2. In the Sunni communion, we need not point out, the spiritual headship forms the link which binds the followers of Islam as a vast congregation. When the Caliphate was in peril from outside attacks, Musulman feeling all over the world was violently agitated, and the Muslims of India gave their sympathy and support to the Turkish nation in the belief that in fighting for their independence they were fighting also for the preservation intact of the institution which symbolized Muslim solidarity. Throughout those critical times we strenuously pleaded for the Turkish cause. And a British Muslim organization has, ever since the Turco-Italian War in Tripoli and Cyrenaica, devoted its energies in endeavouring to alleviate the untold suffering and distress among the Turkish people. Our observations and suggestions therefore, we trust, will receive a courteous hearing from your Excellency's Government regarding a question in which we, in common with all Muslims, take the deepest interest.

3. It must not be supposed for a moment from our remarks that we wish to suggest that the powers of the people's representatives should be in any degree curtailed. What we respectfully urge is that the religious headship of the Sunni world should be maintained intact in accordance with the Shariyyet. In our opinion any diminution in the prestige of the Caliph or the elimination of the Caliphate as a religious factor from the Turkish body politic would mean the disintegration of Islam and its practical disappearance as a moral force in the world – a contingency which, we are sure, neither the Grand National Assembly nor His Excellency the President Ghazi Mustafa Kemal Pasha can view with equanimity.

4. In our opinion the Caliph-Imam symbolizes the unity of the Sunni communion, and the fact that he is a member of the Turkish people and is a descendant of the founder of the Turkish nation gives to Turkey a position pre-eminent among Islamic nations.

5. For fourteen centuries it has been the cardinal principle of the Ahl-i-Sunnat, and on this, we believe, is the Ijmaa-i-Ummat, that the Caliph, the Vice-gerent of the Prophet, is the Imam of the Sunni congregations, and that between him and the general body of worshippers there is a nexus which knits together the Ahl-i-Sunnat. This mystical element cannot be eradicated from the Muslim mind without creating discord in the world of Islam.

6. We need not remind your Excellency that even when the Caliph-Imam lost his temporal power the great Kings and Chieftains sought and obtained from him investiture in order to validate their title to rule and to lead at prayers, the usual concomitant of secular authority. If Islam is to maintain its place in the world as a great moral force, the Caliph's position and dignity should not, in any event, be less than that of the Pontiff of the Church of Rome.

Morceaux Choisis des Ecrits et Discours Publics

7. For these reasons, among others equally cogent, we, as the true friends of Turkey, respectfully urge upon the Grand National Assembly and its great and far-sighted leaders, the imminent necessity for maintaining the religious and moral solidarity of Islam by placing the Caliph-Imamate on a basis which would command the confidence and esteem of the Muslim nations, and thus impart to the Turkish State unique strength and dignity.

We are,
Your Excellency,
Your obedient servants,
(Sgd.) AGA KHAN
(Sgd.) AMEER ALI.

6–TROIS LETTRES À MUHAMMAD 'ALÎ JINNAH, 1931

Villa Jane Andree,
Antibes, A.M.
15th March 1931.

My dear Jinnah

I had an idea that you had returned to India so I wired to Bombay and was then informed that you were still in Europe so I sent a telegram to your Bankers and have just received your reply.

Had you been in India I should have asked you kindly to advise the Moslems as well as myself, but as you are here I should like to put the facts before you and ask for your good advice.

At the break-up of the Conference at the last lunch we had at the Marlborough Club I think you remember I advised Shafi and Ghuznavi, who were both present to take a deputation of leading Moslems to the Viceroy immediately on their return to India and thus at least try to get from him and from the Government of India the assurances of the kind that we all worked for in London.

Unfortunately, I do not know for what reason, neither of them ever did anything of the kind and I never heard any more about it. With the Irwin-Gandhi negotiations our people got very excited and they are getting up a big meeting at the end of this month. At the last moment they cabled to me to come out at once, giving me three days to get ready and go out there to preside, I got many telegrams to this effect, and from all quarters. Of course it was not very convenient to start at such short notice, but you know me well enough to appreciate the fact that I would have gone at even shorter notice, had I believed that it was in the interest of the Mussulmans at a public meeting to commit their community or themselves at this stage any more than they have done already in their past resolutions and in our statements during the R.T.C.

La Rénovation du Shî'isme Ismaélien en Inde et au Pakistan

Although I am not in London I meet many Englishmen here of the class that, socially, is in touch with the leaders not only of the three parties but of the public opinion, and I think everything is in such a state of flux that it would be a mistake for the Moslems to commit themselves more than is necessary at this stage, either with Gandhi and the Hindus or against them. You, being in London, certainly hear more than I do, but my own impression – from what I read and hear and from letters from friends – is that we cannot tell for a certainty what attitude the English will finally adopt about India.

In view of all this I thought it was more advisable that I should not go out and that the Moslems should not unduly commit themselves at this coming Conference on 27th or 28th. But they need advice out there, and I do not wish to give it without first consulting you, when that is physically possible.

Now for your very private information Shokat Ali, Shafi Dhowdi and Haroun met Dr. Ansari Kalamazad Khifayatulla who said that they were prepared to get Gandhi and the Congress to support ALL our demands and the majority of 51% in Punjab and Bengal if we will accept joint electorate plus weightage in the minority provinces.

You and I, privately and personally, have no objection to joint electorates, but I am not at all sure (and in this I am talking to you very frankly as a servant of the Moslems) that we should advise them at this stage to close with this offer, besides which I doubt if the majority of the Mussulmans at this moment would accept it. The English Congress relations also may change within the next few months one way or another to an extent that we cannot at present foresee. It may be possible for us to get all our demands from the Congress plus weightage, plus majority on proportion basis in Punjab and Bengal with, of course, joint electorate through Congress a little later.

At your own suggestion we put this forward at the Minority Committee and it was rejected by the Liberals, but circumstances may take a turn and Congress may accept it. Even if there be one chance in ten of this I do not think we should now close the door to this possibility in the interests of the Musulmans. On the other hand to drop it and take a firm attitude about separate electorates and thus for ever break their hope of coming to an understanding with us would be a mistake at this stage.

For these reasons I should like to have your private opinion as to the advice I should give, whether I should ask them to commit themselves further than our past resolutions or give hopes of accepting the 51% principle which, as you remember, was behind the minds of the Liberal Hindus during the Bhopal negotiations.

My own idea (but I do not like to carry it out without your most valuable advice to which I attach the greatest importance) is that the Moslems should get into touch with the Congress but not close the negotiations.

Sooner or later there will be another R.T.C., whether in India or England, but with the Congress I do not see why we should now at this stage close the door.

I am sorry to give you so much trouble, and this letter itself is not very satisfactory, I have repeated myself and there is nothing very clear or definite. But in politics, as you know, unlike in Law the indefinite and the imponderable are often the only data one has to go on with, especially in view of the divided opinion of the English people.

I have now had nearly 35 years' experience of English political action and I have never before known the opinion of the nation as a whole so divided and so little sure of its intentions in a question of such capital, life and death, importance to its future. After the Boer War, during the attempts they made to reach an understanding first with Germany and then with France, – and then later when they had finally fallen out with Germany in their attempts to make friends with Russia and France, and throughout the war, there was an overwhelmingly dominant English public opinion amongst the class that govern imperial and foreign affairs. For the first time now in that particular class there is a division of opinion and until we get a clearer idea as to which school of thought will triumph among the upper classes I do not think we should unnecessarily commit ourselves. We know very well what the Hindus want, and we knew just as well what school of thought would triumph in England we could then of course take our bearings more accurately. But as things are my own inclination is to advise Fabian tactics to our people in India.

However, if you hold other views strongly I am prepared to adjust mine after I have received your answer. Of course I want to make it quite clear that I take all responsibility for any advice I give, and I will not at this stage say that I have consulted you. I think you will agree that it is better at first for me to take responsibility.

I hope you are very well indeed. If Miss Jinnah is still in England please give her my kindest regards.

We are leading a healthy open-air sort of line, playing golf and tennis most of the day and hearing from the various English people who come through, or foreign observers back from England about the battles that are raging behind the scenes in each of the three great parties for India.

Yours sincerely,

M.A. Jinnah Esq.,
Bar at Law,
Whitehall Court,
London. S.W.

La Rénovation du Shî'isme Ismaélien en Inde et au Pakistan

Private

20th June, 1931

My dear Alî Jinnah

This is private and confidential, – I have (on my own, without in any way engaging you) worried as far as the Conservative Party is conceived. I have made it absolutely clear that on India you wish to have a free hand – which means that you will serve your country and your people as best you can according to the circumstances as they arise.

Will you kindly now go (Saying you have come on my behalf) and see Sir George Bowyer at the Conservative.

25th June 1931

Dear Jinnah

Many thanks for your letter. If anything new turns up in Europe while you are away, I will cable to you. If you want to write to me my safest address will be the London or Paris Ritz as I shall be working about from place to place – or care Coutts, 440 Strand. I hope you will use your good influence for the further unity of the Moslem.

I look forward to seeing you in London in September, and I hope you have a good journey and enjoy your visit to India.

yours very sincerely
Aga Khan

7–HAFIZ AND THE PLACE OF IRANIAN CULTURE IN THE WORLD BY H.H. THE AGA KHAN

I must thank His Excellency the Iranian Minister, Lord Lamington and the members of the Society for having done me the honour of inviting me tonight to bring before you the importance to the whole world of those spiritual forces that the ancient land of Iran has cherished in her modern history. Before I go further I want to define clearly what I mean by "spiritual forces" – I do not use this term in any question-begging sense. I do not wish to limit it merely to religious or such ideas, or to give it any other-worldly interpretation, but I do mean anything that deals with man's life of the spirit here and now on this earth and in this life. Whatever may or may not be the soul's future, there is one impregnable central fact in existence: that here and now, in this world, we have a soul which has a life of its own in its appreciation of truth, beauty, harmony and good against evil. Has modern Iran greatly contributed to the perfectioning of the soul of man thus understood? Modern Iran I define as the ancient race of that high plateau, influenced by the faith of Islam and the imaginative poetry and declamation of Arabia, welded into one by a process of slow intermarriage and movement of many races from north, west, east and south. What has this Iran done for the satisfaction of man's highest aspirations?

Just as in ancient Egypt, so in ancient and pre-Islamic Persia, philosophical, spiritual, poetical thought and effort (or such parts as still remain) are singularly arid and (at least to us modern men) rather repetitions of vainglorious titles or somewhat unconvincing and worldly-wise prayers. It may be that man at that stage had all the great powers of execution and enterprise, the fruits of which we see in the vast monuments of ancient Egypt, and the remains of similar monuments in Western Asia and Iran. But till the impact with Judaism, Christianity and Islam, man in Western Asia had not yet learned the full value of the greatest treasure in his possession – his own entity and being.

Whatever the cause, after Islam had for three or four centuries taken deep root in Iran the genius of the race blossomed out, and for all the centuries right down to our own times that garden, in spite of the terrible visitations that so often submerged it, has never ceased to bring forth roses of rare fragrance.

Anwari, Nizami, Maulana Roumi, Saadi, Qa'ani and a host of others – names that will be well known to Oriental scholars, but which will perhaps convey little to the general public here – each in his own way gave a message to mankind. But the fundamental point of each message if carefully studied is that man's greatest of all treasures, the greatest of all his possessions, was the inherent, ineffaceable, everlasting nobility of his own soul. In it there was for ever a spark of true divinity which could conquer all the antagonistic and debasing elements in nature. And let me once more stress that this faith in the soul of man expressed in a great variety of ways – in prose and verse, in art and architecture – was not simply a religious or mystic faith but an all-embracing and immediate contact with a fact which, in every human being, is the central fact of existence.

Then came Hafiz – by far the greatest singer of the soul of man. In him we can find all the strivings, all the sorrow, all the victories and joys, all the hopes and disappointments of each and every one of us. In him we find contact, direct and immediate, with the outer universe interpreted as an infinite reality of matter, as a mirror of an eternal spirit, or indeed (as Spinoza later said) as absolute existence of which matter and spirit alike are but two of infinite modes and facets. It is not for nothing that his "Divan" has become, throughout the East, the supreme *fal nama* (book of divination) of millions and millions far beyond the confines of Iran. In perplexity and sorrow, whatever the cause, whatever the standard of intellect or emotion, men throughout the Near East and India turn to Hafiz – from the Ganges to the Nile, from the Caspian to the Bay of Bengal – for comfort and solace. Incredible as it may seem to us, even in his lifetime his influence had reached Bengal, Central Asia, Kashmir, Arabia and Egypt.

Any attempt at translation of Hafiz has always led to immense disappointment. The explanation is simple; he was not merely the Hafiz of the Koran, but well acquainted with the whole field of philosophy, history, poetry and literature, with the highest thought then known to his countrymen. In each verse, with the intense concentration of thought and wisdom so singularly his own, he has produced in amazing variety facets of truth and beauty, of meaning and wisdom. I have myself tried my hand at seeing in how many ways, and with how many totally different meanings, verses of his could be translated into either English or French. I think it is no figure of speech to say that far too many versions and explanations of each word could be given, and that each verse could be interpreted according to the intelligence that one wished to reach.

This, perhaps, will explain why Hafiz has always been (as no other great poet can claim to be) the national poet, the national hero, of Iran. Pushkin, Goethe and Shakespeare in the West; Al Mutannabi, Abu Nawas and Firdausi in the East – all of them great, indeed supreme, kings in the realm of poetry – could never reach their humblest subjects. The uncultured peasants of the West, or the equally humble intelligences of the East, could never absorb their full meaning or beauty. Hafiz is different. Not only in his own Persia but in India, in Afghanistan, in Central Asia and even amongst Turkish and Arabic-speaking peoples, the moment his verses are understood you will always find an interpretation of most of them that could appeal to the humblest as well as the highest of intelligences. No wonder the muleteers call him their friend and companion! No wonder the cobbler and the water-carrier find in him – as do the keenest intellects of Asia-solace and satisfaction!

One of the greatest of living Hindu statesman, Sir Tej Bahadur Sapru, one told me that in all difficult moments of his life he turns to Hafiz. I think there is no one of Iranian race alive today who has not at some time or other – in difficulty, sorrow and misery, or in joy and triumph- turned to his national hero for comfort of further elation. Incredible as it may sound to English ears, it is a fact that there is hardly a Muslim bourgeois family in the whole of India in whose home a copy of Hafiz's "Divan" is not found. I think, too, that we can be fairly certain that the book is as popular in Afghanistan and Central Asia and over a great part of what I may call Western Muslim countries as it is in India.

Soon after the death of Hafiz the worst periods of political and social anarchy, of invasion and disruption, broke up the high civilization already reached in Iran. Bismarck and other statesmen and historians have said that Germany as the battle-ground of Europe could never bring about – except at a terrible sacrifice – the peace, civilization and unity characteristic of England and France. Persia was the battle-ground of Asia. But the genius of Hafiz was never submerged. Whenever peace came, in howsoever limited a form, the eternal tree bore fruit. Hafiz taught the appreciation of beauty, love, gentleness and kindliness; the value of all human beings; the constant glory and splendour and joy of the universe in which we live; the wonder of communion with nature. These undying eternal truths were so immortally impressed by him on his countrymen that whenever opportunity arose in any period of peace the striving after them and the expression of those eternal values became, in Iran at least, a motive force and power.

Critics of Iranian civilization and culture have said that after Hafiz the light was not only dimmed but burned out. Nothing could be more false and unjust. No doubt Hafiz was the supreme genius of his race, and in that sense if we try to measure his successors by his standard we will find an immediate and sudden decline. But that surely is not the right way to search for his influence. Did the Persian race after him strive for expression in art and literature, in poetry and prose – for the wealth and splendour inherent in the human soul? I have no hesitation in saying "yes." Take the art of the Safavi period – poor in literature, but so rich in architecture and in textiles, in beautiful metal and glass work, in its lovely brocades and carpets. Can we deny that there is here immense search for expression of the highest aspirations of man's soul?

Whenever Iran had any breathing space from war and invasion and misery, in one form or another a national character has formed and, by the spiritual influences of its poetry, immediately turned towards the expression of appreciation and enjoyment of the eternal light within us. And during the nineteenth century one of the very greatest poets that the Iranian race has ever produced, Qa'ani, interpreted nature with a wealth of variety, a strength and beauty, which I doubt can ever be surpassed. Let the admirers of Wordsworth and the French nature poets compare in beauty, simplicity or grandeur the finest verses of the Western masters with Qa'ani's constant descriptions and references to rain, thunder, the sky and earth, the flowers and mountains, night and day, the sun, moon and stars. If the odes had mercenary motives, if the human praise and blame which he bestowed as he went along were nearly always insincere – let us not forget the fundamental honesty of his outlook on life and the universe; the sincerity of his belief in the beauty and goodness of nature.

Modern Persian critics, unconsciously influenced, perhaps, by the puritanical standards of European literature during the last century, have taken Qa'ani to task for his praise of sexual perversities. But when all is said these are but drops in the ocean of his work and, compared with similar extravagancies of many great writers of the West, they are neither prominent nor obtrusive. No one need, unless he searches in the "Divan," come across these particular passages. The music and joy of his verses, the sincerity of his conviction that life is a great, noble and splendid experience – every minute of which is to be treasured as the greatest of God's gifts – these surely are the qualities we will find in page after page and verse after verse of his work.

But is this immense wealth of Iran to remain only a treasure of the Islamic East and its fringe in India? Is Europe, is America, is the West so rich in the joys of the spirit, in its immediate satisfaction with life, that it can afford to close its door to what Iran has to offer in the highest spiritual satisfaction to mankind? In these days of intensive nationalism – nationalim of a kind that wishes to turn even art, beauty and goodness into national possessions – is this immense lesson of Iran to be forgotten? Iran in its language, in its culture, in its highest soul expression, has taken to its bosom and freely accepted the contributions of Greece and India, the immense stream from Islam, Arabia and the Turkish race. It has assimilated the best of each in order better to express its yearning after truth and beauty. Is this fundamental influence not to be brought into the service of the highest culture of the West?

In the economic field we find today the ideal of one great source of wealth, the earth, to be enjoyed by humanity as a whole through free trade and competition, looked upon almost as an expression worthy only of a lunatic asylum. Peace, and the League of Nations co-operating to conquer disease, malnutrition and the vast waste areas of the world; to raise the poor and humble irrespective of race and religion to the standard of the highest; to feed the famine-stricken and the starving; a competition for construction between various races and countries – all this would today, as a practical suggestion, be considered only worthy of idiots and half-wits. The work of destruction has a totally different standard of appreciation applied to it. Yet, truly understood, and from the lowest material point of view, what good could come from efforts to conquer the waste areas of the world by co-operation, to bring about a standard of living in China and India that would enable people there to buy some of the luxuries of life from Europe and America, to apply the tropical lands that are impossible for European and American settlement for the benefit of the millions of the brown and yellow races and thus open up new and vast markets for the white races for healthy exchange and welcome competition. All these things would lead through prosperity to spiritual awakening and artistic creation. Such work today is not in the realm of practical politics.

Surely now there is room for us to turn to the spirit of Hafiz's teaching. For if ever there was a time when we needed the universality of Hafiz as a guiding light it is today when there are forces that threaten the roots of humanity. Class and race competition threaten to submerge the highest joy of life and living – namely, the search for, and conquest of, true beauty and goodness which, could we but know it, are ever within our grasp.

In that spirit I appeal to the intellectual classes in this country to come and join up with the Iran Society, to help forward similar associations, to study and understand Islamic, Hindu and Far Eastern philosophy, culture, literature and art. Thus the spiritual and emotional inheritance of Great

Morceaux Choisis des Ecrits et Discours Publics

Britain, Europe and America (North and South) should not be merely derived from Greece and Judaism, but from the world as a whole, for I am certain that Asiatic culture in its widest sense can bring as much to man's common heritage as either Greece or Palestine.

Source: *The Iran Society: Inaugural Lecture: Hafiz and the Place of Iranian Culture in the World by His Highness the Aga Khan*, the Iran Society, London, November 1936, pp. 1 7.

8–UNIVERSITY OF ISLAM

The Holy Prophet of Islam is to us Muslims the last and greatest messenger from the Creator, and through him man is to find salvation in both this world and the next ... The great religious teachers before and since [Prophet] Muhammad, have all limited the area of truth by excluding either some or all of their predecessors [Prophet] Muhammad on the other hand, by a full recognition of all his predecessors and by admiting that no people, race, or nation had been left without some kind of divine illumination, gave his Faith universality in the past, and in fact made it coexistant with human history.

If, now, we turn from its historic background to its doctrine and to its possibility of development in the future, we will find the same pontential universality. Take the central principle of "Allah-o-Akbar." Here we find on one side divinity, on the other side infinity for what is the greater- time, space, the starry heavens, intelligence, knowledge? – wherever existence goes there His greatness extends. Greatness here, to anyone who understands, the implications of the Arabic language, does not mean "greaterness" as literally translated into English. it means that everything else is within the womb of the greater – everything else is maintained and sustained by Divine Power, including the furthest spaces of imagination.

[Prophet] Muhammad told mankind first that the infinite sustainer and container of all existence had justice, mercy and love as well; secondly that man through these qualities and through gentleness and kindness, prayer, awe or wonder could get-howsoever infinitesimal proportion – direct communion with the all-embracing power in which he lived and moved and had his being.

I submit that this doctrine will have a Universality that can be accepted as long as man is man and as long as intelligence as we understand it survives on earth ... We maintain that the Prophet ordered prayer, fasting and gentleness in all human relations, kindliness and consideration for all beasts and animals from the smallest worm to the largest mamal ... It is the same Prophet who advises his followers ever to remain IBNU'L-WAQT (i.e. children of the time and period in which they were on earth) and it must be the natural ambition of every Muslim to practise and represent his Faith according to the standard of the Waqt or space-time.

– AGA KHAN.

(From the Foreword of the book "Muhammad – A Mercy on all Nations" by late Mr. Kassimali Jeraz Pirbhai of Bombay)

9–LE LIBÉRALISME MUSULMAN, 1943

Le libéralisme musulman.

On m'a demandé de présenter l'Islamisme vu par l'école libérale, mais fermement convaincue et croyante: tâche très difficile, car il manque à l'Islam une autorité absolue, telle que le Vatican pour le catholicisme ou l'assemblée des évêques anglicans pour l'Eglise d'Angleterre.

Le prophète Mahomet avait deux autorités: l'une religieuse, qui était l'essentiel de sa vie, l'autre séculière qui, par les circonstances de sa vie, fut accidentellement adjointe à son autorité essentielle.

Selon la grande école de la majorité islamique, école Sunni, le prophète n'a pas laissé après sa mort de successeur officiel, ni pour son autorité religieuse, ni pour son autorité séculière. Les fidèles, les compagnons, les croyants ont élu Abou-Bekr comme son successeur, son calife, mais il a succédé seulement au pouvoir civil et séculier. Mais personne n'avait l'autorité, ni même le pouvoir de prétendre qu'il avait succédé à la suprématie religieuse du prophète, car Mahomet avait définitivement annoncé qu'il était le dernier messager de Dieu l'Absolu.

Alors selon la doctrine Sunni, il était impossible de constituer une autorité semblable à celle de la papauté ou de l'assemblée des évêques anglicans. Il restait, pour les fidèles, à interpréter le Koran, ainsi que les paroles et l'exemple du prophète, non seulement pour comprendre la religion islamique, mais pour son développement de siècle en siècle. Heureusement, le Koran a rendu cette tâche facile, car il y a plusieurs versets qui disent que Allah parle aux hommes dans un langage allégorique et parabolique. Ainsi la porte était ouverte à toutes les possibilités d'interprétation, sans que pour cela une école considère l'autre comme non «moslem».

L'interprétation de l'Islamisme que je veux présenter à mes lecteurs suisses n'est pas celle de la secte à laquelle j'appartiens moi-même, c'est-à-dire celle de Ismaïli, ni celle de l'école Shiah en général; ce n'est pas non plus celle des interprètes Sunni, qui se rapproche de certaines sectes chrétiennes en acceptant une interprétation plus ou moins verbale du Koran, comme font ces écoles chrétiennes à l'égard de l'Ancien et du Nouveau Testament. Je ne présente pas non plus l'interprétation de l'école Souffi ou le mysticisme islamique d'hommes tels que Jelaleddin Roumi ou Baiyezid. Non, je veux présenter le vaste courant Sunni qui plonge les racines de ses idées dans l'école fondée par El Ghazali, et le développement de siècle en siècle, selon la connaissance de l'homme, des germes de son interprétation du Koran et de la vie du prophète.

Selon cette grande école que j'appellerai le courant central de la secte Sunni, avant de procéder à l'interprétation de l'Islam, il faut se demander pour quelle raison a eu lieu cette dernière et finale apparition de la volonté divine aux hommes, et quelles en sont les causes.

Toutes les écoles islamiques acceptent comme un principe fondamental que pendant des siècles et des milliers d'années avant Mahomet, il y a eu des messagers illuminés par la grâce divine, parmi toutes les races de la terre, qui étaient arrivés à une évolution de leurs moyens intellectuels suffisante pour comprendre un message. Abraham, Moïse, Jésus et presque tous les prophètes d'Israël sont universellement acceptés par l'Islamisme. Mais on va beaucoup plus loin, car on admet même qu'en dehors de ceux de l'Ancien et du Nouveau Testament, il y a eu des messagers divins tels que Gautama Boudha, Shri Krishna et Shri Ram aux Indes, Socrate en Grèce, les grands sages de la Chine et ceux des civilisations de races perdues pour nous.

Alors, quelle nécessité y avait-il d'une révélation divine à Mahomet? La réponse islamique est nette et claire. Malgré toute sa puissance, le monothéisme judaïque a gardé deux caractères essentiellement différents du monothéisme islamique: Dieu est resté malgré tout un Dieu national et racial pour les enfants d'Israël et sa personnalité est entièrement séparée de sa manifestation suprême: l'Univers.

Dans les pays lointains, tels que l'Inde, la Chine, etc., la douceur et la pureté des doctrines ont été tellement viciées par le polythéisme, l'idolâtrie et même par un panthéisme peu différent de l'athéisme, que ces religions populaires n'avaient plus que fort peu de ressemblance avec le déisme pur et vrai. Pour les moslem, le christianisme a perdu son autorité du moment qu'il a fait de son grand et glorieux fondateur non pas l'homme parfait, mais Dieu incarné dans l'homme.

Alors, la nécessité absolue s'est fait sentir d'une dernière révélation à Mahomet lui-même, homme comme les autres, par la parole divine d'une description détaillée de la personne du Tout-Puissant et de ses relations avec l'Univers créé par lui. Une fois que l'homme a bien compris cet essentiel de l'existence même, il reste pour lui, connaissant la valeur absolue de son âme, à se frayer un chemin direct qui reliera constamment cette âme individuelle à l'Ame universelle dont l'Univers, tel que nous le connaissons par nos moyens très limités, est une des infinies manifestations.

Alors le principe islamique sera peut-être mieux défini comme un monoréalisme que comme un monothéisme. Prenons comme exemple la première déclaration de toute prière islamique: Allah O Akbar. Qu'est-ce que cela veut dire? Il n'y a pas de doute que le second mot de la déclaration contient le caractère d'Allah comme une matrice qui contient tout et donne l'existence à l'infini, à l'espace, au temps, à toutes les forces actives et passives imaginables, à la vie comme à l'âme.

Un des grands saints de l'Islam, tout proche de l'époque du prophète, Hassan e Basri, un commentateur du Koran et dans la tradition du prophète, a expliqué la doctrine islamique de Dieu et de l'Univers par l'analogie du soleil et de son reflet dans une fontaine: on a certainement une image du soleil dans quelques mètres carrés: mais quelle pauvreté, quel peu de réalité, quel peu de vraie ressemblance entre cette impalpable image et l'immense et flamboyante sphère céleste! Allah, c'est le soleil, l'Univers tel que nous le connaissons avec tout son espace, et le temps avec son pouvoir n'est pas autre chose que la réfraction de l'Absolu dans le miroir de l'eau.

Il y a une différence fondamentale entre l'idée judaïque de la création et l'idée islamique. La création, pour l'Islam, n'est pas un acte unique dans un temps donné, mais un événement perpétuel et constant; Dieu est le soutien de toute existence à tout instant, à tout moment, par sa volonté et par sa pensée. En dehors de cette volonté, de cette pensée, tout est néant même les choses qui sont absolument évidentes pour nous, telles que l'espace et le temps. Allah seul ordonne et l'Univers obéit, et toutes ses manifestations sont comme un témoignage de l'Esprit.

Il me semble avoir suffisamment précisé les différences entre la doctrine islamique de l'unique personne de Dieu et les idées théistes basées sur l'Ancien Testament d'une part, et les idées panthéistes et dualistes des religions indiennes et de Zoroastre d'autre part.

Mais ayant connu le réel, l'Absolu, ayant compris l'Univers comme une succession infinie d'événements voulus par Dieu, nous avons besoin d'une règle de conduite, afin de pouvoir nous élever vers l'idéal voulu par Dieu.

Etudions donc les devoirs de l'homme tels que la grande école centrale Sunni les interprète d'après les versets du Koran et la tradition du prophète.

D'abord les relations de l'homme avec Dieu: il n'y a pas de prêtres, ni de moines, la prière de chacun va directement à Dieu, sans l'intermédiaire des hommes, ou même sans aucun secours accordé par l'âme du prophète ou de grands saints islamiques, comme médiateurs auprès de Dieu. Il n'y a pas de confession des péchés, si ce n'est directement à Dieu. Un homme qui ne se marie pas, qui refuse de porter ses responsabilités de père de famille et qui se dérobe devant le devoir de fonder un foyer par le mariage est très mal vu. Dans l'Islam, il n'y a pas de renoncements extrêmes, et surtout, il n'y a pas de flagellation du corps, pas de macérations ni d'ascétisme: le corps humain et sa santé sont le temple où brûle la flamme du Saint-Esprit et méritent les soins scrupuleux de propreté et d'hygiène. La prière est une nécessité journalière, une communion directe de l'étincelle avec le feu universel. Le jeûne raisonnable, un mois par an, mais seulement tant qu'il ne nuit pas à la santé, est une partie essentielle de la discipline du corps qui apprend ainsi à renoncer aux désirs impurs. L'alcoolisme, l'adultère, la médisance et même le fait de penser mal de son prochain sont sévèrement condamnés.

Tous, riches et pauvres, se doivent entr'aide matérielle et personnelle; les règles varient dans le détail, mais elles maintiennent le principe d'entr'aide universelle dans la fraternité islamique; cette fraternité est absolue et comprend les hommes de toutes les couleurs et de toutes les races: noirs, blancs, jaunes, basanés: tous sont enfants d'Adam par la chair et tous portent en eux une étincelle de la Lumière divine. Chacun devrait donc faire son possible pour que cette étincelle ne s'éteigne pas.

Dans l'Islam, on croit à la Justice divine et l'on est convaincu que le grand problème de la prédestination et de la liberté est réglé par le compromis qui admet que Dieu sait ce que l'homme va faire, mais que l'homme est libre de le faire ou de ne pas le faire.

Les gueres sont condamnées, la Paix devrait être universelle; le mot "Islam" veut dire "Paix", paix de l'homme avec Dieu et paix des hommes entre eux. L'usure aussi est condamnée; mais le commerce libre et honnête ainsi que l'agriculture sous toutes ses formes sont encouragés comme étant un service divin, car le bonheur des hommes dépend de l'intensification de ces labeurs légitimes.

Politiquement, c'est la forme républicaine qui paraît la plus juste, car même dans les monarchies les plus absolues qui ont concentré le pouvoir dans les pays islamiques, l'élection du monarque est toujours restée une forme sans vie, par laquelle est simplement légitimée l'usurpation.

Après la mort, la Justice divine prendra en considération la foi, la prière et les actes de l'homme. Pour l'élu, il y a la vie éternelle et le bonheur spirituel de la vision divine; pour le réprouvé, l'enfer où il brûlera du regret de n'avoir pas su mériter la grâce et les bénédictions de la miséricorde divine.

Mais la doctrine islamique va plus loin que les autres grandes religions, car elle admet l'âme, minime peut-être, mais existant à l'état embryonnaire dans la matière, dans l'espace comme dans les animaux et dans les arbres, etc. Chaque individu, chaque molécule, chaque atome a ses relations spirituelles avec l'Ame toute-puissante de Dieu. Mais l'homme et la femme étant plus développés, ont une immense avance sur l'infinité des autres êtres.

L'Islamisme accepte l'existence des anges, c'est-à-dire les grandes âmes développées au niveau de l'âme humaine ou même plus haut, qui sont les centres des forces éparpillées dans l'Univers. Sans aller aussi loin que le christianisme, il reconnaît aussi l'existence des esprits mauvais qui cherchent, par leurs secrètes suggestions, à nous détourner du bien, du droit chemin tracé par Dieu pour le bonheur éternel du plus humble comme du plus grand: Abraham, Jésus, Mahomet.

Prince AGA KHAN.

Sources: Prince Aga Khan, "Le libéralisme musulman", *Le Monde Religieux*, Lausanne, T. IV, Oct. 1943, pp. 69 74.

La Rénovation du Shî'isme Ismaélien en Inde et au Pakistan

10–LE PANISLAMISME, 1945

Chapitre Premier

Le panislamisme

En traitant la question du panislamisme, il est nécessaire, tout d'abord, de faire une distinction nette entre le panislamisme comme phénomène religieux et spirituel et la signification politique qu'on lui attribue à tort en Europe, où ce vocable fut forgé.

Dans son vrai sens, le panislamisme est l'expression du sentiment religieux profond qui lie tous les musulmans. Il est aussi vieux que l'origine de l'Islam lui-même. Le Coran affirme: «Tous les croyants sont frères.» (Sourate 49. v. 10.) C'est là le véritable lien spirituel entre les musulmans qui se sentent frères.

J'ai déjà écrit ailleurs à ce propos (voir mon ouvrage *India in Transition* (Londres, 1918), p. 158: «Il y a un panislamisme juste et légitime auquel appartient tout musulman sincère et convaincu, qui est la fraternité spirituelle et l'unité des adeptes du Prophète. La véritable unité spirituelle et intellectuelle de l'Islam doit toujours s'accroître, car pour les adeptes du Prophète elle est le fondement de la vie et de l'âme.»

On voit donc que ce panislamisme vrai est un état d'âme des musulmans qui se sentent tous membres d'une même fraternité et réunis dans un seul organisme pour sauvegarder leur unité morale et spirituelle.

Il convient ensuite de mentionner deux institutions musulmanes, qui ont donné au cours des quatorze siècles de l'existence de l'Islam un essor puissant à son unité. Ce sont le pèlerinage à La Mecque et le califat.

Il est incontestable que le pèlerinage, auquel tout musulman est astreint au moins une fois dans sa vie, resserre le lien de la communauté religieuse et de la solidarité morale entre les fidèles. Dans les rites du pèlerinage à La Mecque, l'Islam prend conscience de son unité inébranlable, de sa force et de son universalité.

Quant au califat, il a joué un rôle historique très important, surtout pendant les premiers siècles de son existence. J'ai déjà démontré dans une publication antérieure (voir *Libéralisme musulman*, dans *Le Monde Religieux*, tome IV, octobre 1943) «... qu'après la mort du Prophète, son vicaire ou calife ne pouvait succéder qu'au pouvoir civil et séculier; il ne pouvait pas succéder à la suprématie religieuse du Prophète.» On peut donc considérer le califat comme un office centralisateur et le calife comme le mandataire de la communauté musulmane chargé de maintenir intacte la Loi islamique (*Chari'a*) et de sauvegarder les intérêts des musulmans. Il avait le devoir de défendre la nation contre les dangers du dehors. Mais le calife ne remplit pas un office semblable à la Papauté.

Morceaux Choisis des Ecrits et Discours Publics

En tant qu'institution religieuse, le califat fut pendant de longs siècles le symbole extérieur de l'unité de l'Islam. Je ne referai pas ici l'histoire du califat. Il suffit simplement d'indiquer qu'après la destruction de Bagdad par les Mongols en 1258 et le transfert, plus tard, du califat aux sultans ottomans à Constantinople, ces sultans n'avaient pas cherché à restituer au califat son ancienne splendeur.

Les Turcs étant à l'époque une nation guerrière et conquérante, il était naturel que leur empire s'étendit sur les pays voisins. Avec les sultans turcs, le titre de calife et commandant des croyants «*Amir al-Mouminin*» était subordonné à celui du sultan. Ce sultan ottoman était désigné comme «le Sultan fils du Sultan, et le Khakân fils du Khakân»; ensuite venait le titre de calife et commandant des croyants. On ne peut pas comparer quant à la signification ou l'importance réelle dans le monde islamique, l'époque du califat des sultans turcs avec celle des califes omayyades et celle des califes abbassides jusqu'au calife al-Mutawakkil.

Mais à l'époque du déclin de l'empire ottoman, vers la fin du XIXème siècle, on a cherché à donner une signification politique au panislamisme pour remplacer la puissance politique et militaire disparue. C'était une réaction de défense contre le péril qui menaçait l'existence même de l'empire ottoman. Le sultan Abdul Hamid (1876–1908) résolut de se servir de sa situation de sultan-calife pour atteindre des fins politiques. Ne se contentant pas de sa souveraineté politique sur l'Etat turc, alors en pleine décadence, il faisait ressentir la direction spirituelle qu'il voulait exercer sur le monde musulman. Il eut alors l'idée d'employer le panislamisme religieux, intellectuel, culturel et social comme instrument politique, pour contrecarrer les desseins étrangers de partager la Turquie et son empire. Un autre phénomène qui avait fait son apparition dans la plupart des pays musulmans, était le réveil du nationalisme, né surtout au contact de l'Occident et comme conséquence de la pénétration des puissances européennes. A différentes reprises et à diverses époques, plusieurs penseurs musulmans se sont donnés pour tâche de ressusciter le sentiment progressiste parmi les peuples de l'Islam. Parmi eux, il faut citer le célèbre Djamâl ad-Dîn al-Afghâni (1839–1897). Il préconisa une réforme de l'institution du califat et une réforme de l'éducation des masses d'après les vrais principes de l'Islam qui permettraient l'évolution et le progrès de la communauté toute entière.

Lors de la grande guerre de 1914–1918, les tentatives du panislamisme politique du sultan de la Turquie étaient restées sans écho et aboutissaient à un fiasco.

Et pourquoi? Parce que le panislamisme politique n'avait rien de commun avec le vrai panislamisme spirituel et avec cette unité fraternelle dans les prières, dans le pèlerinage et dans la charité qu'on trouve dans tous les pays musulmans de la Chine jusqu'au Maroc. Par contre, la décadence de la puissance de l'Orient musulman avait provoqué divers mouvements de réforme et de modernisme dont le but était le relèvement des peuples musulmans et la renaissance de l'Islam en tant que puissance spirituelle et morale dans le monde. Ces mouvements ont aussi eu pour objectif le progrès économique et la prospérité matérielle des pays musulmans en adoptant les méthodes scientifiques et la technique des nations occidentales. Parmi ces réformistes, il convient de citer, aux Indes, Sayyid Ahmad Khan (1817–1898) fondateur du collège d'Aligarh qui est aujourd'hui le grand centre culturel musulman dans ce pays, et, en Egypte, Cheikh Mohammad Abdou (1849–1905) et son disciple Cheikh Rachid Ridha (d. 1935). Il y eut aussi parmi les musulmans de Russie un grand réformateur, Ismail Bey Gasprinski, originaire de la Crimée, et qui dirigea un grand mouvement de renaissance intellectuelle de l'Islam, vers la fin du siècle dernier. Dans ses journaux, *Terdjumân* et *Millette*, publiés à Bagchaséraï dans la Crimée, il plaidait vigoureusement la cause et les moyens d'une renaissance culturelle et sociale de l'Islam. Il avait proposé, déjà à cette époque, la réunion d'un congrès islamique mondial dans ce but.

Mais la suppression du califat par les Kémalistes en Turquie en 1924 a laissé un vide car, malgré la faiblesse dans laquelle se trouvait alors le califat, il était un symbole de l'unité islamique. Les réformistes et penseurs musulmans ont multiplié leurs efforts vers une unité islamique qui se trouvait disloquée. C'est dans ce sens qu'il faut interpréter la réunion périodique de congrès interislamiques afin de discuter les problèmes qui intéressent les peuples de l'Islam et les moyens d'amener une renaissance religieuse, spirituelle, sociale et économique de l'Islam. De tels congrès peuvent ainsi servir comme une sorte de société des nations islamiques dont le but est avant tout l'unité spirituelle et morale de l'Islam, et puis le développement social et économique des pays musulmans. Car le Prophète lui-même avait constamment relevé l'importance du commerce et de toute activité légitime dont le but est le développement de toutes les ressources de la nature au service de l'homme.

On voit donc que ce panislamisme est une unité édifiée sur le principe de la foi et du lien spirituel. Il est foncièrement différent du pangermanisme ou du panslavisme qui se réclament, l'un et l'autre, de l'unité raciale ou linguistique et ethnique, ce qui est contraire à l'esprit d'universalisme de l'Islam. Car, il faut bien insister sur l'esprit internationaliste et universel de l'Islam qui n'admet ni racisme ni distinctions de couleur.

Ce panislamisme qui sert à maintenir la cohésion du monde musulman n'a aucun dessein d'expansion territoriale ou d'hégémonie politique. Il ne constitue aucune menace contre l'Occident. C'est une arme spécifiquement spirituelle et un instrument pour le progrès de centaines de millions d'hommes.

L'Europe n'aura donc absolument rien à redouter de ce système de solidarité musulmane qui peut être considérée, avec juste raison, comme un facteur de sécurité, de stabilisation et de développement social et économique d'un monde actuellement délaissé.

L'Islam, en tant que puissance spirituelle et morale, est prêt à seconder l'Europe meurtrie dans son oeuvre de reconstruction du monde d'après-guerre. Mais il espère vivement que l'Europe, en revanche, ne refusera pas aux peuples musulmans leur droit à la liberté, à la justice et à la satisfaction de leurs aspirations légitimes. Car les peuples de l'Islam sont bien à la hauteur de leurs destinées et capables de contribuer efficacement au progrès de l'humanité tout entière.

AGA KHAN

Sources: Prince Aga Khan et Dr. Zaki Ali, *L'Europe et l'Islam*, Genève/Annemasse, Editions du Mont Blanc, 1945, ch. I, pp. 13 21.

11–THE TRIUMPH OF SPIRITUALISM

The triumph of Spiritualism

> Scientific exposition of materialistic theory for the seeker of truth and God.

The rival claims of materialism and spiritualism can be traced thousands of years backward, in the known history of ancient nations. But contenders of both the theories are buried deep down the earth, or have integrated and merged with the elements. Some people start as believers and end up as unbelievers while in some cases opposite is the rule. Just as fundamental pairs exist and are complementary to each other viz., light and darkness, truth and untruth, joy and sorrow, this brain twin of thinking man exists, and has outsmarted the worldly contestants.

The materialists think in terms of worldly good, material comforts and sensual enjoyment. They do not believe in the infinite spirit or individual spirits as existences apart from material objects. They explain away consciousness and the thought process as exudatiou of the brain.

There are two fundamental laws of science, viz., (1) matter is indestructible, and (2) the sum total of all energy is constant. Starting with these basic principles, materialism has no legs to stand on.

As science describes it, thinking is always associated with a movement of cells in the brain. All movement or motion has to exist in space. Factually the mental processes can be perceived in time only. Naturally one would ask: how the material and spatial can give rise to the non-material and non-spatial, or how motion can give rise to non-motion. Materialists built up their theories on scientific laws. But the same scientific laws disprove their contentions.

Further it would be equally incorrect to maintain that material objects are real. Scientists have admitted that what we perceive by and through our senses, is only the impression created on our minds by the senses. Our senses, however, cannot give us a correct idea of the real nature of an object, as they are not perfect and they often deceive us. The real test is, whether the object endures for all times, and is permanent. But as we know material object is not constant or permanent; it changes its form ceaselessly, both from within and from without. In the light of this evidence, how can we call matter real?

Even theory of science is changing. First matter was thought to consist of atoms, which were indivisible. Now electrons have taken the place of atoms and atoms are no longer believed to be final or indivisible. Electrons were believed to be motivated with electric charges of varying magnitudes. But in the light of further discoveries, this theory of electrons has also been abandoned. The minute units in which matter is divided and sub-divided all charged with electricity, are not final objects, but they are relative to time, space and energy, which imperceptibly merge into one another, and even to the boundless real annihilating all relations of time, space and content of time.

To-day, we can deduce that scientific theories are rather converging more and more to spiritual idealism, rather than materialism. Materialists, as a matter of fact, are losing the support of science, or we may say that the ground on which they were standing up to now is fast disappearing under their feet. Phenomenal world are not absolute and real, but are within the realm of relativity only, which presupposes as its counterpart the existence of the Absolute or Universal Spirit. Space and time are relative to matter and even matter must be resolved into energy. Now energy cannot function by its itself, there must be some guiding or controlling spirit, whom we may as well call ABSOLUTE in the absence of further data.

Even a superficial examination of the events of the world would show that they are governed by a certain order and harmony, which presupposes an intelligent author called the Universal Spirit who controls the world by definite set of laws, whether natural or moral.

It would be impossible for us to explain away the smooth and regular working of the universe without an eternal being.

Life in the ultimate analysis has taught me one enduring lesson. The subject should always disappear in the object. In our ordinary affections one for another, in our daily work with hand or brain, most of us discover soon enough that any lasting satisfaction, any contentment that we can achieve, is the result of forgetting self, of merging subject with object in a harmony that is of body, mind and spirit. And in the highest realms of consciousness all who believe in a Higher Being are liberated from all the clogging and hampering bonds of the subjective self in prayer, in rapt

Morceaux Choisis des Ecrits et Discours Publics

mediation upon and in the face of the glorious radiance of eternity, in which all temporal and earthly consciousness is swallowed up and itself becomes the Eternal.

Mowlana Hazar Imam

Sources: *Special Golden Platinum Jubilee Day Number*, ed. by Ismail E. Ibrahim, The Shia Imami Ismailia Association for Tanganyika, Dar es Salam, s.d., pp. 21 26.

12–THE FINAL RECONCILIATION BETWEEN SHIA AND SUNNI DOCTRINES

It is more than ever necessary that the foundation of Imami Ismailism should be understood by the new generation of Ismailis throughout the world. If those who believe that Hazrat Ali was the rightful successor of the Prophet to be the 'Ulul-amr-Menkom must accept the principle of that succession for the same reasons they accept in the case of Hazrat Ali his rightful Imam descendants.

The Imami Ismailis maintain that the position of the 'Ulul-amr-Menkom never dies out and this succession goes on till the day of judgement on earth. For this reason Ismailis celebrate the exceptionally long Imamate as they would celebrate every ascension to the spiritual throne of the Imamate in each century. In the present Imamate the final reconciliation between the Shia and Sunni doctrines has been publiclly proclaimed by myself on exactly the same lines as Hazrat Ali did at the death of the Prophet and during the first thirty years after that. The political and worldly Caliphate was accepted by Hazrat Ali in favour of the three first Caliphs voluntarily and with goodwill for the protection of the interests of the Muslims throughout the world.

We Ismailis now in the same spirit accept the Caliphate of the first Caliphs and such other Caliphs as during the last thirteen centuries helped the cause of Islam, politically, socially and from a worldly point of view. On the other hand the Spiritual Imamate remained with Hazrat Ali and remains with his direct descendants always alive till the day of Judgement. That a spiritual succession to the Imamate makes the Imam the 'Ulul-amr-Menkom always according to the Koran and though he has his moral claim to the Caliphate as well, always he can, like Hazrat Ali himself owing to the conditions of the world accept and support such worldly authorities as the Imam believes help the cause of Islam. Thus a final reconciliation without upsetting either Sunni or Shia doctrine has been proclaimed always by me as the faith of all the Ismailis.

AGA KHAN

Sources: *Special Golden Platinum Jubilee Day Number*, ed. by Ismail E. Ibrahim, The Shia Imami Ismailia Association for Tanganyika, Dar es Salam, s.d., pp. 26 28.

13-THIS I HAVE LEARNT FROM LIFE, 1950 (?)

> This I have learnt from life
> by: H.H. The Aga Khan

Is the Muslim world at last going to turn its thought and culture to what is fundamental teaching of the Holy Quran? ... It is for the public of Pakistan and indeed for the Muslim world to adjust its cultural foundations of knowledge to the study and ultimate victory over the forces of nature ever at our disposal through science.

When an individual's health deteriorates, when a strong healthy body begins to lose its various powers, all physicians worthy of their salt search for its cause by careful diagnosis. Only then when this process of analysis has brought to light the underlying causes and not the symptoms can a real cure be found and when the diagnosis has been successful the cure is facile and usually rapid.

Society consists of individuals and when we find civil societies that were once upon a time vigorously their own and indeed with obvious superiority amongst other organized social bodies, and are then left behind while others progress far beyond even the imagination, leave alone the knowledge of their former supervisors? Then indeed unless we want to commit suicide it is necessary to look deeper and to ask questions and find answers.

All the greater is the necessity for our search because the societies that have remained stationary have had one thing in common, namely what we call Islamic culture and those that have gone forward have drawn their force from other intellectual sources. Yet this world phenomenon is of comparatively recent date. Only 250 years ago towards the end of the 17th century, all European travellers and indeed general opinion, as well as the remains of architecture prove beyond question that the Islamic world was superior to the Western in civilization and the amenities of life.

European travellers' records leave no doubt that cities such as Isfahan, Istanbul, Cairo and Delhi were healthier with far better sanitary arrangements, cleaner with better quality water, light, law and order than their contemporay rivals in Europe. If we can judge a nation by its personal cleanliness, then the Muslim world was far ahead according to all contemporary evidence specially from European sources.

In medicine and armaments two totally different but necessary indications of national power and vigour, the Muslim world had nothing to learn from either the non-Muslim East or West. Yet today, 250 years later, how different! Can we really compare the atomic power of America and Russia with our few survived Muslim free countries? Even, in spite of the birth of Pakistan, independent Indonesia, when we turn to the Muslim world we find either colonialism as in Africa or vast industrial economic and military weakness compared even with Europe or Japan, leave alone America.

What has brought about between say the year 1650 and 1950, this immense reversal of positions? When I had the honour of presiding at the Muslim Educational Conference early in 1903 at Delhi, I referred to some of what I then described as the causes of the downfall. But the greatest and by far the most important, indeed the mother of all the other causes direct or indirect, is the intellectual and spiritual revolution that took place in the West soon after the Renaissance but which unfortunately for us we misunderstood at the time and have suffered from it ever since. This revolution led to immense power over the force of nature. The control of nuclear energy today is the latest example of that which the West gained and which we failed to realise. Until soon after the Renaissance both East and West looked for their philosophy of nature, for their explanation of phenomena to what I may call the classic interpretation of the facts of the Universe

This classical interpretation had various minor sources, some of them from China and India; but the principal and indeed its foundation was mainly Greek modified by Arab thought. This natural philosophy was the foundation of both Eastern and Western nations and technology plus their means of production were based on the same until some 400 years ago, then the West under the influence of certain men of genius such as Leonardo de Vinci and Bacon, and a good many others, began to question the truth of the Greco-Arabian explanations and finally broke away with classical traditions and turned directly to nature. Observation of natural phenomena and questionings by experiment became the foundations and the guiding stars of the mind and thought of the West.

Alas, at the critical time in the Muslim East more and more thought and concentration was given to further study of the classical discoveries of the past. The "Allamah" theory of knowledge in which the past was given complete wisdom and the future was to follow rather than go forward, put a stop to what was most important for political, economic and indeed cultural life.

Both East and West are agreed that the Greco-Arab period produced some of the greatest intellectual giants of the human race. But while we were satisfied to look at the world through the eyes of our giants, the West insisted on more and more pigmies sitting one over the other on the top of the giants' shoulders till their accumulated height was infinitely greater than that of the original giant on whom they had built their foundations.

What has been the result? All through the 13th and 19th centuries right up to the middle of the 20th century, we find Europe and America constantly getting greater and greater power over nature and thus their ability to conquer and indeed, when necessary, to crush those who had turned their back on the possibility of progress; and it is all the more extraordinary that this should have happened to the Muslim world. Islam is fundamentally a natural religion. All its dogmas and doctrines of whatever sect or school, are ultimately based on the regularity and order of natural phenomena, on the natural inclination of human beings for survival and reproduction, while the religion of the West, Christianity, is based on a miraculous event and faith in miracles, that is to say, a break in that very regularity to which the Holy Koran refers on a thousand occasions.

Today perhaps we are farthest away from control over nature while the West from America to Russia increases its great and overwhelming power of natural forces. Towards the end of the 19th Century two men of genius among Indian Muslims, with one of whom I had just the honour of being acquainted, but the other, was my intimate friend and collaborator during the early years of the century, Sir Seyed Ahmed and Mohsin-ul-Mulk, were the first, to realize that it was this command over nature and its forces that gave power and strength to human beings and that if we searched for power and strength, for uplift, it could only come if we also acquired, by the same methods those very powers that led to more and more improved means of production and its obvious result – greater and greater mastery over the forces at our disposal.

Our Holy Koran so often refers to the fact that we are surrounded by so many God-given gifts which we should understand and profit from. Alas, we Muslims who should have been the first to realize it have become the last. Sir Seyed and Mohsin-ul-Mulk were abused for they were misunderstood. Today the Muslim world is almost at the last stage, almost at the last hour between a final collapse and revival. The birth of Pakistan is undoubtedly the result of that very revolt of Sir Seyed and Mohsin-ul-Mulk. The birth of Indonesia, the Phoenix-like revival of Turkey, can all give us hope. But the essential weakness is everywhere in the Muslim world. Production per head of population is still far behind not only the West but even parts of the East.

Is the Muslim world at last going to turn its thought and culture to what is the fundamental teaching of the Holy Koran and the meaning of all Muslim sectarian interpretation of our Holy Book, namely, knowledge gained by the observation and questionings of the world which Allah Almighty has given to us and in which we live and move and have our being? Is that blessing to remain in the hands of others to be further developed? Incredible new powers are attained while we remain humble followers and in truth condemned even to lose our individuality. It is for the public of Pakistan and indeed of the Muslim world, to adjust its cultural foundation of knowledge to the study and ultimate victory over the forces of nature ever at our disposal through science and thus once more as in the first thousand years, of Muslim history we will be in the vanguard of mankind.

* * *

> ### "I IMPLORE YOU..."
>
> "In a case like Pakistan, in countries like Indonesia, like Morocco and like North Africa we can learn from our European fellow-subjects, those secrets of power over nature, of scientific, and industrial development, which has made Europe so powerful.
>
> My fellow-Muslims, I implore you, I beg of you, to work for the advancement of the whole world of Islam, but never forget our intellectual debt to our Holy Prophet."
>
> AGA KHAN.

Sources: *A collectanea of Some Recent Speeches and Writings of H.H. Agakhan*, Compiled and Edited by Sultan Nazerali El Africi, The Platinum Printers, Mombasa, 1955, pp. 9 15.

14–WHAT HAVE WE FORGOTTEN IN ISLAM?, 1950

...Islam is fundamentally in its very nature a natural religion. Throughout the Quran God's signs (Ayats) are referred to as the natural phenomenon, the law and order of the universe, the exactitudes and consequences of the relations between natural phenomenon in cause and effect. Over and over, the stars, sun, moon, earthquakes, fruits of the earth and trees are mentioned as the signs of divine power, divine law and divine order. Even in the Ayeh of Noor, divine is referenced to as the natural phenomenon of light and even references are made to the fruit of the earth. During the great period of Islam, Muslims did not forget these principles of their religion.

Under the Khalif Muavia and the great Ommayad Khalifs of Damascus, the Islamic navy was supreme in Mediterranean, better ships, better knowledge of wind and tide were placed at the disposal of the Muslim Navy and thus the land conquest of half Western Europe rendered possible and easy.

Even the historian Gibbon says that when the Turks conquered Constantinople, the Muslim artillery was far superior to any other in Europe, and far greater knowledge was known of the consequences of powder and fire than anything that the Greeks had at their disposal. This alone led to the rapid Turkish conquest of the Balkan Peninsula and Constantinople and coming up to Vienna. Just as under the great Ommayads they had almost reached Paris.

But at the end of the 17th century and beginning of the 18th, the European Renaissance rapidly advanced in knowledge of nature, namely all those very Ayats of God to which the Quran refers when Muslims forgot the Ayats, namely natural phenomenon, its law and order which are the proofs of divine guidance used in the Quran, but we stuck to our rites and ceremonies, to our prayers and fast alone, forgetting the other half of our faith. Thus during those 200/300 years, Europe and the West got an advance out of all proportion to the Muslim world and we found everywhere in Islam (inspite of our humble prayers, our moral standard, our kindliness and gentleness towards the poor) constant deterioration of one form or another and the Muslim world went down. Why? Because we forgot the law and order of nature to which the Quran refers as proof of God's existence and we went against God's natural laws. This and this alone has led to the disastrous consequences have seen.

Today public opinion in Pakistan is standing at a critical moment. If again we look upon Islamic principles as only rites and ceremonies and forget the real Ayats of God's natural phenomenon, then not only Europe but China and India will go so far ahead of us that either we will become like North Africa, humble protectorates or we may have like Turkey to throw over much that is most valuable and precious in our mental outlook. To avoid this, what are we to do? Any fool can tell you of the disease but what is the remedy, how are we to save both teaching of Islam, knowledge of nature and our daily Islamic life of kindliness, gentleness and prayers? If the present method by which the Ulema being brought up on one line of studies and the scientific youth on a different one continues, the disaster will come because there will be fundamental misunderstanding in the outlook of intellect and faith in the soul of the nation. We must learn from our enemies what saved Christianity for Europe. It was the fact that as the Universities at the time of the Renaissance and centuries that followed went forward with natural studies, at the same universities were faculties of divinity in which the priesthood was trained. The atmosphere of science permeated the atmosphere of Christian divinity studies and the atmosphere of the Christian divinity studies permeated the atmosphere of the scientific studies, thus both grew and developed together. Christianity adapted itself to science, though it is anything but a natural religion being based on fundamental irrational principles which are the break up of natural law and order, while science accepted these extraordinary miracles as temporary breaks of the natural law of the universe.

Alas, Islam which is a natural religion in which God's miracles are the very law and order of nature drifted away and is still drifting away, even in Pakistan, from science which is the study of those very laws and orders of nature.

You, gentlemen, have a great responsibility. The only practical hope I see is that all your universities in Pakistan should have a faculty of Islamic religious and philosophical studies attached to ordinary curriculum for post-graduate students, who alone could be recognised as Ulemas. Something of the kind I know is being prepared in Egypt. A great Muslim divine, alas dead for too soon, the late Sheikh al-Maraghi, insisted in Azhar that natural laws should be taught according to the latest discoveries; but if we turn to Iran, Pakistan, North Africa, outside Egypt, we find that the Ulemas are being still brought up on the same old line and the modern students on a totally different line. There is no unity of soul without which there can be no greatness.

My voice alone is the voice of an old sick man in the wilderness, but you Members of the Jamiyyat are not old members and sick men. Insist, you who have taken up the study of the language of the Quran, to make the spirit of the Quran also the spirit of Pakistan. Remember that in the great first century they knew more about sea and wind than Europe ever did for hundreds of years to come. Today where are you? Unless our universities have the best graduated Ulema School for men brought up in the same atmosphere as the science students, realizing the fundamental truth that Islam is a natural religion of which the Ayats are the universe in which we live and move and have our being, the same causes will lead to the same disastrous results.

You, Members of the Jamiyyat should bravely request the enlargement of our universities and the increase of their numbers on Aligarh lines, and insist on post graduate degrees for Ulema, just as there is for Scientists brought up in the same way. I influenced my friend Mohsenul Mulk to do something of the kind in Aligarh. Alas he died and after his death my direct influence on the powers of Aligarh got less and less, though something of the kind to which I here refer did come in Aligarh. It did not go the whole way as it would have gone, still if Mohsenul Mulk had lived and I had been able to continue my influence, but it was an improvement and it has given you Pakistan. Without Aligarh no Pakistan would have come, but to live we want many Aligarhs with science and religious philosophy and education blended in one atmosphere realizing that God of the Quran is the one whose Ayats are the universe.

This is my most important message to you, brothers of Jamiyyat. If your prayers have given me life enough to write this letter, your prayers have done some good.

AGA KHAN – MARSEILLE, 4th April, 1952.

Source: Message to the World of Islam by Aga Khan III, Karachi, 1977, pp. 36 40.

15–EXTRAIT DU TESTAMENT DE L'AGA KHAN, 1955

"I SULTAN SIR MAHOMED SHAH AGA KHAN, G.C.I.E., G.C.S.I. born on the Second day of November One thousand eight hundred and seventy seven at temporarily residing at the Hotel Ritz London HEREBY REVOKE all Wills and other testamentary dispositions heretofore made by me AND DECLARE this to BE MY LAST WILL which I make this Twenty fifth day of May One thousand nine hundred and fifty five."

"Ever since the time of my ancestor Ali, the first Imam," the solicitor read on, "that is to say over a period of thirteen hundred years, it has always been the tradition of our family that each Imam chooses his successor at his absolute and unfettered discretion from amongst any of his descendants whether they be sons or remoter male issue."

...and in these circumstances and in view of the fundamentally altered conditions in the world in very recent years due to the great changes which have taken place including the discoveries of atomic science I am convinced that it is in the best interests of the Shia Moslem Ismailian Community that I should be succeeded by a young man who has been brought up and developed during recent years and in the midst of the new age and who brings a new outlook on life to his office as Imam.

"For these reasons and although he is not now one of my heirs, I APPOINT my grandson KARIM, the son of my son ALY SALOMONE KHAN to succeed to the title of AGA KHAN and to be the Imam and Pir of all my Shia Ismailian followers, and should my said grandson KARIM predecease me then I APPOINT his brother AMYN MAHOMED, the second son of my son ALY SALOMONE KHAN as my successor to the Imamate. I DESIRE that my successor shall during the first seven years of his Imamate be guided on question of general Imamate policy by my said wife YVETTE called YVE BLANCHE LABROUSSE, the Begum Aga Khan, who has been familiar for many years with the problems facing my followers and in whose wise judgement I place the greatest confidence..."

Sources: W. Frischauer, *The Aga Khans*, Bodley Head, London, pp. 207 208.

16–ÉPITAPHE DU MAUSOLÉE À ASWÂN

Au nom d'Allah clément et miséricordieux. Dans ce Mausolée repose Sultan Muhammad Shah Aga Khan III d'origine Persane, né à Karachi le 2/11/1877. Il fut pendant plus de 70 ans le 48e Imam des Shia Imami Ismaéliens. Décédé le 11/7/57 à Versoix, sa dépouille fut ensevelie en ce lieu le 20/02/59 pour y demeurer à jamais. A ses côtés repose son épouse la Bégum Al Hajja Om Habiba née en France le 15/02/1906, décédée le 01/07/2000. Puisse la clémence d'Allah s'étendre sur lui et son épouse, sur tous ceux qui ont participé à l'édification de ce Mausolée et sur tous ceux quels qu'ils soient qui supplient Allah de leur accorder sa miséricorde. Ce Mausolée a été érigé à la demande de la Bégum en accomplissement du voeu de son époux pour devenir leur lieu de sépulture sur l'emplacement qu'ils ont choisi. Le Style en a été inspiré par les monuments des Fatimides (969–1172 J.C.), ancêtres de l'Aga Khan. Cet édifice a été construit en 13 mois grâce au travail intensif d'une main d'oeuvre égyptienne musulmane, sous la direction de l'architecte Docteur Farid Shafei, professeur d'architecture islamique à l'université du Caire.

Annexe II

1-GENEALOGIE DES COMMUNAUTES SHI'ITES

1–'ALÎ (+40/661)

2–HASAN (+49/669)   3–HUSAYN (+51/680)

4–ZAYNU'L – 'ABIDÎN (+93/712)

ZAYD   5–MUHAMMAD al-BÂQIR (+113/731)
ZAYDITES
(Yémen)   6–JA'FAR al-SADÎQ (+148/765)

ISMÂ'ÎL   7–MÛSA al-KÂZIM (+183/799)
ISMAELIENS
(voir tableau suivant)   8–'ALÎ al-RIDÂ (+203/818)

                9–MUHAMMAD al-TAQÎ (+220/835)

                10–'ALÎ al-NAQÎ (+254/868)

                11–HASAN al-ASKARI (+260/873)

                12–MUHAMMAD al-MAHDÎ
                ghaybat sughrâ 260/873 ghaybat kubrâ 330/942

ALAOUITES
(Syrie, Liban, Turquie)

ALEVÎS *   ITHNÂ ASHÂRIYYA ou DUODECIMAINS
(Turquie)   (Iran, Iraq, Liban, Afghanistan,
                    Pakistan, Inde, URSS etc.)
BEKTASHÎS *
(Turquie)
(Albanie)

AHL – I – HAQQ *
ou ALÎ ILÂHÎS (Iran)

1–'Alî = 1er imâm
ZAYDITES = communauté issue ou se
réclamant du shî'isme (si elle est encore
représentée, la localisation figure)
* Communauté pour laquelle le shî'isme
duodécimain constitue l'une des références
0 Communauté issue historiquement du
shî'isme mais ayant officiellement rompu
avec le mouvement

AZALÎS 0
(Iran)

BÂBÎS BAHÂ'ÎS 0
(USA, Europe,
Moyen-Orient)
Moyen-Orient)

2 – GENEALOGIE DES COMMUNAUTES ISMAELIENNES

```
                              7–ISMÂ'ÎL (+148/765)
                                     │
                              8–MUHAMMAD
                                     │
   QARMATES ─────────────────────────┤
                                     │
   FATIMIDES ──── 11–'UBAYD ALLÂH al-MAHDÎ (+322/434)
                                     │
   DRUZES ──── 16–al-HÂKIM (+411/1022)
   (Syrie, Liban, Israël)            │
                                     │
                    18–al-MUSTANSIR (+487/1094) TAYYIBITES
                         │                      │
                         │                 al-MUSTA'LÎ (+495/1101)
                         │                      │
                         │                 al-TAYYIB (+524/1130)
   NIZÂRITES ──── 19–NIZÂR (+488/1095)
                         │
                  28–SHAMS al-Dîn (+1311)
                    ┌────┴─────────────┐
              29–QÂSIM SHÂH        MUMIN SHÂH
                    │                    │
   IMÂMSHÂHITES ──── 30–SHÂH ISLÂM SHÂH
   46–HASAN' ALÎ SHÂH (+1298/1881)
                    │
   47–'ALÎ SHÂH (+1302/1885) (Syrie)   AMÎR MUHAMMAD al-BÂQIR (fin XVIIIème s.)   DÂ'ÛD b. 'AJÂB (+999/1595)
                    │                                                                      │
   48–SULTÂN MUHAMMAD SHÂH                                                       DÂ'ÛD BURHAN al-DÎN      SULAYMÂN
        (+ 1367/1957)                                                                (+1021/1612)         (+1005/1597)
                    │                                                                      │
             49–SHÂH KARÎM                          MUMINSHÂHITES (Syrie)               BOHRAS

   KHOJAS & ISMAELIENS                                                          DÂ'ÛDITES        SULAYMANITES
   (Inde, Pakistan, Iran, Afrique orientale,                                   (Yémen, Inde)    (Inde, Yémen)
   Syrie, Afghanistan, Tajikistan, Europe
   occidentale, Amérique du nord)
```

La Rénovation du Shî'isme Ismaélien en Inde et au Pakistan

3–AGHAS KHANS & KAJARS

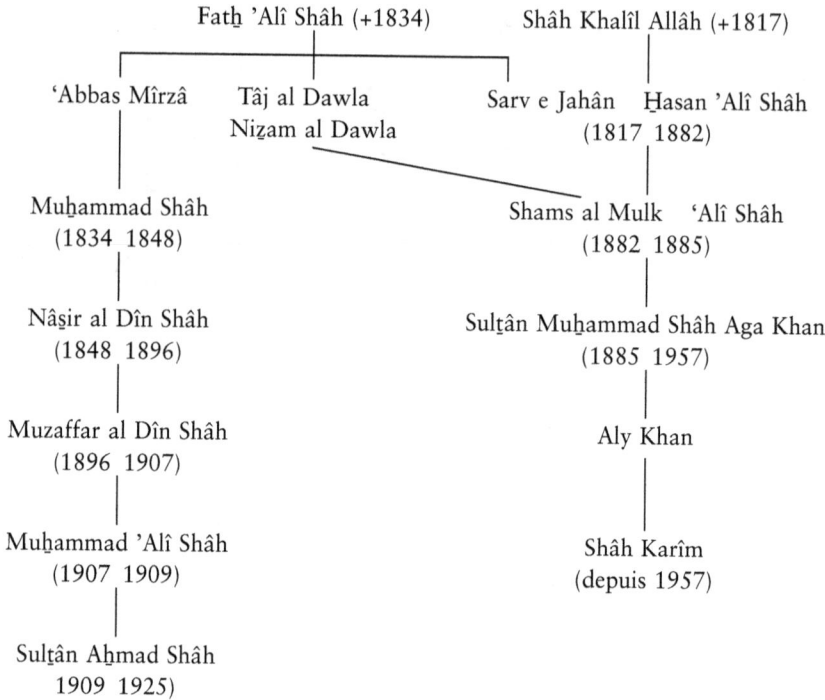

n.b.: les dates correspondent à la durée du règne pour les Kâjârs, et à celle de l'imâmat pour les Aghâ Khâns.

4–LES PROTAGONISTES DU "HAJI BIBI CASE" (1905)

```
                              HASAN ʿALÎ SHÂH (+ 1881)
         ┌─────────────────────────┼──────────────────────┐
AKBAR SHÂH   BIBI SAHEB   ʿALÎ SHÂH   JANGI SHÂH     JALÂL
 (+1885)                               (+1886)        SHÂH
                              │              │
                              │              │
                     SHAMS al-MULK      KHUDIJA
                              │              │
                   SULTÂN M. = SHAHZADE   HAJI BIBI = AGA MÛCHÛL    MALEK TAJ    SHAH
                              SHÂH                    (+1903)       BEGUM        BIBI

AGA FARÛKH                SHAMSUDDIN SHÂH         AGA KÛTSHÛK

AGA SHÂRÛKH
```

SHAMS AL-MULK: témoin de l'Aga Khan
SHÂH BIBI: témoin de Haji Bibi
*ce tableau généalogique ne représente que les membres de la famille de l'Aga Khan qui ont témoigné, d'un côté ou d'un autre, lors du procès.

La Rénovation du Shî'isme Ismaélien en Inde et au Pakistan

5–LA DESCENDANCE DE L'AGA KHAN

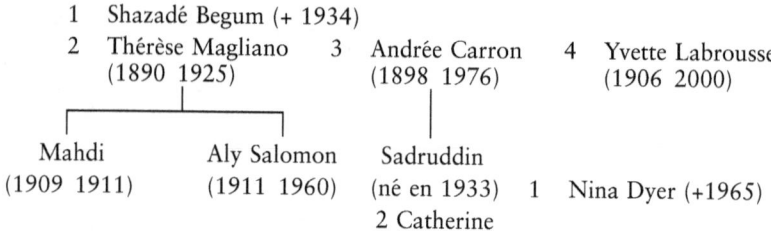

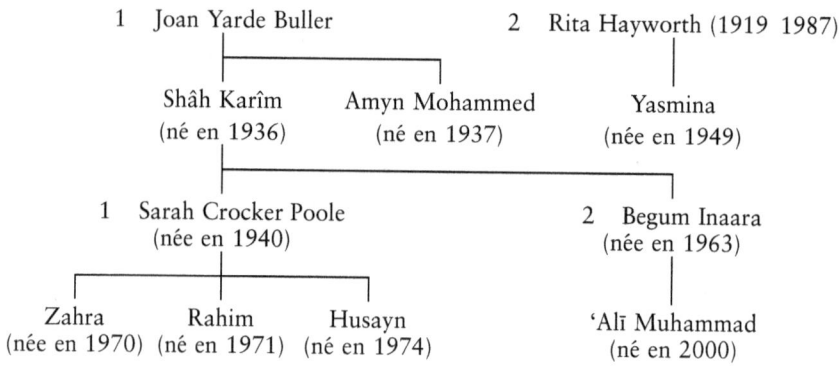

Bibliographie

Première Partie

Bibliographie Ismaélienne et Aga-Khanienne[1]

A–LES ECRITS DE L'AGA KHAN

1–les sources autographes

a – les livres

1. *India in transition – A study in political evolution*, Bombay & Calcutta, Bennett, Coleman & Co Ltd, 1918 (first printed May, reprinted August); New York, Putnam's Sons, 1918, 310 pp.
2. *Glimpses of Islam*, with Dr Zaki Ali, Lahore, Ashraf Press, 1973 (1ère édition 1944, Imprimerie de la Tribune de Genève, Genève), 83 pp.
3. *L'Europe et l'Islam*, avec le Dr Zaki Ali, Genève/Annemasse, 1945, Editions du Mont Blanc, 73 pp.
4a. *Memoirs – World through and Time*, with a foreword by Somerset Maugham, London, Cassel & Co, 1954, 350 pp.
4b. *Die Memoiren des Aga Khan: Welten und Zeiten*, Vienna, Munich, Bassel, Verlag Kurt Desh, 1954, 448 pp.
4c. *Aga Khan – Mémoires*, traduites de l'anglais par Jane Fillion, lettre préface de Jean Cocteau, Paris Albin Michel, 1955, 422 pp.

b–interviews, préfaces, discours et articles

"In the days of my youth", M.A.P, August 15, 1902, reproduit dans N.M. Dumasia, *A brief history of the Aga Khan with an Account of his Predecessors*,

---

[1] les sources proviennent de différentes archives et bibliothèques privées et publiques: Archives de la SDN (Genève), Archives nationales du Pakistan (Islamabad), Centre d'Etudes de l'Inde et de l'Asie du sud (Paris), India Office (Londres), Institut d'Etudes iraniennes (Paris III), Institute of Ismaili Studies (Londres), Noel Q.King (Santa Cruz, Californie), Laboratoire des Sciences Sociales de l'Iran contemporain (CNRS, Paris), MacGill University (Montreal), Akbarally Meherally (Vancouver), Nations Unies (Genève), Abdullah Rahma toullah (Paris), School of Oriental and African Studies (Londres), Société Asiatique (Paris).

the Ismailian Princes or Benefatimite Caliphs of Egypt, with a preface of T. Morrison, Bombay, Times of India, 1903, pp. 168 176.

"The finances of India I Budget speech in the Council of the Governor General", *Abstract of the Proceedings of the Council of the Governor General of India assembled for the Purpose of Making Laws and Regulations*, vol. XLII, Calcutta, 1903, pp. 91 97.

"The finances of India II Budget speech in the Council of the Governor General", *Abstract of the Proceedings of the Council of the Governor General of India assembled for the Purpose of Making Laws and Regulations*, vol. XLIII, Calcutta, 1904, pp. 491 499.

"The defence of India", *The Nineteenth Century*, LVIII, 1905, pp. 367 375.

"Some thoughts on Indian discontent", *National Review*, February 1907, pp. 951 972.

"Advice to the Muslim League Inaugural Address to the Deccan Muslim League Meeting", *The Civil and Military Gazette*, 18, August 1908.

"The Problem of the Minorities in India", *The Times*, 14 February, 1909.

"Some aspects of Indian reforms", *National Review*, December 1909, pp. 577 589.

"The objectives of the Aligarh College", *The Times of India*, 27 January 1910.

"Lord Minto's Viceroyalty", *National Review*, January 1911, pp. 852 860.

"The Muslims of the British Empire", *The Times of India*, 22 July 1911.

"India's Education and her future position in the Empire", *National Review*, July 1911, pp. 779 792.

"Educational Needs of Muslim India", *The Times of India*, 5 December 1911.

"The repeal of the Partition of Bengal", *Comrade*, 10 February 1912.

"An Appeal to the Indian Muslims to help the refugees of the Balkan War", *The Times of India*, 9 December 1912.

"India and the Balkan War: Position of Muslims", *The Times of India Press*, 13 February 1913.

"Public Services in India", *Appendix to the Report of the Commissioners, volume VI: Minutes of Evidence relating to the Indian and Provincial Civil Services taken at Bombay from the 1st to the 12th March 1913, with Appendices*, His Majesty's Stationery Office, London, 1914, Cd. 7579, pp. 54 69.

"The ideals of Muslim India", *The Times of India*, 2 August 1913.

"Resignation from the All India Muslim League Presidentship", *The Times*, 8 November 1913.

"On Moslem policy Future of the Indian League", *The Times*, 8 November, 1913.

"Indians in South Africa and the Empire", *The Times of India*, 17 December 1913.

"The Indians Muslim Outlook", *The Edinburgh Review*, January 1914, pp. 1 13.

"The state of Muslim Politics in India", *The Rangoon Gazette*, 9 February 1914.

"Advice to the Indian Residents in Burma", *The Rangoon Gazette*, 16 February 1914.

"Voluntary work and the War Effort", *The Times of India*, 26 October 1914.

"Turkey, the War and Muslim India", *The times*, 4 November 1914.

Omar Khayyâm – Faithfully & literally translated (from original persian) by John Pollen, with a foreword by His Highness the Aga Khan, London, East & West Ltd., 1915.

"The Example of Sir Pherozeshah Mehta", *The Times of India*, 8 January 1916.
"In defence of Lord Hardinge", *The Times* 23 July 1917.
"Gokhale's Last Political Testament", *The Times*, 15 August 1917.
"Tribute to E.S. Montagu and Lord Sinha", in *The Insistent claims of Indian Reforms: Speeches at a Banquet in London on 7 March 1919*, Philip Lee Warner, London, 1919, pp. 34 37.
"The post war Future of Turkey", with Sayyid Ameer Ali, *The Times*, 3 June 1919.
"Indian Muslim Sentiment and Turkey", with Sayyid Ameer Ali, *The Times*, 2 August 1919.
"Suffrage for the Indian Women", *The Times*, 11 August 1919.
"British policy in the East", *The Times*, November 5 & 6, 1920.
"The Dimensions of the Turkish Problem", *The Indian Annual Register 1921*, Calcutta, n.d., Part I, pp. 145 148.
"India desires", *The Times*, 14 March 1921.
"Indian Muslim Concern for Turkey", *The Morning Post*, 9 July 1921.
"Peace with Turkey", *The Times*, 12 November 1921.
"Remembering Sir Pherozeshah Mehta", Foreword to H.P. Mody, *Sir Pherozeshah Mehta: A Political Biography*, The Times of India Press, Bombay, 1921, pp. vii ix.
"A royal viceroy", *The Times*, 21 June 1922.
"Possibility of a Turkish Settlement", *The Times of India*, 16 December 1922.
"Counsel to the Muslims of India", *The Times of India*, 16 January 1923.
"The Indian question in Kenya", *The Times of India*, 26 January 1923.
"The Political situation in India", *The Times of India Press*, 7 April 1923.
"On Lausanne treaty with Turkey", *The Times*, 28 July 1923.
"The New Muslim World", *The Edinburgh Review*, October 1923, pp. 230 236.
"Appeal to Turkey to retain the Khilafat", with Sayyed Ameer Ali, *The Times*, 14 December 1923.
"Reasons for the appeal to Turkey", *The Times*, 17 December 1923.
"Optimism and good will", *The Sunday Express*, 13 April 1924.
"The Moroccan war sufferers" with Lord Lamington and Sayyid Ameer Ali, *The Times*, 18, October 1924.
"Lord Milner's credo", *The Times*, 5 August 1925.
"How to live long", *The Evening Standard*, 8 December 1925.
"A Constitution for India", *The Times*, 12 & 13 October 1928.
"Nationhood for the Indian Muslims", In *Report of the All India Muslim Conference held at Delhi on 31 December, 1928, and 1st January, 1929*, compiled and published by Hafizur Rahman, Aligarh, n.d., pp. 20 23.
"Britain and the Muslims of India", *Daily Express*, 3 May 1929.
"British Policy in India", *The Times*, 7 November 1929.
"Indian aspirations The Moslem Case Continuance of separate electorates", *The Times*, January 18, 1930.
"The Present Outlook", *The Daily Herald*, 2 December 1930.
"A federation for India", *Indian Round Table Conference: 12th November 1930 – 19th January 1931: Proceeding*, His Majesty's Stationery Office, Cmd. 3778, 1931, pp. 180 81.
"The future of Mankind", *The Times*, 11 June 1931.
"Safeguards for Indian Muslims", *The Times*, 28 September 1931.
"More thoughts on human happiness", *The Daily Sketch*, 02 November, 1931.

"If I were dictator", *The Listener*, 11 November, 1931.
"The Muslim Outlook", *The Times*, 18 December 1931.
Provisions of a settlement of the communal problem regarding to Indian Constitution, Indian Round Table Conference (Second Session): 7th September 1931 - 1st December 1931, His Majesty's Stationery Office, London, 1932, Cmd 3997, pp. 68 73.
"The Hindu Muslim Problem in India", *The Times*, 7 June 1932.
"Muslims and the Third Round Table Conference", *The Civil and Military Gazette*, 13 October 1932.
"On the road to a Constitution for India", *Indian Round Table Conference (Third Session) (17th November, 1932-24 December, 1932)*, London, 1933, Cmd 4238, pp. 133 135.
"Islam and world problems", *The Times*, 30 June 1933.
"Commercial Prospects in Muslim Asia", *The Asiatic Review*, vol. 29, pp. 633 637.
"The Indian white paper", *The Times of India*, 15 December 1933.
"The Muslim League and the new reforms", *Star of India*, 15 February 1934.
"A word to the Muslim legislators", *The Civil and Military Gazette*, 23 February 1934.
"The task before the Muslim Legislators of Bengal", *Star of India*, 1 March 1934.
"A call to the Islamic World", *Star of India*, 15 March 1934.
"Persian poets: the supremacy of Hafiz", *The Times*, September 27, 1934.
"Thoughts on Imperial Defence", *The Times*, 24 October 1934.
"On Firdausi", *The Times*, 1 November 1934.
"An appeal to the Muslim Legislators of India", *Star of India*, 13 February 1935.
"The Renaissance of Islamic culture", *The Times of India*, 26 February 1935.
"The Muslim Lands and the West", *The Muslim Times*, 1 August 1935.
"Responsibilities of Muslim leadership in India", *Star of India*, 18 February 1936.
"The educational needs of Muslim India", *Star of India*, 14 March 1936.
"Hafiz and the place of Iranian culture in the world", Inaugural lecture, *Iran Society*, November 1936, pp. 1 7; réimprimé dans *Asiatic Review*, January 1937, pp. 113 17.
"Oriental literature", preface to Sirdar Ikbal Ali Shah, *The coronation Book of Oriental Literature*, Sampson Low, Marston and Co, London, 1937, n.d., p.v.
"University of Islam", foreword written to Al Haji Qassimaly Jairazbhoy, *Muhammad: a mercy on all nations*, Luzac, London, 1937, pp. 11 15.
"The relevance of the League of Nations, *The Times*, 9 July 1938.
"Peace or truce", *The Times*, October 19, 1938.
"The imperatives of Islamic research", *Ismaili*, 22 January 1939.
"Le libéralisme religieux", *Le Monde religieux* (Lausanne), T.IV, Oct. 1943, pp. 69 74.
"Looking towards the Post war World", *The East African Standard*, 27 March 1945.
"The future of Islam in East Africa", *Proceedings of the East African Muslim Conference*, Mombasa, 1945.
"Inter racial co operation in Tanganyika", *The Tanganyika Standard*, 3 August 1945.
"The Indian Situation", *The Civil and Military Gazette*, 11 November 1945.
"The importance of science", *The Times of India*, 10 March 1946.

Bibliographie Ismaélienne

"Education and progress of Muslim East Africa", *Combined Report of the 2nd East African Muslim Conference and the Annual General Meeting of the East Africa Muslim Welfare Society*, Mombasa, 1946.
"A university for East Africa", *idem*.
"The folly of hate and fear", *The East African Standard*, 12 August 1946.
"The future defence problem of South Asia", *The Times*, 23 July 1947.
"Can we stop the next war", *The Sunday Post*, 16 November 1947.
"A tribute to Muhammad Ali Jinnah", *The Zanzibar Times*, 11 April 1950.
"A School of technology for East Pakistan", *The Pakistan Observer*, 29 January 1951.
"Pakistan as a Muslim state", *Dawn*, 29 January 1951.
"The Ismailis and national loyalty", *The East African Standard*, 8 June 1951.
"Patriotism and loyalty", *Dawn*, 4 February 1954.
"A warning against sectarianism", *Souvenir of the East African Muslim Welfare Society*, n.p.p., 1954, p. 3.
"Material intelligence and spiritual enlightenment", *Ismaili*, 6 March 1955.
Eastward to Persia, Sirdar Ikbal Ali Shah, with a foreword by His Highness the Aga Khan, London, Wright & Brown, s.d., 292 pp.

2–sources non publiées

a–correspondance Aga Khan/Muhammad 'Alî Jinnah

lettre du 24/12/1930, Paris, 2 pp. dact.
lettre du 20/01/1931, paris, 3 pp. dact.
lettre du 15/03/1931, Antibes, 5 pp. dact.
lettre du 29/03/1931, Antibes, 2 pp. dact.
lettre du 29/03/1931, "Claims of minorities", 13 pp. dact.
lettre du 20/06/1931, Paris, 2 pp. man.
lettre du 25/06/1931, 1 p. man.
lettre non datée, Londres, 7 pp. man.

b–rapports à l'India Office

"Note by the Aga Khan and M.A. Ali Baig on situation in Egypt", 12/01/1916, 9 pp. *L/P & S/18/B 208*, India Office.
"Memorandum on relations with Turkey", 15/03/1916, 16 pp. dact., *L/P & S/181 C 146*, idem.
"Memorandum on British policy in Persia", 16/03/1916, 4 pp. dact., *L/P & S/18/C 146 et D 284*, ibid.
lettre à Thomas Holderness, 16/03/1916, 2 pp. man., *L/P & S18/C 146*, *ibid*.
memorandum à Samuel Hoare, 9 mars 1932, Private Office Record, *L/PO/49*, *ibid*.

c–discours de la Société des Nations
(Journal officiel, suppléments spéciaux, Genève)

"The need for disarmament", in *League of Nations: Conference for the reduction and limitation of Armaments: Verbatim Record (Revised) of the Fourteenth Plenary Meeting*, Friday, February 19th, 1932 at 10 A.M., Geneva, 1932, pp. 2 3.

discours du 27/09/1932, p. 36, *no 104*.
admission du royaume d'Irak, 03/10/1932, p. 51, *idem*.
conférence du désarmement, 17/10/1932, pp. 51 52 *idem*.
admission du royaume d'Afghanistan, 27/09/1934, p. 75, *no 131*.
question de l'universalité de la S.D.N., 13/09/1935, p. 66, *no 144*.
rapport sur l'oeuvre accomplie par la S.D.N., 29/09/1936, pp. 77 8, *idem*.
admission de l'Egypte, 26/05/1937, p. 29, *no 176*.
presidential address, 29/09/1937, pp. 36 7, *idem*.
"Tribute to Dr. Masaryk of Czechoslovakia", *Verbatim of the Eighteen Ordinary Session of the Assembly of the League of Nations, Third Plenary Meeting*, Tuesday, September 14th, 1937, at 10.30 A.M., Geneva, 1937, p. 6.

3–Sources compilées

Rules and regulations of the Shia Imami Councils of the Continent of Africa, published by Varas Mahomedbhai Remtula Hemami, president of the Shia Imami Ismailia Supreme Council of Zanzibar, 1925 (revised edition), Hassan Printing Works Zanzibar, 84 pp. en anglais, 87 pp. en gujarâti.

Message Six articles on religion and politics, compiled & published by Ismail M. Jaffer, Bombay, Karnatak Press, 1935, 30 pp.

Message of H.R.H. Prince Aga Khan III to Nation of Pakistan and World of Islam, originally edited by Sultan Nazerali El Africi, revised by Kassim Ali M.J., Karachi, Capital Printing House, 1964 (1st ed. 1953), 60 pp.

Precious Pearls – Farman Mubarak of Hazrat Imam Mowlana Sultan Mohammad Shah, compiled and translated by Sherali Alidina and Kassim Ali, 1961 (1st ed. 1954), Ismailia Association Pakistan, Karachi, 108 pp.

A collectanea of some recent speeches and writings of His Highness the Aga Khan, compiled by Sultan Nazerali El Africi, Mombasa, Platinum Printers, 1955, 85 pp.

Mubarak Talika and Messages – Mowlana Hazir Imam's Guidance & Advice in Spiritual and Worldly Matters to Ismailis of Africa, Mombasa, Shia Imami Ismailia Associations for Africa, 1955, 56 pp.

Message of His Highness the Rt. Hon'able Sir Sultan Muhammad Shah The Aga Khan to the Muslim Women – A gift to seekers after Truth, compiled by Jafferali M. Soofi, Nairobi, Majestic Printed Works Ltd., s.d., 16 pp.

Special Golden – Platinum Jubilee Number, ed. by Ismail H. Ebrahim, The Shia Imami Ismailia association for Tanganyika, Dar es Selam, s.d., 29 pp.

B–ECRITS CONSACRES A L'AGA KHAN

1–biographies et témoignages

ALIDINA, Sherali (ed.),*Souvenir commemorating the historic and auspicious occasion of His Highness Aga Khan's Platinum Jubilee celebrated at Karachi*, Karachi, Din Muhammad Press, 1954, 126 p.

ALIDINA, Sherali, "Role of the late Aga Khan as a Leader of the Muslims of the Subcontinent in the Political Field", *Proceedings of the Pakistan History Conference*, 16th Session (1968), pp. 125 ff.

ALLANA, G., *His Highness Aga Khan III – A brief survey of his life and time*, Karachi, Saifee Printers, 1973.

Bibliographie Ismaélienne

ALLANA, G., "His Highness the Aga Khan (1877 1957)" in *Our freedom fighters - 1562/1947 - Twenty one great lives*, Lahore, Paradise Subscription Agency, 1969, pp. 251 267.
ANDERSON, J.N.D., "The Isma'ili Khojas of East Africa A new Constitution and Personnal law for the Community", *Middle Eastern Studies*, 1 (1964), pp. 21 39.
ANONYME, "Aga Khan's advice to Musalmans", *Muslim World*, III (1913), pp. 424 5.
ANONYME, *His Highness the Aga Khan*, London, 1914.
ANONYME, *His Highness the Aga Khan*, Madras, 1917.
BAKER, Robert L., "The Aga Khan, Moslem Pontiff", *Current History*, Sept. 1935, pp. 591 7.
BOSE, Mihir, *The Aga Khans*, Kingswood, World's work, 1984, 399 pp.
BOURRE, Jean Paul, *Aga Khan*, Paris, Encre, 1982, 283 pp.
BUDHWANI, A.M., *The Aga Khan and the League of Nations*, Ismaili Aftab, Dhoraji, 1938.
DUMASIA, Navroji M., *A brief history of the Aga Khan etc ... (Appendices - Writings and speeches of His Highness the Aga Khan)*, Bombay, Times of India Press, 1903, X p., 221 pp.
DUMASIA, Navroji M., *The Aga Khan and his ancestors*, Bombay, Times of India Press 1938, 375 pp.
DUMASIA, Navroji M., "The Aga Khan as patriot and patron of learning A great pillar of Islam", *Ismaili Golden Jubilee Number*, pp. 48 54.
FRISCHAUER, Willi, *The Aga Khans*, London, The Bodley Head, 1970, 275 p.
GOOLAMALI, Karim, *An open letter to Sir Lancelot Graham, Governor of Sind*, Karachi, Printed by Keshavlal M. Jani, 1937.
GOOLAMALI, Karim, *Quo vadis Pakistan?*, Karachi, Karachi Job Press, 1954.
GREENWALL, Harry J., *His Highness the Aga Khan, imam of the Ismailis*, with a foreword on racing by His Highness the Aga Khan, London, Cresset Press, 1952, 240 pp.
IKBAL ALI SHAH, Sirdar, *The prince Aga Khan - An authentic life story*, London, John Long Ltd, 1933, 249 pp.
JACKSON, Stanley, *The Aga Khan - Prince, Prophet and sportman*, London, Odhams Press Ltd, 1952, 240 pp.
KERLAU, Yann, *Les Aga Khan*, Paris, Perrin, 1990, 424 pp.
KESHAVJEE, H.V., *The Aga Khans and Africa*, Durban, Mercantile Printings Works, 1946, 200 pp.
KIDWAI, Shaikh Mushir Hosain, "His Highness the Aga Khan", *Ismaili*, Golden Jubilee Number, Bombay (1935), pp. 1 5.
MAHADESHWWAR, "The Aga Khan and the Ismailis", *Ismaili* Special Birthday Number, Bombay (1941), 18, pp. 22 24.
MALICK, Q.A., *His Royal Highness Prince Aga Khan - Guide, Philosopher and friend of Islam*, Karachi, Kharadar, 1954, 81 pp.
NEHRU, J., "His Highness the Aga Khan", *Modern Review* (Calcutta), nov. 1935.
SABLIER, Edouard, "Un vieux de la montagne doublé d'un gentleman", *Le Monde*, 12/07/1957.
SAEE, M., *His Royal Highness Prince Aga Khan's visit to Iran - 1951*, Translated from Persian and compiled by Prof. Abbas Sabzawari, Ismailia Association for Pakistan, Karachi, Din Muhammad Press, 1953,
SHELLABEAR, W.G., "The Aga Khan", *Muslim World*, XX (1930), pp. 311 312.

La Rénovation du Shî'isme Ismaélien en Inde et au Pakistan

2–Etudes et compte – rendus

ALGAR, H., "Aqâ Khan", *Enclopaedia Iranica*, T.II, Vol. I, 1987, London, Boston & Henley, Routledge & Kegan Paul, 1987, pp. 170 175.
ESMAIL, Aziz, "World enough and time: A brief note on Imam Sultan Muhammad Shah's place in history", *Africa Ismaili*, vol. 5, no 2, 21st March, 1976, pp. 4 5.
ESMAIL, Aziz, "Islam at the cross roads: Imam Sultan Muhammad Shah in the perspective of Muslim history", *Africa Ismaili*, vol. 5, no 3, 9th April 1976, pp. 8 10et vol. 5, no 4, 23rd April 1976, pp. 8 11.
FAZY, R., "Les mémoires de l'Aga khan", *Asiatische Studien*, 9(1954), pp. 48 54.
GIBB, H.A.R., "L'Europe et l'Islam", *International Affairs*, XXIII, 1947, p. 271.
GIBB, H.A.R., "Aghâ Khân", *E12*, T.I, p. 254.
GIBB, H.A.R., "Khojas", *Shorter Encyclopaedia of Islam*, Leiden, E.J. Brill, 1974.
KING, N.Q. & **ADATIA**, A.K., "Some east African firmans of His Highness Aga Khan III", *Journal of Religion in Africa*, vol. VII, fasc. 3, 1969, pp. 179 191.
LE CHATELIER, Alfred, "Aga Khan", *Revue du Monde Musulman*, I, 1907, pp. 48 85.
LE CHATELIER, Alfred, "L'Aga Khan", *Revue du Monde Musulman*, V, 1911, pp. 528 29.
MARSAC, S., "Silhouette: l'Aga Khan", *En Terre d'Islam*, 4ème tr., 3ème série, no 20 (1942), pp. 230 234.
MORRIS, H.S., "The divine kingship of the Aga Khan: a study of theocracy in Africa", *Southwestern Journal of Anthropology*, 14 (1951), pp. 454 472.
NALLINO, C., "Lettera dele' Agha Khan ad 'Ismet Pascia", *Oriente Moderno*, IV (1924), pp. 15 17.
RATTANSI, D., *The Nizari Isma'ilis of Pakistan: Isma'ilism, Islam and Westernism through the Firmans: 1936–1980*, M.A. thesis, Mc Gill University, Montreal, 1981.
RATTANSI, Diamond, *Islamization and the Khojah Ismâ'îlî in Pakistan*, Ph. D., Mc Gill University, 1987.
SULAIMÂN GHULÂM HUSAIN, Hâjî, *Genealogical Table of the Prophet Muhammad from Adam, etc ... (Genealogical Table of H.H. the Hnble. Sir Aga SMS Aga Khan)*, 1905, fol.
TIBAWI, A.L., "The Memoirs of Aga Khan reviewed", *Islamic Quaterly*, 1955, pp. 68 70.

C–LA CONTINUITE DE L'OEUVRE AGA – KHANIENNE

1–documents écrits

AGA KHAN, Karim, *The Guiding Lines*, foreword by I.H. Qureshi, National Development Publications, Karachi, 1965, 40 p.
AGA KHAN, Karim, *Farman Mubarak of Mowlana Hazar Imam Shah Karim al Huseini*, H.H. The Aga Khan Shia Imami Ismailia Association for Kenya, s.d., Nairobi.
AGA KHAN, Karim, *Farman Mubarak, Pakistan visit 1964 of Mowlana Hazar Imam Shah Karim al Husayni*, Ismailia Association Pakistan, Karachi, Part 1 55 p., part 2 68 p.
AGA KHAN, Karim, *Speeches of Mowlana Hazar Imam His Highness the Aga Khan*, Part II (1958 1963), Shia Imami Ismailia Association for Africa, Mombasa 1964, 113 p.

Bibliographie Ismaélienne

AGA KHAN, Karim, *Kalam e Imam – zaman – Farmans to the Western World (1957–1991)*, vol. 1, s.d.s.l., *Kalam e Imam – zaman – Farmans to Asia and Middle East (1957–1993)*, vol. 2, s.d.s.l., *Kalam e Imam – zaman – Farmans to Africa (1957–1993)*, vol, vol. 3, s.d.s.l.

AGA KHAN, Sadruddin, "Does the United Nations Deserve our Trust?", Graduate Institute of International Studies, Collection "Conferences" no 5, Geneva, 1970, pp. 7 15.

AGA KHAN, Sadruddin, "Legal Problems relating to Refugees and Displaced Persons", *Academy of International Law*, The Hague, Recueil des Cours, 1976. I, Leyde, A.W. Sijthoff, 1977, v. 149, pp. 287 352.

AGA KHAN, Sadruddin (rapporteur spécial), *Les droits de l'homme et les exodes massifs*, Genève, Nations Unies, 1982, 37 p. + 77 p. d'annexes + xxvii de bibliographie.

AGA KHAN, Sadruddin, "Les bases éthiques pour le droit et la société: Perspectives de la commission indépendante sur les questions humanitaires internationales", *Académie de droit international*, Recueil des cours, 1985 IV, Tome 193, Martinus Nijhoff Publishers, Dordrecht/Boston/Lancaster, 1986, pp. 391 413.

AGA KHAN, Sadruddin (ed.), *Nuclear War – Nuclear proliferation and their consequences – Proceeding of the Vth International Colloquium organized by the GROUPE DE BELLERIVE, Geneva 27–29 June*, Clarendon Press, Oxford, 1986.

AGA KHAN, Sadruddin, "Souveraineté des Etats et bien être de la personne: revaloriser l'humain", *Le Monde Diplomatique*, avril 1986.

EDELMANN, Frédéric, "L'Aga Khan et la vallée perdue", *Le Monde*, 01 02/06/1986.

BARRIN, Jacques de, "Bonnes affaires et bonnes actions Kenya: les activités tous azimuts de l' Aga Khan", *Le Monde*, 20/10/1988.

FOURNIER, Bruno, "Rencontre: Sadruddin Aga Khan, chantre des Droits de l'Homme et de la protection de la nature", *Le Dauphiné Libéré*, 13 Septembre 1991.

PERONCEL – HUGOZ, Jean Pierre, "L'aga Khan, providence de l'art islamique", *Le Monde*, 28/10/1989.

SLATER, Leonard, *Aly: a biography of late Aly Khan*, W.H. Allen, London, 1966, 285 p.

WEBER, Olivier, "Karim Aga Khan: le prince d'un Islam heureux", *Le Point*, no 984 (27 juillet 2 août 1991), pp. 36 42.

YOUNG, G., *The golden prince*, Hale, London, 1955. *L'esprit de l'Islam – Discours de Mowlana Hazar Imam*, (document ronéotypé, aucune indication bibliographique). *Constitution of the Shia Imami Ismaili Muslims*, (idem), 1986, 37 pp.

2–documents audiovisuels

BARRAT, Patrice, "Autopsie d'un conflit", 22.01.1991, 1h. 03m. (avec la participation de Sadruddin Aga Khan).

CARRIER, Henri, "Le prince des neiges", *Les coulisses de l'exploit*, ORTF, 21.02.1962 (sur Shâh Karîm).

CHATTON, Pierre François, "Sadruddin Aga Khan", *Côté jardin*, Télévision Suisse Romande, 09.08.1992, 42m.

CRIGNON, Anne, "La Sardaigne du prince", *Le Monde*, 14.11.1992.

DECHAVANNE, Christophe, *Ciel mon mardi*, TF1, 10.10.1989, 1h 44m. (avec Sadruddin Aga Khan comme invité principal).

HERMANT, Michel, "Le prince des animaux", *A la folie*, TF1, 22.11.1987, 1h 30m. (au total; sur Sadruddin Aga Khan).
LOVICHI, Jean Pierre, "Droits de l'enfant", *Permission de Minuit*, TF1, 09.12.1987, 1h 26m. (participation de Sadruddin et de Catherine Aga Khan).
MITTERRAND, Frédéric & JEUDY, Patrick, "Le prince Aly Khan", *Destins*, Antenne 2, 06.04.1988, 56m.
PREVOST, Jean Luc, "Animaux à fourrure", *S.O.S.*, TFI, 05.12.1990, 47m. (participation de Sadruddin et de Catherine Aga Khan).
RUGGIERI, Eve, "Ali Khan", *Eve raconte*, 13.04.1992 (45m.), 14.04.1992 (11m.), 16.04.1992 (11m.), 17.04.1992 (11m.).
SPIERO, Jean Pierre, "Entre chien et loup", A2, 14.11.1987, 39m. (avec la participation du prince Sadruddin Aga Khan).
TAZIEFF, Haroun, "En Pays Hunza", *Retour à Samarkand* 2, 23.06.1991, 52m. (sur les Ismaéliens du Hunza; rôle de la Fondation Aga Khan pour améliorer leur vie matérielle et intellectuelle).
WALTER, Georges & PETER, Philippe, "L'héritier et les réfugies", *Reportages*, Antenne 2, 30.01.1992, 18m.

D–OUTILS BIBLIOGRAPHIQUES

ASANI, Ali Sultan, *The Harvard collection of Ismaili Literature in Indic Languages: A Catalog and Finding Aid*, Boston: G.K. Hall, 1992.
FYZEE, A.A.A., "Materials for an Ismaili Bibliography", *JBBRAS*, XI, 1935, pp. 59 65.
GORIWALA, Mu'izz, *A descriptive catalogue of the Fyzee Collection of Ismaili Manuscripts*, University of Bombay, 1965.
HAMDANI, Husain F. al, "Some unknown Ismâ'îlî authors & their works", *JRAS*, 1933, pp. 359 378.
HAMDANI, Husain F. al, "A compendium of Ismaili esoterics", *Islamic Culture*, XI (1937), pp. 210 220.
IVANOW, Wladimir, *Ismaili literature: A Bibliographical survey*, Tehran, 1963.
KRAUS, Paul, "La bibliographie de W. Ivanow", *Revue des Etudes Islamiques*, 6 (1932), pp. 483 490.
MASSIGNON, Louis, "Esquisse d'une bibliographie qarmate" in *A volume of oriental studies presented to Edward G. Browne*, ed. By T. Arnold and R. Nicholson, Cambridge, 1922, pp. 329 338.
MASSIGNON, Louis, "Karamati", *EI*, T.II, pp. 813 818.
NOORALY, Zawahir, *Catalogue of Khôjkî Manuscripts in the Collection of the Ismâilîa Association for Pakistan*, Ismâilîa Association for Pakistan, Karachi, 1971 (unpublished).
POONAWALA, Ismail K., *Biobliography of Ismaili literature*, Malibu (Cal.), Undena Publications, 1977, 533 pp.
ROSS, E. Denison, "Ismaili Mss. in the Asiatic Museum, Petrograd, 1917", *JRAS*, 1919, pp. 429 435.
TAJDIN, Nagib, *A bibliography of Ismailism*, Delmar (New York), Caravan Books, 1985, 180 pp.

E–ISMAELISME: PASSE ET PRESENT

ALGAR, H., "The revolt of Agha Khan Mahallati and the transference of the Isma'ili imamate of India", *Studia Islamica*, XIX, 1969, pp. 55 81.

Bibliographie Ismaélienne

ALGAR, H., "Mahallatî", *EI2*, T.IV, Leiden, E.J. Brill, 1973, pp. 1212 1213.
AMIJI, Hatim M., "Some notes on religious dissent in nineteenth century East Africa", *African Historical Studies*, IV, 3, 1971, pp. 603 616.
AMIJI, Hatim M., "The Bohras of East Africa", *Journal of Religion in Africa*, 7 (1975), pp. 27 61.
ANONYME, "What is Ismailism?", *Read & Know*, no 24, Shia Imami Ismailia Association for Tanzania, Dar es Salam, Vhoja Printers, s.d., pp. 1 12.
ARNOULD, Sir J., *Judgment by the Hon'able Sir Joseph Arnould in the Khojah Case otherwise knows as Aga Khan Case*, Printed at the "Bombay Gazette", Steam Press, 1866.
ASANI, Ali Sultan, "La conception de la foi chez les Ismaéliens d'origine indienne", *Al Mustaqim*, Ismaili Association for Europe (Paris), 1978, pp. 7 14.
ASANI, Ali Sultan, "The Khojahs of Indo Pakistan: The Quest for an Islamic identity", *Journal of the Institute of Muslim Minority Affairs*, vol. 8, no 1, 1987, 31 34.
ASANI, Ali Sultan, "The Khojkî script: a legacy of Ismaili Islam in the Indo Pakistan subcontinent", *Journal of the American Oriental Society*, 107 3 (1987), pp. 439 442.
BALJON, J.M.S., *Religion and thought of Shah Wali allah Dihlawi*, Leiden, Brill, 1986.
BIANQUIS, Thierry, "Al Hakim bi Amr Allah ou la folie de l'unité chez un souverain fatimide", in *Les Africains*, éd. C.A. Julien et al., vol. II, 1978, pp. 103 133.
BIANQUIS, Thierry, *Damas et la Syrie sous la domination fatimide (359–486/ 969–1076). Essai d'interprétation de chroniques arabes médiévales*, 2 tomes, 1986 1989, IFD, Damas, 804 p.
BLACHERE, Régis, "La fondation du Caire et la renaissance de l'humanisme arabo musulman", in *Millénaire du Caire – Colloque International sur l'histoire du Caire – 1969*, Berlin/Leipzig, 1974, pp. 695 96.
BOCOCK, Robert J., "The Ismailis in Tanzania: a Weberian analysis", *The British Journal of Sociology*, 22 (1971), pp. 365 380.
CHUNARA (ed.), *Ismaili – Special Golden Jubilee Number, 1936*, Bombay.
CHUNARA (ed.), *Ismaili – Special birthday Number 28, 1941*, Bombay.
CLARKE, P.B., "The Ismaili: A Study of a Community", *British Journal of Sociology*, December 1976.
CLARKE, P.B., "The Ismaili Sect in London: Religious Institutions and Social Change", *Religion*, 8 (1978), pp. 66 84.
CONLON, Frank F., "New Power to Old Authority? The Khodjas and the courts in the 19th century India", *1972. European Conference on Modern South Asian Studies inédit)*.
CORBIN, Henry, *Nasir e Khusraw – Kitâb Jami' al Hikmatain – Le livre réunissant les deux sagesses ou Harmonie de la philosophie grecque et de la théosophie ismaélienne*, texte persan avec une double étude préliminaire en français et en persan par H. Corbin et M. Mo'in, Paris/Téhéran, Adrien Maisonneuve, 1953.
CORBIN, Henry, *Trilogie ismaélienne – 1. Abu Ya'qub Sejestânî: Le Livre des Sources (IV/Xème s.) – 2. Sayyid na al Husayn ibn 'Alî: Cosmogonie et eschatologie (VII/XIII ème s.) – 3. Symboles choisis de la Roseraie des Mystères de Mahmoud Shabestari (VII/XIVème s.)*, textes édités avec tr. fr. et commentaires, Paris, Adrien Maisonneuve, 1961, 396 pp. (texte fr.), 188 pp. (texte persan).
CORBIN, Henry, "Herméneutique spirituelle comparée 1 Swedenborg 2 Gnose ismaélienne", *Eranos Jahrbuch*, XXXIII/1964, Zurich, Rhein Verlag, 1965, pp. 71 176.

La Rénovation du Shî'isme Ismaélien en Inde et au Pakistan

CORBIN, Henry, *Temps cyclique et gnose ismaélienne*, Paris, Berg International, 1982, 208 pp.

DACHRAOUI, Farhat, *Le califat faíimide au Mahgreb, 296.362/909.973. Histoire politique et institutions*, thèse de doctorat d'Etat, 1972.

DAFTARY, Farhad, *The Ismâ'îlîs: Their History and Their Doctrines*, Cambridge University Press, Cambridge, New York, Port Chester, Melbourne, Sydney, 1990, 804 pp.

DAFTARY, Farhad, *The Assassins Legends – Myths of the Isma 'ilis*, I.B. Tauris, London New York, 1994.

DAFTARY, Farhad, (ed.), *Mediaeval Isma'ili History and Thought*, Cambridge University Press, Cambridge, 1996.

DAFTARY, Farhad, "The Earliest Ismâ'îlî", *Arabica*, 38 (1991), pp. 214 245.

DAFTARY, Farhad, "Persian Historiography of the Early Nizârî Isma'îlîs", *Iran*, XXX, 1992, pp. 91 97.

DAFTARY, Farhad, "A major schism in the Early Ismâ'îlî Movement", *Studia Islamica*, LXXVII (1993), pp. 123 139.

DHARSEE, A.S.W., "Faith of the Ismailis", *Read & Know*, no 24, Shia Imami Ismaili Association dor Tanzania, Dar es Salam, Vhoja Printers, s.d., pp. 12 20.

ENGINEER, Asghar Ali, *The Bohras*, New Delhi, 1980.

ENGINEER, Asghar Ali, *The Muslim communities of Gujarat. An Exploratory Study of Bohras, Khojas and Memons*, Ajanta Publications, Delhi, 1989, 275 p.

ESQUIRE, H., *The Shia school of Islam and its branches especially that of the Imame Ismailies*, Bombay, Oriental Press, 1866.

FRERE, H.B.E., "The Khodjas: The Disciples of the Old Man of the Mountain", *MacMillan Magazine*, XXXIV (1876), pp. 342 350.

FEKI, Habib, *Les idées religieuses et philosophiques de l'ismaélisme fatimide (organisation et doctrine)*, Publications de l'Université de Tunis, Tunis, 1978, 334 pp.

FILIPPANI – RONCONI, Pio, *Ismaeliti ed Assassini*, Editiones Basileus, Milano, 1973, 352 p.

FYZEE, Asaf A.A., "The Ismaili Law of Muta'a", *Journal of the Bombay Branch of the Royal Asiatic Society*, 1965, pp. 85 92.

FYZEE, Asaf A.A., *Cases in the Muhammadan Law of India and Pakistan*, Oxford, Oxford University Press, 1965, 573 pp.

FYZEE, A.A.A., "Bohorâs", *EI2*, T.I, pp. 1292 3.

FYZEE, Asaf A.A., "Imâm Shâh", *EI2*, T.III, pp. 1191 1192.

GUYARD, S., "Fragments relatifs à la doctrine des Ismaéliens", *Notices et Extraits des Manuscrits de la Bibliothèque Nationale*, XXII, 1, 1874

GUYARD, S., "Un grand maître des Assassins", *Journal Asiatique*, sér. 7, IX (1877), pp. 324 489.

HAJI, Zebunissa A., *La doctrine ismaélienne d' après Abû Ishaq Qohestani (fin XVème siècle)*, thèse de doctorat de 3ème cycle, Paris IV, 1975.

HAJJAR, S. & BRZEZINSKI, S.J., "The Nizari Ismaili Imam & Plato's Philosopher King", *Islamic Studies*, 1977, pp. 303 316.

HARDY, Peter, *The Muslims of British India*, Cambridge University Press, 1972.

HICHI, Sélim, *La survie des Ismailites à l'époque du califat aiyubide et plus tard sous les Mamluks*, thèse de doctorat, Lyon II, 1969 (?), 462 p.

HITTI, Philipp K., *The origins of the Druze People & Religion with extracts from their sacred Writings*, AMS Press, New York, 1966 (1st ed. 1928).

HODGSON, M.G.S., *The Order of Assassins: the Struggle of the early Nizari Ismailis against Islamic world*, The Hague, Mouton, 1955, 352 p.

HODGSON, M.G.S., "Bâtiniyya", *EI2*, T.I, pp. 1131 1133.

Bibliographie Ismaélienne

HODGSON, M.G.S., "Durûz", *idem*, T.II.
HOUSSEN, Dilavar, "Note sur la communauté des Khoja shi'ites de Tananarive", *Archipel 17* (1979), pp. 71 79.
ISMAILI, voir **CHUNARA** (éditeur).
IVANOW, Wladimir, "An Ismailitic work by Nasiru'd din Tussi", *Journal of the Royal Asiatic Society*, 1931, pp. 527 564.
IVANOW, Wladimir, "Notes sur l'Ummu'l Kitab des Ismaéliens de l'Asie Centrale", *Revue des Etudes Islamiques*, VI (1932), pp. 419 481.
IVANOW, Wladimir, "An Ismaili interpretation of the 'Gulshani Raz' ", *Journal of the Bombay Branch of the Royal Asiatic Society*, VIII (1932), pp. 69 78.
IVANOW, Wladimir, *The 'True meaning of religion' by Shihabu'd - din Shah al Husayni*, tr. from Persian by W. Ivanow, London, Oxford University Press, 1933.
IVANOW, Wladimir, *Kalami Pir': a treatise on Ismaili doctrine*, Bombay, 1935.
IVANOW, Wladimir, "Some Muhammadan Shrines in Western India", *Ismaili*, Golden Jubilee Number, 1936 pp. 16 23.
IVANOW, Wladimir, "Tombs of some Persian Ismaili Imams", *Journal of the Bombay Branch of the Royal Asiatic Society*, 1938, pp. 49 62.
IVANOW, Wladimir, *Collectanea*, Ismaili Society Series A, Leiden, Brill, 1948.
IVANOW, Wladimir, "Noms bibliques dans la mythologie ismaélienne", *Journal Asiatique*, CCXXXVII (1949), pp. 249 255.
IVANOW, Wladimir, *Pandiyat i Javanmardi', or Advice of Manliness*, Leiden, Brill, 1953.
IVANOW, Wladimir, *'Haft Bab' or seven chapters, by Abu Ishaq Quhistani*, Bombay, 1959
IVANOW, Wladimir, *Ismaili literature: A Bibliographical survey*, Tehran 1963.
IVANOW, Wladimir, "Ismâ'îlîya", *El supplément*, livraison 1, pp. 105 109.
JAIN, Naresh Kumar, *Muslims in India. A biographical dictionary*, Delhi, Manohar, 2 vol., 1979 1983.
JAMBET, C., *La Grande Résurrection d'Alamût - Les formes de la liberté dans le shî'isme ismaélien*, Verdier, 1990, 418 pp.
JIVRAJ, M.N., *Connaissances générales*, publiée par H.H. Prince Aga Khan Shia Imami Ismailia Association for Europe, Paris, 1981, 59 pp.
JIVRAJ, S.H.K., *Brief History of the Shia Imami Ismaili Nizari*, doc. dact., 70 pp.
KHAKEE, Gulshan, "The Das Avatara of Pir Shams as linguistic and literary Evidence of the Early Development of Ismailism in Sind" in H. Khuhro, *Sind through the Centuries*, Oxford University Press, Karachi, 1993 (1st ed. 1981).
KHAN, Dominique Sila, "L'origine ismaélienne du culte hindou de Ramdeo Pir", *Revue d'Histoire des Religions*, t. CCX, fasc. 1, janv. mars 1993, 27 47.
KHAN, Dominique Sila, "Deux rites tantriques dans une communauté d'Intouchables au Rajasthan" *Revue d'Histoire des Religions*, CCXI 4/1994, pp. 443 462.
LEWIS, B.,*The origins of Ismâ'îlism - A study of the historical background of the Fâtimid caliphate*, Cambridge, W. Heffer & Sons Ltd, 1940.
LEWIS, B., *Les Assassins - Terrorisme et politique dans l'Islam médiéval*, tr. fr. de l'anglais par Annick Pélissier, présentation de Maxime Rodinson, Paris, Berger Levrault, Paris (1ère éd. 1967), 208 pp.
LOKHANDWALLA, S.T., "The Bohras, A Muslim Community of Gujarat", *Studia Islamica*, III (1955), pp. 117 135.
MADELUNG, W., "Das Imamat in der frühen ismailitischen Lehre", *Der Islam*, XXXVII (1965), pp. 43 135.
MADELUNG, W., "The sources of Isma'ili laws", *Journal of Near Eastern Studies*, XXXV, no 1 (1976), pp. 29 40.

MADELUNG, W., "Aspects of Isma'ili theology; the prophetic chain and the God beyond", in *Ismaili contributions to Islamic culture*, ed. by S.H. Nasr, Tehran, 1977, pp. 51 66.
MADELUNG, W., "Ismâ'îliyya", *EI2*, T.IV, pp. 206 215.
MADELUNG, W., "Hakâ'ik", *idem*, T. III, p. 74.
MADELUNG, W., "Khôdja", *ibid.*, T.IV, pp. 26 28.
MADHANI, P.V., "Miracles of Khana Abad", *Read & Know*, no 15, Shia Imami Ismailia Association for Tanzania, Vhoja Printers, Dar es Salam, pp. 4 20.
MAKARIM, Sami Nasib, "The philosophical significance of the Imam in Isma'ilism", *Studia Islamica*, XXVII (1967), pp. 41 55.
MAKARIM, Sami Nasib, *The Druze Faith*, Delmar, Caravan Books, 1985 (1st ed. 1974).
MALLISON, Françoise, "Hinduism as seen by the Nîzârî ismâ'îlî missionaries of Western India: the evidence of the ginân" in *Hinduism reconsidered*, ed. G.O. Sontheimer and H. Kulke, Delhi: Manohar, 1989, pp. 93 103.
MALLISON, Francoise, "Les chants garabî de Pîr Shams", *Les littératures médiévales de l'Inde du Nord*, (éd. F. Mallison), Paris: Ecole Française d'Extrême Orient, 1992 (Publication de l'EFEO, vol. no CLXV), pp. 115 138.
MALLISON, Françoise, "La secte ismailienne des Nizârîs ou Satpanthî en Inde: Hétérodoxie hindoue ou musulmane?", in S. Bouez (id.), *Ascèse et renoncement en Inde, ou la Solitude bien ordonnée*, L'Harmattan, Paris, pp. 105 113.
MARQUET, Y., "La place du travail dans la hiérarchie ismaélienne d'après l'Encyclopédie des Frères de la Pureté", *Arabica*, VI, no 3 (1961), pp. 225 237.
MARQUET, Y., "Révélation et vision véridique chez les Ikhwân al Safa", *Revue des Etudes Islamiques*, XXX (1964), pp. 27 44.
MARQUET, Y., "Coran et création", *Arabica*, XI (1964), pp. 279 284.
MARQUET, Y., "A propos des origines de la hérarchie mystique en Islam", *Annales de la faculté des lettres et sciences humaines*, III (1973), pp. 119 125.
MARQUET, Y., *La philosophie des Ihwân al Ṣafâ'*, SNED, Alger, 1973, 603 pp.
MARQUET, Y., "La pensée d'Abu Yaqub as Sijistani à travers l' 'Itbat an Nubuwat' et la 'Tuhfat al Mustajibin' ", *Studia Islamica*, LIV (1981), pp. 95 128.
MARQUET, Y., *La poésie ésotérique ismaïlienne – La Tâ'iyya de 'Amir b. 'Amir al Baṣrî*, Paris, Maisonneuve et Larose, 1985, 242 pp.
MARQUET, Y., "La pensée philosophique et religieuse du Qâdî al Nu'mân à travers la Risâla Mudhiba", *Bulletin d'Etudes Orientales*, XXXIX XL, 1987 1988, pp. 141 181.
MASSELOS, J.C., "The Khojas of Bombay: The defining of formal membership criteria during the nineteenth century" in *Caste and social stratification among the Muslims*, ed. by Imtiaz Ahmad, Manohar Book Service, Delhi, 1973, pp. 1 20.
MEHERALLY, Akbarally, *Understanding Ismailism – A unique tariqah of Islam*, Burnaby (Canada), A.M. Trust, 1988, 171 pp.
MENANT, D., "Les Khodjas du Guzarate", *Revue du Monde Musulman*, XII (1910), pp. 214 323 et 406 424.
MENANT, D., "Les Bohras du Guzarate", *Revue du Monde Musulman*, XII (1910), pp. 465 493.
MUJTABA, A.S., *The origin of the Khojas and their religious life today*, Bonn, Rohrscheid, 1936
MISRA, Satih C., *Muslim communities in Gujarat. Preliminary studies in their History and Social Organisation*, Asia Publishing House, London, 1964, 207 p.

Bibliographie Ismaélienne

NANJI, Azim, "Modernization and Change in the Nizari Ismaili community in East Africa a perspective", *Journal in religion in Africa*, VI, 1974, fac. 2, pp. 123 139.

NANJI, Azim, *The Nizari Ismaili Tradition in the Indo Pakistan subcontinent*, Delmar, New York, Caravan Books, 1978, 216 pp.

NANJI, Azim, "Towards a hermeneutic of Qur'anic and others narratives in Ismaili thought" in *Approaches to Islam in religious studies*, R.C. Martin ed., Tucson, University of Arizona Press, 1985, pp. 164 173.

NASIR-E-KHOSRAW, *Le livre réunissant les deux sagesses (Kitâb e Jâmi' al Hikmatayn)*, traduit du persan, introduction et notes par Isabelle de Gastines, 1990, Fayard, 345 pp.

NASR, S.H., (ed.), *Ismaili contributions to Islamic culture*, Tehran, Imperial Iranian, Academy of Philosophy, 1977, 265 pp.

PENRAD, Jean Claude, "La présence isma'ilienne en Afrique de l'Est Note sur l'histoire commerciale et l'organisation communautaire" in *Marchands et hommes d'affaires asiatiques dans l'Océan Indian et la mer de Chine 13e-20e siècles*, études publiées sous la direction de Denys Lombard et Jean Aubin, Editions de l'Ecole des Hautes Etudes en Sciences Sociales, Paris, 1988, pp. 221 236.

PICKLAY, A.S., *History of the Ismailis*, Bombay, Popular Printing House, 1940, 175 pp.

POURJAVADY, N. & WILSON, P.L., "Ni'matullahis and Ismailis", *Studia Islamica*, XLI, 1975, pp. 113 136

SHACKLE, Christopher and MOIR, Zawahir, *Ismaili Hymns from South Asia – An Introduction to the Ginans*, School of Oriental And African Studies Texts, no 3, London, 1992, 274 pp. (2è éd. 2000).

SHIHAB al DIN SHAH, *Risalat dar Haqiqat – i Din or True Meaning of religion*, tr. from the Persian to English by W. Ivanow, London, Thacker & Co, 1947.

SHIHAB al DIN SHAH, *Khitabat i Aliyya – Supreme admonitions*, ed. by Hushang Ojaqi, intr. by W. Ivanow, Tehran, 1963.

TRITTON, A.S., "Theology and philosophy of the Ismailis", *Journal of the Royal Asiatic Society*, 1958, pp. 178 188.

VATIKIOTIS, P.J., "Al Hakim bi Amrillah: the God king Idea realised", *Islamic Culture*, XXIX (1955), pp. 1 18.

VATIKIOTIS, P.J., *The Fatimid theory of state*, Lahore, Institute of Islamic culture, 1981 (1st ed. 1957)

VERDIA, H.S., "The pains of modernization: a case study of Bohras in Udaipur", *New Quest*, 7 (1978), 51 54.

WALKER, Paul, "The Ismaili vocabulary of creation", *Studia Islamica*, 40 (1974), pp. 75 95.

WALKER, Paul, "The Ismaili answer to the problems of worshipping the unknowable neoplatonic God", *American Journal of Arabic Studies*, II (1974), pp. 7 21.

WALJI, Shirin, *A history of the Ismaili community in Tanzania*, Madison, Ann Arbor, University Microfilms Inter., 1983

WRIGHT, Theodor P., Jr, "Competitive Modernization within the Daudi Bohra Sect of Muslims and its Significance for Indian Political Development", in Hellen Ulrich (ed.), *Competition and Modernization in South Asia*, 1975, New Delhi, Abhinav Publications, pp. 151 178.

WRIGHT, Theodore P., Jr., "Muslim Kinship and Modernization: The Tyabji Clan of Bombay" in Imtiaz Ahmad (ed.) *Family, Kinship and Marrige among Muslims in India*, Manohar, Delhi, 1976, pp. 217 238.

F–SOURCES NON CONSULTEES

ABUALY, Aziz, *Mowlana Imam Sultan Mohamed Shah: The 48th Ismaili Imam*, Dar es Salam, 1977.
AGA KHAN IV, Karim, "Karachi, Sultan Muhammad Shah Aga Khan IIIrd. Foundation School, Karimabad," *Ismaili Mirror* (Karachi), Special Number (1970).
BHATIA, A.G., *Social Change in the Ismaili Society of East Africa, with Reference to the Four Successive Aga Khans*, B. Litt. thesis, University of Oxford, 1975.
CLARKE, P.B., *The Ismaili Khojas: Sociological Study of an Islamic Sect*, M.Phil. thesis, University of London, 1974.
EBOO, Nadia *The Revolt of the Agha Khan Mahalatti and the Establishment of the Nizari Imamat in India*, B.A. thesis, Victoria University of Manchester, 1979.
ESMAIL, Aziz, *Satpanth Isma'ilism and Modern Changes within it*, Ph.D. diss., University of Edinburgh, 1972.
HALLAM, R.N.M., *The Shia Imami Ismaili Community in Britain*, M.Phil. thesis, S.O.A.S., University of London, 1971.
HEINEN, A.H., "The Notion of ta'wil in Abu Ya'qub al Sijistani's 'Book of the Sources (Kitab al Yanabi)," *Hamdard Islamicus II*, no 2 (1979), pp. 39 45.
KASSIM ALI, M.J., *Ever living guide*, Karachi, Ismailia Association for Pakistan, 1955.
KESHAVJEE, Rafique H., *The Quest for Gnosis and the Call of History: Modernization Among the Ismailis of Iran*, Ph.D. thesis, Harvard University, 1981.
KHAKEE, Gulshan, *The Dasa Avatara of the Satpanthi Ismailis and Imam Shahis of Indo Pakistan*, Ph.D. diss., Harvard University, 1972.
LOKHANDWALLA, S.T., *The Origins of Isma'ili Law*, Ph.D. diss, University of Oxford, 1951.
MAKAN, Nizar, *The Logic of ta'wil in Ismaili Philosophy and Thought*, Paper, Columbia University, 1971.
PAPANEK, Hanna, *Leadership and Social Change in the Khoja Ismâîlî Community*, Ph.D. diss., Harvard University, 1962.
PEERVANI, Parveen, *Concept of Imamat with Special Reference to Nizari Ismailis*, M.A. thesis, American University of Beiruth, 1967, 80 p.
THOBANI, P.V., *Modernism in the Teaching of the Aga Khan and Ameer Ali's The Spirit of Islam*, M.Litt. thesis University of Edinburgh, 1971.

Deuxième partie

BIBLIOGRAPHIE GENERALE

A–OUVRAGES DE REFERENCE

AFNAN *A philosophical lexicon in persian and arabic*, Dar el Machreq, Beirut, 1969.
CORAN LE,* (*al* Qor'ân), traduit de l'arabe par Régis Blachère, Paris, Maisonneuve et Larose, 1980.
* Essai d' interprétation du Coran inimitable, texte arabe, Dar al Kitab Allubnani, Beyrouth, Dar al Kitab Al Masri, Le Caire, traduction par D. Masson, revue par Dr. Sobhi El Saleh, (1ère éd. Gallimard, 1967), 1980.

Bibliographie Ismaélienne

DESMAISONS, J.J., *Dictionnaire Persan Français*, 3 vol., Rome, Typographie polyglotte de la S.C. de Prpagande, 1908.
ENCYCLOPAEDIA IRANICA, ed. by Ehsan Yarshater, Center for Iranian Studies, Columbia University, New York, Routledge and Kegan Paul, London, Boston & Henley, 1987.
ENCYCLOPAEDIA UNIVERSALIS, Encyclopeadia Universalis S.A. Paris, 1989 1990, 30v.
ENCYCLOPEDIE DE L'ISLAM, t. I à VI, Leiden Brill, en cours de publication.
HARVEY, Sir Paul, *The Oxford companion to English literature*, (complied and edited by), Oxford, Clarendon Press, 1958 (1st ed. 1932), 931 pp.
LALANDE, A., *Vocabulaire technique et critique de la philosophie*, P.U.F., 1972 (lère éd. 1926).
LANE, E.W., *An arabic english lexicon*, 2 vol., 1984, The Islamic Society Trust (1st. ed. 1863), Cambridge.
PEARSON, J.D., *Index Islamicus*, W. Heffer & Sons Ltd, Cambridge, English, en cours de publication.
STEINGASS, F., *Persian English dictionary*, Librairie du Liban, Beirut, 1975 (1st. ed. 1892).

B–REFERENCES GENERALES

ABDUH, Mohammed, *Rissalat al Tawhid – Exposé de la religion musulmane*, tr. de l'arabe avec une introduction sur la vie et les idées du cheikh par B. Michel et le cheikh M. Abdel Raziq, Paris, Geuthner, 1965 (lère éd. 1925).
ABDUL KHALIQ, "Sayyid Ahmad Khan's concept of God", *Islamic Quaterly*, XXI, (Apr. 1980), no 1, pp. 27 46.
'ABDURRAZIQ, 'Alî, "L'Islam et les bases du pouvoir", *Revue des Etudes Islamiques*, VIII, 1934, pp. 164 222.
ADDAS, Claude, *Ibn 'Arabî ou la quête du Souffre Rouge*, Gallimard, 1989, 407 pp.
AFGHANI, Jamâl al Dîn al , *Réfutation des matérialistes*, tr. sur la troisième édition arabe avec introduction et notes par A.M. Goichon, Paris, Geuthner, 1942, 185 pp.
AHMAD, Aziz, "Sayyid Ahmad Khan, Jamal al Din Al Afghani and the Muslims of India", *Studia Islamica*, III (1960), pp. 55 78.
AHMAD, Aziz, *Islamic modernism in India and Pakistan: 1857–1964*, London, Oxford University Press, 1967, 294 pp.
AHMAD, Aziz, "Afghani's Indian contacts", *Journal of the Oriental American Society*, 89/3, 1969, pp. 476 504.
AHMAD, Aziz, "Iṣlâḥ, IV: Inde et Pakistan", *E12*, T.IV, pp. 177 179.
AHMAD, (Aziz) & GRUNEBAUM (G. von), *Muslim self statement in India and Pakistan, 1857–1968*, Wiesbaden, O. Harrassowitz, 1972.
AHMAD, Imtiaz (ed. by), *Caste and Social Stratification among the Muslims*, Manohar Book Service, Delhi, 1973, 256 p.
AHMAD, Imtiaz (ed. by), *Family, Kinship and Marriage among the Muslims in India*, Manohar, Delhi, 1976, 357 p.
AHMAD, Riaz, *Quaid i Azam: A Chronology*, Karachi, Quaid i Azam Academy, 1981, 161 pp.
ALGAR, Hamid, *Religion and state in Iran – 1785/1906. The role of the Ulama in the Qajar period*, Los Angeles, University of California Press, 1969, 286 pp.
ALGAR, Hamid, *Mîrzâ Malkum Khân: A biographical Study in Iranian Modernism*, University of California Press, 1973, 327 p.

ALGAR, Hamid, "Religious forces in the eighteenth and nineteenth century in Iran", *The Cambridge History of Iran – From Nadir Shah to the Islamic Republic*, volume 7, edited by P. Avery, G. Hambly, C. Melville, Cambridge University Press, Cambridge, New York, Port Chester, Melbourne, Sydney, 1991, pp. 732 764.

ALLANA, G., *Quaid e Azam, The story of a Nation*, Feerozsons LTD, Lahore, Rawalpindi, Karachi, 1967, 537 pp.

ALLANA, G., *Pakistan movement: historic documents*, Lahore, Islamic Book Service, 1977, 607 pp.

ALTICK, R.D., *Victorian people & ideas*, London, J.M. Dent & Sons, 1974, 338 pp.

AMAKAWA, J., *The process of formation of the Gentleman ideal in the Victorian England*, Nishinomiya, Kwansei Gakwin University, 1974, 17 pp.

AMANAT, Abbas, *Resurrection and Renewal. The Making of the Babi movement in Iran, 1844–1850*, Cornell University Press, Ithaca, New York, 1989.

AMEER ALI, *Islam*, London, Archibald Constable & Co Ltd, 1906; tr. en fr. publiée par Shia Imami Ismailia Association for Madagascar, Tananarive, août 1962 (texte dactylographié).

AMEER ALI, "The modernity of Islam", *Islamic Culture*, 1927, pp. 1 7.

AMEER ALI, *The spirit of Islam*, London, Christophers, 1946 (1st ed. 1922), 515 pp.

AMEER ALI, *A short history of the Saracens*, Lahore, Islamic Book Service, s.d.(1st ed. 1927), 640 pp.

ANAWATI, C.G. & GARDET, L., *Introduction à la théologie musulmane – Essai de théologie comparée*, préface de Louis Massignon, Paris Vrin, 1948, 543 pp.

ANAWATI, C.G. & GARDET, L., *Mystique musulmane – Aspects et tendances, Expériences et techniques*, Paris, Vrin, 1986, (lère éd. 1961), 310 pp.

ANAWATI, C.G. & GARDET, L., *Dieu et la destinée de l'homme – Les grands problèmes de la théologie musulmane*, Paris Vrin, 1967

ANDERSON, J.N.D., *Islamic law in Africa*, London, Her Majesty's Stationery Office, Colonial Research Publication no 16, 1954, 409 pp.

ARKOUN, Mohammed, *Essais sur la pensée islamique*, Paris, Maisonneuve et Larose, 1973.

ARKOUN, Mohammed, *La pensée arabe*, Que sais je no 915, Paris, P.U.F., 1975, 124 pp.

ARKOUN, Mohammed, "L'Islam dans l'Histoire", *Maghreb Mashrek*, 102 (Oct. Nov. Déc. 1983), pp. 5 24.

ARKOUN, Mohammed, *Pour une critique de la Raison islamique*, Paris, Maisonneuve et Larose, 1984, 379 pp.

ARKOUN, Mohammed, "Imaginaire social et leaders dans le monde musulman contemporain", *Arabica*, XXXV, 1988, pp. 18 35.

ARNALDEZ, Roger, "Tolérance et laïcité en Islam", *Cahiers d'Histoire* (Lyon), IV (1959), pp. 19 30.

ARNALDEZ, Roger, "Le fanâ' dans la mystique musulmane", *La Table Ronde*, mars 1963.

ARNALDEZ, Roger, "Al Insân al Kâmil", *E12*, T. III, pp. 1271 1273.

AUBIN, Jean, "Révolution chiite et conservatisme: les soufis de Lâhejân, 1500 1514 (Etudes safavides.II.)", *Moyen Orient et Océan Indien*, 1 (1984), pp. 1 40.

AUBIN, Jean, "De Kûhbanân à Bidar, la famille ni'matullahî", *Studia Iranica*, tome 20, fascicule 2, 1991, pp. 223 253.

BADAWI, A., "L'humanisme dans la pensée arabe", *Studia Islamica*, VI, pp. 67 101.

Bibliographie Ismaélienne

BALANDIER, Georges, *Anthropo logiques*, Librairie Générale Française, 1985 (ère édition, 1974), 316 pp.

"BALANDIER, Georges, *Le détour – Pouvoir et modernité*, Fayard, 1985, 266 pp.

BALJON, J.H.S., *Modern Muslim Koran interpretation*, Leiden, Brill, 1968.

BAYAT, Mangol, "Mirza Aga Khan Kirmani: A Nineteenth Century Persian Nationalist", *Middle Eastern Studies* 10 (1974), pp. 36 59.

BAYAT, Mangol, "Tradition and change in iranian Socio Religious Thought", in *Modern Iran – The Dialectics of Continuity and Change*, ed. by Michael E. Bonine and Nikki Keddie, Albany, State University of New York Press, 1981, pp. 37 58.

BAYAT, Mangol, *Mysticism and Dissent: Socioreligious Thought in Qajar Iran*, Syracuse (New York), Syracuse University Press, 1982, 228 pp.

BAYAT, Mangol, "Aqâ Khan Kermânî", *Encyclopaedia Iranica*, T.II, vol. 1, London, Boston & Henley, Routledge & Kegan Paul, 1987, pp. 175 177.

BEDARIDA, François, *L'ère victorienne*, PUF, 1979 (lère éd. 1974), Que sais je no 1566, 126 pp.

BEN ACHOUR, Yadh, "Islam et laïcité. Propos sur la recomposition d'un système de normativité", *Pouvoirs*, no 62, pp. 15 30.

BERQUE, Jacques, "Les efforts d'innovation dans l'Islam moderne", in *L'Islam: la philosophie et les sciences*, Paris, UNESCO, 1981, pp. 67 93.

BERQUE, Jacques & CHARNAY Jean Paul (sous la direction de), *Normes et valeurs dans l'Islam contemporain* Paris, Payot, 1966, 366 pp.

BHATNAGAR, S.K., *History of the Mohammadan Anglo Oriental College of Aligarh*, Bombay, Asia Publishing House, 1969

BLACK, E.C. (ed.), *Victorian culture and society*, London, Mc Millan, 1973, 474 pp.

BOLITHO, Hector, *Jinnah, creator of Pakistan*, London, John Murray, 1954, 244 pp.

BOSWORTH, Edmund and HILDEBRAND, Carole (edited by), *Qajar Iran: Political, Social and Cultural Change 1800–1925*, Edinburgh University Press, Edinburgh, 1984

BOUVAT, Lucien, "Le collège anglo oriental d'Aligarh", *Revue du Monde Musulman*, 1907, pp. 280 287.

BROMS, H., "Two studies in the relations of Hâfiz and the West", *Studia Orientalia*, XXXIX, 1968.

BROWNE, Edward G., *A literary history of Persia*, London, T. Fisher Unwin Ltd., 1908

BROWNE, Edward G., *A history of Persian literature under the Tartar dominion (A.D. 1265–1502)*, Cambridge, Cambridge University Press, 1920.

BROWNE, Edward G., *A history of Persian literature in modern times (A.D. 1500–1924)*, Cambridge, Cambridge University Press, 1924.

BRUIJN, J.T.P. de, "Iran VII, littérature", *E12*, T.IV, pp. 55 78.

BRUNSCHVIG, Robert, "Les usûl al fiqh imâmites à leur stade ancien (Xè et XIè siècles)" in *Le shî'isme imâmite*, Paris PUF, 1970, pp. 201 214.

CALMARD, Jean, "Les réformes militaires sous les Qâjâr (1794 1925)" in Y. Richard (sous la direction de), *Entre l'Iran et l'Occident – Adaptation et assimilation des idées et techniques occidentales en Iran*, Ed. de la Maison des Sciences de l'Homme, 1989, pp. 17 42.

CAPORAL, Bernard, *Mustapha Kemal et l'Islam en Turquie: la laïcisation dans un pays musulman*, thèse de doctorat d'Etat, Strasbourg II, 1972.

CARLYLE, Thomas, *On heroes and heroworship, heroic in history*, London, Oxford University Press, 1965 (1st ed. 1841), 320 pp.

CARRERE D'ENCAUSSE, Hélène, *Réforme et Révolution chez les Musulmans de l'empire russe*, préface de Maxime Rodinson, Paris, Presses de la Fondation nationale des Sciences Politiques, 1981 (1ère éd. 1966), 311 pp.
CERTEAU, Michel de, *La fable mystique*, Gallimard, 1982, 414 pp.
CHARLOT, Monica et **MARX**, Roland (dirigé par), *Londres – 1851–1901. L'ère victorienne ou le triomphe des inégalités*, Ed. Autrement, Série Mémoires no 3, 1990, 237 pp.
CHARNAY, Jean Paul, "Médiations et oppositions en Islam. Quelques exemples", *L'Homme et la Société*, no 6, oct. nov. 1967, pp. 121 140.
CHARNAY, Jean Paul, "Dynamique de la pensée musulmane contemporaine", *L'Homme et la Société*, 1970, No 17, pp. 243 253.
CHELHOD, Joseph, *Les structures du sacré chez les Arabes*, Maisonneuve et Larose, 1986 (1ère éd. 1965), 288 p.
CHODKIEWICZ, Michel, *Le sceau des saints – Prophétie et sainteté dans la doctrine d'Ibn Arabî*, Gallimard, 1986, 231 pp.
CHODKIEWICZ, Michel, "Les secrets de la Futuwwa", *Proche – Orient et Tiers – Monde*, No 7, Juin 1983, pp. 49 56.
CHUNARA, Alwaez N., "Sufism and mysticism", *Read & Know*, no 12, Shia Imami Ismailia Association for Tanzania, Dar es Salam, Vhoja Printers, pp. 1 9.
COLE, Juan R., "Rifâ al Tahtawî and the revival of practical philosophy", *Muslim World*, 70 (1980), pp. 29 46.
CONLON, Frank F., "New Power to old Authority? The Khodjas and the courts in the 19th century India", *1972. European Conference on Modern South Asian Studies*.
CORBIN, Henry, "L'intériorisation du sens en herméneutique soufie iranienne", *Eranos Jahrbuch*, XXVI/1957, Zurich Rhein Verlag, 1958, pp. 50 138.
CORBIN, Henry, "De l'histoire des religions comme problème théologique", *Le Monde non chrétien*, T. 51 52, 1960, pp. 135 151.
CORBIN, Henry, "Pour une morphologie de la spiritualité shî'ite" *Eranos Jahrbuch*, XXIX/1960, Zurich, Rhein Verlag, 1961, pp. 58 107.
CORBIN, Henry, "De la situation philosophique du shî'isme", *Le Monde non chrétien*, 1964, pp. 61 95.
CORBIN, Michel, *Mollâ Sadra Shîrâzi – Le livre des pénétrations métaphysiques*, texte arabe publié avec la version persane de Badi' ol Molk Mirza 'Emadoddowlah, tr. fr. et annotations de H. Corbin, Paris, Adrien Maisonneuve, 1964.
CORBIN, Henri, "De l'épopée héroïque à l'épopée mystique", *Eranos Jahrbuch*, XXXV/1966, Zurich, Rhein Verlag, 1967, pp. 177 239.
CORBIN, Henry, "Imâmologie et philosophie" in *Le shî'isme imâmite*", Paris, PUF, 1970, pp. 143 174.
CORBIN, Henri, "Permanence de la spiritualité iraniene", *Le Monde*, 11 12/10/1971.
CORBIN, Henri, *En Islam iranien – Aspects spirituels et philosophiques*, Paris, Gallimard, 4 tomes, 1971 1972.
CORBIN, Henri, "Juvénilité et chevalerie (javânmardi) en Islam iranien", *Eranos Jahrbuch*, XL/1971, Leiden Brill, 1973, pp. 311 356; reproduit dans *Face de dieu, face de l''homme*, Flammarion, 1983, pp. 163 235.
CORBIN, Henri, *Philosophie iranienne et philosophie comparée*, Académie Impériale de Philosophie, Téhéran, 1977, 155 pp.
CORBIN, Henri, "Théorie de la connaissance visionnaire en philosophie islamique", *Nouvelles de l'institut catholique de Paris*, fév. 1977, pp. 182 197.
CORBIN, Henri, *Temple et contemplation. Essais sur l'Islam iranien*, Paris, Flammarion, 1980.

Bibliographie Ismaélienne

CORBIN, Henri, *L'homme et son ange – Aspects spirituels et philosophiques*, Paris, Fayard, 1983.
CORBIN, Henri, *Face de Dieu, face de l'homme. Herméneutique et soufisme*, Flammarion, 1983.
CORBIN, Henri, *Histoire de la philosophie islamique*, Paris, Gallimard, 1986, 546 pp.
CORBIN, Henri, *L'Iran et la philosophie*, Fayard, 1990, 268 pp.
DAKHLIA, Jocelyne, "Islam et nationalisme: la fin des Etats de grâce", *Le Genre Humain*, No 23, mai 1991, pp. 19 32.
DARVICH M., *Secte gonabadi – (Etude mystico philosophique)*", doctorat d'Université, Paris, 1970.
DELANOUE, Gilbert, *Moralistes et politiques musulmans dans l'Egypte du XIXème siècle (1788–1882)*, Service de reproduction des thèses, Université de Lille III, 1980, 835 p.
DELVAL, Raymond, *Musulmans français d'origine indienne*, Paris, Publications du CHEAM, 1987, 170 pp.
DELVAL, Raymond, "Les Musulmans à Madagascar", *Revue de Madagascar*, ler trimestre 1967, nelle série, No 37, pp. 5 32.
DELVAL, Raymond, "Les Musulmans à Madagascar en 1977", *L'Afrique et l'Asie modernes*, No 115 du 4° trimestre 1977 et No 116 du 1° trimestre 1978.
DIGARD, J.P., "Shi'isme et Etat en Iran", in *L'Islam et l'Etat dans le monde aujourd'hui*, sous la direction d'O. Carré, PUF, 1982, pp. 64 88.
DJAIT, Hishem, *La personnalité et le devenir arabo islamique*, Paris, Le Seuil, 1974.
DJAIT, Hishem, *L'Europe et l'Islam*, Paris, Seuil, 1978, 186 pp.
ELIASH, Joseph, "The Shî'ite Qur'ân: A Reconsideration of Goldziher's interpreta tion", *Arabica*, 16 (1969), pp. 15 24.
ELIASH, Joseph, "The Ithnâ 'ashari Shî'i Juristic Theory of Political and Legal authority", *Studia Islamica*, 29 (1969), pp. 17 30.
FAKHRY, Majid, *Histoire de la philosophie islamique*, traduit de l'anglais par Marwan Nasr, Le Cerf, 1989 (lère éd. 1970), 416 p.
FERJANI, Mohammed Cherif, *Islamisme, laïcité et Droits de l'Homme – Un siècle de débat sans cesse reporté au sein de la pensée arabe contemporaine*, préface de Ali Merad, L'Harmattan, 1991, 397 pp.
FERJANI, Mohammed Cherif, "L'Islam, une religion radicalement différente des autres monothéismes?", *Esprit*, juin 1991, pp. 295 315.
FOUCHECOUR, C.H. de, *La description de la nature dans la poésie lyrique persane du XIème siècle – Inventaire et analyse de thèmes*, Klincksieck, Paris, 1969, 262 pp.
FOUCHECOUR, C.H. de, "Moralia Les notions morales dans la littérature persane du 3e/9e au 7e/13e siècle*, Editions Recherche sur les Civilisations, Paris, 1986, 505 pp.
FREMONT, G., "Jinnah, Muhammad 'Alî Jinah", *Dictionnaire Biographique des savants et grandes du monde musulman périphérique, du XIX è siècle à nos jours*, EHESS, Paris, 1992, pp. 13 14.
FUSFELD, Warren, "Naqshbandi Sufism & Reformist islam", *Journal of Asian and African Studies*, 18 (1983), pp. 241 263.
FYZEE, Asaf Ali Asghar, *Conférences sur l'Islam*, Tr. fr. de Eva Meyerovitch, préface de Louis Massignon, Paris, CNRS, 1956, 136 pp.
GABORIEAU, Marc, "Le modernisme musulman en Asie du Sud", *Encyclopaedia Universalis*, supplément 1980, pp. 970 2 (nelle éd. (1990), v. 12, pp. 663 665).

GABORIEAU, Marc, "Rôles politiques de l'Islam au Pakistan" in *L'Islam et l'Etat dans le monde aujourd'hui*, sous la direction d'O. Carré, PUF, 1982, pp. 189 203.

GABORIEAU, Marc, "Typologie des spécialistes religieux chez les Musulmans du sous continent indien", *Archives des sciences sociales des religions*, janv. mars 1983, pp. 29 51.

GABORIEAU, Marc, "Le néo fondamentalisme au Pakistan: Maudûdî et la Jamâ'at i islami" in O. Carré et P. Dumont éd., *Radicalismes islamiques*, Paris, L'Harmattan, vol. 2, 1986, pp. 33 76.

GABORIEAU, Marc, "Les oulémas/soufis dans l'Inde moghole: anthropologie historique de religieux musulmans", *Annales ESC*, septembre octobre 1989, no 5, pp. 1185 1204.

GABORIEAU, Marc, "The study of Muslim communities in the European Conferences on Modern South Asian Studies", *Islamic Culture*, LXIII/1 2, 1989, 133 148.

GABORIEAU, Marc, LOMBARD, Denis, "Recherches sur l'islam indo pakistanais: mission en Inde et au Pakistan", *Lettre d'information sur l'Islam périphérique* no 3, Paris, EHESS, 1985, 3 29.

GANDHI, Mohandas Karamchand, *Autobiographie ou mes expériences de vérité*, tr. de l'édition originale par G. Belmont, Paris, P.U.F., 1983.

GARDET, Louis, "Islam et démocratie", *Revue Thomiste*, XLVI (1946), pp. 279 312 et 477 530.

GARDET, Louis, "La connaissance mystique chez Avicenne et ses présupposés philosophiques", *IFAO*, Le Caire, 1952.

GARDET, Louis, *La cité musulmane, vie sociale et politique*, Paris, Vrin, 1954.

GARDET, Louis, *L' Islam, religion et communauté*, Desclée de Brouwer, Paris, 1967.

GARDET, Louis, "La 'théorie des oppositions' et la pensée musulmane", *Revue Thomiste*, 1975, pp. 241 254.

GARDET, Louis, "Réforme et révolution (al islâh wa al tawra)", *Bulletin d'Etudes Orientales*, 29 (1977), Mélanges offerts à Henri Laoust, v.I, pp. 145 156.

GARDET, Louis, "Allâh", *EI2*, t.I, pp. 418 429.

GARDET, Louis, "Al Asmâ' al Husnâ", *idem*, t.I, pp. 735 739.

GARDET, Louis, "Din", *ibid.*, t.2, pp. 301 304.

GARDET, Louis, "Hakîka", *ibid.*, t.3, pp. 77 78.

GARDET, Louis, "Imân", *ibid.*, t.3, pp. 1199 1202.

GIBB, H.A.R, *Les tendances modernes de l'Islam*, tr. fr. de B. Vernier, Paris, Maisonneuve, 1949.

GIMARET, Daniel, *Les noms divins en Islam. Exégèse lexicographique et théologique*, Cerf, 1988, 448 p.

GOBINEAU, Arthur de, *Les religions et les philosophies dans l'Asie centrale*, Paris, Les Editions G. Grès & Cie, 1923 (1ère éd. 1865).

GOLDZIHER, I., *Etudes sur la tradition islamique*, tr. fr. L. Bercher, 1952 (1ère éd. 1890), Paris, A. Maisonneuve, 355 pp.

GOLDZIHER, I., *Le dogme et la loi de l'Islam – Histoire du développement dogmatique et juridique de la religion musulmane*, tr. fr. F. Arin, 1920 (1ère éd. 1910), Paris, Geuthner, 315 pp.

GRAFF, Violette, "Islam et laïcité", *Esprit*, La Démocratie indienne, H.S. II, pp. 45 56.

GRAHAM, G.F.I., *Syed Ahmad Khan*, Delhi, Jayeed Press, 1974 (1st ed. 1885), 412 pp.

GRAMLICH, Richard, "Pol und Scheich im heutigen Derwischtum der Schia" in *Le shî' isme imâmite*, Paris, PUF, 1970, pp. 175 182.

GRAMMLICH, Richard, *Die schiitischen Derwischorden persiens*, 3 vol., Wiesbaden, Franz Steiner, 1965, 1976, 1981.
GREAVES, Rose, "Iranian relations with Great Britain and British India, 1798 1921", *The Cambridge History of Iran*, vol. 7, op.cit., pp. 374 425.
GUIMBRETIERE, André, "Le réformisme musulman en Inde", *Orient*, 16 (1960), pp. 15 41 et *idem*, 18, 1961.
GUIMBRETIERE, André, *Personnalisme théocentrique et vision motrice de la beauté chez Muhammad Iqbal. Contribution à l'étude de Wahdat al Shuhud*, doctorat d'Etat, Université de Paris IV, 1981.
GUYARD, S., "La fetwa d'Ibn Taymiyya", *JA*, série 6, XVIII (1871), pp. 158 198.
HAFEZ SHIRAZI, *L'amour, l'amant, l'aimé*, Cent ballades du Divân choisies, traduites du persan (version bilingue) par Vincent Mansour Monteil en collaboration avec Akbar Tajvidi, Sindbad/UNESCO, 1989, 308 pp.
HALM, Heinz, *Die Schia*, Wissenschaftliche Buchgesellschaft, Darmstadt, 1988, 261 p.
HAMBLY, Gavin R.G., "Iran during the reign of Fath 'Alî Shâh and Muhammad Shâh", *The Cambridge History of Iran*, vol. 7, op.cit., pp. 144 173.
HEATH, Peter, "Creative hermeneutic: A Comparative Analysis of three Islamic Approaches", *Arabica*, 36 (1989), pp. 173 210.
HERVIEU-LEGER, Danièle, "Faut il définir la religion? Questions préalables à la conception d'une sociologie de la modernité religieuse", *Archives de Sciences Sociales des Religions*, 63/1, janv. mars 1979, pp. 11 30.
HIMMICH Ben Salem, *De la formation idéologique en Islam – Ijtihadat et histoire*, préface de M. Rodinson, Paris, Anthropos, 1980, 216 pp.
HOLLISTER, John N., *The shi'a of India*, London, Luzac & Co, 1953. [Delhi, Oriental Books Reprint, 1979]
HOURANI, A., *Arabic thought in the liberal age (1798–1939)*, Cambridge University Press, Cambridge, 1983 (1ère éd. 1962), 406 pp.
HOURANI, A., "Rashid Rida and the Sufi orders: A footnote to Laoust", *Bulletin d'Etudes Orientales*, 29 (1977), Mélanges offerts à Henri Laoust, v. I., pp. 231 241.
HOURANI, A., "Sufism and Modern Islam; Mowlana Khalid and the Naqshbandi Order", in A. Hourani, *The Emergence of the Modern Middle East*, Basingstoke, Hampshire, London, MacMillan, 1981, pp. 75 89.
HUSRY, Khaldun S., *Three reformers – A study in modern arab political thought*, Beirut, Khayats, 1966.
IKBAL ALI SHAH, Sirdar, *The oriental Caravan, A revelation of the Soul and the Mind of Asia*, Darf Publishers Ltd, London, 1984 (1st ed. 1934), 331 pp.
IQBAL, Muhammad, *La métaphysique en Perse*, tr. de l'anglais par Eva de Vitray Meyerovitch, Paris, Sindbad, 1980 (1ère éd. 1908), 146 pp.
IQBAL, Muhammad, *Les secrets du Soi – Les mystères du Non Moi*, tr. du persan par D. Mortazavi et E. de Vitray Meyerovitch, Paris, Albin Michel, 1989, 181 pp.
IQBAL, Muhammad, *The reconstruction of religious thought in Islam*, Lahore, Sheikh Muhammad Ashraf, 1951 (1st ed. 1930); tr. fr. de Eva Meyerovitch avec une préface de L. Massignon, *Reconstruire la pensée religieuse de l' Islam*, Paris, A. Maisonneuve, 1955.
ISAMBERT, François André, "Le "Désenchantement" du monde: non sens ou renouveau du sens", *Archives de Sciences Sociales des Religions*, no 61.1, avril juin 1986, pp. 83 104.
IZUTSU, Toshihiko, *Ethical religious concepts in the Qur'ân*, Montréal, MacGill University Press, 1966

IZUTSU, Toshihiko, "Mysticism and the linguistic problem of equivocation in the thought of 'Ayn al Qudât Hamadânî", *Studia Islamica*, XXX, 1970, pp. 153 170.
IZUTSU, Toshihiko, *Unicité de l'existence et création perpétuelle en mystique islamique*, tr. de l'anglais par M.C. Grandry, Paris, Les Deux Océans, 1980, 145 pp.
JAFRI, S.R. (ed.), *Rare documents*, Lahore, Zarreen Art Press, 1967.
JAMBET, Christian, *La logique des Orientaux Henry Corbin ou la science des formes*, Paris, Le Seuil, 1983, 315 pp.
JAMBET, Christian, "Constitution du sujet et pratique spirituelle" in *Michel Foucault philosophe – Rencontres internationales – Paris 9, 10, 11 janvier 1988*, Le Seuil, 1989, pp. 271 286.
JOMIER, Jacques, *Le commentaire coranique du Mânar – Tendances modernes de l'exégèse en Egypte*, Paris, Maisonneuve, 1954.
JOMIER, Jacques, *Introduction à l'Islam actuel*, Paris, Ed. du Cerf, 1964, 221 pp.
JOMIER, Jacques, "Al Afghânî", *E12*, T.I, pp. 427 430.
JOUMBLATT, Kamal, *Pour le Liban*, propos recueillis par Philippe Lapousterle, Stock, 1978, 270 pp.
KAZANCIGIL Ali et OZBUDUN Ergun (sous la direction de), *Atatürk, fondateur de la Turquie moderne*, Masson, Paris, 1984, 269 p.
KEDDIE, Nikki R., "Religion and Irreligion in early Iranian Nationalism", *Comparative Studies in Society and History*, IV, 3 (April) 1962, pp. 265 295.
KEDDIE, Nikki R., "The Roots of the 'Ulama's powers in Modern Iran", *Studia Islamica*, 29 (1969), pp. 32 53.
KEDDIE, Nikki R., *Iran: Religions, Politics and Society*, London, New York, Frank Cass, 1981, 321 pp.
KEDDIE, Nikki R., "Islamic philosophy and Islamic modernism", Iran: *Journal of the British Institute of Persian Studies*, IV (1960), pp. 53 56.
KEDDIE, Nikki R., "Symbol and sincerity in Islam", *Studia Islamica*, XIX (1963), pp. 27 63.
KEDDIE, Nikki R., "The pan islamic appeal: Afghânî and Abdülhamid", *Middle Eastern Studies*, III, I (1966), pp. 46 47.
KEDDIE, Nikki R., *An Islamic Response to Imperialism – Political and Religious Writings of Sayyid Jamâl al Dîn al Afghânî*, with a new introduction: from Afghânî to Khomeini, Berkeley/Los Angeles, 1983 (1st ed. 1968), 212 pp.
KEDDIE, Nikki R., *Sayyid Jamal ud Din al Afghani – A political biography*, Berkeley, University of California Press, 1972.
KEDDIE, Nikki R. (ed.), *Scholars, Saint and Sufis: Muslim religious institutions since 1500*, Berkeley/Los Angeles, University of California Press, 1972.
KEDDIE, Nikki R., "Islamic revival as third worldism" in *Le cuisinier et le philosophe – Hommage à Maxime Rodinson*, Paris, Maisonneuve et Larose, 1982, pp. 275 283.
KEDDOURIE, E., *Afghani and 'Abduh – An essay on religious unbelief and political activities in modern Islam*, London, Frank Cass, 1966, 97 pp.
KHALEED, B.S., *Pakistan: the formative phase (1857–1948)*, London, Oxford University Press, 1968.
KHAYR ed-DIN, *Essai sur les réformes nécessaires aux Etats musulmans*, annotations et introduction par Magali Morsy, Paris, Edisud, 1987, 155 pp.
KRAEMER, Joel L., "Humanism in the renaissance of Islam: a preliminary study", *Journal of the American Oriental Society*, 104 (1984), pp. 125 164.
LADRIERE, Paul, "La fonction rationalisatrice de l'éthique religieuse dans la théorie wébérienne de la modernité", *Archives des Sciences Sociales des Religions*, 61/1 (avril juin 1986), pp. 105 126.

Bibliographie Ismaélienne

LADRIERE, Paul, "Le christianisme dans la théorie weberienne de la modernité" in *Christianisme et modernité* Roland Ducret, Paul Ladrière et Danièle Hervieu Léger (sous la direction de), Paris, Le Cerf, 1990.
LANGLOIS, Claude, "Le catholicisme au XIXè siècle entre modernité et modernisation", *Recherches de Sciences Religieuses*, T.79, no 3, juil. sept. 1991, pp. 325 336.
LAMBTON, A.K.S., "The Persian 'Ulamâ and constitutional reform" in *Le shî'isme imâmite*, Paris, PUF, 1970, 245 270.
LAMBTON, A.K.S., "Fath Alî Shâh", *E12*, T. II, pp. 858 859.
LAMBTON, A.K.S., "Kâdjâr", *E12*, T.IV, pp. 403 416.
LAMCHICHI, Aderrahim, "L'Islam politique confronté aux défis de la modernité" in "Islam et modernité dans la culture arabe", *Passerelles*, no 3, pp. 80 98.
LAOUST, Henri, "Le réformisme orthodoxe des Salafiyya et les caractères généraux de son orientation actuelle", *Revue des Etudes Islamiques*, 6 (1932), pp. 175 224.
LAOUST, Henri, *Le califat dans la doctine de Rasîd Ridâ traduction annotée d'al hilâfa wa al Imâma al 'uzmâ (le califat ou l'imâmat suprême)*, Beyrout, 1938, 286 pp.
LAOUST, Henri "Le réformisme musulman: son sens, sa portée", *Le Monde non chrétien*, t.51 52, 1959, pp. 81 88.
LAOUST, Henri "Le rôle de 'Alî dans la Sîra chiite", *Revue des Etudes Islamiques*, XXX, 1963, I, pp. 7 26.
LAOUST, Henri *Les schismes dans l'Islam – Introduction à une étude de la religion musulmane*, Paris, 1977 (1ère éd. 1965), 500 pp.
LAOUST, Henri *La politique de Gazâlî*, Geuthner, 1970, 412 pp.
LAROUI, Abdallah, "Pour une méthodologie des études islamiques", *Diogène*, no 8, juil. sept. 1973, pp. 16 42.
LAROUI, Abdallah, *L'idéologie arabe contemporaine*, préface de Maxime Rodinson, Maspéro, 1977 (1ère éd. 1967), 238 pp.
LAROUI, Abdallah, *Islam et modernité*, La Découverte, 1986, 188 pp.
LECOMTE, Gérard, "Aspects de la littérature chez les Imâmites" in *Le shî'isme imâmite*, PUF, 1970, pp. 91 104.
LELYVELD, David, *Aligarh's first generation – Muslim solidarity in British India*, Princeton University Press, Princeton, 1978, 380 pp.
LEVI-STRAUSS, Claude, *La pensée sauvage*, Plon, 1962, 349 pp.
LEWIS, Bernard, *Comment l'Islam a découvert l'Europe*, postface de Maxime Rodinson, La Découverte, 1984.
LEWIS, Bernard, *Le retour de l'Islam*, Gallimard, 1986.
LEWIS, Bernard, *Le langage politique de l'Islam*, tr. de l'anglais par Odette Guitard, Gallimard, 1988, 241 pp.
LEWIS, Bernard, *Islam et laïcité – La naissance de la Turquie moderne*, tr. de l'anglais par Philippe Delamare, Fayard, 1988, 520 pp.
LINANT DE BELLEFOND, Yvon, "Le droit imâmite", *idem*, PUF, 1970, pp. 183 200.
LOMBARD, D. & AUBIN, J. (sous la direction de), *Marchands et hommes d'affaires asiatiques dans l'Océan Indien et la Mer de Chine, XIIè et XIII è siècles*, Ed. de l'EHESS, 1988, 378 p.
MACEOIN, Denis, "Changes in charismatic authority in Qajar Shi'ism" in "Qajar Iran, political, social and cultural changes, 1800 1925", *op.cit.*, 148 176.
MACEOIN, Denis, "Divisions and authority claims in Babism (1850 1866)", *Studia Iranica*, tome 18, fascicule 1, 1989, pp. 93 129.
MACKENZIE, John M. (ed. by), *Imperialism and popular culture*, Manchester University Press, Manchester, 1986, 264 pp.

MADELUNG, Wilferd, "Imâmism and Mu 'tazilite Theology", *ibidem*, pp. 13 30.
MADELUNG, Wilferd, "Imâma", *E 12*, T.IV, pp. 1192 1198.
MADELUNG, Wilferd, "al Mahdî", *idem*, T.V. pp. 1221 1228.
MALIK, Hafeez, "The religious liberalism of Sir Sayyed Ahmad Khan", *Moslem World*, 54 (1964), pp. 160 169.
MALIK, Hafeez, *Sir Sayyid Ahmad Khan and Muslim Modernization in India and Pakistan*, New York, Columbia University Press, 1980, 331 pp.
MANSOUR, Camille, *L'autorité dans la pensée musulmane – Le concept d'Ijmâ (consensus) et la problématique de l'autorité*, Vrin, 1975, 206 pp.
MARTIN, R.C. (ed.), *Approaches to Islam in religious studies*, Tucson, University of Arizona Press, 1985.
MASSIGNON, Louis, *La Passion de Husayn Ibn Mansûr Hallâj, martyr, mystique de l'Islam exécuté à Baghdad le 26 mars 922: étude d' histoire religieuse*, Gallimard, 4 v., 1975 (1ère éd. 1922).
MASSIGNON, Louis, *Essai sur les origines du lexique technique de la mystique musulmane*, Vrin, 1954 (1ère éd. 1922).
MASSIGNON, Louis, "L'Homme Parfait et son originalité eschatologique", *Eranos Jahrbuch*, 15 (1948), pp. 287 314.
MASSIGNON, Louis, "Taṣawwuf", *EI*, *t.* IV, pp. 715 719.
MASSIGNON, Louis, "L'idée de l'Esprit dans l' Islam", *Eranos Jahrbuch*, 13 (1945), pp. 227 282.
MAWDUDI, S. Abul A'la, *Fundamentals of Islam*, Islamic Publications Ltd, Lahore, 1988 (1st ed. 1975), 263 pp.
MEIER, Fritz, "Das Problem der Natur im esoterischen Monismus des Islams", *Eranos Jahrbuch*, 1971, pp. 149 227.
MENANT, Dominique, "A propos de l'université musulmane d'Aligarh", *Revue du Monde Musulman*, 1912 (février), pp. 269 289.
MERAD, Ali, "Un penseur musulman moderne: Muhammad Iqbal (1873 1938)", *Institut des Belles Lettres arabes*, XXVIII (1956), pp. 339 347.
MERAD, Ali, "Origines et voies du réformisme en Islam", *Annales de l'Institut d'Etudes Orientales*, t. XVIII XIX, 1960/1, Alger, pp. 359 402.
MERAD, Ali, *Le réformisme en Aligérie de 1925 à 1940 – Essai d'histoire religieuse et sociale*, Paris/La Haye, Mouton et Cie, 1967, 472 pp.
MERAD, Ali, *Ibn Badis, commentateur du Coran*, Geuthner, 1971, 267 pp.
MERAD, Ali, "Iṣlâḥ", *EI2*, T.IV, 1973, pp. 146 170.
MERAD, Ali, "Le réformisme musulman moderne", *Concilium* 116 (1976), pp. 77 89.
MERAD, Ali, *Lumière sur Lumières – Pages d'Islam – Introduction à la pensée islamique*, Lyon, Ed. du Chalet, 1978, 128 pp.
MERAD, Ali, "L' idéologisation de l'Islam dans le monde musulman contemporain" in *Islam et politique au Maghreb*, éd. par E. Gellner et J.C. Vatin, CNRS, 1981, pp. 151 161.
MERAD, Ali, "Le concept de Droits de l'Homme en Islam: Réflexions sur la Déclaration Islamique Universelle des Droits de l'Homme", *Actes de la troisième rencontre islamo chrétienne*, Tunis, CERES, 1982, pp. 243 260.
MERAD, Ali, "Droits de Dieu, Droits de l'Homme en Islam", *Actes du premier colloque interuniversitaire: universalité des Droits de l'Homme et diversité des cultures*, Fribourg, 1982, pp. 128 sq.
MERAD, Ali, "Renan et le cheikh afghan", *Le Monde*, 25 mars 1983.
MERAD, Ali, *L'Islam contemporain*, Que sais je, no 2195, PUF, 4è éd., 1992, 127 pp.

MILL, John Stuart, *De la liberté*, tr. de l'anglais par Laurence Lenglet à partir de la traduction de Dupond White, Gallimard, 1990 (1ère éd. 1859), 242 pp.

MILL, John Stuart, *Autobiography of John Stuart Mill*, with a foreword by Asa Briggs, New York, The New American Library, 1964 (1st ed. 1873), 224 pp.

MILL, John Stuart, & **BENTHAM** Jeremy, *Utilitarianism and others Essays*, edited by Alan Ryam, Penguin Books, London, 1987, 344 pp.

MILLER, W.E., "Shi' ah mysticism: the Sufis of Gunabad", *Moslem World*, XIII (1924), pp. 343 363.

MILLWARD, William, G., "Aspects of modernism in Shîa Islam", *Studia Islamica*, XXXVII, 1973, pp. 111 128.

MIRAS, Michel de, *Nûr 'Alî Shâh – La méthode spirituelle d'un maître du soufisme iranien*, préface de H. Corbin, Paris, Sirac, 1973, 372 pp.

MOMEN, M., "The social basis of the Bâbî upheavals in Iran (1848 1853): a preliminary analysis", *International Journal of Middle East Studies*, 15 (1983) pp. 153 183.

MOMEN, M., *An introduction to Shi'i Islam – The history and doctrines of Twelver Shi'ism*, New Haven & London, Yaler University Press, 1985, 397 pp.

MORTAZAVI, Djamshid, *Le secret de l'unité dans l'ésotérisme iranien*, préface d'Eva de Vitray Meyerovitch, Paris, Dervy Livres, 1988, 217 pp.

MOURIM, Khosro E., "La taqiyya comme stratégie idéologique et politique", *Moyen Orient et Océan Indien*, no 6, pp. 177 185.

MÜLLER-STELLRECHT, I., *Materialen zur Ethnographie von Dardistan (Pakistan) – Aus den nachgelassenen Aufzeichnungen von D.L.R. Lorimer. Teil 1 HUNZA*, Akademische Druck u Verlagsantalt, Graz/Austria, 1979, 383 p.

NABI KHAN, R., "Les courants modernes de la pensée islamique dans le sous continent indien" in *L'Islam; la philosophie et les sciences*, Paris, UNESCO, 1981, pp. 95 128.

NALLINO, Carlo Alfonso, "A propos du califat", *Renseignements Coloniaux*, 1924, pp. 215 219.

NALLINO, Carlo Alfonso, "La fine del cosi detto califfato ottomano", *Oriente Moderno*, (1924), pp. 137 153.

NARAGI, Ehsan, *Enseignement et changements sociaux en Iran du VIIè au XXè s. Islam et laïcité leçons d'une expérience séculaire*, Ed. Maison des Sciences de l'Homme, Paris, 1992, 223 p.

NASR, Seyyid Hossein, "Contemplation and nature in the perspective of sufism", *Iqbal* 12 iii (1964), pp. 14 21.

NASR, Seyyid Hossein, "Seventh Century sufism and the school of Ibn 'Arabi; a common spiritual and cultural heritage of Iran, Pakistan and Turkey", *Journal of the Regional Cultural Institute*, 1 i (1967), pp. 45 50.

NASR, Seyyid Hossein, "Le shî'isme et le soufisme Leurs relations principielles et historiques" in *Le shî'isme imâmite*, PUF, 1968, pp. 215 233.

NASR, Seyyid Hossein, "The meaning and the role of 'philosophy' in Islam", *Studia Islamica*, XXVII (1973), pp. 57 80.

NASR, Seyyid Hossein, *Essais sur le soufisme*, tr. par Jean Herbert, Paris, Albin Michel, 1980, 245 pp.

NASR, Seyyid Hossein, "The relations between sufism and philosophy in persian culture", *Hamdard Islamicus*, 6 iv (1983), pp. 33 47.

NURBAKHSH, Javad, *Masters of the Path – A history of the Masters of the Nimatullahi Sufi Oder*, New York, Khaniqa Nimatullahi Publications, 1980, 130 pp.

NURBAKHSH, Javad, *Sufi symbolism – The Nurbakhsh Encyclopaedia of Sufi terminology*, London, Khaniqa Nimatullahi Publications, vol. 1; 228 pp. (1984), vol. 2; 193 pp. (1987).

NURBAKHSH, Javad, *Le Paradis des Soufis. Le Manuel Classique de la Pratique Soufie*, tr. fr. par Yacouba Fassassi, sous la supervision du Dr. J. Nurbakhsh, Editions Khaniqahi Nimatullahi, Londres, 1988, 227 p.

NWIYA, Paul, *Exégèse et langage mystique – Nouvel essai sur les origines du lexique technique des mystiques musulmans*, Beirut, Dar el Mashreq, 1970.

NWIYA, Paul, "Corps et esprit dans la mystique musulmane", *Studia Missionalia*, 26 (1977), pp. 165 189.

PAKDAMAN, Homa, *Djamal ed din Assad Abadi dit Afghani*, préface de Maxime Rodinson, Maisonneuve et Larsoe, 1969.

PIRZADA, S.S. (ed.), *Foundations of Pakistan – All India Muslim League documents (1906–1947)*, Karachi/Dacca, National Publishing House, 2 vol., 1970.

PISCATORI, James p., *Islam in a World of Nation States*, Cambridge University Press, Cambridge, New York, New Rochelle, Melbourne, Sydney, 1988 (1st ed. 1986), 193 pp.

POLITELLA, Joseph, "Sûfism as a bridge between eastern and western religious thought", *Moslem World*, 53 (1963), pp. 50 58.

POURJAVADY, N. & WILSON, P.L., *Kings of love – The history and poetry of the Nimatullahi Sufi Order*, preface de S.H. Nasr, Tehran, Imperial Iranian Academy of Philosophy, 1978, 266 pp.

QURAISHI, Dr. Waheed, *Ideological foundations of Pakistan*, Islamic Book Foundation, Lahore, 1987, 263, pp.

QURESHI, Ishtiaq Hussein, *The Muslim community in the Indo Pakistan subcontinent (610–1947)*, La Haye, 'Gravenhage, 1963.

RAHMAN, Fazlur, "Muslim modernism in the Indo Pakistan subcontinent", *Bulletin of the School of Oriental and African Studies*, XXI, 1958.

RAHMAN, Fazlur, *Islam and modernity – The transformation of an intellectual tradition*, Chicago/London, University of Chicago Press, 1982.

RAHMATOULLAH, Abdullah, "Soufisme; l'oeil du coeur", *Courrier de l'UNESCO*, août/septembre 1981, pp. 63 66.

RAMSAUR, E., "The Bektashi dervishes and the Young Turks", *Moslem World*, 1942, pp. 7 14.

RICE, W.A., "Ali in Shia tradition", *Moslem World*, IV, 1 (jan, 1914), pp. 27 44.

RICHARD, Yann, *Le shi'isme en Iran – Imam et révolution*, Paris, A. Maisonneuve, 1980, 135 pp.

RICHARD, Yann, "Le rôle du clergé; tendances contradictoires du chi'isme iranien contemporain", *Archives des Sciences sociales des Religions*, 1983, 55/1 (janvier mars), pp. 5 27.

RICHARD, Yann, "La franc Maçonnerie chez les Musulmans d' Iran", *Notre Histoire*, no 66 (avril 1990), pp. 74 76.

RICHARD, Yann, *L'Islam chi'ite – Croyances et idéologies*, Fayard, 1991, 303 pp.

RIZVI, Seyyid Saeed Akhtar & KING, Noel Q., "Some east african Ithna asheri Jamaats (1840 1967)", *Journal of Religion in Africa*, V (1973), fascicule 1, pp. 12 22.

ROBINSON, Francis, *Separatism among Indian Muslims, 1860–1923*, Cambridge, Cambridge University Press, 1974.

ROY, Oliver, *L'échec de l'Islam politique*, Le Seuil, 1992, 251 p.

SANHOURI, A., *Le califat*, Impr. Bosco Fr. & Rieu, Lyon, 1926.

Bibliographie Ismaélienne

SAYYID AHMED KHAN, *Essays on the life of Muhammad*, s.l., Premier Book House, 1969 (1 st. ed. 1870), 394 pp.
SCARCIA AMORETTI, Biancamaria, "Existe t il aujourd' hui une conception shî 'ite du pouvoir?", in S. Jargy (éd.), *Le défi du fondamentalisme islamique*, Labor et Fides, Genève, 1988, pp. 35 52.
SCHACHT, J., "Notes on Islam in East Africa", *Studia Islamica*, XXIII, pp. 91 136.
SCHIMMEL, Annemarie, "Ikbâl", *E12*, T.III, pp. 1083 1086.
SCHIMMEL, Annemarie, *Islam in the Indian subcontinent*, E.J. Brill, Leiden, Köhln, 1980.
SEGUY, Jean, "Rationalisation, modernité et avenir de la religion chez Max Weber", *Archives de Sciences Sociales des Religions*, no 61 2, avril juin 1986, pp. 127 138.
SEGUY, Jean, "Religion, modernité, sécularisation", *idem, p.* 175 185.
SHAFIEI NASAB, Seyed Djafar, *Les mouvements révolutionnaires et la Constitution de 1906 en Iran*, Thèse de doctorat de l'Université de Lyon II, 1986, 2t., 680 pp.
SHAIKH, Farzana, *Community and Consensus in Islam. Muslim Representation in Colonial India, 1860–1947*, Cambridge University Press, Cambridge, 1989.
SHARIATI, Ali, *On the sociology of Islam – Lectures by Ali Shari'ati*, translated from the persian by H. Algar, Berkeley, Mizan Press, 1979, 125 pp.
SHARIATI, Ali *Histoire et destinée*, textes choisis et traduits du persan par F. Hamèd et N. Yavari d' Hellencourt, présentés par J. Berque, Paris, Sindbad, 1982, 136 pp.
SHARIATI, Ali, *Thoughts of a concerned Muslim*, Muslim Youth Movement, Pioneer Printing Works, Durban (aucune indication concernant la traduction, ni la date d'édition).
SHARIATI, Ali, *Islamic revolutionary thoughts*, Muslim Youth Movement, Pioneer Printing Works, Durban (même remarque que pour le précédent).
SHAYEGAN, Daryush, *Hindouisme et soufisme – Les relations de l'hindouisme et du soufisme d' après le Majma'al Bahrayn de Dârâ Shokûh*, Paris, Editions de la Différence, 1979, 283 pp.
SHAYEGAN, Daryush, "Le sens du ta'wîl" in *Cahiers de l'Herne; Henry Corbin*, éd. de l'Herne, Paris, 1981, pp. 84 87.
SHAYEGAN, Daryush, *Qu'est – ce qu'une révolution religieuse?*, Paris, Les Presses d'Aujourd'hui, 1982, 259 pp.
SHAYEGAN, Daryush, *Le regard mutilé – Schizophrénie culturelle; pays traditionnels face à la modernité*, Paris, Albin Michel, 1989, 242 pp.
SHAYEGAN, Daryush, *Henry Corbin – La topographie spirituelle de l'Islam iranien*, Paris, Éditions de la Différence, 1990, 305 pp.
SHAYEGAN, Daryush, *Les illusions de l'identité*, Editions du Félin, 1992, 331 p.
SMITH, W.C., *Modern Islam in India*, Lahore, Ripon Press, 1954.
SMITH, W.C., "Amîr Alî", *E12*, T.I, pp. 455 456.
SOHRAB, Siawush, "Die Arbeits wertheorie im schiitischen Islam", *Orient*, 1984, 25/2 juin, pp. 270 279.
TABATABAI, A.S.M.H., *Chiïsme dans l'Islam*, tr. par Mohsen Khaliji, éd. par l'Organisation pour la Propagande Islamique, Téhéran, 1983, 181 pp.
TAHTAWI, Rifâ 'at , *L'or de Paris – Relations de voyage, 1826–1831*, tr. de l'arabe, présenté et annoté par Anouar Louca, Sindbad, 1988, 342 pp.
TAKMIL HOMAYUN, N., *Les changements politiques en Iran à l'époque qajar*, Thèse de doctorat d' Etat, Paris V, 1977.
THOMSON, David, *England in the Nineteenth Century, 1815–1914*, Penguin Books, 1969 (1st ed. 1950), 254 pp.
TOURAINE, Alain, "Modernité et spécificités culturelles", *Revue Internationale des Sciences Sociales*, no 118, nov. 1988, pp. 498 511.

TOURAINE, Alain, *Critique de la modernité*, Fayard, 1992, 448 pp.
TRIMINGHAM, J., *Islam in East Africa*, Clarendon Press, Oxford, 1964.
TRITTON, A.S., "Aligarh", *E12*, T.I, pp. 414 415.
TROELTSCH, Ernst, *Religion et histoire – Etudes philosophiques et théologiques*, avec une postface de Thomas Mann, Textes édités, introduits et annotés par Jean Marc Tétaz, Traduction de Anne Lise Fink et Jean Marc Tétaz, Présenta tion de Pierre Gisel, Labor et Fides, Genève, 1990, 312 p.
TROELTSCH, Ernst, *Protestantisme et modernité*, traduit de l'allemand par Marc B. de Launay, Gallimard, 1991, 165 p.
TROLL, Christian W., "Sayyid Ahmad Khan (1817 1898) et le renouveau de la théologie musulmane ('ilm al kalâm) au 19ème siècle", *Revue de l'Institut des Belles Lettres arabes*, no 138, 1976, pp. 205 241.
TROLL, Christian W., *Sayyid Ahmad Khan, A reinterpretation of Muslim theology*, Delhi, Vikar, 1978.
UTAS, Bo, *A Persian sufi poem; vocabulary and terminology*, London and Malmö, Curzon Press Ltd, 1978, 214 pp.
VADET, J.C., *La futuwwa*, morale professionnelle ou morale mystique", *Revue des Etudes Islamiques*, XLVI, 1 (1978), pp. 57 90.
VANER, Semih, "Laïcité et monde musulman", *Encyclopaedia Universalis*, Universalia 1991, pp. 104 110.
VANER, Semih (sous la direction de), *Modernisation autoritaire en Turquie et en Iran*, L'Harmattan, 1991, 192 p.
VATIKIOTIS, P.J., "Muhammad 'Abduh and the quest for a muslim humanism", *Arabica*, janv. 1957, pp. 55 72.
VITRAY-MEYEROVITCH, Eva, *Mystique et poésie en Islam – Djalâl ud dîn Rûmî et l'Ordre des Derviches tourneurs*, Paris, Desclée de Brouwer, 1972, 313 pp.
WAARDENBURG, Jacques, *L'Islam; une religion – Suivi d' un débat; quels types d'approches requiert le phénomène religieux?*, Genève, Labor et Fides, 1989, 154 pp.
WATSON, G., *The English ideology; studies in the languages of victorian politics*, London, Allen Lane, 1973, 276 pp.
WEBER, Max, *Le savant et la politique*, introduction de Raymond Aron, Plon, 1959, 184 p.
WEBER, Max, *L'éthique protestante et l'esprit du capitalisme suivi de Les sectes protestantes et l'esprit du capitalisme*, Plon, 1964, 286 p.
WEBER, Max, *Histoire économique – Esquisse d'une histoire universelle de l'économie et de la société*, traduit de l'allemand par Christian Bouchindhomme, préface de Philippe Raynaud, Gallimard, 1991, 431 p.
WIARDA, Howard, "The Ethnocentrism of the Social Sciences: Implications for Research and Policy", *Review of Politics*, 43: 2 (april 1981), pp. 163 197.
WICKENS, G.M., "Hafiz, Shams al Din Muhammad Shirazi", *E12*, T. III, pp. 57 59.
WICKENS, G.M., "An analysis of primary and secondary significations in the third ghazal of Hafiz", *Bulletin of the School of Oriental and African Studies*, 14 (1952), pp. 627 638.
WILSON C.E., "Remarks on Sufism and its relation to Pantheism and Islam", *Islamic Culture*, 1931, pp. 142 165.
YAVARI-D'HELLENCOURT, Nouchine, "Le radicalisme shi'ite de 'Ali Shari' ati" in *Radicalismes islamiques – Tome 1: Iran, Liban, Turquie*, Paris, L'Harmattan, 1985, pp. 83 118.
YEGAR, Moshe, *The Muslims of Burma, a study in a minority group*, Wiesbaden, Harrassowitz, 1972.

BIBLIOGRAPHIE – ADDENDA

Aga Khan III. Selected speeches and Writings of Sir Sultan Mohammad Shah, 1877 1957, Edited and Introduced by Professor K.K. Aziz, 2 vol., Kegan Paul International, London, 1997.

Bianquis, Th., "Les pouvoirs de l'espace ismaïlien", in J.C. Garcin et al., *Etats, sociétés et cultures du monde musulman médiéval, Xe XVe s.*, tome 1, PUF, Nouvelle Clio, 1995, pp. 81 117.

Boivin, Michel, "Sultan Muhammad Shah Aga Khan et le modernisme en Inde (1902 1936)", *La transmission du savoir dans le monde musulman périphérique Lettre d'information*, no 13, mars 1993, pp. 44 54.

Boivin, Michel, "Islam, Nation et avenir de l'Inde chez Sultân Muhammad Shâh Aga Khan (1877 1957)", *Cahiers D'Histoire* (Lyon), été 1993, pp. 55 73.

Boivin, Michel, "The Reform of Islam in Ismâ'îlî Shî'ism from 1885 to 1957", in F.N. Delvoye (ed.) *Confluence of Cultures: French contributions to Indo Persian Studies*, Manohar, New Delhi, 1994, pp. 197 216.

Boivin, M., *Histoire de L'Inde*, PUF, 1996 (Que sais je? no 489).

Boivin, M., *Le Pakistan*, PUF, 1996 (Que sais je? no 970).

The Constitution of the Councils and jamats of Shia Imami Ismaili Muslims of Pakistan, Karachi: H.R.H. Prince Karim Aga Khan Ismailia Federal Council for Pakistan, 1962.

The Constitution of the Shia Imami Ismailis Muslims, 1986 (s.l.).

Enthoven, R., *Tribes and Castes of Bombay*, 3 vol., Bombay, 1920.

Edwards, Anne, *Throne of God. The lives of the Aga Khan*, Harper, Collins, London, 1995.

Gaborieau, M., "Les ordres mystiques dans le sous continent indien: un point de vue ethnologique", in A. Popovic et G. Veinstein (dir.), *Les ordres mystiques dans l'Islam: Cheminements et situation actuelle*, Ecole des Hautes Etudes en Sciences Sociales, Paris, 1986, pp. 104 134.

Gaborieau, M., "L'ésotérisme musulman dans le sous continent indo pakistanais: un point de vue ethnologique", *Bulletin D'Etudes Orientales* (Damas), XLIV, 1993, pp. 191 211.

Gazetteer of the Bombay Presidency, vol. IV, Ahmedabad, Bombay, Government Central Press, 1879.

Gazetteer of the Bombay Presidency, vol. V, Cutch, Pâlanpur and Mahi Kantha, Bombay, Government Central Press, 1880.

Halm, Heinz, *Das Reich des Mahdi, Der Aufstieg der Fatimiden (875–973)*, C.H. Beck: München, 1991.

Holzwarth, W., *Die Ismailiten in Nordpakistan. Zur Entwicklung einer religiösen Minderheit im Kontext neuer Aussenbeziehungen*, Berlin, 1994.

Hunzâ'î, Nâsir al-Dîn 'Nâsir', *Mîzân al haqâ'îq*, Khânah i Hikmat, Idârah i 'Arif, Karachi, 1962.

Hunzâ'î, Nâsir al-Dîn "Nâsir", *Imâm shinâsî*, Khânah i Hikmat, Idârah i 'Arif, Karachi, 1972 1974.

Hunzâ'î, Nâsir al-Dîn "Nâsir", *Dhikr ilâhî*, Khânah i Hikmat, Idârah i 'Arif, Karachi, 1976.

Hunzâ'î, Nâsir al-Dîn "Nâsir", *Ma 'rifat kê môtî*, Khânah i Hikmat, Idârah i 'Arif, Karachi, 1983.

Hunzâ'î, Nâsir al-Dîn "Nâsir", *Ganj i girân mâyah*, Khânah i Hikmat, Idârah i 'Arif, Karachi, 1984.

Hunzâ'î, Nâsir al-Dîn "Nâsir", *Bihishte ashqurin*, Khânah i Hikmat, Idârah i 'Arif, Karachi, 1990.

Hunzâ'î, Nâsir al-Dîn "Nâsir", *Qurratu'l 'ayn*, Khânah i Hikmat, Idârah i 'Arif, Karachi, 1991.
Hunzâ'î, Nâsir al-Dîn "Nâsir", *La'l û gawhar*, Khânah i Hikmat, Idârah i 'Arif, Karachi, 1992.
Hunzâ'î, Nâsir al-Dîn "Nâsir", *Jawâhir i ma'rifat*, Khânah i Hikmat, Idârah i 'Arif, Karachi, 1994.
Hunzâ'î, Nâsir al-Dîn "Nâsir", *Rumûz i rûhânî*, Khânah i Hikmat, Idârah i 'Arif, Karachi, s.d.
Hunzâ'î, Nâsir al-Dîn "Nâsir", *Nuqûsh i hikmat*, Khânah i Hikmat, Idârah i 'Arif, Karachi, s.d.
Ivanow, "The sect of Imam Shah in Gujarat", *Journal of the Bombay Branch of the Royal Asiatic Society*, vol. 12, 1936, pp. 19 70.
Kassam, Tazim, *Songs of Wisdom and Circles of Dance – Hymns of the Satpanth Ismā'ilî Muslim Saint, Pir Shams*, New York, State University of New York Press, 1995
Kaiser, Paul J. *Culture, Transnationalism, and Civil Society: Aga Khan Social Service Initiatives in Tanzania*, Westport (Connecticut), 1996.
Khan, D.S., *Baba Ramdeo, "dieu des parias". Traditions religieuses et culturelles dans une communaté d'Intouchables au Rajasthan*, thèse non publiée, Paris VII, 1993.
Khan, Dominique Sila., *Conversions and Shifting Identities. Ramdev Pir and the Ismailies in Rajasthan*, Delhi Nanohan/Centre de Sciences Humaines, 1997.
Lev, Y., *State and Society in Fatimid Egypt*, Brill, Leyde, 1991.
Nantet, Bernard et Ochs Edith, *Les Fils de la Sagesse Les Ismaéliens et l'Aga Khan*, Paris, J.C. Lattès, 1998
Rules of the Shia Imami Ismailis of Karachi, published by The Shia Imami Ismailia Council of Karachi, 1928.
Sanders, Pauls, *Rituals, Politics and the City in Fatimid Cairo*, New York, State University of New York, 1994.
Tajdinn Sadik ALi, Mumtaz Ali *Ismailis Through History*, with a Foreword by Michel Boivin, Islamic Book Publisher, Karachi, 1997.
Tâmir, 'Arif, *Târîkh al Ismâ'îliyya*, Riad El Rayyes Books Ltd, London, 1991, 4 vol.+1opusc.
Thobani, A. *Islam's Quiet Revolutionary: The Story of the Aga Khan IV*, New York, 1993.

Glossaire

Glossaire

Ce sont essentiellement les termes techniques utilisés dans l'ismaélisme ou par l'Aga Khan qui ont été retenus. Leur définition concerne avant toute chose leur emploi dans la présente recherche. La disparité manifeste du glossaire témoigne à la fois de la complexité des références aga-khaniennes et ismaéliennes, mais aussi du fait que l'ismaélisme poursuit toujours une mutation. Pour de plus amples information, il est nécessaire de consulter l'index.

a = arabe
e = anglais
g = gujarâti
p = persan
u = ûrdû

âb – e ṣafâ (p): eau bénie par l'imâm qui purifie le croyant; voir **ghat-pât**.
akhîra (a): l'au delà, le non temps, l'éternité.
allamah (p): théorie du monopole et de la fermeture de la connaissance; terme utilisé par l'Aga Khan comme équivalent de **taqlîd**; sans doute du persan *'allâma*, titre donné à un *'âlim* particulièrement savant.
amr (a): ordre, commandement, voir **firman**.
'aql (a): raison, intelligence; la faculté de comprendre.
avatar (g): terme sanscrit signifiant littéralement "descente"; dans l'hindouisme, il est utilisé pour désigner les différentes formes et incarnations dans lesquelles Vishnû se manifeste dans le monde pour aider l'humanité. Dans l'ismaélisme contemporain, il est l'équivalent du terme arabe *mazhar*.
bayt al-khayâl (a): terme d'origine soufie désignant la méditation ésotérique ou un degré d'initiation dans l'ismaélisme contemporain.
Barbhais: nom donné au premier groupe de dissidents qui apparaît dès le début du XIXème siècle, et qui revendique une identité sunnite.
bâṭin (a): signification interne ou ésotérique cachée par l'expression apparente.
bay'a (a): serment d'allégeance prêté au moins une fois dans sa vie par le croyant à l'imâm chez les Nizârites, au **dâ'î al-mutlaq** chez les Ṭayyibites.
bid'a (a): innovation condamnable parce qu'en contradiction avec une source scripturaire.
Bohras (g): terme, du gujarâti "commerçant", qui s'applique aux adhérents de l'ismaélisme ṭayyibite dans le sous continent indien.

La Rénovation du Shî'isme Ismaélien en Inde et au Pakistan

bol (g): terme gujarâti signifiant "mot". Désigne le support de la méditation dans l'ismaélisme khoja (voir **dhikr**).

Chotaras: nom donné aux Ismaéliens d'Afrique orientale issus de mariage mixte.

dâ'î (a): missionnaire chargé dans la période historique de propager la foi ismaélienne; il correspond au premier grade de la *da'wa*, c'est à dire à celui qui est autorisé à parler en son nom: chez les Bohras, le *dâ'î al-muṭlaq* est le chef suprême de la communauté.

dasond (g): dîme versée par le croyant à l'imâm, qui représente entre 1/8 et 1/10 de ses revenus, les Ismaéliens en font l'équivalent du **zakât** (q.v.).

da'wa (a): l'appel à reconnaître l'imâm; chez les Ismaéliens, ce terme désigne à la fois la hiérachie ésotérique et la communauté elle même.

dhikr (zikr) (a): terme d' origine soufie qui désigne dans l'ismaélisme contemporain la méditation.

dîdâr (p): vision physique de l'imâm, mais aussi stade suprême de la connaissance qui symbolise la vision divine à travers la nature surhumaine de l'imâm.

dil (p): le coeur, en tant que siège de la connaissance spirituelle.

du'â (a): chez les Ismaéliens, le terme désigne la prière rituelle quotidienne.

durkhana (a): résidence principle de l'imâm considérée comme un centre de pèlerinage.

fanâ' (a): objectif ultime des soufis; dans l'ismaélisme contemporain, fusion spirituelle du *mu'min* avec l'imâm.

Fatimide (s): dynastie ismaélienne de califes imâms, affirmant descendre du Prophète par 'Alî et Fâṭima, qui régna de 297/909 à 567/1171; le terme s'applique aussi à la première élaboration doctrinale de l'ismaélisme, dont la tradition est toujours maintenue par les Bohras.

fiqh (a): terme qui désigne la jurisprudence, islamique, la science du droit et la discipline de l'interprétation de la **sharî'a**. Ce terme n'est pas utilisé actuellement par les Ismaéliens nizârites. Les Bohras utilisent quant à eux l'oeuvre du Qâdî Nu'mân.

firman (p): chaque parole ou écrit produit par l'imâm sur n'importe quel sujet (**amr**). Ce terme, lorsqu'il est employé chez les Bohras concerne le *dâ'î al-muṭlaq*.

furu' (**furu'at**) (a): théologie appliquée; sciences dérivées (le **fiqh** par exemple) par opposition à la science des fondements ou **usûl** (q.v.).

ghat-pât (g): rite de purification dans l'ismaélisme nizârite au cours duquel les Croyants absorbent de l'eau sacrée, **Ab-e-Safâ** (q.v.), après avoir récité le **du'a** (q.v.).

ghayba (a): occulation du XIIème imâm chez les Shî'ites ithnâ' ashâriyya; il reviendra pour le Jour de la Résurrection.

ghulât (a): terme utilisé par les hérésiographes sunnites pour désigner les sectes musulmanes professant des croyances extrémistes telles que la métempsycose (*tanasûkh*), l'incarnationnisme (*hulûl*), etc.

ginân (g): terme désignant l'ensemble de la production religieuse des Khojas en langue indienne.

haqîqa (a): terme polysémique qui, dans l'ismaélisme contemporain, désigne le stade suprême de la connaissance, qui correspond à la réalité divine.

hazar imam (p): figure sotériologique unique de l'ismaélisme nizârite contemporain; équivalent de **ṣâhib al-zamân**.

ḥilm (a): contrôle de soi; soumission des passions. Chez l'Aga Khan, vertu islamique par excellence.

ḥubb (a): amour, piété envers les imâms (**maḥabbat**).

ḥujja (a): le plus degré haut de la hiérarchie fatimide; le terme, qui peut aussi désigner l'héritier à l'imâmat, semble avoir disparu au XIXème siècle dans l'ismaélisme nizârite.

Glossaire

ibâḫa (a): caducité de la loi positive qui rend nécessaire une rénovation de la religion.
ijmâ' (ijmaa) (a): consensus des docteurs de la loi sur un problème d'ordre religieux.
imâmbâra: bâtiment où se tiennent les assemblées de deuil en l'honneur de Ḥusayn.
îmân (a): la foi; par extension, chez les Ismaéliens contemporains, la foi en l'imâm.
ijtihâd (a): effort personnel d'élaboration doctrinale. Chez les Réformateurs, réinterprétation des sources scripturaires.
imâm (imam) (a): chez les Shî'ites, descendant du Prophète qui est doté de qualités surnaturelles (impeccabilité, etc.), et qui, après la disparition du Prophète, est chargé d'assurer la pérennité du message divin.
'îqân (a): certitude; par opposition à foi.
'irfan (a) connaissance ésotérique (**ma' rifat**).
'iṣlâh (a): vaste mouvement de réforme survenu dans le monde musulman au XIXème siècle, en réponse à l'agression multiforme des pays occidentaux.
'ishq (a): amour, dévotion envers les imâms.
ism-e 'azam (a, p): le nom (divin) suprême; stade ultime de la méditation dans l'ismaélisme contemporain.
itâ'at (a): obéissance aux imâms.
Ithnâ' Ashariyya (a): désigne le groupe majoritaire dans le shî'isme qui reconnaît douze imâms (d'où la traduction de Henry Corbin "duodécimains"); voir **ghaybat**.
irshad (a): conseil, directive de l'imâm; le terme n'est quasiment plus employé dans l'ismaélisme contemporain au profit de **firman** (q.v.).
jamat (jamâ'at) (p): chez les Ismaéliens, terme qui désigne la communauté; aussi bien dans sa totalité que chaque regroupement local.
jamatkhana (jamâ' at khâna) (p): espace de culte, de cérémonie et de réunion chez les Ismaéliens.
javânmard (p); jeune homme; **mu'min** idéal qui incarne les vertus islamiques (Fatâ); le terme n'est plus utilisé aujourd'hui.
jihâd (a): guerre sainte offensive ou défensive.
jubilee (e): fête solennelle organisée pour commémorer l'intronisation d'un imâm.
kalama (a): chez l'Aga Khan, équivalent de *shahâda*.
kamadia (g): assistant du mukhi (q.v.).
Khojas (p): terme générique qui s'applique aujourd'hui à l'ensemble des adhérents de l'ismaélisme nizârite dans le sous continent indien.
Khojki (g): alphabet spécifique des Khojas.
lâhût (a): élément divin de l'imâm.
maḥabbat (a): voir **ḥubb**.
mahdî (a): le bien guidé; celui qui viendra restaurer la religion et la justice à la Fin du monde. Dans l'ismaélisme fatimide, le terme est l'équivalent de **qâ' im** (q.v.); dans l'ismaélisme nizârite, il disparaît au profit de ce dernier; actuellement, ces termes sont compris dans la notion de **hazar imam** (q.v.).
majlis (a): réunion au cours de laquelle est commémoré le martyre des imâms.
mandli (g): groupe.
ma'rifat (a): voir **'irfan**.
masjid (a): temple sacré; chez l'Aga Khan, le corps humain.
millet (a): temple qui désigne et identifie les communautés dans l'empire ottoman sur une base essentiellement confessionnelle; l'Aga Khan l'utilise pour désigner celles de l'Inde.
missionary (e): voir **waez**.
mîthâq (a); pacte.

mukhi (g): chef d'une communauté locale qui représente les institutions officielles de l'imâmat; il reçoit aussi un certain nombre de responsabilités religieuses comme diriger la prière et les cérémonies.
mu'min (a): le croyant, l'Ismaélien.
murîd (a); *idem* (terme d'origine soufie).
murshîd (a) l'imâm (terme d'origine soufie.)
mut'a (a): mariage temporaire légal chez les Shî'ites duodécimains et rejeté par les Ismaéliens.
nafs (a): âme. A la fois l'âme individuelle et l'Ame Universelle.
naṣṣ (a): désignation d'un successeur.
nâṭiq (a): celui qui parle; dans l'ismaélisme, prophète qui énonce une nouvelle Loi.
nâẓim (a): chez les Bohras, "régent" en cas de vacance de la fonction de **dâ'î al-muṭlaq**.
Neitchari (u): surnom donné en Inde à l'école de Sayyid Aḥmad Khân accusée de faire de la Nature une véritable hypostase de la divinité.
nubuwwat (a): prophétie.
nûr (a): terme technique désignant chez les Ismaéliens le principe de l'imâmat, c'est à dire le lien mystique qui l'unit à la divinité
pîr (p): terme qui désigne a   les Persans qui ont converti des castes hindoues à l'ismaélisme du XIIème au XVI ème siècles, b le représentant de l'imâm auprès d'une ou de la communauté ismaélienne de l'Inde, c dans l'ismaélisme nizârite contemporain, un rang équivalent au ḥujja, chez les Fatimides (q.v.). d aujourd' hui, le **pîr** est l'imâm.
purdah (p): claustration des femmes dans le monde indo iranien.
pyar (p): amour, voir **ḥubb**.
qâ'im (a): dans l'ismaélisme fatimide et alamûtî, l'imâm qui reviendra à la fin des temps pour juger les hommes; le terme a disparu dans l'ismaélisme contemporain au profit de **hazar imam** (q.v.).
qiyâma (a): Résurrection, Jugement Dernier effectué par le **qâ'im**.
quṭb (a): terme technique désignant dans le soufisme celui qui a atteint le plus haut degré de la connaissance mystique et qui, de ce fait, dirige la **tarîqa** (q.v.); chez les Ismaéliens, le terme est appliqué à l'imâm pendant la période alamûtî. Il ne l'est plus aujourd'hui (voir **pîr**).
ṣahib al-zamân (a) voir **hazar imam**.
salâm (a): paix. Pour l'Aga Khan, véritable sens du terme "islam".
satpanth (g): "voie droite", pour les Ismaéliens, l'exacte traduction de l'expression coranique ṣirât al-mustaqîm; le terme désigne à fois la tradition ismaéliennne comme voie pour parvenir à la connaissance suprême, et celui qui guide le croyant sur cette voie, c'est à dire l'imâm. Les Khojas utilisent parfois le terme "Satpanthis" pour se désigner.
satr (a): occultation de l'imâm chez les Ismaéliens ṭayyibites; chez les Nizârites, le terme s'applique pour désigner la période pendant laquelle les imâms ne sont pas révélés entre la disparition de Nizâr et la proclamation de Ḥasan 'alâ dhikri hi's salâm (488/559 1095/1164).
sharî'a (charî'a, shariyyet) (a): loi sacrée; ensemble des rèles qui dirige la vie d'un Musulman; chez les Ismaéliens, aspect extérieur de la religion.
ṣirât al-mustaqim (a): voir **satpanth**
Subhanniyya: nom donné au groupe de dissidents qui apparaît à la fin du XIXème siècle et qui revendique une identité shî'ite; au début du siècle suivant, ils forment la communauté séparée des Khojas shî ites duodécimains.
sunna (t) (a): coutume, pratique; ensemble des ḥadîths
tâbût (a): cénotaphe de Ḥusayn.

Glossaire

ta'lîm (a): enseignement sacré de l'imâm; le terme indique que l'imâm dispose seul du savoir et par conséquent, de l'autorité en matière religieuse.

talika (ta'liqa) (a): dit ou écrit de l'imâm, le plus souvent sur des questions plutôt matérielles.

taqiyya (a): dissimulation des croyances religieuses provoquée par un danger imminent.

tarîqa (a): voie mystique des soufis; le terme désigne aussi la communauté organisée derrière un maître fondateur; depuis Shâh Karîm, il est employé pour désigner la communauté ismaélienne (**jamat**, q.v.).

ta'wîl (a): technique d'interprétation symbolique qui forme le pivot de la doctrine ismaélienne dès la période fatimide.

tula-vidhi (g): cérémonie de la pesée; partie la plus importante et la plus spectaculaire du **jubilée** (q.v.) abandonnée par Shâh Karîm.

'ulamâ' (a): le corps de savants spécialisés dans les sciences islamiques.

'ulul'-amr (a): expression coranique signifiant "ceux qui détiennent l'autorité", sans plus de précision.

umma (a): la communauté musulmane.

uṣûl (**usulat**) (a): les sources de la religion islamique; le terme désigne surtout l'étude du Coran, de la **Sunna** (q.v.), de la **'ijmâ'** (q.v.) et des documents concernant les Compagnons du Prophète.

vadokam (g): voir **bayt al-khayâl**.

waez (wâ'iz) (a): prédicateur, missionnaire; aujourd'hui, le "waez" est à peu près l'équivalent du **dâ'î** de la tradition fatimide et du **pîr** de la tradition nizârite.

waḥdat al-wujûd (a): théorie soufie qui insiste sur le principe de l'unicité de tous les existants.

walâyat (p): qualité de l'imâmat; reconnaissance de l'imâm.

walî (a): saint.

walî'ahd (a): héritier. Utilisé par les Ismaéliens, mais récusé par l'Aga khan.

welfare (e): bien être.

zâhir (a): signification externe ou ésotérique qui cache le sens réel (voir **bâṭin**).

zakat (a): taxe légale; chez les Ismaéliens nizârites, c'est le **dasond** (q.v.) qui est versé à l'imam (q.v.); chez les Ismaéliens tayyibites, c'est le khoms qui est versé au **dâ'î al-muṭlaq** (q.v.).

For Product Safety Concerns and Information please contact our EU representative GPSR@taylorandfrancis.com
Taylor & Francis Verlag GmbH, Kaufingerstraße 24, 80331 München, Germany

www.ingramcontent.com/pod-product-compliance
Lightning Source LLC
Chambersburg PA
CBHW052136300426
44115CB00011B/1406